Wissenschaftliche Untersuchungen
zum Neuen Testament

Herausgeber / Editor
Jörg Frey (Zürich)

Mitherausgeber / Associate Editors
Markus Bockmuehl (Oxford) · James A. Kelhoffer (Uppsala)
Tobias Nicklas (Regensburg) · Janet Spittler (Charlottesville, VA)
J. Ross Wagner (Durham, NC)

498

Emmanuel Weiss

De 2 à 4 Maccabées

Étude d'une réécriture

Mohr Siebeck

Emmanuel Weiss, né en 1974; 2005 Doctorat en linguistique des langues anciennes, Université Nancy-II ; 2019 Doctorat de théologie protestante, Université de Strasbourg.
orcid.org/0000-0002-5880-1893

Publié avec le concours de l'Université de Strasbourg

ISBN 978-3-16-161095-0 / eISBN 978-3-16-161761-4
DOI 10.1628/978-3-16-161761-4

ISSN 0512-1604 / eISSN 2568-7476
(Wissenschaftliche Untersuchungen zum Neuen Testament)

La Deutsche Nationalbibliothek a répertorié cette publication dans la Deutsche Nationalbibliographie; les données bibliographiques détaillées peuvent être consultées sur Internet à l'adresse *http://dnb.dnb.de*.

© 2023 Mohr Siebeck, Tübingen, Allemagne. www.mohrsiebeck.com

Toutes reproductions, traductions ou adaptations d'un extrait quelconque de ce livre par quelque procédé que ce soit, notamment par photocopie, microfilm ou mémorisation et traitement dans un système électronique réservées pour tous pays.

Imprimerie Gulde Druck, Tübingen; relieur Spinner, Ottersweier

Imprimé en Allemagne.

Remerciements

Je voudrais tout d'abord adresser mes remerciements à mon directeur de thèse, M. le Professeur Christian Grappe. Toujours disponible (y compris à des heures très tardives) pour répondre à mes questions ou m'aider à résoudre mes problèmes, il a su me laisser d'un autre côté beaucoup d'autonomie dans mon travail, évitant ainsi les deux écueils opposés de l'inaccessibilité et de l'interventionnisme. Travailler sous sa direction a été très enrichissant à tous points de vue.

Rédiger une thèse tout en travaillant dans une autre université et en habitant à la campagne n'est pas toujours facile. Je ne peux donc que remercier mes parents pour leur aide sur le plan matériel. Ils ont en effet l'immense mérite d'habiter à Strasbourg et d'avoir par conséquent davantage accès que moi aux richesses aussi bien de la Bibliothèque Nationale Universitaire que de celle des Facultés de Théologie. Plus d'un article ou d'un chapitre de livre me sont ainsi parvenus par le courrier sous forme de copies effectuées par leurs soins, de manière bien plus rapide que par un Prêt entre Bibliothèques classique.

Je remercie également ma femme, Myfie, et mes enfants, Anne, Laure et François, pour leur soutien moral et pour la patience dont ils ont fait preuve envers un mari et un père à la conversation trop souvent parasitée par l'évocation d'un livre biblique qui n'est pas forcément le plus attrayant de tous de prime abord. Leur présence encourageante n'a pas peu contribué à l'aboutissement du présent travail de recherche.

Je voudrais enfin remercier l'Université de Strasbourg qui a accepté de subventionner la parution du présent ouvrage, ainsi que le chapitre de Saint Thomas qui m'a attribué le prix Louis Schmutz pour l'année 2020, à l'occasion de la soutenance de ma thèse.

Avant-propos

Le présent ouvrage constitue une version remaniée de la thèse de Théologie protestante intitulée « La relecture de 2 Maccabées par l'auteur de 4 Maccabées : les différentes dimensions d'une relation d'intertextualité au sein de la littérature deutérocanonique », thèse que nous avons préparée à Strasbourg sous la direction du professeur Christian Grappe puis soutenue le 15 novembre 2019.

Avant de pouvoir mettre au jour ce que l'auteur de 4 Maccabées avait voulu dire et en quoi il s'était démarqué du modèle de 2 Maccabées, il était nécessaire de comprendre la manière dont il avait utilisé et retravaillé ses sources. Il était indispensable d'élaborer un modèle explicatif adéquat pour pouvoir rendre compte de la genèse et de la structure du texte de 4 Maccabées. Ce modèle, fondé uniquement sur l'observation du texte de 4 Maccabées, c'est celui des « quatre registres », construit et présenté notre première partie. Nous l'appliquons ensuite dans notre deuxième partie à l'observation du travail rédactionnel de son auteur, et nous nous basons enfin sur les résultats de cette étude pour aborder dans notre troisième partie la question des relations entre 2 et 4 Maccabées selon différentes perspectives : approches théologique (correspondant aux chapitres I et II de cette troisième partie), philosophique (chapitre III), politique (chapitres IV et V) et sociologique (chapitre VI).

Comme l'objet du présent travail est exclusivement l'étude de la relation d'intertextualité entre 2 et 4 Maccabées, il ne constitue ni un nouveau commentaire suivi de 4 Maccabées, comparable aux travaux d'A. Dupont-Sommer, de H.-J. Klauck, de D. A. deSilva ou de G. Scarpat, ni une étude thématique du genre de celle que J. W. Van Henten a consacrée à la question du martyre dans 2 et 4 Maccabées. De la même manière, la question de la réception de 4 Maccabées et de son rôle dans l'élaboration de la théologie chrétienne du martyre n'y est pas abordée.

Nous nous inscrivons plutôt dans la continuité de l'étude novatrice d'U. Breitenstein qui a été sans doute le premier à aborder la question de la structure d'ensemble de 4 Maccabées, sur la base de la seule observation et non de présupposés théoriques. Nous reconnaissons de la même manière notre dette, en ce qui concerne l'approche philosophique, envers l'article fondateur de R. Renehan, et en ce qui concerne l'approche politique, envers l'étude remarquable de 2 Maccabées par S. Honigman.

En ce qui concerne les citations de 2 et de 4 Maccabées, le texte grec que nous donnons provient de la refonte en 2006 de l'édition Rahlfs de la Septante. Les traductions sont, sauf mention contraire, issues de l'édition de 2011 de la TOB pour 2 Maccabées et de la traduction d'A. Dupont-Sommer pour 4 Maccabées. La transcription des termes hébraïques suit les normes définies en 1965 par la Revue des études juives.

Table des matières

Remerciements V

Avant-propos VII

Première partie : Questions préliminaires 1

Chapitre I : Les reprises littérales du texte de 2 Maccabées
  dans 4 Maccabées 5

A. Le parallélisme des contenus 5
B. Les parallélismes lexicaux 6
  I. La situation initiale : Jérusalem sous Onias (2 M 3,1–3 // 4 M 3,20) 7
  II. Introduction de l'épisode d'Héliodore/Apollonios
    (2 M 3,4–7 // 4 M 4,1–5) 8
  III. L'arrivée au pouvoir d'Antiochos IV et de Jason
    (2 M 4,7–9 // 4 M 4,15–17) 12
  IV. L'établissement d'un gymnase à Jérusalem (2 M 4,12 // 4 M 4,20a) ... 14
  V. Le supplice des mères ayant fait circoncire leurs enfants
    (2 M 6,10 // 4 M 4,25) 14
  VI. Le (second) discours d'Éléazar (2 M 6,24–28 // 4 M 6,17–23) 15
  VII. La prière d'Éléazar (2 M 6,30 // 4 M 6,27–29) 16
  VIII. L'introduction des personnages des sept frères et de leur mère
    (2 M 7,1 // 4 M 8,3) 17
  IX. L'adresse du premier frère à Antiochos IV (2 M 7,2b // 4 M 9,1) 17
  X. Un « élément de langage » du discours de l'un des frères :
    2 M 7,11 // 4 M 10,20 18
  XI. Un parallélisme lexical aux conséquences décisives s'il est avéré :
    le cas du verbe ζωγραφέω (2 M 2,29 // 4 M 17,7) 19

Chapitre II : Les erreurs historiques de 4 Maccabées : Réfutation des théories de J. Freudenthal et H.-W. Surkau 21

A. Réfutation du modèle de J. Freudenthal (dépendance de 2 et de
4 Maccabées envers Jason de Cyrène) 21
    I. ἀντίψυχον 21
    II. μέλλω 22
    III. Éléazar 22
    IV. Le suicide de la mère des sept frères 22
    V. Erreurs historiques 23
    VI. Datation des événements 25
B. Réfutation du modèle de H.-W. Surkau (dépendance des récits de
martyres de 2 et de 4 Maccabées envers une source populaire,
différente de Jason de Cyrène) 25

Chapitre III : La question du genre de 4 Maccabées (première approche) 27

A. Le genre littéraire de 2 Maccabées 27
B. Le genre littéraire de 4 Maccabées : position du problème 28
C. La question de l'unité de 4 Maccabées 29
D. La question du genre de la première partie 30
E. La question du genre de la seconde partie 32
    I. La thèse du panégyrique 32
    II. La thèse du logos epitaphios (J. C. H. Lebram) 39
    III. La thèse d'un discours mêlant rhétorique épidictique et rhétorique
    délibérative (D. A. deSilva) 40
    IV. La thèse d'un discours à visée parénétique (S. Westerholm) 42
F. Conclusion 43

Chapitre IV : Les marqueurs structurels : L'emploi des pronoms de première et deuxième personnes dans 4 Maccabées 45

A. La première personne du singulier : un marqueur de la progression du
raisonnement 45
B. La deuxième personne du singulier : un marqueur « liturgique » 46
C. La première personne du pluriel : un marqueur « communautaire » 47
D. La deuxième personne du pluriel : la construction d'un auditoire idéal ...49
E. L'emploi de l'indéfini pour introduire les objections 50

F. Extension aux discours des personnages du récit : présence dans certains d'entre eux de la première personne du pluriel « communautaire » 50
G. Retour à la question de l'unité de 4 Maccabées 51

Chapitre V : Interprétation de la structure de 4 Maccabées : Le modèle des quatre registres 53

Chapitre VI : La question du genre littéraire de 4 Maccabées (seconde approche) 61

Deuxième partie : Structure de 4 Maccabées 67

Chapitre I : Structure de la « partie philosophique » de 4 Maccabées (4 M 1,1–3,18) 69

A. Introduction 69
B. La « rédaction-νόμος » 70
    I. 4 M 1,17 71
    II. 4 M 1,33–35 72
    III. L'exemplum de Joseph en 4 M 2,1–6a 72
    IV. Le développement sur les fonctions de la Loi en 4 M 2,8–14 74
    V. La « théologie des passions » en 4 M 2,21–23 75
    VI. Les exempla de Moïse et de Jacob (4 M 2,17–20) 76
    VII. L'épisode de la soif du roi David (4 M 3,6–18) 77
C. Les deux sommaires 79
    I. Le « premier sommaire » (4 M 1,1–6) 79
    II. Le « second sommaire » (4 M 1,13–14) 81
D. Plan implicite de la source de la « partie philosophique » 82
E. Le travail rédactionnel de l'auteur de 4 Maccabées : ajouts et suppressions 83
    I. Les ajouts 83
    II. Les suppressions 84
F. Le problème de l'affiliation philosophique de 4 Maccabées 84
    I. Le rôle de la Raison 85
    II. Les trois typologies des passions 85
G. Conclusion générale : les étapes de la composition de la « partie philosophique » 91

Chapitre II : Le récit-cadre (4 M 3,20–21 et 4,15–26) 95

A. Introduction 95
B. Le problème de la non reprise de 2 M 4,18–5,27 97
    I. Un souci d'économie narrative 98
    II. Une conception « idéalisée » du sacerdoce et de Jérusalem 98
C. La « source B » du récit cadre 98
    I. Les ajouts de 4 Maccabées au récit de 2 Maccabées 99
    1. Ajouts d'ordre narratif 99
    II. Caractéristiques de la source B 103
    III. L'image d'Antiochos IV 103

Chapitre III : L'épisode d'Héliodore/Apollonios (4 M 4,1–14). 105

A. Introduction 105
B. La fusion des personnages d'Apollonios et d'Héliodore 106
C. L'introduction du récit (2 M 3,4–7//4 M 4,1–4) 107
D. Le récit lui-même (2 M 3,8–40 // 4 M 4,5–14) 107

Chapitre IV : L'épisode d'Éléazar (4 M 5,1–7,23) et celui des sept frères (4 M 8,1–12,19) : Le cadre commun ... 111

A. Les insertions relevant du registre 3 111
B. La description des supplices des martyrs 112
C. Les métaphores récurrentes 115
D. Les « motifs » dans les discours des personnages des deux épisodes 116

Chapitre V : L'épisode d'Éléazar (4 M 5,1–7,23) 119

A. La structure de l'épisode d'Éléazar dans 2 Maccabées 119
B. La structure de l'épisode d'Éléazar dans 4 Maccabées 120
C. La « mise en scène » des martyres d'Éléazar et des sept frères : le personnage d'Antiochos IV 121
    I. Une « mise en scène » théâtrale 121
    II. La question des règles alimentaires 123
D. Le second discours d'Éléazar (2 M 6,24–28 // 4 M 6,17–23) 124
E. Un discours programmatique : le premier discours d'Éléazar (4 M 5,16–38) 126
F. Les échos entre les deux discours d'Éléazar 129

G. La prière d'Éléazar (2 M 6,30/4 M 6,27–29) 130
H. L'éloge d'Éléazar (4 M 6,31–7,23) 131
   I. Généralités 131
   II. Les comparaisons (4 M 7,1–5 et 7,11–14) 132
   III. Les deux hymnes à Éléazar (4 M 7,6–10 et 7,15) 133
   IV. Les passages relevant du registre 3 (4 M 6,31–35 et 7,16–23) 134
   V. Structure générale de l'éloge d'Éléazar 138
I. Conclusion générale 139

Chapitre VI : L'épisode des sept frères (4 M 8,1–12,19) : Les discours des sept frères 141

A. Introduction 141
B. Premier sous-ensemble : les discours d'exposition de l'ensemble
   des sept frères (4 M 8,17–26 et 9,1–9) 142
C. Second sous-ensemble : les discours particuliers de chacun des
   sept frères 143
D. Les ajouts de l'*Alexandrinus* 145
E. Le motif D 145
F. Le motif E 150
G. Le motif F 153

Chapitre VII : L'éloge des sept frères et de leur mère (4 M 13,1–17,1) 155

A. Introduction 155
B. Répartition des registres 155
C. Marqueurs de structure 158
D. Parallèles entre les sections B et B' 159
E. Registre 1 : les passages narratifs (4 M 14,4–6 ; 9–10 ; 15,14–15 ;
   18–22) 161
F. Les passages relevant du registre 2 162
   I. Les exhortations réciproques des sept frères (4 M 13,8–18) 162
   II. Les deux discours de la mère des sept frères (4 M 16,6–11 et
   16,16–23) 164
G. Les passages relevant du registre 3 166
   I. Les reprises développées de la thèse de 4 Maccabées (4 M 13,1–5
   et 16,1–4) 166
   II. Amour fraternel et amour maternel : les « théories
   psychologiques » (4 M 13,19–14,1 ; 14,13–20 ; 15,4–10) 169

H. Registre 4 : les « hymnes » 173
    I. Généralités 173
    II. Progression interne au sein des hymnes à la mère des sept frères :
        les qualifications de la mère 175
    III. Fonctions des hymnes dans l'ensemble formé par les chapitres
        13 à 16 176
I. Structure globale de l'ensemble formé par les chapitres 13 à 16 180
    I. Le point de départ : les discours de la mère dans 2 Maccabées
        (7,20–23 et 25–29) 180
    II. La question du déplacement des discours de la mère après
        le récit de la mort du septième frère 182
    III. Dédoublements de structure 182
    IV. L'introduction d'une double « colonne vertébrale » : les sections
        relevant des registres 3 et 4 183
J. Fonctions de l'ensemble formé par les chapitres 13 à 16 184
    I. Les chapitres 13 à 16 – un éloge ? 184
    II. Une fonction argumentative ? 184
    III. Une « prédication » ? 185

Chapitre VIII : Le problème du suicide dans 4 Maccabées (à propos de 4 M 17,1) 187

Chapitre IX : La finale (4 M 17,2–18,24) 191

A. Introduction 191
B. Le registre 1 : un enchevêtrement complexe de deux sources 192
C. Le registre 2 : le discours de la mère des sept frères (4 M 18,6–19) 193
    I. 4 M 18,7–9 : la mère des sept frères comme modèle de vertu 194
    II. 4 M 18,10–19 : « La Loi et les Prophètes » 195
    III. Modifications apportées aux citations de la Septante 196
    IV. Le père : son attitude par rapport aux textes bibliques 197
    V. 4 M 18,10–19, cœur du réseau de références bibliques de
        4 Maccabées 199
D. Un long développement consacré à la doctrine de la rétribution :
    4 M 17,7–22 200
    I. Le système des particules comme marqueur de structure 200
    II. Les leitmotive de 4 M 17,7–22. 201
    III. Le premier mouvement (4 M 17,8–10) : les fonctions possibles
        d'une épitaphe fictive 202
    IV. Le troisième mouvement (4 M 17,19–22) : une relecture
        théologique du martyre des sept frères 203
E. Les deuxième et troisième « confessions » : 4 M 18,2–5 et 18,20–23 ... 204

F. Les trois « hymnes » (4 M 17,2–6 ; 4 M 18,1–2 ; 4 M 18,20) :
   la charpente de la finale 205
G. Synthèse : structure d'ensemble de la finale de 4 Maccabées 207

Appendice : 4 Maccabées et 6 Maccabées(SyrMacc) 211

Troisième partie : Le message de 4 Maccabées 213

Chapitre I : L'aspect théologique : La figure de Dieu dans 2 et 4 Maccabées 215

A. Les désignations de Dieu en 2 M 3,1–7,42 215
   I. θεός, « Dieu » 215
   II. κύριος, « seigneur » 219
   III. Combinaison de θεός et de κύριος 223
   IV. δεσπότης, « maître »..224
   V. βασιλεὺς τοῦ κόσμου « roi du monde » 224
   VI. δυναστής, « souverain »..224
   VII. παντοκράτωρ, « souverain », substantivé 225
   VIII. ἐπόπτης, «(qui) veille sur », et βοηθός, « protecteur » 225
   IX. ὕψιστος, « Très Haut » 226
   X. κτιστής, « Créateur »...226
   XI. Participiales substantivées 227
   XII. Equivalence θεός « Dieu »/οὐρανός « Ciel »........................227
   XIII. Conclusion 229
B. Les désignations de Dieu dans le texte de 4 Maccabées 229
   I. θεός..230
   II. κτιστής, « Créateur »..246
   III. Équivalence θεός, « Dieu »/οὐρανός, « Ciel » 247
   IV. Équivalence θεῖος, « divin »/οὐράνιος, « céleste »................248
C. Conclusion générale...248

Chapitre II : Représentations de la mort dans 2 et 4 Maccabées.. 251

A. Introduction 251
B. Les représentations de la mort dans la version de 2 Maccabées des
   martyres d'Éléazar et des sept frères 251
   I. Dans l'épisode d'Éléazar (2 M 6,18–31) 251
   II. Dans l'épisode des sept frères (2 M 7,1–41) 252

C. Les représentations de la mort dans la version de 4 Maccabées des
martyres d'Éléazar et des sept frères 253
   I. Introduction 253
   II. Premier groupe : combinaison des registres 2 et 3 255
   III. Deuxième groupe (registre 2 uniquement) : le thème de la
      résurrection 262
   IV. Troisième groupe (registre 3 uniquement) : l'immortalité.............. 263
   V. Quatrième groupe (registre 4) : l'immortalité astrale..................... 267
D. Conclusion... 268

Chapitre III : L'aspect philosophique : Le Judaïsme vu comme la véritable philosophie 271

A. Première partie : La thèse de 4 Maccabées 272
   I. Les différentes formulations de la thèse.. 272
   II. Insertion des formulations de la thèse dans le texte de 4 Maccabées . 285
   III. Situation des rappels de la thèse dans l'ensemble de 4 Maccabées 286
   IV. Une thèse peut-elle en cacher une autre ? Le problème de
      4 M 18,23 286
   V. Appendice- λογισμός dans 2 et 4 Maccabées................................. 286
B. Deuxième partie : Quelle est la philosophie sous-jacente dans
   4 *Maccabées* ?.. 288
   I. Introduction 288
   II. Λογισμός dans les différents systèmes philosophiques grecs 293
   III. Conclusion 304
C. Troisième partie : Le judaïsme comme φιλοσοφία................................304

Chapitre IV : L'aspect éthique : Une vision rigoriste de la Loi . 307

A. De la philosophie à la théologie, la Loi régulatrice du λογισμός 307
   I. Introduction 307
   II. 4 M 2,21–23 308
   III. Le début du premier discours d'Éléazar (4 M 5,16–26) 308
B. Prescriptions de la Loi présentes dans le texte de 4 Maccabées.............. 309
C. Les interdits alimentaires dans le texte de 2 Maccabées 311
   I. Les sacrifices impurs 311
   II. Épisode d'Éléazar : mise en scène du refus de la consommation
      de porc.. 312
   III. Le thème des interdits alimentaires dans l'épisode des sept frères ...313
D. Les interdits alimentaires dans le texte de 4 Maccabées 314
   I. Dans la partie philosophique : introduction du thème...................... 314

    II. Le thème des interdits alimentaires dans l'épisode d'Éléazar 315
    III. Le thème des interdits alimentaires dans l'éloge d'Éléazar 318
    IV. Épisode des sept frères : redoublement de l'épisode d'Éléazar 319
    V. Le thème des interdits alimentaires dans l'éloge des sept frères 321
    VI. Conclusion 322
E. Le rigorisme de 4 Maccabées : comparaison avec la doctrine du
    Talmud de Babylone (Sanhedrin 74 a) 322
F. Conclusion 324

Chapitre V : L'aspect politique de 4 Maccabées 325

A. Les conceptions politiques de 2 et 4 Maccabées 325
    I. Introduction : La « grande omission » 325
    II. La structure de 2 Maccabées d'après Sylvie Honigman 326
    III. Application possible de cette lecture à 4 Maccabées....................327
B. Les désignations d'Israël dans 4 Maccabées 339
    I. Introduction 339
    II. La terre d'Israël : la « patrie » 340
    III. La « constitution » (πολιτεία) 342
    IV. Conclusion 342

Chapitre VI : Interprétation sociologique : Une stratégie de défense d'un groupe confronté au défi de l'interculturation 345

A. Les différents modèles sociologiques 346
    I. La typologie des « stratégies identitaires » de Carmel Camilleri 346
    II. La typologie des « stratégies d'acculturation » de John W. Berry ...348
    III. Le « Modèle d'Acculturation Interactive » (MAI) de
        Richard Yvon Bourhis et alii 348
    IV. Le « Modèle Amplifié d'Acculturation Relative » (MAAR) de
        Marisol Navas-Luque et alii 349
B. Première analyse (suivant le MAI) 349
    I. Du côté d'Antiochos IV : une stratégie d'assimilation 350
    II. Du côté des martyrs : une stratégie de séparation.........................352
C. Le paradoxe de 4 Maccabées 356
    I. Le paradoxe linguistique : un texte écrit dans un grec littéraire,
       atticisant 356
    II. L'influence littéraire grecque : la langue poétique........................357
    III. L'influence littéraire grecque : les Tragiques 359

IV. L'influence culturelle grecque : les conceptions philosophiques 360
V. L'influence culturelle grecque : les conceptions politiques..............361
D. Comment expliquer ce paradoxe ?..362
    I. L'hypothèse du déni..363
    II. Le retournement de la culture dominante contre l'oppresseur.........363
    III. L'emploi des armes des adversaires au sein de la communauté 364
    IV. La distinction des domaines (selon le MAAR)..............................364
    V. Le modèle de la « cohérence complexe » 365
E. Conclusion 365

Conclusion sous forme de question : Pourquoi le texte de 4 Maccabées diffère-t-il autant de celui de sa source, 2 Maccabées ? 367

A. La pluralité des sources de 4 Maccabées 367
B. Le travail rédactionnel de l'auteur de 4 Maccabées : le modèle
    des quatre registres 368
C. La divergence des théologies de 2 et de 4 Maccabées............................371
D. La fusion de deux traditions différentes...373

Ouverture : Éléments de datation et de localisation de la rédaction de 4 Maccabées.. 375

A. Éléments de datation...375
B. Éléments de localisation 377

Bibliographie 379

Index des références textuelles 387

Index des thèmes et des noms 409

From 2 to 4 Maccabees: A Study of a Rewriting (Detailed summary).. 415

Première partie
Questions préliminaires

L'actualité récente (la parution en 2011 d'une nouvelle édition de la TOB) a permis au grand public de (re)découvrir l'existence de quelques livres de la littérature biblique incorporés dans le canon de l'Ancien Testament par certaines Églises orientales, mais pas par les Églises occidentales. 4 Maccabées fait partie du nombre. Connu essentiellement par deux manuscrits majeurs, le *Sinaiticus* (quatrième siècle ap. J.-C.) et l'*Alexandrinus* (cinquième siècle ap. J.-C.), il se présente comme une démonstration philosophique de la domination des passions par la « raison pieuse » (εὐσεβὴς λογισμός), appellation qui permet de désigner l'observance des commandements de la Tōrah à l'aide d'un vocabulaire relevant de la philosophie grecque. La plus grande partie de l'ouvrage (4 M 3,19–18,24) est cependant consacrée au récit, à titre d'exemple à l'appui de cette thèse, des martyres d'Éléazar et des sept frères, déjà racontés dans 2 Maccabées (2 M 6,18–7,42).

La reprise d'un même récit en 2 et 4 Maccabées n'a pas manqué de soulever la double question des sources et de la composition de 4 Maccabées. 2 Maccabées est-il la source du récit des martyres de 4 Maccabées ou les deux ouvrages ont-ils emprunté indépendamment leur matière à un troisième ouvrage perdu ? Un consensus relatif s'est dégagé, concluant à la dépendance directe de 4 Maccabées par rapport à 2 Maccabées.

Nous nous proposons, dans ce travail de recherche, d'étudier plus précisément la relation d'intertextualité entre 2 et 4 Maccabées, au moyen de différentes approches, d'ordre rhétorique, philosophique, théologique et sociologique, l'objectif étant de montrer que la relecture de 2 Maccabées par l'auteur de 4 Maccabées ne se résume pas à un simple emprunt, mais représente au contraire un travail de réélaboration correspondant à son projet.

Il est cependant nécessaire, avant d'entreprendre cette étude, de rouvrir le dossier de la relation entre les deux ouvrages pour étayer de la manière la plus solide possible la thèse de la dépendance de 4 Maccabées envers 2 Maccabées. En effet, notre projet présuppose cette dépendance et se verrait gravement compromis si elle venait à être remise en cause.

Ce qui rend également nécessaire ce travail préliminaire, c'est le faible nombre de passages de 4 Maccabées où l'on peut déceler une reprise littérale du texte de 2 Maccabées. Nous nous sommes efforcé d'en dresser une liste que nous espérons exhaustive, et de relever à chaque fois les points de convergence et de divergence entre les passages correspondants de 2 et de 4 Maccabées. C'est l'objet du chapitre I de notre première partie.

La dépendance de 4 Maccabées envers 2 Maccabées fait l'objet actuellement d'un consensus. Il existe pourtant deux théories alternatives. La première remonte à J. Freudenthal[1], selon lequel 2 et 4 Maccabées dépendraient de manière indépendante d'une source commune, à savoir l'œuvre perdue de Jason de Cyrène. La théorie de J. Freudenthal a été reprise, sous une forme un peu différente, par H.-W. Surkau[2], suivi par U. Fischer[3]. Selon eux, en ce qui concerne les récits des martyres, 2 et 4 Maccabées dépendraient indépendamment l'un de l'autre d'une tradition populaire commune, non littéraire, indépendante de l'œuvre de Jason de Cyrène. Notre chapitre II est consacré à la réfutation de ces théories, conduite en nous fondant sur les erreurs historiques contenues dans le texte de 4 Maccabées, erreurs qui ne peuvent provenir que de mauvaises interprétations du texte de 2 Maccabées, ce qui implique une dépendance directe de 4 Maccabées envers 2 Maccabées.

4 Maccabées est composé, à première vue, de deux parties très différentes l'une de l'autre, à tel point que la question de l'unité du livre a pu se poser : la « partie philosophique » (4 M 1,1–3,18) et le récit des martyres d'Éléazar et des sept frères (4 M 3,19–18,24). Cela pose la question du genre littéraire de 4 Maccabées et de sa relation avec le genre littéraire de 2 Maccabées. Cette question est abordée dans le chapitre III, qui examine successivement les principales hypothèses proposées jusque-là et aboutit au constat qu'aucune d'entre elles ne permet de rendre compte de la structure de 4 Maccabées dans son ensemble.

Pour parvenir à résoudre cette question épineuse, nous avons cherché à préciser, dans le chapitre IV, en nous fondant sur l'étude des pronoms des deux premières personnes présents au sein de l'écrit, la situation d'énonciation dominante dans 4 Maccabées. Les usages de ces pronoms sont identiques dans les deux parties de 4 Maccabées, ce qui plaide pour l'unité de l'œuvre. 4 Maccabées se présente comme un discours adressé à une assemblée qui partage les valeurs du locuteur. Les récits empruntés à 2 Maccabées, pour développés qu'ils soient, ne constituent pas un corps autonome annexé de façon secondaire à ce discours, mais servent d'exemples au service d'une argumentation cohérente.

Il n'en reste pas moins que la relation entre 2 et 4 Maccabées ne se résume pas à une simple intégration dans le texte de 4 Maccabées de passages recopiés dans celui de 2 Maccabées. La relation qui unit ces deux ouvrages est beaucoup plus complexe. Il est nécessaire, pour l'appréhender correctement, d'élaborer un modèle théorique d'interprétation de la structure du texte de 4 Maccabées qui puisse en rendre compte le plus finement possible. Le chapitre V de notre

---

[1] J. Freudenthal 1869, 75–85.
[2] H.-W. Surkau 1938, 24–29.
[3] U. Fischer 1978, 87.

première partie est consacré à la présentation de ce modèle théorique, que nous avons appelé « modèle des quatre registres ». 4 Maccabées y apparaît comme un ouvrage à la structure très élaborée, combinaison de quatre « registres » textuels, narratif, discursif, argumentatif et « liturgique ».

La mise en évidence de la combinaison de ces quatre registres pose en des termes nouveaux la question du genre littéraire de 4 Maccabées : quel genre antique peut-il expliquer cette structure en mille-feuilles ? Après avoir exploré plusieurs hypothèses, nous proposons, dans notre chapitre VI, que le genre recherché soit celui des prédications synagogales de langue grecque, dont nous n'avons hélas à notre disposition que peu de témoignages littéraires directs[4].

Le présent travail de recherche sera donc fondé sur l'idée que 4 Maccabées respecte les normes du genre de la prédication synagogale, ce qui ne signifie pas qu'il s'agisse d'un discours réellement prononcé : le caractère très élaboré de la structure du livre démontre que le texte que nous avons à notre disposition ne peut être qu'un discours fictif ou bien la réécriture secondaire, en vue d'une publication, d'un discours réel. Nous manquons d'éléments pour trancher entre ces deux hypothèses.

---

[4] Les prédications synagogales de langue grecque subsistantes ont été éditées en 1999 par F. Siegert et J. de Roulet (F. Siegert-J. de Roulet 1999).

Chapitre I

Les reprises littérales du texte de 2 Maccabées dans 4 Maccabées

Dans la classification des relations transtextuelles opérée par G. Genette en 1982[1], l'*intertextualité* au sens strict est définie comme « une relation de coprésence entre deux ou plusieurs textes, c'est-à-dire, eidétiquement et le plus souvent, par la présence effective d'un texte dans un autre. » Notre première tâche sera donc logiquement de débusquer dans le texte de 4 Maccabées les séquences textuelles déjà présentes (à l'identique ou sous réserve de modifications mineures) dans le texte de 2 Maccabées. Cette recherche s'avère un peu décevante : malgré le parallélisme évident des contenus, les reprises textuelles du texte de 2 Maccabées dans 4 Maccabées sont peu nombreuses (en fait elles n'apparaissent quasiment que dans ce que nous appellerons plus loin le *récit-cadre* de 4 Maccabées[2]) et limitées le plus souvent à des parallélismes d'ordre lexical. Il y a suffisamment de parallèles pour prouver l'existence d'une *relation* entre les deux textes, mafis pas assez pour établir par ce seul moyen la *dépendance* de 4 Maccabées par rapport à 2 Maccabées : en effet, les ressemblances entre les deux textes pourraient s'expliquer également par leur commune dépendance par rapport à un archétype commun.

A. Le parallélisme des contenus

Il est aisé de constater que la suite d'événements racontés en 2 M 3,1–7,42 se retrouve à la base de la partie narrative de 4 Maccabées (4 M 3,19–17,1). On peut en effet établir des correspondances entre les grandes sections de récits de l'un et l'autre ouvrages, à ceci près que le protagoniste de la tentative initiale de pillage du Temple se nomme Héliodore dans le texte de 2 Maccabées et Apollonius dans celui de 4 Maccabées :

– situation initiale pacifique sous le pontificat d'Onias III (2 M 3,1–3 // 4 M 3,20–21) ;
– épisode d'Héliodore (2 M 3,4–40) // épisode d'Apollonius (4 M 4,1–14) ;
– récit détaillé des origines de la persécution d'Antiochos IV (2 M 4,1–6,17 // 4 M 4,15–26) ;
– martyre d'Éléazar (2 M 6,18–31 // 4 M 5,1–7,23) ;

---

[1] G. Genette 1982, 7–16.
[2] Cf. Deuxième Partie, Chapitre II.

– martyre des sept frères et de leur mère (2 M 7,1–41 // 4 M 8,1–17,1).

Il faut noter d'emblée que la fonction de cet ensemble narratif n'est pas la même dans les deux ouvrages : dans le texte de 2 Maccabées, le récit de la persécution d'Antiochos IV constitue une *introduction* au récit davantage développé de la révolte de Judas Maccabée (2 M 8,1–15,39) ; en revanche, dans 4 Maccabées, le même récit représente un *exemple* développé servant d'illustration au propos philosophique de la première partie de l'ouvrage (4 M 1,13–3,18).

Autre remarque importante : les parallélismes ici exposés valent pour le contenu global des sections mises en relation. Il est beaucoup plus difficile d'établir de la même manière des correspondances de détail entre les deux textes, en raison de l'excision ou de l'ajout par l'auteur de 4 Maccabées de passages entiers. En fait, les parallélismes exacts sont limités pour l'essentiel au « squelette » narratif commun aux deux récits, complété, dans le texte de 4 Maccabées, par des développements qui lui sont propres. C'est cet ensemble d'éléments narratifs communs avec 2 Maccabées que nous nommerons désormais « récit-cadre » de 4 Maccabées.

B. Les parallélismes lexicaux

Le récit-cadre de 4 Maccabées est, comme on vient de le voir, en partie un résumé des chapitres 3 à 6 de 2 Maccabées. Il faut préciser cependant que, si l'enchaînement narratif est repris, quoique considérablement simplifié, le texte de 4 Maccabées n'est pas un collage d'éléments textuels empruntés à 2 Maccabées, mais en représente une réécriture. Il est cependant possible de repérer ici ou là des parallélismes plus étroits (conservation d'une structure syntaxique, échos lexicaux…) qui démontrent que les textes de 2 Maccabées et de 4 Maccabées sont bien en relation l'un avec l'autre. Les transformations que l'on peut repérer même dans ces passages ne sont pas anodines et contribuent à nous faire connaître l'« idéologie » de l'auteur de 4 Maccabées.

Nous avons repéré seulement onze parallèles certains ou probables, désignés ici par les nombres I à XI. Dans les neuf premiers cas, les parallèles sont certains, appuyés par l'identité des contenus et/ou la présence d'un ou plusieurs parallélismes lexicaux. On peut cependant relever, dans la plupart de ces cas, des différences significatives. En revanche, les parallèles X et XI sont seulement probables. En effet, dans le parallèle X, c'est un même « élément de langage » que l'on retrouve dans le discours de l'un des sept frères dans chacune des deux versions, mais sans parallélisme lexical et avec une différence de traitement importante. Dans le parallèle XI, on a affaire à un parallélisme lexical, mais dans deux passages qui ne se correspondent pas directement.

Chapitre I : Les reprises littérales du texte de 2 Maccabées   7

Dans un souci de clarté, nous tenons à préciser que, dans les citations qui suivront : le texte grec est celui de l'édition Rahlfs[3], le volume de l'édition de Göttingen correspondant à 4 Maccabées n'étant pas encore paru; la traduction française du texte de 2 Maccabées est celle de l'édition de 2011 de la TOB[4], et celle du texte de 4 Maccabées est, à l'exception de menues corrections de notre part que nous signalerons, celle d'A. Dupont-Sommer[5] ; les mots grecs relevés à l'appui des correspondances entre 2 et 4 Maccabées, ainsi que leurs correspondants dans les traductions françaises, sont mis en évidence par l'usage de l'italique.

I. La situation initiale : Jérusalem sous Onias (2 M 3,1–3 // 4 M 3,20)

2 M 3,1–3 : 1 Τῆς ἁγίας πόλεως κατοικουμένης *μετὰ πάσης εἰρήνης* καὶ τῶν *νόμων* ὅτι *κάλλιστα* συντηρουμένων διὰ τὴν Ονιου τοῦ ἀρχιερέως *εὐσέβειάν* τε καὶ μισοπονηρίαν 2 συνέβαινεν καὶ αὐτοὺς τοὺς βασιλεῖς τιμᾶν τὸν τόπον καὶ τὸ ἱερὸν ἀποστολαῖς ταῖς κρατίσταις δοξάζειν 3 *ὥστε καὶ Σέλευκον τὸν τῆς Ἀσίας* βασιλέα χορηγεῖν ἐκ τῶν ἰδίων προσόδων πάντα τὰ πρὸς τὰς *λειτουργίας* τῶν θυσιῶν ἐπιβάλλοντα δαπανήματα.

« 1 Alors que les habitants de la ville sainte jouissaient d'une *paix entière*, et *qu'on y observait au mieux les lois* grâce à la piété du grand prêtre Onias et à son horreur du mal, 2 il arrivait que les rois eux-mêmes honoraient le saint lieu et faisaient au sanctuaire les dons les plus magnifiques, 3 *si bien que Séleucus, le roi d'Asie,* couvrait de ses revenus personnels toutes les dépenses exigées par le *service* des sacrifices »

4 M 3,20 Ἐπειδὴ γὰρ *βαθεῖαν εἰρήνην* διὰ τὴν *εὐνομίαν* οἱ πατέρες ἡμῶν εἶχον καὶ ἔπραττον καλῶς *ὥστε καὶ τὸν τῆς Ἀσίας* βασιλέα Σέλευκον τὸν Νικάνορα καὶ χρήματα εἰς τὴν ἱερουργίαν αὐτοῖς ἀφορίσαι καὶ τὴν πολιτείαν αὐτῶν ἀποδέχεσθαι,

« Nos pères jouissaient *d'une profonde paix*, grâce à *la bonne observation de la Loi*, et leurs affaires allaient *si bien que le roi d'Asie, Séleucus* Nicanor, levait pour eux l'impôt destiné au *service* du temple et leur reconnaissait le droit de cité. »

La dépendance de 4 M 3,20 envers 2 M 3,1–3 est démontrée par la reprise textuelle de la conjonction consécutive ὥστε accompagnée de la titulature de Séleucos IV (au prix, il est vrai, d'une inversion de l'ordre dans ce dernier groupe nominal, le titre étant rejeté, dans 4 Maccabées, après le nom du roi). On relève également quelques échos lexicaux, indiqués en italiques dans les deux citations ci-dessus : la « paix entière » de 2 Maccabées devient dans 4 Maccabées une « paix profonde »[6].

---

[3] A. Rahlfs – R. Hanhart 2006.
[4] TOB 2011.
[5] A. Dupont-Sommer 1939.
[6] Il s'agit sans doute de l'un des emplois les plus anciens de l'expression βαθεῖα εἰρήνη : son origine (langue littéraire hellénistique ou religieuse judéo-chrétienne ?) a fait l'objet d'un vigoureux débat entre W. C. Van Unnik 1970 et K. Beyschlag 1972. Nous n'entrerons pas dans ce débat : contentons-nous de relever que les occurrences à coup sûr antérieures à 4 Maccabées se limitent à Denys d'Halicarnasse (*Antiquités Romaines* VI 1,4) et à l'œuvre de Philon (*Legatio ad Gaium* 90 ; *De posteritate Caini* 184 ; *De Somniis* II 147 et 229 ; *De*

L'adverbe (au superlatif) κάλλιστα a pour écho l'adverbe (au positif) καλῶς, λειτουργία de 2 Maccabées est remplacé dans 4 Maccabées par son quasi synonyme ἱερουργία.

De la même façon, on pourrait considérer que le nom εὐνομίαν de 4 Maccabées fait écho à la fois à deux termes de 2 M 3,1, νόμων et εὐσέβειάν. Mais ce dernier rapprochement est peut-être un peu forcé.

La présence de ces parallélismes met aussi en lumière les transformations profondes apportées par l'auteur de 4 Maccabées à son modèle : alors que, dans 2 Maccabées, la paix et le respect de la Loi sont au bénéfice de la « ville sainte », c'est-à-dire de Jérusalem, ils sont, en 4 Maccabées, au profit des « pères », membres d'un peuple auquel se rattachent les destinataires de 4 Maccabées (emploi de la première personne du pluriel) – sans doute avec la volonté d'impliquer ces derniers, souci qui reflète le changement de genre littéraire (passage d'un récit historique à un récit édifiant inséré dans une argumentation).

Par ailleurs, dans la même logique, le personnage d'Onias, à qui 2 M 3,1 attribue les vertus qui sont à l'origine de l'état de paix initial, est totalement effacé en 4 M 3,20, au profit du peuple. Il est difficile d'en tirer des conclusions, vu que la réécriture de l'épisode d'Héliodore/Apollonios opère le choix inverse.

Enfin, le contenu de 2 M 3,2 n'est pas repris, sans doute par souci de simplification narrative, les bienfaits des rois anonymes de ce verset faisant double emploi avec ceux de Séleucos IV, mentionnés en 2 M 3,3.

En résumé, l'auteur de 4 Maccabées se distingue de son modèle, dans ce passage, par un souci plus grand de l'efficacité narrative, conduisant à l'élimination d'un doublet, et par la mise en avant de la figure du peuple au détriment de celles de la ville sainte et du grand prêtre.

II. Introduction de l'épisode d'Héliodore/Apollonios (2 M 3,4–7 // 4 M 4,1–5)

Il s'agit du cas le plus probant : les parallèles lexicaux y sont nombreux ; les mêmes événements sont présentés dans le même ordre. La principale différence entre les deux textes est leur divergence en ce qui concerne la titulature d'Apollonius.

2 M 3,4–7 : 4 Σίμων δέ τις ἐκ τῆς Βενιαμιν φυλῆς προστάτης τοῦ ἱεροῦ καθεσταμένος διηνέχθη τῷ *ἀρχιερεῖ* περὶ τῆς κατὰ τὴν πόλιν ἀγορανομίας· 5 καὶ νικῆσαι τὸν Ονιαν μὴ δυνάμενος ἦλθεν *πρὸς Ἀπολλώνιον* Θαρσεου τὸν κατ' ἐκεῖνον τὸν καιρὸν *Κοίλης Συρίας καὶ Φοινίκης στρατηγὸν* 6 καὶ προσήγγειλεν περὶ τοῦ χρημάτων ἀμυθήτων γέμειν τὸ *ἐν Ἱεροσολύμοις γαζοφυλάκιον* ὥστε τὸ πλῆθος τῶν διαφόρων ἀναρίθμητον εἶναι, καὶ μὴ *προσήκειν* αὐτὰ πρὸς τὸν τῶν θυσιῶν λόγον, εἶναι δὲ δυνατὸν ὑπὸ τὴν τοῦ βασιλέως ἐξουσίαν πεσεῖν ταῦτα. 7 συμμείξας δὲ ὁ Ἀπολλώνιος τῷ βασιλεῖ περὶ τῶν *μηνυθέντων* αὐτῷ *χρημάτων* ἐνεφάνισεν·

---

ebrietate 97). L'auteur de 4 Maccabées a donc « modernisé » le texte emprunté à 2 Maccabées en utilisant une expression de diffusion récente, qu'il a peut-être connue à travers l'œuvre de Philon.

ὁ δὲ προχειρισάμενος Ἡλιόδωρον τὸν ἐπὶ τῶν πραγμάτων ἀπέστειλεν δοὺς *ἐντολὰς* τὴν τῶν προειρημένων χρημάτων ἐκκομιδὴν ποιήσασθαι.

« 4 Mais *un certain Simon*, de la tribu de Bilga, institué prévôt du temple, se trouva en désaccord *avec le grand prêtre* au sujet de l'agoranomie de la ville. 5 *Comme il ne pouvait l'emporter sur Onias, il alla trouver Apollonius*, fils de Thraséas, *stratège à cette époque de Cœlésyrie et de Phénicie.* 6 Il dénonça *le trésor de Jérusalem*, disant qu'il regorgeait de richesses inouïes au point que la quantité des sommes était incalculable, et *sans aucun rapport avec le compte exigé par les sacrifices*, et ajoutant qu'il était possible de les faire tomber en la possession *du roi*. 7 Au cours d'une audience chez le roi, Apollonius mit celui-ci au courant de la *dénonciation* qui lui avait été faite au sujet de ces *richesses*. Ayant choisi Héliodore qui était à la tête des affaires, le roi l'envoya avec *l'ordre* de procéder à la confiscation des richesses indiquées. »

4 M 4,1–5 : *Σιμων γάρ τις πρὸς* Ονιαν ἀντιπολιτευόμενος *τόν ποτε τὴν ἀρχιερωσύνην ἔχοντα διὰ βίου*, καλὸν καὶ ἀγαθὸν ἄνδρα, ἐπειδὴ πάντα τρόπον διαβάλλων *ὑπὲρ τοῦ ἔθνους οὐκ ἴσχυσεν κακῶσαι*, φυγὰς ᾤχετο τὴν πατρίδα προδώσων. 2 ὅθεν ἥκων *πρὸς Ἀπολλώνιον τὸν Συρίας τε καὶ Φοινίκης καὶ Κιλικίας στρατηγόν* ἔλεγεν 3 Εὔνους ὢν τοῖς τοῦ βασιλέως πράγμασιν ἥκω μηνῶν πολλὰς ἰδιωτικῶν χρημάτων μυριάδας *ἐν τοῖς Ιεροσολύμων γαζοφυλακίοις* τεθησαυρίσθαι τοῖς ἱεροῖς μὴ ἐπικοινωνούσας, καὶ *προσήκειν* ταῦτα Σελεύκῳ *τῷ βασιλεῖ*. 4 τούτων ἕκαστα γνοὺς ὁ Ἀπολλώνιος τὸν μὲν Σιμωνα τῆς εἰς τὸν βασιλέα κηδεμονίας ἐπαινεῖ, πρὸς δὲ τὸν Σέλευκον ἀναβὰς *κατεμήνυσε* τὸν *τῶν χρημάτων* θησαυρόν. 5 καὶ λαβὼν τὴν περὶ αὐτῶν ἐξουσίαν ταχὺ εἰς τὴν πατρίδα ἡμῶν μετὰ τοῦ καταράτου Σιμωνος καὶ βαρυτάτου στρατοῦ 6 προσελθὼν ταῖς τοῦ βασιλέως *ἐντολαῖς* ἥκειν ἔλεγεν ὅπως τὰ ἰδιωτικὰ *τοῦ γαζοφυλακίου* λάβοι *χρήματα*.

« 1 *Un certain Simon* était en lutte contre Onias, *qui était alors grand-prêtre*, exerçant cette fonction à vie, homme du plus haut mérite. Mais, en dépit de toutes sortes de calomnies, *il ne pouvait lui nuire dans l'esprit du peuple* ; il prit alors la fuite, dans le dessein de trahir sa patrie. 2 Il alla trouver *Apollonius, gouverneur de Syrie, de Phénicie et de Cilicie*, et lui dit : 3 « Je suis plein de zèle pour les intérêts du roi : je viens donc pour vous avertir qu'il y a *dans les trésors du Temple de Jérusalem* des millions appartenant à des particuliers : cette fortune n'a rien à voir avec le Temple, mais *elle revient au roi* Séleucus ». 4 Apollonius s'informa des détails de l'affaire. Puis il félicita Simon de sa sollicitude à l'égard du roi, et se rendit auprès de Séleucus pour le *prévenir* de l'existence de ce trésor. 5 Ayant reçu tout pouvoir dans cette affaire, il marcha en hâte vers notre patrie, accompagné de Simon, l'homme maudit, et d'une très forte armée ; 6 aussitôt arrivé, il déclara que *par ordre* du roi il venait prendre possession de *l'argent* des particuliers déposé *dans le trésor du Temple*. » (Traduction A. Dupont-Sommer, corrigée sur un point : l'adversaire d'Onias est bel et bien dénommé Simon en 4 M 4,1, et non Siméon)

1. Présentation de Simon (2 M 3,4//4 M 4,1a)

Le texte de 4 M 4,1a se caractérise par l'excision de deux mentions importantes :

Tout d'abord l'appartenance de Simon à la tribu de Benjamin ou à la classe sacerdotale de Bilga, essentielle dans la trame narrative du texte de 2 Maccabées de la *Septante*[7], n'est pas mentionnée. En effet, si Simon n'appartient pas à la lignée légitime des grands prêtres issus de Sadoq, ses deux frères Ménélas et Lysimaque sont dans le même cas. Pourtant ils ont été tous deux nommés grands prêtres par Antiochos IV (2 M 4,23 et 4,29 respectivement). Il est donc indiqué d'emblée au lecteur que ces deux grands prêtres sont des usurpateurs. La disparition du personnage de Ménélas dans 4 Maccabées rend la mention de l'origine de Simon superflue, ce qui entraîne sa suppression.

Ensuite, le motif, purement politique (la querelle autour de l'agoranomie) de la brouille entre Simon et Onias, est passé sous silence. Cette omission participe du procès de dévalorisation du personnage de Simon : agissant sans motif, il devient en quelque sorte une incarnation du Mal, opposée au Bien, incarné par le grand prêtre Onias.

En revanche, le titre de grand prêtre, simplement mentionné dans la version de 2 Maccabées, est remplacé dans 4 Maccabées par une périphrase complexe précisant qu'Onias exerçait le sacerdoce à titre viager. Si cette périphrase a, comme il est probable, une fonction explicative, cela implique que, pour les destinataires de 4 Maccabées, la charge de grand prêtre n'était plus que temporaire et donc que le texte de 4 Maccabées est postérieur au règne d'Hérode. Comme d'autres indices invitent à une datation encore plus tardive (au moins après 70), cela n'est guère étonnant.

Par ailleurs, l'auteur de 4 Maccabées procède à l'ajout d'une apposition laudative (καλὸν καὶ ἀγαθὸν ἄνδρα) qui permet de faire d'Onias un personnage conforme au modèle idéal de l'éducation grecque : le lecteur, averti en 4 M 3,19 que ce qu'il va lire est une « histoire de la raison pieuse », est amené à comprendre que le premier « héros » de cette histoire sera le grand prêtre Onias. L'emploi, un peu plus haut, du participe ἀντιπολιτευόμενος, propre à 4 Maccabées, installe tout aussi clairement Simon dans le rôle d'opposant. En résumé, l'opposition entre les deux personnages est beaucoup plus tranchée, voire manichéenne, dans 4 Maccabées.

2. Les projets de Simon (2 M 3,5// 4 M 4,1b et 4,2)

En 2 M 3,5, Simon est un adversaire politique d'Onias. C'est parce qu'il a eu le dessous dans cette confrontation (le dessein politique de Simon, « vaincre Onias », est exprimé par un infinitif dépendant d'un verbe de possibilité nié : νικῆσαι τὸν Ονιαν μὴ δυνάμενος) qu'il s'en va trouver Apollonios pour dénoncer les richesses accumulées dans le trésor du Temple de Jérusalem.

---

[7] Le texte grec de la *Septante* porte « Benjamin » ; les éditeurs de 2 Maccabées restituent en général le nom de la classe sacerdotale de Bilga, en s'appuyant sur les variantes de la *Vetus Latina* et la tradition michnaïque ultérieure. Quoi qu'il en soit à l'origine (il est impossible de déterminer quel était le texte lu par l'auteur de 4 Maccabées), les deux leçons ont pour conséquence l'illégitimité des grands prêtres de la famille de Simon, illégitimité encore plus scandaleuse dans le cas de l'appartenance de Simon à la tribu de Benjamin.

Chapitre I : Les reprises littérales du texte de 2 Maccabées 11

En 4 M 4,1b et 4,2, Simon cherche à nuire, au-delà de la personne d'Onias, au peuple d'Israël : en effet, si l'on retrouve une structure grammaticale identique à celle de 2 Maccabées (infinitif dépendant d'un verbe de possibilité nié : οὐκ ἴσχυσεν κακῶσαι), l'auteur de 4 Maccabées ajoute un participe apposé qui a valeur de complément circonstanciel de moyen (πάντα τρόπον διαβάλλων ὑπὲρ τοῦ ἔθνους). C'est en calomniant Onias auprès d'Israël, donc en s'employant à rompre le lien de confiance entre le peuple et le grand prêtre, que Simon cherche à nuire à ce dernier. Autrement dit, Simon cherche à faire du peuple un opposant à Onias. Cette entreprise échoue, ce qui conduit Simon à s'enfuir auprès d'Apollonios. Simon est désormais explicitement présenté comme un traître à sa patrie (emploi du verbe προδίδωμι). Ce qui était, dans 2 Maccabées, un acte de vengeance privé devient une entreprise de haute trahison.

3. La dénonciation du trésor du Temple (2 M 3,6 // 4 M 4,3)

À la différence de 2 Maccabées, qui rapporte les propos de Simon à Apollonios au style indirect, l'auteur de 4 Maccabées a recours au discours direct.

La teneur des propos est également différente. Dans le texte de 2 Maccabées, le seul argument employé par Simon pour justifier une éventuelle confiscation au profit du trésor royal est la surabondance des fonds du trésor du Temple, qui excède largement les nécessités du culte ; c'est Onias lui-même qui, en 2 M 3, 10–12 (sans répondant dans le texte de 4 Maccabées), expliquera à Héliodore que les sommes en question sont en fait des dépôts de particuliers, ce qui aura pour conséquence que c'est Héliodore lui-même (en 2 M 3,13) qui, tout en se référant aux ordres royaux, prendra l'initiative de la spoliation des déposants. Au contraire, dans le texte de 4 Maccabées, c'est Simon lui-même qui dénonce la présence des dépôts privés et qui suggère leur saisie, au motif qu'ils ne servent pas au culte. La responsabilité de la confiscation qui, dans 2 Maccabées, était répartie entre plusieurs personnages, revient donc au seul Simon. À la différence de 2 Maccabées, la dénonciation est par ailleurs motivée : l'auteur de 4 Maccabées ajoute, là aussi, un participe apposé au sujet à valeur circonstancielle causale (Εὔνους ὢν τοῖς τοῦ βασιλέως πράγμασιν) : c'est parce qu'il est dévoué au roi que Simon dénonce le trésor du Temple ; autrement dit, il agit par traîtrise.

À cet ajout initial fait écho une autre particularité du texte de 4 Maccabées, la mention, en 4 M 4, 4, d'un éloge (présence du verbe technique ἐπαινεῖ, mis en valeur par l'emploi du présent de narration qui détone au sein d'une série d'aoristes) de Simon par Apollonios. Le destinataire de l'éloge n'est pas indiqué : il ne peut s'agir du roi Séleucos car le passage précède la visite d'Apollonios à son souverain.

En tout cas, le personnage de Simon fait l'objet de jugement moraux successifs et contradictoires : jugement positif par lui-même (4 M 4,3) et par Apollonios (4 M 4,4) pour sa fidélité au roi, jugement négatif de la part du narrateur

(4 M 4,2, avec l'accusation de trahison, et 4 M 4,5, avec l'emploi du terme religieux extrêmement péjoratif καταράτου, « maudit » - qui traduit peut-être le jugement de Dieu sur le personnage de Simon). Cette dimension axiologique fait contraste avec la relative neutralité de 2 Maccabées à l'égard de Simon dans cet épisode : c'est plus loin dans le texte de 2 Maccabées, après l'épisode d'Héliodore (2 M 4,1, passage non repris par 4 Maccabées), que Simon sera qualifié de « dénonciateur de la patrie » (τῆς πατρίδος ἐνδείκτης) et de calomniateur (emploi du verbe ἐκακολόγει) – ce sont précisément les calomnies portant sur l'épisode d'Héliodore (2 M 4,2) qui provoqueront l'entrevue entre Onias et Séleucos (2 M 4,4–6) où le grand prêtre dénoncera Simon : l'auteur de 2 Maccabées est même obligé de défendre Onias (2 M 4,5) à ce sujet en indiquant la motivation de cette dénonciation, à savoir le souci de l'intérêt général.

En résumé, l'auteur de 4 Maccabées simplifie à l'extrême la suite des actions du récit de 2 Maccabées, en ramenant les rapports humains complexes décrits dans 2 Maccabées à une opposition nette entre un modèle de piété, Onias, et un modèle de méchanceté, Simon, ce qui dédouane Onias de ses tentatives politiques hasardeuses (dans le texte de 2 Maccabées, le récit de la dénonciation de Simon par Onias est aussitôt suivi (2 M 4,7–9) de celui de la destitution d'Onias au profit de Jason ; même si ce n'est pas dit explicitement, le texte suggère par cette succession un lien implicite de causalité ; de plus, le meurtre d'Onias (2 M 4,34) est immédiatement causé par la dénonciation, par Onias, des agissements sacrilèges de Ménélas (2 M 4,33) à l'égard du trésor du Temple).

4. *Apollonios chez Séleucos (2 M 3,7a // 4 M 4,4)*

Dans les deux textes, la dénonciation du trésor du Temple par Simon à Apollonios est en quelque sorte doublée d'une seconde dénonciation du trésor, opérée par Apollonios à destination du roi Séleucos. Les formulations sont assez proches : emploi des deux côtés du verbe μηνύω, « dénoncer », et du substantif χρήματα, « argent, richesses », pour désigner le trésor du Temple. La seule différence substantielle est le fait que 2 Maccabées ne nomme pas le souverain (emploi du terme générique τῷ βασιλεῖ), alors que 4 Maccabées, sans nécessité apparente (le souverain a été nommé en 4 M 3,20), redonne le nom de Séleucos.

III. *L'arrivée au pouvoir d'Antiochos IV et de Jason (2 M 4,7–9 // 4 M 4,15–17)*

2 M 4,7–9 : 7 Μεταλλάξαντος δὲ τὸν βίον Σελεύκου καὶ παραλαβόντος τὴν βασιλείαν Ἀντιόχου τοῦ προσαγορευθέντος Ἐπιφανοῦς ὑπενόθευσεν Ἰάσων ὁ ἀδελφὸς Ονιου τὴν ἀρχιερωσύνην 8 ἐπαγγειλάμενος τῷ βασιλεῖ δι' ἐντεύξεως ἀργυρίου τάλαντα ἑξήκοντα πρὸς τοῖς τριακοσίοις καὶ προσόδου τινὸς ἄλλης τάλαντα ὀγδοήκοντα. 9 πρὸς δὲ τούτοις ὑπισχνεῖτο καὶ ἕτερα διαγράφειν πεντήκοντα πρὸς τοῖς ἑκατόν, ἐὰν ἐπιχωρηθῇ διὰ τῆς ἐξουσίας αὐτοῦ γυμνάσιον καὶ ἐφηβεῖον αὐτῷ συστήσασθαι καὶ τοὺς ἐν Ιεροσολύμοις Ἀντιοχεῖς ἀναγράψαι.

« 7 *Séleucus ayant quitté cette vie et Antiochus surnommé Épiphane* lui ayant succédé sur le trône, *Jason, frère d'Onias,* usurpa le *pontificat,* 8 ayant promis au roi, au cours d'une entre-

Chapitre I : Les reprises littérales du texte de 2 Maccabées 13

vue, trois cent soixante talents d'argent et quatre-vingts talents à prélever sur quelque autre revenu. 9 Il s'engageait en outre à faire transcrire à son compte cent cinquante autres talents s'il lui donnait pouvoir d'établir un gymnase et une éphébie et de faire le recensement des Antiochiens de Jérusalem. »

4 M 4,15–17 : 15 Τελευτήσαντος δὲ Σελεύκου τοῦ βασιλέως διαδέχεται τὴν ἀρχὴν ὁ υἱὸς αὐτοῦ ᾽Αντίοχος ὁ ᾽Επιφανής, ἀνὴρ ὑπερήφανος καὶ δεινός, 16 ὃς καταλύσας τὸν Ονιαν τῆς ἀρχιερωσύνης Ιασονα τὸν ἀδελφὸν αὐτοῦ κατέστησεν ἀρχιερέα 17 συνθέμενον δώσειν, εἰ ἐπιτρέψειεν αὐτῷ τὴν ἀρχήν, κατ᾽ ἐνιαυτὸν τρισχίλια ἑξακόσια ἑξήκοντα τάλαντα.

« 15 *Le roi Séleucus mourut :* son fils *Antiochus Épiphane* lui succéda sur le trône ; c'était un homme orgueilleux et terrible. 16 Il ôta *le souverain pontificat à Onias et le donna à Jason frère d'Onias,* 17 qui s'était engagé, s'il recevait cette charge, à lui donner chaque année trois mille six cent soixante talents. »

La dépendance de 4 M 4,15–17 par rapport à 2 M 4,7–9 se traduit par la reprise presque textuelle du génitif absolu initial (avec cependant un changement lexical au début, la locution verbale de 2 Maccabées étant remplacée par un simple verbe, peut-être dans un souci d' « économie » textuelle ; il faut noter aussi l'ajout du titre royal, absent de 2 Maccabées, peut-être pour compenser le remplacement, dans la suite immédiate, de τὴν βασιλείαν par son hyperonyme τὴν ἀρχὴν) et par la reprise des titulatures des personnages (avec une simplification de l'expression dans le cas d'Antiochos Épiphane : dans le texte de 2 Maccabées, il s'agit de la première apparition du personnage, ce qui justifie l'introduction du participe προσαγορευθέντος ; pour l'auteur de 4 Maccabées, il s'agissait sans doute d'un personnage suffisamment connu pour qu'il puisse faire l'économie de cette « béquille »). Il faut noter, en 4 M 4,15, l'ajout d'une apposition pour caractériser négativement Antiochos IV, avec au passage un jeu de mot reposant sur une quasi homophonie (ὑπερήφανος faisant évidemment écho à ὁ ᾽Επιφανής).[8]

Les différences entre les deux passages sont cependant assez importantes : alors que le texte de 2 Maccabées met en avant l'initiative de Jason – c'est lui qui envoie une ambassade à Antiochos IV et qui se « procure frauduleusement » (emploi de ὑπενόθευσεν) le sacerdoce, 4 Maccabées met au premier plan l'action du roi, qui « institue » (emploi de κατέστησεν) Jason grand-prêtre.

Par ailleurs, l'auteur de 4 Maccabées modifie complètement les sommes promises par Jason à Antiochos IV : alors que dans 2 Maccabées il est question de trois versements différents, un premier de 360 talents, un second de 80 talents à prélever sur un autre revenu – non précisé – et un dernier de 150 talents pour l'obtention, entre autres, d'un gymnase, soit un total de 590 talents, 4 Maccabées ne mentionne qu'un versement (mais chaque année) atteignant le chiffre astronomique de 3660 talents ! Souci évident de simplification narrative d'une part, emploi de l'hyperbole d'autre part, le tout étant symptomatique du

---

[8] Sur le problème du lien de parenté entre Antiochos IV et Séleucos IV, cf. 24.

passage d'un récit historique à une œuvre marquée par le souci de l'efficacité rhétorique.

IV. L'établissement d'un gymnase à Jérusalem (2 M 4,12 // 4 M 4,20a)

Il s'agit ici d'un parallélisme plus limité, car seul le début de 4 M 4,20 est concerné.

2 M 4,12 ἀσμένως γὰρ ὑπ' αὐτὴν τὴν ἀκρόπολιν γυμνάσιον καθίδρυσεν καὶ τοὺς κρατίστους τῶν ἐφήβων ὑποτάσσων ὑπὸ πέτασον ἤγαγεν.

« Il se fit en effet un plaisir de faire construire un gymnase *au pied même de l'Acropole* et il conduisit les meilleurs des éphèbes sous le pétase. »

4 M 4,20 ὥστε μὴ μόνον ἐπ' αὐτῇ τῇ ἄκρᾳ τῆς πατρίδος ἡμῶν γυμνάσιον κατασκευάσαι, ἀλλὰ καὶ καταλῦσαι τὴν τοῦ ἱεροῦ κηδεμονίαν.

« non seulement il construisit un gymnase *sur la Citadelle même de notre patrie*, mais encore il supprima le service du Temple. »

La dépendance de 4 M 4,20a envers 2 M 4,12 est matérialisée par la reprise presque littérale du complément de lieu situant le gymnase, ainsi que, peut-être, par celle du préverbe κατα- commun à καθίδρυσεν et à κατασκευάσαι.

Il faut cependant noter un changement de préposition qui n'est pas anodin : alors que 2 Maccabées situe le gymnase en question au pied de l'Acra, la citadelle séleucide de Jérusalem, qualifiée d' « acropole », 4 Maccabées le situe « sur » une « citadelle » (ἄκρᾳ) que l'ajout du complément « de notre patrie » (τῆς πατρίδος ἡμῶν), impliquant, de par l'emploi de la première personne du pluriel, les destinataires de 4 Maccabées, et la mention du sanctuaire, en 4 M 4,20b, dans le second terme de la gradation μὴ μόνον/ ἀλλὰ καὶ invitent à identifier de manière anhistorique au Temple lui-même. Le sacrilège est encore plus grand dans 4 Maccabées que dans 2 Maccabées...

V. Le supplice des mères ayant fait circoncire leurs enfants (2 M 6,10 // 4 M 4,25)

2 M 6,10 δύο γὰρ *γυναῖκες* ἀνήχθησαν *περιτετμηκυῖαι τὰ τέκνα·* τούτων δὲ ἐκ τῶν μαστῶν κρεμάσαντες *τὰ βρέφη* καὶ δημοσίᾳ περιαγαγόντες αὐτὰς τὴν πόλιν *κατὰ τοῦ τείχους ἐκρήμνισαν.*

« Ainsi deux *femmes* furent déférées en justice pour *avoir fait circoncire* leurs enfants. On leur fit faire en public le tour de la ville, *leurs enfants* suspendus aux mamelles, avant de les *précipiter* du haut des remparts. »

4 M 4,25 ὥστε καὶ *γυναῖκας*, ὅτι *περιέτεμον τὰ παιδία*, μετὰ τῶν *βρεφῶν κατακρημνισθῆναι* προειδυίας ὅτι τοῦτο πείσονται·

« des *femmes* mêmes, pour *avoir fait circoncire* leurs enfants, bien qu'elles sussent d'avance quel serait leur sort, *étaient précipitées* du haut des murailles en même temps que *leurs nouveau-nés*. »

La dépendance de 4 M 4,25 envers 2 M 6,10 se manifeste à travers une série de correspondances lexicales (termes en italique dans les passages ci-dessus), en particulier un phénomène d'écho double (κατακρημνισθῆναι de 4 Maccabées correspond à ἐκρήμνισαν de 2 Maccabées, avec un changement de préverbe qui s'explique aisément : la suppression du complément κατὰ τοῦ τείχους est compensée par l'adjonction du préverbe κατα- pour conserver l'idée de la chute).

En général, l'auteur de 4 Maccabées a visé l'économie, en supprimant notamment la mention du nombre des femmes concernées mais aussi la description pathétique des enfants pendant aux seins de leurs mères (ἐκ τῶν μαστῶν κρεμάσαντες τὰ βρέφη), remplacée par une banale construction prépositionnelle (μετὰ τῶν βρεφῶν). Cette neutralisation du pathos est assez surprenante sous la plume d'un auteur plutôt accoutumé à l'hyperbole. Elle s'explique peut-être par le souci de transformer des femmes, qui, dans 2 Maccabées, sont des victimes, en héroïnes acceptant leur martyre en toute connaissance de cause. L'auteur de 4 Maccabées aurait, dans cette optique, cherché à supprimer tous les éléments potentiellement dévalorisants contenus dans le texte de 2 Maccabées, comme le détail en question des enfants suspendus aux seins ou l'exposition publique de ces femmes précédant leur exécution (δημοσίᾳ περιαγαγόντες αὐτὰς τὴν πόλιν). Le martyre de ces femmes, au lieu d'être un supplice infâmant, devient ainsi une manifestation de leur vertu. Il n'empêche que cette sobriété contraste avec l'espèce de complaisance un peu morbide qui caractérise la description des supplices des sept frères.

VI. Le (second) discours d'Éléazar (2 M 6,24–28 // 4 M 6,17–23)

Les parallèles lexicaux sont nombreux entre l'(unique) discours d'Éléazar dans la version de 2 Maccabées et le (second) discours du même Éléazar dans celle de 4 Maccabées. Nous nous contenterons pour l'instant de les signaler, comme à l'habitude, par le recours aux italiques et les étudierons plus en détail dans le chapitre consacré précisément à l'épisode d'Éléazar[9].

2 M 6, 24–28 : 24 Οὐ γὰρ τῆς ἡμετέρας ἡλικίας ἄξιόν ἐστιν *ὑποκριθῆναι*, ἵνα *πολλοὶ τῶν νέων* ὑπολαβόντες Ελεαζαρον τὸν ἐνενηκονταετῆ μεταβεβηκέναι εἰς ἀλλοφυλισμὸν 25 καὶ αὐτοὶ διὰ τὴν ἐμὴν *ὑπόκρισιν* καὶ διὰ τὸ *μικρὸν* καὶ ἀκαριαῖον *ζῆν* πλανηθῶσιν δι' ἐμέ, καὶ μύσος καὶ κηλῖδα τοῦ γήρως κατακτήσωμαι. 26 εἰ γὰρ καὶ ἐπὶ τοῦ παρόντος ἐξελοῦμαι τὴν ἐξ ἀνθρώπων τιμωρίαν, ἀλλὰ τὰς τοῦ παντοκράτορος χεῖρας οὔτε ζῶν οὔτε ἀποθανὼν ἐκφεύξομαι. 27 διόπερ *ἀνδρείως* μὲν νῦν διαλλάξας τὸν βίον τοῦ μὲν γήρως ἄξιος φανήσομαι, 28 τοῖς δὲ *νέοις ὑπόδειγμα γενναῖον* καταλελοιπὼς εἰς τὸ προθύμως καὶ γενναίως ὑπὲρ τῶν σεμνῶν καὶ ἁγίων νόμων ἀπευθανατίζειν. τοσαῦτα δὲ εἰπὼν ἐπὶ τὸ τύμπανον εὐθέως ἦλθεν.

« 24 Et il ajouta : « À notre âge, il est indigne de *feindre* ; autrement *beaucoup de jeunes gens*, croyant qu'Éléazar a embrassé à quatre-vingt-dix ans le genre de vie des étrangers, 25 s'égareraient eux aussi à cause d'une *dissimulation* qui ne me ferait gagner, bien mal à propos, *qu'un petit reste de vie*. Je ne ferais qu'attirer sur ma vieillesse souillure et déshonneur, 26 et quand même je me soustrairais pour le présent au châtiment des hommes, je n'échapperais,

---
[9] Deuxième Partie, Chapitre V.

ni vivant ni mort, aux mains du Dieu souverain. 27 En quittant donc maintenant la vie *avec courage*, je me montrerai digne de ma vieillesse, 28 ayant laissé *aux jeunes* le noble *exemple* d'une belle mort, volontaire et généreuse, pour les vénérables et saintes lois. » »

4 M 6,17–23 : Μὴ οὕτως κακῶς φρονήσαιμεν οἱ Αβρααμ παῖδες ὥστε μαλακοψυχήσαντας ἀπρεπὲς ἡμῖν *δρᾶμα ὑποκρίνασθαι*. 18 καὶ γὰρ ἀλόγιστον εἰ πρὸς ἀλήθειαν ζήσαντες τὸν μέχρι γήρως βίον καὶ τὴν ἐπ᾽ αὐτῷ δόξαν νομίμως φυλάσσοντες νῦν μεταβαλοίμεθα 19 καὶ αὐτοὶ μὲν ἡμεῖς γενοίμεθα *τοῖς νέοις ἀσεβείας τύπος*, ἵνα παράδειγμα γενώμεθα τῆς μιαροφαγίας. 20 αἰσχρὸν δὲ εἰ *ἐπιβιώσομεν ὀλίγον χρόνον* καὶ τοῦτον καταγελώμενοι πρὸς ἁπάντων ἐπὶ δειλίᾳ 21 καὶ ὑπὸ μὲν τοῦ τυράννου καταφρονηθῶμεν ὡς *ἄνανδροι*, τὸν δὲ θεῖον ἡμῶν νόμον μέχρι θανάτου μὴ προασπίσαιμεν. 22 πρὸς ταῦτα ὑμεῖς μέν, ὦ Αβρααμ παῖδες, εὐγενῶς ὑπὲρ τῆς εὐσεβείας τελευτᾶτε. 23 οἱ δὲ τοῦ τυράννου δορυφόροι, τί μέλλετε;

« 17 Non ! Loin de nous une aussi abominable pensée ! Nous n'irons pas, nous, enfants d'Abraham, *jouer*, par faiblesse d'âme, *une comédie* indigne de nous ! 18 En effet, ce serait une folie, si nous qui avons vécu jusqu'à la vieillesse dans l'attachement à la vérité, et qui conservons, fidèles à la Loi, notre opinion sur ce genre de vie, si, dis-je, nous venions maintenant à changer, 19 et si notre personne devenait *pour la jeunesse un modèle* d'impiété, pour que nous servions d'exemple à ceux qui mangent des mets impurs ! 20 Ce serait une honte, si nous *prolongions notre vie de quelques jours* pour être, durant ces jours mêmes, par notre couardise, l'objet de la risée générale, 21 si nous encourrions *par notre lâcheté* le mépris du tyran, si nous renoncions à l'honneur de défendre jusqu'à la mort notre Loi divine ! 22 Tout au contraire, vous autres, enfants d'Abraham, mourez noblement pour la cause de la piété ! 23 Et vous, gardes du tyran, qu'attendez-vous ? »

VII. La prière d'Éléazar (2 M 6,30 // 4 M 6,27–29)

Comme nous le montrerons dans le chapitre consacré à l'épisode d'Éléazar[10], la version de la prière dans le texte de 4 Maccabées résulte, dans sa première partie (4 M 6,27), d'une contraction du texte de la prière dans 2 Maccabées. Pour l'instant, bornons-nous à relever que le motif de l'échappatoire au supplice, possible mais refusée, est commun aux deux versions, ce qui établit leur parenté très probable, sinon certaine.

2 M 6,30 μέλλων δὲ ταῖς πληγαῖς τελευτᾶν ἀναστενάξας εἶπεν Τῷ κυρίῳ τῷ τὴν ἁγίαν γνῶσιν ἔχοντι φανερόν ἐστιν ὅτι δυνάμενος ἀπολυθῆναι τοῦ θανάτου σκληρὰς ὑποφέρω κατὰ τὸ σῶμα ἀλγηδόνας μαστιγούμενος, κατὰ ψυχὴν δὲ ἡδέως διὰ τὸν αὐτοῦ φόβον ταῦτα πάσχω.

« Mais lui, sur le point de mourir sous les coups, dit en soupirant : « Au Seigneur qui possède la science sainte, il est manifeste que, pouvant échapper à la mort, j'endure dans mon corps des douleurs cruelles sous les fouets, mais qu'en mon âme je les souffre avec joie à cause de la crainte qu'il m'inspire. » »

4 M 6,27–29 : Σὺ οἶσθα, θεέ, παρόν μοι σῴζεσθαι βασάνοις καυστικαῖς ἀποθνήσκω διὰ τὸν νόμον. 28 ἵλεως γενοῦ τῷ ἔθνει σου ἀρκεσθεὶς τῇ ἡμετέρᾳ ὑπὲρ αὐτῶν δίκῃ. 29 καθάρσιον αὐτῶν ποίησον τὸ ἐμὸν αἷμα καὶ ἀντίψυχον αὐτῶν λαβὲ τὴν ἐμὴν ψυχήν.

« 27 Tu le sais, ô Dieu ! Je pouvais me sauver ! Mais je meurs à cause de la Loi dans le supplice du feu ! 28 Sois propice à notre nation, satisfait de ce châtiment que nous supportons pour eux ! 29 Fais que mon sang les purifie, et reçois mon âme comme rançon de leurs âmes ! »

---

[10] Deuxième Partie, Chapitre V.

VIII. L'introduction des personnages des sept frères et de leur mère (2 M 7,1 // 4 M 8,3)

2 M 7,1 Συνέβη δὲ καὶ ἑπτὰ ἀδελφοὺς μετὰ τῆς μητρὸς συλλημφθέντας ἀναγκάζεσθαι ὑπὸ τοῦ βασιλέως ἀπὸ τῶν ἀθεμίτων ὑείων κρεῶν ἐφάπτεσθαι μάστιξιν καὶ νευραῖς αἰκιζομένους.

« Il arriva aussi que *sept frères* furent arrêtés *avec leur mère* et que le roi voulut les contraindre, en leur infligeant les fouets et les nerfs de bœufs, à toucher à la viande de porc interdite par la Loi. »

4 M 8,3 ταῦτα διαταξαμένου τοῦ τυράννου, παρῆσαν ἀγόμενοι μετὰ γεραιᾶς μητρὸς ἑπτὰ ἀδελφοὶ καλοί τε καὶ αἰδήμονες καὶ γενναῖοι καὶ ἐν παντὶ χαρίεντες.

« A peine eut-il donné cet ordre qu'on amena devant lui *sept frères, ainsi que leur* vieille *mère* : ceux-ci étaient d'une grande beauté, pudiques, distingués, d'un charme extrême. »

Les deux versions ont en commun une désignation quasiment identique du groupe de personnages principal : les sept frères (ἑπτὰ ἀδελφοί) sont mentionnés au premier plan, la mère n'apparaissant que dans un complément d'accompagnement introduit par la préposition μετά, « avec ». On peut noter néanmoins que :

– dans la version de 4 Maccabées le complément d'accompagnement est antéposé, la mère étant introduite ainsi avant ses fils, ce qui pourrait s'expliquer par la tendance de l'auteur de 4 Maccabées à la mettre en valeur (parallèle de l'introduction de l'éloge de la mère, en 4 M 14,11–16,25) ;
– la version de 4 Maccabées est la seule à insister sur l'âge de la mère des sept frères, peut-être dans la même optique de valorisation du personnage.

IX. L'adresse du premier frère à Antiochos IV (2 M 7,2b // 4 M 9,1)

2 M 7,2b Τί μέλλεις ἐρωτᾶν καὶ μανθάνειν ἡμῶν; ἕτοιμοι γὰρ ἀποθνῄσκειν ἐσμὲν ἢ παραβαίνειν τοὺς πατρίους νόμους.

« *Que vas-tu* demander et apprendre de nous ? *Nous sommes prêts à mourir plutôt que de transgresser les lois de nos pères.* »

4 M 9,1 Τί μέλλεις, ὦ τύραννε; ἕτοιμοι γάρ ἐσμεν ἀποθνῄσκειν ἢ παραβαίνειν τὰς πατρίους ἡμῶν ἐντολάς·

« *Qu'attends-tu*, ô tyran ? *Nous sommes prêts à mourir plutôt que de transgresser les* commandements *de nos pères.* »

Dans ce cas précis, l'emprunt littéral est pour nous indéniable (malgré l'opinion inverse de J. Freudenthal[11] et H.-W. Surkau[12], qui sont obligés d'exclure la possibilité de cet emprunt car il ruinerait leurs théories impliquant la non dépendance de 4 Maccabées envers 2 Maccabées, théories que nous réfuterons dans le chapitre II de notre première partie).

On remarque néanmoins que l'auteur de 4 Maccabées a abrégé la première partie de la formule, supprimant les deux infinitifs régimes de μέλλω, ce qui

---
[11] J. Freudenthal 1869, 76.
[12] H.-W. Surkau 1938, 26.

induit un changement de sens de ce verbe, passant de sa valeur grammaticale de verbe auxiliaire du futur proche à la valeur sémantique de sa construction absolue, « différer, attendre », emploi que l'on retrouve d'ailleurs à la fin du second discours d'Éléazar (4 M 6,23). D'une question rhétorique dénonçant la vanité des objectifs d'Antiochos IV on est passé à une espèce d'injonction cherchant à hâter le martyre.

La seconde partie de la formule est, en revanche, quasiment identique, à trois détails près :

– une modification secondaire de la place de la copule ἐσμεν,

– une variation lexicale concernant la désignation des lois juives (νόμους/ ἐντολάς), qu'il est difficile d'interpréter,

– l'introduction du pronom de la première personne du pluriel au génitif ἡμῶν, qui n'a sans doute rien d'anodin, la première personne du pluriel dans 4 Maccabées renvoyant à l'affirmation des liens de la communauté juive avec ses ancêtres et ses institutions[13].

X. Un « élément de langage » du discours de l'un des frères : 2 M 7,11 // 4 M 10,20

Il s'agit ici non pas d'un parallélisme lexical (les termes employés dans les deux passages sont différents), mais de la présence, dans les deux textes, d'un même « élément de langage » dans le discours de l'un des sept frères (le deuxième, dans le cas de 2 Maccabées ; le quatrième, dans celui de 4 Maccabées).

2 M 7,11 καὶ γενναίως εἶπεν Ἐξ οὐρανοῦ ταῦτα κέκτημαι καὶ διὰ τοὺς αὐτοῦ νόμους ὑπερορῶ ταῦτα καὶ παρ' αὐτοῦ ταῦτα πάλιν ἐλπίζω κομίσασθαι·

« Il fit cette déclaration courageuse : « C'est du ciel que je tiens ces membres, à cause de ses lois je les méprise, et c'est de lui que j'espère les recouvrer. »

4 M 10,20 ἡδέως ὑπὲρ τοῦ θεοῦ τὰ τοῦ σώματος μέλη ἀκρωτηριαζόμεθα.

« C'est avec joie que pour Dieu nous nous laissons amputer des extrémités du corps. »

L'idée commune aux deux passages est l'absence de gravité de la perte de ses membres subie par le martyr. Cela dit, les contextes sont différents.

Dans le cas de 2 M 7,11, l'affirmation s'insère dans le cadre d'une théologie de la résurrection présentée comme une nouvelle création. La perte des membres n'est pas grave, dans la mesure où le martyr espère les retrouver dans l'au-delà, puisqu'ils seront recréés par Dieu.

En 4 M 10,20, l'arrière-plan est différent : au verset précédent immédiatement (4 M 10,19) était développée l'idée de l'invulnérabilité de la Raison (λογισμός). La perte des membres n'est pas grave dans la mesure où l'élément essentiel de la personne humaine est sa Raison, qui, elle, n'est pas touchée par les supplices subis.

---

[13] Cf. Première Partie, Chapitre IV.

Un même « élément de langage » reçoit donc deux expressions très différentes, dépendant fortement toutes deux des conceptions théologiques et philosophiques dominantes dans chacun des deux ouvrages.

XI. Un parallélisme lexical aux conséquences décisives s'il est avéré : le cas du verbe ζωγραφέω (2 M 2,29 // 4 M 17,7)

Le premier auteur à avoir relevé cette correspondance lexicale est, à notre connaissance, J. W. Van Henten[14], qui n'hésite pas à envisager un emprunt de 4 Maccabées à 2 Maccabées, même si le verbe en question n'apparaît pas dans des passages correspondant *a priori* l'un à l'autre : en effet, 2 M 2,29 fait partie de l'introduction du récit historique de 2 Maccabées, alors que 4 M 17,7 appartient à la finale de 4 Maccabées.

2 M 2,29 καθάπερ γὰρ τῆς καινῆς οἰκίας ἀρχιτέκτονι τῆς ὅλης καταβολῆς φροντιστέον, τῷ δὲ ἐγκαίειν καὶ ζωγραφεῖν ἐπιχειροῦντι τὰ ἐπιτήδεια πρὸς διακόσμησιν ἐξεταστέον, οὕτως δοκῶ καὶ ἐπὶ ἡμῶν.

« Car de même qu'il incombe à l'architecte d'une maison neuve de s'occuper de l'ensemble de la construction, alors que celui qui se charge de la décorer de peintures à l'encaustique doit rechercher ce qui est nécessaire à l'ornementation, ainsi en est-il, me semble-t-il, pour nous »

4 M 17,7 Εἰ δὲ ἐξὸν ἡμῖν ἦν ὥσπερ ἐπί τινος ζωγραφῆσαι τὴν τῆς εὐσεβείας σου ἱστορίαν, οὐκ ἂν ἔφριττον οἱ θεωροῦντες ὁρῶντες μητέρα ἑπτὰ τέκνων δι' εὐσέβειαν ποικίλας βασάνους μέχρι θανάτου ὑπομείνασαν;

« S'il nous était permis de peindre comme sur un <tableau> l'histoire de ta piété, qui ne frémirait de voir une mère de sept enfants endurant jusqu'à la mort les supplices les plus divers pour la cause de la piété ? »

Peut-on démontrer l'emprunt lexical ? Le verbe ζωγραφέω n'apparaît dans la *Septante* que dans ces deux occurrences. Le substantif correspondant ζωγραφία est attesté une seule fois, en Siracide 38,27, qui appartient à un développement (Sir. 38, 24–34) visant à démontrer la supériorité du scribe sur l'artisan.

Sir 38,27 οὕτως πᾶς τέκτων καὶ ἀρχιτέκτων, ὅστις νύκτωρ ὡς ἡμέρας διάγει· οἱ γλύφοντες γλύμματα σφραγίδων, καὶ ἡ ἐπιμονὴ αὐτοῦ ἀλλοιῶσαι ποικιλίαν· καρδίαν αὐτοῦ δώσει εἰς ὁμοιῶσαι ζωγραφίαν, καὶ ἡ ἀγρυπνία αὐτοῦ τελέσαι ἔργον.

« Ainsi en va-t-il de tout compagnon ou maître charpentier qui de nuit comme de jour est occupé, de celui qui grave des sceaux en intaille et sans relâche varie les motifs ; il applique son cœur à reproduire le dessin et ses veilles se passent à parfaire son œuvre. »

En 2 M 2,29 et 4 M 17,7, l'écrivain est comparé à un peintre. En Sir 38,27, on retrouve la même comparaison entre un artisan et un spécialiste de l'écriture, mais dans une perspective différente, où l'art pictural se retrouve dévalorisé. Le contexte d'apparition de ζωγραφέω ou de ζωγραφία est donc à peu près semblable dans les trois cas, avec une proximité plus grande entre 2 M 2,29 et 4 M 17,7.

---

[14] J. W. Van Henten 1997, 76.

Il est difficile d'aller plus loin, même si l'hypothèse d'un emprunt direct du terme par l'auteur de 4 Maccabées à 2 Maccabées serait séduisante : en effet, 2 M 2,29 fait partie de l'introduction de l'épitomiste, donc de l'un des passages dont il est sûr qu'il remonte bien à l'auteur de 2 Maccabées et non à son modèle, l'œuvre de Jason de Cyrène ! L'emprunt, s'il était avéré, constituerait une preuve décisive de la dépendance directe de 4 Maccabées envers 2 Maccabées.

Chapitre II

Les erreurs historiques de 4 Maccabées : Réfutation des théories de J. Freudenthal et H.-W. Surkau

A. Réfutation du modèle de J. Freudenthal (dépendance de 2 et de 4 Maccabées envers Jason de Cyrène)

J. Freudenthal, dans son ouvrage de 1869 consacré à 4 Maccabées[1], a essayé de démontrer que 4 Maccabées ne dépendait pas directement de 2 Maccabées mais que les deux livres dépendaient, indépendamment l'un de l'autre, de l'œuvre perdue de Jason de Cyrène, qui, à vrai dire, n'est connue que par la mention qu'en fait l'auteur de 2 Maccabées dans son introduction (2 M 2,23).

Le présent chapitre sera consacré tout d'abord à la réfutation des principaux arguments de J. Freudenthal, cela afin de prouver la dépendance de 4 Maccabées envers 2 Maccabées.

I. ἀντίψυχον

J. Freudenthal[2] commence par relever une divergence importante entre les deux versions de 2 et 4 Maccabées de la prière d'Éléazar : la présence du substantif ἀντίψυχον, « substitut », en 4 M 6,29. Selon J. Freudenthal, le thème du rachat d'Israël par la substitution d'une victime propitiatoire serait étranger à la pensée philosophique de 4 Maccabées et, comme il est absent de 2 Maccabées, ne pourrait provenir que de Jason de Cyrène. Ce serait donc l'auteur de 2 Maccabées qui aurait modifié le texte de la prière présent chez Jason, et celui de 4 Maccabées qui l'aurait conservé plus fidèlement.

Cet argument nous paraît intenable. En effet, en dehors même du fait que le thème de la substitution d'une victime propitiatoire est central dans la pensée de l'auteur de 4 Maccabées[3], des considérations lexicales suffisent, à notre avis, à l'écarter. Le substantif ἀντίψυχον lui-même réapparaît en 4 M 17,21 (encore qu'il puisse s'agir, dans ce cas, de l'adjectif apparenté ἀντίψυχος) ; par ailleurs, ἀντίψυχον s'inscrit dans une série de composés à second terme en -ψυχος, pour lesquels l'auteur de 4 Maccabées semble marquer une certaine prédilection : δειλόψυχος, « lâche » (4 M 8,16 et 16,5) ; ὁμόψυχος, « dont

---
[1] J. Freudenthal 1869.
[2] J. Freudenthal 1869, 75–76.
[3] Cf. 257.

l'âme était semblable (à Abraham)» (4 M 14,20) ; ἀσθενόψυχος, « à l'âme faible » (4 M 15,5) ; ἱερόψυχος, « à l'âme sainte » (4 M 17,4). Il semble donc impossible d'affirmer qu'ἀντίψυχον est un terme étranger à la pensée de l'auteur de 4 Maccabées.

II. μέλλω

J. Freudenthal relève ensuite[4] la différence de construction du verbe μέλλω dans le discours du premier frère (2 M 7,2b // 4 M 9,1). Pour lui, elle proviendrait d'une correction effectuée par l'auteur de 2 Maccabées sur le texte reçu de Jason de Cyrène, suivi fidèlement en revanche par 4 Maccabées.

Là encore, une considération d'ordre lexical peut invalider l'argument : en effet, la construction absolue de μέλλω réapparaît à la fin du deuxième discours d'Éléazar (4 M 6,23), tout en étant absente du texte parallèle de 2 Maccabées (2 M 6,24–28). Il faudrait donc supposer, pour suivre J. Freudenthal, une véritable hargne de l'auteur de 2 Maccabées contre la construction absolue de μέλλω, aboutissant à sa censure systématique ! Il paraît beaucoup plus vraisemblable de voir dans cette construction l'une des caractéristiques de la langue de l'auteur de 4 Maccabées, qui serait du coup responsable de la modification apportée au discours du premier frère.

III. Éléazar

En 4 M 5,4, Éléazar est présenté comme un prêtre, alors que, en 2 M 6,18, il n'est que docteur de la Loi. Pour J. Freudenthal[5], cette divergence serait due à la censure par l'auteur de 2 Maccabées, profondément anti-hasmonéen, du caractère sacerdotal d'Éléazar. Là encore, ce serait 4 Maccabées qui représenterait le texte initial de Jason de Cyrène.

Cette hypothèse nous paraît absurde car elle supposerait logiquement, sinon une position pro-hasmonéenne de 4 Maccabées, du moins une certaine forme de neutralité de son auteur par rapport à cette dynastie. Pourquoi, dans ce cas, a-t-il fait disparaître de son ouvrage toute mention de la révolte des Maccabées, pourtant à l'origine du royaume hasmonéen ?

Il est beaucoup plus simple d'admettre que le caractère sacerdotal d'Éléazar est un ajout de 4 Maccabées, en lien précisément avec le thème du sacrifice propitiatoire, que J. Freudenthal jugeait étranger à sa pensée.

IV. Le suicide de la mère des sept frères

En 4 M 17,1, la mère des sept frères se suicide pour préserver la pureté de son corps, alors que, en 2 M 7,41, il est simplement fait mention de sa mort : im-

---

[4] J. Freudenthal 1869, 76–77.
[5] J. Freudenthal 1869, 78.

plicitement, elle a donc été exécutée comme ses fils. D'après J. Freudenthal[6], l'épisode du suicide aurait été présent chez Jason de Cyrène et conservé par 4 Maccabées, mais aurait été censuré par l'auteur de 2 Maccabées pour des raisons religieuses. La présence, dans le texte de 2 Maccabées lui-même, d'un récit de suicide mis au crédit de son auteur (épisode de Razis : 2 M 14,37–46) suffit à rendre pour le moins problématique l'hypothèse de ce processus de censure[7].

V. Erreurs historiques

J. Freudenthal relève ensuite[8] une série de divergences d'ordre historique entre les deux versions de 2 et 4 Maccabées de l'épisode d'Héliodore/Apollonius. En fait, de manière plus large, le texte de 4 Maccabées comporte des « erreurs » historiques, c'est-à-dire des détails narratifs s'écartant des données historiques établies généralement. Comme il s'agit de données erronées, il nous paraît peu probable qu'elles puissent remonter à l'œuvre de l'historien que Jason de Cyrène est censé avoir été. En revanche, elles sont explicables au cas par cas dans l'hypothèse beaucoup plus vraisemblable d'une dépendance directe de 4 Maccabées envers 2 Maccabées. Nous allons, pour prouver ce point, examiner une à une ces erreurs pour en déterminer l'origine.

1. L'identité du roi Séleucos (4 M 3,20)

Dans la réalité historique, le prédécesseur d'Antiochos IV se nomme Séleucos IV Philopator. En 4 M 3,20, il est cependant désigné comme Séleucos Nicanor. Aucun roi séleucide n'a porté ce nom. D'où peut venir cette épithète aberrante ?

Si l'on se reporte au texte correspondant de 2 Maccabées (2 M 3,3), on constate que le surnom du roi Séleucos IV n'y est pas indiqué. En supposant que l'auteur de 4 Maccabées n'avait plus qu'une connaissance médiocre de l'histoire séleucide, on peut reconstituer le scénario suivant : butant sur le nom du roi Séleucos, notre auteur a supposé à tort qu'il s'agissait du plus célèbre de la lignée des rois ayant porté ce nom, sans doute le seul qu'il connût encore : Séleucos I Nicator. Il a donc restitué de façon erronée ce surnom, mais en commettant une erreur supplémentaire, une confusion entre Nicator et Nicanor, le général d'Antiochos V dont la défaite était célébrée, d'après 2 Maccabées, le 13 Adar (2 M 15,36). C'est très probablement dans le texte même de 2 Maccabées que l'auteur de 4 Maccabées a puisé le surnom de Nicanor. À moins évidemment que cette confusion supplémentaire ne remonte pas à l'auteur, mais à la tradition manuscrite.

---

[6] J. Freudenthal 1869, 79–80.
[7] Sur la question du suicide dans 4 Maccabées, cf. Deuxième Partie, chapitre VIII.
[8] J. Freudenthal 1869, 80–85.

2. Le rapport généalogique entre Séleucos IV et Antiochos IV (4 M 4,15)

Dans la réalité historique, Antiochos IV était le frère de son prédécesseur Séleucos IV. Mais, d'après 4 M 4,15, il s'agit de son fils. Comment peut s'expliquer cette modification de la généalogie des Séleucides ?

Là encore, inutile, à notre avis, de construire des hypothèses compliquées. L'auteur de 4 Maccabées n'a sûrement plus connaissance de l'existence du malheureux Antiochos, fils de Séleucos IV, choisi brièvement comme roi associé et prince héritier par son oncle Antiochos IV avant d'être exécuté sur ordre de ce dernier[9]. Là encore, le texte correspondant de 2 Maccabées (2 M 4,7) ne comporte pas de mention du rapport généalogique entre les deux rois successifs. L'auteur de 4 Maccabées a spontanément restitué le rapport qui lui semblait le plus naturel, un rapport de filiation directe. Ce qui prouve à nouveau qu'il ne connaissait plus directement l'histoire des Séleucides et qu'il dépend pour son information historique du texte de 2 Maccabées.

3. L'anachronisme concernant le découpage des provinces (4 M 4,2)

D'après 4 M 4, 2, Apollonios est stratège de Syrie, de Phénicie et de Cilicie. Or, dans le texte correspondant de Maccabées (2 M 3,5), la Cilicie n'est pas mentionnée. Comment expliquer cet ajout ?

Une hypothèse remontant à Elias Bickerman[10] y voit un anachronisme, reflet du regroupement des deux provinces de Syrie-Phénicie et de Cilicie sous une unique autorité au moment de la rédaction de 4 Maccabées.

L'union des deux provinces au cours du premier siècle ap. J.-C. est en effet postulée par E. Bickerman sur la base de l'inscription antiochienne IG XIV,746 mentionnant la « Syrie, Cilicie, Phénicie », de trois passages néotestamentaires (Galates 1,21 ; Actes des Apôtres 15,23 et 15,41), d'un passage de Columelle (II, 10,16, contredit par XI,2,56) et d'un passage de Pline (*Histoire Naturelle* XVIII,122), tous ces passages littéraires ayant en commun d'associer étroitement la Syrie et la Cilicie. Deux passages des *Annales* de Tacite (II,56 et XIII,8) permettent à E. Bickerman de préciser la période de la réunion des provinces, forcément postérieure à 18 ap. J.-C. et antérieure à 55 ap. J.-C. Sur la base de ces considérations, E. Bickerman assigne à cette même période la rédaction de 4 Maccabées, ce qui nous paraît un peu aventureux.

Risquons une autre interprétation du même anachronisme : l'ajout de la Cilicie par l'auteur de 4 Maccabées serait une coquetterie qui nous révélerait non pas l'époque mais le lieu de sa rédaction : soit la Cilicie (dans une cité comme

---

[9] M. Sartre 2001, 373.
[10] E. Bickerman 1976.

Tarse ou Anazarbos) soit une région proche (La Pamphylie ? La Lycie ?). Tout cela ne pouvant guère dépasser le stade de l'hypothèse.

VI. Datation des événements

Enfin, J. Freudenthal s'égare dans des considérations historiques[11] sur la chronologie précise de la persécution d'Antiochos IV. Ces considérations nous semblent hors de propos en raison du caractère partiellement anhistorique du récit de 4 Maccabées. La seule chose qui ressort clairement de ce développement est le fait que 4 Maccabées partage avec 2 Maccabées, à rebours de 1 Maccabées, un modèle chronologique comportant une seule venue d'Antiochos IV à Jérusalem, ce qui, en fait, est un argument fort en faveur de la dépendance de 4 Maccabées envers 2 Maccabées !

En conclusion, le modèle proposé par J. Freudenthal implique que 4 Maccabées est relativement fidèle au texte supposé de Jason de Cyrène, alors que l'auteur de 2 Maccabées l'aurait modifié, voire censuré. En somme, selon lui, en cas de divergence entre 2 et 4 Maccabées, c'est le texte de 2 Maccabées qui est le plus évolué. Comme nous l'avons vu, dans chaque cas évoqué, il est en fait beaucoup plus simple d'admettre que c'est, au contraire, l'auteur de 4 Maccabées qui a apporté des modifications au texte qui lui servait de source, à savoir 2 Maccabées.

B. Réfutation du modèle de H.-W. Surkau (dépendance des récits de martyres de 2 et de 4 Maccabées envers une source populaire, différente de Jason de Cyrène)

La théorie de H.-W. Surkau découle de deux prémisses : étudiant le récit de la persécution et des martyres d'Éléazar et des sept frères de 2 Maccabées (2 M 6,1–7,42), il avait émis l'hypothèse[12] selon laquelle ce récit proviendrait d'une source propre, en raison notamment de la double mention de la révolte de Judas Maccabée en 2 M 5,27 et 8,1, de part et d'autre de ce récit. Il laisse cependant ouverte la question de l'auteur de l'adjonction : Jason de Cyrène lui-même ou son abréviateur ?

Revenant sur la question des sources, à propos cette fois-ci de 4 Maccabées, H.-W. Surkau réexamine les parallèles relevés par J. Freudenthal entre les textes de 2 et de 4 Maccabées pour montrer, cas par cas, qu'il n'y a en fait aucune reprise littérale du texte de 2 Maccabées dans celui de 4 Maccabées[13] (ce qui est très discutable : les reprises textuelles, étudiées dans notre chapitre I, sont peu nombreuses, mais elles existent).

---

[11] J. Freudenthal 1869, 86–89.
[12] H.-W. Surkau 1938, 11–13.
[13] H.-W. Surkau 1938, 25–29.

Il en déduit que les récits des martyres de 2 et de 4 Maccabées dépendent séparément d'une même source, mais que cette source est non littéraire[14]. Est-ce à dire qu'il s'agit d'une tradition orale ? Malheureusement, H.-W. Surkau n'est pas très clair sur ce point et son flou terminologique a d'ailleurs été sévèrement critiqué par H.-J. Klauck[15].

Pour notre part, l'existence d'au moins une reprise littérale (2 M 7,2b // 4 M 9,1), au sein même des deux récits du martyre des sept frères, nous paraît suffisante pour ôter son fondement à la théorie de H.-W. Surkau. Certes, ce dernier examine le parallèle en question[16], mais il exclut l'hypothèse de l'emprunt en s'appuyant sur la différence des sens de μέλλω dans l'un et l'autre textes (comme nous l'avons vu[17], cette différence peut cependant s'expliquer par une modification volontaire du texte emprunté à 2 Maccabées par l'auteur de 4 Maccabées). Ce faisant, il omet, volontairement ou involontairement, de relever la quasi identité de la suite du texte de chacun des deux versets, qui ne peut s'expliquer que par un emprunt littéral. Le récit des martyres de 4 Maccabées est donc bien dépendant de celui de 2 Maccabées. Que ce dernier ait appartenu dès l'origine à l'œuvre de Jason, abrégée par l'auteur de 2 Maccabées, ou provienne d'une source indépendante est par ailleurs une question de peu d'importance pour notre étude, consacrée à la genèse du texte de 4 Maccabées et non à celle du texte de 2 Maccabées.

---

[14] H.-W. Surkau 1938, 29.
[15] H.-J. Klauck 1989, 655.
[16] H.-W. Surkau 1938, 26–27.
[17] Cf. 17.

Chapitre III

La question du genre de 4 Maccabées (première approche)

A. Le genre littéraire de 2 Maccabées

La source de 4 Maccabées, 2 Maccabées, est elle-même un ouvrage composite, ce qui pose le problème du genre littéraire auquel elle se rattache. Le livre est composé, d'une part, de deux lettres (2 M 1,1–10 et 1,11–2,18) adressées par la communauté juive de Judée à celle d'Égypte, relatives à l'instauration de la fête de la Dédicace (Hannoukah) et datées respectivement (si l'on se fie aux données du texte) de 124 et 164 av. J.-C., et, d'autre part, du résumé (2 M 2,19–15,39) de l'ouvrage historique (inconnu par ailleurs), en cinq volumes, d'un certain Jason de Cyrène, relatif à la persécution d'Antiochus IV Epiphane et à la révolte des Maccabées qui en avait découlé, débouchant sur la nouvelle consécration du Temple de Jérusalem, commémorée par la fête de la Dédicace. 2 Maccabées se présente donc comme un ouvrage essentiellement narratif, mais où la narration est au service d'une argumentation visant à faire adopter par la diaspora une fête nouvelle introduite par la communauté juive de Judée.

Il est à noter qu'un certain nombre de récits secondaires de type légendaire se rencontrent également, à titre d'arguments, dans le cadre de la seconde lettre : récit de la mort d'Antiochus IV Épiphane (2 M 1,11–17) ; redécouverte du feu sacré par Néhémie (2 M 1,18–36) ; conservation des objets du culte par Jérémie (2 M 2,1–9) ; dédicaces antérieures célébrées par Moïse et Salomon (2 M 2,10–12) ; rassemblement du corpus des livres sacrés par Néhémie et Judas Maccabées (2 M 2,13–15). L'ensemble de ces récits a pour but de montrer que la nouvelle dédicace s'inscrit dans la suite logique de l'histoire des Pères, ce qui justifie l'insertion de la fête de la Dédicace parmi les grandes fêtes du calendrier liturgique hébraïque.

B. Le genre littéraire de 4 Maccabées : position du problème

La structure de 4 Maccabées est également composite. L'ouvrage se compose globalement de deux parties : une partie argumentative (4 M 1,1–3,18) et une partie narrative (4 M 3,19–18,24). En fait, la coupure entre les deux parties n'est pas aussi nette que cela. En effet, la première partie comporte un certain nombre de récits secondaires qui viennent appuyer, à titre d'exemples, la démonstration : domination par Moïse de sa colère contre Dathan et Abiram (2,17) ; condamnation de Siméon et Lévi par Jacob (2,19) ; attitude exemplaire de David envers ses soldats qui ont risqué sa vie pour lui (3,6–3,18). Le récit des martyres d'Éléazar et des sept frères s'inscrit dans la suite logique des différents *exempla* attribués aux Pères. On retrouve sur ce point une structure similaire à celle de 2 Maccabées.

En ce qui concerne la partie narrative, il faut observer qu'il s'agit moins d'une narration *stricto sensu* que d'un éloge relevant de la rhétorique épidictique, troisième genre rhétorique de l'Antiquité. Ce qui pose le problème de la dépendance de 4 Maccabées par rapport à la tradition littéraire grecque de l'éloge, qui a connu un fort développement à la fin du premier siècle et au second siècle ap. J.-C. dans le cadre de ce que l'on appelle communément la seconde sophistique.

Les objectifs de la rédaction de 4 Maccabées posent également question. Tel qu'il se présente à nous, l'ouvrage est adressé par l'auteur à sa communauté à l'occasion de la commémoration du martyre des sept frères. Il s'agirait donc d'une sorte d'homélie. La question est de savoir s'il s'agit d'une homélie réelle, prononcée dans le cadre du culte synagogal, ou d'un discours fictif, ce qui pose, dans ce cas, le problème de l'identification du ou des destinataires : diaspora juive ou public extérieur païen qu'il s'agirait de convaincre du caractère rationnel de la pratique religieuse juive ? On voit que la question de l'identification du genre littéraire précis de 4 Maccabées est inséparable de son interprétation.

On peut se demander si, au-delà des différences de genre littéraire entre 2 et 4 Maccabées, il n'existe pas une ressemblance profonde entre les projets de leurs auteurs respectifs : dans les deux cas, on a affaire à un contexte férial. Pour 2 Maccabées, le but est explicitement de convaincre la diaspora d'adopter la fête de la Dédicace. On peut formuler l'hypothèse que 4 Maccabées aurait eu également l'objectif de promouvoir la célébration du martyre des sept frères. L'auteur de 4 Maccabées aurait eu recours à des moyens rhétoriques similaires à ceux de 2 Maccabées (parallèle entre les actions des « héros contemporains », Judas Maccabée dans un cas, les sept frères dans l'autre, et les *exempla* attribués aux Pères) tout en usant d'un genre littéraire « cadre » différent (lettres réelles ou fictives, d'un côté ; homélie réelle ou fictive, de l'autre).

C. La question de l'unité de 4 Maccabées

La complexité de la question du genre littéraire de 4 Maccabées provient essentiellement des différences profondes qui séparent ses deux parties constitutives. En fait, il serait beaucoup plus simple de poser la question du genre littéraire de manière indépendante pour chacune des deux parties, ce qui peut laisser cours à l'hypothèse selon laquelle 4 Maccabées aurait pu être rédigé en deux temps : un premier auteur aurait écrit un panégyrique d'Éléazar et des sept frères, qui correspondrait à la partie narrative de 4 Maccabées (4 M 3,19–18,24) ; un second auteur, ayant pour but de rédiger un traité sur la Raison pieuse (εὐσεβής λογισμός), y aurait inséré le texte de cet éloge à titre d'exemple à l'appui de sa thèse. À notre connaissance, A. Dupont-Sommer[1] est le premier à avoir envisagé cette hypothèse, pour la rejeter aussitôt en se fondant sur l'homogénéité de la langue des deux parties de 4 Maccabées, incompatible avec la théorie d'une dualité d'auteurs. À sa suite, la thèse de l'unité de composition de 4 Maccabées a été reprise par les différents commentateurs[2] et fait consensus.

Au-delà des considérations linguistiques ou stylistiques (J. W. Van Henten[3], par exemple, s'appuie sur l'étude de la rhétorique de 4 Maccabées menée par U. Breitenstein[4] pour montrer qu'il n'y a aucune différence stylistique entre les deux parties), deux arguments d'ordre structurel, développés plus loin dans le cadre du présent travail, nous semblent plaider également en faveur de l'unité de composition de 4 Maccabées.

D'une part, le plan de la seconde partie ne correspond pas au plan complet d'un éloge conforme aux règles de la rhétorique épidictique[5] : il est donc peu probable qu'elle ait constitué, dans un premier temps, un ouvrage indépendant, à moins que l'auteur final de 4 Maccabées ne l'ait recopiée que partiellement.

D'autre part (argument sans doute plus décisif), les deux parties de 4 Maccabées partagent la même situation d'énonciation fondamentale, comme on peut le prouver en étudiant les emplois des pronoms des deux premières personnes du singulier et du pluriel dans 4 Maccabées[6]. Cette unité profonde nous semble impliquer de manière indiscutable l'unité de composition de 4 Maccabées, au-delà des différences réelles qui séparent et opposent ses deux parties. Ce point posé, nous allons cependant parcourir les différentes hypothèses d'affiliation générique qui ont pu être proposées pour chaque partie considérée isolément.

---

[1] A. Dupont-Sommer 1939, 19.
[2] Par exemple D. A. deSilva 1998, 25–26.
[3] J. W. Van Henten 1997, 67.
[4] U. Breitenstein 1976, 91–130.
[5] Cf. 23.
[6] Cf. Première Partie, Chapitre IV.

D. La question du genre de la première partie

Les commentateurs successifs de 4 Maccabées ont tenté de retrouver dans la première partie de 4 Maccabées (4 M 1,1–3,18) le plan caractéristique de tel ou tel genre littéraire grec. Les premiers rapprochements, opérés par J. Freudenthal[7], avec deux exercices rhétoriques scolaires de l'Antiquité, la χρεία (« chrie » ou « anecdote »), développement d'une anecdote attribuée à un personnage remarquable, et la γνώμη (« maxime »), développement d'une maxime traditionnelle, aboutissent à des propositions de plan assez arbitraires qui ne concordent pas, dans le détail, avec le contenu du texte de 4 Maccabées. Ces propositions ont été réfutées de manière convaincante par A. Dupont-Sommer[8] et il est donc inutile de nous y attarder.

Par ailleurs, une thèse déjà ancienne (elle remonte à E. Norden[9]) voit dans l'ensemble de 4 Maccabées une forme de diatribe inspirée de la diatribe stoïcienne. Cette thèse, rejetée sommairement par A. Dupont-Sommer[10], pour qui cette affiliation générique ne serait valable éventuellement que pour la première partie du livre, a été reprise par H. Thyen[11], sur des bases un peu différentes. En effet, pour H. Thyen, ce n'est pas 4 Maccabées spécifiquement qui s'inspire des codes de la diatribe stoïcienne, mais plutôt le genre de l'homélie juive hellénistique dans son ensemble qui est comme un décalque du genre de la diatribe cynico-stoïcienne. Il s'agit d'ailleurs d'une extension à la littérature judéo-hellénistique de la thèse de R. Bultmann relative aux sources du style des prédications pauliniennes[12].

H. Thyen a relevé dans le texte de 4 Maccabées, à l'appui de sa thèse, nombre de procédés stylistiques caractéristiques selon lui de la diatribe cynico-stoïcienne : emploi de l'indéfini τις pour introduire une objection[13], ; emploi de formules à la deuxième personne pour s'adresser à son auditoire[14] ; emploi de paradoxes[15], de questions rhétoriques[16]… L'argumentation de H. Thyen serait tout à fait convaincante si les caractéristiques principales, ou l'existence même du genre de la diatribe cynico-stoïcienne, faisaient l'objet d'un consensus dans la communauté des chercheurs.

Le débat est déjà ancien : la définition du genre de la diatribe cynico-stoïcienne remonte à U. von Willamowitz-Möllendorff, dans un excursus de son

---

[7] J. Freudenthal 1869, 19.
[8] A. Dupont-Sommer 1939, 17–18.
[9] E. Norden 1923, I, 416–418).
[10] A. Dupont-Sommer 1939, 22.
[11] H. Thyen 1955, 12–14.
[12] R. Bultmann 1910.
[13] H. Thyen 1955, 41, notes 5 et 6 et 42, note 18.
[14] H. Thyen 1955, 43, note 34.
[15] H. Thyen 1955, 51, notes 90 et 92.
[16] H. Thyen 1955, 52, notes 100 et 101, 5, notes 104, 107, 109 et 110.

livre consacré à Antigone de Carystos[17]. Ces quelques pages sont dévolues aux fragments subsistants de l'œuvre de Télès, un philosophe cynique du troisième siècle av. J.-C. Ces fragments constitueraient selon lui le témoignage le plus ancien du genre de la diatribe, qui serait l'origine lointaine du genre du sermon chrétien[18]. On voit au passage que c'est également U. von Willamowitz-Möllendorff qui est indirectement à l'origine de la thèse, développée successivement par R. Bultmann et H. Thyen, de l'origine cynico-stoïcienne de la prédication judéo-hellénistique.

Les caractéristiques fondamentales de ce genre seraient les suivantes, selon la présentation de P. P. Fuentes González, qui a récemment produit une nouvelle édition des diatribes de Télès[19] :

« *(a) Caractérisation générale : c'est une "leçon-conférence" ou "prédication".*

(b) Forme, méthode, réalisation :

– discours en prose (à mi-chemin entre rhétorique et discours familier), avec des vers sporadiques, qui sont des « citations », des imitations ou des remaniements plus ou moins parodiques ;

– méthode éristique : organisation du discours argumentatif sur la base de l'existence d'un « adversaire fictif » (dédoublement « théâtral » de l'orateur, réplique purement fonctionnelle) ;

– exécution directe devant un public (improvisation).

(c) Contenu et idéologie : thèmes et motifs communs de la philosophie morale dite "populaire".

(d) Auteur :

– maître, philosophe "populaire" ;

– activité plus ou moins itinérante.

(e) But : vulgarisation (pas de recherche "originale"), action pédagogique, moralisante. »

L'existence de la diatribe cynico-stoïcienne en tant que genre littéraire a été vigoureusement contestée dès 1911 par O. Halbauer[20], pour qui le concept de « diatribe » n'est qu'une construction de la philologie allemande de la fin du dix-neuvième siècle, le terme grec διατριβή n'ayant jamais renvoyé à un genre littéraire précis et n'étant qu'un terme descriptif du rapport pédagogique entre un maître et ses disciples. La contradiction entre les thèses d'U. von Wilamowitz-Möllendorff et d'O. Hallbauer a suscité parmi les historiens de la philosophie un débat jamais vraiment refermé. La synthèse la plus récente à notre connaissance sur le sujet est celle de P. P. Fuentes González, dans son introduction à son édition des diatribes de Télès[21] dont il vient d'être question. Pour sauver le concept de « diatribe », il est amené à se rallier à la position de S. K. Stowers[22], selon laquelle il faut par-

---

[17] U. von Willamowitz-Möllendorff 1881, 292–319, cf. P. P. Fuentes González 1998, 11–13.
[18] U. von Willamowitz-Möllendorff 1881, 313.
[19] P. P. Fuentes González 1998, 45.
[20] O. Halbauer 1911,10.
[21] P. P. Fuentes González 1998, 44–78.
[22] S. K. Stowers 1981, 7–78, cf. P. P. Fuentes González 1998, 50–56.

tir d'« une conception plus moderne du genre littéraire, fondée notamment sur l'idée de l'existence d'une situation d'énonciation typique ainsi que sur l'idée de la relation entre l'auteur et son public. »[23] La diatribe serait ainsi définie par une situation d'énonciation correspondant à la relation maître/disciple. C'est au prix de cette redéfinition qu'il serait possible de continuer d'employer le concept de « diatribe ».

Pour notre part, il nous semble que le concept de « diatribe » ainsi redéfini s'applique mal au cas de 4 Maccabées : il nous paraît artificiel de ramener la situation d'énonciation qui semble être celle de 4 Maccabées (un discours adressé à une communauté) au modèle de la relation maître/disciple. Il est symptomatique que la figure de l'ὑποφορά (attribution de la thèse adverse à un interlocuteur fictif), que P. P. Fuentes González identifie comme l'un des procédés dominants dans les diatribes de Télès[24], soit absente de 4 Maccabées. Comme nous le verrons dans le chapitre consacré aux marqueurs de la situation d'énonciation de 4 Maccabées[25], les usages de la deuxième personne y sont totalement différents : au singulier, elle est limitée aux passages relevant du registre 4 défini plus loin[26] ; au pluriel, elle est caractéristique des adresses à l'auditoire qui n'ont rien de polémique.

En ce qui concerne le genre de la première partie de 4 Maccabées, une thèse plus convaincante a été développée plus récemment par R. Renehan[27]. Sur la base d'un parallélisme de contenu avec un texte de Galien, il y voit la reprise, sous forme abrégée, d'un traité d'inspiration stoïcienne sur les passions. Nous reviendrons plus en détail sur cette thèse dans le cadre du chapitre consacré à la structure de la « partie philosophique » de 4 Maccabées[28] : nous y montrerons qu'elle peut contribuer à expliquer les incohérences apparentes du plan de cette première partie.

E. La question du genre de la seconde partie

I. La thèse du panégyrique

La plupart des commentateurs, en particulier A. Dupont-Sommer[29] et D. A. de Silva[30], interprètent la seconde partie de 4 Maccabées comme un éloge d'Éléazar, des sept frères et de leur mère, s'inscrivant dans une tradition littéraire

---

[23] P. P. Fuentes González 1998, 55.
[24] P. P. Fuentes González 1998, 61.
[25] Cf. Première Partie, Chapitre IV.
[26] Cf. Première Partie, Chapitre V.
[27] R. Renehan 1972.
[28] Cf. Deuxième Partie, Chapitre I.
[29] A. Dupont-Sommer 1939, 18–19.
[30] D. A. de Silva 1998, 76–98.

grecque, qui relève du troisième genre de la rhétorique traditionnelle, le discours épidictique. Le genre de l'éloge a été étudié notamment par L. Pernot[31], dans son ouvrage *La Rhétorique de l'éloge dans le monde gréco-romain*. L'auteur de 4 Maccabées aurait donc respecté dans sa composition les règles d'un genre littéraire emprunté à la culture grecque. À première vue, cette thèse paraît relever de l'évidence et fait d'ailleurs l'objet d'un relatif consensus. Il est possible cependant d'émettre des objections et d'apporter des nuances à une position peut-être trop tranchée.

Tout d'abord, il faut noter que le quatrième livre des Maccabées ne s'inscrit pas seulement dans une tradition littéraire grecque. La littérature biblique comporte elle aussi une série d'éloges des Pères, ou plus précisément de Dieu agissant à travers l'histoire des Pères. Quelques exemples : le Psaume 136, les chapitres 44 à 50 du Siracide, le testament de Mattathias en 1 Maccabées 2,51–64. À chaque fois, l'éloge est consacré non à une seule personne mais à une série de personnages tirés de toute l'histoire du peuple élu. Dans le Siracide (et implicitement dans 1 Maccabées), se fait jour une perspective actualisante, puisque le dernier personnage évoqué est un contemporain, le grand prêtre Simon (dans 1 Maccabées, implicitement, les héritiers des vertus des Pères sont les frères Maccabées eux-mêmes).

Cette tradition littéraire a manifestement elle aussi influencé l'auteur de 4 Maccabées : non seulement on rencontre dans le texte un éloge de ce genre, mis par la mère des sept frères dans la bouche de leur père (4 M 18,10–18,19), mais l'ensemble du livre contient des rappels des *exempla* des Pères (Abel : 4 M 18,11 ; Abraham : 4 M 16,20 ; 18,11 ; Jacob : 4 M 2,19–20 ; Joseph : 4 M 18,11 ; Moïse : 4 M 2,17 ; Aaron : 4 M 7,11 ; Pinhas : 4 M 18,12 ; David : 4 M 3,6–18 ; Daniel : 4 M 16,3 ; 16,21 ; 18,13 ; Ananias, Azarias et Misaël : 4 M 16,21 ; 18,12). 4 Maccabées pourrait donc être vu comme le lieu d'une rencontre entre deux traditions littéraires, issues des mondes gréco-romain et juif.

Ensuite, malgré toutes les affinités que l'on peut repérer entre la seconde partie de 4 Maccabées et l'ἐγκώμιον rhétorique typique de la seconde sophistique, il subsiste une différence majeure : la topique employée dans 4 Maccabées est considérablement plus pauvre que celle des traités théoriques de l'Antiquité étudiés notamment par L. Pernot[32]. Si l'on reprend la liste du traité de Ménandros II qui sert de référence à L. Pernot[33], on constate qu'une série de *topoi* sont pratiquement absents de 4 Maccabées : c'est le cas, par exemple, des différentes qualités physiques[34] (santé, taille, vélocité, force, beauté), mais aussi de tout ce qui concerne les *epitedeumata*[35], concept qui recouvre aussi bien le mode de vie que les habitudes de comportement personnelles.

---

[31] L. Pernot 1993.
[32] L. Pernot 1993, I, 134–178.
[33] L. Pernot, 1993, I, 153.
[34] L. Pernot, 1993, I, 159.
[35] L. Pernot, 1993, I, 163.

En fait, les personnages des martyrs, que ce soit Éléazar ou les sept frères, n'ont pour ainsi dire, dans 4 Maccabées, aucune biographie. Lorsqu'Éléazar est présenté, en 4 M 5,4, il est identifié à sa fonction de prêtre. Nous n'apprenons rien sur sa vie passée. De la même façon, les sept frères et leur mère sont présentés globalement en 4 M 8,3, sans qu'ils soient individualisés d'aucune manière : à aucun moment l'auteur de 4 Maccabées ne les nommera personnellement. Il faudra attendre la finale de 4 Maccabées pour qu'un fragment du passé des sept frères, à savoir l'éducation reçue de leur père, soit évoqué dans la bouche de leur mère (4 M 18,7–19). Ce relatif « anonymat », commun d'ailleurs avec le modèle de 2 Maccabées, entraîne logiquement l'absence de tous les *topoi* liés de près ou de loin à la biographie des personnes dont on fait l'éloge.

Si l'on revient à la liste de Ménandros II, on constate que ne survivent à ce naufrage que les *topoi* liés à la naissance[36] (*eugeneia*) et à l'éducation[37] (*paideia*) des personnages, d'une part, à leurs vertus[38] (*aretai*) et à leur genre de mort[39] (*teleutê*), d'autre part. Nous nous proposons d'examiner tour à tour la façon dont l'auteur de 4 Maccabées a employé ces différents *topoi*. Dans les trois premiers cas, nous procèderons à cet examen par le biais de l'observation de marqueurs lexicaux (les substantifs correspondant directement à chaque *topos* et leurs synonymes). Dans le dernier cas, c'est la matière même du récit qui constituera notre objet d'étude.

1. Εὐγένεια

Le substantif εὐγένεια, « noblesse », n'apparaît qu'une seule fois dans le texte de 4 Maccabées (en 4 M 8,4), à propos des sept frères tels qu'ils sont perçus par Antiochos IV. Son synonyme γενναιότης n'est, lui aussi, employé qu'une seule fois, en 4 M 17,2, à propos de la foi juive.

L'adjectif εὐγενής, « noble », de son côté, est appliqué à deux personnages de martyrs, Éléazar (4 M 6,5) et le premier frère pris individuellement (4 M 9,13). Dans tous ses autres emplois, il qualifie un terme abstrait : le « combat de la piété » (στρατεία περὶ τῆς εὐσεβείας), en 4 M 9,24 ; la « résolution » (γνώμη) du second frère, en 4 M 9,27 ; la fraternité (ἀδελφότης) des sept frères, en 4 M 10,3 et 10,15 (il est notable que l'ἀδελφότης soit qualifiée de εὐγενής dans deux de ses emplois sur cinq dans le texte de 4 Maccabées). Son synonyme γενναῖος est employé au sujet d'Éléazar (comparé à un γενναῖος ἀθλητής, un « noble athlète », en 4 M 6,10), des sept frères dans leur ensemble au moment de leur présentation (4 M 8,3), de leur mère (4 M 15,24) et des soldats d'Antiochos IV qui acquièrent cette noblesse par leur imitation des sept frères (!)

---

[36] L. Pernot, 1993, I, 155–156.
[37] L. Pernot, 1993, I, 161–163.
[38] L. Pernot, 1993, I, 165–173.
[39] L. Pernot, 1993, I, 176–178.

en 4 M 17,24. Il s'applique par métonymie à la sueur (ἱδρώς) des responsables des communautés juives (4 M 7,8) et au combat (ἀγών) des sept frères pour la défense de la Loi (4 M 16,16). Le comparatif γενναιότερος est employé en 4 M 15,30 pour qualifier la mère des sept frères, jugée plus noble que les hommes, et, sans complément, en 4 M 11,12, à propos des souffrances des sept frères, dans la bouche du cinquième d'entre eux.

Quant à l'adverbe εὐγενῶς, « noblement », il est majoritairement associé à un verbe signifiant « mourir » : τελευτάω en 4 M 6,22 (dans une adresse d'Éléazar à l'ensemble des enfants d'Israël), ἀποθνήσκω en 4 M 12,14 (à propos des sept frères), ἐναποθνήσκω en 4 M 6,30 (à propos d'Éléazar). Dans les autres cas, il est associé à un verbe signifiant « supporter » : ὑπομένω, en 4 M 9,22 (à propos du premier frère), et καρτερέω, en 4 M 13,11 (dans le cadre d'une séquence d'exhortations mutuelles entre les sept frères). Son synonyme γενναίως est associé dans ses deux occurrences à un verbe signifiant « supporter » : ὑπομένω, en 4 M 15,32 (à propos de la mère des sept frères), et ὑποφέρω, en 4 M 17,3 (toujours à propos de la mère).

Dans 2 Maccabées, si εὐγενής est quasiment absent[40], γενναῖος est en revanche relativement fréquent : pour en rester aux récits des martyres, Éléazar lui-même qualifie en 2 M 6,28 l'« exemple » (ὑπόδειγμα) de sa propre mort de « noble » (γενναῖον) et la même idée est reprise dans le même verset par le moyen de l'adverbe correspondant γενναίως, « noblement »[41]. En 2 M 7,21, ce sont les « sentiments » (datif φρονήματι) de la mère des sept frères qui sont à leur tour qualifiés de « nobles » (datif γενναίῳ).

La présence du *topos* de la « noblesse » des martyrs n'est donc pas une création de l'auteur de 4 Maccabées : ce dernier l'a repris et développé à partir de sa source, le récit des martyres dans 2 Maccabées.

2. Παιδεία

Le thème de la παιδεία est relativement peu présent dans le texte de 4 Maccabées. Le terme lui-même n'est jamais appliqué à l'éducation reçue par l'un des personnages en particulier.

En 4 M 13,22, dans un passage qui constitue un éloge de l'amour fraternel, il apparaît dans une série de quatre termes qui définissent la communauté de vie des membres d'une même fratrie en général (c'est le contexte qui invite à les appliquer au groupe particulier formé par les sept frères) : συντροφία, « (nourriture) à la même table » ; καθ᾽ ἡμέραν συνηθείας, « mêmes habitudes quotidiennes » ; παιδεία, « même éducation » ; ἐν νόμῳ θεοῦ ἄσκησις,

---

[40] L'unique occurrence renvoie en 2 M 10,13 à la « dignité » (ἐξουσία) d'un officier royal déchu, Ptolémée Makrôn, qui met fin à ses jours ; dans le même verset se rencontre le dérivé rare εὐγενίζω, « faire honneur à la noblesse de ».

[41] Traduction personnelle, le texte de la TOB 2011 modifiant la structure de la phrase grecque.

« (exercice) dans la Loi de Dieu ». La succession des quatre termes suit à peu près une logique biographique : l'éducation y apparaît comme une étape qui mène de la simple reproduction des habitudes reçues du milieu familial à l'observance de la Loi. Trois de ces termes reçoivent un écho peu après, en 4 M 13,24. Ils sont cette fois-ci appliqués explicitement au groupe des sept frères. Le substantif παιδεία est remplacé à cette occasion par le participe aoriste passif παιδευθέντες, « instruits », dont dépend le complément de moyen νόμῳ γὰρ τῷ αὐτῷ, « dans la même Loi ». Il y a donc dans ce passage, en quelque sorte, équivalence entre παιδεία, « éducation », et νόμος, « loi ». En tout cas, les deux termes sont également associés en 4 M 1,17, dans la « partie philosophique » : la « sagesse » (σοφία) y est définie comme l'« éducation même de la Loi » (ἡ τοῦ νόμου παιδεία). C'est donc la Loi personnifiée qui apparaît comme étant l'éducatrice des justes. Cette même personnification apparaît en 4 M 5,24 : c'est le substantif φιλοσοφία, « philosophie », de 4 M 5,22, qui prend le relais de νόμος, « loi », de 4 M 5,21 (la substitution s'explique par le fait qu'Éléazar prend en compte en 4 M 5,22 le point de vue d'Antiochos IV), qui est le sujet du verbe παιδεύω, « enseigner ». En 4 M 5,34, de la même manière, Éléazar s'adresse à la Loi comme à une « éducatrice » (παιδευτὰ νόμε, « Ô Loi qui nous instruis »). En 4 M 9,6, c'est Éléazar, à son tour, qui est présenté par les sept frères comme leur « maître » (παιδευτής).

En 4 M 10,10, la situation est un peu différente : dans la bouche du troisième frère, la παιδεία est présentée sur le même plan que la « vertu divine » (ἀρετὴ θεοῦ). Il faut sans doute comprendre que, pour l'auteur de 4 Maccabées, la vertu peut s'enseigner : elle provient de Dieu ; elle est transmise par l'éducation qui est sans doute ici aussi celle qui provient de la Loi.

Tout au long de 4 Maccabées donc, le *topos* de la παιδεία est quasiment systématiquement associé à la Loi Juive. C'est la transmission des enseignements de cette dernière qui permet aux personnages des martyrs d'être vertueux. Comme nous le verrons à l'occasion de l'étude de la structure de la finale de 4 Maccabées[42], cette transmission est mise en scène dans le dernier discours de la mère des sept frères (4 M 18,7–19), à travers l'évocation de la figure de leur père.

La thématique de la παιδεία, très présente dans la littérature sapientiale, est en revanche presque totalement absente de 2 Maccabées : l'unique occurrence du terme intervient dans la bouche du narrateur en 2 M 6,12. Le récit de la persécution d'Antiochos IV y est présenté comme un instrument d'« éducation » (παιδεία) du peuple juif. On est très loin des préoccupations de l'auteur de 4 Maccabées, pour qui la παιδεία est, au fond, une désignation de la culture religieuse juive qu'il est nécessaire de transmettre pour contrer le risque de l'hellénisation.

---

[42] Cf. Deuxième Partie, Chapitre IX.

3. Ἀρετή

Le thème de la vertu (ἀρετή) des martyrs apparaît sous deux formes différentes dans la seconde partie.

C'est tout d'abord l'un des leitmotive des discours de l'épisode des sept frères. En 4 M 9,8, les sept frères déclarent à Antiochos IV que, grâce à leurs souffrances, ils obtiendront le « prix de leurs vertueux combats » (τὰ τῆς ἀρετῆς ἆθλα). Un peu plus loin, le premier frère affirme à son tour que « seuls les enfants des Hébreux sont invincibles, au service de la vertu ! » (μόνοι παῖδες Ἑβραίων ὑπὲρ ἀρετῆς εἰσιν ἀνίκητοι.). La vertu (ἀρετή) apparaît donc comme l'une des principales motivations à agir des sept frères. L'affirmation est reprise sous des formes différentes par le deuxième frère (4 M 9,31 : ἐγὼ μὲν γὰρ ταῖς διὰ τὴν ἀρετὴν ἡδοναῖς τὸν πόνον ἐπικουφίζομαι, « Car pour moi, les plaisirs que je goûte à cause de la vertu allègent ma douleur »), le troisième (4 M 10,10 : Ἡμεῖς μέν, ὦ μιαρώτατε τύραννε, διὰ παιδείαν καὶ ἀρετὴν θεοῦ ταῦτα πάσχομεν, « Nous, ô très impur tyran, nous souffrons ainsi pour une discipline et pour une vertu divines »), le cinquième (4 M 11,2 : Οὐ μέλλω, τύραννε, πρὸς τὸν ὑπὲρ τῆς ἀρετῆς βασανισμὸν παραιτεῖσθαι, « Je ne vais pas, ô tyran, me faire prier pour aller au supplice, pour la cause de la vertu ») et enfin le septième (4 M 12,14 : σὺ δὲ κακῶς οἰμώξεις τοὺς τῆς ἀρετῆς ἀγωνιστὰς ἀναιτίως ἀποκτεῖνας, « quant à toi, tu te lamenteras amèrement pour avoir mis à mort sans raison les champions de la vertu »). On remarquera le retour, en 4 M 9,8 et 12,14, de l'image du concours gymnique (ἀγών).

Le thème de la vertu des martyrs réapparaît dans les commentaires du narrateur portant sur l'épisode d'Éléazar (4 M 7,22 : καὶ εἰδὼς ὅτι διὰ τὴν ἀρετὴν πάντα πόνον ὑπομένειν μακάριόν ἐστιν, « (un philosophe) qui sait que c'est un bonheur d'endurer pour la vertu toutes sortes de souffrances »), mais aussi sur celui des sept frères (4 M 13,24 : καὶ τὰς αὐτὰς ἐξασκήσαντες ἀρετάς, « (les sept frères), s'exerçant aux mêmes vertus » ; 13,27 : ἀλλ' ὅμως καίπερ τῆς φύσεως καὶ τῆς συνηθείας καὶ τῶν τῆς ἀρετῆς ἠθῶν τὰ τῆς ἀδελφότητος αὐτοῖς φίλτρα συναυξόντων, « Mais cependant, bien que la nature, la vie commune, la pratique de la vertu eussent renforcé les filtres de leur amour fraternel …»).

Enfin, la thématique réapparaît dans la finale de 4 Maccabées, de nouveau en lien avec l'image du concours gymnique (4 M 17,12 : ἠθλοθέτει γὰρ τότε ἀρετή, « La vertu présidait la lutte »). Une dernière mention de la vertu des martyrs provient d'Antiochos IV lui-même (4 M 17,23 : Πρὸς γὰρ τὴν ἀνδρείαν αὐτῶν τῆς ἀρετῆς καὶ τὴν ἐπὶ ταῖς βασάνοις αὐτῶν ὑπομονὴν ὁ τύραννος ἀπιδὼν ἀνεκήρυξεν ὁ Ἀντίοχος τοῖς στρατιώταις αὐτοῦ εἰς ὑπόδειγμα τὴν ἐκείνων ὑπομονήν, « En effet, le tyran Antiochus avait remarqué le courage de leur vertu et leur patience dans les tourments, et il cita leur patience en exemple à ses soldats. »). La construction du syntagme nominal τὴν ἀνδρείαν αὐτῶν τῆς ἀρετῆς est un peu étrange : on peut se demander quelle est la fonction exacte du génitif adnominal τῆς ἀρετῆς, qui ne semble pas apporter grand'chose du point de vue du sens, et la position dans le syntagme du pronom au génitif αὐτῶν (d'ailleurs omis par le *Sinaiticus*) semble indiquer que ce génitif est probablement un ajout secondaire. Quoi qu'il en soit, ce passage nous apprend que la vertu dont font preuve les martyrs est précisément le courage (ἀνδρεία) et qu'il y a donc équivalence, dans la seconde partie de 4 Maccabées, entre « vertu » (ἀρετή) et « courage » (ἀνδρεία) : de façon symptomatique, ce dernier terme n'apparaît jamais dans la seconde partie de 4 Maccabées (en dehors précisément de 4 M 17,23).

En tout cas, il est remarquable que 4 Maccabées concentre plus de la moitié des occurrences de ἀρετή dans le corpus de la *Septante* (14 occurrences sur un total de 23, dont 9 dans la seconde partie : nom. sg. ἀρετή 4 M 17,12 ; acc. sg. ἀρετήν 4 M 2,10 ; 7,22 ; 9,31 ; 10,10 ; gen. sg. ἀρετῆς 4 M 1,2 ; 1,8 ; 9,8 ; 11,2 ; 12,14 ; 13,27 ; 17,23 ; gen. pl. ἀρετῶν 4 M 1,10 ; 1,30). Les autres occurrences sont réparties entre 2 Maccabées (acc. sg. ἀρετήν 2 M 15,17 ; gen. sg. ἀρετῆς 2 M 6,31 ; 10,28 ; 15,12), la Sagesse (nom. sg. ἀρετή Sg 4,1 et 5,13 ; nom. pl. ἀρεταί Sg 8,7), en dehors de deux occurrences isolées (nom. sg. ἀρετή Odes 4,3 (Hab 3,3) ; acc. sg. ἀρετήν Za 6,13).

En ce qui concerne les occurrences de 2 Maccabées, la majorité d'entre elles apparaissent dans un contexte guerrier ; celle de 2 M 6,31 provient, en revanche, de la conclusion de la version de 2 Maccabées du martyre d'Éléazar : ce dernier est crédité par le narrateur de 2 Maccabées d'avoir laissé à son peuple un « exemple » (ὑπόδειγμα) de « noble courage » (γενναιότης) et un « mémorial » (μνημόσυνον) de vertu (ἀρετή). Dans son discours, quelques versets plus haut, Éléazar lui-même parlait, en 2 M 6,27, de mourir « avec courage » (ἀνδρείως). Ici aussi, la « vertu » (ἀρετή) mise en avant ne peut être, d'après le contexte, que le « courage » (ἀνδρεία). Autrement dit, le thème de la démonstration de la vertu personnelle par l'acceptation du martyre est repris directement au modèle de 2 Maccabées par l'auteur de 4 Maccabées.

4. Τελευτή

Ce dernier *topos*, au contraire des trois précédents, n'est pas matérialisé par un réseau lexical[43], mais correspond à la matière même des récits parallèles de 2 et de 4 Maccabées. Les versions parallèles de 2 et de 4 Maccabées racontent en effet les morts édifiantes d'Éléazar, des sept frères et de leur mère et ne rapportent aucun autre épisode de leur vie.

Si l'on fait le bilan de la topique de la seconde partie de 4 Maccabées, force est de constater qu'elle est déjà présente dans les récits parallèles de 2 Maccabées. La seule différence est l'attention plus grande portée par le récit de 4 Maccabées au thème de la παιδεία. Si l'on interprète la seconde partie de 4 Maccabées comme un panégyrique des martyrs, suivant le consensus majori-

---

[43] Si le terme τελευτή, « fin, mort », est absent de 4 Maccabées, il apparaît curieusement une fois dans 2 Maccabées, mais avec le sens de « fin d'un livre » : c'est même le dernier mot de 2 Maccabées (2 M 15,39) !

taire, il faudra donc faire de même avec les récits parallèles des martyres dans 2 Maccabées (2 M 6,18–7,42), ce qui est plus difficilement soutenable. S'il est incontestable que la seconde partie de 4 Maccabées suit en partie les règles de l'éloge grec, il n'en reste pas moins qu'il s'agit, du point de vue formel, pour le moins d'un éloge incomplet. Ce problème a été entraperçu par J. C. H. Lebram qui en a proposé une solution originale, en interprétant la seconde partie de 4 Maccabées comme un éloge funéraire, un *logos epitaphios*.

II. La thèse du logos epitaphios (J. C. H. Lebram)

La théorie peut-être la plus aboutie concernant l'identification du genre de la seconde partie de 4 Maccabées est en effet due à J. C. H. Lebram[44]. Sur la base, entre autres, de la présence dans le texte de 4 Maccabées d'une inscription funéraire (4 M 17,9–11) et des champs lexicaux du combat et de la tyrannie, il propose de voir dans cette seconde partie un *logos epitaphios*, un « éloge funéraire » à la gloire d'Éléazar, des sept frères et de leur mère, assimilés à des héros tombés pour la défense de leur patrie.

Le genre du *logos epitaphios* nous est connu par des témoignages littéraires de l'époque classique et des prescriptions théoriques, que J. C. H. Lebram recense[45] afin de construire une définition qu'il applique ensuite à 4 Maccabées : Thucydide[46], Démosthène[47], Hypéride[48], mais surtout le *Ménéxène* de Platon, pour les témoignages littéraires ; le Pseudo-Dionysos d'Halicarnasse[49] et Ménandre[50], pour les théoriciens du genre. Le point clé de l'argumentation est l'étude[51] des motifs de gloire exposés dans l'inscription funéraire fictive de 4 M 17,9–10 : les martyrs n'y sont pas dits morts pour Dieu mais sont loués pour la maîtrise des passions et la libération de la politeia des Hébreux. L'auteur rapproche ces motifs de l'affirmation de 4 M 1,10 suivant laquelle les martyrs sont morts ὑπὲρ τῆς καλοκἀγαθίας, « pour la noblesse d'esprit »[52].

L'autre argument important est la similitude de plan de 4 Maccabées avec les modèles théoriques du *logos epitaphios*[53]: après l'éloge (ἔπαινος) des soldats morts pour la patrie, suivaient, entre autres possibilités, une consolation (παραμυθία), une lamentation funéraire (θρῆνος) et une récapitulation (ἀνακεφαλαίωσις) des motifs de l'éloge. D'après J. C. H. Lebram, tous ces

---

[44] J. C. H. Lebram 1974.
[45] Lebram 1974, 84–85 et 86–88.
[46] Thucydide II,43,2.
[47] Démosthène, *Epitaphios* 1.
[48] Hypéride, *Epitaphios* 1,3.
[49] Pseudo-Dionysos d'Halicarnasse, *Ars Rhetorica*, Leipzig 1895, 6.
[50] Ménandre in *Rhetores Graeci*, Leipzig 1853–1856, II, 418f.
[51] J. C. H. Lebram 1974, 85–86.
[52] Proposition de traduction personnelle : la traduction « pour la cause du bien » de A. Dupont-Sommer nous paraît trop faible.
[53] J. C. H. Lebram 1974, 86–87.

éléments se retrouvent dans la finale de 4 Maccabées, en ordre inversé : 4 M 17,7–18,19 correspondrait à l'ἀνακεφαλαίωσις ; 4 M 18,20–21, au θρῆνος; 4 M 18,22–24, à la παραμυθία. On aperçoit tout de suite le point faible de l'argument « architectonique » : l'hypothèse du *logos epitaphios* n'explique guère que la structure de la finale de 4 Maccabées et n'est donc pas suffisante pour éclairer la structure globale de l'ouvrage.

J. C. H. Lebram pallie cette faiblesse en recourant à une comparaison[54] entre 4 Maccabées et le *Ménéxène* de Platon, portant sur un certain nombre de *topoi* présents dans les deux textes : entre autres, la bonne éducation (παιδεία) et la vertu (ἀρετή) des personnes louées. Les deux topiques sont effectivement très proches, mais, s'il est probable que l'une des sources d'inspiration de l'auteur de 4 Maccabées est effectivement représentée par un ou des textes relevant du genre du *logos epitaphios* (sans pouvoir les identifier de manière précise), il n'en reste pas moins que la théorie de J. C. H Lebram n'est pas suffisante pour expliquer la structure de la seconde partie de 4 Maccabées dans son ensemble.

III. La thèse d'un discours mêlant rhétorique épidictique et rhétorique délibérative (D. A. deSilva)

Dans un article de 1995[55], D. A. deSilva, tout en s'inscrivant dans la continuité des approches précédentes, a souligné que des sections entières de 4 Maccabées relèvent plutôt de la rhétorique délibérative que de la rhétorique épidictique. Dans ces sections, l'auteur de 4 Maccabées ne chercherait pas à faire l'éloge des martyrs mais à opposer deux points de vue, incarnés respectivement par Antiochos IV et par les personnages des martyrs. Le premier symboliserait le choix de l'assimilation à la culture dominante gréco-romaine ; les seconds le choix du maintien du particularisme culturel juif. 4 Maccabées serait le miroir d'un débat interne agitant la communauté de l'auteur[56].

D. A. deSilva reprend dans cet article l'analyse du contexte de rédaction de 4 Maccabées menée par H.-J. Klauck dans l'introduction de son édition du livre[57] : 4 Maccabées serait un ouvrage apologétique à visée interne. D. A. deSilva est revenu sur les implications sociologiques de cette théorie en 2007 dans un autre article[58], en faisant appel au cadre analytique de l'approche postcoloniale. Nous reviendrons sur le fond de cette approche dans le chapitre VI de notre troisième partie. Pour l'heure, nous nous pencherons exclusivement sur les conséquences formelles de la théorie de D. A. deSilva.

Les principaux passages retenus par D. A. deSilva à l'appui de sa thèse sont les joutes oratoires déjà mises en évidence dans son étude du plan de

---

[54] J. C. H. Lebram 1974, 89–91.
[55] D. A. deSilva 1995, 31–57.
[56] D. A. deSilva 1995, 50–52.
[57] H.-J. Klauck 1989, 665.
[58] D. A. deSilva 2007, 99–127.

4 Maccabées par H.-J. Klauck, qui les avait baptisées *Rededuelle*[59] : il s'agit de l'échange entre Antiochos IV et Éléazar (4 M 5,1–38) et de celui entre le même Antiochos IV et le groupe des sept frères (4 M 8,1–9,9), auxquels D. A. de Silva ajoute[60] l'échange entre le roi et le septième frère (4 M 12,3–18). La première joute verbale (avec Éléazar) porte sur la rationalité de la Loi juive et sur sa conformité à la nature[61] ; la deuxième (avec les sept frères) et la troisième (avec le septième frère) portent sur les bénéfices attendus de la soumission au roi, rejetés par les martyrs. Dans les deux cas, les thèses assimilationnistes développées par le souverain séleucide sont démontées par ses interlocuteurs, porte-paroles de l'auteur de 4 Maccabées.

D. A. deSilva rattache également[62] au genre délibératif les discours fictifs des sept frères (4 M 8,17–26) et de leur mère (4 M 16,5–11), ainsi que les exhortations adressées par Éléazar aux enfants d'Israël (4 M 6,22), par l'aîné des sept frères aux six autres (4 M 9,23–24), par les sept frères entre eux (4 M 13,9–18), et par la mère à ses fils (4 M 16,16–23).

Le lien entre sections épidictiques et sections délibératives serait assuré par la présence d'une thématique commune, celle de l'honneur des martyrs, défendu dans leurs discours par les sept frères et illustré par leur comportement dont 4 Maccabées fait l'éloge. À ce thème fondamental se rattachent certains concepts clés, dont D. A. deSilva s'efforce de suivre les traces à travers le texte de 4 Maccabées[63] : l' « honorabilité » (καλοκἀγαθία), la « vertu » (ἀρετή), la « piété » (εὐσέβεια), le « courage » (ἀνδρεία). De la même manière les différents personnages reçoivent des qualificatifs se rattachant au thème de l'honneur[64], de manière positive (« noble » [καλός ou γενναῖος]) ou négative (« impie » [ἀσεβής]).

Le point faible de l'analyse de D. A. deSilva (qui, pour le reste, est tout à fait pertinente) est le fait qu'il ne propose pas de rattachement de 4 Maccabées à un genre qui expliquerait la coexistence, dans un même ouvrage, de sections relevant de deux genres rhétoriques différents. Le simple relevé des passages rattachés par lui au genre délibératif montre que, dans tous les cas, il s'agit de discours adressés par un ou plusieurs des personnages du récit à un ou plusieurs interlocuteurs situés sur le même plan. Il est tout aussi patent que ces discours de 4 Maccabées n'ont, la plupart du temps, pas de modèle direct dans 2 Maccabées. On a donc affaire à un ensemble cohérent, produit par l'auteur de 4 Maccabées, qui s'ajoute en quelque sorte au récit emprunté à 2 Maccabées. Il manque à l'approche de D. A. deSilva un modèle théorique capable de rendre compte de ce travail rédactionnel opéré par l'auteur de 4 Maccabées. Nous

---

[59] H.-J. Klauck 1989, 651–653.
[60] D. A. deSilva 1995, 40.
[61] D. A. deSilva 1995, 41.
[62] D. A. deSilva 1995, 42–43.
[63] D. A. deSilva 1995, 45–47.
[64] D. A. deSilva 1995, 47–48.

nous efforcerons, au chapitre V de notre première partie, de construire un tel modèle. Les sections de texte relevées par D. A. deSilva se révèleront, à cette occasion, appartenir à un même « registre », que nous appellerons « registre discursif » ou « registre 2 ».

IV. La thèse d'un discours à visée parénétique (S. Westerholm)

Dans un ouvrage récent[65], S. Westerholm s'est interrogé sur la pertinence d'une lecture de 4 Maccabées comme un discours à visée parénétique. Sa conclusion[66] est partagée : 4 Maccabées ne comporte pas de parénèse au sens strict, ni même de passage comportant des instructions données directement à la communauté destinataire (à l'unique exception de 4 M 18,1–2, première « conclusion » de 4 Maccabées[67]) ; cependant, la prise en compte de la situation d'énonciation (un discours adressé par un locuteur familier de la philosophie à un public qui l'est certainement moins) et la présence de passages insistant sur le caractère raisonnable des injonctions de la Loi l'amènent à considérer que le livre peut être lu comme une « paraenetic address »[68] ayant pour but de mettre en garde la communauté destinataire contre le risque de l'assimilation à la culture grecque[69].

La seconde partie de 4 Maccabées, c'est-à-dire le récit de la mort des martyrs, se distinguerait du modèle que fournissait 2 Maccabées justement par la présence de cette visée parénétique[70], matérialisée par l'insertion de plusieurs discours dont le véritable destinataire serait la communauté à laquelle s'adresse 4 Maccabées : les deux discours d'Éléazar (4 M 5,16–38 et 6,17–23) ; le dernier discours du premier frère, adressé aux six autres (4 M 9,23–24) ; les exhortations mutuelles du chapitre 13 (4 M 13,9–18) ; les discours de la mère (4 M 16,16–23 et 18,7–19). En fin de compte, la thèse de S. Westerholm se rapproche de celle de D. A. deSilva considérée précédemment : la liste des passages caractéristiques, selon le premier, de la visée parénétique de 4 Maccabées, coïncide pour l'essentiel avec celle des passages relevant, selon le second, de la rhétorique délibérative.

Ces passages appartiennent tous à des discours tenus par des personnages du récit, absents pour la plupart du texte parallèle de 2 Maccabées. La visée parénétique identifiée par S. Westerholm serait donc portée par ce que nous appellerons plus loin le « registre discursif » ou « registre 2 » de 4 Maccabées[71]. Au lieu d'adresser directement ses recommandations à ses destinataires, l'auteur de 4 Maccabées aurait donc choisi de les faire adresser par des personnages doués d'autorité (en raison même de leur martyre) à leurs interlocuteurs. Il

---

[65] S. Westerholm 2017, 85–111.
[66] S. Westerholm 2017, 104–105.
[67] Cf. Deuxième Partie, Chapitre IX.
[68] S. Westerholm 2017, 94.
[69] S. Westerholm 2017, 105.
[70] S. Westerholm 2017, 105.
[71] Cf. Première Partie, Chapitre V.

y aurait donc dans le texte de 4 Maccabées une forme de double énonciation comparable à ce qui existe dans le genre théâtral.

Comme la thèse de D. A. deSilva, celle de S. Westerholm ne débouche pas sur une identification générique précise, 4 Maccabées représentant une forme ambiguë de texte à visée parénétique[72].

F. Conclusion

Au terme de cette première approche de la question du genre littéraire de 4 Maccabées, force est de constater qu'aucune des hypothèses examinées, pour éclairantes qu'elles puissent être sur tel ou tel point, ne parvient à expliquer la structure complexe de 4 Maccabées dans son ensemble. Pour tâcher de sortir de cette aporie, nous allons inverser la démarche : plutôt que de partir de tel ou tel genre littéraire antique pour déterminer ensuite si 4 Maccabées obéit ou non à ses règles, nous allons décrire dans un premier temps la situation d'énonciation de base de 4 Maccabées puis construire un modèle permettant de rendre compte de sa structure, pour rechercher ensuite un genre littéraire attesté dans l'Antiquité qui correspondrait au modèle que nous aurons construit.

---

[72] « Four Maccabees thus represents an ambiguous, borderline, and *therefore* interesting case for a project aimed at bringing discipline and précision to the usage of the term. » (S. Westerholm 2017, 85).

Chapitre IV

Les marqueurs structurels : L'emploi des pronoms de première et deuxième personnes dans 4 Maccabées

4 Maccabées se présente comme un discours tenu par l'auteur implicite à un auditoire d'identité juive, dans un cadre liturgique (comme le montrent l'invocation de 4 M 1,12 et la doxologie finale de 4 M 18,24). Nous ne pouvons que constater cependant qu'aucun des interlocuteurs n'est identifié : aucune information explicite n'est donnée ni sur l'auteur implicite ni sur la communauté à laquelle il s'adresse. Les pronoms personnels des deux premières personnes, employés dans le texte de 4 Maccabées (à l'exception évidemment de ceux que l'on rencontre dans les discours tenus par les différents personnages qui ont, eux, une identité bien définie) ne renvoient donc pas à des personnages précis ; ce sont en fait des marqueurs de la structure du texte, comme nous nous proposons de le démontrer dans les pages qui suivent.

A. La première personne du singulier : un marqueur de la progression du raisonnement

Sauf erreur de notre part, la première personne du singulier n'apparaît que 14 fois dans 4 Maccabées, (compte non tenu des occurrences contenues dans les discours des personnages) : 4 M 1,1 ; 1,2 ; 1,3 ; 1,8 ; 1,10 (2x) ; 1,12 (2x) ; 1,33 ; 2,6 ; 2,18 ; 6,35 ; 15,4 ; 16,2. Il est remarquable que la majorité de ces occurrences se situe dans l'« introduction » (4 M 1,1–12), qui définit le projet de l'ouvrage.

Lorsque l'on observe les verbes concernés, six d'entre eux (4 M 1,1 ; 1,7 ; 1,8 ; 1,10b ; 2,6 ; 15,4) sont à l'optatif d'atténuation polie[1], comme pour traduire un parti-pris de modestie de l'auteur (il est à noter cependant que les optatifs de 1,10 et de 2,6 sont des potentiels, comme le montre la présence de la particule ἄν).

En ce qui concerne le sémantisme de ces verbes, il est frappant de constater qu'ils correspondent majoritairement à des actes de parole, et plus précisément à des performatifs explicites[2] : συμβουλεύσαιμι, « je vous conseillerais » (4

---

[1] Pour cet emploi de l'optatif en grec, cf. J. Humbert 1960, 121, § 201.
[2] Dans les exemples suivants, les traductions sont de nous, pour faire ressortir les nuances dues entre autres à l'emploi de l'optatif.

M 1,1) ; λέγω, « je veux dire » (4 M 1,2) ; ἔχοιμι ἐπιδεῖξαι, « je pourrais démontrer » (4 M 1,7) ; ἀποδείξαιμι, « je démontrerais » (4 M 1,8) ; ἔπεστι μοι ἐπαινεῖν « il m'est permis de faire l'éloge » (4 M 1,10) ; μακαρίσαιμ'ἄν « je pourrais les proclamer bienheureux » (4 M 1,10) ; τρέψομαι λόγον « j'en ferai le sujet de mon discours (litt. Je tournerai mon discours) » (4 M 1,12) ; πείσαιμ'ἄν ὑμᾶς « je pourrais vous persuader » (4 M 2,6) ; ἐπιδείκνυμι, « je démontre » (4 M 6,35) ; ἠθολογήσαιμι « je pourrais dépeindre » (4 M 15,4) ; ἀπέδειξα, « j'ai démontré » (4 M 16,2). La majorité des emplois concernés est située dans l'introduction ; les autres occurrences (à l'exception de celle de 4 M 2,6) correspondent à des passages où le récit est interrompu par une reprise du raisonnement philosophique. Dans chacun de ces exemples, le verbe ne fait qu'expliciter l'étape en cours du raisonnement de l'auteur. Ces verbes ont donc une fonction métalinguistique : ils apportent une information non pas sur le contenu du discours mais sur le discours lui-même.

Les autres occurrences de la première personne du singulier sont des incises qui traduisent l'accord entre la pensée personnelle de l'auteur implicite et le contenu de son discours : ἐγὼ μὲν οἶμαι, « pour ma part je le pense », (4 M 1,33) ou renvoient à un énoncé antérieur : ὡς ἔφην, « comme je l'ai dit » (4 M 2,18).

Un seul emploi de la première personne du singulier correspond à une information donnée sur l'auteur implicite, ou plutôt sur ses habitudes oratoires, ce qui revient quasiment à un commentaire de fonction métalinguistique : ὅπερ εἴωθα ποιεῖν, « ce que précisément j'ai l'habitude de faire » (4 M 1,12).

En conclusion, la première personne du singulier est, dans l'architecture de 4 Maccabées, un marqueur structurel soulignant la progression du raisonnement.

B. La deuxième personne du singulier : un marqueur « liturgique »

4 Maccabées comprend douze passages caractérisés par l'emploi de la deuxième personne du singulier (compte non tenu des emplois dans les discours des personnages du récit) : 4 M 7,6–10 ; 7,15 ; 14,2–3 ; 14,7 ; 15,1 ; 15,13 ; 15,16–20 ; 15,29–32 ; 16,14–15 ; 17,2–7 ; 18,1–2 ; 18,20.

Ces passages ont d'autres points communs : ils sont tous isolés du reste du texte de 4 Maccabées par deux asyndètes, l'une initiale, l'autre finale ; ils commencent tous par la particule ὦ suivie, en règle générale, d'un vocatif (sauf en 4 M 7,15 et 4 M 18,20, où l'on a des génitifs exclamatifs, et en 4 M 15,16, 15,29 et 17,2, où les manuscrits portent le nominatif μήτηρ et non le vocatif μῆτερ – comme c'est ce dernier qui apparaît en 4 M 16,14, on peut se demander s'il n'y a pas, à la base de cette diversité apparente, un problème de transmission textuelle dû à l'affaiblissement des oppositions de quantité). Les passages en question s'adressent soit à des personnages du récit (Éléazar en 4 M 7,6–10 et 7,15, la mère des sept frères en 4 M 15,16–20 ; 15,29–32 ; 16,14–15 et 17,2–6), soit au peuple d'Israël (4 M 18,1–2), soit à des entités abstraites (la Raison pieuse en 4 M 14,2–3 et 15,1, l'Hebdomade en 4 M 14,7, l'Amour maternel en 4 M 15,13, le Jour du martyre en 4 M 18,20).

La césure clairement marquée entre ces passages et le reste du texte de 4 Maccabées, le ton solennel qui leur est commun conduisent à y voir des « hymnes » ayant une fonction « liturgique ». Le terme est un peu impropre car aucun d'eux ne s'adresse directement à Dieu et il n'est pas sûr qu'ils aient une fonction liturgique réelle ; cependant, le texte de 4 Maccabées est, dans son ensemble, encadré par deux doxologies (4 M 1,12 et 18,24) ; de plus, l'expression κατὰ τοῦτον τὸν καιρὸν de 4 M 1,10 est peut-être une référence à une cérémonie annuelle de commémoration des martyres d'Eléazar et des sept frères ; on peut donc affirmer que le texte de 4 Maccabées s'inscrit de toute façon dans un contexte liturgique, qu'il soit réel ou fictif, et rien n'empêche, par conséquent, d'utiliser par commodité le terme d' « hymne » pour désigner les passages solennels de 4 Maccabées, rédigés à la deuxième personne du singulier. On verra par la suite que ces différents passages forment un ensemble cohérent que nous désignerons plus loin par les termes de « *registre liturgique* » ou « registre 4 »[3].

C. La première personne du pluriel : un marqueur « communautaire »

Avant d'étudier les emplois de la première personne du pluriel dans 4 Maccabées, une remarque préliminaire s'impose : il n'est pas impossible qu'il y ait eu, dans la transmission du texte, des échanges entre le pronom de première personne du pluriel ἡμεῖς et celui de deuxième personne du pluriel ὑμεῖς, en raison de l'évolution phonétique du grec qui conduisait à une réalisation commune [imi :s]. On sait que cette évolution a conduit à l'apparition de deux nouveaux pronoms εμείς et εσείς. Ces échanges possibles pourraient expliquer le détail compliqué des faits dans au moins deux passages de 4 Maccabées :

– en 4 M 18,10–16, dans un discours tenu par la mère à ses sept fils, le détail des pronoms personnels objet direct ou indirect diverge entre les deux manuscrits majeurs de 4 Maccabées : le *Sinaiticus* ne comporte que des pronoms de deuxième personne du pluriel, alors que l'*Alexandrinus* leur substitue dans trois cas sur six (en 4 M 18,10, 11 et 16) un pronom de première personne du pluriel. Les éditeurs ont retenu en général sur ce point le texte du *Sinaiticus*, faute d'explication satisfaisante de l'alternance des pronoms de l'*Alexandrinus* ;

– en 4 M 3,2–4, se succèdent, associés au même infinitif ἐκκόψαι, un pronom de première personne du pluriel en 4 M 3,2, un pronom de deuxième personne du pluriel en 4 M 3,3 puis

---

[3] Cf. Première Partie, Chapitre V.

à nouveau un pronom de première personne du pluriel en 4 M 4,4. Cette fois-ci, l'alternance des pronoms est présente dans les deux manuscrits, mais paraît pour le moins suspecte.

Ce point posé, et compte tenu des réserves qui en découlent, la première personne du pluriel est attestée à 26 reprises dans le texte de 4 Maccabées, sans comptabiliser ses emplois dans les discours des personnages du récit (4 M 1,13 ; 1,14 ; 1,17 ; 1,33 ; 1,34 [2x] ; 2,6 ; 2,19 ; 3,2 ; 3,4 ; 3,19 ; 3,20 ; 4,5 ; 4,20 ; 6,32 ; 6,33 ; 6,34 ; 7,1 ; 7,9 ; 12,7 ; 13,2 ; 13,22 ; 14,9 [2x] ; 15,4 ; 17,7).

On peut classer ces emplois en quatre catégories :

– dans un assez grand nombre de cas (4 M 1,13 ; 1,14 ; 3,19 ; 6,32 ; 6,33 ; 6,34 ; 12,7 ; 13,2 ; 17,7), la première personne du pluriel joue un rôle tout à fait comparable à celui que nous avons dégagé pour les emplois de la première personne du singulier : association avec des verbes de parole ou de pensée, lien avec les étapes logiques du raisonnement... Il est clair que cette première personne du pluriel renvoie également à l'auteur implicite, sans que l'on saisisse nettement les raisons de cette alternance de nombre grammatical. Nous relevons cependant qu'aucune des occurrences concernées de la première personne du pluriel n'est associée à un optatif, comme si les propos tenus à la première personne du pluriel avaient plus d'autorité que ceux tenus à la première personne du singulier... Mais il est difficile d'en tirer des conclusions tranchées ;

– dans les deux occurrences de 4 M 14,9, il est évident que le pronom ἡμεῖς et le verbe φρίττομεν, « nous frémissons », correspondent à une réaction de l'assemblée concrète à laquelle s'adresse l'auteur implicite – et à laquelle il s'associe –, comme le montre l'emploi de l'adverbe νῦν, « maintenant », et du verbe ἀκούω, qui se réfère à l'audition du récit même de 4 Maccabées ;

– cela étant, dans la majorité des cas, la première personne du pluriel renvoie, au-delà de l'assemblée concrète à laquelle s'adresse l'auteur implicite, à l'ensemble d'Israël, notamment dans les cas d'association du génitif ἡμῶν ou du possessif ἡμέτερος à un substantif renvoyant à un élément essentiel du judaïsme : la patrie (4 M 4,5 ; 4,20), le ou les pères (4 M 2,19 ; 3,20 ; 7,1, où c'est Eléazar qui est présenté comme le père du peuple d'Israël !), l'« entraînement » (ἄσκησις) à la pratique de la Loi (4 M 13,22), la fidélité à la Loi (εὐνομία) en 4 M 7,9. Autre série d'emplois : lorsque la première personne du pluriel est employée dans un contexte où il est question des prescriptions de la Loi, et renvoie donc à l'expérience commune des membres du peuple d'Israël (4 M 1,33 ; 1,34 [2x] ; 2,6 ; 3,2–4) ;

– rares sont enfin les cas où le contexte renvoie à une expérience commune à l'humanité tout entière (4 M 1,17 ; 15,4).

En conclusion, dans la majorité de ses emplois, la première personne du pluriel se réfère au peuple d'Israël pris dans son ensemble, les cas où le référent est plus restreint (l'assemblée concrète à laquelle s'adresse l'auteur implicite) ou plus large (l'humanité tout entière) étant, somme toute, assez rares. Nous dirons donc que l'emploi de la première personne du pluriel constitue, dans la majorité des cas en 4 Maccabées, un marqueur « communautaire » associé à des réalités ou des affirmations auxquelles les destinataires implicites de 4 Maccabées sont, en tant que Juifs, invités à s'associer.

D. La deuxième personne du pluriel : la construction d'un auditoire idéal

Les exemples d'emplois de la deuxième personne du pluriel sont rares dans 4 Maccabées : on n'en relève que 11, compte toujours non tenu des occurrences dans les discours des personnages du récit (4 M 1,1 [2x] ; 1,7 ; 1,30 ; 2,6 ; 2,14 ; 3,3 ; 13,19 ; 14,11 ; 14,13 ; 16,5). De plus, l'occurrence de 4 M 3,3 n'est peut-être due qu'à un accident de transmission textuelle pour les raisons indiquées plus haut[4].

Les emplois de la deuxième personne du pluriel peuvent être rangés dans leur majorité dans deux grandes catégories :

– une majorité correspond à l'expression d'ordres ou de défenses adressés à l'auditoire, à l'impératif ou au subjonctif (4 M 1,30 ; 2,14 ; 14,11 ; 14,13 ; 16,5) ; ces injonctions correspondent toujours à des positions de pensée à adopter ou à rejeter – les verbes concernés appartiennent tous à la catégorie des verbes de pensée (ἐπιθεωρέω, « considérer en outre », en 4 M 1,30 ; νομίζω, « penser », en 4 M 2,14 ; ἡγέομαι-οῦμαι, « penser », en 4 M 14,11, θεωρέω, « considérer », en 4 M 14,13; ἐπιλογίζομαι, « réfléchir à », en 4 M 16,5) ; la seconde occurrence de 4 M 1,1, dans une subordonnée finale, peut être rangée dans la même catégorie : là encore, le verbe, προσέχω (s.e. τὸν νοῦν), « accorder attention à », est un verbe de pensée correspondant à l'attitude intellectuelle attendue de l'auditoire ;

– dans une autre série de cas (4 M 1,1 [première occurrence] ; 1,7 ; 2,6), la deuxième personne du pluriel apparaît dans un pronom personnel objet d'un verbe lui-même conjugué à la première personne du singulier, à l'optatif : συμβουλεύσαιμ' ἂν ὑμῖν, « je vous conseillerais » (4 M 1,1) ; ἔχοιμ' ἂν ὑμῖν ἐπιδεῖξαι, « je pourrais vous démontrer » (4 M 1,7) ; πείσαιμ' ἂν ὑμᾶς, « je pourrais vous persuader » (4 M 2,6).

Dans tous ces cas, l'auditoire est le destinataire (plutôt passif) du raisonnement de l'auteur implicite ; c'est un vis-à-vis qui a pour seule fonction de se laisser convaincre sans émettre d'objection.

– le seul exemple sûr n'entrant dans aucune de ces deux catégories correspond à l'énoncé d'un pré-requis (pour utiliser le jargon des sciences de l'éducation) attendu de la part de l'auditoire : οὐκ ἀγνοεῖτε, « vous n'ignorez pas » ;

– reste l'occurrence isolée de 4 M 3,3 qui nous paraît douteuse pour les raisons indiquées plus haut[5].

En conclusion, les emplois de la deuxième personne du pluriel dans 4 Maccabées correspondent aux destinataires implicites du discours, un auditoire passif et docile qui se laisse convaincre par l'auteur implicite et qui reçoit de lui des consignes quant à l'attitude intellectuelle à adopter. Le lecteur de 4 Maccabées est invité implicitement à adopter cette attitude de soumission intellectuelle.

---

[4] Cf. 47.
[5] Cf. 47.

E. L'emploi de l'indéfini pour introduire les objections

Les quelques objections au raisonnement de l'auteur implicite contenues dans le texte de 4 Maccabées ne sont jamais énoncées à la deuxième personne du pluriel. À chaque fois, c'est l'indéfini τις qui est employé, comme si une objection n'était concevable que de la part d'une personne indéterminée extérieure à l'auditoire. On a le singulier en 4 M 2,24 : εἴποι τις ἄν, « pourrait-on dire », le pluriel en 4 M 1,5 : ἴσως εἴποιεν ἄν τινες, « diraient peut-être certains » et en 4 M 7,17 : ἴσως δ' ἄν εἴποιέν τινες, « diraient peut-être certains ». Dans les trois cas, la portée des objections est d'emblée amoindrie par l'emploi de l'optatif à valeur potentielle, et, dans deux cas, par celui de l'adverbe ἴσως, « peut-être ».

F. Extension aux discours des personnages du récit : présence dans certains d'entre eux de la première personne du pluriel « communautaire »

Lorsque l'on observe l'emploi des deux premières personnes du singulier et du pluriel dans les discours tenus par les personnages du récit, on ne retrouve à première vue aucune des caractéristiques dégagées ci-dessus : les première et deuxième personnes du singulier renvoient à chaque fois de façon triviale au locuteur et au destinataire de chaque discours, et les première et deuxième personnes du pluriel jouent le même rôle lorsqu'intervient un groupe de personnages (concrètement, à chaque fois que l'un des sept frères est soit le locuteur soit le destinataire d'un discours, ou bien lorsqu'un personnage s'adresse à ses bourreaux).

On repère cependant quelques intrusions manifestes de la première personne du pluriel « communautaire » définie plus haut dans certains discours.

C'est le cas, de manière flagrante, dans le premier discours d'Eléazar (4 M 5,16–38) : dans une première partie (jusqu'en 4 M 5,27), Éléazar parle à la première personne du pluriel pour démontrer la rationalité de la Loi juive – on peut considérer qu'il parle au nom de tout le peuple d'Israël ; en revanche, à partir de 4 M 5,28, le discours passe à la première personne du singulier, et le contenu change significativement : il n'est plus question des vertus de la Loi, mais de la fidélité inébranlable du vieillard à celle-ci.

De façon plus sporadique, la première personne du pluriel « communautaire » apparaît dans les discours des sept frères à travers l'emploi de génitifs possessifs associés à des termes clefs du judaïsme : c'est le cas, par exemple, dans le second discours du premier frère en 4 M 9,24 : ἡ δικαία καὶ πάτριος ἡμῶν πρόνοια (la traduction exacte de l'expression est délicate ; A. Dupont-Sommer propose : « la juste Providence, qui veille sur nous comme elle a veillé sur nos pères »). Même type d'emploi dans le premier discours du deuxième frère en 4 M 9,29 : διὰ τὴν πάτριον ἡμῶν εὐσέβειαν, « à cause de notre piété ancestrale », et dans le second du même, en 4 M 9,30 : διὰ τὴν εὐσέβειαν ἡμῶν, « à cause de notre piété », ainsi que dans le second discours du quatrième frère, en 4 M 10,19 : τοῦτο τὸν λογισμὸν ἡμῶν, « cette Raison qui est la nôtre », et dans le second discours du cinquième frère, en 4 M 11,12 : τὸν νόμον ἡμῶν, « notre Loi ». En revanche, dans le second discours du sixième frère, en 4 M 11,25, l'expression similaire τὸν λογισμὸν ἡμῶν, « notre Raison », se rapporte sans doute plutôt au groupe des six premiers frères, mentionnés immédiatement auparavant, en 4 M 11,24.

G. Retour à la question de l'unité de 4 Maccabées

Comme le lecteur l'aura sans doute remarqué, il n'y a pas de différence notable entre les deux parties de 4 Maccabées en ce qui concerne l'emploi des pronoms de première et deuxième personne du pluriel (en ce qui concerne les pronoms au singulier, l'emploi de la deuxième personne est confiné aux « hymnes » qui n'apparaissent que dans la partie narrative [4 M 3,19–18,24], ce qui peut s'expliquer par le fait que la majorité de ces hymnes s'adresse à des personnages du récit des martyres ; quant à la première personne du singulier, elle est plus rare dans la partie narrative que dans la partie philosophique, sans toutefois en être absente). En fait, ces deux parties, bien qu'à première vue divergentes, partagent fondamentalement la même situation d'énonciation : le locuteur s'adresse à une assemblée qui partage les mêmes références culturelles que lui (d'où l'emploi occasionnel de la première personne du pluriel « communautaire »).

Les récits des martyres ne constituent pas des développements indépendants mais s'insèrent dans le cadre de la démonstration menée par le locuteur à destination de la communauté à laquelle il s'adresse. Mieux encore, au sein même de ces récits, les personnages des martyrs (Éléazar et les sept frères) s'adressent à leurs interlocuteurs en ayant recours aux mêmes emplois des pronoms (notamment la première personne du pluriel « communautaire »), prenant ainsi le relais du locuteur principal.

L'ensemble de ces observations nous permet d'affirmer l'unité de 4 Maccabées : si ce livre avait résulté de la combinaison secondaire de deux textes d'origines différentes, on n'y aurait pas rencontré des usages linguistiques aussi constants. Il n'en reste pas moins que les deux parties de 4 Maccabées divergent quant au contenu et (partiellement) quant au style. Il nous faut donc construire un modèle explicatif permettant de comprendre l'origine de cette diversité d'écriture. C'est précisément l'objet du chapitre suivant de notre première partie.

Chapitre V

Interprétation de la structure de 4 Maccabées :
Le modèle des quatre registres

L'examen des erreurs historiques contenues dans le texte de 4 Maccabées nous a permis de démontrer la dépendance au moins partielle de 4 Maccabées envers 2 Maccabées[1]. Mais que signifie au juste « dépendance » lorsqu'il s'agit de la relation entre deux textes ? Pour pouvoir caractériser le plus précisément possible les rapports entre 2 et 4 Maccabées, nous aurons recours à la terminologie définie par G. Genette dans *Palimpsestes*.[2]

Rappelons que cet auteur définit d'une manière générale la *transtextualité*, ou « transcendance textuelle du texte », comme « tout ce qui le met en relation, manifeste ou secrète, avec d'autres textes. »[3]. Il distingue ensuite, au sein de la *transtextualité*, cinq types de relations :

– l'*intertextualité*, qui est « une relation de coprésence entre deux ou plusieurs textes, c'est-à-dire, eidétiquement et le plus souvent, (...) la présence effective d'un texte dans un autre »[4] : relèvent de ce type les pratiques de citation, de plagiat ou d'allusion ;

– la *paratextualité*, qui correspond à la relation du texte avec son paratexte, ensemble des « types de signaux accessoires, autographes ou allographes, qui procurent au texte un entourage (variable) et parfois un commentaire, officiel ou officieux »[5] ;

– la *métatextualité*, qui est « la relation, on dit plus couramment de « commentaire », qui unit un texte à un autre texte dont il parle, sans nécessairement le citer (le convoquer), voire, à la limite, sans le nommer »[6] ;

– l'*hypertextualité*, définie comme « toute relation unissant un texte B ([appelé] *hypertexte*) à un texte antérieur A ([appelé], bien sûr, *hypotexte*) sur lequel il se greffe d'une manière qui n'est pas celle du commentaire »[7] ;

– l'*architextualité*, qui est une relation de « pure appartenance taxinomique »[8] à un genre donné.

---

[1] Cf. Première Partie, Chapitre II.
[2] G. Genette 1982, 7–16.
[3] G. Genette 1982, 7.
[4] G. Genette 1982, 8.
[5] G. Genette 1982, 10.
[6] G. Genette 1982, 11.
[7] G. Genette 1982, 13.
[8] G. Genette 1982, 12.

Comment caractériser la relation de dépendance de 4 Maccabées envers 2 Maccabées à la lumière de la terminologie de G. Genette ?

Au sens strict, on ne peut guère parler de relation d'*intertextualité* : il y a très peu de parallèles exacts entre 2 et 4 Maccabées, et une seule séquence textuelle que l'on peut qualifier de citation (4 M 9,1 // 2 M 7,2b). Ces parallèles démontrent que 2 Maccabées est l'une des sources de 4 Maccabées, mais ne permettent guère d'aller plus loin dans l'interprétation. Il est donc nécessaire d'examiner dans quelle mesure les autres types de relations définis par G. Genette peuvent s'appliquer aux rapports entre 2 et 4 Maccabées.

Nous nous attacherons tout d'abord au contenu narratif, au sens strict, de 4 Maccabées, qui est repris en grande partie du modèle de 2 Maccabées : une séquence composée des mêmes événements racontés dans le même ordre. Lorsque l'on cherche à repérer, dans le texte de 4 Maccabées, les éléments textuels relevant de ce que nous appellerons désormais le *registre narratif* de 4 Maccabées, on s'aperçoit que ces éléments forment un récit cohérent et suivi, mais interrompu à de nombreuses reprises par d'autres éléments textuels hétérogènes, qui relèvent d'autres *registres*. Nous employons le terme de *registres*, faute de mieux, par analogie avec le jeu d'orgue : de même que l'organiste utilise plusieurs registres correspondant à des timbres différents pour créer, par leur juxtaposition ou leur association, toute la richesse de sa musique, de même l'auteur de 4 Maccabées, comme on le verra, a su créer, en mêlant des éléments textuels de nature différente, un ensemble textuel reposant sur une structure particulièrement complexe.

Relèvent du *registre narratif* (ou, pour faire plus court, registre 1) de 4 Maccabées les éléments textuels suivants :

4 M 3,20–4,26 : Contexte historique de la persécution ;

4 M 5,1–5 ; 5,14–15 ; 6,1–3 ; 6,5–13 ; 6,16 ; 6,24–26 ; 6,30 : Martyre d'Éléazar ;

4 M 8,1 : Introduction de l'épisode des sept frères ;

4 M 8,2–4 ; 8,12–13 : Présentation des instruments de torture aux sept frères ;

4 M 9,10–14 ; 9,19–22 ; 9,25 : Martyre du premier frère ;

4 M 9,26–28 : Martyre du deuxième frère ;

4 M 10,1 ; 10,5–9 ; 10,12a : Martyre du troisième frère ;

4 M 10,12b ; 10,17 ; 11,1a : Martyre du quatrième frère ;

4 M 11,1b ; 11,9–11 : Martyre du cinquième frère ;

4 M 11,13 ; 11,17–19 ; 12,1a : Martyre du sixième frère ;

4 M 12,1b-2 ; 12,6–7 ; 12,9–10 ; 12,15 ; 12,19 : Suicide du septième frère ;

4 M 17,1 : Suicide de la mère des sept frères ;

4 M 17,23–24 : Premier dénouement – les sept frères deviennent un modèle pour l'armée d'Antiochos IV ;

4 M 18,4–5a : Deuxième dénouement – châtiment d'Antiochos IV ;

Chapitre V : Interprétation de la structure de 4 Maccabées 55

4 M 18,5b : Troisième dénouement – départ d'Antiochos IV et levée du siège de Jérusalem.

Dans le cas des éléments textuels relevant du registre 1, on a affaire à une relation d'*hypertextualité* : il s'agit pour l'essentiel du même contenu narratif qu'en 2 M 3,1–7,42, mais ce récit a subi des transformations notables (omissions, contractions, amplifications), qu'il s'agira pour nous d'étudier en détail.

Dans le texte de 4 Maccabées, les martyres d'Éléazar et des sept frères ne sont pas seulement racontés. Ils sont également, tout au long de leur déroulement, reflétés et commentés par les nombreux discours (parfois, il est vrai, très courts) des différents personnages (Éléazar et les sept frères, mais aussi leur mère, Antiochos IV, les gardes, les courtisans). L'ensemble de ces discours forme un deuxième registre, que nous nommerons naturellement *registre discursif* ou registre 2.

Le registre 2 comprend les éléments suivants :

4 M 5,6–13 : Discours adressé par Antiochos IV à Éléazar ;

4 M 5,16–38 : Premier discours d'Éléazar ;

4 M 6,4 : Première exhortation (des gardes) à Éléazar ;

4 M 6,14–15 : Seconde exhortation (des courtisans) à Éléazar ;

4 M 6,17–23 : Second discours d'Éléazar ;

4 M 6,27–29 : Prière d'Éléazar ;

4 M 8,5–11 et 8,14 : Discours d'Antiochos IV aux sept frères ;

4 M 8,17–26 : Premier discours (fictif) des sept frères ;

4 M 9,1–9 : Second discours (réel) des sept frères ;

4 M 9,15–18 : Premier discours du premier frère (interrompu en 4 M 9,16 par une exhortation des gardes) ;

4 M 9,23–24 : Second discours du premier frère ;

4 M 9,29 : Premier discours du deuxième frère ;

4 M 9,30–32 : Second discours du deuxième frère ;

4 M 10,2–4 : Premier discours du troisième frère ;

4 M 10,10–11 : Second discours du troisième frère ;

4 M 10,13 : Exhortation (des gardes) au quatrième frère ;

4 M 10,14–16 : Premier discours du quatrième frère ;

4 M 10,18–21 : Second discours du quatrième frère ;

4 M 11,2–8 : Premier discours du cinquième frère ;

4 M 11,12 : Second discours du cinquième frère ;

4 M 11,14–16 : Premier discours du sixième frère ;

4 M 11,20–27 : Second discours du sixième frère ;

4 M 12,3–5 : Discours d'Antiochos IV au septième frère ;

4 M 12,8 : Annonce par le septième frère de son premier discours ;

4 M 12,11–14 : Premier discours du septième frère ;

4 M 12,16–18 : Second discours du septième frère ;

4 M 13,9–18 : Exhortations mutuelles des sept frères (six petits « discours » : 9–10 ; 11a ; 11b ; 12 ; 13–17 ; 18) ;

4 M 16,6–11 : Premier discours (fictif) de la mère des sept frères ;

4 M 16,16–23 : Deuxième discours (réel) de la mère des sept frères ;

4 M 18,7–19 : Discours de la mère des sept frères reprenant les paroles de leur père.

Le deuxième registre forme un tout cohérent, caractérisé par le dédoublement quasiment systématique des discours : Éléazar et chacun des sept frères en particulier prononcent deux discours ; le discours des sept frères dans leur ensemble et celui de leur mère sont dédoublés d'une autre manière, le narrateur imaginant d'abord un discours fictif, marqué par la lâcheté, pour l'opposer ensuite au discours réel, empreint de courage ; enfin Antiochos IV se voit attribuer trois discours et la mère également, puisque lui est attribué un troisième discours, rejeté dans la finale de 4 Maccabées.

Le récit d'origine, dans 2 Maccabées, comportait également une série de discours, remplissant la même fonction de commentaire de l'action au fur et à mesure de son déroulement :

2 M 6,24–28 : Discours d'Éléazar ;

2 M 6,30 : Prière d'Éléazar ;

2 M 7,2 : Discours du premier frère ;

2 M 7,6 : Exhortations mutuelles des six frères survivants ;

2 M 7,7 : Exhortation (des gardes) au deuxième frère ;

2 M 7,9 : Discours du deuxième frère ;

2 M 7,11 : Discours du troisième frère ;

2 M 7,14 : Discours du quatrième frère ;

2 M 7,16–17 : Discours du cinquième frère ;

2 M 7,18–19 : Discours du sixième frère ;

2 M 7,22–23 : Premier discours de la mère des sept frères ;

2 M 7,27–29 : Second discours de la mère des sept frères ;

2 M 7,30–38 : Discours du septième frère.

Nous sommes confrontés à une situation complexe. Le registre discursif de 4 Maccabées est dans une relation d'*hypertextualité* avec son équivalent de 2 Maccabées. Mais, en même temps, il constitue un commentaire des enjeux du récit, donnant la parole aux héros, à leurs opposants (Antiochos IV, gardes, courtisans) et à leurs destinataires et/ou adjuvants (mère, père) : il y a donc également une relation de *métatextualité* entre le registre 2 de 4 Maccabées dans son ensemble et le registre 1 de 4 Maccabées dans son ensemble.

Chapitre V : Interprétation de la structure de 4 Maccabées 57

Tous les discours sont insérés dans le récit, sauf l'exhortation mutuelle des sept frères, insérée dans un ensemble argumentatif, et les trois discours de la mère, les deux premiers étant insérés eux aussi dans un ensemble argumentatif et le dernier étant rejeté dans la finale de 4 Maccabées. À ces exceptions près, l'entrelacement des registres 1 et 2 forme deux blocs textuels cohérents, correspondant au martyre d'Éléazar (4 M 5,1–6,30) et à celui des sept frères (4 M 8,1–12, 19), précédés par un bloc textuel relevant uniquement du registre 1 (4 M 3,20–4,26).

Il ne faut pas oublier que le récit des martyres dans son ensemble constitue dans 4 Maccabées un exemple démesurément développé au service de la démonstration de la thèse de la domination de la Raison pieuse sur les passions. Il y a donc, dans le texte de 4 Maccabées, un ensemble d'éléments textuels argumentatifs, relevant soit du genre délibératif soit du genre épidictique, qui n'ont pas de répondant dans 2 Maccabées (encore que l'on puisse considérer 2 M 6,31 comme un raccourci d'éloge d'Éléazar et, de même, 2 M 7,40 comme un raccourci d'éloge du septième frère). Nous baptiserons cet ensemble *registre argumentatif* ou registre 3.

Ce registre forme cinq blocs cohérents, interrompus ponctuellement par certains discours relevant du registre 2 et par les « hymnes » du registre 4 :

4 M 1,1–3,18 : « Dissertation » sur la raison pieuse ;

4 M 6,31–7,23 : Commentaire du martyre d'Éléazar, comprenant son éloge (4 M 7,1–15), lui-même contenant deux hymnes (registre 4 : 4 M 7,6–10 et 7,15) ;

4 M 13,1–14,10 : Commentaire du martyre des sept frères et éloge de ceux-ci, comprenant des exhortations entre frères (registre 2 : 4 M 13,9–18), une adresse à l'auditoire (4 M 13,19) et deux hymnes à la raison pieuse et à l'Hebdomade (registre 4 : 4 M 14,2–3 et 7–8) ;

4 M 14,11–17,7 : Commentaire du martyre de la mère des sept frères et éloge de celle-ci (avec adresse à l'auditoire en 4 M 14,11 ; 14,13 ; 16,5) comprenant pas moins de six hymnes (4 M 15,1 ; 15,13 ; 15,16–20 ; 15,29–32 ; 16,14–15 ; 17,2–6) et deux discours de la mère (4 M 16,6–11 et 16,16–23) ;

4 M 17,8–22 : Commentaire de l'inscription funéraire fictive des martyrs (17,9–10) et éloge de ceux-ci.

Il convient de noter que 4 M 18,3 (glorification posthume des martyrs) pourrait relever également du registre 3.

Sur les cinq blocs ainsi délimités, le premier est à considérer à part car il constitue à lui seul la « partie philosophique » de 4 Maccabées, dont les rapports avec la « partie narrative » représentent un problème en soi. Les quatre autres sont des commentaires, soit du récit des martyres soit de l'inscription fictive de 4 M 17,9–11. Il y a donc une relation de *métatextualité* entre ces quatre blocs textuels et le registre 1, d'une part, et l'inscription fictive, de l'autre, cette dernière étant elle-même dans une relation de *métatextualité* avec le registre 1.

Il faut tenir compte enfin d'une série d'éléments textuels caractérisés par l'emploi de la deuxième personne ou celui de l'interjection ὦ. Il s'agit d'une douzaine d'« hymnes » adressés par l'auteur de 4 Maccabées soit à des personnages du récit soit à des entités abstraites, qui viennent rompre le fil de l'argumentation développée dans le registre 3. Nous proposons de les regrouper sous l'appellation de *registre liturgique* ou registre 4.

Les éléments textuels concernés sont :

4 M 7,6–10 : Premier hymne à Éléazar ;

4 M 7,15 : Second hymne à Éléazar ;

4 M 14,2–3 : Premier hymne à la Raison pieuse ;

4 M 14,7–8 : Hymne à l'Hebdomade ;

4 M 15,1 : Second hymne à la Raison pieuse ;

4 M 15,13 : Hymne à l'amour maternel ;

4 M 15,16–20 : Premier hymne à la mère des sept frères ;

4 M 15,29–32 : Deuxième hymne à la mère des sept frères ;

4 M 16,14–15 : Troisième hymne à la mère des sept frères ;

4 M 17,2–6 : Quatrième hymne à la mère des sept frères ;

4 M 18,1–2 : Hymne au peuple d'Israël ;

4 M 18,20–24 : Hymne final au jour du martyre.

Ce quatrième registre n'a pas de correspondant dans le texte de 2 Maccabées. Le fait qu'il comprenne douze « hymnes » n'est sans doute pas dû au hasard, mais résulte sans doute d'un choix délibéré de l'auteur de 4 Maccabées. Les « hymnes » relevant du registre 4 forment un ensemble cohérent qui vient lui aussi, en complément des registres 2 et 3, commenter les enjeux du récit des martyres. Il y a donc une relation supplémentaire de *métatextualité* entre le registre 4 et le registre 1, le registre 4 ayant aussi la fonction d'inscrire l'ensemble complexe de 4 Maccabées dans un contexte liturgique.

La simple considération de la répartition des quatre registres au sein du texte de 4 Maccabées permet de délimiter quelques grandes unités structurelles au sein de l'ouvrage, que nous examinerons successivement dans les différents chapitres de notre deuxième partie, consacrée à la structure de 4 Maccabées :

– la « partie philosophique », relevant du registre 3 (4 M 1,1–3,18) ;

– le début de la « partie narrative », comprenant le « récit-cadre » (4 M 3,20–21 et 4,15–26) et l'épisode d'Apollonios (4 M 4,1–14), le tout relevant du registre 1 ;

– l'épisode d'Éléazar (4 M 5,1–6,30), composé d'un entrelacement d'éléments textuels relevant des registres 1 et 2, suivi de son éloge (4 M 6,31–7,23), composé d'un entrelacement d'éléments relevant des registres 3 et 4 ;

– l'épisode des sept frères (4 M 8,1–12,19), composé d'un entrelacement d'éléments relevant des registres 1 et 2 ;

– l'éloge des sept frères et de leur mère (4 M 13,1–17,1), composé d'un entrelacement d'éléments relevant des registres 3 et 4 et s'achevant sur le récit (4 M 17,1) du suicide de la mère, qui relève du registre 1 ;

– la finale de 4 Maccabées (4 M 17,2–18,24), fruit d'une composition complexe associant des éléments relevant des quatre registres.

Chapitre VI

La question du genre littéraire de 4 Maccabées (seconde approche)

Le modèle que nous venons d'élaborer nous permet de reprendre la question du genre littéraire de 4 Maccabées sur de nouvelles bases : pouvons-nous repérer dans la littérature antique un genre littéraire qui se caractériserait, comme 4 Maccabées, par la combinaison de différents registres ? Un tel genre existe, précisément dans la culture juive de langue grecque : en effet, la variété des registres est, d'après les textes qui nous ont été conservés, l'une des caractéristiques des prédications synagogales de langue grecque.

Les témoignages directs de prédications synagogales en langue grecque de l'Antiquité sont peu nombreux. Les textes les plus développés à notre disposition sont les versions arméniennes de deux prédications transmises sous le nom fictif de Philon d'Alexandrie, un *Sur Jonas* et un *Sur Samson*, auxquelles il faut adjoindre un autre fragment intitulé *Sur Jonas*, lui aussi traduit du grec à l'arménien[1]. La traduction arménienne daterait de la première moitié du sixième siècle ap. J.-C., à partir d'un original grec qui aurait été composé à Alexandrie avant le deuxième siècle ap. J.-C.[2].

Le *Sur Samson* comporte deux références internes[3] à son propre genre, qui nous situent d'emblée sur le même terrain que celui de 4 Maccabées : *ban* (*Sur Samson* 4), qui traduit le grec λόγος, « discours », et *nerbolean* (*Sur Samson* 10), qui traduit le grec ἐγκώμιον, « éloge ». Comme dans le cas de 4 Maccabées, la structure discursive est rendue manifeste par l'emploi des pronoms de première et deuxième personne, et le *Sur Jonas* comporte, dans son paragraphe 67, une allusion à la prière liturgique[4].

Il était tentant, dans ces conditions, de vérifier s'il était possible d'appliquer notre modèle des quatre registres à ces différents textes, pour tester sa valeur heuristique. Nous nous y sommes risqué. Voici le résultat de notre expérience.

En ce qui concerne le *Sur Jonas*, le modèle des quatre registres fonctionne relativement bien, au prix néanmoins d'une modification de la définition du registre 4. En effet, il y a bien des passages rédigés en « Du-Stil », mais, loin de

---

[1] Ces trois textes ont été édités en 1999 par F. Siegert et J. de Roulet dans la collection *Sources Chrétiennes* (F. Siegert-J. de Roulet 1999).
[2] F. Siegert-J. de Roulet 1999, 19–20 et 34–36.
[3] F. Siegert-J. de Roulet 1999, 21.
[4] F. Siegert-J. de Roulet 1999, 20.

constituer des « hymnes » adressés à tel personnage ou à telle entité, il s'agit d'apostrophes adressées à Jonas sur le ton du blâme.

Le registre 1 correspond à la trame narrative, avec adjonction de commentaires difficilement séparables du récit (on retrouve au passage le problème de la démarcation précise des registres 1 et 3, rencontré dans 4 Maccabées) : relèvent de ce registre les paragraphes 5–9 ; 20–34 ; 38–46 ; 54–55 ; 59 ; 63–64 ; 67–68 ; 99–102 ; 108–110 ; 141–152 ; 157–160 ; 182 et 197.

Le registre 2 regroupe les discours des différents personnages du récit : paragraphes 10–19 (Dieu à Jonas) ; 35–37 (le capitaine à Jonas) ; 47–53 (les marins à Jonas) ; 56–58 (Jonas aux marins puis à lui-même) ; 69–98 (Prière de Jonas) ; 103–107 (Jonas aux Ninivites) ; 111–140 (les anciens de Ninive aux Ninivites puis à Jonas) ; 153–156 (actions de grâces des anciens de Ninive) ; 161–175 (Jonas à Dieu) ; 179–181 (Jonas à Dieu) ; 183–196 (Dieu à Jonas) ; 198–219 (Dieu à Jonas). Les quatre derniers discours fonctionnent par paires, scindées en deux par une interruption narrative, ce qui rappelle le dédoublement quasi systématique des discours des personnages de 4 Maccabées[5].

Le registre 3 comporte deux développements argumentatifs : le premier (paragraphes 1 à 4) est un éloge de Dieu et de la Loi ; le second (paragraphes 60 à 62) est une réflexion sur la punition de Jonas et la justice de Dieu, avec adresse à l'auditoire.

Enfin, le registre 4 se compose de deux apostrophes adressées à Jonas : paragraphes 65 à 66 (rappel de la finitude de l'être humain) et 176 à 178 (rappel de la toute-puissance de Dieu).

On peut remarquer que, dans le *Sur Jonas*, les registres 3 et 4 sont en fin de compte peu présents.

La répartition des quatre registres est plus équilibrée dans le *Sur Samson*.

Le registre 1 correspond à la reprise assez fidèle du récit des Juges : paragraphes 5–6 ; 8–9 ; 14–15 ; 17–18 ; 20b-22 ; 27 ; 29 ; 33 ; 36–37 ; 41–43. On retrouve dans le *Sur Samson* la même difficulté que dans le *Sur Jonas* à séparer dans le détail les registres 1 et 3.

Le registre 2 regroupe les discours des différents personnages : paragraphes 13 (discours de l'ange) ; 18b (discours de la mère de Samson) ; 30 (discours de Samson) ; 41b (réponse de Samson).

Le registre 3 est représenté par une série de commentaires, à tendance plus nettement encomiastique que dans le *Sur Jonas* : paragraphes 1–4 (éloge de la grâce de Dieu) ; 7 (éloge de Dieu assimilé à un médecin) ; 10–12 (éloge des anges) ; 19–20a (éloge de Samson) ; 23–26 (réflexions à base scripturaire sur le péché) ; 28 (portrait élogieux de Samson) ; 32 (réflexion sur l'ivresse) ; 35 (justification d'une digression) ; 38–39 (réponses à des objections) ; 42 (éloge de la sagesse de Samson) ; 44–45 (éloge du comportement de Samson).

---

[5] Cf. Première Partie, Chapitre V.

Le registre 4 comprend, de manière analogue à ce que nous avons relevé dans le *Sur Jonas*, une série d'apostrophes adressées en Du-Stil par le locuteur à Samson ou à son épouse : paragraphes 31 (apostrophe laudative à Samson à propos de son énigme) ; 34 (apostrophe réprobative à Samson à propos de son comportement avec les femmes) ; 40 (apostrophe réprobative à la femme de Samson).

Le *Sur Samson* est remarquablement proche de 4 Maccabées par sa structure. Dans les deux cas, le discours commence par une partie « théorique » (sur la grâce de Dieu, dans le *Sur Samson*, paragraphes 1 à 4 ; « partie philosophique » de 4 Maccabées), suivie d'un « exemple » démesuré constitué par le récit développé d'un épisode connu de l'auditoire (récit de la vie de Samson, paragraphes 5 à 46 ; « partie narrative » de 4 Maccabées). Il manque cependant, dans le *Sur Samson*, l'équivalent de la finale complexe de 4 M 17,2–18,24. Dans les deux cas, la composition mêle savamment les quatre registres pour constituer un ensemble remarquablement charpenté tout en conservant la fluidité du discours et cela même si, d'après son titre, le *Sur Samson* est censé avoir été prononcé « sans préparation »[6] !

Comment expliquer cette similitude ? Il n'y a aucune raison de supposer une influence directe du *Sur Samson* sur 4 Maccabées (ni l'inverse). La seule explication possible est de voir dans le jeu des quatre registres, dans la *poikilia*, la « variété » des tons que ce jeu suppose, une caractéristique d'un genre « homilétique » particulier, qui a pu se développer dans les communautés juives de langue grecque sous l'influence, entre autres, de la rhétorique asianique[7], mais dont ne nous sont parvenus que peu de témoignages. La structure complexe de 4 Maccabées serait dans cette hypothèse, du moins en partie, plus le reflet de contraintes génériques que le fruit d'une fantaisie individuelle. En particulier, la coexistence au sein d'un même ouvrage d'une première partie « théorique » (4 M 1,1–3,18) et d'une seconde partie « narrative » (4 M 3,19–18,24) pourrait s'expliquer dans ce cadre sans qu'il soit nécessaire de supposer une rédaction en deux temps.

Une difficulté subsiste : aussi bien le *Sur Jonas* que le *Sur Samson* s'appuient sur des péricopes bibliques s'insérant dans un calendrier liturgique précis. D'après F. Siegert et J. de Roulet[8], le *Sur Jonas* correspondrait à une *haftara*[9] de l'après-midi de Yom Kippour, et le *Sur Samson* s'appuierait sur Juges 13, 2–25, *haftara* de la loi sur le naziréat (Nombres 4,21–7,89). Rien de tel évidemment dans le cas de 4 Maccabées, qui s'appuie sur 2 M 3,1–7,42, qui n'a sans doute jamais fait l'objet d'une lecture rituelle dans un cadre liturgique régulier. Ce n'est pas un problème insoluble : en effet, en 4 M 1,10, il est question d'une

---

[6] F. Siegert-J. de Roulet 1999, 107.
[7] F. Siegert-J. de Roulet 1999, 29–31.
[8] F. Siegert-J. de Roulet 1999, 27–29.
[9] Texte tiré des Prophètes lu après la parašah (lecture tirée de la Tōrah) lors du šabbat et des fêtes.

circonstance exceptionnelle expliquant la tenue du discours (κατὰ τοῦτον τὸν καιρόν, « en ce jour que nous célébrons »). Quelle que soit l'interprétation que l'on donne de ce passage, il est clair que la cérémonie en question ne peut pas être identifiée avec le culte synagogal ordinaire. De ce fait, la prédication que représenterait 4 Maccabées a très bien pu s'appuyer sur un texte (2 M 3,1–7,42) ne faisant pas partie du cycle des lectures liturgiques ordinaires, ni même du canon, si tant est que cette notion avait vraiment un sens pour la communauté destinataire de 4 Maccabées.

Le fait que 4 Maccabées relève du genre de la prédication synagogale n'est pas une thèse nouvelle : le premier à l'avoir émise est H. Ewald[10], qui ne connaissait cependant pas d'autre témoin de ce genre. L'affirmation a été reprise par les commentateurs ultérieurs, mais le débat s'est bien vite centré plutôt sur le caractère réel ou fictif du discours de 4 Maccabées que sur les conséquences structurelles de l'affiliation de 4 Maccabées au genre homilétique.

C. L.W. Grimm[11], le premier, a présenté 4 Maccabées comme un discours fictif adressé à un cercle de lecteurs cultivés, en se fondant sur deux arguments fondamentaux, le caractère non canonique de 2 Maccabées, d'un côté, le haut niveau culturel supposé des destinataires de 4 Maccabées, d'autre part, arguments peu susceptibles de correspondre au public populaire d'une synagogue. Cette thèse a été fortement contestée par J. Freudenthal[12], qui s'est appuyé sur ce que l'on pouvait savoir à l'époque du genre homilétique pour démontrer l'invalidité des deux arguments de C.L.W. Grimm : pour lui, la distinction entre textes canoniques et textes apocryphes n'était pas aussi marquée dans le judaïsme hellénistique que C.L.W. Grimm le pensait et le public des synagogues de langue grecque était suffisamment cultivé pour avoir accès à un contenu philosophique et théologique de haute volée. Les auteurs ultérieurs ont pris parti pour l'une ou l'autre de ces deux thèses[13], mais il a fallu attendre H. Thyen[14] pour définir clairement les caractéristiques formelles du genre homilétique, sur la base cependant de l'affirmation d'une filiation avec le genre littéraire de la diatribe cynico-stoïcienne, hypothèse dont on a vu plus haut[15] le caractère fragile. Il concluait au caractère réel du discours constitué par 4 Maccabées, en se fondant sur cette identification.

Notre modèle a le mérite d'appuyer la thèse de l'affiliation de 4 Maccabées au genre homilétique sur la base d'une comparaison directe avec les textes conservés. Nous avons constaté une similitude profonde entre les structures du *Sur Jonas* et du *Sur Samson*, d'une part, de 4 Maccabées, d'autre part. Pou-

---

[10] H. Ewald 1864, 634.
[11] C.L.W. Grimm 1853, 286.
[12] J. Freudenthal 1896, 4–12 et 137–147
[13] On trouvera une présentation synthétique de ces débats chez A. Dupont-Sommer 1939, 20–25.
[14] H. Thyen 1955, 12–14.
[15] Cf. 30.

vons-nous en conclure que 4 Maccabées correspond à une prédication synagogale réellement prononcée ?

Ce qui peut conduire à en douter est la qualité stylistique et le haut niveau d'élaboration de l'œuvre, qui rendent peu probable une improvisation et peuvent laisser sceptique quant à la possibilité de réception d'un tel discours par une communauté réelle. Mais n'en est-il pas de même de la plupart des textes relevant de l'art oratoire de l'Antiquité ? Les discours qui nous ont été transmis sont des réécritures, à fin de publication, des discours réellement prononcés : une anecdote célèbre[16] révèle la différence entre la plaidoirie réelle prononcée par Cicéron en faveur de Milon et le texte du *Pro Milone*. Il y a sans doute eu, à l'origine de la rédaction de 4 Maccabées, un discours réellement prononcé (même si nous ne pouvons pas le prouver absolument) ; mais le texte de 4 Maccabées correspond certainement à une réélaboration secondaire à fin de publication de ce discours, et non à ce discours lui-même tel qu'il a pu être prononcé dans la réalité.

---

[16] Dion Cassius XL, 54 : Ὁ Μίλων τῷ λόγῳ πεμφθέντι οἱ ὑπ' αὐτοῦ ἐντυχών (ἐπεφυγάδευτο γάρ) ἀντεπέστειλε, λέγων ὅτι ἐν τύχῃ αὐτῷ ἐγένετο τὸ μὴ ταῦθ' οὕτω καὶ ἐν τῷ δικαστηρίῳ λεχθῆναι. Οὐ γὰρ ἂν τοιαύτας ἐν τῇ Μασσαλίᾳ (ἐν ᾗ κατὰ τὴν φυγὴν ἦν) τρίγλας ἐσθίειν, εἴπερ τι τοιοῦτον ἀπελε λόγητο. « On rapporte même que Milon, ayant lu ce discours qui lui avait été envoyé par Cicéron lorsqu'il était en exil, lui répondit : « Heureusement pour moi, cette harangue n'a pas été prononcée devant mes juges ; car je ne mangerais pas de si beaux rougets à Marseille (c'est là qu'il s'était retiré), si vous m'aviez défendu avec tant d'éloquence ». » (Traduction Dion Cassius 1865).

Deuxième partie
Structure de 4 Maccabées

Chapitre I

Structure de la « partie philosophique » de 4 Maccabées (4 M 1,1–3,18)

A. Introduction

4 Maccabées se présente à nous comme un ouvrage structuré en deux parties, clairement annoncées et désignées : après une introduction générale (4 M 1,1–11), l'auteur indique qu'il va d'abord exposer sa thèse, son ὑπόθεσις (4 M 1,12). Plus loin, en 4 M 3,19, il annonce de même qu'il va exposer l'« histoire de la raison pieuse » (τὴν ἀπόδειξιν τῆς ἱστορίας τοῦ σώφρονος λογισμοῦ). La première partie de 4 Maccabées, la « partie philosophique » (4 M 1,13–3,18), est donc clairement délimitée par ces deux interventions de l'auteur. On pourrait donc légitimement s'attendre d'une part à l'existence d'un lien clair entre les deux parties, philosophique et narrative, la seconde représentant une preuve par l'exemple de la première, d'autre part à une certaine exhaustivité de la partie philosophique. Dans les faits, il n'en est rien.

Comme l'a relevé en détail U. Breitenstein[1], les concepts présents dans la partie philosophique sont absents de la partie narrative ou bien présentés de manière totalement différente : ainsi le « plaisir » (ἡδονή) est-il conçu en 4 M 1,25–26 comme la source de tous les vices[2] mais en 4 M 9,31 comme la récompense de la vertu ! En sens inverse, des concepts présents dans la partie narrative, correspondant aux obstacles que la vertu doit surmonter, l'« amour fraternel » (φιλαδελφία, 4 M 14,1) ou l'« amour des enfants » (φιλοτεκνία, 4 M 14,13 ; 15,11 ; 15,23 ; 15,25 ; 16,3), sont absents de la partie philosophique.

Par ailleurs, le même U. Breitenstein a relevé des incohérences majeures au sein de la partie philosophique : d'une part[3], l'éloge de la « prudence » (φρόνησις) annoncé en 4 M 1,2 est totalement absent (à part l'écho de 4 M 1,19) ; d'autre part[4], la définition de la « passion » (πάθος) promise en 4 M 1,14 est absente de l'ouvrage ; enfin[5], il semble y avoir des doublets : la même

---

[1] U. Breitenstein 1976, 148–151.
[2] Dans les faits, l'analyse de U. Breitenstein doit être nuancée : en 4 M 1,25–26, ce n'est pas le plaisir en tant que tel qui engendre les vices, mais une « inclination maligne » (κακοήθης διάθεσις) qui le corrompt, sur laquelle nous reviendrons plus bas (87).
[3] U. Breitenstein 1976, 149.
[4] U. Breitenstein 1976, 134.
[5] U. Breitenstein 1976, 140–141.

objection est présentée pratiquement dans les mêmes termes en 4 M 1,5–6 et 4 M 3,2–4[6].

Comment expliquer ces défauts structurels ? U. Breitenstein[7] en conclut que 4 Maccabées n'est pas un ouvrage achevé (« Die Rede des Ps-Ios liegt uns nicht fertig ausgearbeitet vor ; sie kann in dieser Form nicht coram publico gehaltern worden sein »). Nous pensons que cette explication n'est pas satisfaisante et que les incohérences relevées à juste titre par U. Breitenstein doivent pouvoir s'expliquer autrement.

En 1972, R. Renehan a démontré de manière convaincante[8] qu'un passage de la partie philosophique (4 M 3,1–5) dépendait probablement de la même source (Posidonios ou l'un de ses continuateurs) qu'au moins un passage de l'œuvre de Galien[9]. Il s'agit, dans les deux cas, de passages consacrés à la colère, qu'il est impossible d'extirper mais que l'on peut s'efforcer de maîtriser. Dans les deux cas, on rencontre le même emploi peu commun de τις οὐ pour οὐδείς, ce qui ne peut s'expliquer, pour R. Renehan, que dans le cas d'une dépendance parallèle des deux passages envers une source commune. Pour lui, cette dépendance pourrait expliquer l'apparition, en 4 M 3,5, de la thèse de l'impossibilité d'extirper les passions sans avoir à supposer, comme M. Hadas[10], une dépendance directe de l'auteur de 4 Maccabées envers Platon. Il est d'ailleurs à noter, à l'appui de la théorie de R. Renehan, que le passage relevé par lui dans le traité de Galien sur les passions s'insère dans un développement plus large (chapitres I à IV), visant précisément à démontrer qu'il est impossible d'être totalement exempt de passions, en raison de l'existence d'une partie irrationnelle de l'âme.

L'essentiel pour notre propos, au-delà de la question de l'affiliation philosophique de l'auteur de 4 Maccabées, sur laquelle nous reviendrons[11], est que, si l'on suit R. Renehan, *la partie philosophique de 4 Maccabées dépend au moins en partie d'une source philosophique de langue grecque*. Il nous faut déterminer avec précision l'étendue des passages qui pourraient provenir de cette source pour comprendre comment l'auteur de 4 Maccabées l'a utilisée.

B. La « rédaction-νόμος »

Une remarque préliminaire s'impose : l'objectif de l'ensemble de la partie philosophique est de démontrer qu'il est possible à l'homme de maîtriser ses passions, mais l'identité de l'instrument adéquat n'est pas la même dans tous les

---

[6] Ce qui a conduit A. Dupont-Sommer 1939, 189, note 1, à la suite de J. Freudenthal 1869, 150, à voir dans 4 M 1,5–6 le fruit d'une interpolation.

[7] U. Breitenstein 1976, 143.

[8] R. Renehan 1972, 233–235.

[9] Galien 1884, 12.

[10] M. Hadas 1953, 116–118.

[11] Cf. Troisième Partie, Chapitre III.

passages. Il est possible de distinguer des passages relevant de ce que nous appellerons une « rédaction-λογισμός », où c'est la « Raison » qui permet de dominer les passions, d'autres passages relevant, eux, d'une « rédaction-νόμος », où cette même maîtrise est permise par l'observance de la Loi juive. Pour être plus précis, les passages relevant de la « rédaction-νόμος » combinent les deux termes λογισμός et νόμος, en les posant comme équivalents, alors que les passages relevant de la « rédaction-λογισμός » ne comportent aucune mention de la « Loi ». L'intérêt de cette distinction est qu'il est exclu que les passages relevant de la « rédaction-νόμος », correspondant à une problématique d'inspiration juive, remontent à une source philosophique grecque non juive. Il est donc vraisemblable de considérer qu'il s'agit d'ajouts de l'auteur de 4 Maccabées.

Le terme νόμος apparaît neuf fois dans la « partie philosophique », en 4 M 1,17 ; 1,34 ; 2,5 ; 2,6 ; 2,8 ; 2,9 ; 2,10 ; 2,14 et 2,23. Cette répartition permet de délimiter cinq passages relevant de la « rédaction-νόμος » :

I. 4 M 1,17

4 M 1,17 est une définition de la « sagesse » (σοφία) ; pour être précis il y a successivement dans le texte de 4 Maccabées deux définitions de la sagesse, l'une d'inspiration stoïcienne en 4 M 1,16 :

4 M 1,16

σοφία δὴ τοίνυν ἐστὶν γνῶσις θείων καὶ ἀνθρωπίνων πραγμάτων καὶ τῶν τούτων αἰτιῶν,

« la sagesse est la connaissance des choses divines et humaines, et de leurs causes »[12],

l'autre d'inspiration juive en 4 M 1,17 :

4 M 1,17

αὕτη δὴ τοίνυν ἐστὶν ἡ τοῦ νόμου παιδεία, δι' ἧς τὰ θεῖα σεμνῶς καὶ τὰ ἀνθρώπινα συμφερόντως μανθάνομεν.

« Elle est l'éducation même de la Loi, par laquelle nous apprenons les choses divines dignement et les choses humaines utilement. »

Il est visible que la seconde définition a été construite à partir de la première : reprise de la même particule (τοίνυν), reprise de l'opposition entre « choses divines » (τὰ θεῖα) et « choses humaines » (τὰ ἀνθρώπινα). La définition stoïcienne de 4 M 1,16 a probablement été empruntée à la source philosophique utilisée par l'auteur de 4 Maccabées et redoublée par une définition judaïsante précisément pour démontrer que la Loi juive permet d'atteindre l'idéal du sage stoïcien.

---

[12] Cf. U. Breitenstein 1976, 159.

II. 4 M 1,33–35

4 M 1,33–35 est un petit développement consacré aux interdits alimentaires de la Loi juive, présentés comme une occasion de manifester la vertu de tempérance (σωφροσύνη) :

4 M 1,33–35

33 ἐπεὶ πόθεν κινούμενοι πρὸς τὰς ἀπειρημένας τροφὰς ἀποστρεφόμεθα τὰς ἐξ αὐτῶν ἡδονάς ; οὐχ ὅτι δύναται τῶν ὀρέξεων ἐπικρατεῖν ὁ λογισμός ; ἐγὼ μὲν οἶμαι. 34 τοιγαροῦν ἐνύδρων ἐπιθυμοῦντες καὶ ὀρνέων καὶ τετραπόδων καὶ παντοίων βρωμάτων τῶν ἀπηγορευμένων ἡμῖν κατὰ τὸν νόμον ἀπεχόμεθα διὰ τὴν τοῦ λογισμοῦ ἐπικράτειαν, 35 ἀνέχεται γὰρ τὰ τῶν ὀρέξεων πάθη ὑπὸ τοῦ σώφρονος νοὸς ἀνακοπτόμενα, καὶ φιμοῦται πάντα τὰ τοῦ σώματος κινήματα ὑπὸ τοῦ λογισμοῦ.

« 33 Ainsi, quand nous sommes mûs vers un mets défendu, d'où vient que nous nous détournions du plaisir qu'il peut nous procurer ? N'est-ce pas parce que la raison a le pouvoir de maîtriser cet appétit ? C'est mon avis, à moi. 34 Et quand nous avons envie de manger d'un poisson, d'un oiseau, d'un animal, bref d'un mets quelconque que la Loi nous interdit, si nous nous abstenons, c'est à cause de la maîtrise qu'exerce la raison. 35 En effet, la passion de l'appétit s'arrête, vaincue, devant l'intelligence tempérante, et tous les mouvements du corps sont domptés par la raison. »

Il est notable que l'auteur de 4 Maccabées assume la responsabilité du contenu de son ajout (ἐγὼ μὲν οἶμαι) et que la Raison (λογισμός) est réduite au rôle d'instrument de l'obéissance à la Loi juive. Il est à remarquer qu'il n'y a pas en parallèle d'exemple « profane » de domination de la Raison sur les passions opposées à la tempérance et que, par conséquent, l'exemple des lois alimentaires a été vraisemblablement substitué à un ou plusieurs exemples présents dans le texte source. Comme on l'observera dans d'autres exemples parallèles, l'auteur de 4 Maccabées conserve l'architecture théorique de sa source mais substitue ses propres exemples aux exemples d'origine.

III. L'exemplum de Joseph en 4 M 2,1–6a

4 M 2,1–6a

1 Καὶ τί θαυμαστόν, εἰ αἱ τῆς ψυχῆς ἐπιθυμίαι πρὸς τὴν τοῦ κάλλους μετουσίαν ἀκυροῦνται ; 2 ταύτῃ γοῦν ὁ σώφρων Ιωσηφ ἐπαινεῖται, ὅτι διανοίᾳ περιεκράτησεν τῆς ἡδυπαθείας. 3 νέος γὰρ ὢν καὶ ἀκμάζων πρὸς συνουσιασμὸν ἠκύρωσε τῷ λογισμῷ τὸν τῶν παθῶν οἶστρον. 4 καὶ οὐ μόνον δὲ τὴν τῆς ἡδυπαθείας οἰστρηλασίαν ὁ λογισμὸς ἐπικρατεῖν φαίνεται, ἀλλὰ καὶ πάσης ἐπιθυμίας. 5 λέγει γοῦν ὁ νόμος Οὐκ ἐπιθυμήσεις τὴν γυναῖκα τοῦ πλησίον σου οὐδὲ ὅσα τῷ πλησίον σού ἐστιν. 6 καίτοι ὅτε μὴ ἐπιθυμεῖν εἴρηκεν ἡμᾶς ὁ νόμος, πολὺ πλέον πείσαιμ' ἂν ὑμᾶς ὅτι τῶν ἐπιθυμιῶν κρατεῖν δύναται ὁ λογισμός.

« 1 D'autre part, faut-il s'étonner, si les désirs de l'âme pour l'union avec la beauté arrivent à perdre leur empire ? 2 C'est précisément l'éloge qu'a mérité Joseph le tempérant, à savoir que, par le jugement, il a maîtrisé la luxure ; 3 car, bien que jeune et en pleine vigueur [pour le rapprochement sexuel], il a brisé, grâce à la raison, l'aiguillon de la passion. 4 Il est clair, d'ailleurs, que la raison maîtrise non seulement le feu de la luxure, mais encore tous les désirs : 5 la Loi, n'est-il pas vrai, proclame : « Tu ne désireras pas la femme de ton prochain, ni rien qui appartienne à ton prochain. » 6 Eh bien ! quand la Loi dit que nous ne désirerons

Chapitre I : Structure de la « partie philosophique »

pas, il m'est bien plus facile de vous persuader que la raison a le pouvoir de commander aux désirs. »

En 4 M 1,32 était mentionnée une dichotomie des désirs : désirs du corps d'un côté, examinés dans le développement précédent (4 M 1,33–35) ; désirs de l'âme de l'autre, auxquels répond un peu maladroitement le développement de 4 M 2,1–6. De façon un peu étrange, le désir sexuel (la « luxure », ἡδυπάθεια, mentionnée en 4 M 2,2) est présenté en 4 M 2,1 comme un désir de l'âme pour la « beauté » (κάλλος). Comme on le verra plus bas, cette définition est sans doute d'origine stoïcienne.

L'*exemplum* proprement dit est présenté de façon brève aux en 4 M 2,2–3, sans aucun détail narratif : seul un public juif pouvait identifier l'épisode de la femme de Putiphar. Joseph domine les pulsions sexuelles au moyen de la « réflexion » (διανοία, 4 M 2,2) et de la « raison » (λογισμός, 4 M 2,3). Διανοία est un terme relativement rare dans 4 Maccabées : en dehors du passage considéré ici, il n'apparaît qu'en 4 M 7,5, 11,14 et 13,4. En 4 M 7,5, c'est la διανοία, comparée à un roc, qui permet à Éléazar de dominer ses passions. En 4 M 11,14, le sixième frère, malgré sa jeunesse, se proclame l'égal des cinq frères déjà mis à mort, grâce à la διανοία. En 4 M 13,4, il est question de l'« hégémonie » de la διανοία sur les passions. En résumé, dans au moins deux passages (4 M 7,5 et 13,4), διανοία apparaît par ses emplois comme un synonyme de λογισμός. On notera que διανοία n'apparaît dans la partie philosophique qu'en 4 M 2,1–6, ce qui est un indice supplémentaire du caractère secondaire de 4 M 2,1–6, qui relève de la rédaction-νόμος.

L'*exemplum* est suivi en 4 M 2,4 de sa « conclusion » : la raison domine non seulement la luxure (ἡδυπάθεια) mais encore tout désir (ἐπιθυμία). L'emploi de ce dernier terme, déjà présent en 4 M 2,1, mais absent de l'*exemplum* proprement dit, est sans doute dû à l'anticipation de la citation partielle, en 4 M 2,5, d'Exode 20,17 LXX, qui comporte à deux reprises le verbe « désirer » (ἐπιθυμέω). Il est à noter que la citation est adaptée au contexte de l'épisode de Joseph et de la femme de Putiphar : des neuf interdictions d'Exode 20,17 ne sont conservées que la première, prohibant le désir de la femme d'autrui (ce qui s'applique à la situation de Joseph), et la dernière, la plus générale, résumant toutes les autres, prohibant le désir des biens d'autrui. Le texte cité est donc réduit à un seul cas particulier, adapté au contexte.

4 M 2,6a se présente comme la conclusion d'un raisonnement qui ne devient compréhensible qu'en posant une équivalence fonctionnelle entre λογισμός et νόμος : c'est parce que la Loi (νόμος) interdit les désirs coupables que la raison (λογισμός) peut les dominer. Autrement dit, la Loi est l'instrument nécessaire de la Raison.

En conclusion, 4 M 2,1–6a est un développement introduit secondairement, cherchant à prouver non pas que le λογισμός permet de dominer les désirs de l'âme (ce qui serait attendu d'après 4 M 1,32) mais que les interdictions de la Loi sont l'instrument nécessaire et efficace du λογισμός. Ce développement ne peut être l'œuvre d'un philosophe non juif. En effet, il est tout entier construit autour de deux allusions scripturaires, incompréhensibles en dehors de la communauté juive. L'*exemplum* de Joseph permet de rattacher ce passage à la section consacrée à la tempérance, rattachement facilité par le retour du leitmotiv du « désir » (ἐπιθυμία), concept clé de cette section mais également écho à la citation d'Exode 20,17 LXX.

Comme dans le cas de 4 M 1,33–34, on peut penser que le développement « judaïsant » présent dans le texte de 4 Maccabées s'est substitué à un ou plusieurs exemples « hellénisants » présents dans la source philosophique employée par l'auteur de 4 Maccabées.

IV. Le développement sur les fonctions de la Loi en 4 M 2,8–14

4 M 2,8–14

8 αὐτίκα γοῦν τῷ νόμῳ πολιτευόμενος, κἂν φιλάργυρός τις ᾖ, βιάζεται τὸν αὑτοῦ τρόπον τοῖς δεομένοις δανείζων χωρὶς τόκων καὶ τὸ δάνειον τῶν ἑβδομάδων ἐνστασῶν χρεοκοπούμενος· 9 κἂν φειδωλός τις ᾖ, ὑπὸ τοῦ νόμου κρατεῖται διὰ τὸν λογισμὸν μήτε ἐπικαρπολογούμενος τοὺς ἀμητοὺς μήτε ἐπιρρωγολογούμενος τοὺς ἀμπελῶνας. Καὶ ἐπὶ τῶν ἑτέρων δὲ ἔστιν ἐπιγνῶναι τοῦτο, ὅτι τῶν παθῶν ἐστιν ὁ λογισμὸς κρατῶν· 10 ὁ γὰρ νόμος καὶ τῆς πρὸς γονεῖς εὐνοίας κρατεῖ μὴ καταπροδιδοὺς τὴν ἀρετὴν δι' αὐτούς 11 καὶ τῆς πρὸς γαμετὴν φιλίας ἐπικρατεῖ διὰ τὴν παρανομίαν αὐτὴν ἀπελέγχων 12 καὶ τῆς τέκνων φιλίας κυριεύει διὰ κακίαν αὐτὰ κολάζων 13 καὶ τῆς φίλων συνηθείας δεσπόζει διὰ πονηρίαν αὐτοὺς ἐξελέγχων. 14 καὶ μὴ νομίσητε παράδοξον εἶναι, ὅπου καὶ ἔχθρας ἐπικρατεῖν ὁ λογισμὸς δύναται διὰ τὸν νόμον μήτε δενδροτομῶν τὰ ἥμερα τῶν πολεμίων φυτά, τὰ δὲ τῶν ἐχθρῶν τοῖς ἀπολέσασι διασῴζων καὶ τὰ πεπτωκότα συνεγείρων.

« 8 À la vérité, dès qu'on met sa conduite en accord avec la Loi, si, par exemple, on est attaché à l'argent, on fait violence à sa nature et l'on prête sans intérêt à ceux qui sont dans le besoin, même si l'approche de la septième année doit bientôt annuler la dette. 9 Si l'on est parcimonieux, la Loi s'impose à vous au nom de la raison et l'on s'abstient de glaner dans les champs ou d'arracher les dernières grappes dans les vignes. Et dans tous les autres cas nous pouvons aussi reconnaître que la raison sait commander aux passions. 10 La Loi, en effet, domine l'amour qu'on porte à ses parents : elle ne trahit jamais la vertu à cause d'eux. 11 Elle maîtrise l'amour qu'on porte à son épouse : elle la corrige si elle commet une faute. 12 Elle règne sur l'amour qu'on porte à ses enfants : elle les châtie quand ils sont méchants. Elle commande à l'attachement qu'on a pour ses amis : elle les blâme s'ils font quelque chose de mal. 13 Enfin, ne pensez pas qu'il soit invraisemblable que la raison, au nom de la Loi, maîtrise même la haine, 14 et qu'on s'abstienne de couper les arbres fruitiers qui appartiennent aux ennemis, qu'on sauve une bête que son adversaire a laissé échapper, qu'on l'aide à relever celle qui est tombée.»

Ce passage s'articule nettement en deux temps distincts, séparés par la « conclusion générale » de 4 M 2,9b, qui relève plutôt de la rédaction-λογισμός. Dans une première partie (4 M 2,8–9a), deux passions opposées à la justice, l'amour de l'argent et l'avarice (φιλάργυρος et φειδωλός semblent quasiment synonymes, la mention, en 4 M 2, 9a, de la glanure et du grappillage semble montrer que, pour le rédacteur de 4 Maccabées, le second adjectif a une extension plus grande que le premier, limité à l'amour d'un bien particulier), sont présentées comme étant « bridées » par deux institutions de la Tōrah : l'interdiction du prêt à intérêt (Exode 22,24 ; Lévitique 25,35–37 ; Deutéronome 23,20–21) malgré la perspective de la remise des dettes lors de l'année sabbatique (Deutéronome 15,1), d'une part ; l'interdiction de la glanure et du grappillage, d'autre part (Lévitique 19,9–10 ; 23,22 ; Deutéronome 24,19–22). Les dispositions de la Loi ne suppriment pas l'avarice, mais viennent la tempérer : il y a cohérence avec le principe énoncé en 4 M 3,5 à propos du λογισμός.

Après la « conclusion générale » de 4 M 2,9b, la liste des bienfaits de la Loi reprend, avec deux particularités : d'une part, νόμος, « la Loi », apparaît désormais en position de sujet, dans quatre phrases successives (4 M 2,10–13) ; d'autre part, on a affaire à une nouvelle liste de passions, fondée sur les différentes relations entre êtres humains : amour des parents (4 M 2,10), de l'épouse (4 M 2,11), des enfants (4 M 2,12), des amis (4 M 2,13). Dans tous les cas, la Loi vient limiter ces différents amours en interdisant de trahir (le participe καταπροδιδούς, à travers lequel le sens de base de προδίδωμι est encore renforcé par le préverbe terminatif, est particulièrement expressif) la vertu (dans le premier cas), ou en prescrivant le châtiment des turpitudes des êtres aimés (dans les trois autres cas). Il n'y a cependant pas d'allusion précise à un commandement particulier, contrairement à ce qui se produit dans les versets précédents (4 M 2,8–9a) et suivants (4 M 2,14).

Après l'amour des proches, la haine des ennemis (4 M 2,14) est à son tour limitée par deux prescriptions de la Tōrah, l'interdiction de la coupe des arbres cultivés de l'ennemi (Deutéronome 20,19–20) et l'assistance nécessaire à son bétail (le passage du Pentateuque le plus proche de 4 M 2,14, où il est question de la « chute » des bêtes concernées, est Deutéronome 22,4).

V. La « théologie des passions » en 4 M 2,21–23

4 M 2,21–23

21 ὁπηνίκα γὰρ ὁ θεὸς τὸν ἄνθρωπον κατεσκεύασεν, τὰ πάθη αὐτοῦ καὶ τὰ ἤθη περιεφύτευσεν· 22 ἡνίκα δὲ ἐπὶ πάντων τὸν ἱερὸν ἡγεμόνα νοῦν διὰ τῶν αἰσθητηρίων ἐνεθρόνισεν, 23 καὶ τούτῳ νόμον ἔδωκεν, καθ᾽ ὃν πολιτευόμενος βασιλεύσει βασιλείαν σώφρονά τε καὶ δικαίαν καὶ ἀγαθὴν καὶ ἀνδρείαν.

« 21 Le jour où Dieu a créé l'homme, il a planté en lui les passions et les inclinations. 22 Mais, à ce moment même, au-dessus de toutes il a placé comme sur un trône [par le moyen des organes des sens] l'intelligence, sainte souveraine ; 23 à cette intelligence il a donné une Loi : et qui vit selon cette Loi est roi d'une royauté de tempérance, de justice, de bonté et de courage. »

Ce court passage énonce une véritable « théologie » des passions : c'est Dieu qui est leur créateur (4 M 2,21), elles ne sont donc pas mauvaises en elles-mêmes, mais doivent être régulées par l'Intelligence (νοῦς) (4 M 2,22), qualifiée de sacrée (ἱερός) et provenant elle aussi de Dieu. Enfin, Dieu est également l'auteur (4 M 2,23) de la Loi, destinée à guider l'Intelligence. Le passage est dominé par le champ lexical de la souveraineté (ἡγεμόνα, ἐνεθρόνισεν, πολιτευόμενος βασιλεύσει βασιλείαν) : la Loi permet à l'homme de régner sur lui-même. Par ailleurs, en 4 M 2,23, la Loi est présentée comme la source des quatre vertus cardinales (à un détail près : on retrouve bien la tempérance et la justice, et, à la fin, le courage, mais la prudence, pourtant célébrée en 4 M 1,2 et 1,19 comme la première des vertus, est remplacée par la bonté). Nous y reviendrons dans notre troisième partie[13].

D'autres passages visiblement ajoutés par l'auteur de 4 Maccabées sont ceux qui correspondent à des exemples empruntés aux récits bibliques : épisode de Moïse opposé à Datân et Abiram (4 M 2,17), de Jacob confronté à Siméon et à Lévi (4 M 2,19) et surtout de la soif du roi David (4 M 3,6–18).

VI. Les exempla de Moïse et de Jacob (4 M 2,17–20)

4 M 2,17–20

17 θυμούμενός γέ τοι Μωυσῆς κατὰ Δαθαν καὶ Αβιρων οὐ θυμῷ τι κατ' αὐτῶν ἐποίησεν, ἀλλὰ λογισμῷ τὸν θυμὸν διήτησεν. 18 δυνατὸς γὰρ ὁ σώφρων νοῦς, ὡς ἔφην, κατὰ τῶν παθῶν ἀριστεῦσαι καὶ τὰ μὲν αὐτῶν μεταθεῖναι, τὰ δὲ καὶ ἀκυρῶσαι. 19 ἐπεὶ διὰ τί ὁ πάνσοφος ἡμῶν πατὴρ Ιακωβ τοὺς περὶ Συμεων καὶ Λευιν αἰτιᾶται μὴ λογισμῷ τοὺς Σικιμίτας ἐθνηδὸν ἀποσφάξαντας λέγων 'Επικατάρατος ὁ θυμὸς αὐτῶν ; 20 εἰ μὴ γὰρ ἐδύνατο τοῦ θυμοῦ ὁ λογισμὸς κρατεῖν, οὐκ ἂν εἶπεν οὕτως.

« 17 Moïse, il est vrai, s'était irrité contre Datham et Abiron : cependant, il sut se garder de rien faire contre eux par colère, mais il apaisa sa colère grâce à la raison. 18 L'intelligence tempérante, en effet, a le pouvoir, comme je l'ai dit, de triompher des passions, mais elle transforme les unes, tandis qu'elle réduit les autres à l'impuissance. 19 Pourquoi Jacob, notre père très sage, accuse-t-il les gens de Siméon et de Lévi d'avoir, non par raison, massacré en masse les Sichémites ? Il dit, en effet : « Maudite soit leur colère ! » 20 Si la raison n'était pas capable de commander à la colère, il ne parlerait pas ainsi. »

La séquence 4 M 2,17–20 est composée de deux exemples destinés à illustrer l'affirmation de la domination possible de la Raison sur la colère, énoncée en 4 M 2,16. Chacun de ces exemples est suivi immédiatement d'une reformulation de la thèse principale (4 M 2,18 et 20), sous forme d'une assertion positive en 4 M 2,18, d'un raisonnement par l'absurde en 4 M 2,20. On notera le souci de variation : en 4 M 2,18, le substantif habituel λογισμός est remplacé par une périphrase, l'« intelligence tempérante » (ὁ σώφρων νοῦς), déjà apparue en 4 M 1,35 dans un autre passage relevant de la « rédaction-νόμος », puis en 4 M 2,16, juste avant la séquence considérée ici. Cette même formule reparaîtra en 4 M 3,17, à la fin de l'épisode de la soif de David, avant qu'en 4 M 3,19, apparaisse en tête de la partie narrative une formule mixte, « la Raison tempérante » (σώφρων λογισμός) (au génitif dans le texte). Il semble donc que ὁ σώφρων νοῦς soit une formulation caractéristique de la « rédaction-νόμος ».

Les deux exemples, réduits à de simples allusions, sont, quant à leur contenu, empruntés au Pentateuque, le premier à Nombres 16,1–34 (sans que le

---

[13] Cf. Troisième Partie, Chapitre IV.

thème de la modération de la colère apparaisse dans le texte source ; il s'agit sans doute d'un ajout de l'auteur de 4 Maccabées destiné à faire « cadrer » son exemple avec son propos), le second à Genèse 34,1–31 (mais les propos de Jacob sont une citation directe de Genèse 49,7a LXX, qui renvoie à l'épisode de Sichem).

On a donc, à deux reprises, une unité minimale composée d'une allusion à un récit biblique suivie d'une reformulation de la thèse de 4 Maccabées, le tout précédant le passage de 4 M 2,21–23 sur la « théologie des passions ».

VII. L'épisode de la soif du roi David (4 M 3,6–18)

4 M 3,6–18

6 Ἔστιν γοῦν τοῦτο διὰ τῆς Δαυιδ τοῦ βασιλέως δίψης σαφέστερον ἐπιλογίσασθαι. 7 ἐπεὶ γὰρ δι' ὅλης ἡμέρας προσβαλὼν τοῖς ἀλλοφύλοις ὁ Δαυιδ πολλοὺς αὐτῶν ἀπέκτεινεν μετὰ τῶν τοῦ ἔθνους στρατιωτῶν, 8 τότε δὴ γενομένης ἑσπέρας ἱδρῶν καὶ σφόδρα κεκμηκὼς ἐπὶ τὴν βασίλειον σκηνὴν ἦλθεν, περὶ ἣν ὁ πᾶς τῶν προγόνων στρατὸς ἐστρατοπεδεύκει. 9 οἱ μὲν οὖν ἄλλοι πάντες ἐπὶ τὸ δεῖπνον ἦσαν, 10 ὁ δὲ βασιλεὺς ὡς μάλιστα διψῶν, καίπερ ἀφθόνους ἔχων πηγάς, οὐκ ἠδύνατο δι' αὐτῶν ἰάσασθαι τὴν δίψαν, 11 ἀλλά τις αὐτὸν ἀλόγιστος ἐπιθυμία τοῦ παρὰ τοῖς πολεμίοις ὕδατος ἐπιτείνουσα συνέφρυγεν καὶ λύουσα κατέφλεγεν. 12 ὅθεν τῶν ὑπασπιστῶν ἐπὶ τῇ τοῦ βασιλέως ἐπιθυμίᾳ σχετλιαζόντων δύο νεανίσκοι στρατιῶται καρτεροὶ καταιδεσθέντες τὴν τοῦ βασιλέως ἐπιθυμίαν τὰς παντευχίας καθωπλίσαντο καὶ κάλπην λαβόντες ὑπερέβησαν τοὺς τῶν πολεμίων χάρακας 13 καὶ λαθόντες τοὺς τῶν πυλῶν ἀκροφύλακας διεξῄεσαν ἀνερευνώμενοι κατὰ πᾶν τὸ τῶν πολεμίων στρατόπεδον 14 καὶ ἀνευράμενοι τὴν πηγὴν ἐξ αὐτῆς θαρραλέως ἐκόμισαν τῷ βασιλεῖ τὸ ποτόν· 15 ὁ δὲ καίπερ τῇ δίψῃ διαπυρούμενος ἐλογίσατο πάνδεινον εἶναι κίνδυνον ψυχῇ λογισθὲν ἰσοδύναμον ποτὸν αἵματι, 16 ὅθεν ἀντιθεὶς τῇ ἐπιθυμίᾳ τὸν λογισμὸν ἔσπεισεν τὸ πόμα τῷ θεῷ. 17 δυνατὸς γὰρ ὁ σώφρων νοῦς νικῆσαι τὰς τῶν παθῶν ἀνάγκας καὶ σβέσαι τὰς τῶν οἴστρων φλεγμονὰς 18 καὶ τὰς τῶν σωμάτων ἀλγηδόνας καθ' ὑπερβολὴν οὔσας καταπαλαῖσαι καὶ τῇ καλοκἀγαθίᾳ τοῦ λογισμοῦ ἀποπτύσαι πάσας τὰς τῶν παθῶν ἐπικρατείας.

« 6 L'exemple de la soif du roi David peut, à coup sûr, servir à rendre ce raisonnement plus clair. 7 David avait durant une journée entière combattu les étrangers, et, aidé des guerriers de son peuple, il en avait tué un grand nombre. 8 Le soir venu, couvert de sueur et très las, il alla vers la tente royale, autour de laquelle campait toute l'armée de nos pères. 9 Ils étaient donc tous occupés au repas : 10 mais le roi, que consumait une soif intense, ne pouvait, bien que des sources abondantes fussent à proximité, étancher sa soif avec cette eau ; 11 un désir irrationnel pour l'eau qui se trouvait chez les ennemis se tendait et se détendait en lui, l'enflammant et le consumant. 12 Les gardes se mirent à murmurer contre ce désir du roi ; mais deux jeunes gens, soldats robustes, humiliés de voir le roi en proie à ce désir, revêtirent leur armure, prirent une cruche et franchirent les retranchements adverses. 13 Échappant aux sentinelles qui veillaient aux portes, ils allèrent à la découverte à travers tout le camp ennemi ; 14 ils trouvèrent enfin la source, et, pleins de hardiesse, ils y puisèrent et apportèrent le breuvage au roi. 15 Mais celui-ci, bien que brûlant des ardeurs de la soif, estima qu'un breuvage auquel il avait donné une valeur de sang était pour l'âme un épouvantable danger : 16 il opposant donc la raison au désir et offrit cette eau en libation à Dieu. 17 Car l'intelligence tempérante est capable de triompher de la contrainte des passions : elle éteint le feu de leurs brûlures, 18 elle surmonte les douleurs du corps, si extrêmes qu'elles soient, et, sûre de l'excellence de la raison, elle repousse avec mépris toutes les dictatures de la passion. ».

En 4 M 3,2–5 est énoncée la thèse du rôle limité de la Raison, qui peut restreindre les passions, mais non les éliminer.

L'épisode de la soif de David (4 M 3,6–18) est apparemment destiné à illustrer ce point[14]. Contrairement à 4 M 2,17–20, l'épisode est développé. Le plan du passage est relativement clair :
- introduction (4 M 3,6) ;
- situation initiale : le roi David au soir de la bataille (4 M 3,7–9) ;
- élément perturbateur : la soif irrationnelle de David (4 M 3,10–11) ;
- péripétie : l'initiative des deux jeunes gens (4 M 3,12–14) ;
- dénouement : offrande de l'eau à Dieu (4 M 3,15–16)
- rappel de la thèse (4 M 3,17)
- addition : supériorité de la Raison sur les souffrances corporelles (4 M 3,18).

Le ressort de l'intrigue est le « désir » (ἐπιθυμία) du Roi, mentionné pour la première fois en 4 M 3,11 où il est qualifié par le narrateur d'« irrationnel » (ἀλόγιστος). Les personnages secondaires sont divisés (4 M 3,12) au sujet du jugement à porter sur ce désir royal : d'un côté, les gardes partagent le jugement négatif du narrateur et « murmurent » (verbe σχετλιάζω, « se plaindre, murmurer ») ; de l'autre, les deux jeunes gens « respectent » (participe καταιδεσθέντες) le désir royal et passent à l'action. Si l'on part du jugement exprimé en 4 M 3,11 par le narrateur, les deux jeunes gens sont dans l'erreur au même titre que David. En fin de compte, ce dernier se rallie (4 M 3,16) au jugement du narrateur, la Raison (λογισμός) triomphant en lui du désir.

Si la conclusion est attendue (il s'agit, en 4 M 3,17, d'une nouvelle reformulation de la thèse principale de 4 Maccabées), l'épisode de la soif de David permet un élargissement du champ de la thèse à la maîtrise des douleurs physiques (4 M 3,18), qui a une importance structurelle considérable. En effet, dès 4 M 3,19 débute la partie narrative, l'« histoire de la Raison tempérante », au cours de laquelle Éléazar et les sept frères devront maîtriser, plus que leurs passions,

---

[14] L'*exemplum* de la soif de David est tiré de 2 Règnes 23,13–17 et 1 Chroniques 11,15–19, mais la matière narrative de l'épisode a subi des modifications importantes de la part de l'auteur de 4 Maccabées, analysées en détail par D. A. deSilva (D. A. deSilva 2006, 105–110 et D. A. deSilva 2006 [2]). Les différences qu'il relève vont toutes dans le même sens : le désir de David relève de l'ὕβρις, mais David parvient à se maîtriser grâce au λογισμός. En effet, dans la version de 4 Maccabées, contrairement à ce qui se produit dans les textes de la Bible hébraïque, David ne prend pas part au combat ; il a à sa disposition de nombreuses sources (4 M 3,10) ; le fait que la source dont David désire boire l'eau est celle de Bethléem disparaît : D. A. de Silva va jusqu'à supposer que l'eau « qui se trouvait chez les ennemis » (4 M 3,11) est une image de la séduction que pouvait opérer sur les Juifs la culture grecque ; les soldats qui vont chercher l'eau ne sont plus les Trois, preux parmi les preux, mais deux jeunes gens courant des risques insensés (4 M 3,13) ; enfin, trait propre à 4 Maccabées, l'eau refusée par David est offerte à Dieu (4 M 3,16), ce que H.-J. Klauck (H.-J. Klauck 1989, 702) met en relation avec l'interdiction de consommer du sang de Lévitique 17,11–14, l'eau rapportée par les soldats étant explicitement assimilée à du sang en 4 M 3,15 (assimilation déjà présente en 2 Règnes 23,17 LXX).

leurs souffrances physiques. L'épisode de la soif de David permet d'opérer le glissement d'une thématique (la maîtrise des passions) à une autre (la maîtrise des souffrances).

C. Les deux sommaires

Le contenu de la partie philosophique est annoncé à deux reprises : tout d'abord en 4 M 1,1–6 (première partie de l'introduction générale de 4 Maccabées), ensuite en 4 M 1,13–14 (introduction proprement dite de la partie philosophique). En confrontant ces deux sommaires, on peut reconstituer le plan virtuel d'un ensemble argumentatif qui ressemble à un traité sur les passions mais qui diffère du texte réel de la partie philosophique par deux aspects :
 – des développements sont annoncés mais n'apparaissent pas dans le texte de 4 Maccabées ;
 – à l'inverse, des développements bel et bien présents dans le texte de 4 Maccabées ne sont annoncés dans aucun des deux sommaires.
Entrons dans le détail de chacun des deux sommaires.

I. Le « premier sommaire » (4 M 1,1–6)

4 M 1,1–6

1 Φιλοσοφώτατον λόγον ἐπιδείκνυσθαι μέλλων, εἰ αὐτοδέσποτός ἐστιν τῶν παθῶν ὁ εὐσεβὴς λογισμός, συμβουλεύσαιμ' ἂν ὑμῖν ὀρθῶς ὅπως προσέχητε προθύμως τῇ φιλοσοφίᾳ. 2 καὶ γὰρ ἀναγκαῖος εἰς ἐπιστήμην παντὶ ὁ λόγος καὶ ἄλλως τῆς μεγίστης ἀρετῆς, λέγω δὴ φρονήσεως, περιέχει ἔπαινον. 3 εἰ ἄρα τῶν σωφροσύνης κωλυτικῶν παθῶν ὁ λογισμὸς φαίνεται ἐπικρατεῖν, γαστριμαργίας τε καὶ ἐπιθυμίας, 4 ἀλλὰ καὶ τῶν τῆς δικαιοσύνης ἐμποδιστικῶν παθῶν κυριεύειν ἀναφαίνεται, οἷον κακοηθείας, καὶ τῶν τῆς ἀνδρείας ἐμποδιστικῶν παθῶν, θυμοῦ τε καὶ φόβου καὶ πόνου. 5 πῶς οὖν, ἴσως εἴποιεν ἄν τινες, εἰ τῶν παθῶν ὁ λογισμὸς κρατεῖ, λήθης καὶ ἀγνοίας οὐ δεσπόζει ; γελοῖον ἐπιχειροῦντες λέγειν. 6 οὐ γὰρ τῶν αὑτοῦ παθῶν ὁ λογισμὸς κρατεῖ, ἀλλὰ τῶν τῆς δικαιοσύνης καὶ ἀνδρείας καὶ σωφροσύνης ἐναντίων, καὶ τούτων οὐχ ὥστε αὐτὰ καταλῦσαι, ἀλλ' ὥστε αὐτοῖς μὴ εἶξαι.

« 1 C'est un sujet de haute philosophie que j'ai le dessein de traiter : la raison pieuse est-elle souveraine des passions ? Aussi je crois devoir vous conseiller de donner toute votre attention à la philosophie que je vais vous exposer. 2 Le sujet, en effet, du point de vue de la science, présente pour tout le monde un intérêt essentiel ; en outre, il comporte l'éloge de la plus grande des vertus, je veux dire de la prudence : 3 si réellement on peut montrer non seulement que la raison maîtrise les passions qui s'opposent à la tempérance – gloutonnerie et désir- 4 mais encore qu'elle domine les passions qui s'opposent à la justice, - telles que la méchanceté-, et les passions qui s'opposent au courage –colère, douleur, peur-... 5 [Comment donc, dira-t-on peut-être, si la raison commande aux passions, ne domine-t-elle pas l'oubli et l'ignorance ? Cette objection est ridicule. 6 En effet, la raison commande non pas à ses propres passions, mais aux passions contraires à la justice, au courage, à la tempérance et à la prudence ; et si elle leur commande, c'est non pour les supprimer, mais pour ne point céder devant elles. »

Ce sommaire est organisé en trois temps :
- exposition de la thèse (4 M 1,1) et justification de son intérêt (4 M 1,2) avec annonce d'un éloge de la prudence, absent, comme on l'a dit plus haut, de 4 Maccabées ;
- résumé partiel de l'argumentation (4 M 1,3–4) ; le plan envisagé est relativement simple : sont examinées tour à tour les passions opposées à chacune des quatre grandes vertus, pour démontrer que chacune d'entre elles peut être surmontée par la raison. Le sommaire est, sur ce point, visiblement incomplet : seules trois vertus sont mentionnées (la tempérance, la justice et le courage) selon un ordre qui diffère de celui de 4 M 1,6 (où la justice précède le courage et la tempérance) ; de plus, il y a visiblement une rupture de construction entre 4 M 1,4 et 4 M 1,5 (la protase introduite par εἰ en 4 M 1, 3 n'a pas d'apodose correspondante) ;
- traitement d'une objection (4 M 1,6–7), doublet apparent, comme on l'a vu plus haut, de 4 M 2,24–3,1 : est introduite une cinquième catégorie de passions, contraires à la raison elle-même, et contre lesquelles cette dernière est impuissante.

Rien, dans ce sommaire, ne correspond à un contexte juif ou même simplement religieux, sauf l'adjectif εὐσεβής, « pieux », de 4 M 1,1, non repris dans le cas des autres occurrences de λογισμός dans ce sommaire.

Si l'on recherche les sections de la partie philosophique auxquelles correspondent les différentes étapes de ce sommaire, on aboutit au tableau suivant :

Tableau n°1 : Premier sommaire (4 M 1,1–6)

Contenu	Sommaire	Partie philosophique
Énoncé de la thèse	4 M 1,1	4 M 1,13–14 (second sommaire)
Éloge de la prudence	4 M 1,2	4 M 1,19 (non développé)
Passions contraires à la tempérance	4 M 1,3	4 M 1,30–2,6
Passions contraires à la justice	4 M 1,4	4 M 2,7–9a
Passions contraires au courage	4 M 1,4	(développement absent)
(Passions contraires à la prudence)	(mention absente)	(développement absent)
Réfutation d'une objection	4 M 1,5–6	4 M 2,24–3,1

Comme on le constate, l'ordre des éléments annoncés dans le sommaire est le même que celui des sections correspondantes dans la partie philosophique ; lorsque le sommaire comporte visiblement une lacune, celle-ci reparaît dans la partie philosophique ; deux développements annoncés dans le sommaire sont l'un absent (passions contraires au courage), l'autre à peine ébauché (éloge de la prudence).

Au vu de ces constatations, nous faisons l'hypothèse que 4 M 1,1–6 est une reprise abrégée (d'où la rupture après 4 M 1,4) de ce qui était l'introduction non de 4 Maccabées mais d'un traité sur les passions utilisé par l'auteur de 4 Maccabées, et qui est à la source de la partie philosophique. Ce traité n'a été recopié et intégré que partiellement, d'où les lacunes de part et d'autre. L'activité rédactionnelle de l'auteur de 4 Maccabées s'est limitée ici à l'ajout, en 4 M 1,1, de l'adjectif εὐσεβής, « pieux », destiné à donner une coloration religieuse juive à un texte purement philosophique au départ.

Notre lecture de l'« introduction » de 4 Maccabées s'écarte donc de celle de H.-J. Klauck[15] qui y voit une composition conforme aux règles de l'exorde d'un discours dans la rhétorique hellénistique. Dans ce cas, l'auteur de 4 Maccabées aurait été un rhéteur pour le moins maladroit : comment expliquer alors la rupture de construction à la fin de 4 M 1,4 ? Il nous paraît plus vraisemblable (et plus charitable) de supposer que, dans son introduction, notre auteur dépend de sa source, qu'il abrège, de manière plus ou moins adroite.

II. Le « second sommaire » (4 M 1,13–14)

4 M 1,13–14

13 Ζητοῦμεν δὴ τοίνυν εἰ αὐτοκράτωρ ἐστὶν τῶν παθῶν ὁ λογισμός. 14 διακρίνομεν τί ποτέ ἐστιν λογισμὸς καὶ τί πάθος, καὶ πόσαι παθῶν ἰδέαι, καὶ εἰ πάντων ἐπικρατεῖ τούτων ὁ λογισμός.

« Nous nous demandons donc si la raison est la dominatrice des passions. 14 Ainsi, nous devons déterminer ce qu'est la raison, ce qu'est la passion, combien de classes de passions il y a, et si la raison commande à toutes les passions. ».

Ce second sommaire est plus succinct que le premier. Il correspond à un exposé de la proposition à démontrer (4 M 1,13), suivi de l'annonce de la démarche logique qui sera adoptée (4 M 1,14), comprenant quatre temps : définition de la Raison, définition de la passion, liste des passions, examen de la véracité de la thèse pour l'ensemble des passions. À nouveau, nous constatons l'absence de tout terme à connotation religieuse juive dans le cas de ce second sommaire. Si nous examinons les correspondances avec le contenu de la partie philosophique, nous pouvons construire le tableau suivant :

Tableau n°2 : Second sommaire (4 M 1,13–14)

Étape logique annoncée	Partie philosophique
Définition de la Raison	4 M 1,15–19
Définition de la passion	(développement absent)
Énumération des passions	4 M 1,20–30a
Domination de la Raison sur les passions	Examen particulier : 4 M 1,30b-2,9a ; Affirmation générale : 4 M 2,9b.

Comme on le voit, l'ensemble des sections annoncées ne s'étend pas au-delà de 4 M 2,9b, qui, plus qu'à une conclusion, ressemble à un résumé rapide des cas des passions non reprises dans 4 Maccabées : Καὶ ἐπὶ τῶν ἑτέρων δὲ ἔστιν ἐπιγνῶναι τοῦτο, ὅτι τῶν παθῶν ἐστιν ὁ λογισμὸς κρατῶν· « Et dans tous les

---

[15] H.-J. Klauck 1989 (2), 456.

autres cas nous pouvons aussi reconnaître que la raison sait commander aux passions ».

D. Plan implicite de la source de la « partie philosophique »

En combinant les indications fournies dans les deux sommaires, il est possible de reconstituer ce qui ressemble au plan d'un traité sur les passions. Nous faisons le postulat que ce plan correspond à celui de la source philosophique de la première partie de 4 Maccabées dont l'existence avait été supposée par R. Renehan. Voici notre proposition de plan :

Introduction (4 M 1,1–6)

Annonce du plan (4 M 1,13–14)

A   Définition du λογισμός (4 M 1,15–16 et 18–19)

B   Éloge de la φρόνησις (annoncé en 4 M 1,2, non repris par 4 Maccabées)

C   Définition des passions (annoncé en 4 M 1,14, non repris par 4 Maccabées)

D   Classification péripatéticienne des passions (4 M 1,20–30a)

E   Le λογισμός vainqueur des passions, en suivant une classification reposant sur les quatre vertus – le problème des raisons de la coexistence de deux classifications différentes des passions restant à examiner :

E 1 : passions s'opposant à la tempérance (4 M 1,30b-1,32), développement repris seulement partiellement par 4 Maccabées : le plan précis annoncé en 4 M 1,32 n'est pas vraiment suivi) ;

E 2 : passions s'opposant à la justice (4 M 2,7), développement également tronqué ;

E 3 : passions s'opposant au courage (développement absent de 4 Maccabées) ;

E 4 : (hypothétique) passions s'opposant à la prudence (développement absent de 4 Maccabées).

Conclusion de la partie E (4 M 2,9b)

F   Réponse à une objection, concernant les passions s'opposant au λογισμός (4 M 2,24–3,1)

G   Limites du rôle du λογισμός (4 M 3,2–5)

E. Le travail rédactionnel de l'auteur de 4 Maccabées : ajouts et suppressions

I. Les ajouts

Les ajouts de l'auteur de 4 Maccabées correspondent précisément aux passages relevant de la « rédaction-νόμος » relevés plus haut : 4 M 1,17 ; 1,33–35 ; 2,1–6a ; 2,8–9a ; 2,10–23 ; 3,6–18. On remarquera qu'ils répondent à deux pratiques textuelles différentes.

1. Ajouts « ponctuels »

Dans les sections qui précèdent la « conclusion » de 4 M 2,9a, l'auteur de 4 Maccabées se contente d'ajouts ponctuels qui opèrent un « détournement » du sens de la source utilisée en suggérant une identité entre λογισμός et νόμος : définition de la σοφία mentionnant le rôle de la Loi (4 M 1,17), exemples répondant à E 1 et E 2 tirés de la culture juive (4 M 1,33–35 et 2,1–6a). Il est possible également que le qualificatif « pieuse » (εὐσεβής) de 4 M 1,1 soit un ajout du même genre, suggérant, dès le début du livre, que la « Raison » (λογισμός) considérée implique l'observance de la Loi. Nous laissons de côté ici l'ajout dans l'introduction de la présentation anticipée des récits des martyres (4 M 1,7–12).

2. Ajouts « substantiels »

À partir de 4 M 2,10, l'essentiel du texte provient du fonds propre de l'auteur de 4 Maccabées : la classification des passions, fondée sur la liste classique des quatre vertus, suivie jusque-là est abandonnée au profit d'une nouvelle liste, « relationnelle », que nous examinerons en détail plus bas. Autre caractéristique nouvelle, le recours aux exemples narratifs bibliques.

Dans le détail, il y a en fait deux grands ajouts, 4 M 2,10–23 et 4 M 3,6–18, séparés par l'insertion des parties F et G du traité initial.

4 M 2,10–23 est construit autour d'une énumération des passions maîtrisées grâce à la Loi (que nous appellerons plus bas troisième typologie des passions), organisée en deux temps : 4 M 2,10–14 dresse la liste des relations familiales (4 M 2,10–12) et sociales (4 M 2,13–14) ; 4 M 2,15 introduit une nouvelle liste de passions, qualifiées de « plus violentes » (βιαιοτέρων) : l'une d'entre elles seulement, la « colère » (θυμός), sera examinée en particulier (4 M 2,16–20), les autres étant simplement énumérées. Tout ce développement aboutit à un sommet, le passage de 4 M 2,21–23 où l'auteur de 4 Maccabées esquisse, comme on l'a vu plus haut, une véritable « théologie des passions » qui lui sert de conclusion.

Tableau n°3 : 4 M 2,10–23

Relation aux parents	4 M 2,10
Relation à l'épouse	4 M 2,11
Relation aux enfants	4 M 2,12
Relation aux amis	4 M 2,13
Relation aux ennemis	4 M 2,14
Transition : les passions plus violentes	4 M 2,15
La colère (avec deux *exempla* bibliques)	4 M 2,16–20
Théologie des passions	4 M 2,21–23

4 M 3,6–18 fait suite aux parties F et G du traité initial, qui aboutissaient à une définition « posidonienne » du rôle de la Raison, régulatrice des passions, sans qu'elle cherche à les annihiler (4 M 3,5). Comme on l'a vu plus haut, l'*exemplum* de la soif du roi David (4 M 3,6–16) est une illustration de cette thèse, empruntée à la culture juive, s'enracinant dans les textes bibliques et aboutissant à une nouvelle conclusion (4 M 3,17–18) qui est en même temps une transition vers la « partie narrative » de 4 Maccabées.

II. Les suppressions

Tout ce qui ne servait pas le dessein de l'auteur de 4 Maccabées, à savoir l'identification entre λογισμός et νόμος, a été mis de côté. C'est ainsi que tout ce qui concerne la « prudence » (φρόνησις), aussi bien l'éloge annoncé en 4 M 1,2 que la liste des passions qui s'opposent à elle, a été omis. De la même manière, les exemples concrets de domination des passions de la source d'origine ont été tous supprimés pour être remplacés par des *exempla* tirés de la culture juive. De manière un peu plus surprenante, le développement consacré aux passions qui s'opposent au courage, bien qu'annoncé (4 M 1,4), a également disparu ; il faut cependant remarquer que la « colère » (θυμός), mentionnée en 4 M 1,4 comme l'une de ces passions, est reprise en 4 M 2,16–20 dans l'un des passages relevant de la « rédaction-νόμος ».

F. Le problème de l'affiliation philosophique de 4 Maccabées

Nous n'abordons ici le problème de l'affiliation philosophique de 4 Maccabées que dans la mesure où il nous permet de comprendre la structure de la première partie du livre. Nous reviendrons plus en détail sur cette question épineuse dans le cadre du chapitre III de notre troisième partie. Contentons-nous pour l'instant de noter que le débat autour de cette affiliation tourne pour l'essentiel autour de deux points : la typologie des passions, d'une part ; la compréhension du rôle de la Raison, d'autre part.

I. Le rôle de la Raison

L'affirmation de 4 M 3,5 suivant laquelle la Raison « n'extirpe pas les passions mais les combat » a été invoquée par H. A. Wolfson[16] pour démontrer que l'auteur de 4 Maccabées s'oppose au stoïcisme sous l'influence de la tradition juive puis par M. Hadas[17] pour affirmer une filiation platonicienne directe de la philosophie de 4 Maccabées, opposée là aussi au stoïcisme. À rebours, R. Renehan[18] soutient, sur la base du résumé arabe du περὶ ἠθῶν de Galien, que la thèse d'une Raison simple régulatrice des passions remonte à Posidonios d'Apamée et n'est donc pas contradictoire avec une filiation stoïcienne de la philosophie de 4 Maccabées.

II. Les trois typologies des passions

Dès 1922, M. Pohlenz, dans sa recension[19] des pages consacrées par I. Heinemann à 4 M dans son édition de Posidonios[20], a remis en cause l'affiliation stoïcienne de 4 Maccabées en se fondant sur la présence, en 4 M 1,20–30a, d'une classification des passions d'inspiration péripatéticienne.

Notre examen de la « partie philosophique » de 4 Maccabées nous conduit à affirmer que ce sont en fait trois typologies des passions différentes qui y coexistent. Nous allons les examiner successivement tout en essayant de clarifier le jeu de leurs interactions.

1. Première typologie : classification des passions d'après la liste « classique » des quatre vertus.

La première typologie est fondée sur la liste traditionnelle des quatre vertus, présente à plusieurs reprises dans le texte de 4 Maccabées, mais avec des variations significatives.

Tableau n°4 : Les listes de vertus de 4 Maccabées

Listes vertus	Vertu 1	Vertu 2	Vertu 3	Vertu 4
4 M 1,2–4	φρόνησις	σωφροσύνη	δικαιοσύνη	ἀνδρεία
4 M 1,6	δικαιοσύνη	ἀνδρεία	σωφροσύνη	?
4 M 1,18	φρόνησις	δικαιοσύνη	ἀνδρεία	σωφροσύνη

---

[16] H. A. Wolfson 1948, 270–271.
[17] M. Hadas 1953, 116–118
[18] R. Renehan 1972, 236.
[19] M. Pohlenz 1922, 179.
[20] I. Heinemann 1921, 154–159.

Plan suivi dans la première partie	φρόνησις (annoncée en 4 M 1,19)	σωφροσύνη	δικαιοσύνη	?
4 M 5,23–24	σωφροσύνη	ἀνδρεία	δικαιοσύνη	εὐσεβεία !
4 M 15,10	δίκαιοι	σώφρονες	ἀνδρεῖοι	μεγαλόψυχοι

La liste des vertus n'est stable (pour le contenu) que pour trois d'entre elles, la tempérance (σωφροσύνη), la justice (δικαιοσύνη) et le courage (ἀνδρεία). La quatrième, la prudence (φρόνησις), bizarrement absente de la liste de 4 M 1,6 (à moins de considérer que l'on ait ici une équivalence entre φρόνησις et λογισμός), est remplacée, dans le premier discours d'Éléazar, en 4 M 5,24, par la piété (εὐσεβεία), et, dans la liste des qualités des sept frères de 4 M 15,10, par la grandeur d'âme (adjectif μεγαλόψυχοι). L'ordre des vertus est très variable, mais on peut constater que, dans la majorité des listes de la « partie philosophique » de 4 Maccabées, c'est la prudence qui vient en tête (même en 4 M 1,6, si l'on pose l'équivalence entre φρόνησις et λογισμός). Dans les deux autres listes, la vertu équivalente apparaît à la fin.

L'explication la plus simple de cet état de fait consiste à admettre que l'auteur de 4 Maccabées s'est délibérément appuyé sur une équivalence entre la φρόνησις, vertu traditionnelle de la philosophie grecque, et l'εὐσεβεία, qui consiste en l'observance des règles de la piété juive. Ainsi s'explique de manière simple l'absence de la φρόνησις dans le récit des martyres, ainsi que celle de l'εὐσεβεία, dans la « partie philosophique ».

Allons plus loin : dans le récit des martyres lui-même et même après, dans les passages relevant du registre 3, plus précisément dans les reprises de la thèse principale, apparaît de manière récurrente la locution εὐσεβὴς λογισμός (4 M 6,31 ; 7,16 ; 15,23 ; 18,2). En dehors de ce cadre précis, l'expression n'apparaît directement qu'une fois (en 4 M 15,23) ; en règle générale, hors rappel de la thèse, on constate l'apparition de variantes, εὐσεβείας λογισμός (4 M 5,38 ; 7,4), λογισμὸς τῆς εὐσεβείας (4 M 16,4), voire εὐσεβείας ἐπιστήμη (4 M 11,21). Que signifient, en fin de compte, toutes ces locutions manifestement équivalentes ? Le plus simple serait peut-être d'y voir des locutions théoriques, « savantes », équivalant pour le sens au simple εὐσεβεία. L'assimilation récurrente de la piété traditionnelle juive (εὐσεβεία) à une sous-espèce de la Raison (λογισμός) aurait alors pour but de démontrer sa rationalité.

De la même manière, on peut se demander si l'expression σώφρων νοῦς/ λογισμός, relevée plus haut comme un marqueur lexical de la « rédaction νόμος », n'est pas un équivalent, créé par l'auteur de 4 Maccabées lui-même, du simple σωφροσύνη. De même, en 4 M 7,17, φρόνιμος λογισμός est peut-être un équivalent de φρόνησις. Les quatre vertus seraient alors toutes des sous-espèces de la Raison, ce qui n'est pas contradictoire avec l'« orthodoxie » stoïcienne.

Quoi qu'il en soit, dans cette classification, les passions sont présentées comme s'opposant à l'une ou l'autre des vertus, selon le tableau qui suit, qui synthétise les données de 4 M 1,3–6.

Tableau n°5 : Les vertus et les passions en 4 M 1,3–6

σωφροσύνη	γαστριμαργία, ἐπιθυμία
δικαιοσύνη	κακοηθεία
ἀνδρεία	θυμός, φόβος, πόνος
λογισμός=φρόνησις ?	λήθη, ἀγνοία

Pour mesurer la portée exacte de cette typologie dans l'architecture de 4 Maccabées, il est intéressant d'observer le retour des termes désignant les passions en 4 M 1,3–6 dans le reste de 4 Maccabées.

En ce qui concerne les passions qui s'opposent à la tempérance, on peut tout d'abord observer que γαστριμαργία, « gloutonnerie », ne réapparaît pas, mais que le thème des interdits alimentaires est développé dans la section de la première partie correspondant à la tempérance et que l'adjectif correspondant, γαστρίμαργος, apparaît en 4 M 2,7, dans la section correspondant à la justice.

En revanche, ἐπιθυμία, « désir », réapparaît au pluriel en 4 M 1,31–32, où une distinction est opérée entre les désirs du corps et les désirs de l'âme (nous laissons de côté pour l'instant l'occurrence de 4 M 1,22, qui figure dans le passage présentant la deuxième typologie). Si l'on suit le fil du texte, les désirs du corps conduisent à la violation des interdits alimentaires (4 M 1,33–35), tandis que les « désirs de l'âme » (αἱ τῆς ψυχῆς ἐπιθυμίαι), désignés nommément en 4 M 2,1, correspondent aux pulsions sexuelles (thème développé en 4 M 2,2–6 à partir de l'exemple de Joseph, avec trois occurrences d'ἐπιθυμία en 4 M 2,1 ; 2,4 et 2,6). L'amour physique est présenté comme un désir de l'âme pour la beauté, ce qui est sans doute une théorie d'origine stoïcienne (on retrouve une définition proche dans Diogène Laërce, 7, 130 : Εἶναι δὲ τὸν ἔρωτα ἐπιβολὴν φιλοποιίας διὰ κάλλος ἐμφαινόμενον, « l'amour est une volonté délibérée d'amitié qui se manifeste en raison de la beauté »). Par la suite, ἐπιθυμία réapparaît à deux reprises en 4 M 3,2, dans un passage récapitulatif portant sur les limites de la Raison. Le plan de 4 M 3,2–4 est limpide : la Raison permet de maîtriser l'ἐπιθυμία, qui s'oppose à la Tempérance (4 M 3,2), le θυμός, qui s'oppose au Courage (4 M 3,3) et la κακοηθεία, qui s'oppose à la Justice (4 M 3,4), ce qui prouve que la Raison permet de contrôler toutes les passions (4 M 3,5). (On notera l'absence de la quatrième vertu, φρόνησις / λογισμός / εὐσεβεία, absence explicable, comme on le verra plus bas). Mais seul le cas de l'ἐπιθυμία sera développé à travers l'exemple de la soif du roi David (quatre occurrences d'ἐπιθυμία en 4 M 3,11 ; 3,12 [2x] et 3,16). Enfin, ἐπιθυμία apparaît une dernière fois dans la définition de la Tempérance présente dans le premier discours d'Éléazar, en 4 M 5,23.

En ce qui concerne les passions qui s'opposent à la Justice, la « malignité » (κακοηθεία) réapparaît à deux reprises en 4 M 3,4, dans le passage récapitulatif qui vient d'être examiné. Le terme est absent, en revanche, du reste de 4 Maccabées. Par ailleurs une expression parallèle, l'« inclination maligne » (κακοήθης διάθεσις) se rencontre en 4 M 1,25 dans la partie exposant la seconde typologie. Nous l'aborderons à cette occasion.

En ce qui concerne les passions qui s'opposent au courage, θυμός, φόβος et πόνος réapparaissent essentiellement dans le passage décrivant la deuxième typologie des passions (4 M 1,20–30a), ainsi que, pour ce qui est de la colère (θυμός), dans un passage dépendant de la troisième typologie (4 M 2,16–20). Dans le reste de 4 Maccabées, θυμός n'apparaît qu'une seule fois, au pluriel, pour désigner la passion mauvaise dominante chez Antiochos IV (4 M 18,20), assimilée à un instrument de supplice dans une alliance de mots curieuse (λέβησιν ὠμοῖς καὶ ζέουσι θυμοῖς, littéralement « à l'aide de chaudrons cruels et de colères bouillantes »). φόβος renvoie, en 4 M 8,12 et 14,8, à la peur des supplices que l'on cherche à provoquer chez les sept frères, en 4 M 4,10 à la peur causée chez Apollonios par la vue des anges et, en 4 M 15,8, à la crainte de Dieu de la mère des sept frères. En bref, un ensemble d'usages assez hétéroclites qui ne fait pas référence à la classification des passions de la partie « philosophique ». En revanche, πόνος apparaît de manière récurrente tout au long des récits des martyres, soit au pluriel pour désigner les tourments physiques qu'Éléazar, les sept frères et leur mère doivent surmonter (4 M 6,9 ; 11,12 ; 11,20 ; 13,1 ; 13,4 ; 15,16 ; 16,23 ; 18,2 ; 18,3), soit dans l'expression πάντα πόνον ὑπομένειν, « supporter toute souffrance », qui décrit dans le premier discours d'Éléazar, dans son éloge et dans un discours de la mère à ses sept fils, l'idéal des martyrs, conforme à celui du sage stoïcien (4 M 5,23 ; 7,22 ; 16,19). Nous reviendrons plus bas, dans le cadre de l'examen de la deuxième typologie, sur le couple ἡδοναί/πόνος du second discours du deuxième frère (4 M 9,31). Comme, par ailleurs, on ne rencontre pas, dans la partie « philosophique » de 4 Maccabées, d'*exemplum* biblique correspondant à la maîtrise des passions qui s'opposent au courage, il est possible de considérer l'ensemble de la partie narrative de 4 Maccabées (4 M 3,19–12,19) comme un *exemplum* démesurément développé de maîtrise de la douleur (πόνος) considérée comme une passion s'opposant au courage.

En ce qui concerne les passions qui s'opposent à la Raison, λήθη et ἀγνοία ne réapparaissent qu'en 4 M 2,24, passage parallèle à 4 M 1,5, comme on l'a vu plus haut. Il n'y a aucun exemple biblique correspondant, ce qui est logique car, en 4 M 1,5 comme en 4 M 2,24, il est affirmé que l'oubli et l'ignorance ne sont pas maîtrisables par la Raison. Ce qui peut expliquer également l'absence de toute référence dans le passage récapitulatif de 4 M 3,2–5.

En conclusion, la première typologie a, comme on l'a vu plus haut, pour fonction principale de fournir la structure de la partie « philosophique ». Les lacunes constatées dans celle-ci (absence des sections consacrées au courage et à la prudence) peuvent s'expliquer en fin de compte assez aisément : c'est le récit des martyres qui tient lieu de section consacrée au courage et la thèse selon laquelle la Raison ne peut pas maîtriser les passions qui s'opposent spécifiquement à elle-même, énoncée en 4 M 1,5 et 2,24, exclut logiquement la présence d'*exempla* correspondants. En revanche, la section consacrée à la justice (4 M 2,7–9a) ne semble avoir que peu de rapports avec la κακοηθεία annoncée en 4 M 1,4. L'examen de la deuxième typologie permettra d'expliquer les raisons de cette incohérence apparente.

2. Deuxième typologie : la typologie « aristotélicienne » de 4 M 1,20–30a

Le développement de 4 M 1,20–30a est construit autour d'une double opposition initiale, énoncée en 4 M 1,20, celle qui oppose les deux passions fondamentales (ἡδονή et πόνος) et celle qui oppose l'âme et le corps (ψυχή et σῶμα). Chacune des deux passions fondamentales se voit ensuite adjoindre deux passions secondaires, une passion anticipatrice qui la précède dans le temps (ἐπιθυμία et φόβος, respectivement), une autre qui la suit dans le temps (χαρά et λύπη, respectivement), la colère (θυμός) étant un mixte des deux passions fondamentales. Il y a cependant une dissymétrie entre celles-ci : seul le plaisir est « infecté » par la κακοήθης διάθεσις qui engendre une nouvelle série de passions.

Tableau n°6 : Deuxième typologie des passions

Deux passions de base : le plaisir (ἡδονή) et la douleur (πόνος), avec bipartition corps/âme	4 M 1,20
Les passions secondaires (ἀκολουθίαι) : introduction	4 M 1,21
Premier triplet, positif : désir (ἐπιθυμία)/ plaisir (ἡδονή)/joie (χαρά)	4 M 1,22
Second triplet, négatif : peur (φόβος)/ douleur (πόνος)/tristesse (λύπη)	4 M 1,23
Une passion « mixte » : la colère (θυμός)	4 M 1,24
Présence, dans le plaisir, d'une « inclination maligne » (κακοήθης διάθεσις), source d'une nouvelle série de passions	4 M 1,25
Passions de l'âme provenant de la κακοήθης διάθεσις	4 M 1,26
Passions du corps provenant de la κακοήθης διάθεσις	4 M 1,27
Conclusion de la généalogie des passions	4 M 1,28
Le rôle de la Raison	4 M 1,29–30a

Contrairement à ce que l'on pourrait croire à première vue, le développement de 4 M 1,20–30a n'est pas isolé dans 4 Maccabées : les deux oppositions de 4 M 1,20 se retrouvent, l'une dans le second discours du deuxième frère, en 4 M 9,31 (ce dernier surmonte sa douleur, πόνος, à l'aide des plaisirs, ἡδοναί, qui proviennent de la vertu, ἀρέτη, des plaisirs par conséquent non « infectés » par la κακοήθης διάθεσις), l'autre en 4 M 1,32, où elle sert de base à la bipartition des désirs (ἐπιθυμίαι), dans le passage consacré aux passions qui s'opposent à la Tempérance, relevant donc de la première typologie. Par ailleurs, il existe de nombreuses correspondances de vocabulaire entre 4 M 1,3–5 (exposé de la première typologie) et 4 M 1,20–30a : ἐπιθυμία (4 M 1,3) revient en 4 M 1,22, κακοήθεια (4 M 1,4) est repris en 4 M 1,25 par l'expression parallèle κακοήθης διάθεσις, θυμός (4 M 1,4) réapparaît en 4 M 1,24, φόβος et πόνος (4 M 1,4) reviennent associés en 4 M 1,23 et le second est, comme on l'a vu, l'une des passions fondamentales de 4 M 1,20.

Enfin, le cas des passions provenant de l'« infection » du plaisir par la κακοήθης διάθεσις, passions décrites en 4 M 1,25–27, est abordé dans la section consacrée à la justice (4 M 2,7–9a) : à μονοφαγία, « gourmandise égoïste », de 4 M 1,27, répond l'adjectif μονοφάγος de 4 M 2,7. Même correspondance entre φιλαργυρία, « amour de l'argent », de 4 M 1,26, et φιλάργυρος, « amoureux de l'argent », de 4 M 2,8, doublé en 4 M 2,9 par le quasi synonyme φειδωλός, « avare ». On observera que 4 M 2,7 correspond à l'une des passions du corps décrites en 4 M 1,27 et que 4 M 2,8–9a correspond à l'une des passions de l'âme décrites en 4 M 1,26. L'organisation de 4 M 2,7–9a s'explique donc facilement si l'on fait intervenir la deuxième typologie. Par ailleurs, toutes ces passions sont des fruits de la κακοήθης διάθεσις répondant à la κακοήθεια de 4 M 1,4. En fin de compte, la section correspondant à la Justice (4 M 2,7–9a) répond bien à son annonce en 4 M 1,4, à condition de poser une équivalence formelle entre deux expressions relevant respectivement de la première et de la deuxième typologie.

On constate donc qu'il y a toute une série de correspondances entre les deux typologies, qui sont parfois combinées (cas de 4 M 2,7–9a). Cet état de fait peut difficilement être considéré comme une création de l'auteur de 4 Maccabées : il remonte bien plutôt à l'œuvre philosophique qui a servi de source à sa première partie, la question de l'origine de l'interpénétration de deux typologies différentes, l'une stoïcienne, l'autre sans doute aristotélicienne restant entière. Nous reviendrons sur cette question dans notre troisième partie[21].

3. La troisième typologie (4 M 2,10–20)

Cette troisième typologie est divisée en deux parties.

Une première catégorie, « relationnelle », couvre les passions (amour et haine) qui se portent sur autrui : les parents (4 M 2,10), le conjoint (4 M 2,11), les enfants (4 M 2,12), les amis (4 M 2,13) et les ennemis (4 M 2,14). Dans tous ces cas, la Loi vient fixer une limite à l'expression de ces passions. Nous sommes donc dans un contexte bien différent de celui des « Tables domestiques » du Nouveau Testament (Colossiens 3,18–4,1 ; Éphésiens 5,22–6,9 ; 1 Pierre 2,18–3,7 et 5,1–5a) : en particulier le thème de la réciprocité des devoirs, fondamental dans les textes néotestamentaires, est totalement absent de 4 Maccabées. L'amour des proches n'est pas considéré dans 4 Maccabées comme un devoir, mais comme une passion naturelle qui est bonne en elle-même mais

---

[21] Cf. Troisième Partie, Chapitre III.

doit se soumettre à la Loi. Cette thèse affleure non seulement dans le passage ici considéré mais également dans l'ensemble des chapitres 13 à 16 de 4 Maccabées où ce sont l'amour fraternel (4 M 13,19–27) et l'amour maternel (4 M 14,11–20) qui doivent avoir le dessous par rapport à la fidélité à la Loi. Assez curieusement, l'amour fraternel est absent de la liste de 4 M 2,10–14. Le lien entre 4 M 2,10–14, d'une part, les chapitres 13 à 16, d'autre part, est une preuve de plus de l'unité de composition de 4 Maccabées.

Une seconde catégorie (4 M 2,15–20) regroupe des « passions malignes » (κακοήθη πάθη) dominées par la « raison tempérante » (σώφρων νοῦς). Ce vocabulaire fait écho à la deuxième typologie : il y a une parenté évidente entre les κακοήθη πάθη de 4 M 2,16 et la κακοήθης διάθεσις de 4 M 1,25 ; de même, la liste des « passions malignes » semble avoir été dressée à partir de la liste des passions de l'âme issues de l'« inclination maligne » (4 M 1,26) : il y a deux termes communs, la « vantardise » (ἀλαζονεία) et la « jalousie » (βασκανία), dernier terme de chacune des deux listes ; de plus, l'« amour du pouvoir » (φιλαρχία) appartient à la même série que trois des passions de 4 M 1,26 : l'« amour de l'argent » (φιλαργυρία), l'« amour de la gloire » (φιλοδοξία) et l'« amour des disputes » (φιλονεικία) ; enfin, la « vanité » (κενοδοξία) fait précisément écho à « amour de la gloire » (φιλοδοξία) de 4 M 1,26. Le seul terme totalement propre à 4 M 2,15 est l'« orgueil » (μεγαλαυχία), mais on peut constater qu'il est très proche sémantiquement de deux autres passions de la même liste, la « vanité » (κενοδοξία) et la « vantardise » (ἀλαζονεία). Aucune des passions de cette liste n'est associée par la suite à un *exemplum* correspondant ; en revanche, le cas de la « colère » (θυμός), évoquée de manière séparée à la fin de 4 M 2,16 (de la même manière qu'elle était évoquée à part dans la deuxième typologie, en 4 M 1,24, en raison de son caractère « mixte »), est développé en 4 M 2,17–20 à l'aide des deux *exempla* de Moïse et de Jacob, comme nous l'avons évoqué plus haut.

En résumé, la troisième typologie semble une construction de l'auteur de 4 Maccabées lui-même, provenant en partie de la deuxième typologie et en partie d'un fonds propre de considérations sur la nécessaire limitation des relations humaines par la Loi.

G. Conclusion générale : les étapes de la composition de la « partie philosophique »

Il nous est maintenant possible de reconstituer les étapes de la composition, par l'auteur de 4 Maccabées de la « partie philosophique » (4 M 1,1–3,18). Comme nous l'avons dit plus haut, nous partons de l'hypothèse que l'auteur de 4 Maccabées a utilisé une source philosophique d'affiliation stoïcienne présentant les caractéristiques suivantes :

a) une organisation générale reposant sur la première typologie des passions, correspondant aux quatre vertus (Tempérance, Justice, Courage, Prudence), avec assimilation probable de la Prudence à la Raison (λογισμός). Cette dernière joue un rôle de régulation des passions s'opposant aux trois autres vertus, à l'exclusion des passions qui lui sont directement contraires. Ce qui peut expliquer l'absence, probablement déjà dans la source utilisée par l'auteur de 4 Maccabées, d'*exempla* correspondant à la Prudence/Raison ;

b) la présence d'un développement sur la généalogie des passions, fondée sur la deuxième typologie, d'inspiration probablement aristotélicienne. Les deux typologies sont étroitement combinées, et leur association n'est pas due à l'auteur de 4 Maccabées, mais remonte à sa source ;

c) la présence d'un éloge de la Prudence.

L'auteur de 4 Maccabées, dont l'objectif est ici théologique (justifier le rôle central de la Loi) et non philosophique, transforme profondément le texte de sa source.

Tout d'abord, comme la Loi se substitue à la Prudence comme concept central, l'éloge de la Prudence, devenu inutile, est assez logiquement supprimé (mais l'annonce correspondante est assez maladroitement conservée en 4 M 1,2).

Ensuite, l'auteur de 4 Maccabées introduit, comme on l'a vu, une série d'ajouts qui reposent tous sur l'équivalence proclamée de la Loi (νόμος) et de la Raison (λογισμός). Dans la partie narrative de 4 Maccabées, la Piété (εὐσεβεία) sera de la même façon substituée à la Prudence (φρόνησις). L'ensemble de ces ajouts constitue ce que nous avons appelé la « rédaction-νόμος ». Une caractéristique stylistique de cette dernière est la substitution, pour désigner certaines des vertus, de syntagmes nominaux (σώφρων νοῦς/λογισμός, εὐσεβὴς λογισμός/ἐπιστήμη ou φρόνιμος λογισμός) à des substantifs simples (σωφροσύνη, εὐσεβεία ou φρόνησις).

Parmi ces ajouts, le plus important est le développement de 4 M 2,9b-23 qui introduit une troisième typologie des passions, « bricolée » par l'auteur de 4 Maccabées à partir d'emprunts à la deuxième typologie et d'une énumération des différentes relations humaines, amicales et inamicales. Ce développement aboutit à l'élaboration d'une théologie des passions (4 M 2,21–23) : Dieu en est le créateur, ainsi que de l'intelligence (νοῦς) qui permet de les réguler, à condition qu'elle soit éclairée par la Loi. Ce développement annonce celui de 4 M 5,22–26, intégré au premier discours d'Éléazar, où la Loi permet d'accomplir les différentes vertus en raison de sa conformité (emploi du concept stoïcien d'ἀφομοίωσις) à la nature humaine : dans les deux cas, la Loi est présentée comme un don de Dieu à l'homme.

Enfin, l'auteur de 4 Maccabées a substitué aux *exempla* de sa source des *exempla* tirés de la culture juive : pour la Tempérance, l'épisode de Joseph et de la femme de Putiphar (4 M 2,2–6) mais aussi de la soif du roi David (4 M 3,6–18) ; pour la Justice, une série de prescriptions de la Tōrah (4 M 2,8–9a) ; pour le Courage, enfin, dans la mesure où la Colère est présentée en 4 M 1,4 comme une passion s'opposant au Courage, les épisodes de la colère de Moïse (4 M 2,17), de celle de Siméon et de Lévi (4 M 2,19), mais aussi l'ensemble des récits des martyres (4 M 3,19–12,19), puisque la souffrance physique (πόνος) est également présentée en 4 M 1,4 comme une passion s'opposant au Courage. Le caractère démesurément développé de ce dernier *exemplum* peut suffire à expliquer l'absence, dans la « partie philosophique » de 4 Maccabées, d'une section explicitement consacrée aux passions s'opposant au Courage.

En résumé, la « partie philosophique » de 4 Maccabées, derrière son désordre apparent, est en fait d'une grande cohérence, d'ordre théologique. Elle vise à démontrer que la vraie sagesse, c'est l'observance de la Loi, et que le Judaïsme permet l'accomplissement de l'idéal du sage stoïcien. Dans le cadre de l'éloge d'Éléazar, 4 M 7,18–23 ira plus loin en affirmant que seule l'observance de la Loi permet cet accomplissement.

Chapitre II

Le récit-cadre (4 M 3,20–21 et 4,15–26)

A. Introduction

Les sections narratives de 4 Maccabées forment un récit continu qui reprend en partie la matière narrative des chapitres 3 à 7 de 2 Maccabées. Deux remarques liminaires s'imposent :

– L'auteur de 4 Maccabées ne fait aucune mention de l'insurrection des Maccabées qui fait l'objet des chapitres 8 à 15 de 2 Maccabées ; d'emblée, sa relecture est « sélective », ne s'intéressant qu'à la période de la persécution menée par Antiochos IV, en laissant de côté le récit de la guerre de libération menée par Judas Maccabée.

– Par ailleurs, la reprise du texte de 2 Maccabées dans 4 Maccabées est tout sauf littérale : l'enchaînement des faits est simplifié de façon considérable, certains épisodes sont bien plus développés, d'autres sont très résumés.

Sur 24 épisodes isolables dans le texte de 2 Maccabées, 15 ne sont pas repris par 4 Maccabées.

Sur les 9 qui sont conservés, seuls 3 ont dans 4 Maccabées un nombre de mots supérieur à celui de 2 Maccabées : il s'agit, d'une part, de l'épisode de la fausse nouvelle de la mort d'Antiochos IV, et, d'autre part, des récits de martyres, le martyre d'Éléazar (multiplication du nombre de mots par 4,15) et le martyre des sept frères et de leur mère (multiplication par 2,25 environ du nombre de mots pour le récit proprement dit, mais par 5,25 pour l'ensemble de l'unité narrative).

Les 6 autres unités narratives conservées sont, quant à elles, fortement réduites, leur taille étant divisée en moyenne par 3. Il faut cependant reconnaître qu'à l'exception de l'épisode d'Héliodore/Apollonios, ces unités étaient déjà très brèves dans 2 Maccabées.

Si l'on adopte arbitrairement, comme unité de mesure de la vitesse narrative, le nombre de mots correspondant à chaque épisode, on aboutit au tableau suivant de variation entre 2 et 4 Maccabées (nous laissons de côté dans ce tableau les sections narratives de la « finale » qui n'ont pas de correspondant bien net dans le texte de 2 Maccabées).

Tableau n°7 : Unités narratives de 2 et 4 Maccabées

Épisodes	Nombre de mots dans 2 Maccabées	Nombre de mots dans 4 Maccabées
Situation initiale : autonomie juive sous Séleukos IV	58 (2 M 3,1–3)	46 (4 M 3,20–21)
Épisode d'Héliodore/Apollonios	815 (2 M 3,4–40)	299 (4 M 4,1–14)
Rivalité de Simon et d'Onias	124 (2 M 4,1–6)	0
Arrivée sur le trône d'Antiochos IV et pontificat de Jason	65 (2 M 4,7–9)	53 (4 M 4,15–18)
Politique d'hellénisation de Jason	167 (2 M 4,10–17)	40 (4 M 4,19–21)
Jeux de Tyr	69 (2 M 4,18–20)	0
Visite d'Antiochos IV à Jérusalem	53 (2 M 4,21–22)	0
Pontificat de Ménélas	145 (2 M 4,23–29)	0
Meurtre d'Onias	225 (2 M 4,30–38)	0
Mort de Lysimaque	112 (2 M 4,39–42)	0
Procès de Ménélas	128 (2 M 4,43–50)	0
Seconde campagne d'Egypte	73 (2 M 5,1–4)	0
Fausse nouvelle de la mort d'Antiochos IV	9 (2 M 5,5a)	26 (4 M 4,22)
Fin de Jason	145 (2 M 5,5b-10)	0
Massacre à Jérusalem	76 (2 M 5,11–14)	0
Pillage et profanation du Temple de Jérusalem	237 (2 M 5,15–23)	0
Intervention d'Apollonios et nouveau massacre	70 (2 M 5,24–26)	0
Départ au désert de Judas Maccabée	35 (2 M 5,27)	0
Installation du paganisme	169 (2 M 6,1–9)	16 (4 M 4,23)
Échec de la persécution	(absent de 2 M)	23 (4 M 4,24)
Supplice des femmes ayant circoncis leurs enfants	25 (2 M 6,10)	15 (4 M 4,25)
Supplice des hommes ayant célébré le sabbat	27 (2 M 6,11)	0
Généralisation de la persécution	(absent de 2 Maccabées)	24 (4 M 4,26)
Sens de la persécution	110 (2 M 6,12–17)	0
Martyre d'Éléazar	347 (2 M 6,18–31)	1443 (4 M 5,1–7,23)
Martyre des sept frères et de leur mère	863 (2 M 7,1–41)	1935 (4 M 8,1–12,19)

Pour être complet en ce qui concerne 4 Maccabées, il faudrait ajouter aux 1935 mots du dernier épisode les mots relevant des ajouts textuels présents à la suite de cet épisode, à savoir 1784 mots pour l'éloge des sept frères et de leur mère (4 M 13,1–16,25), 26 mots pour la mort de la mère (4 M 17,1) et 782 mots pour la finale (4 M 17,2–18,24), soit 4527 mots en tout l'ensemble textuel consacré au martyre des sept frères et de leur mère.

Une autre façon d'apprécier ces variations importantes est de regrouper les épisodes de 2 Maccabées par grandes unités, en comptant à part les trois unités narratives correspondant à l'épisode d'Héliodore/Apollonios et aux martyres d'Éléazar et des sept frères, et en regroupant les autres épisodes en une catégorie unique (que nous désignerons par le terme générique de « récit cadre »). On aboutit alors au tableau modifié suivant :

Tableau n°8 : « Grandes unités » de 2 et 4 Maccabées

Unités	Nombre de mots dans 2 Maccabées	Nombre de mots dans 4 Maccabées
Récit cadre	2122	243
Héliodore/Apollonios	815	299
Éléazar	347	1443
Sept frères	863	4527

Cela donne respectivement, pour les deux premières unités, des diminutions de taille de 88% et 63% environ, et pour les deux suivantes des augmentations de 315% et 425% environ. Il en résulte que l'auteur de 4 Maccabées a considérablement amplifié les épisodes des martyres d'Éléazar et des sept frères mais a, au contraire, abrégé fortement l'épisode d'Héliodore/Apollonios et réduit le « récit cadre » au maximum. On peut d'ailleurs considérer, au vu de leur taille respective, que l'ensemble formé par le récit cadre et l'épisode d'Apollonios constitue, dans 4 Maccabées, une simple introduction aux récits des martyres d'Éléazar et des sept frères, alors que dans 2 Maccabées, ces récits apparaissent comme des illustrations édifiantes qui s'ajoutent à un récit détaillé sans être strictement nécessaires à sa progression. Il y a clairement une différence de « focus » entre 2 et 4 Maccabées, qui explique les distorsions de « vitesse narrative » qui les séparent.

B. Le problème de la non reprise de 2 M 4,18–5,27

À l'exception de 2 M 5,5, qui a un écho en 4 M 4,22, la matière narrative de 2 M 4,18 à 5,27 n'a aucun correspondant dans le texte de 4 Maccabées. Il convient de s'interroger sur les raisons de ce phénomène. En nous appuyant sur les leçons que l'on peut tirer de l'étude de la réécriture de l'épisode d'Héliodore/Apollonios[1], nous proposons deux hypothèses :

---
[1] Cf. Deuxième Partie, Chapitre III.

I. Un souci d'économie narrative

De la même manière que la fusion des personnages d'Héliodore et d'Apollonios permet de disposer d'un « méchant » unique à opposer au grand prêtre Onias, l'auteur de 4 Maccabées a peut-être souhaité n'opposer au même Onias qu'une figure de grand prêtre indigne, à savoir celle de Jason. Ce qui impliquait de faire disparaître les personnages de Ménélas et de Lysimaque et, par contrecoup, le récit de la fin sans gloire de Jason. Ce qui peut expliquer l'omission des sections 2 M 4,23–29, 2 M 4,39–50 et 2 M 5,5b-10. Dans notre troisième partie[2], nous verrons que cette simplification peut également être le résultat d'un remodelage de la matière narrative dans une perspective politique.

II. Une conception « idéalisée » du sacerdoce et de Jérusalem

L'étude de l'épisode d'Héliodore/Apollonios révèle l'importance persistante, aux yeux de l'auteur de 4 Maccabées, de la figure du grand prêtre et du temple de Jérusalem, et ce malgré un recul sensible de leur fonction médiatrice[3]. Il est frappant que figurent, parmi les épisodes omis, le récit de l'assassinat d'Onias (2 M 4,30–38) ainsi que les deux massacres de Jérusalem et la profanation du Temple (2 M 5,11–26). La prise de Jérusalem est à peine mentionnée en 4 M 4,23 (emploi du verbe ἐπόρθησεν) et, dans la finale la libération de Jérusalem est évoquée comme la levée d'un siège (emploi en 4 M 18,4 du verbe ἐκπεπόρθηκαν). Tout cela ressemble à la traduction d'une volonté délibérée de passer, autant que possible, sous silence la réalité scandaleuse de l'occupation et de la profanation de Jérusalem par les armées d'Antiochos IV.

Enfin, il faut noter que l'omission de l'épisode du départ de Judas Maccabée pour le désert (2 M 5,27) s'explique naturellement comme une conséquence de la disparition de ce dernier personnage dans la trame narrative de 4 Maccabées.

C. La « source B » du récit cadre

Lorsque l'on étudie de près le « récit cadre » du registre 1, il est évident qu'un grand nombre de passages ne sont pas issus de 2 Maccabées. La question ici posée est de savoir si les ajouts de l'auteur de 4 Maccabées au récit de 2 Maccabées forment un tout cohérent qui supposerait l'existence d'une source autre que 2 Maccabées (que nous appellerons par commodité « source B »). Nous nous proposons donc ici, pour commencer, de dresser une liste des passages concernés.

---

[2] Cf. Troisième Partie, Chapitre V.
[3] Cf. Deuxième Partie, Chapitre III.

I. Les ajouts de 4 Maccabées au récit de 2 Maccabées

On peut classer les ajouts de 4 Maccabées au récit de 2 Maccabées en deux catégories : les ajouts proprement narratifs, d'une part ; les interventions du narrateur (représentées essentiellement par des « commentaires » d'ordre moral ou théologique), d'autre part. Lorsque l'ajout est limité à quelques mots, nous les avons matérialisés au moyen de l'usage des italiques. Pour être complet, nous tiendrons en compte ici également des éléments narratifs appartenant à la finale de 4 Maccabées, qui seront étudiés plus précisément dans le chapitre consacré à celle-ci.

1. Ajouts d'ordre narratif

a) 4 M 3,21 : Action d'un parti « novateur » à Jérusalem

21 τότε δή τινες πρὸς τὴν κοινὴν *νεωτερίσαντες ὁμόνοιαν πολυτρόποις ἐχρήσαντο συμφοραῖς*.

« 21 lorsque quelques-uns, *se posant en novateurs, au mépris de la concorde générale, attirèrent sur nous toutes sortes de malheurs.* »

b) 4 M 4,19–26 (à l'exception de 4 M 4,20 a et de 4 M 4,25) : Persécution des Juifs

– 4 M 4,19–20 : Suppression du service du Temple (le membre de phrase concernant l'édification d'un gymnase provient cependant de 2 Maccabées)

19 ὃς καὶ ἐξεδιῄτησεν τὸ ἔθνος καὶ ἐξεπολίτευσεν ἐπὶ πᾶσαν παρανομίαν 20ὥστε μὴ μόνον ἐπ' αὐτῇ τῇ ἄκρᾳ τῆς πατρίδος ἡμῶν γυμνάσιον κατασκευάσαι, ἀλλὰ καὶ καταλῦσαι τὴν τοῦ ἱεροῦ κηδεμονίαν.

« 19 Jason introduisit dans la nation de nouvelles mœurs et un régime nouveau, entièrement contraires à la Loi : 20 non seulement il construisit un gymnase sur la Citadelle même de notre patrie, mais encore il supprima le service du Temple. »

– 4 M 4,21 : Antiochos IV « fléau de Dieu »

21 ἐφ' οἷς ἀγανακτήσασα ἡ θεία δίκη αὐτὸν αὐτοῖς τὸν Ἀντίοχον ἐπολέμωσεν.

« 21 La Justice divine, irritée de ces crimes, attira sur eux l'hostilité d'Antiochus. »

– 4 M 4,22 : Fausse nouvelle de la mort d'Antiochos IV.

22 ἐπειδὴ γὰρ πολεμῶν ἦν κατ' Αἴγυπτον Πτολεμαίῳ, ἤκουσέν τε ὅτι φήμης διαδοθείσης περὶ τοῦ τεθνάναι αὐτὸν ὡς ἔνι μάλιστα χαίροιεν οἱ Ιεροσολυμῖται, ταχέως ἐπ' αὐτοὺς ἀνέζευξεν,

« 22 Comme celui-ci avait fait la guerre en Égypte contre Ptolémée, il apprit que, le bruit de sa mort s'étant répandu, les Jérosolymites en avaient témoigné une joie extrême »

– 4 M 4,23 : Édit d'Antiochos IV

23 καὶ ὡς ἐπόρθησεν αὐτούς, δόγμα ἔθετο ὅπως, εἴ τινες αὐτῶν φάνοιεν τῷ πατρίῳ πολιτευόμενοι νόμῳ, θάνοιεν.

« 23 il marcha donc aussitôt contre eux, mit leur ville au pillage et prit un décret punissant de mort quiconque d'entre eux semblerait vivre selon la Loi de leurs pères. »

– 4 M 4,24 : Échec de la persécution

24 καὶ ἐπεὶ κατὰ *μηδένα* τρόπον ἴσχυεν καταλῦσαι διὰ τῶν δογμάτων τὴν τοῦ ἔθνους εὐνομίαν, ἀλλὰ πάσας τὰς ἑαυτοῦ ἀπειλὰς καὶ τιμωρίας ἑώρα καταλυομένας

« 24 Mais il ne put aucunement détruire par ses décrets la fidélité du peuple à la Loi ; il voyait, au contraire, ses menaces et ses châtiments tous réduits à l'impuissance »

– 4 M 4,25 provient de 2 Maccabées.

– 4 M 4,26 : Généralisation de la persécution

26 ἐπεὶ οὖν τὰ δόγματα αὐτοῦ κατεφρονεῖτο ὑπὸ τοῦ λαοῦ, αὐτὸς διὰ βασάνων ἕνα ἕκαστον τοῦ ἔθνους ἠνάγκαζεν μιαρῶν ἀπογευομένους τροφῶν ἐξόμνυσθαι τὸν Ιουδαϊσμόν.

« 26 Voyant donc que le peuple continuait à mépriser ses décrets, il eut recours aux tourments pour forcer lui-même chacun de ceux qui appartenaient à la nation à manger des viandes impures et à abjurer le Judaïsme. »

c) Libération de la patrie (éléments narratifs contenus dans la finale)

– 4 M 17,23–24 : Les sept frères cités en exemple par Antiochos IV ; victoires de ce dernier

23 Πρὸς γὰρ τὴν ἀνδρείαν αὐτῶν τῆς ἀρετῆς καὶ τὴν ἐπὶ ταῖς βασάνοις αὐτῶν ὑπομονὴν ὁ τύραννος ἀπιδὼν ἀνεκήρυξεν ὁ Ἀντίοχος τοῖς στρατιώταις αὐτοῦ εἰς ὑπόδειγμα τὴν ἐκείνων ὑπομονὴν 24 ἔσχεν τε αὐτοὺς γενναίους καὶ ἀνδρείους εἰς πεζομαχίαν καὶ πολιορκίαν καὶ ἐκπορθήσας ἐνίκησεν πάντας τοὺς πολεμίους.

« 23 En effet, le tyran Antiochus avait remarqué le courage de leur vertu et leur endurance dans les tourments, et il cita leur endurance en exemple à ses soldats : 24 ce qui leur inspira un tel dévouement et un tel courage, soit dans la guerre d'infanterie soit dans la guerre de siège, qu'il fut vainqueur de tous ses ennemis et pilla leurs biens. »

– 4 M 18,4 : Libération de la patrie

4 Καὶ δι' αὐτοὺς εἰρήνευσεν τὸ ἔθνος, καὶ τὴν εὐνομίαν τὴν ἐπὶ τῆς πατρίδος ἀνανεωσάμενοι ἐκπεπόρθηκαν τοὺς πολεμίους.

« 4 Et c'est grâce à eux que le peuple a recouvré la paix : ils ont dans le pays restauré l'observation de la Loi et réduit les ennemis à lever le siège. »

– 4 M 18,5b : Inutilité de la persécution

ὡς γὰρ *οὐδὲν οὐδαμῶς ἴσχυσεν ἀναγκάσαι τοὺς Ιεροσολυμίτας ἀλλοφυλῆσαι καὶ τῶν πατρίων ἐθῶν ἐκδιαιτηθῆναι,*

« En effet, comme *il ne put absolument pas contraindre les gens de Jérusalem à adopter les mœurs de l'étranger et à échanger les coutumes des pères pour un autre genre de vie,* »

– 4 M 18,5b (suite) Départ d'Antiochos IV pour la Perse

τότε ἀπάρας ἀπὸ τῶν Ιεροσολύμων ἐστράτευσεν ἐπὶ Πέρσας

« il dut alors s'éloigner de Jérusalem et il marcha contre les Perses. »

L'ensemble des éléments narratifs concernés peut être rassemblé en un récit continu ayant une cohérence narrative interne et caractérisé par des phénomènes d'inclusion, encore plus probants si on tient compte des modifications lexicales apportées au texte issu de 2 Maccabées en 4 M 3,20. Il faut cependant noter que la restitution de cette cohérence narrative nécessite une modification de l'ordre des éléments narratifs inclus dans la composition complexe de la finale de 4 Maccabées, inversion qui peut s'expliquer : en effet, comme on le verra dans le chapitre consacré à la finale[4], cette dernière obéit à une logique « généalogique » (retour sur l'éducation des sept frères qui explique leur comportement) qui inverse l'ordre des événements exposés. En fin de compte, les éléments narratifs empruntés à 2 Maccabées apparaissent minoritaires.

Ce récit repose sur un schéma narratif clair (les éléments empruntés à 2 Maccabées sont indiqués dans ce qui suit en italiques) :

a) Situation initiale – Le peuple est en paix sous le pontificat d'Onias en raison de son respect de la Loi : *4 M 3,20* dans sa rédaction finale (qui transforme sensiblement son modèle, *2 M 3,1–3*). Cette dernière se caractérise entre autres par la présence du substantif εὐνομίαν, « observance de la loi », qui ne figure pas dans le texte parallèle de 2 M 3,1.

b) Élément perturbateur – Intervention d'un parti « novateur » qui remet en cause l'observance de la Loi et annonce des malheurs qui en sont la conséquence : 4 M 3,21. Présence du participe νεωτερίσαντες pour désigner les membres de ce parti.

c) Péripéties (en incluant pour la mise en évidence de la progression narrative les trois principaux épisodes qui viennent s'intégrer dans le récit cadre) :

Première péripétie : Épisode d'Apollonios (4 M 4,1–14) au cours duquel la piété du grand prêtre Onias parvient à détourner un premier malheur de Jérusalem ;

Deuxième péripétie : Jason grand-prêtre ; ses sacrilèges (4 M 4,15–20) entrainant comme châtiment l'intervention d'Antiochos IV considéré comme un « fléau de Dieu » (4 M 4,21) ; *4 M 4,15–18 et 4,20a résultent d'un emprunt à 2 M 4,7–9 et 4,12* ;

Troisième péripétie : Joie des habitants de Jérusalem à la nouvelle (fausse) de la mort d'Antiochos IV (4 M 4,22), faute entrainant la persécution (4 M 4,22–26) ; *4 M 4,25 résulte d'un emprunt à 2 M 6,10* ;

Quatrième péripétie : Supplice du prêtre Éléazar, qui donne l'exemple de la fidélité à la Loi au prix de sa vie (4 M 5,1–7,23) ;

Cinquième péripétie : Supplice des sept frères et de leur mère, nouvel exemple de fidélité à la Loi.

d) Dénouement – Inutilité de la persécution en raison du refus des habitants de Jérusalem de changer de mœurs (présence du *hapax* ἀλλοφυλῆσαι) et départ d'Antiochos IV pour la Perse : 4 M 18,5b. On remarquera l'effet d'inclusion créé par le parallèle entre les expressions indiquées en italique de 4 M 4,24 (κατὰ *μηδένα τρόπον* ἴσχυεν καταλῦσαι διὰ τῶν δογμάτων τὴν τοῦ ἔθνους *εὐνομίαν*) et de 4 M 18,5b (ὡς γὰρ *οὐδὲν* οὐδαμῶς ἴσχυσεν ἀναγκάσαι τοὺς Ἱεροσολυμίτας ἀλλοφυλῆσαι καὶ τῶν *πατρίων ἐθῶν* ἐκδιαιτηθῆναι), l'équivalence des mœurs ancestrales et de l'εὐνομία étant explicitement indiquée en 4 M 3,20, soit au tout début du récit cadre.

e) Situation finale – Libération de la patrie : 4 M 18,4 ; Antiochos IV victorieux de ses ennemis grâce à l'exemple du martyre des sept frères : 4 M 17,23–24. On remarquera le nouvel effet d'inclusion créé par le parallèle entre les expressions de 4 M 18,4 avec, d'une part, 4 M 3,20 (retour du substantif εὐνομίαν) et, d'autre part, 4 M 3,21 (le participe ἀνανεωσάμενοι de 4 M 18,4 fait écho au participe νεωτερίσαντες de 4 M 3,21 tout en désignant l'action inverse : c'est en *renouvelant* l'obéissance à la Loi que les habitants de Jérusalem annulent l'action perturbatrice du parti des *novateurs*).

---

[4] Cf. Deuxième Partie, Chapitre IX.

La logique narrative est transparente : lorsqu'Israël obéit à la Loi, il vit en paix ; lorsqu'au contraire il se met à imiter les mœurs des autres nations, le peuple est châtié par Dieu. Au cours de la première péripétie, l'action d'un grand prêtre exemplaire (Onias III) parvient à interrompre un premier châtiment, l'intervention d'Apollonios ; mais ensuite les péchés successifs d'un grand prêtre indigne (deuxième péripétie) puis du peuple (troisième péripétie) conduisent à la persécution ; il faudra les martyres d'un prêtre exemplaire (quatrième péripétie) puis d'une famille exemplaire représentant en quelque sorte le peuple – à travers l'insistance répétée sur sa filiation abrahamique – (cinquième péripétie) pour conduire à la libération de Jérusalem et au rétablissement de la situation initiale. Il faut noter que, dans ce récit, Antiochos IV n'est pas perçu de manière négative : il n'est que l'instrument de Dieu (4 M 4,21) et à la fin, loin d'être châtié, il est manifestement béni par Dieu puisqu'il est vainqueur de tous ses ennemis (4 M 17,24).

Nous sommes donc en présence d'un récit cohérent, où sont intégrés des éléments narratifs empruntés à 2 Maccabées, mais profondément différent de ce dernier livre ; en particulier, toute allusion à une révolte juive contre Antiochos IV est gommée : ce sont les morts héroïques des martyrs fidèles à leur Loi qui amènent le recul du souverain séleucide, non les armées des Maccabées. Reste à déterminer si ce récit est dû à l'auteur de 4 Maccabées ou s'il remonte à l'une de ses sources, différente de 2 Maccabées (notre « source B »). Pour répondre à cette interrogation, il convient d'examiner à présent les quelques ajouts au récit de 2 Maccabées qui constituent des « commentaires » du récit et reflètent *a priori* les conceptions de l'auteur de 4 Maccabées.

2. « *Commentaires* » *du récit*

Il s'agit d'éléments peu nombreux, mis en évidence dans l'étude des passages parallèles de 2 et 4 Maccabées.

– 4 M 4,15 Caractérisation négative d'Antiochos IV

ἀνὴρ ὑπερήφανος καὶ δεινός

« c'était un homme orgueilleux et terrible »

– 4 M 4,25 Caractérisation positive des femmes suppliciées

προειδυίας ὅτι τοῦτο πείσονται

« bien qu'elles sussent d'avance quel serait leur sort »

Il faut joindre à ces deux ajouts textuels la désignation récurrente, tout au long des récits des martyres, d'Antiochos IV comme « tyran » (4 M 5,1 ; 5,4 ; 5,14 ; 6,1 ; 6,21 ; 6,23 ; 7,2 ; 8,1 ; 8,3 ; 8,4 ; 8,13 ; 8,15 ; 8,29 ; 9,1 ; 9,3 ; 9,7 ; 9,10 ; 9,15 ; 9,20 ; 9,29 ; 9,30 ; 9,32 ; 10,10 ; 10,15 ; 10,16 ; 11,2 ; 11,12 ; 11,13 ; 11,21 ; 11,27 ; 12,2 ; 12,11 ; 15,1 ; 15,2 ; 16,14) et la mention de son châtiment final, insérée dans l'ensemble complexe de la finale de 4 Maccabées (4

M 18,5a : καὶ ὁ τύραννος Ἀντίοχος καὶ ἐπὶ γῆς τετιμώρηται καὶ ἀποθανὼν κολάζεται·).

Il est clair que l'auteur de 4 Maccabées, dans la mesure où l'ensemble des éléments relevés reflète sa position, a une perception négative d'Antiochos IV, type même du tyran châtié par Dieu pour avoir opprimé le peuple d'Israël. Cette image négative est incompatible avec la perception positive dont nous avons noté plus haut la présence dans le récit cadre. On peut donc en déduire que ce dernier est emprunté à une source extérieure, différente de 2 Maccabées, que nous désignerons désormais comme « source B ».

II. Caractéristiques de la source B

Comment caractériser cette dernière ? Il se serait agi d'un récit de la persécution d'Antiochos IV ignorant la révolte des Maccabées et comportant des éléments anhistoriques : le souverain séleucide n'a jamais mené de campagne victorieuse en Perse. On peut se demander si la mention de cette expédition en 4 M 18,5 (avec écho en 4 M 17,24) ne résulte pas soit d'une confusion entre Antiochos IV et Antiochos III, son père, qui a mené campagne jusqu'en Inde[5], soit d'une modification délibérée du récit de l'expédition iranienne avortée et de la mort d'Antiochos IV[6]. À moins qu'il faille y voir une allusion à une campagne d'un souverain plus tardif (on pourrait penser, comme le fait A. Dupont-Sommer[7], aux campagnes de 114–116 de Trajan).

Quoi qu'il en soit, la source B reflète une théologie « deutéronomiste » où le salut ou la perdition du peuple dépendent uniquement de sa fidélité à la Loi. Les souverains Païens y sont perçus comme des instruments de Dieu, même lorsqu'ils sont persécuteurs. Il semblerait que l'attitude recommandée envers ces souverains soit de se soumettre à eux de manière loyale tout en restant fidèle à la Loi. Toute révolte est donc exclue, ce qui peut expliquer l'occultation de la révolte des Maccabées. Tous ces éléments cadreraient bien avec une datation postérieure à 70, ce qui retarderait d'autant la rédaction de 4 Maccabées.

III. L'image d'Antiochos IV

Comment expliquer la métamorphose négative de l'image d'Antiochos IV dans 4 Maccabées ? On peut noter que, dans le texte de 4 Maccabées, le nom d'Antiochos n'apparaît, sauf erreur de notre part, que 8 fois, alors que le substantif τύραννος, qui ne renvoie qu'au seul Antiochos IV, possède 44 occurrences. On a l'impression que la figure historique d'Antiochos IV disparaît derrière

---

[5] E. Will 1982, 51–69
[6] E. Will 1982, 352–355.
[7] A. Dupont-Sommer 1939, 79–80.

l'image intemporelle du « tyran » vicieux opposé aux héros vertueux[8]. Ce serait en fin de compte l'application d'un modèle littéraire purement grec qui aurait entraîné l'inversion radicale de la perception du souverain qui incarne l'hellénisme. Beau paradoxe...

---

[8] Cet aspect a été étudié en détail par B. Heininger 1989. Nous reviendrons sur cette question dans le cadre du chapitre V de notre troisième partie, consacré à l'aspect politique de 4 Maccabées.

Chapitre III

L'épisode d'Héliodore/Apollonios (4 M 4,1–14)

A. Introduction

Nous avons vu que l'auteur de 4 Maccabées n'a conservé de la trame narrative de 2 Maccabées, en dehors d'un cadre narratif fortement résumé, que trois épisodes importants, celui de la spoliation ratée du Temple de Jérusalem et ceux des martyres d'Éléazar et des sept frères. *A priori*, on peut se poser la question des raisons de la préservation du premier : en effet, alors que, dans 2 Maccabées, l'épisode d'Héliodore est le point de départ d'un enchaînement narratif qui explique la chute du grand prêtre Onias et son remplacement par son frère Jason, ce lien logique est totalement absent de 4 Maccabées ; de plus, l'épisode d'Apollonios dans 4 Maccabées n'illustre apparemment pas la thèse de l'ouvrage : il ne s'agit pas d'un récit de martyre, et, comme on le verra, le grand prêtre Onias, qui aurait pu être présenté comme un parangon des vertus de la « raison pieuse », joue un rôle plus effacé que dans 2 Maccabées. En bref : quelle est l'utilité de l'épisode dans l'architecture de 4 Maccabées ?

Pour répondre à cette question, nous pensons qu'il faut considérer l'ensemble formé par la réunion de l'épisode d'Apollonios et de la portion du récit cadre qui concerne le grand prêtre Jason, soit ce qui constitue l'actuel chapitre 4,1–20, de 4 Maccabées. Lorsque l'on considère cet ensemble dans sa globalité, en considérant pour l'essentiel les passages qui ne proviennent pas de 2 Maccabées mais de ce que nous avons appelé la source B[1], il paraît clair que les deux figures de grands prêtres forment une paire de personnages antithétiques : Onias est fidèle à la Tōrah, et en conséquence le Temple de Jérusalem est préservé du pillage prémédité par Apollonios par l'intervention des anges ; à l'opposé, Jason abandonne les pratiques de la Tōrah et est donc le véritable responsable de la persécution menée par Antiochos IV. L'ensemble formé par les deux épisodes est une illustration de l'affirmation, en 4 M 3,21, du lien entre les « nouveautés » introduites par le parti helléniste et la persécution. Il s'insère parfaitement dans le schéma narratif que l'on peut reconstituer sur la base des passages provenant de la source B.

En revanche, la teneur de l'épisode lui-même dépend fortement de 2 Maccabées. Pour être précis, c'est dans l'introduction de l'épisode d'Apollonios que

---
[1] Cf. Deuxième Partie, Chapitre II.

les reprises, par l'auteur de 4 Maccabées, d'éléments lexicaux provenant de 2 Maccabées sont nombreuses (soit en 4 M 4,1–4). Dans l'épisode lui-même (4 M 4,5–14), il est impossible de mettre en lumière de telles correspondances. Le récit a fait l'objet d'une réécriture qui a conservé globalement l'enchaînement des faits tout en apportant quelques modifications substantielles.

Les modifications apportées à la trame narrative empruntée à 2 Maccabées ont deux origines possibles : soit elles sont le fait du rédacteur de 4 Maccabées lui-même, soit elles proviennent d'une version divergente de l'épisode, insérée dans la « source B ». Nous n'avons pas, au stade actuel de notre étude, pu délimiter clairement dans le texte de 4 M 4,1–14, de micro-unités narratives dont la réunion aurait pu permettre de reconstituer un récit alternatif attribuable à la « source B ». Ce qui conduit à deux hypothèses : soit l'épisode d'Héliodore/ Apollonios était absent de la « source B » et 4 M 4,1–14 est le fruit d'une réécriture complète de la part de l'auteur de 4 Maccabées ; soit ce dernier a su « mixer » adroitement ses deux sources au point d'arriver à effacer leurs divergences. Dans les deux cas, tout ce que nous pouvons faire est de mettre au jour ce que les divergences entre 2 et 4 Maccabées peuvent nous apprendre au sujet de leurs projets théologiques respectifs.

B. La fusion des personnages d'Apollonios et d'Héliodore

Dans 2 Maccabées, deux personnages distincts interviennent dans le processus de décision du pillage du Temple de Jérusalem : le stratège de Cœlésyrie et de Phénicie Apollonius fils de Thraséas et Héliodore, préposé aux affaires du roi, c'est-à-dire premier ministre, qui se charge lui-même de la saisie du trésor de Jérusalem. Chacun de ces deux personnages de 2 Maccabées est sans doute issu de la condensation de deux personnages historiques différents, d'après ce que l'on peut déduire des découvertes épigraphiques récentes de Maresha[2] En effet, Apollonios fils de Thraséas est inconnu en dehors de 2 Maccabées. Il est peut-être issu de la fusion, par l'auteur de 2 Maccabées, des noms de deux stratèges historiques, Ptolémée fils de Thraséas, bien connu grâce à la stèle de Hefzibah, et Apollonios fils de Ménesthée, qui intervient contre Jérusalem en 2 M 4,4[3]. L'inscription de Maresha a par ailleurs révélé le nom d'un autre stratège (et grand prêtre des temples de la province, titre qui est peut-être à l'origine de l'incident de Jérusalem[4]), Olympiodoros, en poste en 178 av. J.-C., année de la rédaction de l'inscription. D'après D. Gera[5], la saisie du trésor du Temple doit avoir été plutôt le fait d'Olympiodoros que d'Héliodore, son supérieur

---

[2] H. M. Cotton-M. Wörrle 2007; D. Gera 2009.

[3] On trouvera une discussion consacrée au problème de l'existence d'Apollonios fils de Thraséas dans D. Gera 2009, 141–142.

[4] D. Gera 2009, 146.

[5] D. Gera 2009, 150.

hiérarchique. Héliodore est connu par ailleurs par une inscription de Délos[6] (il s'agit d'une dédicace de négociants de Laodicée de Phénicie), qui confirme son rang de premier ministre, et par un passage de l'historien Appien[7], qui nous révèle qu'il ira jusqu'à assassiner Séleucos IV et à tenter d'usurper la royauté ! Il faut donc supposer que l'auteur de 2 Maccabées a, dans un premier temps, confondu volontairement ou involontairement Olympiodoros avec le personnage plus connu d'Héliodore, ce qui rendait nécessaire, dans un second temps, d'attribuer la stratégie à un autre personnage, Apollonios, issu lui-même de la condensation de deux personnages différents.

4 Maccabées fusionne pour sa part les deux personnages d'Apollonios et d'Héliodore en un unique Apollonios, stratège de Syrie-Phénicie et de Cilicie[8]. Cette fusion fait disparaître une difficulté narrative (l'implication d'un personnage de rang élevé dans ce qui n'est, après tout, qu'un problème provincial) mais s'explique sans doute surtout par un souci d'efficacité narrative – un unique « méchant » suffit dans l'histoire.

C. L'introduction du récit (2 M 3,4–7//4 M 4,1–4)

C'est la seule portion de l'épisode où l'on peut discerner des parallèles lexicaux entre les deux textes de 2 et de 4 Maccabées. En raison de leur importance, nous en avons déjà traité dans notre première partie[9]. Sans revenir sur le détail des modifications apportées par l'auteur de 4 Maccabées au texte de 2 Maccabées dans ce passage, rappelons qu'elles contribuent à accentuer l'opposition entre un personnage valorisé, celui du grand prêtre Onias III, et un personnage réprouvé, celui de Simon. Le principal souci de l'auteur de 4 Maccabées semble avoir été, là aussi, d'augmenter l'efficacité narrative de l'épisode en insistant sur l'opposition axiologique des deux personnages.

D. Le récit lui-même (2 M 3,8–40 // 4 M 4,5–14)

Dans le récit lui-même, on ne rencontre quasiment plus de parallèles lexicaux entre les deux textes. En revanche, sur le plan de la narration, il est possible d'établir des correspondances entre sections de contenu à peu près semblable. Cette méthode met d'emblée en lumière deux grandes différences entre les deux textes :

---

[6] OGIS 247.
[7] Appien XI, 45.
[8] Sur la mention de la « Cilicie », cf. 24.
[9] Cf. 8.

– dans 4 Maccabées, Apollonios se rend directement à Jérusalem, accompagné de Simon et d'une forte armée (4 M 4,5), et annonce d'emblée son objectif, à savoir la spoliation des dépôts des particuliers au Temple (4 M 4,6) ; en revanche, dans 2 Maccabées, Héliodore camoufle son objectif en intégrant son déplacement à Jérusalem dans une tournée d'inspection en Cœlésyrie et en Phénicie (2 M 3,8) et vient d'abord trouver Onias en particulier (2 M 3,9), ce qui permet à ce dernier de défendre l'intégrité du trésor du Temple (2 M 3,10–12) ;

– à la fin du récit, dans la version de 4 Maccabées, Apollonios rentre auprès du roi faire simplement son rapport (4 M 4,14) ; il n'est pas question de conversion de sa part. En revanche, dans 2 Maccabées, Héliodore se convertit : il offre un sacrifice (2 M 3,35), quitte Jérusalem avec son armée (mentionnée pour la première fois ici : il y a une légère incohérence dans le texte de 2 Maccabées), rend témoignage (emploi du verbe ἐκμαρτυρέω) au sujet des ἔργα de Dieu (2 M 3,36). S'ensuit un dialogue entre Héliodore et Séleucos, où le premier conseille ironiquement au second d'envoyer à Jérusalem l'un de ses ennemis, en raison de la protection accordée par Dieu à Jérusalem, petit épisode où l'on peut voir une annonce des défaites à venir des troupes séleucides dans 2 Maccabées.

En revanche, la prière et la confession des péchés d'Apollonios (4 M 4,11b-12) est propre à 4 Maccabées : dans le texte de 2 Maccabées (2 M 3,31), ce sont les compagnons d'Héliodore qui intercèdent pour lui auprès du grand prêtre.

À ces exceptions près, chaque section du texte de 4 Maccabées apparaît comme la contraction d'une section du récit de 2 Maccabées :

– 4 M 4, 7–9 est consacré à la réaction du peuple à la spoliation annoncée et correspond donc à 2 M 3,14–23 : il est à remarquer que la mention de la réaction des prêtres (2 M 3,15) et d'Onias (2 M 3,16–17) disparaissent dans 4 Maccabées, à moins d'admettre dans le texte de 4 M 4,9 la leçon ἱερέων de l'*Alexandrinus* ; si l'on suit au contraire la leçon γεραιῶν du *Sinaiticus* (il faut remarquer que les deux leçons correspondent dans la prononciation probable de la *koinè* tardive à une seule réalisation phonique /yereon/), on ne peut que constater la disparition du clergé dans le texte de 4 Maccabées, comme si le peuple d'Israël avait pris sa place ; en revanche, les femmes de 2 M 3,18 se retrouvent dans 4 M 4,9, qui ajoute la mention des enfants, absents de 2 Maccabées ;

– l'apparition des anges en 4 M 4,10 répond à la grande scène de l'apparition du cavalier et des deux jeunes hommes de 2 M 3,24–26. Il est à remarquer que le texte de 4 Maccabées est beaucoup plus sobre que celui de 2 Maccabées : dans ce dernier, Héliodore est frappé par les deux jeunes hommes, alors que les anges de 4 Maccabées se contentent de terrifier Apollonios en projetant des éclairs. De plus, le statut de la scène est différent dans les deux textes : dans 2 Maccabées, elle est expressément qualifiée d'épiphanie de Dieu lui-même (2 M 3,24), alors que, dans 4 Maccabées, il n'est question que d'anges appartenant à l'armée céleste (mentionnée en 4 M 4,11) ;

Chapitre III : L'épisode d'Héliodore/Apollonios 109

– la chute d'Apollonios en 4 M 4,11a répond à la description complaisante d'Héliodore gisant inanimé en 2 M 3,27–29 ; il est à remarquer que les louanges du peuple à Dieu à la vue du châtiment d'Héliodore (2 M 3,30) ne sont pas mentionnées dans 4 Maccabées; malgré la présence de l'adjectif ἡμιθανής, « à moitié mort », en 4 M 4,11a, le châtiment divin est atténué dans 4 Maccabées ;
– la prière d'Onias (4 M 4,13) avec mention de son calcul politique (éviter qu'Apollonios soit considéré comme la victime d'un calcul humain) répond au sacrifice d'Onias (2 M 3,31–32) avec mention du même calcul ; en revanche, la seconde apparition des jeunes hommes (2 M 3,33–34), qui témoignent de l'efficacité de l'intercession sacerdotale, disparaît de 4 Maccabées.

Dans l'ensemble, l'auteur de 4 Maccabées a transformé l'action du récit de 2 Maccabées de façon importante :

– d'une part, en atténuant le contenu du récit : l'apparition céleste devient beaucoup moins spectaculaire ; le châtiment est moindre ; les deux sacrifices (d'Onias puis d'Héliodore) sont remplacés par deux prières (prière et confession d'Apollonios puis prière d'intercession d'Onias) ; il n'est pas question d'une conversion d'Apollonios ;

– d'autre part, le rôle du clergé et celui du grand prêtre, essentiels dans le texte de 2 Maccabées, sont beaucoup moins importants dans 4 Maccabées. En particulier, la seconde apparition, dont le rôle principal est, dans 2 Maccabées, d'attester l'efficacité de la médiation d'Onias, disparaît totalement de 4 Maccabées : indice d'une datation tardive, à une époque où le clergé hiérosolomytain aurait disparu au profit du culte synagogal ?

Chapitre IV

L'épisode d'Éléazar (4 M 5,1–7,23) et celui des sept frères (4 M 8,1–12,19) : Le cadre commun

Avant d'aborder plus en détail la structure de chacun des deux épisodes, il est nécessaire d'étudier à part une série d'éléments textuels récurrents qui en constituent pour ainsi dire le squelette. Certains de ces éléments réapparaissent dans une moindre mesure dans l'éloge des sept frères et de leur mère (4 M 13,1–17,1), voire dans la finale de 4 Maccabées (4 M 17,2–18,24).

A. Les insertions relevant du registre 3

Les deux épisodes comportent des passages relevant du registre 3 interprétant dans les deux cas l'*exemplum* rapporté comme une preuve de la véracité de la domination de la Raison pieuse sur les passions : dans le cas de l'épisode d'Éléazar, il s'agit de 4 M 6,31–35 et de 4 M 7,16–23, passages parallèles qui encadrent l'éloge d'Éléazar ; dans celui de l'épisode des sept frères, de 4 M 13,1–5 et 4 M 14,11, qui encadrent l'éloge des sept frères ; il faut ajouter à cette liste 4 M 14,11–12 et 4 M 16,1–2 qui remplissent la même fonction au sein de l'éloge de la mère (4 M 4,11 sert de transition entre les deux éloges). Ces passages sont indispensables du point de vue structurel, car ce sont eux qui assurent en fin de compte le lien entre les parties « philosophique » et « narrative » de 4 Maccabées.

Plusieurs d'entre eux ont pourtant été considérés comme des interpolations par A. Dupont-Sommer[1], sur la base de critères stylistiques qui nous paraissent franchement discutables (A. Dupont-Sommer parle[2] de « style étonnamment redondant, ratiocinant et pédantesque », sans donner d'arguments plus précis).

H.-J. Klauck[3] et D. A. deSilva[4] nous semblent davantage dans le vrai lorsqu'ils voient dans ces passages une forme de conclusion de type mathématique, ce qui justifie leur présence dans le texte mais peut aussi expliquer l'absence

---

[1] 4 M 6,31–35 : A. Dupont-Sommer 1939, 112–113 ; 4 M 13,1–5 : A. Dupont-Sommer 1939, 133–134.
[2] A. Dupont-Sommer 1939, 133.
[3] H.-J. Klauck 1989, 717.
[4] D.-A. deSilva 2006, 203.

d'élégance stylistique qui a pu choquer A. Dupont-Sommer. Ajoutons que le fait que ces passages encadrent les éloges d'Éléazar et des sept frères (dans le cas de l'éloge de la mère, c'est moins probant) montre bien qu'ils appartiennent à l'ossature même de la « partie narrative » et ne peuvent donc être si aisément supprimés.

B. La description des supplices des martyrs

Les sections relevant du registre 1 décrivant des supplices ou des suicides sont :

– le récit du supplice d'Éléazar (4 M 6,1–30) ;

– le martyre du premier frère (4 M 9,11–25), récit beaucoup plus long que celui des martyres de ses frères, sans doute parce qu'il sert de référence pour les cinq récits suivants ;

– le martyre du deuxième frère (4 M 9,26–28) ;

– le martyre du troisième frère (4 M 10,4–8) ;

– le martyre du quatrième frère (4 M 10,17 ; 11,1) ;

– le martyre du cinquième frère (4 M 11,9–11) ;

– le martyre du sixième frère (4 M 11,17–19 ; 12,1) ;

– le suicide du septième frère (4 M 12,2 ; 12,19) ;

– le suicide de la mère des sept frères (4 M 17,1).

Il faut y joindre, outre des allusions aux différents supplices disséminées dans les discours du registre 2 (par exemple dans le discours du septième frère : 4 M 12,12–13), trois passages à valeur respectivement proleptique et analeptique :

– l'énumération des instruments de torture, précédant les récits des martyres (4 M 8,12–14) ;

– une récapitulation des supplices que la mère des sept frères les a vu subir (4 M 15,14–15) ;

– une mention, dans l'hymne final, des différents supplices subis (4 M 18,20–21).

Chacun des récits de supplices comporte des éléments originaux. Cependant, leur étude en série permet de reconstituer un « archétype » narratif en cinq étapes, à peu près identique pour les martyres d'Éléazar et des six premiers frères, radicalement différent du modèle narratif de 2 Maccabées.

Lors de la première étape, prélude symbolique au martyre et omise dans la plupart des cas, la victime est dévêtue, plus ou moins violemment. On retrouve mention de cette étape dans le cas d'Éléazar (4 M 6,2) et du premier frère (4 M 9,11), qui voit sa tunique déchirée. L'omission de cette étape dans les récits parallèles s'explique sans doute par le fait que, comme nous l'avons dit plus haut, le récit du martyre du premier frère sert de référence aux récits concernant les autres frères, qui, du coup, comportent des ellipses narratives.

Lors de la deuxième étape, la victime est liée, soit à deux colonnes (c'est ce que l'on peut comprendre dans le cas d'Éléazar, en 4 M 6,3, et du premier frère, en 4 M 9,11, en extrapolant à partir de l'adverbe ἑκατέρωθεν, « des deux côtés »), à l'aide de lanières (ἱμάσιν) mentionnées en 4 M 9,11, soit aux instruments de torture (cas du deuxième frère, en 4 M 9,26, et du cinquième, en 4 M 11,9) à l'aide d'entraves de fer (ποδάγραις σιδηραῖς) mentionnées en 4 M 11,9. Cette deuxième étape est omise dans le cas des troisième, quatrième et sixième frères ; dans celui du septième, en 4 M 12,2, son supplice se résume à cette étape, sans que l'on puisse préciser (le terme δέσμα, pluriel neutre atticisant de δεσμός, « lien », étant trop vague) de laquelle des deux variantes il s'agit.

La troisième étape est, dans le cas d'Éléazar (4 M 6,3 ; 6,6–11) et du premier frère (4 M 9,12), la flagellation, à peine mentionnée pour ce dernier mais décrite de manière détaillée dans le premier cas.

Quatrième étape : le supplice de la roue (τροχός ou καταπέλτης, termes synonymes puisque renvoyant au même instrument, dans le cas du cinquième frère, en 4 M 11,9–10), subi par le premier (4 M 9,12–13), le troisième (4 M 10,8), le cinquième (4 M 11,9–11) et le sixième (4 M 11,17–18) frère. En ce qui concerne l'identification précise de cet instrument de torture, nous nous permettons de renvoyer à notre article de 2014[5] portant sur ce point.

Cinquième étape : la torture par le feu, subie par Éléazar (4 M 6,24–27), le premier frère (4 M 9,19–21) et le sixième (4 M 11,18–19), avec des allusions dans les discours des quatrième (4 M 10,14) et sixième (4 M 11,26). Cette torture est effectuée de deux façons différentes selon les cas, soit à l'aide d'instruments (cas d'Éléazar [4 M 6.25] ; et du sixième frère [4 M 11,19]), soit en déposant des charbons ardents sous la roue à laquelle le supplicié est lié (cas du premier frère [4 M 9,19]).

Les quatrième et cinquième étapes sont par ailleurs liées en 4 M 15,14, dans la section analeptique.

On peut rattacher à cet archétype narratif plusieurs mentions de l'écoulement de fluides corporels, visant à renforcer le côté pathétique des supplices : sang (Éléazar [4 M 6,6] ; premier frère [4 M 9,20] – avec le détail hyperbolique du sang qui éteint les charbons ardents ! – ; troisième frère [4 M 10,8]), sueur (Éléazar [4 M 6,11]), voire morceaux de chair (premier frère [4 M 9.20] ; troisième frère [4 M 10,8]). Autre élément que l'on peut rattacher à ce premier modèle, car inséré dans le récit de la flagellation : l'épisode de la chute d'Éléazar (4 M 6,7) et des coups de pieds qui s'ensuivent (4 M 6,8).

Dans ce modèle, la mort est le résultat des tortures subies (lien explicite pour Éléazar [4 M 6,30], et pour le quatrième frère [4 M 11,1]).

L'archétype narratif ici présenté ne provient pas de 2 Maccabées. En effet, dans le récit de 2 Maccabées, Éléazar subit le supplice de la roue (2 M 6,19 ; 6,28) désignée par le terme τύμπανον, absent de 4 M ; quant aux sept frères, leur supplice n'est décrit dans les détails que dans le cas du premier : flagellation (2 M 7,1), ablation de la langue (2 M 7,4 et 7,10), scalp (2 M 7,4 et 7,7), mutilation (2 M 7,4–5 et 7,10), passage à la poêle (τήγανον) (2 M 7,3 et 7,5), au

---

[5] E. Weiss 2014.

chaudron (λέβης) (2 M 7,3) et, implicitement, précipitation dans une fournaise (πυρά) (2 M 7,5).

Cependant, l'auteur de 4 Maccabées utilise le récit du martyre des sept frères de 2 Maccabées, qu'il combine plus ou moins adroitement avec son propre archétype narratif. Le quatrième frère subit l'ablation de la langue (4 M 10,17 [// 2 M 7,4 et 7,10], avec allusion dans son discours, en 4 M 10,18–19) et le septième frère fait allusion à cette mutilation dans son discours (4 M 12,13), ce à quoi il faut ajouter une mention, valable apparemment pour l'ensemble des sept frères, dans l'hymne final en 4 M 18,21 ; le deuxième (4 M 9,28) et le troisième (4 M 10,7) frère sont scalpés, à l'aide de mains de fer pour le premier, directement avec les doigts pour le second, le supplice du scalp étant mentionné par ailleurs dans la section analeptique (4 M 15,15). Le sixième frère est exécuté en étant jeté dans un chaudron (λέβης) (4 M 12,1 // 2 M 7,3).

La mère des sept frères se suicide en se jetant sur un bûcher (πυρά) (4 M 17,1), ce qui semble être le cas aussi du septième frère (4 M 12,19), même si, dans son cas, il est fait mention, de façon surprenante, d'un τήγανον : l'auteur de 4 Maccabées semble pourtant, vu le contexte, penser davantage à une fournaise qu'à une poêle ! En fait, le terme désignant proprement la « fournaise », κάμινος, n'est employé dans 4 M que lorsqu'il est question de l'exemple des compagnons de Daniel, modèles de comportement auxquels se réfèrent les sept frères (4 M 13,9) et leur mère (4 M 16,21), mais aussi par l'auteur de 4 Maccabées, comparant la douleur de la mère à la fournaise de Daniel 3 (4 M 16,3). Tout se passe comme si, dans le cas du septième frère comme de la mère, l'auteur de 4 Maccabées avait fait appel au modèle narratif de Daniel tout en s'en cherchant à s'en démarquer. Le supplice temporaire subi par les compagnons de Daniel devient une mort volontaire et héroïque, et κάμινος est remplacé dans le récit par d'autres termes, proches quoique partiellement impropres : est-ce parce qu'aucun ange ne vient au secours des martyrs, dont la situation n'est que partiellement comparable à celle des compagnons de Daniel ?

Pour être complet, un certain nombre d'éléments narratifs semblent irréductibles aux deux modèles décrits : le supplice de la lacération subi par le deuxième frère (4 M 9,26–28) ; la dislocation des articulations du troisième (4 M 10,5–6), qui fait double emploi avec le supplice de la roue qu'il subit ensuite ; la tentative de strangulation du même troisième frère (4 M 10,7) ; le mystérieux supplice des « mauvaises odeurs » (δυσώδεις) subi par Éléazar (4 M 6,25) ; l'énucléation des sept frères, mentionnée dans l'hymne final (4 M 18,21) ; la mention des « tortures diverses » (βασάνοις ποικίλαις) en 4 M 18,21, qui ne renvoie à aucun élément narratif particulier, mais qui a une valeur résomptive.

D'où peut provenir l'archétype narratif utilisé majoritairement par l'auteur de 4 Maccabées ? Nous n'avons pu repérer qu'un parallèle probant dans la littérature grecque. Au début de l'œuvre de Chariton d'Aphrodisias[6], Théron,

---

[6] Chariton d'Aphrodisias 1979, III, 4,7.

le ravisseur de Callirhoé, se voit menacer d'une série de tortures : la « roue » (τροχός), le « chevalet » (καταπέλτης), ici distingué de l'instrument précédent, le « feu » (πῦρ), et les « fouets » (μάστιγες). L'identité de la séquence de supplices avec la séquence dominante de 4 Maccabées est remarquable, mais il est impossible d'en déduire une dépendance. Comme nous le disions en 2014[7], il pourrait s'agir d'une tradition narrative régionale, ce qui irait dans le sens d'une origine micrasiatique de 4 Maccabées.

C. Les métaphores récurrentes

Dans leur article de 1998 consacré aux représentations de genre dans 4 Maccabées[8], S. D. Moore et J. C. Anderson ont relevé l'abondance des métaphores guerrières et athlétiques concernant les personnages des martyrs.

C'est ainsi qu'Éléazar, comparé à un « noble athlète » (γενναῖος ἀθλητής) en 4 M 6,10, l'est ensuite à une cité assiégée (4 M 7,4). De même, les sept frères annoncent (4 M 9,8) à Antiochos IV qu'ils recevront de Dieu le « prix des vertueux combats » (τὰ τῆς ἀρετῆς ἆθλα), employant ainsi un vocabulaire athlétique. Peu après, le premier frère indique au même Antiochos IV (4 M 9,18) que les enfants des Hébreux sont « invincibles » (ἀνίκητοι), puis parle de « saint et noble combat » (ἱερὰν καὶ εὐγενῆ στρατείαν) à propos des supplices qu'il subit. Les deux motifs sont combinés dans le second discours du sixième frère (4 M 11, 20–22), qui file d'abord la métaphore sportive (emploi en 4 M 11,20 de ἀγών et de γυμνασία pour désigner le « combat » des sept frères) avant de rejoindre le vocabulaire guerrier (emploi de καθωπλισμένος, « armé » en 4 M 11,22).

Les métaphores guerrières et sportives reviennent dans les éloges des sept frères (retour de l'image de l'armement en 4 M 13,16) et de la mère (qualifiée en 4 M 15,29 d'ὑπερασπίστρια, « protectrice (armée) » et d'ἀθλοφόρος, « victorieuse (d'un concours sportif) ». Elles sont ensuite présentes de manière massive au début de la finale (4 M 17,11–16). La mère est à nouveau qualifiée d'ἀθλοφόρος, « victorieuse (d'un concours sportif) », en 4 M 18,23, à la clôture de 4 Maccabées.

---

[7] E. Weiss 2014, 133.
[8] S. D. Moore-J.C. Anderson, 1998, 259–261.

D. Les « motifs » dans les discours des personnages des deux épisodes

Mis à part le second discours d'Éléazar et sa prière, les discours des personnages des deux épisodes d'Éléazar et des sept frères n'ont pas de parallèle évident dans le texte de 2 Maccabées. En revanche, ils présentent entre eux de nombreuses ressemblances. Pour y voir plus clair, nous avons cherché à identifier les arguments types qui reviennent de discours en discours, ce que l'on pourrait appeler des « motifs » argumentatifs. Nous en avons distingué six principaux, ayant pour deux d'entre eux (les motifs A et C) deux variantes opposées :

Motif A : La Loi juive est irrationnelle (dans la bouche d'Antiochos IV)/ est rationnelle et enseigne la vertu (dans la bouche d'Éléazar ou des sept frères)

Motif B : Il est irrationnel de désobéir au roi au prix de sa vie/(variante) Appel à la pitié envers soi-même

Motif C : Dieu pardonne les manquements à sa Loi dus à la contrainte (dans la bouche d'Antiochos IV/Il faut obéir à la Loi en toutes circonstances et jusque dans ses plus petites prescriptions (dans la bouche d'Éléazar ou des sept frères)

Motif D : Thème de la récompense *post mortem* des martyrs et du châtiment *post mortem* d'Antiochos IV

Motif E : Thème de l'impuissance des supplices et de l'inaltérabilité de l'âme

Motif F : Thème de l'identité de pensée et d'action des sept frères.

Après examen des discours relevant du registre 2 (le second discours d'Éléazar et sa prière étant mis à part), on arrive à construire un tableau de répartition (tableau n°9).

Ce tableau (page suivante) révèle une bipartition remarquable des discours considérés : dans le cas des discours contenus dans l'épisode d'Éléazar et, pour l'épisode des sept frères, des discours d'Antiochos IV et des sept frères pris dans leur ensemble, ce sont les motifs A, B et C qui dominent, avec présence, dans deux cas, du motif D. En revanche, dans les discours individuels des sept frères, on ne rencontre que les motifs D, E et F. Il y a donc deux thématiques différentes et successives dans l'ensemble formé par les discours relevant du registre 2 : jusqu'au début du chapitre 9 (y compris le discours des sept frères en 4 M 9,1-9), il est avant tout question de la Loi, de sa rationalité et du rapport que les personnages ont avec elle. Dans les chapitres 9 à 12, au contraire, l'accent est mis sur le comportement exemplaire des sept frères dans leurs supplices et sur la récompense qu'ils recevront pour cela après leur mort (ou *a contrario* du châtiment que subira Antiochos IV).

Les deux discours très brefs (4 M 9,15 et 9,29) où l'on ne rencontre aucun des motifs énumérés ci-dessus se rattachent aussi à la seconde thématique. Dans le premier cas, le frère aîné dénonce la cruauté d'Antiochos IV qui fait supplicier non pas des criminels mais un défenseur (προασπίζοντα) de la Loi ;

le grief est proche de celui du quatrième frère (4 M 10,21), qui explique le châtiment futur d'Antiochos IV en fonction du sacrilège que constitue l'ablation d'une langue qui chante la gloire de Dieu. Dans le second cas (4 M 9,29), le deuxième frère loue la mort subie pour la cause de la Loi, mort qu'il perçoit comme douce (ἡδύς) (on est proche du motif E). Dans les deux cas, l'un des frères requalifie le supplice subi de manière à ce qu'il soit perçu de manière positive du côté des martyrs et négative du côté d'Antiochos IV. En quelque sorte, les martyres sont une forme de jugement paradoxal où le condamné apparent devient le vainqueur réel et vice-versa.

Tableau n°9 : Les « motifs » dans les discours des personnages

	A	B	C	D	E	F
Antiochos (5,6–13)	X	X	X			
Éléazar (5,16–38)	X	X	X	X		
Antiochos (8,5–14)		X	X			
7 frères (8,17–26)		X	X			
7 frères (9,1–9)		X		X		
Frère 1 (9,15)						
Frère 1 (9,16)					X	
Frère 1 (9,17–18)				X		
Frère 2 (9,29)						
Frère 2 (9,30–32)				X		
Frère 3 (10,2–4)					X	X
Frère 3 (10,10)				X		
Frère 4 (10,14–16)					X	X
Frère 4 (10,18–21)				X	X	
Frère 5 (11,2–8)						
Frère 5 (11,12)					X	
Frère 6 (11,14–16)						X
Frère 6 (11,20–27)					X	
Antiochos (12,3–5)		X				
Frère 7 (12,11–14)				X		
Frère 7 (12,16–18)				X		X

Chapitre V

L'épisode d'Éléazar (4 M 5,1–7,23)

A. La structure de l'épisode d'Éléazar dans 2 Maccabées

L'épisode d'Éléazar, dans sa version de 2 Maccabées, semble posséder une structure à deux niveaux (la question de savoir s'il s'agit de deux couches rédactionnelles ou simplement de deux niveaux d'organisation dus au même rédacteur dépasse le cadre de cette étude) :

a) le récit proprement dit du martyre d'Éléazar (2 M 6,18–19 et 29) ;

b) une scène édifiante où Éléazar refuse la feinte qui lui aurait sauvé la vie (2 M 6,20–28), à laquelle font écho la prière d'Éléazar (2 M 6,30), qui fait une allusion directe à la scène du refus (ὅτι δυνάμενος ἀπολυθῆναι τοῦ θανάτου « pouvant échapper à la mort »), et une conclusion (2 M 6,31).

La raison de l'ajout du niveau b) est transparente : cette addition transforme le récit de la mort d'Éléazar en *exemplum* édifiant (le terme grec correspondant, ὑπόδειγμα, apparaît d'ailleurs dans la conclusion [2 M 6,31]) pour les jeunes générations (les νέοι sont mentionnés en 2 M 6,24 et 28, encadrant le discours d'Éléazar, et en 2 M 6,31, en conclusion du récit). La leçon morale de l'*exemplum* est explicitée en 2 M 6,20 : οὐ θέμις γεύσασθαι διὰ τὴν πρὸς τὸ ζῆν φιλοστοργίαν, « ce qu'il n'est pas permis de manger par amour de la vie ». Tout l'épisode est construit pour démontrer que le respect des lois alimentaires doit l'emporter sur l'instinct de survie, ce qui est une position rigoriste contraire à une partie de la tradition juive.

La scène du refus d'Éléazar est encadrée, dans le texte actuel de 2 Maccabées, par deux mentions symétriques du supplice de la roue :

2 M 6,19

ὁ δὲ τὸν μετ' εὐκλείας θάνατον μᾶλλον ἢ τὸν μετὰ μύσους βίον ἀναδεξάμενος, αὐθαιρέτως ἐπὶ τὸ τύμπανον προσῆγεν,

« Mais, préférant une mort glorieuse à une vie infâme, il avançait volontairement vers le supplice de la roue »

2 M 6,28b

τοσαῦτα δὲ εἰπὼν ἐπὶ τὸ τύμπανον εὐθέως ἦλθεν.

« Ayant prononcé ces paroles, il alla tout droit au supplice de la roue »

Le plan général de l'épisode dans 2 Maccabées peut être présenté ainsi :

a) Présentation d'Éléazar (2 M 6,18–19)

b) Scène introductive : Éléazar crache le morceau de porc (2 M 6,20)

Proposition faite à Éléazar de feindre et de sauver sa vie (2 M 6,21–22)

Refus d'Éléazar (2 M 6,23)

Discours d'Éléazar (2 M 6,24–28)

a) Supplice d'Éléazar (2 M 6,29)

b) Prière d'Éléazar (2 M 6,30)

Mort d'Éléazar (2 M 6,31)

B. La structure de l'épisode d'Éléazar dans 4 Maccabées

La structure de l'épisode d'Éléazar dans 4 Maccabées est particulièrement complexe. En effet, on peut distinguer, là aussi, plusieurs niveaux d'organisation. Tout d'abord, une partie de l'épisode dépend du modèle de 2 Maccabées : il est possible d'établir des correspondances pour le contenu (là, comme ailleurs, il est, en revanche, difficile d'identifier des reprises textuelles directes).

Tableau n°10 : Correspondances entre 2 et 4 Maccabées (épisode d'Éléazar)

	Texte de 2 Maccabées	Texte de 4 Maccabées
Présentation d'Éléazar	2 M 6,18–19	4 M 5,4
Scène du crachat	2 M 6,20	(scène absente)
Proposition de feindre	2 M 6,21–22	4 M 6,12–15
Refus d'Éléazar	2 M 6,23	4 M 6,16
Discours d'Éléazar	2 M 6,24–28	4 M 6,17–23
Supplice d'Éléazar	2 M 6,29	4 M 6,24–25
Prière d'Éléazar	2 M 6,30	4 M 6,26–29
Mort d'Éléazar	2 M 6,31	4 M 6,30

Ce tableau de correspondances permet, par contraste, de démontrer la présence, dans le texte de 4 Maccabées, de deux séquences importantes qui lui sont propres : tout d'abord, en 4 M 5,5–38, un dialogue entre Antiochos IV et Éléazar, suivi d'un premier récit de supplice (4 M 6,1–11) ; ensuite un éloge développé d'Éléazar (4 M 6,31–7,23).

Il y a un parallélisme de structure évident entre le premier ajout (4 M 5,5–6,11) et une portion de 4 Maccabées dépendant de 2 Maccabées (4 M 6,12–25), comme le fait apparaître le tableau suivant.

Tableau n°11 : Correspondances internes (épisode d'Éléazar)

	4 M 6,12–25	4 M 5,5–6,11
Proposition à Éléazar d'un compromis pour sauver sa vie	4 M 6,12–15	(Discours d'Antiochos IV : 4 M 5,6–13)
Refus et discours d'Éléazar	4 M 6,16–23	4 M 5,14–38
Supplice d'Éléazar	4 M 6,24–25	4 M 6,1–11

Cela fait que 4 M 5,5–6,11 est en quelque sorte une réécriture de la section 4 M 6,12–25 qui est elle-même une réécriture de 2 M 6,21–29. Il faudra nous interroger sur les raisons profondes de cette réécriture au second degré.

C. La « mise en scène » des martyres d'Éléazar et des sept frères : le personnage d'Antiochos IV

Dans le texte de 2 Maccabées, les épisodes des martyres d'Éléazar et des sept frères sont narrativement indépendants : il n'y a, dans le second, aucune allusion au premier. De plus, Antiochos IV n'est présent que dans le second.

L'auteur de 4 Maccabées a bouleversé cette organisation : d'une part, les deux épisodes s'enchaînent explicitement (4 M 8,2) et les sept frères mentionnent la mort d'Éléazar (4 M 9,5) ; d'autre part, Antiochos IV est présent dans les deux épisodes. En étudiant en parallèle les différents passages où le personnage du roi intervient, on s'aperçoit qu'ils forment un ensemble unifié par le retour des mêmes termes, une sorte de colonne vertébrale où sont indiqués les enjeux des deux récits.

I. Une « mise en scène » théâtrale

Le lieu où se déroulent les martyres n'est pas indiqué plus précisément dans 4 Maccabées que dans 2 Maccabées. La seule information donnée en 4 M 5,1 est que le roi siège dans « un lieu élevé » (ἐπί τινος ὑψηλοῦ τόπου).

Le « dispositif scénique » est décrit à deux reprises, au début de l'épisode d'Éléazar (4 M 5, 1–3) et de celui des sept frères (4 M 8,2–4). Le roi est au centre de la scène, entouré de ses conseillers et de ses troupes (4 M 5,1), disposées en cercle (adverbe κυκλόθεν, 4 M 5,1). Tous les Hébreux (si l'on prend au pied de la lettre l'expression redondante ἕνα ἕκαστον Ἑβραῖον de 4 M 5,2) sont censés défiler devant le roi et être contraints de consommer, d'une part, de la viande de porc (κρεῶν ὑείων), d'autre part, des viandes sacrifiées aux idoles (εἰδωλοθύτων), sous peine d'exécution (4 M 5,3) et de tortures (4 M 8,2). Il s'agit donc d'une mesure de coercition générale, visant l'ensemble du peuple d'Israël. Mais les seuls supplices mentionnés sont ceux d'Éléazar et des sept frères, qui sont donc à considérer comme des figures génériques, représentant par une espèce de synecdoque le peuple tout entier, ce qui conduit à des modifications importantes des personnages concernés.

C'est ainsi qu'Éléazar, qui, dans 2 Maccabées, était présenté comme un scribe (τις τῶν πρωτευόντων γραμματέων, 2 M 6,18), devient, en 4 M 5,4, un prêtre par filiation (τὸ γένος ἱερεύς), versé dans la connaissance de la Loi (τὴν ἐπιστήμην νομικός). La mention de la prêtrise d'Éléazar, propre à 4 Maccabées, vise sans doute à en faire une figure antithétique de celle du grand prêtre indigne Jason, mentionné juste avant dans le texte de 4 Maccabées (4 M 4,16). On peut se demander si ne joue pas aussi l'homonymie avec Éléazar, fils d'Aaron et ancêtre de la lignée sacerdotale. En portant le nom de son ancêtre, le vieillard Éléazar serait ainsi la figure emblématique du sacerdoce, rachetant par sa mort la faute de Jason.

Les sept frères, présentés sobrement en 2 M 7,1, reçoivent dans leur présentation en 4 M 8,3 trois qualificatifs laudatifs successifs (καλοί τε καὶ αἰδήμονες καὶ γενναῖοι) qui s'opposent aux trois qualificatifs péjoratifs appliqués un peu plus loin (en 4 M 10,17, au cours du supplice du quatrième frère, donc à la moitié de l'épisode) à Antiochos IV (ὁ αἱμοβόρος καὶ φονώδης καὶ παμμιαρώτατος Ἀντίοχος). En effet ce sont les deux seuls passages de 4 Maccabées où des personnages soient caractérisés ainsi. Les sept frères sont donc présentés comme correspondant aux canons de la perfection dans la tradition grecque, tant du point de vue physique (καλοί) que moral (αἰδήμονες) ; ils sont caractérisés par leur noblesse (γενναῖοι), terme qui reviendra à plusieurs reprises, dans 4 Maccabées, à leur propos ou à celui de leur mère (4 M 15,24, 15,30, 16,16, 17,24). En revanche, Antiochos IV est présenté comme un criminel à l'aide de deux qualificatifs presque synonymes (αἱμοβόρος καὶ φονώδης) et est caractérisé par son impureté (le superlatif παμμιαρώτατος est un *hapax*).

L'expression καθάπερ ἐν χορῷ de 4 M 8,4 renvoie certainement au vocabulaire théâtral, mais son interprétation exacte pose problème : si on la prend au pied de la lettre, les sept frères forment avec leur mère le chœur, amené logiquement à commenter l'action, non à la mener. D'ailleurs, c'est Antiochos qui est situé sur un lieu élevé que l'on pourrait assimiler à la scène (4 M 5,1). Ce qui sous-entendrait que le véritable protagoniste est Antiochos IV lui-même.

Cette première interprétation se heurte pourtant au fait que le roi, si l'on considère les verbes dont il est le sujet, est avant tout un spectateur dominé par ses émotions : il « voit » (ὁράω) les futurs martyrs (4 M 5,5 ; 8,4 ; 12,2) ; il « en prend pitié » (κατοικτίρας, en 4 M 12,2) ; il est « ému » par ses futures victimes (ἐκπλαγείς, en 4 M 8,4) ; il les « écoute » (ἀκούσας, en 4 M 10,17) ; il est « outragé » (κακισθείς, en 4 M 12,2) ; il est « irrité » (ἐχαλέπαινεν, en 4 M 9,10) puis « furieux » (ὠργίσθη, en 4 M 9,10). En deux mots, c'est un être relativement passif, qui ne maîtrise pas ses émotions, contrairement à ses victimes. En revanche, il n'agit pas directement, mais par l'intermédiaire de ses serviteurs ; c'est avant tout un donneur d'ordre : le verbe κελεύω et ses composés apparaissent en 4 M 5,2 ; 8,2 ; 8,12 ; 10,17.

Pour revenir à l'expression καθάπερ ἐν χορῷ de 4 M 8,4, elle signifierait donc, dans une seconde approche, que les récits des martyres sont implicitement assimilés à une tragédie représentée devant Antiochos IV (et devant le lecteur...). Il est à noter que le terme χορός, « chœur », reviendra en 4 M 13,8 (ἱερὸν γὰρ εὐσεβείας στήσαντες χορόν, « formant un saint chœur de la piété »), pour désigner les sept frères s'exhortant mutuellement au martyre mais aussi en 4 M 18,23, avec la mention du chœur des pères (πατέρων χορόν) rassemblant dans l'au-delà les patriarches d'Israël. Il y a donc deux groupes de personnages qualifiés de « chœur » : les sept frères au premier plan ; les patriarches au second, dans une mise en scène qui préfigure, *mutatis mutandis*, celle des *Tragiques* d'Agrippa d'Aubigné.

II. La question des règles alimentaires

L'enjeu du récit est clairement indiqué au début de chacun des deux épisodes : la conduite exigée par le roi est une violation des règles alimentaires de la Tōrah, qui revêt deux aspects : la consommation de porc (4 M 5,2), motif repris de 2 Maccabées (2 M 6,18 pour l'épisode d'Éléazar, 2 M 7,1 pour celui des sept frères), et celle des viandes consacrées aux idoles (εἰδωλοθύτων, 4 M 5,2). Il est à noter que ce dernier terme n'apparaît qu'ici en dehors de la littérature néotestamentaire et patristique[1]. Le fait que ce dernier motif soit absent de 2 Maccabées conduit à penser qu'il pourrait s'agir d'un ajout de l'auteur de 4 Maccabées, répondant à un problème rencontré dans sa communauté. Contrairement à la consommation de porc, celle de viandes consacrées à des divinités païennes était vraisemblablement répandue dans des communautés juives minoritaires au sein du monde gréco-romain : en effet, une partie au moins de la viande provenant des sacrifices païens était commercialisée, ce qui pouvait soulever le même cas de conscience que dans le contexte de 1 Corinthiens. Contrairement à Paul, l'auteur de 4 Maccabées, en mettant cette pratique sur le même plan que la consommation de porc, adopte une position rigoriste. Dans cette perspective, Éléazar et les sept frères deviennent un modèle de non compromission avec le monde païen environnant.

En tout cas, les deux pratiques alimentaires condamnées en 4 M 5,2 ne sont plus individualisées par la suite : elle sont confondues et réunies sous une même désignation, le verbe *μιαροφαγέω, propre à 4 Maccabées, qui apparaît à l'infinitif aoriste actif μιαροφαγῆσαι en 4 M 5,3 ; 8,2 ; 8,12 ; 8,29 et à l'optatif aoriste actif μιαροφαγήσαιεν en 4 M 8,2. En dehors des passages étudiés ici, le verbe apparaît à l'optatif aoriste actif μιαροφαγήσαιμεν en 4 M 5,19, au présent μιαροφαγοῦμεν en 4 M 5,25, au participe présent μιαροφαγοῦντα en 4 M 11,16, à l'aoriste ἐμιαροφάγησαν en 4 M 13,2. Il s'agit d'un verbe dénominal d'un *μιαροφάγος non attesté, composé dont le premier terme provient de l'adjectif μιαρός, « souillé, impur », et le second du thème d'aoriste thématique ἔφαγον, « manger ». Le substantif correspondant μιαροφαγία, propre lui aussi

---

[1] *DGE* s.v.

à 4 Maccabées[2], apparaît quatre fois (datif singulier en 4 M 5,27 et 7,6, génitif singulier en 4 M 6,19, accusatif singulier en 4 M 11,25). En 4 M 5,14, on rencontre également la périphrase équivalente ἔκθεσμον σαρκοφαγίαν, « consommation de chair illégale ». Le fait que ces expressions soient relativement générales et que l'épisode de la consommation de porc forcée d'Éléazar (2 M 6,18 ; 6,20) a disparu de 4 Maccabées tendrait à montrer que l'enjeu principal aux yeux de l'auteur de 4 Maccabées était la consommation de viandes sacrifiées aux idoles. Nous reviendrons sur cette question dans notre troisième partie[3].

D. Le second discours d'Éléazar (2 M 6,24–28 // 4 M 6,17–23)

Dans la version de 2 Maccabées du récit du martyre d'Éléazar, ce dernier justifie sa décision de ne pas consommer de porc au prix de sa vie en s'adressant à ses bourreaux. Dans la version de 4 Maccabées, le même Éléazar expose de la même façon ses raisons d'agir, en s'adressant cette fois-ci aux courtisans d'Antiochos IV. L'auteur de 4 Maccabées s'est visiblement inspiré de la version de 2 Maccabées : on peut relever des reprises lexicales et des échos significatifs – le verbe « jouer la comédie » (verbe ὑποκριθῆναι en 2 M 6,24 et le substantif correspondant ὑπόκρισιν en 2 M 6,25 / périphrase δρᾶμα ὑποκρίνασθαι en 4 M 6,17), la mention des « jeunes gens » (πολλοὶ τῶν νέων en 2 M 6,24, τοῖς δὲ νέοις en 2 M 6,28 / τοῖς νέοις en 4 M 6,19), la mention du peu de temps de vie que gagnerait Éléazar à être lâche en 2 M 6,25 et 4 M 6,20, l'écho entre l'adverbe ἀνδρείως, « courageusement », de 2 M 6,27 et l'adjectif ἄνανδροι, « lâches », de 4 M 6,21... On peut aussi relever que le substantif ἀλλοφυλισμός, « adoption de coutumes étrangères », de 2 M 6,24, qui n'apparaît qu'ici et dans un autre passage du même livre (2 M 4,13), trouve un écho dans le verbe ἀλλοφυλέω, « adopter des coutumes étrangères », de 4 M 18,15, qui est un *hapax* de 4 Maccabées. Sans pouvoir le prouver formellement, on peut supposer que l'auteur de 4 Maccabées a pu forger son néologisme en s'inspirant de ce qui est sans doute une création lexicale de l'auteur de 2 Maccabées (l'adjectif ἀλλόφυλος, « étranger », à la source de ces deux créations lexicales appartient, lui, il est vrai, à langue attique classique).

Il est cependant intéressant de relever que l'auteur de 4 Maccabées a profondément transformé le second discours d'Éléazar et que ces transformations sont significatives sur le plan théologique.

D'une manière générale, l'auteur de 4 Maccabées a parsemé sa version du second discours d'Éléazar de termes qui lui sont propres. C'est ainsi qu'en 4 M 6,17, on rencontre le *hapax* μαλακοψυχέω, « avoir l'âme faible », dé-

---

[2] Si l'on excepte un emploi isolé beaucoup plus tardif (neuvième siècle !) chez Photios, Lettre 293.

[3] Cf. Troisième Partie, Chapitre IV.

nominatif d'un μαλακόψυχος, « à l'âme faible », qui apparaît une fois chez Jean Chrysostome (II,552) ; il est tout à fait vraisemblable que le verbe soit une création de l'auteur de 4 Maccabées : en effet, l'emploi d'adjectifs *bahuvrihi* à second terme en –ψυχος semble être l'un de ses « tics » de langage (*hapax* ἀσθενόψυχος, « à l'âme faible », en 4 M 15,5 ; adjectif propre à 4 M δειλόψυχος, « à l'âme lâche », en 4 M 8,16 et 16,5 ; *hapax* ἱερόψυχος, « à l'âme sainte », en 4 M 17,4 ; adjectif ὁμόψυχος, « à l'âme unie », en 4 M 14,20, qui ne se retrouve ailleurs que chez Jean Chrysostome I,56). Autre terme propre à l'auteur de 4 Maccabées, le substantif μιαροφαγία, « consommation d'aliments impurs », en 4 M 6,19, dont on a vu ailleurs qu'il correspondait à un thème essentiel à ses yeux, l'interdiction de la consommation de viandes sacrifiées aux idoles.

L'organisation même du discours a été modifiée.

Dans 2 Maccabées, sa structure est très simple :

– énoncé de la thèse (2 M 6,24) : feindre est indigne de la vieillesse d'Éléazar (emploi de la tournure impersonnelle Οὐ γὰρ... ἄξιόν ἐστιν) ; le discours emploie la première personne du pluriel pour énoncer la thèse mais passe ensuite à la première personne du singulier, au contraire de ce qui se produit dans la version de 4 Maccabées ;

– premier argument (2 M 6,24–25) : feindre induirait les « jeunes gens » (νέοι) en erreur, les conduirait à pécher ;

– deuxième argument (2 M 6,25) : feindre attirerait le déshonneur sur Éléazar ;

– troisième argument (2 M 6,26) : feindre exposerait Éléazar à la condamnation divine ;

– conclusion (2 M 6,27) : résolution au martyre, conduite digne de la vieillesse d'Éléazar (emploi de la tournure personnelle ἄξιος φανήσομαι) – cela peut aussi être vu comme une reprise inversée du deuxième argument ;

– reprise inversée du premier argument (2 M 6,28) : en mourant, Éléazar servira d'exemple (ὑπόδειγμα) aux « jeunes gens » (νέοι).

En résumé, une structure caractérisée par des procédés d'inclusion (parallélismes entre 2 M 6, 24 et 2 M 6,27, d'une part, 2 M 6,24–25 et 2 M 6,28, d'autre part) et de chiasme (reprise du premier argument en 2 M 6,28, du deuxième en 2 M 6,27, ce qui contribue à attirer l'attention sur le troisième argument, qui est la « pointe » de l'argumentation d'Éléazar : l'importance du jugement divin).

Dans la version de 4 Maccabées, l'organisation du discours est bouleversée ; on peut la décrire comme suit :

– thèse (4 M 6,17) : feindre est indigne d'Eléazar (emploi de l'adjectif ἀπρεπές), qui parle à la première personne du pluriel, au nom des « enfants d'Abraham » (οἱ Ἀβρααμ παῖδες), expression caractéristique de 4 Maccabées (4 M 6,17 ; 6,22 ; 9,21 ; 13,12 ; 17,6 ; 18,1 ; 18,23) ; l'emploi de la première personne du pluriel, contrairement à la version de 2 Maccabées, est maintenu tout au long du discours ;

– premier argument (4 M 6,18) : au vu de la vie passée d'Éléazar, un changement d'attitude serait « déraisonnable » (ἀλόγιστον) ;

– deuxième argument (4 M 6,19) : Éléazar deviendrait un modèle d'impiété (ἀσεβείας τύπος), un exemple de consommation de mets impurs (παράδειγμα... τῆς μιαροφαγίας) pour les « jeunes gens » (νέοι) : c'est la reprise développée du premier argument de la version de 2 Maccabées ;

– troisième argument (4 M 6,20) : Éléazar s'attirerait le mépris (emploi du participe καταγελώμενοι) de tous (πρὸς ἁπάντων) en raison de sa lâcheté (δειλία) : c'est une reprise du deuxième argument de la version de 2 Maccabées ;

– quatrième argument (4 M 6,21) : Éléazar s'attirerait de la même façon le mépris (emploi du verbe καταφρονηθῶμεν) du tyran : c'est également une reprise du deuxième argument de la version de 2 Maccabées, qui est donc dédoublé ;

– conclusion (4 M 6,22) : adresse aux enfants d'Abraham (ὦ Αβρααμ παῖδες) à mourir pour la piété (εὐσέβεια) : on peut se demander à qui s'adresse Éléazar – deux hypothèses se présentent à l'esprit : soit il s'agit des sept frères, désignés nommément en 4 M 17,6 comme étant des descendants d'Abraham, et qui répondront à l'appel d'Éléazar ; soit l'adresse vise les récepteurs, auditeurs et lecteurs de 4 Maccabées, invités à s'inspirer de l'exemple d'Éléazar, les deux hypothèses n'étant pas incompatibles ;

– adresse ironique aux gardes (4 M 6,23).

La structure du discours dans 4 Maccabées se caractérise donc également par un effet d'inclusion (retour du thème des enfants d'Abraham entre 4 M 6,17 et 6,22) ; en revanche, l'ordre et la nature des arguments ont été modifiés : on notera surtout la disparition du thème du jugement personnel par Dieu ; par une ironie consciente ou non de la part de l'auteur de 4 Maccabées, la place de cet argument est occupée par la mention de la crainte d'Éléazar d'encourir le mépris d'Antiochos IV… La « pointe » du discours ne porte plus sur la relation personnelle entre Éléazar et Dieu mais sur un appel à mourir « noblement » (εὐγενῶς) : le discours d'Éléazar a été vidé de son contenu théologique (l'auteur de 4 Maccabées expose sa vision théologique propre de la mort d'Éléazar dans le premier discours de ce dernier [4 M 5,16–38] et dans sa prière [4 M 6,27–29]) au profit de l'exposé de motivations d'ordre éthique conformes aux modèles grecs (recherche de la δόξα, « réputation », mentionnée en 4 M 6,18).

E. Un discours programmatique : le premier discours d'Éléazar (4 M 5,16–38)

Le premier discours d'Éléazar (4 M 5,16–38) est propre à 4 Maccabées. Il est très développé (313 mots, à comparer avec les 96 mots du second discours). Sa taille et sa position dans l'ensemble de 4 Maccabées (c'est le premier discours d'un martyr) révèlent son importance. On peut le considérer comme un « discours programmatique » annonçant les thèmes essentiels qui seront déclinés dans l'ensemble du registre 2. Il est à noter en particulier que c'est dans ce discours qu'apparaît pour la première fois dans 4 Maccabées le concept clé d'εὐσεβεία, « piété » (en 4 M 5,18).

Chapitre V : L'épisode d'Éléazar 127

Du point de vue de la structure, on ne peut pas le séparer du premier discours d'Antiochos IV (4 M 5,6–13), lui aussi propre à 4 Maccabées : en effet, il se présente comme sa réfutation. Il s'agit du premier *Rededuell* (joute oratoire) mis en évidence par H.-J. Klauck[4] et, à sa suite, par D. A. deSilva[5]. On ne peut pas non plus séparer cette paire de discours de l'ensemble formé par les discours d'Antiochos IV et des sept frères dans la suite du texte de 4 Maccabées. Afin de mettre en évidence les parallélismes de structure, nous proposons d'identifier les « motifs argumentatifs » récurrents d'après leur ordre d'apparition dans le premier discours d'Antiochos IV.

Nous distinguerons donc trois arguments types, correspondant aux trois premiers motifs définis plus haut[6] :

– argument A : la religion juive est irrationnelle (on peut noter que dans la bouche d'Antiochos 4, cette dernière se voit refuser l'étiquette de philosophie ; elle est qualifiée, en 4 M 5,7 et 5,13, de θρησκεία, terme qui n'apparaît plus dans la suite du texte de 4 Maccabées) ;
– argument B : il est irrationnel de désobéir au roi au prix de sa vie ;
– argument C : Dieu pardonne les manquements mineurs à sa Loi.

Avec cette convention, il est facile de mettre en évidence dans un tableau la structure partiellement en miroir du premier discours d'Antiochos IV et du premier discours d'Éléazar (les traductions sont d'A. Dupont-Sommer).

Tableau n°12 : Le premier discours d'Antiochos IV et le premier discours d'Éléazar

Premier discours d'Antiochos IV	Premier discours d'Éléazar
Adresse à Éléazar : sauve ta vie ! (4 M 5,6)	
Thèse : incompatibilité entre la philosophie grecque et la religion juive (4 M 5,7)	Thèse : la Loi juive est supérieure à toute autre Loi (4 M 5,16)
	Corollaire : Nécessité de lui obéir, même si elle n'était pas d'origine divine (4 M 5,17–18)
	Réponse à l'argument C : pas de hiérarchie entre les dispositions de la Loi (4 M 5,19–21)
Argument A (4 M 5,8–9)	Réponse à l'argument A (4 M 5,22–26) : La Loi forme l'âme à la pratique des vertus ; Dieu sait ce qui est bon pour l'homme.
Argument B (4 M 5,10–12)	Réponse à l'argument B (4 M 5, 27–33)

---

[4] H.-J. Klauck 1989, 652.
[5] D. A. deSilva 1995, 40.
[6] Cf. 116.

Premier discours d'Antiochos IV	Premier discours d'Éléazar
Argument C (4 M 5,13)	
	Adresse à la Loi (4 M 5,34–35), avec reprise de la réponse à l'argument A
	Adresse à Antiochos IV, avec reprise de la réponse à l'argument B et ouverture sur le destin *post mortem* d'Éléazar (4 M 5,36–38)

Il est possible de dégager des parallélismes entre le premier discours d'Éléazar et les passages de la « partie philosophique » relevant de la « rédaction νόμος ». L'argument théologique de 4 M 5,25 selon lequel Dieu est le créateur de la Loi, qui est, par conséquent adaptée à la nature de l'homme, fait écho à la « théologie des passions » développée en 4 M 2,21–23. Plus largement, en 4 M 5,23–24, la Loi est présentée comme une éducation (παιδεία) aux quatre vertus, ce qui fait écho à la définition de la raison donnée en 4 M 1,17. Les quatre vertus annoncées en 4 M 1,18 étaient (dans cet ordre) la prudence (φρόνησις), la justice (δικαιοσύνη), le courage (ἀνδρεία) et la tempérance (σωφροσύνη). La liste évoquée par Éléazar en 4 M 5,23–24 est l'exact renversement en miroir de cette énumération, avec substitution significative de la piété (εὐσεβεία) à la prudence. Il faut sans doute comprendre que le respect des normes de la piété est la vraie sagesse.

De la même manière, on peut établir une correspondance partielle entre les passages de la rédaction νόμος démontrant que la Loi permet d'accomplir telle ou telle vertu et les affirmations correspondantes du premier discours d'Éléazar. Partielle, car deux cases restent blanches. Il n'est pas interdit de penser que, si les exemples correspondants sont absents de la « partie philosophique », c'est que l'illustration des propos d'Éléazar se trouve ailleurs dans 4 Maccabées, plus précisément dans le récit même des martyres d'Éléazar et des sept frères. Ce sont les personnages de ces récits qui vont prouver par leur comportement la véracité des propos du vieillard.

Tableau n°13 : Correspondances entre la partie philosophique (rédaction νόμος) et le premier discours d'Éléazar

	Rédaction νόμος	Premier discours d'Éléazar
σωφροσύνη	4 M 1,30–2,6	4 M 5,23a
ἀνδρεία	(absent)	4 M 5,23b
δικαιοσύνη	4 M 2,7–9a	4 M 5,24a
εὐσεβεία	(absent)	4 M 5,24b

Par ailleurs, le développement de 4 M 5,25–26 sur l'interdiction de consommer de la chair des animaux impurs fait écho à celui de 4 M 1,33–35 sur le même sujet. Dans ce dernier passage, l'abstention des aliments impurs était présentée comme un fruit de la Raison, réponse anticipée en quelque sorte à l'argument A du discours d'Antiochos IV.

F. Les échos entre les deux discours d'Éléazar

Les contenus des deux discours d'Éléazar sont *a priori* très différents, comme on l'a vu. Il y a cependant un jeu d'échos entre les deux, fondé sur deux couples d'opposés : raison/déraison, d'une part ; jeunesse/vieillesse, d'autre part. Le caractère rationnel ou irrationnel de la religion juive est au centre du premier discours d'Éléazar répondant à celui d'Antiochos IV (motif A). Dans le second discours d'Éléazar, c'est la voie de la soumission aux ordres du roi qui est qualifiée de « déraisonnable » (ἀλόγιστος), en 4 M 6,18.

Un thème qui revient tout au long des deux discours d'Éléazar est celui de la vieillesse, perçue, selon les cas, positivement ou négativement.

Dans la bouche d'Antiochos IV, la vieillesse d'Éléazar est d'abord présentée positivement (4 M 5,6–7) : Éléazar est interpellé en tant qu'« ancien » (πρεσβῦτα), puis son « âge » (ἡλικία) et la « blancheur » de ses cheveux (πολιά) sont présentés comme dignes de « respect » (emploi du verbe αἰδοῦμαι). Cette perception positive de la vieillesse est aussi un artifice rhétorique permettant à Antiochos IV de faire ressortir, par contraste, l'irrationalité de la Loi juive. Même tonalité en 4 M 5,11–12, où l'on retrouve la même opposition entre la sagesse prêtée aux anciens et l'irrationalité de la Loi juive (4 M 5,11), avant que la vieillesse soit présentée comme un objet de pitié nécessaire de la part d'Éléazar (emploi du verbe οἰκτιρήσεις en 4 M 5,12). Éléazar doit abjurer la Loi juive parce qu'elle n'est pas digne de la sagesse prêtée à son âge mais aussi parce qu'il doit respecter lui-même sa propre vieillesse et donc ne pas l'exposer aux supplices.

À l'inverse, dans le premier discours d'Éléazar, la vieillesse est perçue négativement comme un état de faiblesse physique et morale s'opposant à la vigueur de la jeunesse. En 4 M 5,31, « vieillard » (γέρων) est mis sur le même plan que « lâche » (ἄνανδρος). La force d'Éléazar provient du fait que sa Raison (λογισμός) a su « rester jeune » (νεάζειν) ! Et en 4 M 5,33, la pitié due à la vieillesse passe après le respect dû à la Loi. Ce n'est qu'en 4 M 5,36 que la « bouche de vieillard » (γήρως στόμα) est à nouveau qualifiée de « vénérable » (σεμνός) : le respect dû aux vieillards n'est pas inconditionnel mais lié à leur respect de la Loi. Une limitation somme toute comparable à celles que l'on rencontre en 4 M 2,10–13 en ce qui concerne les relations intrafamiliales.

Le second discours d'Éléazar reprend à peu près les mêmes arguments : même évocation de la longue vie d'Éléazar passée au service de la Loi en 4 M 5,36, d'un côté, en 4 M 6,18, de l'autre ; même mention de la « lâcheté » (adjectif ἄνανδρος), en 4 M 5,31 et 4 M 6,21. La touche propre au second discours est le souci de l'exemple (le terme παράδειγμα apparaît explicitement en 4 M 6,19) donné par Éléazar aux « jeunes gens » (les νέοι sont mentionnés en 4 M 6,19 et repris par l'apostrophe ὦ Αβρααμ παῖδες en 4 M 6,22).

Le thème de l'exemplarité nécessaire des vieillards, modèles pour la jeunesse, est en fait repris au discours d'Éléazar de 2 Maccabées (c'est le fond de l'argumentation de 2 M 6,24–28). Comme l'a relevé L.E. Frizzell[7], l'auteur de 4 Maccabées n'a sur ce point apporté aucune touche nouvelle à une thématique déjà largement présente dans 2 Maccabées.

La reprise en filigrane du même thème dans le discours d'Antiochos IV et dans le premier discours d'Éléazar montre clairement que ces deux discours ont été construits à partir du contenu du second discours d'Éléazar, tout en s'en distinguant par l'introduction de nouveaux thèmes (l'énumération des vertus en 4 M 5,23–24) qui font écho à la partie « philosophique » de 4 Maccabées, et par celle des « motifs argumentatifs » A, B et C qui reviendront dans les différents discours des sept frères.

En conclusion, l'auteur de 4 Maccabées, trouvant dans sa source (2 Maccabées) un discours d'Éléazar sans doute connu de son auditoire, l'a repris sans trop le modifier (le second discours) pour répondre aux attentes de son public, mais en a composé parallèlement un autre (le premier discours) pour exposer, par la bouche d'Éléazar, personnage valorisé par le récit, ses propres conceptions, déjà développées en partie auparavant (partie « philosophique ») et reprises dans la suite du texte de 4 Maccabées (discours des sept frères).

G. La prière d'Éléazar (2 M 6,30/4 M 6,27–29)

Dans les deux versions du martyre d'Éléazar, ce dernier prononce une prière juste avant de mourir. La présence, dans les deux cas, du motif de la possibilité qu'avait Éléazar d'échapper à la mort atteste la dépendance de la version de 4 Maccabées envers le texte de 2 Maccabées. Il n'y a cependant aucune reprise lexicale directe, comme si l'auteur de 4 Maccabées avait cherché délibérément à s'éloigner de sa source, avec une quête visible de concision. C'est ainsi que, en étudiant en parallèle 2 M 6,30 et 4 M 6,27, on peut relever que :

– à la périphrase Τῷ κυρίῳ τῷ τὴν ἁγίαν γνῶσιν ἔχοντι, « Au Seigneur qui possède la science sainte » de 2 Maccabées, est substitué dans 4 Maccabées le vocatif θεέ, « Dieu », traduisant une proximité plus grande entre Éléazar et Dieu ;

– la tournure impersonnelle φανερόν ἐστιν, « il est manifeste », de 2 Maccabées est remplacée par le verbe de connaissance Σὺ οἶσθα, « tu sais », conjugué personnellement ;

– le participe apposé δυνάμενος, « pouvant », fait place à la tournure d'accusatif absolu παρόν μοι, « alors qu'il m'était possible » ;

– le groupe verbal ἀπολυθῆναι τοῦ θανάτου, « échapper à la mort », est remplacé par le simple infinitif σῴζεσθαι, « être sauvé » ;

– le membre de phrase σκληρὰς ὑποφέρω κατὰ τὸ σῶμα ἀλγηδόνας μαστιγούμενος, « fouetté, je supporte des douleurs cruelles dans mon corps », fait place à un simple complément de manière βασάνοις καυστικαῖς, « dans des tortures par le feu » ;

---

[7] L.E. Frizzell 1989, 110.

– la formule conclusive κατὰ ψυχὴν δὲ ἡδέως... ταῦτα πάσχω, « dans mon âme je subis ces souffrances avec joie », est remplacée par le plus sobre ἀποθνῄσκω, « je meurs » ;

– de façon significative, le motif de l'acceptation du martyre par Éléazar n'est pas le même d'une version à l'autre : dans 2 Maccabées, il s'agit de la crainte de Dieu διὰ τὸν αὐτοῦ φόβον « à cause de la crainte (de Dieu) » (ce motif était déjà présent dans le discours d'Éléazar en 2 M 6,26) ; dans le texte parallèle de 4 Maccabées, il s'agit de la fidélité à la Loi διὰ τὸν νόμον, « pour la Loi ».

En revanche, la suite de la prière dans le texte de 4 Maccabées (4 M 6, 28–29) est propre à 4 Maccabées. Elle introduit le thème du caractère propitiatoire du martyre, absent en règle générale de 2 Maccabées mais proclamé solennellement dans la finale de 4 Maccabées (4 M 17,22). Les différences textuelles entre 2 et 4 Maccabées sont révélatrices, dans le cas précis de la prière d'Éléazar, de changements théologiques en profondeur.

H. L'éloge d'Éléazar (4 M 6,31–7,23)

I. Généralités

Le récit du martyre d'Éléazar (4 M 5,1–6,30) est immédiatement suivi de son éloge (4 M 6,31–7,23) qui constitue un ajout de l'auteur de 4 Maccabées. En effet, le très bref éloge qui sert de conclusion à l'épisode dans le texte de 2 Maccabées (2 M 6,31) n'est pas à la source de l'éloge de 4 Maccabées. Dans 2 Maccabées, Éléazar est loué pour l'exemple (ὑπόδειγμα γενναιότητος καὶ μνημόσυνον ἀρετῆς, « un exemple de noble courage et un mémorial de vertu ») donné aux jeunes gens et au peuple. Ce thème, bien que présent ailleurs dans 4 Maccabées (notamment dans le second discours d'Éléazar, en 4 M 6,28), est absent de l'éloge proprement dit.

En revanche, l'éloge d'Éléazar de 4 Maccabées présente de nombreuses analogies avec l'éloge des sept frères et de leur mère, c'est-à-dire l'ensemble formé par les chapitres 13 à 16 de 4 Maccabées. Cette proximité est particulièrement importante au début des deux sections (4 M 6,31–35 et 13,1–5) : même succession de cinq formulations de la thèse défendue, avec même tournure à l'irréel du passé pour la deuxième formulation (4 M 6,32 et 13,2 respectivement) ... Les deux éloges, qui sont tous deux des ajouts de l'auteur de 4 Maccabées, appartiennent donc à la même « strate » de composition.

L'éloge d'Éléazar est composé de segments textuels relevant des registres 3 et 4 (contrairement aux chapitres 13 à 16, le registre 2 est totalement absent)

Tableau n°14 : Les registres dans l'éloge d'Éléazar

Registre 3	Registre 4
4 M 6,31–35 : Reprise développée de la thèse de 4 Maccabées.	
4 M 7,1–5 : Comparaisons d'Éléazar avec le pilote d'un navire, une ville assiégée puis un rocher dans la tempête.	
	4 M 7,6–10 : Premier hymne à Éléazar.
4 M 7,11–12 : Comparaison d'Éléazar avec Aaron.	
4 M 7,13–14 : Fruits de la Raison pieuse chez Éléazar : rajeunissement et victoire ; comparaison avec Isaac.	
	4 M 7,15 : Second hymne à Éléazar.
4 M 7,16–23 : Conclusion argumentative : seul l'homme sage peut être maître de ses passions.	

II. *Les comparaisons (4 M 7,1–5 et 7,11–14)*

L'éloge d'Éléazar se singularise par l'abondance relative de comparaisons entre son martyre et des situations empruntées soit au monde extérieur (en 4 M 7,1–5), soit à l'univers narratif biblique (en 4 M 7,11–14). Dans la mesure où, à chaque fois, c'est l'attitude d'Éléazar lors de son martyre qui est le comparé, il est possible de considérer que ces segments textuels relèvent du registre 1. Cependant, dans la mesure où ces comparaisons s'apparentent à un commentaire, il n'est pas impossible de les rattacher au registre 3. Ce point n'est cependant pas capital pour l'étude de la structure de l'éloge d'Éléazar.

1. *4 M 7,1–5*

Dans la première catégorie (situations empruntées au monde extérieur, c'est-à-dire extradiégétiques), il est remarquable que deux comparaisons sur trois (Éléazar comparé au pilote d'un navire pris dans la tempête, en 4 M 7,1–3, puis à un rocher soumis, lui aussi, à la fureur des flots, en 4 M 7,5) soient empruntées au domaine maritime. En effet, d'autres comparaisons relevant de la même thématique apparaissent ailleurs dans le texte de 4 Maccabées : image des tours protégeant un port de la tempête, en 4 M 13,6–7 ; mention des Sirènes en 4 M 15,21. Dans tous les cas, les personnages comparés sont présentés comme des modèles de constance en dépit d'une source de perturbation extérieure (la tempête ou le chant des Sirènes). On est proche du thème de l'inaltérabilité de l'âme des martyrs (motif E du registre 2).

Les deux comparaisons maritimes de l'éloge d'Éléazar encadrent une troisième comparaison, empruntée au domaine militaire (Éléazar comparé à une ville assiégée, en 4 M 7,4), avec introduction explicite du motif E : τὴν ἱερὰν ψυχήν...πυρπολούμενος, « sa sainte âme attaquée...par le feu ».

Chapitre V : L'épisode d'Éléazar 133

L'ensemble des trois comparaisons est donc articulé autour d'un même motif, récurrent dans les passages relevant du registre 2. Éléazar est loué pour son impassibilité, dans une perspective proche des conceptions stoïciennes.

2. *4 M 7,11–14*

Les deux comparaisons de la seconde catégorie (tirées de l'univers narratif biblique) jouent des rôles sensiblement différents.

En 4 M 7,11–12, Éléazar est comparé au grand prêtre Aaron. La comparaison est assez étrange : le point de comparaison semble bien être le feu (τὸν ἐμπυριστὴν [...] ἄγγελον, « l'ange de feu » ; διὰ τοῦ πυρός, « à travers le feu »), mais l'épisode concerné dans la vie d'Aaron reste difficile à identifier. Seule la mention de l'« encensoir » (τῷ θυμιατηρίῳ) permet de déceler une allusion à Nombres 17,11–15, mais il n'est pas question dans cet épisode d'« ange de feu ». Le texte pose problème, du fait que l'adjectif ἐμπυριστήν, « de feu », est absent du *Sinaiticus*[8].

La comparaison avec Isaac, en 4 M 7,14, pose moins de problèmes. En effet, le sacrifice d'Isaac est, dans 4 Maccabées, un modèle récurrent de comportement pour les martyrs : on le retrouve explicitement en 4 M 13,12 et 18,11, implicitement en 4 M 14,20 et 15,28.

III. Les deux hymnes à Éléazar (4 M 7,6–10 et 7,15)

1. Le premier hymne (4 M 7,6–10)

Nous reviendrons plus en détail sur la structure de cet hymne ainsi que sur le sens de l'expression δημιουργοῦντας τὸν νόμον (que nous interprétons comme « les responsables de la communauté ») dans le cadre de notre troisième partie[9].

Le premier hymne à Éléazar est composé de quatre unités délimitées par des asyndètes, correspondant chacune à un ou plusieurs titres d'Éléazar, au vocatif :

– ἱερεῦ, « prêtre » (4 M 7,6),

– σύμφωνε νόμου καὶ φιλόσοφε θείου βίου, « Ô l'écho de la Loi et le philosophe de la vie divine » (4 M 7,7–8),

– πάτερ, « père » (4 M 7,9),

– γέρων καὶ πρεσβῦτα καὶ ...βασιλεῦ, « vieillard et... ancien et...roi » (4 M 7,10)[10].

Les première et troisième unités comprennent une analepse à la deuxième personne du singulier : dans le premier cas est mis en avant ce qu'Éléazar n'a pas

---
[8] Sur ce problème, cf. la note d'A. Dupont-Sommer 1939, 115–116.
[9] Cf. 336.
[10] Les traductions sont celles d'A. Dupont-Sommer, sauf en ce qui concerne 4 M 7,10, où il nous paraît assez éloigné du texte grec.

fait (violer les règles alimentaires de la Loi juive) ; dans le second, ce qu'il a fait. Cette dernière unité est structurée en trois temps, correspondant chacun à un concept clé : d'abord l'εὐνομία, « fidélité à la loi » ; ensuite, un *hapax*, ἁγιαστία, qu'A. Dupont-Sommer[11] a proposé de corriger en ἁγιστείαν, « cérémonies » ; enfin, la « philosophie divine » (τῆς θείας φιλοσοφίας). À condition d'adopter la correction d'A. Dupont-Sommer, on aurait une progression depuis les aspects extérieurs de la Loi jusqu'à sa compréhension profonde.

La quatrième unité s'achève par une assimilation implicite surprenante d'Éléazar à la raison pieuse : en effet, c'est le vieillard (dont le nom est mis en valeur par son rejet à la fin de la phrase) qui est présenté comme le « roi des passions ». Nous reviendrons également sur cet aspect dans notre troisième partie[12].

2. Le second hymne (4 M 7,15)

Le second hymne à Éléazar est beaucoup plus bref : il n'est composé que de trois exclamatives coordonnées (au génitif), un quatrième temps étant composé d'une relative. Il s'agit d'un type d'hymne particulièrement fréquent dans l'ensemble des chapitres 13 à 16 (4 M 14,2 ; 14,7 ; 15,1 ; 15,13).

IV. Les passages relevant du registre 3 (4 M 6,31–35 et 7,16–23)

1. 4 M 6,31–35

L'éloge d'Éléazar débute par un rappel de la thèse de 4 Maccabées, dans une formulation très proche de celle de 4 M 13,1–5. On retrouve dans les deux cas une structure en cinq temps :

1 Énoncé de la thèse dont il nous est indiqué qu'elle fait l'objet d'un consensus (4 M 6,31//13,1) ;

2 Reprise de la thèse sous forme négative : la situation inverse (lâcheté des martyrs) est envisagée à l'irréel du passé (4 M 6,32//13,2) ;

3 Retour à la réalité, marqué par la combinaison de particules νυνὶ δέ, « mais en réalité » ; troisième formulation de la thèse (4 M 6,33//13,3) ;

4 Quatrième formulation de la thèse, avec insistance sur la notion de « maîtrise » (emploi du verbe ἐπικρατέω) (4 M 6,34//13,4) ; à noter que le texte de 4 M 6,34 est sans doute corrompu ou incomplet, sans que l'on puisse restituer avec certitude le texte originel[13] ;

5 Cinquième et dernière formulation de la thèse (4 M 6,35//13,5).

---

[11] A. Dupont-Sommer 1939, 115.
[12] Cf. 330.
[13] Cf. A. Dupont-Sommer 1939, 113 (note).

Tableau n°15 : Parallèles entre 4 M 6,31–35 et 4 M 13,1–5

4 M 6,31 Ὁμολογουμένως οὖν δεσπότης τῶν παθῶν ἐστιν ὁ εὐσεβὴς λογισμός. « On peut donc affirmer que la raison pieuse est la dominatrice des passions. »	4 M 13,1 Εἰ δὲ τοίνυν τῶν μέχρι θανάτου πόνων ὑπερεφρόνησαν οἱ ἑπτὰ ἀδελφοί, συνομολογεῖται πανταχόθεν ὅτι αὐτοδέσποτός ἐστιν τῶν παθῶν ὁ εὐσεβὴς λογισμός. « Ainsi, puisque les sept frères ont su mépriser les souffrances jusqu'à la mort, il faut entièrement convenir que la raison pieuse est la souveraine des passions : »
4 M 6,32 εἰ γὰρ τὰ πάθη τοῦ λογισμοῦ κεκρατήκει, τούτοις ἂν ἀπέδομεν τὴν τῆς ἐπικρατείας μαρτυρίαν· « Si, en effet, c'était les passions qui avaient commandé à la raison, c'est à elles que je rendrais le témoignage qu'elles ont la suprématie. »	4 M 13,2 εἰ γὰρ τοῖς πάθεσι δουλωθέντες ἐμιαροφάγησαν, ἐλέγομεν ἂν τούτοις αὐτοὺς νενικῆσθαι· « de la même menière, si, en mangeant des viandes impures, ils s'étaient rendus esclaves des passions, nous dirions qu'ils ont été vaincus par elles. »
4 M 6,33 νυνὶ δὲ τοῦ λογισμοῦ τὰ πάθη νικήσαντος αὐτῷ προσηκόντως τὴν τῆς ἡγεμονίας προσνέμομεν ἐξουσίαν. « Mais puisqu'au contraire c'est la raison qui a vaincu les passions, c'est à la raison qu'il convient que nous attribuions le pouvoir et la souveraineté. »	4 M 13,3 νυνὶ δὲ οὐχ οὕτως, ἀλλὰ τῷ ἐπαινουμένῳ παρὰ θεῷ λογισμῷ περιεγένοντο τῶν παθῶν, « Mais ce n'est pas le cas ici : au contraire, par la raison, si louable auprès de Dieu, ils l'ont emporté sur les passions. »
4 M 6,34 καὶ δίκαιόν ἐστιν ὁμολογεῖν ἡμᾶς τὸ κράτος εἶναι τοῦ λογισμοῦ, ὅπου γε καὶ τῶν ἔξωθεν ἀλγηδόνων ἐπικρατεῖ, ἐπεὶ καὶ γελοῖον. « Et nous avons le droit de déclarer que le commandement appartient à la raison, puisque celle-ci méprise même les souffrances qui viennent du dehors. Car aussi il est ridicule... »	4 M 13,4 ὧν οὐκ ἔστιν παριδεῖν τὴν ἡγεμονίαν τῆς διανοίας, ἐπεκράτησαν γὰρ καὶ πάθους καὶ πόνων. « Et l'on ne peut plus dédaigner la suprématie du jugement : car ils ont maîtrisé et la passion et la douleur. »
4 M 6,35 καὶ οὐ μόνον τῶν ἀλγηδόνων ἐπιδείκνυμι κεκρατηκέναι τὸν λογισμόν, ἀλλὰ καὶ τῶν ἡδονῶν κρατεῖν καὶ μηδὲν αὐταῖς ὑπείκειν. « Et je prouve non seulement que la raison commande aux souffrances, mais qu'elle commande aussi aux plaisirs, loin de leur céder. »	4 M 13,5 πῶς οὖν οὐκ ἔστιν τούτοις τὴν τῆς εὐλογιστίας παθοκράτειαν ὁμολογεῖν, οἳ τῶν μὲν διὰ πυρὸς ἀλγηδόνων οὐκ ἐπεστράφησαν ; « Comment donc peut-on ne pas reconnaître le pouvoir de la réflexion sur la passion chez ces jeunes gens, qui d'une part, n'ont pas reculé devant les souffrances causées par le feu ... ? »

Le parallélisme étroit entre 4 M 6,31–35 et 4 M 13,1–5 montre à l'évidence que les deux passages ont été conçus pour être le pendant l'un de l'autre. Dans les deux cas, un récit de martyre est suivi immédiatement de son exploitation logique : la noblesse des comportements respectifs d'Éléazar et des sept frères est présentée comme une preuve par l'exemple de la justesse de la thèse défendue. Nous avons affaire à un raisonnement par induction, partant du particulier pour prouver le général, démarche qui peut évidemment se heurter à la production d'au moins un contre-exemple.

C'est à répondre à une telle objection que s'emploie précisément le second passage argumentatif de l'éloge d'Éléazar (4 M 7,16–23).

2. *4 M 7,16–23*

Ce passage commence par une nouvelle affirmation de la thèse de 4 Maccabées (4 M 7,16), dans une formulation très proche de 4 M 13,1 mais aussi de 4 M 16,1 : emploi, dans les trois cas, d'une structure hypothétique, la protase au réel du passé renvoyant au récit qui précède (avec, dans les trois cas, l'emploi de la formule Εἰ δὲ τοίνυν) et l'apodose correspondant à la formulation de la thèse :

4 M 7,16

Εἰ δὴ τοίνυν γέρων ἀνὴρ τῶν μέχρι θανάτου βασάνων περιεφρόνει δι' εὐσέβειαν, ὁμολογουμένως ἡγεμών ἐστιν τῶν παθῶν ὁ εὐσεβὴς λογισμός.

« Si donc, à cause de la piété, un vieillard a méprisé les tourments jusqu'à la mort, il faut avouer que la raison pieuse est la souveraine des passions. »

4 M 13,1

Εἰ δὲ τοίνυν τῶν μέχρι θανάτου πόνων ὑπερεφρόνησαν οἱ ἑπτὰ ἀδελφοί, συνομολογεῖται πανταχόθεν ὅτι αὐτοδέσποτός ἐστιν τῶν παθῶν ὁ εὐσεβὴς λογισμός

« Ainsi, puisque les sept frères ont su mépriser les souffrances jusqu'à la mort, il faut entièrement convenir que la raison pieuse est la souveraine des passions »

4 M 16,1

Εἰ δὲ τοίνυν καὶ γυνὴ καὶ γεραιὰ καὶ ἑπτὰ παίδων μήτηρ ὑπέμεινεν τὰς μέχρι θανάτου βασάνους τῶν τέκνων ὁρῶσα, ὁμολογουμένως αὐτοκράτωρ ἐστὶν τῶν παθῶν ὁ εὐσεβὴς λογισμός.

« Concluons : si une femme, et d'un grand âge, et mère de sept enfants, a enduré la vue des tourments infligés à ses fils jusqu'à la mort, il faut bien convenir que la raison pieuse est la souveraine des passions »

On notera également, ce qui vient conforter le parallélisme, le retour, dans les trois cas, des expressions μέχρι θανάτου, « jusqu'à la mort », et ὁ εὐσεβὴς λογισμός, « la Raison pieuse ».

Suit, en 4 M 7,17, l'introduction de l'objection, avec emploi de l'indéfini τινες, comme en 4 M 1,5 et 2,24. L'objection, prévisible, repose sur le fait que la maîtrise des passions n'est pas générale chez les humains. L'auteur de 4 Maccabées s'en tire par une restriction de la portée de sa thèse (4 M 7,18) : seuls les hommes pieux, c'est-à-dire les Juifs fidèles à la Loi divine, parviennent à maîtriser leurs passions. Il s'agit d'un passage clé dans la structure de 4 Maccabées : jusque-là (dans la partie « philosophique »), le raisonnement de l'auteur de 4 Maccabées visait à démontrer que la pratique de la Loi permettait de pratiquer concrètement les vertus de la philosophie grecque. À présent, il est affirmé, en réponse à une objection qui pourrait paraître anodine, que seule la pratique de la Loi permet de réaliser cet idéal. Autrement dit, par un retournement complet, c'est désormais la philosophie grecque qui est irrationnelle, et le judaïsme qui est, lui, rationnel, à l'opposé de ce qu'affirmait Antiochos IV en 4 M 5,7. Le raisonnement pourrait s'achever là.

En fait, c'est à ce moment-là (4 M 7,19) qu'est introduit un nouveau thème, celui de la vie « à Dieu » (θεῷ, employé au datif seul) des martyrs, à l'imitation des patriarches, Abraham, Isaac et Jacob. La formulation de cette affirmation, véritable profession de foi (emploi du participe πιστεύοντες), est très proche de 4 M 13,17 et de 4 M 16,25, autre rapprochement entre l'éloge d'Éléazar et les chapitres 13 à 16.

4 M 7,19

πιστεύοντες ὅτι θεῷ οὐκ ἀποθνήσκουσιν, ὥσπερ οὐδὲ οἱ πατριάρχαι ἡμῶν Ἀβρααμ καὶ Ἰσαακ καὶ Ἰακωβ, ἀλλὰ ζῶσιν τῷ θεῷ.

« convaincus que, en Dieu, ils ne meurent pas, comme ne sont pas morts non plus nos patriarches Abraham, Isaac, Jacob, mais qu'ils vivent en Dieu. »

4 M 13,17

οὕτω γὰρ θανόντας ἡμᾶς Ἀβρααμ καὶ Ἰσαακ καὶ Ἰακωβ ὑποδέξονται καὶ πάντες οἱ πατέρες ἐπαινέσουσιν.

« Après que nous aurons ainsi souffert, nous serons reçus par Abraham, Isaac, Jacob, et tous nos pères nous loueront. »

4 M 16,25 ἔτι δὲ καὶ ταῦτα εἰδότες ὅτι οἱ διὰ τὸν θεὸν ἀποθνήσκοντες ζῶσιν τῷ θεῷ ὥσπερ Ἀβρααμ καὶ Ἰσαακ καὶ Ἰακωβ καὶ πάντες οἱ πατριάρχαι.

« Mais, en outre, ils étaient convaincus aussi de cette vérité, que, quand on meurt pour Dieu, on vit désormais en Dieu, comme vivent Abraham, Isaac et Jacob, et tous les patriarches. »

Les parallèles sont particulièrement importants entre 4 M 7,19 et 4 M 16,25 : même emploi d'un verbe de modalité épistémique (πιστεύω, dans un cas, οἶδα, dans l'autre) régissant une complétive en ὅτι ; même association du verbe ἀποθνήσκω, « mourir », et d'un complément comprenant le substantif θεός, « Dieu » ; même emploi, en plus des noms d'Abraham, Isaac et Jacob, de l'hyperonyme οἱ πατριάρχαι, « les patriarches » ; même usage de l'expression ζῶσιν τῷ θεῷ, « ils vivent en Dieu ».

L'objection de 4 M 7,17 est reprise en 4 M 7,20, mais aussitôt privée de sa substance : la domination des passions (emploi du passif παθοκρατέομαι-οῦμαι qui est un *hapax* de 4 Maccabées) chez certains n'est qu'une apparence (emploi de l'infinitif φαίνεσθαι). Suit une interrogation rhétorique (4 M 7,21–22), préparant la réaffirmation, en 4 M 7,23, de la restriction de la thèse énoncée en 4 M 7,18 : la maîtrise des passions est un monopole des hommes pieux, donc des juifs respectueux de la Loi. En somme, 4 M 7,20–23 n'est qu'un développement des idées déjà présentées en 4 M 7,17–18.

Pour conclure, le développement de 4 M 7,16–23 a une structure générale très simple :

A Énoncé de la thèse générale (4 M 7,16)

B Restriction de la thèse générale (4 M 7,17–18)

C Énoncé de la seconde thèse de 4 Maccabées (4 M 7,19)

B'Restriction de la thèse générale (4 M 7,20–23).

Le parallélisme entre B et B' contribue à mettre en valeur C, qui se retrouve en position centrale.

V. Structure générale de l'éloge d'Éléazar

L'éloge d'Éléazar dans son ensemble a lui-même une structure marquée par une symétrie presque totale des différents éléments, que l'on peut schématiser ainsi :

A Reprise de la thèse de 4 Maccabées (4 M 6,31–35)

B Comparaisons (4 M 7,1–5)

C Hymne à Éléazar (4 M 7,6–10)

B' Comparaisons (4 M 7,11–14), comprenant une mention du rajeunissement d'Éléazar grâce à la Raison pieuse (4 M 7,13)

C' Hymne à Éléazar (4 M 7,15)

A' Reprise de la thèse générale de 4 Maccabées (4 M 7,16–23) avec formulation de la seconde thèse de 4 Maccabées (4 M 7,19).

A et A' encadrent une alternance de passages relevant du registre 1 (B et B') et du registre 4 (C et C').

Les deux hymnes à Éléazar constituent une paire : le premier s'achève sur la mention de la vieillesse d'Éléazar (4 M 7,10) ; le second commence par cette mention (4 M 7,15). Le segment textuel encadré (4 M 7,11–14), qui comprend les deux comparaisons déjà mentionnées avec Aaron et Isaac, comporte une mention inattendue, celle du rajeunissement d'Éléazar grâce à la Raison pieuse (4 M 7,13).

À notre avis, loin d'être anecdotique, cette mention est mise en valeur par l'encadrement des deux hymnes. La mention successive, en 4 M 7,13, des tendons (τόνων), des chairs (σαρκῶν), des nerfs (νεύρων), n'est sans doute pas le fruit du hasard : on retrouve la même liste, en ordre inverse (à ceci près qu'au substantif τόνος correspond le verbe apparenté ἐκτενῶ) dans le texte grec d'Ézéchiel 37,6. Les termes de 4 M 7,13 ont donc sans doute été délibérément choisis pour évoquer la vision des ossements d'Ézéchiel. Et derrière le portrait d'un vieillard subitement rajeuni se dissimule peut-être une promesse ou bien de restauration nationale ou bien de résurrection personnelle....

En somme, l'éloge d'Éléazar aurait une fonction première, d'ordre philosophique (démontrer la validité de la thèse principale de 4 Maccabées à l'aide de l'exemple de l'épisode d'Éléazar), mais également une fonction secondaire, d'ordre théologique (introduire la thématique de la destinée *post mortem* des martyrs, à travers la « confession » de 4 M 7,19 et la possible allusion à Ézéchiel 37 en 4 M 7,13).

I. Conclusion générale

Au sein de l'épisode d'Éléazar (4 M 5,4–7,23), seule la section de 4 M 6,12–30 remonte directement au modèle correspondant de 2 Maccabées (2 M 6,18–31), avec d'importantes modifications de détail. Le reste est propre à 4 Maccabées, dont l'auteur a eu recours à deux procédés fondamentaux.

D'une part, la *réduplication* : 4 M 5,5–6,11 est construit sur le même schéma que 4 M 6,12–30 (refus par Éléazar d'une offre de compromis, suivi par son supplice), ce qui permet de dupliquer également le discours d'Éléazar en introduisant, dans sa nouvelle version (4 M 5,16–38), des préoccupations propres à 4 Maccabées (la rationalité de la Loi), faisant écho à la partie « philosophique ». Ce premier procédé sera également à la base de la réécriture, par l'auteur de 4 Maccabées, de l'épisode des sept frères.

D'autre part, l'auteur de 4 Maccabées a composé un éloge d'Éléazar (4 M 6,31–7,23) à la structure complexe (alternance de passages relevant des registres 3 et 4), comparable à celle de l'éloge des sept frères et de leur mère (chapitres 13 à 16).

L'ensemble de l'épisode ainsi réécrit et amplifié est mis au service de la démonstration théologique, aboutissant à deux propositions clefs, l'une d'ordre eschatologique, la « vie à Dieu » des justes auprès des patriarches (4 M 7,19), l'autre d'ordre éthique, l'exclusivité de la Loi comme source de la maîtrise des passions et de la vie juste (4 M 7,23). Au passage, l'auteur de 4 Maccabées a apporté une justification théologique aux interdits alimentaires du judaïsme (4 M 5,25). Toutes ces préoccupations sont absentes du modèle de 2 Maccabées, où les thèmes dominants sont ceux du jugement des hommes par Dieu (2 M 6,26) et de l'exemplarité nécessaire des vieillards, modèle pour la génération suivante (2 M 6,28). Seul ce dernier motif a un écho dans la version de 4 Maccabées (4 M 6,19).

La comparaison des versions de 2 et 4 Maccabées de l'épisode d'Éléazar aboutit ainsi à la constatation, d'une part, de l'importance du travail de réécriture de l'auteur de 4 Maccabées, d'autre part, de la divergence des philosophies et des eschatologies respectives de 2 et 4 Maccabées.

Chapitre VI

L'épisode des sept frères (4 M 8,1–12,19) : Les discours des sept frères

A. Introduction

La version de 2 Maccabées de l'épisode des sept frères est rythmée par les discours qu'ils adressent successivement à Antiochos IV. L'ensemble de ces discours est structuré d'une manière très simple : l'un des frères, qualifié de « porte-parole » (προήγορος), parle le premier, au nom des autres, à la première personne du pluriel (2 M 7,2), pour affirmer leur fidélité à la Loi. Suivent, après le supplice du porte-parole, des exhortations mutuelles des six frères restants et de leur mère (2 M 7,6), puis les discours individuels des frères de rang 2 à 6, juste avant leur mort (frère 2 : 2 M 7,9 ; frère 3 : 2 M 7,11 ; frère 4 : 2 M 7,14 ; frère 5 : 2 M 7,16–17 ; frère 6 : 2 M 7,18–19). Dans le cas du deuxième frère, ce discours est précédé d'un bref échange avec ses bourreaux (non identifiés : en 2 M 7,7, le sujet du verbe ἐπηρώτων n'est pas exprimé) : à leur invitation à consommer du porc pour échapper au supplice (2 M 7,7), il se contente de répondre « Non » en hébreu (2 M 7,8).

Les frères de rang 2 à 4 affirment successivement leur foi en la résurrection corporelle, promise aux martyrs mais déniée explicitement à Antiochos IV (2 M 7,14). Le cinquième frère proclame la fidélité de Dieu à ses promesses envers Israël, malgré les apparences (2 M 7,16), et promet le châtiment divin à Antiochos IV et à sa dynastie (2 M 7,17). Le sixième frère énonce le plus clairement une doctrine de la rétribution de type « deutéronomiste » : les souffrances présentes des martyrs sont la conséquence de leurs péchés (2 M 7,18) ; la « guerre contre Dieu » (emploi du verbe θεομαχεῖν) d'Antiochos IV sera la cause de son châtiment futur (2 M 7,19).

Le discours du septième frère (2 M 7,30–38), beaucoup plus développé, est rejeté après l'intervention de la mère des sept frères, et ainsi mis en valeur. Le contenu de ce discours peut être lu comme une récapitulation de tout ce qui a été dit auparavant par ses frères : la proclamation initiale (2 M 7,30) de l'obéissance à la Loi plutôt qu'aux ordres royaux fait écho à la déclaration initiale du premier frère (2 M 7,2) ; la suite du discours est une reprise développée du discours du sixième frère, alternant les mentions du châtiment présent et temporaire des martyrs pour leurs péchés (2 M 7,32, 33, 36, et 37), élargi à tout Israël en 2 M 7,38, et du châtiment futur et éternel d'Antiochos IV (2 M 7,31,

34–35, et 36). En 2 M 7,37, cependant, le septième frère appelle sur Antiochos IV des « épreuves » (ἐτασμῶν) et des « fléaux » (μαστίγων) destinés à lui faire confesser l'unicité de Dieu (ἐξομολογήσασθαι διότι μόνος αὐτὸς θεός ἐστιν, « confesser qu'il est le seul Dieu »). On peut peut-être voir là une allusion aux plaies d'Égypte, Antiochos IV étant alors assimilé à Pharaon, qui finit par laisser partir le peuple d'Israël afin qu'il puisse rendre un culte à Dieu (Exode 12,31).

Dans 4 Maccabées, bien que l'on y rencontre l'une des rares reprises textuelles de 2 Maccabées (4 M 9,1//2 M 7,2), l'ensemble des discours des frères est structuré différemment. En fait on peut y distinguer deux sous-ensembles.

B. Premier sous-ensemble : les discours d'exposition de l'ensemble des sept frères (4 M 8,17–26 et 9,1–9)

On rencontre tout d'abord deux discours de l'ensemble des frères, l'un fictif (4 M 8,17–26), l'autre réel (4 M 9,1–9), les deux discours étant des réponses à celui d'Antiochos IV (4 M 8,5–11 et 14). Le principe de la juxtaposition d'un discours fictif et d'un discours réel se retrouve dans le cas des discours de la mère des sept frères au chapitre 16, l'un fictif (4 M 16,6–11), l'autre réel (4 M 16,16–23). Par ailleurs, du point de vue du contenu (présence des motifs A, B et C, détaillée dans les tableaux ci-dessous), le discours réel des sept frères (4 M 9,1–9) est très proche du premier discours d'Éléazar (4 M 5,16–38) qui répondait lui-même à un discours d'Antiochos IV (4 M 5,6–13). Rappelons que H.-J. Klauck[1] et, à sa suite, D. A. deSilva[2], avaient repéré ce parallélisme et identifié dans le discours d'Antiochos IV et la réponse (réelle) des sept frères le deuxième *Rededuell* (joute oratoire) de 4 Maccabées.

Tableau n°16 : Les discours d'exposition de l'ensemble des sept frères (4 M 8,17–26 et 4 M 9,1–9)

Discours Antiochos	Discours fictif	Discours réel
Adresse aux sept frères : référence à Éléazar (4 M 8,5)		Résolution au martyre : référence aux ancêtres et à Moïse (4 M 9,1–2)
Argument B développé : pouvoir d'Antiochos IV (4 M 8,6)	Reprise Argument B : 4 M 8,17–21	Réfutation Argument B : 4 M 9,3–4

---

[1] H.-J. Klauck 1989, 652.
[2] D. A. deSilva 1995, 40.

Discours Antiochos	Discours fictif	Discours réel
Argument B développé : promesses (4 M 8,7–8)		
Argument B développé : menaces (4 M 8,9–11)		
(Présentation des instruments de torture en 4 M 8,12–13)		
Argument C : 4 M 8,14	Reprise Argument C : 4 M 8, 22–25	
	Reprise finale de l'Argument B : 4 M 8,26	
		Exemple d'Éléazar (4 M 9,5–6)
		Récompense des justes (4 M 9,7–8) (=motif D)
		Châtiment d'Antiochos IV (4 M 9,9) (= motif D)

On remarquera que, contrairement au discours d'Éléazar, le discours réel des sept frères ne comporte aucune réfutation de l'argument C : s'agit-il d'une lacune ou bien de l'évitement par l'auteur de 4 Maccabées d'une redite ? Nous n'avons pas de meilleure explication à proposer de cette étrangeté.

C. Second sous-ensemble : les discours particuliers de chacun des sept frères

Un second sous-ensemble est composé de discours relativement brefs de chacun des frères, trois dans le cas du premier et du septième, deux dans le cas des cinq autres, où dominent les motifs D, E et F.

En ce qui concerne le premier frère, un premier discours (4 M 9,15) est adressé à Antiochos IV, un deuxième (4 M 9,17–18) répond à une intervention des gardes (4 M 9,16), un troisième (4 M 9,23–24) est adressé aux six autres frères.

Dans le cas du deuxième frère, le premier discours (4 M 9,29) est adressé à ses bourreaux, le second (4 M 9,30–32) à Antiochos IV. Il y a donc inversion de l'ordre des interlocuteurs par rapport au cas du premier frère.

En ce qui concerne le troisième frère, le premier discours (4 M 10,2–4) est adressé à de « nombreux » (πολλῶν) membres de l'assistance, le second (4 M 10,10–11) à Antiochos IV.

Le quatrième frère répond dans un premier temps (4 M 10,14–16) à une exhortation à la soumission (4 M 10,13) provenant d'interlocuteurs non spécifiés (cependant, en 4 M 10,16, c'est bien Antiochos IV qu'il interpelle explicitement), puis s'adresse au roi (4 M 10,18–21).

Les deux discours (4 M 11,2–8 et 11,12) du cinquième frère s'adressent à Antiochos IV.

Il en est de même pour le sixième frère (4 M 11,14–16 et 20–27).

Dans le cas du septième frère, on rencontre, tout d'abord, un discours d'Antiochos IV (4 M 12,3–5), l'invitant à la soumission. Après s'être adressé de manière très brève (4 M 12,8) à ses gardes pour demander à être délié (ce qui prépare l'épisode du suicide en 4 M 12,19), il interpelle deux fois Antiochos IV (4 M 12,11–14 et 16–18).

Dans la majorité des cas, le premier discours est plus court que le ou les suivants : c'est vrai dans le cas du premier frère (22, 43 et 39 mots respectivement pour ses trois discours successifs), du deuxième (10 et 53 mots respectivement pour ses deux discours successifs), du sixième (34 et 100 mots respectivement pour ses deux discours, le second étant le plus long de l'ensemble) et du septième (11, 88 et 28 mots respectivement pour ses trois discours successifs, le troisième étant singulièrement court). Dans le cas du troisième (26 et 22 mots respectivement pour ses deux discours) et du quatrième (48 et 47 mots respectivement pour ses deux discours) frère, les discours successifs ont des longueurs comparables. Dans le cas du cinquième frère, c'est le second discours qui est le plus court (56 et 18 mots respectivement pour les deux discours successifs).

Comment interpréter ces variations ? À l'exception des cas du troisième et du quatrième frère, l'un des discours est plus développé que les autres. Lorsque l'on observe les motifs dominants des discours concernés (premier frère : motif E ; deuxième frère : motif D ; cinquième frère : motif D ; sixième frère : motif E, avec introduction de la métaphore de l'armement ; septième frère : motifs D et F, avec introduction du thème de la guerre d'Antiochos IV contre Dieu), aucun motif n'apparaît vraiment privilégié. Il paraît plus prudent de dire que l'auteur de 4 Maccabées, contraint par la règle de dédoublement des discours qu'il s'était fixée, a alterné de manière à peu près régulière discours « longs », plus développés, et discours « brefs », réduits à l'essentiel, la variation des longueurs des discours permettant à l'ensemble d'échapper à une certaine monotonie.

La structure de l'ensemble des discours des sept frères est donc beaucoup plus complexe dans 4 Maccabées que dans 2 Maccabées : on remarque, en particulier, la démultiplication des discours des frères et la perte d'importance relative du septième frère, ainsi que le rejet des discours de la mère dans une autre unité narrative (au chapitre 16).

Par ailleurs, la seule reprise textuelle directe (4 M 9,1) est située quasiment en tête de l'ensemble (elle n'est précédée que par le discours fictif de 4 M 8,17–26, qui n'est, par définition, pas mis au compte des sept frères). Le segment repris de 2 Maccabées (2 M 7,2) figurait également en tête de l'ensemble des discours. On peut considérer que la formule ἕτοιμοι γὰρ ἀποθνῄσκειν ἐσμὲν ἢ παραβαίνειν τοὺς πατρίους νόμους de 2 M 7,2 était connue du public auquel s'adressait 4 Maccabées et que sa reprise (4 M 9,1), au prix d'une modification mineure (ἕτοιμοι γάρ ἐσμεν ἀποθνῄσκειν ἢ παραβαίνειν τὰς πατρίους ἡμῶν ἐντολάς·), était un « passage obligé », attendu par l'auditoire (de la même manière que toute réécriture actuelle de l'épisode de l'abjuration de Galilée est inconcevable sans la présence de la formule *eppure si muove*). Une fois ce « clin d'œil » effectué (ce qui prouve au passage formellement la dépendance de 4 Maccabées envers 2 Maccabées), l'auteur de 4 Maccabées a pu prendre plus de champ par rapport à son modèle pour faire passer son propre message.

D. Les ajouts de l'*Alexandrinus*

Les dénombrements de mots donnés plus haut reposent sur le texte du *Sinaiticus*. L'*Alexandrinus* se singularise par la présence d'un texte plus long pour deux des discours considérés, le premier discours du troisième frère (ajout de 18 mots correspondant en 4 M 10,4) et le premier discours du cinquième frère (ajout de 21 mots correspondant à 4 M 11,7–8). Il s'agit vraisemblablement d'additions postérieures à la rédaction de 4 Maccabées.

En effet, 4 M 10,4 est une explicitation poussée au paroxysme de ce que nous avons appelé le motif E – les supplices peuvent atteindre le corps mais pas l'âme. Nulle part ailleurs dans le texte de 4 Maccabées le motif E n'est exprimé avec une telle clarté, ce qui rend vraisemblable qu'il puisse s'agir d'une addition destinée à clarifier la doctrine de 4 Maccabées. Addition chrétienne ? La similitude avec Matthieu 10,28, sans la prouver, rend cette hypothèse possible.

De son côté, 4 M 11,7–8 correspond à une variante du motif D : Antiochos IV et Dieu y apparaissent en guerre l'un contre l'autre et le roi n'a explicitement plus aucun espoir de salut possible. Là aussi, le trait est grossi par rapport à d'autres passages de 4 Maccabées, notamment ceux qui, provenant de ce que nous avons appelé la source B, ont une vision plus apaisée d'Antiochos IV (4 M 17,23–24 et 18,5, par exemple). Ce qui rend vraisemblable, là aussi, l'idée d'un ajout postérieur.

E. Le motif D

Le motif D correspond au thème classique du châtiment du tyran dans l'au-delà. Ses crimes sont dénoncés dans la majorité des discours des sept frères, à l'aide notamment d'une succession de superlatifs employés au vocatif (4 M 9,30 ὠμότατε πάντων τύραννε, « le plus cruel (de tous les tyrans) » ; 9,32 μιαρώτατε, « le plus impur » ; 10,10 μιαρώτατε, « le plus impur » ; 12,11 ἀσεβέστατε, « le plus impie » ; 12,13 θηριωδέστατε, « la plus féroce des bêtes sauvages »). La récurrence du procédé invite à considérer les griefs retenus contre Antiochos IV dans les discours des sept frères comme un tout, possédant une progression interne qu'il conviendra de mettre en lumière.

Le motif D apparaît tout d'abord dans le second discours du premier frère, en 4 M 9,24 : Antiochos IV est qualifié d'ἀλάστωρ, « maudit », qualificatif emprunté à la langue des Tragiques (cf. par exemple, dans la bouche d'Oreste, chez Eschyle, *Euménides* 236 : δέχου δὲ πρευμενῶς ἀλάστορα, « accueille le maudit avec bienveillance »). L'emploi de ce qualificatif est un peu étrange, car il laisse entendre que le destin d'Antiochos IV provient d'une malédiction divine antérieure à ses actes, ce qui ouvre la question de sa responsabilité personnelle.

Dans le second discours du deuxième frère, deux griefs sont énoncés, l'un concernant les rapports entre êtres humains, la cruauté (4 M 9,30 : ὠμότατε πάντων τύραννε, « le plus cruel (de tous les tyrans) »), l'autre concernant les rapports avec Dieu, l'impureté (4 M 9,32 : μιαρώτατε τύραννε, « tyran le plus impur »). Il est à remarquer que le thème de l'impureté apparaît dès le premier discours du frère aîné, à propos non pas du roi mais de ses serviteurs (4 M 9,17 : ὦ μιαροὶ διάκονοι, « ô impurs serviteurs »). Le roi et ses serviteurs sont situés du mauvais côté d'une bipartition de l'humanité entre purs et impurs, qui sépare les Païens des Juifs au bénéfice de ces derniers. Il est suggéré encore une fois que les fautes d'Antiochos IV ne sont que le résultat d'une impureté première qui provient d'une prédestination divine.

L'opposition entre les sept frères et Antiochos IV, représentatifs des Juifs et des Païens est également à la base du second discours du troisième frère, qui oppose (emploi antithétique des pronoms emphatiques Ἡμεῖς μέν, « Nous », en 4 M 10,10, et σὺ δέ, « mais toi » en 4 M 10,11) les motivations positives des sept frères (4 M 10,10 : διὰ παιδείαν καὶ ἀρετὴν θεοῦ, « pour une discipline et une vertu de Dieu ») et les raisons négatives du comportement d'Antiochos IV (4 M 10,11 : διὰ τὴν ἀσέβειαν καὶ μιαιφονίαν, « pour ton impiété et le meurtre dont tu te souilles »). On retrouve le double thème des manquements envers la loi divine (l'impiété) et humaine (le meurtre).

Dans les trois discours considérés jusque-là, les griefs adressés à Antiochos IV restent très généraux. Ce n'est que dans le second discours du quatrième frère qu'est énoncé un reproche renvoyant à un fait précis, qui mêle l'offense à Dieu aux supplices infligés aux sept frères : l'ablation de la langue du quatrième frère (4 M 10,21 : γλῶτταν ἐκτέμνεις, « tu coupes une langue ») est un sacrilège car cette langue était un instrument de la louange de Dieu (4 M 10,21 : τὴν γὰρ τῶν θείων ὕμνων μελῳδόν, « qui chantait les hymnes divins »).

Le premier discours du cinquième frère vient également préciser le reproche d'impiété adressé à Antiochos IV, dans un long développement (4 M 11,2–6) qui a été encore allongé dans la version de l'*Alexandrinus* (ajout du texte de 4 M 11,7–8). Le cinquième frère présente son supplice comme subi volontairement (4 M 11,3 : αὐτὸς δ' ἀπ' ἐμαυτοῦ παρῆλθον, « c'est de moi-même que je me présente »), dans le but de provoquer la faute d'Antiochos IV et de le rendre justiciable du tribunal divin (4 M 11,3 : ὅπως κἀμὲ κατακτείνας περὶ πλειόνων ἀδικημάτων ὀφειλήσῃς τῇ οὐρανίῳ δίκῃ τιμωρίαν, « pour qu'après m'avoir tué, moi aussi, tu sois redevable à la justice céleste du châtiment pour tant de crimes »). Antiochos IV est donc paradoxalement victime d'un stratagème ourdi par les sept frères. En 4 M 11,4, le cinquième frère reproche à son tour à Antiochos IV, à l'aide de deux qualificatifs composés ayant leur premier terme en commun (ὦ μισάρετε καὶ μισάνθρωπε, « ennemi de la vertu et ennemi des hommes ») ses manquements aux lois divines et humaines, qui proviennent d'une méconnaissance de l'origine divine des lois juives (thème développé en 4 M 11,5–6).

Le développement ajouté par l'*Alexandrinus* (4 M 11,7–8) accentue l'opposition radicale entre Païens et Juifs : Antiochos IV est privé de tout espoir de salut divin (4 M 11,7 : εἴπερ ... ἐλπίδα εἶχες παρὰ θεοῦ σωτηρίου, « si...tu avais l'espoir d'un salut en Dieu ») ; il est définitivement étranger par rapport à Dieu (4 M 11,8 : ἀλλότριος ὢν θεοῦ, « étranger à Dieu ») et entretient envers son peuple des rapports hostiles (4 M 11,8 : πολεμεῖς τοὺς εὐσεβοῦντας εἰς τὸν θεόν, « tu fais la guerre à ceux qui honorent Dieu »). Le thème de la guerre contre les serviteurs de Dieu apparaît à cette occasion dans le texte de 4 Maccabées (il reparaîtra dans le second discours du sixième frère, en 4 M 11,23) ; il fait écho au thème de la guerre contre Dieu présent dans le texte de 2 Maccabées (2 M 7,19 : θεομαχεῖν ἐπιχειρήσας, « tu as entrepris de faire la guerre à Dieu »), ce qui laisse d'ailleurs ouverte la possibilité que l'interpolateur à l'origine des ajouts de l'*Alexandrinus* ait connu le texte de 2 Maccabées parallèlement à celui de 4 Maccabées.

Le motif D n'apparaît que de manière secondaire dans le second discours du sixième frère : y sont reprochés à Antiochos IV son inventivité dans la cruauté (4 M 11,23 : καινουργὲ τῶν βασάνων, « inventeur de tortures ») et son caractère hostile au peuple de Dieu (4 M 11,23 : πολέμιε τῶν ἀληθῶς εὐσεβούντων, « ennemi de ceux qui sont véritablement pieux »).

Le premier discours du septième frère (4 M 12,11–14) constitue une synthèse des discours relevant du motif D. Antiochos IV y est d'emblée qualifié de « sacrilège » (Ἀνόσιε). Pour être plus précis, comme l'a montré E. Benvéniste[3], l'adjectif ὅσιος désigne « ce qui est permis par les lois divines », par opposition à δίκαιος qui renvoie à la conformité aux lois humaines. Cette distinction était, semble-t-il, encore vivante à l'époque romaine, puisque l'épigraphie micrasiatique atteste largement, à cette époque, le culte du couple divin Hosios et Dikaios. Dans ce contexte, l'emploi de l'adjectif ἀνόσιος pour qualifier Antiochos IV signifie que ce dernier a violé des lois divines que le discours du septième frère va détailler. L'autre qualificatif, qui suit et qui continue la série de superlatifs mentionnée plus haut, πάντων πονηρῶν ἀσεβέστατε τύραννε, « de tous les méchants les plus impies », correspond à une idée dif-

---

[3] E. Benvéniste 1969, 198–202.

férente : le verbe σέβομαι signifiant « honorer, rendre un culte », on en déduit que l'« impie » désigné par l'adjectif ἀσεβής est en fait celui qui ne rend pas de culte à la divinité. Deux faits majeurs sont donc reprochés à Antiochos IV : le non-respect des lois divines et l'absence de culte rendu à Dieu.

Les fautes du roi sont détaillées dès 4 M 12,11 : il est rappelé explicitement que la richesse et la royauté d'Antiochos IV sont un don de Dieu ; en persécutant les Juifs, le roi n'est pas seulement un tyran, mais également un ingrat et donc un impie. Il est reproché à Antiochos IV de s'en prendre à deux groupes différents de Juifs : d'une part, les « serviteurs » de Dieu (τοὺς θεράποντας αὐτοῦ), dont on peut se demander, vu l'emploi habituel en grec de θεράπων, « serviteur », pour désigner les prêtres d'une divinité, s'il ne s'agit pas des prêtres du Temple en général et d'Éléazar en particulier ; d'autre part, « ceux qui pratiquent la piété », (τοὺς τῆς εὐσεβείας ἀσκητάς) : il ne peut guère s'agir que des sept frères eux-mêmes, vu qu'au nom d'agent ἀσκητής de 4 M 12,11 répond en 4 M 13,22 le nom d'action ἄσκησις « exercice », qui renvoie, d'après le contexte, à l'éducation des sept frères.

Après une annonce du châtiment futur du roi en 4 M 12,12, 4 M 12,13 apporte un reproche nouveau : les supplices infligés aux sept frères sont condamnables car ils traduisent la méconnaissance par Antiochos IV de la commune appartenance de lui-même et de ses victimes à l'espèce humaine, « ceux qui sont sensibles à la souffrance comme toi » (τοὺς ὁμοιοπαθεῖς) et qui sont « nés des mêmes éléments » (ἐκ τῶν αὐτῶν γεγονότας στοιχείων). Ce faisant, Antiochos IV s'exclut du genre humain et se ravale au rang de bête au superlatif, « la plus féroce des bêtes sauvages » (θηριωδέστατε). C'est d'ailleurs le dernier superlatif de la chaîne de discours relevant du motif D, ce qui traduit son importance. Le thème de l'unité du genre humain et de l'universalité des devoirs qui en découle est un lieu commun du stoïcisme d'époque impériale (cf. entre autres Épictète, *Entretiens* 1,13,3–5). Il convient de noter le parallélisme entre 4 M 10,21 et 12,13 : dans les deux cas, l'horreur des supplices infligés aux sept frères est symbolisée par l'ablation de la langue, présentée dans le premier passage comme un sacrilège, dans le second comme un manquement à l'humanité.

Le thème du sacrilège revient en 4 M 12,14 : Antiochos IV est coupable d'avoir fait mourir sans raison valable (ἀναιτίως) les « champions de la vertu » (τοὺς τῆς ἀρετῆς ἀγωνιστάς). L'emploi d'un substantif (ἀγωνιστής, « champion ») relevant du vocabulaire « sportif » fait écho à distance à la métaphore filée sportive de 4 M 17,12–16. En tout cas, la mort infligée aux sept frères est présentée comme un acte prouvant la qualité de leur filiation (sens propre de l'adverbe εὐγενῶς, « noblement », opposé à κακῶς, « amèrement », qui caractérise le comportement futur d'Antiochos IV après son châtiment) et les menant à la perfection (emploi du verbe ἐπλήρωσαν) de leur « piété envers Dieu » (τὴν εἰς τὸν θεὸν εὐσέβειαν). Ce qui est une façon de faire apparaître en creux le caractère vicieux du comportement du roi…

En conclusion, l'ensemble des reproches adressés à Antiochos IV par les sept frères forme un tout cohérent, où manquements aux devoirs envers Dieu et manquements aux devoirs humains s'entremêlent. Les mêmes thèmes sont abordés à plusieurs reprises dans un crescendo qui débouche sur le premier discours du septième frère (4 M 12,11–14), où thèmes religieux traditionnels (la royauté don de Dieu) et point de vue philosophique (l'unité de l'humanité, thème d'inspiration stoïcienne) se rejoignent.

Nous avons examiné jusqu'ici les reproches adressés à Antiochos IV dans les discours relevant du motif D. Ces mêmes discours annoncent également le châtiment futur d'Antiochos IV, mais développent beaucoup moins ce point que le précédent. Dans les faits, chacun des discours le mentionne rapidement, tout en apportant à chaque fois une petite touche, une idée supplémentaire exprimée le plus souvent par un seul petit mot. La récurrence du procédé trahit son caractère intentionnel ; l'auteur de 4 Maccabées a manifestement préféré évoquer les châtiments futurs, sans les décrire explicitement.

Ce châtiment est annoncé dès le second discours du premier frère (emploi en 4 M 9,24 de l'optatif τιμωρήσειεν, « punira »), sans être explicité.

De la même manière, le second discours du deuxième frère mentionne le jugement divin au futur (4 M 9,32 οὐκ ἐκφεύξῃ... τὰς τῆς θείας ὀργῆς δίκας, « tu n'échapperas aux jugements de la colère divine »), sans en préciser les conséquences, tout en lui superposant le châtiment présent que constitue, pour Antiochos IV, la contemplation du courage des sept frères, châtiment qualifié de « torture » (emploi du verbe βασανίζῃ, « tu es torturé », en 4 M 9,32).

Le second discours du troisième frère revient à l'idée d'un châtiment futur en précisant qu'il sera « sans fin » (4 M 10,11 : ἀκαταλύτους καρτερήσεις βασάνους, « tu subiras des tortures sans fin »), par opposition sans doute à la souffrance momentanée des sept frères, mentionnée juste avant (en 4 M 10,10, même si cet aspect momentané n'est pas mentionné explicitement).

Le second discours du quatrième frère est tout aussi bref sur la question du châtiment futur, dont il précise qu'il viendra rapidement (emploi en 4 M 10,21 de l'adverbe ταχέως, « bientôt »).

Le premier discours du cinquième frère se contente de mentionner la justice divine, en en faisant une conséquence voulue de son courage face à la mort (4 M 11,2) : ce sont les sept frères qui deviennent paradoxalement les responsables du châtiment futur du roi, comme on l'a vu plus haut...

L'idée paradoxale selon laquelle le courage des sept frères est déjà le châtiment d'Antiochos IV, présente dans le second discours du deuxième frère (en 4 M 9,32), se retrouve dans le second discours du sixième frère (4 M 11,24–25), où les sept frères sont présentés comme les destructeurs de la tyrannie (4 M 11,24 : καταλελύκαμέν σου τὴν τυραννίδα, « nous avons renversé ta tyrannie »). Parallèlement, le thème du châtiment futur y est également présent, à travers la mention en 4 M 11,23 du « vengeur » (ἀλάστωρ), destiné à faire payer au roi ses crimes ; le contexte invite à voir dans ce « vengeur » Dieu lui-même qui ne peut laisser impunie la mise à mort de ses serviteurs.

Le thème du châtiment futur d'Antiochos IV apparaît, en revanche, dans les deux discours du septième frère. Tout d'abord, en 4 M 12,12, revient le thème des tortures éternelles esquissé en 4 M 10,11. Pour la première fois, il est précisé que ce supplice sera un feu éternel (πυκνοτέρῳ καὶ αἰωνίῳ πυρί, « un feu plus intense et éternel »), accompagné de tortures tout aussi éternelles (καὶ βασάνοις, αἳ εἰς ὅλον τὸν αἰῶνα οὐκ ἀνήσουσίν σε, « des tortures qui ne te lâcheront pas durant toute l'éternité »). À peu de choses près, Antiochos IV subira donc éternellement les mêmes supplices que ceux qu'il a infligés aux sept frères. On a en quelque sorte affaire à une loi du talion projetée dans l'au-delà…Ensuite, en 4 M 12,18, apparaît l'idée d'un double châtiment, dans le monde présent et dans l'au-delà (σὲ δὲ καὶ ἐν τῷ νῦν βίῳ καὶ θανόντα τιμωρήσεται, « Mais toi, il te châtiera dans cette vie présente et après ta mort »). Cette annonce, faite au futur, vient clore la série des discours des sept frères (immédiatement après, en 4 M 12,19, intervient le suicide du septième frère). À cette prophétie d'un double châtiment répondra, dans la finale, sa réalisation (en 4 M 18,5).

En conclusion, l'idée qui domine à travers l'ensemble de ces discours est celle d'un châtiment nécessaire, fruit de la δικη, justice divine mentionnée en 4 M 9,32, 11,3 et 12,12. La forme que revêtira ce châtiment est, en revanche, très variable : il peut s'agir d'un châtiment *post mortem*, caractérisé par son éternité (4 M 10,11 et 12,12), ou d'une punition subie dans la vie même d'Antiochos IV (4 M 12,18), l'un n'étant pas exclusif de l'autre. À deux reprises, (4 M 9,32 et 11,24–25), transparaît l'idée paradoxale que le courage des sept frères face à la mort, leur résistance face aux injonctions royales, sont déjà le véritable châtiment d'Antiochos IV. Comment concilier ces vues divergentes ? C'est sans doute pour laisser la place à ces différentes interprétations, pour ne se fermer aucune porte, que l'auteur de 4 Maccabées apporte aussi peu de précisions sur le sujet.

F. Le motif E

En 4 M 9,18, le premier frère proclame l'invincibilité exclusive des Hébreux lorsqu'ils luttent pour la vertu (μόνοι παῖδες Ἑβραίων ὑπὲρ ἀρετῆς εἰσιν ἀνίκητοι). Cette affirmation va à l'encontre de la prétention grecque à l'accès à la sagesse : au rebours d'Antiochos IV qui niait la rationalité des traditions juives, le premier frère renverse la perspective en voyant dans les Juifs un peuple sage et en allant jusqu'à leur attribuer le monopole de la vertu.

Le thème de l'invincibilité est repris et développé dans le second discours du sixième frère (4 M 11,20–27) : l'adjectif ἀνίκητος revient en 4 M 11,21 pour qualifier la « science pieuse » (εὐσεβὴς ἐπιστήμη), qui est sans doute une manière (unique dans 4 Maccabées) de désigner la Loi ; il est repris ensuite en 4 M 11,27 pour qualifier la « raison » (λογισμός), ce qui constitue un nouvel écho au premier discours du premier frère (4 M 9,17), qui jugeait que l'instrument de torture par excellence, la roue, ne suffisait pas à faire plier sa « raison » (Οὐχ οὕτως ἰσχυρὸς ὑμῶν ἐστιν ὁ τροχός, ὦ μιαροὶ διάκονοι, ὥστε μου τὸν λογισμὸν ἄγξαι). Le retour du même motif dans deux discours situés aux extrémités de l'ensemble des discours des six premiers frères traduit son importance. On en rencontre par ailleurs un écho dans le second discours du quatrième frère, en 4 M 10,19, où le supplice subi dans son corps (l'ablation de la langue) ne peut atteindre sa « raison » (οὐ γὰρ παρὰ τοῦτο τὸν λογισμὸν ἡμῶν γλωττοτομήσεις).

L'interprétation exacte du motif E n'est pas facile à déterminer. Il serait tentant en effet d'y retrouver, comme A. Dupont-Sommer[4], l'opposition classique entre corps et âme, et d'y déceler une influence platonicienne. C'est en tout cas la lecture que faisait déjà l'auteur de l'ajout au premier discours du troisième frère que l'on trouve dans l'*Alexandrinus*[5] : dans ce passage, c'est l'âme, en effet, qui est considérée comme invulnérable, les affections du corps ne pouvant pas l'atteindre (τῆς γὰρ ψυχῆς μου οὐδ' ἂν θέλητε ἄψασθαι δύνασθε). Mais si l'on écarte ce passage en le considérant comme le résultat d'une interpolation, rien ne permet de poser dans 4 Maccabées une équivalence entre λογισμός et ψυχή.

En 4 M 9,17, il est vrai, le λογισμός invincible est implicitement opposé à trois substantifs qui désignent par métonymie le corps : μέλη, « membres », σάρκας, « chairs » et ἄρθρα, « articulations »).

Quoi qu'il en soit, la confiance des sept frères dans l'invulnérabilité du λογισμός les conduit à ne pas tenir compte des souffrances corporelles, ce qui se traduit, tout au long de leurs discours, par le retour régulier d'impératifs paradoxaux qu'ils adressent à leurs bourreaux : ce sont littéralement les sept frères qui deviennent les ordonnateurs de leurs propres supplices. C'est ainsi que l'on rencontre, dans le premier discours du premier frère, les impératifs τέμνετε, « coupez (mes membres) », πυροῦτε « brûlez (mes chairs) » et στρεβλοῦτε, « tordez (mes articulations) » (4 M 9,17). De la même façon, on trouve, dans le premier discours du troisième frère, l'impératif προσαγάγετε, « appliquez (un instrument de torture à mon corps) » (4 M 10,4), dans le second discours du quatrième frère, l'impératif τέμνε, « coupe (ma langue) » (4 M 10,19) et, dans le premier discours du sixième frère, l'impératif βασάνιζε, « torture ! » (4 M 11,16). On remarquera que tous ces impératifs sont à la deuxième personne du pluriel, sauf en 4 M 10,19 et 11,16, où l'interlocuteur est Antiochos IV en personne, et où est par conséquent employée la deuxième personne du singulier. Il faut donc comprendre, dans ces deux occurrences, les impératifs employés comme des factitifs.

---

[4] A. Dupont-Sommer 1939, 44–45.
[5] A. Dupont-Sommer 1939, 126, note 4.

Un autre procédé employé à trois reprises dans le second discours du sixième frère est le recours à des énoncés paradoxaux de type « x ≠ x » traduisant l'impuissance des supplices subis par les frères à altérer leur λογισμός.

4 M 11,26

Τὸ πῦρ ψυχρόν ἡμῖν

« ton feu est froid pour nous »,

4 M 11,26

ἄπονοι οἱ καταπέλται

« les catapultes sont indolores »,

4 M 11,26

ἀδύνατος ἡ βία σου

« ta violence est impuissance ».

Les deux premiers énoncés renvoient aux deux supplices types subis par les sept frères, le feu et la catapulte ; le troisième, plus général, dénonce l'inanité de toutes les violences d'Antiochos IV.

On rencontre, dans le second discours du quatrième frère, un paradoxe un peu différent, mettant en lumière non plus l'impuissance d'Antiochos IV mais la toute-puissance de Dieu : σιωπώντων ἀκούει ὁ θεός, « Dieu entend aussi ceux qui se taisent » (4 M 10,18) ; d'après le contexte immédiat, ce paradoxe signifie que Dieu entend la prière de ses serviteurs même si leur langue a été tranchée. Autrement dit, il y a superposition de deux ordres de réalité, la réalité physique, où les supplices sont bel et bien réels, et une réalité divine, plus réelle que la réalité, où ces supplices ne comptent pour rien.

On peut rapprocher l'affirmation paradoxale de 4 M 10,18 de la conception de la mort énoncée en 4 M 16,25 : οἱ διὰ τὸν θεὸν ἀποθνῄσκοντες ζῶσιν τῷ θεῷ, « ceux qui meurent pour Dieu, vivent en lui ». Il y a, là aussi, superposition de deux réalités, la réalité physique où les martyrs sont morts, réellement, et la réalité divine où ils sont vivants, surnaturellement. La mort des martyrs n'est pas niée, mais a perdu pour ainsi dire une partie de sa réalité.

L'atténuation de la portée des souffrances des sept frères est à mettre en rapport avec la disparition en 4 Maccabées de leur part de responsabilité à l'origine de leurs supplices. En 2 M 7,18, le sixième frère voyait dans ses souffrances une conséquence de ses propres péchés, en conformité avec la doctrine « deutéronomiste » classique. En revanche, comme l'a relevé E. Lohse[6], dans la version de 4 Maccabées les sept frères sont parfaitement innocents. Il est donc nécessaire que, du point de vue de Dieu, leur mort perde de sa réalité, faute de quoi on pourrait lui reprocher l'injustice de la mort des justes. La responsabilité de cette dernière incombe uniquement à Antiochos IV et appelle une punition divine, selon la formulation explicite de 4 M 10,21.

---

[6] E. Lohse 1963, 69.

G. Le motif F

La fraternité (ἀδελφότης) est une valeur invoquée par les troisième et quatrième frères, respectivement en 4 M 10,3 et 10,15, dans des structures très similaires.

4 M 10,3

οὐκ ἐξόμνυμαι τὴν εὐγενῆ τῆς ἀδελφότητος συγγένειαν.

« Je ne renie point la noble parenté de mes frères »

4 M 10,15

οὐκ ἀρνήσομαι τὴν εὐγενῆ ἀδελφότητα.

« Je ne renierai pas notre noble fraternité ! »

Dans les deux cas, on constate la présence de l'adjectif « noble » (εὐγενής). Étymologiquement, cette fraternité résulte donc d'un lien généalogique vertical commun et traduit une différence de valeur entre le groupe des frères et leurs interlocuteurs. En 10,15, l'adjectif εὐγενής qualifie directement le substantif ἀδελφοτής. En 10,3, il se rapporte à un syntagme nominal un peu redondant, « la parenté (qui résulte) de la fraternité » (τῆς ἀδελφότητος συγγένειαν). Le voisinage entre deux composés (εὐγενής et συγγένεια) apparentés étymologiquement met clairement au premier plan la question de la filiation. Dans les deux cas, l'ensemble du syntagme nominal est objet direct d'un verbe de parole nié (ἐξόμνυμι, « nier par serment » ou ἀρνέομαι-οῦμαι, « renier ») ; l'obéissance aux ordres du roi est présentée comme une trahison non plus d'une valeur religieuse mais d'un lien de sang.

On retrouve une structure similaire en 4 M 12,16, dans le second discours du septième frère (Οὐκ ἀπαυτομολῶ τῆς τῶν ἀδελφῶν μου ἀριστείας), mais avec un vocabulaire différent, d'origine militaire : le verbe nié ἀπαυτομολέω-ῶ (que l'on retrouve par exemple chez Thucydide VII,75) signifie « déserter ». La valeur mise en avant n'est plus la fraternité en tant que telle, mais l'exemple de vaillance venant des frères (le substantif ἀριστεία désigne, en particulier dans la langue épique, un exploit guerrier). Si l'on peut dire, la fraternité n'est plus, dans la bouche du septième frère, un lien généalogique mais une fraternité d'armes.

La fraternité résulte d'une origine commune, à la fois paternelle et maternelle (4 M 10,2) ; le caractère commun de cette filiation est renforcé par l'anaphore, à différents cas, du déterminant ὁ αὐτός, « le même » ; par ailleurs, si le verbe utilisé pour désigner la filiation paternelle (σπείρω, « semer »), n'est guère surprenant, l'emploi de γεννάω, « engendrer », pour la filiation maternelle est remarquable : en principe, le grec oppose γεννάω à τίκτω, « enfanter », employé spécifiquement du côté féminin. Le vocabulaire employé traduit donc, par lui-même, une mise en avant remarquable de la filiation maternelle.

La naissance des sept frères n'est pour leurs parents pas le fruit du hasard : elle est motivée par un idéal commun (4 M 11,15 : εἰς ταὐτά) qui détermine leur comportement lui aussi commun. Un autre thème récurrent est celui de l'éducation commune reçue par les sept frères de la part de leurs parents (4 M 10,2 : ἐπὶ τοῖς αὐτοῖς ἀνετράφην δόγμασιν ; 4 M 11,15 : ἀνατραφέντες ὑπὲρ τῶν αὐτῶν), qui entraine une communauté de destin (4 M 11,15 : ἀποθνῄσκειν ὀφείλομεν ὁμοίως).

L'argument principal attaché à l'idée de fraternité est en effet l'impossibilité pour les frères de se comporter différemment les uns des autres : la preuve du lien fraternel passe par la nécessité de se montrer digne du courage de ceux d'entre eux qui sont déjà morts ; en 4 M 10,16, l'affirmation, par le quatrième frère, de son lien fraternel (ἀδελφός εἰμι τῶν προβασανισθέντων, « je suis le frère de ceux que tu as déjà torturés »), est prouvée au roi (emploi du verbe μανθάνω, « apprendre ») par l'acceptation du supplice (emploi de l'impératif paradoxal ἐπινόει βασάνους, « imagine des supplices », dont dépend la finale ἵνα καὶ δι' αὐτῶν μάθῃς, « afin que par celles-ci tu apprennes »). Le lien fraternel n'est donc pas une donnée figée provenant de la nature : c'est une valeur qui doit être réaffirmée en permanence à travers le comportement individuel.

Chapitre VII

L'éloge des sept frères et de leur mère (4 M 13,1–17,1)

A. Introduction

Le récit proprement dit des martyres des sept frères s'achève en 4 M 12,19, sans qu'il y ait véritablement de clôture narrative : la mention de la mort de leur mère n'interviendra qu'en 4 M 17,1. On peut donc considérer l'ensemble textuel formé par 4 M 13,1–16,25 comme une importante pause narrative dont il faudra déterminer les fonctions. Par ailleurs, cet ensemble n'a aucun correspondant direct dans 2 Maccabées. C'est le plus important ajout de l'auteur de 4 Maccabées (cependant une partie de son contenu provient des passages de 2 Maccabées consacrés à la mère des sept frères – 2 M 7,20–23 et 25–29 – situés tous deux, dans l'ordre du texte de 2 Maccabées, avant la mort du septième frère). Du point de vue de la structure d'ensemble de 4 Maccabées, 4 M 13,1–16,25 joue un rôle analogue à celui d'un autre passage additionnel, 4 M 6,31–7,23 : dans les deux cas, un récit de martyre est suivi d'un développement relevant à la fois du genre de l'éloge et de celui de la démonstration par l'exemple. Mais, dans le cas de l'épisode des sept frères, la structure interne de l'ajout est beaucoup plus complexe.

B. Répartition des registres

Dans le tableau qui suit, nous avons réparti les différentes séquences textuelles de l'éloge des sept frères et de leur mère entre les différents registres que nous avons définis. Chaque séquence est accompagnée d'un court descriptif permettant d'indiquer sommairement sa fonction au sein de l'ensemble.

L'ensemble des observations réunies dans ce tableau servira de base tout d'abord à une description détaillée de la structure de l'éloge des sept frères et de leur mère, ensuite à une reconstitution de la genèse de cet ensemble.

Nous pensons en effet qu'il est possible, dans le cas précis de 4 M 13,1 – 17,1, de reconstruire le processus d'élaboration de son texte par l'auteur de 4 Maccabées, et d'observer, en quelque sorte, ce dernier à l'œuvre dans son atelier.

Tableau n°17 : Les registres dans l'éloge des sept frères et de leur mère

Registre 1 Narratif	Registre 2 Discursif	Registre 3 Argumentatif	Registre 4 Liturgique
		4 M 13,1–5 (reprise de la thèse)	
		4 M 13,6–7 (comparaisons)	
	4 M 13,8–18 (exhortations mutuelles des sept frères ; affirmation de l'éloge *post mortem* des martyrs par les patriarches en 13,17)		
		4 M 13,19–14,1 (supériorité de la Raison pieuse sur l'amour fraternel)	
			4 M 14,2–3 (hymne à la Raison pieuse)
4 M 14,4–6 (comportement héroïque des sept frères : analepse)			
			4 M 14,7 (hymne à l'Hebdomade)
4 M 14,8–10 (comportement héroïque des sept frères : analepse)			
		4 M 14,11–20 (supériorité de la Raison pieuse sur l'amour maternel)	
			4 M 15,1 (hymne à la Raison pieuse)
		4 M 15,2–10 (éloge de la mère)	
4 M 15,11–12 (comportement héroïque de la mère : analepse)			
			4 M 15,13 (hymne à l'amour maternel)

Chapitre VII : L'éloge des sept frères et de leur mère 157

Registre 1 Narratif	Registre 2 Discursif	Registre 3 Argumentatif	Registre 4 Liturgique
4 M 15,14–15 (comportement héroïque de la mère : analepse)			
			4 M 15,16–20 (premier hymne à la mère, avec analepse à la seconde personne)
		4 M 15,21–28 (supériorité de la Raison pieuse sur l'amour maternel)	
			4 M 15,29–32 (deuxième hymne à la mère)
		4 M 16,1–2 (reprise de la thèse)	
		4 M 16,3 (comparaisons)	

Registre 1 Narratif	Registre 2 Discursif	Registre 3 Argumentatif	Registre 4 Liturgique
		4 M 16,4 (reprise de la thèse)	
	4 M 16,5–11 (discours fictif de la mère)		
4 M 16,12–13 (comportement héroïque de la mère)			
			4 M 16,14–15 (troisième hymne à la mère, avec référence à Éléazar)
	4 M 16,16–23 (discours réel de la mère)		
4 M 16,24 (conclusion narrative de l'analepse)			
			4 M 16,25 (affirmation de la vie « en Dieu » des martyrs, mise au compte des sept frères)

Registre 1	Registre 2	Registre 3	Registre 4
Narratif	Discursif	Argumentatif	Liturgique
4 M 17,1 (suicide de la mère)			

C. Marqueurs de structure

Un marqueur de structure important est la réitération, presque dans les mêmes termes, en 4 M 13,17 et 4 M 16,25, de l'affirmation de la récompense *post mortem* des martyrs.

4 M 13,17 οὕτω γὰρ θανόντας ἡμᾶς Αβρααμ καὶ Ισαακ καὶ Ιακωβ ὑποδέξονται καὶ πάντες οἱ πατέρες ἐπαινέσουσιν.

« Après que nous aurons ainsi souffert, nous serons reçus par Abraham, Isaac, Jacob et tous nos pères nous loueront »

4 M 16, 25 ἔτι δὲ καὶ ταῦτα εἰδότες ὅτι οἱ διὰ τὸν θεὸν ἀποθνήσκοντες ζῶσιν τῷ θεῷ ὥσπερ Αβρααμ καὶ Ισαακ καὶ Ιακωβ καὶ πάντες οἱ πατριάρχαι.

« Mais, en outre, ils étaient convaincus aussi de cette vérité, que, quand on meurt pour Dieu, on vit désormais en Dieu, comme vivent Abraham, Isaac et Jacob, et tous les patriarches. »

Dans le premier cas, il s'agit d'une « confession » mise dans la bouche de l'un des sept frères : la récompense promise est un éloge (emploi du verbe ἐπαινέω) des martyrs par les patriarches (sont mentionnés successivement les trois noms d'Abraham, d'Isaac et de Jacob, puis un terme résomptif, « tous les pères », dont on peut supposer qu'il renvoie aux douze fils de Jacob, éponymes des douze tribus et représentant donc collectivement la totalité du peuple).

Dans le second cas, il s'agit d'un savoir (emploi du verbe οἶδα) mis au compte des sept frères : la promesse est maintenant celle de la « vie à Dieu » des martyrs morts pour lui (il faut remarquer le jeu sur les constructions – διά + acc et datif seul). Les patriarches (la liste est identique à celle de 4 M 13,17, mise à part la substitution de πατριάρχαι à πατέρες) ne sont plus mentionnés comme les acteurs de la récompense future, mais comme des bénéficiaires de la même faveur.

Dans les deux cas, l'affirmation en question vient au terme d'un ensemble où domine le registre 2 (exhortations mutuelles des sept frères au chapitre 13 ; double discours [fictif puis réel] de la mère au chapitre 16) et qui est initié par un rappel de la thèse de la supériorité de la Raison pieuse sur les passions (respectivement en 4 M 13,1–5 et 4 M 16,1–2). Dans les deux cas, ce rappel est immédiatement suivi par un ensemble de comparaisons littéraires ou bibliques (respectivement en 4 M 13,6–7 et 4 M 16,3–4). On a donc affaire à deux ensembles structurés de la même manière.

Dans l'intervalle, domine au contraire une alternance de passages relevant du registre 1 (retour sur les martyres tels que vécus d'abord par les sept frères, puis par leur mère) et du registre 4 (pas moins de sept hymnes, deux à la Raison pieuse, trois à la mère, un à l'Hebdomade, un à l'amour maternel), introduits par deux passages argumentatifs parallèles relevant du registre 3, le premier (4 M 13,19–14,1) affirmant la supériorité de la Raison pieuse sur l'amour fraternel, le second (4 M 14,11–20) affirmant la même supériorité sur l'amour maternel.

L'ensemble textuel 4 M 13,1–16,25 semble donc, en fin de compte, doté d'une structure quadripartite assez simple, en chiasme :

A 4 M 13,1–18 : La Raison pieuse est supérieure aux passions : exhortations mutuelles des sept frères (13,17 : éloge *post mortem* des martyrs par les patriarches)

B 4 M 13,19–14,10 : La Raison pieuse est supérieure à l'amour fraternel : alternance des registres 1 et 4 après une introduction relevant du registre 3.

B' 4 M 14,11–15,32 : La Raison pieuse est supérieure à l'amour maternel : alternance des registres 1 et 4 après une introduction relevant du registre 3 (cependant deux passages, 4 M 15,2–10 et 15,21–28, relèvent également du registre 3).

A' 4 M 16,1–25 : La Raison pieuse est supérieure aux passions : exhortations de la mère à ses sept fils (4 M 16,25 : vie « à Dieu » des martyrs avec les patriarches).

En ce qui concerne le contenu, cet ensemble marie une affirmation d'ordre philosophique (thèse explicite de 4 Maccabées : supériorité de la Raison pieuse sur les passions) à un thème d'ordre théologique (les martyrs seront récompensés après leur mort).

D. Parallèles entre les sections B et B'

Tableau n°18 : Parallèles entre les sections B et B'

Section B	Section B'
	4 M 14,11–12 Transition/Introduction
(4 M 13,19–22)	4 M 14,13–19 L'amour maternel dans la Nature
	4 M 14,20 La mère des sept frères plus forte que son amour pour eux : analogie avec Abraham
(4 M 14,2–3)	4 M 15,1 Hymne à la Raison pieuse
	4 M 15,2–3 Choix de la mère des sept frères
4 M 13,19–22 L'amour fraternel, ses origines (nature, communauté de vie)	4 M 15,4–5 L'amour maternel, ses origines (ressemblance mère/enfants, souffrances de l'accouchement)
4 M 13,27–14,1 Choix des sept frères	4 M 15,8 Choix de la mère

Section B	Section B'
(4 M 13,23–26)	4 M 15,9–10 Gradation : l'amour maternel de la mère des sept frères est encore plus grand en raison de leur piété
(4 M 13,27–14,1)	4 M 15,11–12 Choix de la mère
4 M 14,2–3 Hymne à la Raison pieuse	4 M 15,13 Hymne à l'amour maternel
4 M 14,4–6 Courage des sept frères devant la mort ; leur unanimité	4 M 15,14–15 Courage de la mère devant la mort de ses sept fils
4 M 14,7–8 Hymne à l'Hebdomade	4 M 15,16–17 Hymne à la mère
4 M 14,9–10 Supériorité des sept frères (qui souffrent réellement) sur l'auditoire (qui participe aux supplices par l'audition de leur récit)	4 M 15,18–22 La mère assiste au supplice de ses fils : elle est dans la même position que l'auditoire du récit
(4 M 14,4–6)	4 M 15,23–28 Retour au choix de la mère : image du tribunal et affirmation de la filiation avec Abraham
(4 M 14,7–8)	4 M 15,29–32 Hymne à la mère
	4 M 16,1–2 Retour à la thèse de 4 Maccabées
	4 M 16,3–4 Comparaison de la mère avec Daniel et Misaël

La section B' a une structure plus complexe que la section B. Comme nous avons cherché à le matérialiser dans le tableau ci-dessus, à chaque section de B, correspondent, dans B', deux sections de contenu proche : c'est ainsi qu'en B' il y a deux développements sur les origines de l'amour maternel (4 M 14,13–19 et 15,4–5) alors qu'en B il n'y a qu'un développement sur les origines de l'amour fraternel (4 M 13,19–22) ; de même, il y a un seul hymne adressé à l'Hebdomade (qui représente le groupe des sept frères) en 4 M 14,7–8, alors qu'il y a deux hymnes adressés à la mère des Sept (4 M 15,16–17 et 15,29–32).

Enfin, il y a deux développements sur l'attitude de la mère face au supplice de ses fils (4 M 15,14–15 et 15,23–28), alors qu'il y en a un seul sur l'attitude des sept frères devant leurs souffrances respectives (4 M 14,4–6). Plus subtil : l'hymne à la Raison pieuse de 4 M 14,2–3 correspond, pour le contenu, à l'hymne de 4 M 15,1, mais, pour la position dans la structure, à l'hymne à l'amour maternel de 4 M 15,13 (lequel, pour le contenu, est assez proche de l'hymne à l'Hebdomade de 4 M 14,7–8).

Ces *réduplications* sont trop systématiques pour être le fruit du hasard ; il faut certainement y voir une volonté réfléchie de l'auteur de 4 Maccabées.

E. Registre 1 : les passages narratifs
(4 M 14,4–6 ; 9–10 ; 15,14–15 ; 18–22)

Ces quatre passages, alternant avec des hymnes relevant du registre 4, sont des unités narratives revenant sur le récit des martyres des sept frères, avec une différence d'approche fondamentale. Dans le récit principal (4 M 8,1–12,19), les martyres des sept frères sont racontés l'un après l'autre, en détail ; pour reprendre la terminologie de G. Genette[1], il s'agit d'un récit singulatif. Au contraire, dans les quatre passages considérés, les mêmes martyres sont racontés en bloc, de façon itérative. Ce qui se traduit de manière formelle par :

– l'emploi majoritaire de l'imparfait à valeur itérative lorsque les sept frères sont considérés en groupe, que le groupe nominal correspondant soit sujet ou objet (ἔσπευδον en 4 M 14,5 ; ἐκύκλουν en 4 M 14,8 ; ἐνεκαρτέρουν en 4 M 14,9 ; διέλυεν en 4 M 14,10 ; μετεβάλλετο en 4 M 15,14 ; ἑώρα en 4 M 15,15 ; ἐβασανίζετο en 4 M 15,22) : la seule exception est l'aoriste συνεφώνησαν de 4 M 14,6, où l'on peut considérer que le préverbe συν- transforme la série des comportements de chacun des frères en une seule action collective, de caractère singulatif ; en revanche, lorsque, dans le cadre d'une énumération, le cas de chacun des frères est considéré séparément, ou lorsqu'est employée une tournure négative (ce qui revient à ramener la fréquence des événements décrits à zéro), on retrouve l'aoriste (dans le cadre d'une énumération : μετέτρεψεν en 4 M 14,18 ; ἔκλαυσας en 4 M 14,19 ; ἐδάκρυσας en 4 M 14,20 ; ou encore associé à une tournure négative : ἐδειλίασεν et ὤκνησεν en 4 M 14,4) ; il convient enfin de relever l'emploi du présent dans les pauses narratives (comparaison des sept frères avec les membres du corps en 4 M 14,6, comparaison de l'amour maternel avec le chant des Sirènes en 4 M 15,21) ;

– l'emploi d'expressions « résomptives », des groupes nominaux ou des pronoms désignant les sept frères en bloc (πάντες en 4 M 14,5 ; οἱ ἱεροὶ μείρακες ἐκεῖνοι en 4 M 14,6 ; οἱ μείρακες en 4 M 14,8 ; τῶν νεανιῶν ἐκείνων en 4 M 14,9 ; οἱ δέ en 4 M 14,9 ; τῶν τέκνων en 4 M 15,15 et 15,20 ; τέκνων en 4 M 15,20 ; τῶν υἱῶν en 4 M 15,22), ou, à l'opposé, l'emploi d'expressions « distributives », essentiellement des indéfinis, induisant que ce qui est dit est valable pour chacun des sept frères considéré individuellement (οὐδεῖς en 4 M 14,4 ; καθένα en 4 M 15,14 ; ἑνὸς ἑκάστου en 4 M 15,19) ;

– le début d'énumération de 4 M 15,18, ponctué par l'emploi des ordinaux πρωτότοκος... δεύτερος...τρίτος... ;

– l'effet d'accumulation créé par l'emploi récurrent des polyptotes en 4 M 15,20 : ἐπὶ σαρξὶν τέκνων ὁρῶσα σάρκας τέκνων ... ἐπὶ χερσὶν χεῖρας... ἐπὶ κεφαλαῖς κεφαλάς... ἐπὶ νεκροῖς νεκρούς. Leur emploi fait écho à la figure étymologique de 4 M 15,22 : ἐβασανίζετο βασάνοις.

Autre particularité, l'abondance des termes relevant du champ lexical de la vision ou du regard ou encore de celui de l'audition dans les passages relatifs à la mère (ὁρῶσα en 4 M 15,14 et 15,20 [2x] ; ἑώρα en 4 M 15,15 ; βλέπων en 4 M 15,18 ; θεωροῦσα en 4 M 15,19 ; ὁρῶντας en 4 M 15,19 ; ἀκούοντας et φωνούντων en 4 M 15,21) qui se retrouve dans la position de l'auditoire de 4 Maccabées. Elle ne fait qu'assister au supplice de ses fils, qui de leur côté

---
[1] G. Genette 1972, 145–182.

l'interpellent au moyen d'un regard ou d'un appel. En quelque sorte, c'est par les yeux de la mère, témoin passif, que nous assistons aux martyres.

À l'inverse, en 4 M 14,9, l'attitude « passive » de la mère est imputée à l'auditoire (participes ὁρῶντες et ἀκούοντες) dont la réaction de peur (emploi du verbe φρίττομεν) est mise en contraste avec l'attitude courageuse (emploi du verbe ἐνεκαρτέρουν) des sept frères. Ces derniers subissent dans leur corps (participe πάσχοντες) les supplices, ce qui les met dans une position supérieure par rapport à l'auditoire, mais aussi par rapport à leur mère. La parenthèse consacrée, en 4 M 14,10, au caractère douloureux du supplice par le feu renforce la supériorité de l'expérience directe des supplices (celle des sept frères) sur l'expérience indirecte assurée par le regard seul ou par le récit, expérience qui est celle de la mère ou de l'auditoire.

F. Les passages relevant du registre 2

I. Les exhortations réciproques des sept frères (4 M 13,8–18)

Les sept frères sont présentés dans cette séquence comme formant un chœur (χορός). Ce terme, qui apparaît au début du passage en 4 M 13,8, n'a que deux autres occurrences dans 4 Maccabées : au début du récit du martyre des sept frères (4 M 8,4), où il se rapporte également au groupe des Sept et de leur mère, et à la conclusion du livre (4 M 18,23) où les mêmes personnages sont intégrés au chœur formé par les patriarches. (Ce parallélisme est d'ailleurs un argument fort pour refuser la correction en 4 M 18,23 de χορόν en χωρόν, retenue par A. Dupont-Sommer[2]).

L'ensemble a une structure assez simple :

A Premier discours commun des sept frères (4 M 13,9–10)

B Discours particuliers de trois des frères (respectivement 4 M 13,11a ; 11b ; 12)

A' Second discours commun des sept frères (4 M 13,13–17)

B' Discours (itératif) tenu successivement par les frères survivants à chacun des frères suppliciés (4 M 13,18).

1. Le premier discours commun des sept frères (4 M 13,9–10) (A)

Le premier discours commun est articulé en deux temps : tout d'abord, le rappel de l'*exemplum* biblique des trois compagnons de Daniel dans la fournaise (4 M 13,9) ; ensuite, une exhortation à éviter la lâcheté pour démontrer (emploi du substantif ἐπίδειξις, qui répond au verbe ἐπιδείκνυμι, « montrer, expliquer ») leur piété (4 M 13,10).

---

[2] D'après la traduction d'A. Dupont-Sommer 1939, 157 et son index, 178.

On notera que le verbe utilisé pour désigner le fait d'être lâche, δειλανδρέω, est très rare. Dénominal d'un composé δείλανδρος lui-même rare[3], c'est peut-être une création lexicale de 2 Maccabées (en 2 M 8,13, le verbe employé au participe renvoie aux lâches qui préfèrent s'enfuir plutôt que de combattre Nicanor). En tout cas, en dehors de 2 Maccabées, le verbe apparaît deux fois dans 4 Maccabées, dans le passage étudié ici mais aussi en 4 M 10,14, dans le discours du quatrième frère. Les occurrences ultérieures ne sont pas antérieures au quatrième siècle ap. J.-C.[4] Nous aurions ici un indice de dépendance lexicale de 4 Maccabées envers 2 Maccabées.

2. Discours particuliers de trois des frères (respectivement 4 M 13,11a ; 11b ; 12) (B)

Les exhortations des deux premiers frères, en 4 M 13,11, sont des appels au courage, en écho à l'exhortation commune de 4 M 13,10. Celle du troisième, en 4 M 13,12, est constituée du rappel d'un *exemplum* biblique, celui du sacrifice d'Abraham. On a donc une construction en chiasme : *exemplum* (4 M 13,9) ; exhortation au courage (4 M 13,10) ; exhortation au courage (4 M 13,11) ; *exemplum* (4 M 13,12). Les deux *exempla* réapparaissent tous deux dans le second discours de la mère du chapitre 16 (4 M 16,20–21) et dans celui qu'elle prononce dans la finale (4 M 18,11, pour le sacrifice d'Abraham ; 4 M 18,12, pour l'épisode de la fournaise).

3. Le second discours commun des sept frères (4 M 13,13–17) (A')

Le second discours commun est un exposé théologique sur la mort, développement de ce que nous avons appelé ailleurs motif D du registre 2. La présence, dans le même discours, d'un énoncé de la thèse principale de 4 Maccabées (4 M 13,16) et de la « thèse secondaire » de l'accueil *post mortem* des martyrs par les patriarches (4 M 13,17) nous indique qu'il s'agit d'un passage capital de 4 Maccabées, un résumé de ce que l'auditoire est appelé à retenir.

Le discours commence par l'énoncé de la résolution des frères de se consacrer (verbe ἀφιερόω) à Dieu (4 M 13,13) qui est défini comme l'auteur du don des ψυχαί. S'agit-il ici de la vie ou de l'âme de chacun ? Le terme grec ψυχή est ambigu. La mention, dans la suite immédiate, des corps (σώματα) pourrait faire pencher pour la seconde solution. En tout cas, le thème de Dieu auteur de la vie réapparaît seulement dans le second discours de la mère au chapitre 16 (4 M 16,18) et dans la finale (4 M 18,19), un parallélisme de plus entre cette dernière et la séquence des exhortations mutuelles.

---

[3] Le *DGE* mentionne, s.v., une occurrence chez Hérodien le grammairien 1,204, au deuxième siècle ap. J.-C. Le dictionnaire de Sophocles, s.v., en mentionne une autre, chez Arcadius, 74,24 vers 180 ap. J.-C.

[4] Cf. *DGE* s.v.

Suit (après asyndète) un appel au courage, écho de A et B (4 M 13,14). Le syntagme nominal τὸν δοκοῦντα ἀποκτέννειν, « celui qui semble tuer », renvoie sans doute à Antiochos IV, dont le pouvoir souverain, matérialisé par la possibilité d'infliger des supplices, n'est qu'apparent. Ce paradoxe est ensuite expliqué (4 M 13,15, après liaison avec emploi de γάρ) par la mention du pouvoir souverain de Dieu, qui peut, lui, sanctionner la désobéissance au moyen d'un châtiment éternel (αἰωνίῳ βασάνῳ). 4 M 13,14–15 repose donc sur une dichotomie provisoire/éternel ou bien apparent/réel que l'on retrouvera à plusieurs reprises dans l'ensemble formé par les chapitres 13 à 16 (4 M 15,3 ; 15,8 ; 15,27 ; 16,13).

Suit (liaison consécutive au moyen de la particule τοιγαροῦν), en 4 M 13,16, une nouvelle résolution au martyre, avec emploi de l'image du combat (verbe καθοπλισώμεθα, « armons-nous »), préfigurée en 4 M 13,15 (syntagme nominal ψυχῆς ἀγών, « combat de l'âme ») et qui annonce les images « sportives » de la finale (cf. 4 M 17,12–16). C'est dans ce cadre qu'est rappelée la thèse principale de 4 Maccabées, dans une formulation très ramassée.

Le discours s'achève par l'énoncé de la thèse « secondaire » de 4 Maccabées (4 M 13,17).

L'abondance des parallèles entre ce discours et la finale de 4 Maccabées révèle son importance dans la structure du livre.

4. Le discours (itératif) tenu successivement par les frères survivants à chacun des frères suppliciés (4 M 13,18) (B')

La séquence des exhortations mutuelles s'achève par un discours « itératif ». En effet, il est censé être répété au moment du supplice de chacun des frères. Il se présente comme une double injonction négative (structure μή +subjonctif aoriste) dénonçant les deux dangers de l'apostasie : la honte (emploi du verbe καταισχύνω) et la trahison des frères déjà morts (emploi du verbe ψεύδομαι ; nous préférons la traduction « trahir » à la traduction « faire mentir » d'A. Dupont-Sommer[5] qui présuppose une valeur factitive de ψεύδομαι qui ne nous paraît pas aller de soi).

II. Les deux discours de la mère des sept frères (4 M 16,6–11 et 16,16–23)

Selon le même principe que dans le cas des deux discours des sept frères (4 M 8,17–26 et 9,1–9), le texte de 4 Maccabées juxtapose un discours présenté comme fictif (dans l'hypothèse où la mère des Sept aurait été dominée par son amour pour ses fils) et un discours présenté comme réel. Le discours « fictif » n'est toutefois pas ici la reprise inversée des arguments d'un discours antérieur (comme c'était le cas pour celui d'Antiochos IV dans les prises de parole des sept frères).

---

[5] A. Dupont-Sommer 1939, 135.

Il possède, au contraire, un contenu original, sans parallèle dans le texte de 2 Maccabées : il s'agit d'une description inversée de l'idéal d'une famille juive. Le texte est composé de quatre unités énonciatives constituées chacune :

– d'un premier « stique » précédé de l'interjection ὦ, correspondant au thème de l'unité énonciative : la mère affligée elle-même (4 M 16,6), ses sept grossesses et leurs suites (4 M 16,7), ses sept fils (4 M 16,9), à nouveau la mère elle-même (4 M 16,10). Ce « stique » est constitué d'une phrase à prédicat adjectival (attributive) sans copule. Dans le premier cas, le sujet (ἔγωγε) a deux attributs. Dans le second, la structure attribut + sujet est démultipliée (quatre énoncés coordonnés). En 4 M 16, 9, on a deux énoncés sujet + attribut dont les sujets gouvernent un même génitif. Enfin, 4 M 16,10 juxtapose un syntagme nominal sujet comprenant deux épithètes positives (πολύπαις et καλλίπαις) et deux syntagmes nominaux attributs comprenant chacun une épithète négative (à condition de supposer la substantivation de l'un des deux adjectifs μονή ou πολύθρηνος, sans quoi la construction serait bancale) ;

– d'un second « stique » donnant l'explication de l'état de désolation exhibé dans le premier, sous forme d'une relative (4 M 16,6), d'une indépendante liée au premier stique par la particule δέ (4 M 16,8) ou par la négation οὐδέ (4 M 16,11), ou enfin de deux propositions coordonnées avec asyndète initiale (4 M 16,10).

Ce rythme à deux temps est probablement à considérer comme un calque grec approximatif de la structure fondamentale de la poésie hébraïque que l'on retrouve dans les Psaumes ou dans les Lamentations.

En tout cas, ce premier discours constitue une belle présentation de l'idéal de la maternité dans la culture juive : l'enfant, par sa présence, vient compenser les souffrances engendrées par la grossesse et les soins au nourrisson (4 M 16,7) ou bien encore par l'éducation (ἀνατροφή), dont il nous est dit qu'elle est plus pénible que l'accouchement (4 M 16,8) ! En retour, les enfants ont pour devoir d'assurer une descendance (4 M 16,9) et de rendre les devoirs funéraires à leurs parents (4 M 16,10). C'est de tout cela que la mère des sept frères est privée en raison de l'exécution de ses enfants.

En revanche, le discours « réel » de la mère est construit en partie en écho de la séquence des exhortations mutuelles du chapitre 13 : introduction du thème du combat (4 M 16,16 // 4 M 13,13 et 13,16) ; *exemplum* de la mort d'Éléazar (4 M 16,17) ; thème de la vie don de Dieu (4 M 16,18 // 4 M 13,13) ; nécessité de supporter la souffrance (4 M 16,19 // 4 M 13,11) ; *exemplum* du sacrifice d'Isaac (4 M 16,20 // 4 M 13,12) ; *exempla* de Daniel dans la fosse aux lions et des trois jeunes gens dans la fournaise (4 M 16,21 // 4 M 13,9) ; reprise (4 M 16, 22–23) du motif B sous une nouvelle forme : la connaissance (emploi du participe εἰδότας en 4 M 16,23) de la piété (εὐσέβεια) rend déraisonnable (emploi de l'adjectif ἀλόγιστον en 4 M 16,23) le fait de fuir les souffrances. Le tout constitue un discours édifiant (pas moins de trois *exempla*), qui fait écho non seulement à la séquence des exhortations mutuelles, mais aussi à un autre discours de la mère, celui de la finale (4 M 18,7–19). Les trois passages sont les principaux relais d'un réseau de citations ou allusions bibliques qui parcourt l'ensemble de 4 Maccabées. Contentons-nous pour l'instant de constater que le contenu des exhortations mutuelles des sept frères fait écho à l'enseignement transmis par leur mère.

G. Les passages relevant du registre 3

I. Les reprises développées de la thèse de 4 Maccabées (4 M 13,1–5 et 16,1–4)

Comme on l'a vu plus haut[6], l'ensemble formé par les chapitres 13 à 16 est structuré en quatre grandes unités que nous avons dénommées A, B, B' et A'. Les unités A et A' commencent toutes deux par des rappels de la thèse de 4 Maccabées plus développés que dans le reste de 4 Maccabées.

1. 4 M 13,1–5

4 M 13,1–5 suit immédiatement le récit de la mort du septième frère. 4 M 13,1 est un verset de transition : l'ensemble du récit du martyre des sept frères (chapitres 8 à 12) est résumé sous la forme d'une protase hypothétique au réel du passé, l'apodose correspondante étant une formulation de la thèse de 4 Maccabées. Ce verset a donc une importance structurelle décisive : c'est lui qui donne au récit du martyre des sept frères le statut de preuve par l'exemple de la thèse défendue. Ce lien logique est renforcé par la présence de la particule assertive τοίνυν, que l'on retrouvera également en tête du développement parallèle de 4 M 16,1–4.

Ce lien logique est immédiatement repris sous forme négative, en 4 M 13,2. L'auteur de 4 Maccabées, après avoir fait de la thèse défendue une conséquence du courage des sept frères, envisage aussitôt l'hypothèse inverse de leur lâcheté, à l'irréel du passé, dans une logique comparable à celle qui l'a conduit à dédoubler, au chapitre 8, le discours commun des sept frères en un discours fictif et lâche et en un discours réel et courageux, et à faire la même chose dans le cas de la mère des sept frères au chapitre 16. L'opposition des deux situations est renforcée par l'emploi des termes antonymes αὐτοδέσποτος, en 4 M 13,1, et δουλωθέντες, en 4 M 13,2 : la relation des humains avec les passions est présentée comme une relation de domination/soumission dans les deux cas envisagés, seul le sens de cette relation étant inversé. Il est intéressant de constater que la conduite condamnée explicitement en 4 M 13, 2 n'est pas, comme on aurait pu s'y attendre, la lâcheté en elle-même mais le non-respect des règles alimentaires (emploi du verbe ἐμιαροφάγησαν).

Suit, en 4 M 13,3, une nouvelle reprise affirmative de la thèse défendue, avec apport d'un élément nouveau, de première importance : la Raison (λογισμῷ), qui permet aux frères de dominer leurs passions, provient de Dieu (syntagme

---

[6] Cf. 162.

prépositionnel παρὰ θεῷ). Cette réaffirmation de la thèse n'est donc pas une redite superflue, mais permet de passer du niveau philosophique au niveau théologique.

En 4 M 13,4–5, la thèse défendue est reprise sous forme substantivée, au moyen des syntagmes nominaux τὴν ἡγεμονίαν τῆς διανοίας (4 M 13,4) puis τὴν τῆς εὐλογιστίας παθοκράτειαν (4 M 13,5). Dans les deux cas, elle est présentée comme incontestable, toute objection étant écartée d'avance : cela se traduit par l'emploi du modalisateur οὐκ ἔστιν en 4 M 13,4 et par la question rhétorique de 4 M 13,5. Dans les deux cas, le caractère nécessaire de la thèse est justifié à nouveau par le courage des sept frères.

Si l'on fait un bilan, 4 M 13,1–5 comporte pas moins de cinq formulations de la thèse défendue, thèse dont la validité est à chaque fois prouvée par le martyre des sept frères. La répétition, sous des formes différentes, du propos central de 4 Maccabées montre bien l'importance de cette charnière.

Reste le problème d'une éventuelle lacune après 4 M 13,5, supposée par A. Dupont-Sommer[7] en raison de l'absence d'une particule δέ répondant au τῶν μέν de 4 M 13,5. D. A. deSilva[8] propose de résoudre le problème en supposant une valeur emphatique de μέν. Pour notre part, nous n'avons pas les éléments nécessaires pour reconstituer un état initial du texte éliminant le problème, mais nous pouvons faire observer qu'il y a au moins un autre passage de 4 Maccabées (4 M 18,18) où l'on rencontre un μέν isolé. Il pourrait s'agir d'une particularité de langage de l'auteur de 4 Maccabées, ce qui expliquerait d'un coup deux problèmes textuels différents.

Quoi qu'il en soit, on ne peut séparer le développement de 4 M 13,1–5 de la comparaison des sept frères avec sept tours protégeant un port de la fureur des flots[9] (4 M 13,6–7), comparaison rappelant celle d'Éléazar avec un rocher soumis aux mêmes flots (4 M 7,5). Il est possible de déceler dans cette séquence une influence littéraire, l'adjectif ἑπτάπυργος pouvant avoir été emprunté à Euripide (la seule autre occurrence de cet adjectif se rencontre dans les *Phéniciennes* 245). C'est peut-être, par ailleurs, sur le modèle de ἑπτάπυργος que l'auteur de 4 Maccabées a créé un beau *hapax*, ἑπταμήτωρ, que l'on rencontre en 4 M 16,24.

---

[7] A. Dupont-Sommer 1939, 134.
[8] D. A. deSilva 2006, 204.
[9] Il faut sans doute comprendre que le port est protégé par un brise-lames surmonté de tours, possibilité architecturale mentionnée par Vitruve 5,12,6 : « Ita erit uti possit turris insuper aedificari » (« Ainsi sera-t-il possible d'édifier par-dessus une tour », traduction de C. Saliou, dans l'édition de la C.U.F. de 2009). Il est sans doute vain de rechercher ici un indice de localisation de la rédaction de 4 Maccabées, plusieurs ports de la Méditerranée, depuis Fréjus jusqu'à Césarée, présentant cette caractéristique (note de l'édition C.U.F 2009, 384).

2. 4 M 16,1–4

4 M 16,1 a la même structure que 4 M 13,1 : protase résumant un ensemble narratif antérieur (ici 4 M 15,14–15 et 18–22, passages relatifs aux réactions de la mère devant le supplice de ses fils) ; apodose constituée d'une formulation de la thèse principale de 4 Maccabées, emploi de la particule assertive τοίνυν dans la protase. Comme en 4 M 13,2–5, suivent des reformulations de la même idée, au nombre de deux seulement (4 M 16,2 et 4), séparées par deux comparaisons de la situation de la mère des sept frères avec celle de Daniel dans la fosse aux lions et de ses compagnons dans la fournaise (4 M 16,3). Il faut noter que ces épisodes bibliques reviennent peu après dans le second discours de la mère au chapitre 16 (4 M 16,21).

4 M 16,2 se présente comme une espèce de conclusion du raisonnement logique général de 4 Maccabées : en effet, l'auteur implicite intervient à la première personne du singulier (ἀπέδειξα, « j'ai démontré ») pour présenter sa conclusion, la domination de leurs passions par les martyrs. La gradation ascendante marquée par οὐ μόνον...ἀλλὰ καί fait écho à la transition de 4 M 14,11 : le cas de la mère est jugé plus probant, en raison de sa faiblesse, que celui de ses enfants. Chose un peu curieuse, la mention de l'instrument de la domination des passions, la Raison pieuse (τῷ λογισμῷ τῆς εὐσεβείας) n'apparaît qu'en 4 M 16,4, ce qui fait que l'objet explicite de la démonstration de 4 M 16, 2 est le courage des martyrs, qui sert au contraire d'argument dans le cas général (notamment en 4 M 13,1 et 16,1). Autre bizarrerie, le verbe employé en 4 M 16,4 (κατέσβεσεν, « a éteint ») laisse entendre que la mère des sept frères est parvenue, grâce à la Raison pieuse, à éradiquer ses passions, ce qui semble en contradiction avec l'affirmation plus mesurée de 4 M 3,5 (οὐ γὰρ ἐκριζωτὴς τῶν παθῶν ὁ λογισμός ἐστιν, ἀλλὰ ἀνταγωνιστής, « La raison, en effet, n'est point l'extirpatrice des passions, mais leur adversaire. ». Peut-être ce caractère plus poussé de la thèse dans le cas de la mère des sept frères est-il un moyen de souligner une fois de plus sa supériorité sur ses enfants ?

3. La transition entre les unités B et B' (4 M 14,11–12)

On ne peut séparer l'étude des deux segments textuels précédents de celle de la transition entre les unités B et B', consacrées respectivement aux sept frères et à leur mère (4 M 14,11–12). On y retrouve, en effet, des procédés proches de ceux que nous y avons rencontrés :

– l'intervention de l'auteur implicite, marquée ici par une adresse à l'auditoire (μὴ θαυμαστὸν ἡγεῖσθε, « ne soyez pas étonnés » (4 M 14,11) ;

– un rappel du martyre des sept frères (en 4 M 14,11 qui conclut l'unité B) et de celui de leur mère (d'abord implicitement, en 4 M 14,11 [emploi de l'hyperonyme γυνή, « femme »], puis explicitement en 4 M 14,12, le tout annonçant l'unité B'), avec emploi en 4 M 14,11 du même verbe ὑπερφρονέω, « mépriser », qu'en 4 M 13,1 et 16,2.

Il est clair que cette « transition » forme, avec les deux segments textuels initiaux des unités A et A', une sorte d'armature logique de l'ensemble formé par les chapitres 13 à 16.

II. Amour fraternel et amour maternel : les « théories psychologiques » (4 M 13,19–14,1 ; 14,13–20 ; 15,4–10)

À trois reprises dans l'ensemble formé par les chapitres 13 à 16 sont insérés des développements généraux sur l'amour fraternel ou maternel. Ces développements sont introduits par une adresse à l'auditoire, à la deuxième personne du pluriel, ou par une intervention de l'auteur implicite, à la première personne du singulier, à chaque fois en association avec un verbe correspondant à une opération de la pensée :

οὐκ ἀγνοεῖτε, « vous connaissez» (4 M 13,19);

θεωρεῖτε, « voyez » (4 M 14,13);

ὦ τίνα τρόπον ἠθολογήσαιμι, « en quels termes pourrais-je décrire… ? » (4 M 15,4).

Dans tous les cas, le thème du développement est indiqué immédiatement après, sous forme d'un syntagme nominal :

τὰ τῆς ἀδελφότητος φίλτρα, « les philtres de l'amour fraternel » (4 M 13,19), expression reprise telle quelle à la fin du développement, en 4 M 13,27;

ἡ τῆς φιλοτεκνίας στοργή, « la tendresse d'une mère » (4 M 14,13) ;

φιλότεκνα γονέων πάθη, « les passions de l'amour des parents pour leurs enfants » (4 M 15,4).

Par ailleurs, ces développements s'achèvent sur un rappel du choix des sept frères ou de leur mère en faveur de l'obéissance à la Loi malgré l'amour fraternel ou maternel (4 M 13,27–14,1, d'une part ; 14,20, 15,8 et 15,11–12, d'autre part). On observera le redoublement du rappel du choix de la mère dans le développement de 4 M 15,4–10.

Deux de ces développements (4 M 13,19–14,1 et 15,4–10) ont en commun un plan en trois parties construit sur une gradation ascendante.

Dans un premier temps, il est question de l'amour fraternel ou maternel en général (4 M 13,19–22 et 15,4–5 respectivement).

Suit une phrase de transition comportant un comparatif (4 M 13,23 et 15,6 respectivement) pour exprimer le fait que, dans le cas des sept frères et de leur mère, l'amour fraternel ou maternel est encore plus fort que dans le cas général (les comparatifs concernés sont συμπαθέστερον, « encore plus profondément » en 4 M 13,23, auquel fait écho en 4 M 13,26 ποθεινοτέραν, « plus ardent », et φιλοτεκνότερα, « la plus aimante» en 4 M 15,6).

La troisième partie explique ensuite d'où vient ce surcroît particulier d'amour : dans le cas des sept frères, la cause de l'affection supplémentaire est la pratique de la piété (4 M 13, 24–26) ; dans celui de leur mère, il s'agit, d'une part, des douleurs de ses accouchements successifs (4 M 15,7), d'autre part, de l'obéissance et de la piété de ses fils (4 M 15,9–10), ces deux passages explicatifs étant séparés par un rappel du choix de la mère (4 M 15,8).

Malgré ces convergences de structure, les trois passages divergent quant à leur contenu.

Le premier d'entre eux (4 M 13,19–14,1) se présente comme une « généalogie » de l'amour fraternel[10].

Son origine est divine (4 M 13,19) : l'amour fraternel est le fruit de la « divine et toute-sage Providence » (ἡ θεία καὶ πάνσοφος πρόνοια). De façon assez curieuse, le processus qui aboutit à la naissance de l'amour fraternel est décrit en 4 M 13,19 en des termes qui pourraient s'appliquer à la procréation : l'amour fraternel est transmis aux enfants par les pères et croît grâce au ventre maternel (διὰ τῆς μητρῴας …γαστρός). Suit une description détaillée de la croissance et de l'éducation des enfants, marquée par le leitmotiv de la communauté de vie des frères (ce qui correspond au motif F du registre 2), traduit, en 4 M 13, 20–21, puis en 4 M 13,24, par le retour des indéfinis ὁ αὐτός et ὁ ἴσος :

τὸν ἴσον …. χρόνον, (4 M 13,20, « durant un temps égal »)

ἐν τῷ αὐτῷ χρόνῳ, (4 M 13,20, « dans la même durée »)

ἀπὸ τοῦ αὐτοῦ αἵματος, (4 M 13,20, « du même sang»)

διὰ τῆς αὐτῆς ψυχῆς, (4 M 13,20, « au moyen de la même âme»)

διὰ τῶν ἴσων…χρόνων, (4 M 13,21, « après le même terme»)

ἀπὸ τῶν αὐτῶν …πηγῶν, (4 M 13,21, « aux mêmes sources»)

νόμῳ …τῷ αὐτῷ, (4 M 13,24, « dans la même Loi »)

τὰς αὐτὰς …ἀρετάς, (4 M 13,24, « aux mêmes vertus»)

Autre procédé, l'emploi, en 4 M 13,22 et 24, de substantifs préfixés en συν- ou de verbes préverbés en συν- :

συντροφίας (4 M 13,22, « nourris à la même table »),

συνηθείας (4 M 13,22, « aux mêmes habitudes quotidiennes »)

συντραφέντες, (4 M 13,24, « élevés ensemble »).

À la fin de 4 M 13,22, la communauté d'éducation est élargie à l'ensemble du peuple d'Israël, à l'aide de la première personne du pluriel « communautaire ».

τῆς ἡμετέρας ἐν νόμῳ θεοῦ ἀσκήσεως,

---

[10] Ce passage a fait l'objet d'une étude particulière de la part de H.-J. Klauck (H.-J. Klauck 1990, 144–156), sur la base d'une comparaison avec le traité *De fraterno amore* de Plutarque. Au-delà des convergences thématiques, deux caractéristiques particulières du texte de 4 Maccabées y sont mises en évidence : le classement de l'amour fraternel comme une passion que peut dominer la Raison pieuse (154–155), d'une part, l'amour fraternel présenté comme un modèle pour la communauté juive (155), d'autre part.

« notre exercice dans la Loi de Dieu » (nous corrigeons ici la traduction d'A. Dupont-Sommer, qui n'a pas rendu la première personne du pluriel).

Cela permet d'assimiler la communauté juive à une fratrie unie par l'amour mutuel et d'impliquer l'auditoire de 4 Maccabées.

En 4 M 13,27, verset récapitulatif, trois sources différentes de l'amour fraternel, la « nature » (τῆς φύσεως), la « vie commune » (τῆς συνηθείας) et la « pratique de la vertu » (τῶν τῆς ἀρετῆς ἠθῶν), sont indiquées. On pourrait faire correspondre, pour le contenu, à la première 4 M 13,19–21, à la seconde 4 M 13,22, à la troisième 4 M 13, 24–26, la césure par gradation de 4 M 13,23 contribuant à isoler la troisième partie et à la mettre en valeur. On pourrait y voir une opposition implicite entre l'amour fraternel « ordinaire », issu de la nature et de la communauté d'éducation, et l'amour fraternel « supérieur », résultant de la pratique de la Loi, partagé entre les sept frères et, au-delà, par l'ensemble de la communauté juive, ce que suggère l'élargissement de la fin de 4 M 13,22. Seul cet amour « supérieur » autoriserait la tolérance, au nom de la piété, de la mort des frères (4 M 13,27) et la maîtrise des souffrances et des passions (4 M 14,1). Le développement de 4 M 13,19–14,1 débouche ainsi sur l'idée que le véritable amour fraternel n'est pas une passion irrationnelle issue de la nature mais le fruit rationnel de la pratique de la Loi.

En revanche, le premier développement consacré à l'amour maternel (4 M 14,13–20) est tout entier dominé par l'idée que ce dernier est exclusivement d'origine naturelle[11]. Dès 4 M 14,13, l'amour maternel (ἡ τῆς φιλοτεκνίας στοργή) est ramené à l'« amour du fruit des entrailles » (τὴν τῶν σπλάγχνων συμπάθειαν), ce qui peut paraître assez péjoratif. En 4 M 14,14, il est présenté comme une caractéristique de l'ensemble des « animaux dépourvus de raison » (τὰ ἄλογα ζῷα), affirmation aussitôt illustrée par un premier exemple animal, celui des oiseaux et de leurs petits (4 M 14,15–17). L'affirmation de la généralité de l'amour maternel dans le règne animal est ensuite reprise (4 M 14,18) et illustrée par un second exemple, celui des abeilles (4 M 14,19). Le passage se termine par la constatation que l'amour de ses enfants (συμπάθεια τέκνων) n'a pas ébranlé leur mère en raison de sa similitude de pensée avec Abraham (Αβρααμ ὁμόψυχον, l'adjectif ὁμόψυχος faisant sa première apparition dans 4 Maccabées). Dans ce premier développement, l'amour maternel est purement animal et, à ce titre, plutôt dévalorisé.

---

[11] Ce passage a fait l'objet d'une étude particulière de la part de D. A. deSilva (D. A. deSilva 2006 [3]), sur la base d'une comparaison avec le traité *De amore prolis* de Plutarque, l'*Éthique à Nicomaque* d'Aristote et les tragédies *Les Troyennes* et *Hécube* d'Euripide. De cette comparaison, il ressort notamment que la mère des sept frères, contrairement à Hécube, ne perçoit pas la perte de ses fils comme une perte irrémédiable, en raison de leur attachement commun à la Loi (265) et de leur foi dans la vie éternelle (267). Un lieu commun de la littérature grecque est donc revisité et profondément transformé par les convictions théologiques de l'auteur de 4 Maccabées.

Aucune trace, en revanche, de l'enracinement animal de l'amour maternel dans le second passage qui lui est consacré (4 M 15,4–10). Comme on l'a vu plus haut, ce passage s'insère dans un ensemble plus vaste marqué par l'alternance entre célébration de l'amour de la mère pour ses fils et réaffirmation de sa préférence pour la piété au prix de leur mort.

Le développement s'articule en trois temps séparés par la gradation de 4 M 15,6 et l'une des expressions du choix de la mère (4 M 15,8).

Le premier temps (4 M 15,4–5) est constitué d'une « généalogie » de l'amour maternel expliquant ce dernier comme le fruit de la « ressemblance de notre âme et de notre corps » (ψυχῆς τε καὶ μορφῆς ὁμοιότητα) imprimée (verbe ἐναποσφραγίζομεν) chez les enfants par leurs parents. L'amour des mères est supérieur (emploi du comparatif συμπαθεστέρας) à celui des pères en raison de leurs souffrances (τῶν παθῶν) – il faut certainement comprendre qu'il s'agit des douleurs de l'accouchement. L'amour maternel est donc (4 M 15,5) proportionnel (emploi de deux propositions corrélatives [reliées par les corrélatifs ὅσῳ ... τοσούτῳ]) à la faiblesse d'âme (emploi de l'adjectif ἀσθενόψυχοι, qui est un *hapax* de 4 Maccabées) et à la fécondité (emploi du comparatif πολυγονώτεραι) des mères. Il est donc à nouveau présenté de manière péjorative.

Le deuxième temps (4 M 15,7) n'apporte pas d'idée supplémentaire : la supériorité de l'amour maternel de la mère des sept frères est due simplement aux souffrances de ses nombreux accouchements, ce qui n'est jamais que la reprise de la théorie développée en 4 M 15,5.

En revanche, dans le troisième temps (4 M 15,9–10), l'amour de la mère pour ses sept fils est justifié par le fait que ces derniers ont réalisé à la fois l'idéal de la culture grecque (on a d'abord un terme général, καλοκἀγαθίαν, « vertu », en 4 M 15,9, puis sont détaillées en 4 M 15,10, les quatre vertus cardinales : justice (δίκαιοί τε γὰρ ἦσαν), tempérance (σώφρονες), courage (ἀνδρεῖοι), la sagesse étant curieusement remplacée par la « grandeur d'âme » (μεγαλόψυχοι, avec peut-être une opposition entre cet adjectif et le *hapax* ἀσθενόψυχοι de 4 M 15,5, ce qui pourrait expliquer la création de ce dernier). À ces vertus traditionnelles s'ajoutent l'amour fraternel (φιλάδελφοι) et l'amour filial pour leur mère (φιλομήτορες), qui les conduit à l'obéissance et à la fidélité à la Loi (τὰ νόμιμα) jusqu'à la mort. En fin de compte, on retrouve l'opposition implicite, déjà croisée plus haut, entre un amour « ordinaire », déprécié parce qu'il est une marque de faiblesse, et un amour « supérieur » parce qu'il provient de la pratique des vertus et conduit à l'obéissance à la Loi.

En conclusion, et malgré le « morceau de bravoure » que constitue la description des effets de l'amour maternel dans la nature (4 M 14,13–20), l'idée à laquelle aboutissent deux développements sur les trois considérés est que l'amour fraternel ou maternel, ancré dans la nature, ne porte ses fruits que dans le cadre de l'obéissance à la Loi. Ce qui prépare tout naturellement l'affirmation de la supériorité de la Loi sur l'amour fraternel (4 M 14,1) ou maternel (4 M 15,23) et, in fine, sur toutes les passions (4 M 16,1–2).

H. Registre 4 : les « hymnes »

I. Généralités

L'ensemble formé par les chapitres 13 à 16 comprend sept « hymnes » relevant du registre 4.

D'emblée on peut remarquer que les quatre premiers, adressés à des concepts abstraits, sont très courts, limités respectivement à :

– une phrase exclamative (4 M 15,1 et 15,13, adressés à la Raison pieuse et à l'Amour maternel respectivement),

– une phrase exclamative suivie d'une comparaison entre les sept frères et les sept jours de la Création sous forme d'un système corrélatif καθάπερ/οὕτως, comparaison présentée comme la justification (emploi de la particule γάρ) des louanges adressées au groupe des sept frères (4 M 14,7–8, adressé à l'Hebdomade),

– une succession de deux phrases exclamatives (4 M 14,2–3, adressé à la Raison pieuse).

En revanche les trois « hymnes » adressés à la mère des sept frères (4 M 15,16–20 ; 15,29–32 et 16,14–15) sont plus développés.

Dans le premier d'entre eux, deux phrases exclamatives (4 M 15,16–17) sont suivies d'une analepse « itérative » à la deuxième personne (4 M 15,18–20).

Dans le deuxième, deux phrases exclamatives (4 M 15,29–30) sont suivies d'une comparaison (4 M 15,31–32) entre la mère des sept et l'arche de Noé sous forme d'un système corrélatif καθάπερ/οὕτως, comparaison présentée comme la justification (emploi de la particule γάρ) des louanges adressées à la mère.

Dans le troisième, l'invocation à la mère (4 M 16,14) est suivie immédiatement d'un court passage narratif à valeur explicative, comme le montre l'emploi de la particule γάρ (4 M 16,15) qui sert d'introduction au discours « réel » de la mère examiné plus haut.

En fin de compte, ces six hymnes, au-delà de leurs différences, peuvent se ramener à deux types fondamentaux :

– soit ils se limitent à une ou deux phrases exclamatives (hymnes à la Raison pieuse et à l'Amour maternel), selon un type déjà représenté par le second hymne à Éléazar (4 M 7,15) ;

– soit ils sont composés d'une ou deux phrases exclamatives suivies d'une comparaison avec un épisode biblique (hymne à l'Hebdomade et deuxième hymne à la mère des sept) ou d'une analepse narrative à la deuxième personne (premier et troisième hymne à la mère des sept). Dans les cas concernés, l'élément textuel ajouté à la séquence exclamative est présenté comme une justification des louanges adressées, comme le montre l'emploi, dans trois cas sur quatre, de la particule γάρ. L'asyndète de 4 M 15,18 est sans doute à mettre en rapport avec celles qui marquent en général le début et la fin des hymnes : cette césure supplémentaire isole le segment narratif 4 M 15,18–20 et contribue à le mettre en valeur.

En 4 M 15,17, on peut considérer que la participiale apposée a une valeur explicative comparable à celle des éléments textuels examinés ici.

ὦ μόνη γύναι τὴν εὐσέβειαν ὁλόκληρον ἀποκυήσασα.

« Ô femme, la seule qui ait mis au monde la piété parfaite »

Les phrases exclamatives elles-mêmes sont, à une exception près (4 M 16,14), dépourvues de verbes conjugués et constituées :

– d'un unique syntagme nominal (4 M 14,2 ; 14,3 ; 14,7a ; 15,16 ; 15,17 ; 15,30) ;

– de deux syntagmes nominaux coordonnés (4 M 15,1) ;

– d'un syntagme nominal suivi de trois syntagmes nominaux à valeur d'apposition (4 M 15,29) ;

– de cinq syntagmes nominaux coordonnés (4 M 15,13).

Pour mémoire, le second hymne à Éléazar (4 M 7,15), de structure comparable, comprenait trois syntagmes nominaux coordonnés.

Dans plusieurs cas, ces syntagmes sont accompagnés de ce que l'on pourrait appeler des comparatifs « paradoxaux » : la personne ou l'entité louées sont censées posséder une qualité de manière supérieure à la personne ou à l'entité qui incarne la perfection de cette qualité (structure « plus X que X »). Dans la majorité des cas, deux de ces comparatifs sont présents et coordonnés.

Cette structure apparaît tout d'abord dans le premier hymne à la Raison pieuse, en 4 M 14,2 :

Ὦ βασιλέων λογισμοὶ βασιλικώτεροι καὶ ἐλευθέρων ἐλευθερώτεροι

« Ô raisons plus royales que les rois, plus libres que les hommes libres »

On la retrouve dans le second hymne à la Raison pieuse, en 4 M 15,1 :

Ὦ […] εὐσέβεια μητρὶ τέκνων ποθεινοτέρα

« Ô piété plus chère encore au cœur de cette mère que ses enfants »

Il s'agit bien de la même structure, puisque, dans le contexte immédiat, c'est l'amour des enfants qui est censé dominer le cœur de la mère. La domination de la piété sur l'amour fraternel ou maternel est le cœur du propos de l'ensemble formé par les chapitres 13 à 16.

La même structure réapparaît dans les trois hymnes à la mère des sept frères. Tout d'abord, en 4 M 15,16 :

ὦ πικροτέρων νῦν πόνων πειρασθεῖσα μήτηρ ἤπερ τῶν ἐπ' αὐτοῖς ὠδίνων.

« Ô mère éprouvée aujourd'hui par des souffrances plus cruelles que les douleurs mêmes de l'enfantement »

Puis, en 4 M 15,30 :

ὦ ἀρρένων πρὸς καρτερίαν γενναιοτέρα καὶ ἀνδρῶν πρὸς ὑπομονὴν ἀνδρειοτέρα.

« O toi, plus noble qu'un mâle par ta force, plus virile qu'un homme par ton endurance »

Enfin, sous une forme un peu différente, en 4 M 16,14b :

διὰ καρτερίαν καὶ τύραννον ἐνίκησας καὶ ἔργοις δυνατωτέρα καὶ λόγοις εὑρέθης ἀνδρός.

« Tu as vaincu par ton endurance le tyran lui-même et par tes actes et par tes paroles tu as été trouvée plus forte qu'un homme », (traduction d'A. Dupont-Sommer modifiée, en ce qui concerne la traduction de καρτερία, pour faire apparaître le parallèle avec 4 M 15,30)

Dans ce dernier cas, la structure est un peu différente en raison de la présence de verbes conjugués à la deuxième personne, qui permettent l'enchaînement avec le petit segment narratif de 4 M 16,15. On peut se demander si le membre de phrase καὶ τύραννον ἐνίκησας n'est pas à considérer lui aussi comme une affirmation paradoxale à mettre sur le même plan que les structures comparatives considérées, et ce en raison d'une part du parallélisme (créé par la répétition de la conjonction καί) avec le comparatif qui suit immédiatement, et, d'autre part, du parallélisme avec 4 M 15,30 créé par la répétition du substantif καρτερίαν.

II. Progression interne au sein des hymnes à la mère des sept frères : les qualifications de la mère

La mère des sept frères est la destinataire de trois hymnes successifs. Dès le premier, elle est caractérisée à la fois par sa fonction maternelle (μήτηρ, en 4 M 15,16) et par sa nature féminine (γύναι, en 4 M 15,17). Cette double approche se retrouve dans les deux autres hymnes et explique sans doute la duplication de l'exclamation initiale.

De fait, dans le deuxième hymne, la première phrase exclamative (4 M 15,29) est adressée à la « mère du peuple » (μήτηρ ἔθνους) : la fonction maternelle est élargie à l'ensemble du peuple d'Israël, rendant implicitement la mère comparable à Abraham. Cette assimilation reparaîtra, de manière plus explicite cette fois, en 4 M 17,6, où la descendance de la mère des Sept (ἡ παιδοποιία σου) est dite provenir d'Abraham (ἀπὸ Ἀβρααμ τοῦ πατρός). La relation spéciale affirmée entre la mère des Sept et le peuple d'Israël est justifiée à l'aide de trois appositions qui caractérisent la relation de la mère respectivement à la Loi, à la piété, à l'épreuve (ἀγών : métaphore agonistique préfigurant celle de la finale, en 4 M 17,12–16) : elle est vengeresse (ἔκδικε) de la première, défenseur (ὑπερασπίστρια, féminin qui est un *hapax* de 4 Maccabées) de la seconde, victorieuse (ἀθλοφόρε) de la troisième. La domination du vocabulaire guerrier, inattendu à propos d'une femme, annonce déjà les comparatifs paradoxaux de la seconde exclamative.

Celle-ci (4 M 15,30) s'adresse implicitement à la mère des Sept en tant que femme. On voit mal autrement pourquoi le complément du premier comparatif paradoxal serait « les mâles » en général (ἀρρένων) et pourquoi le second signifierait littéralement que la mère est « plus homme que les hommes » (ἀνδρῶν ἀνδρειοτέρα)[12]. On retrouve donc bien en 4 M 15,29–30 la bipartition de 4 M 15,16–17.

Dans le troisième hymne, l'unique phrase exclamative (4 M 16,14) est adressée à la mère des Sept en tant que « mère [...] et femme » (μήτηρ [...] καὶ γύναι) : elle réunit donc les deux approches en un seul énoncé, ce qui fait écho aux deux vocatifs successifs de 4 M 15,16–17. Entre les deux appellations sont insérées deux autres qualifications au féminin, sans coordination : la mère est « soldat » (féminin στρατιῶτις, attesté d'ordinaire en tant qu'adjectif, mais rarement en tant que substantif[13]) et « ancienne » (πρεσβῦτις, féminin attesté entre autres chez Eschyle[14] et Platon[15]). La mère des Sept est donc à la fois confortée dans sa fonction guerrière et mise sur le même plan qu'Éléazar, dont le nom sera rappelé juste après (4 M 16,15) et sur l'âge duquel insistera le discours de la mère qui suivra (4 M 16,17).

En résumé, la mère des Sept est, dans les trois hymnes, louée à la fois pour sa fonction maternelle, élargie en 4 M 15,29 à l'ensemble du peuple d'Israël, et comme représentante du sexe féminin à qui sont attribués de façon paradoxale des attributs masculins et guerriers. Cette particularité est naturellement à mettre plutôt au compte d'une rhétorique fondée sur le renversement paradoxal des valeurs reçues que d'une véritable remise en cause de celles-ci.

III. Fonctions des hymnes dans l'ensemble formé par les chapitres 13 à 16

La plupart des hymnes de l'ensemble formé par les chapitres 13 à 16 fonctionnent par paires : on retrouve les mêmes thèmes, voire des reprises lexicales dans deux hymnes consécutifs. Ce procédé a pour conséquence la mise en valeur du segment textuel compris entre les deux hymnes, segment qui développe les idées énoncées dans ces hymnes. On pourrait dire que les hymnes des chapitres 13 à 16 ont une fonction comparable à celle des plus classiques « mots crochets ».

C'est ainsi que le premier hymne à la Raison pieuse (4 M 14,2–3) et l'hymne à l'Hebdomade (4 M 14,7–8) ont en commun le thème de l'unanimité des sept

---

[12] Comme l'ont montré S. D. Moore et J. C. Anderson dans leur article de 1998 (S. D. Moore-J. C. Anderson 1998, 265–272), la mère est le personnage le plus « masculin » de 4 Maccabées. L'attribution paradoxale de qualités masculines à un personnage féminin ne constitue une subversion de l'ordre patriarcal traditionnel qu'en apparence : dans le récit de 4 Maccabées, la mère ne s'adresse jamais directement à Antiochos IV (S. D. Moore-J. C. Anderson 1998, 271) et, dans son dernier discours (4 M 18,7–19), elle se présentera elle-même comme un modèle de dévouement conjugal et parental, soit une imagerie des plus traditionnelles.

[13] À notre connaissance il y a une occurrence de l'emploi substantival chez un comique du cinquième siècle av. J.-C., Eupolis (*LSJ, sub verbo*).

[14] Eschyle, *Euménides* 731 et 1027.

[15] Platon, *Hippias Majeur* 286a.

frères, de leur unité d'action et de pensée. Au syntagme nominal ὦ ἱερᾶς [...] τῶν ἑπτὰ ἀδελφῶν συμφωνίας, « Ô saint [...] accord des sept frères », de 4 M 14,3 répond exactement le syntagme nominal ὦ πανάγιε συμφώνων ἀδελφῶν ἑβδομάς, « Ô Hebdomade sacrée des frères si harmonieusement unis ! » de 4 M 14,7. Ce sont deux expressions fortes du motif de l'unité de pensée des sept frères, que nous avons mis en évidence comme le motif F du registre 2, mais qui apparaît ici dans des unités relevant du registre 4 : il y a circulation des mêmes motifs d'un registre à l'autre.

Le segment textuel ainsi encadré (4 M 14,4–6) développe ce même motif F, tout d'abord à travers deux propositions négatives coordonnées (4 M 14,4) décrivant l'identique absence de lâcheté des frères devant la mort et préparant l'affirmation (4 M 14,5) de leur identique empressement à mourir (emploi du verbe ἔσπευδον), la mort menant paradoxalement à l'immortalité (ἐπ'ἀθανασίας). Le substantif ἀθανασία n'apparaît, en dehors de ce passage, qu'en 4 M 16,13, lorsque la mort de ses fils est comparée, du point de vue de la mère, à un second accouchement en vue de l'immortalité. Ce thème de l'immortalité n'apparaît, à plusieurs reprises, que dans l'ensemble des chapitres 13 à 16. Dans le reste de 4 Maccabées, c'est le thème de l'accueil par les patriarches après la mort qui domine.

Enfin, en 4 M 14,6, le thème de l'unité de pensée et d'action des sept frères est repris à travers l'image des membres d'un même corps.

En conclusion, les deux hymnes et le segment textuel qu'ils encadrent forment une unité (4 M 14,2–8) développant le motif F mais comprenant en son centre la première affirmation de l'immortalité des frères après leur mort, affirmation récurrente dans la grande unité des chapitres 13 à 16.

Le second hymne à la Raison pieuse (4 M 15,1) et l'hymne à l'Amour maternel (4 M 15,13) sont, pour leur part, antithétiques. De fait, le premier affirme que, pour la mère des sept, la piété (εὐσέβεια) est plus chère (ποθεινοτέρα) que ses enfants. En 4 M 15,13, au contraire, les « passions des mères » (μητέρων πάθη), soit l'amour maternel d'après le contexte, sont « indomptables » (ἀδάμαστα) : elles ne sauraient donc être soumises à la Raison ou à la piété. Comment comprendre la présence, dans le texte de 4 Maccabées, de cette contradiction ?

Lorsque l'on examine le segment textuel compris entre les deux hymnes (4 M 15,2–12), on s'aperçoit qu'il est tout entier construit autour du conflit entre Raison pieuse et Amour maternel.

Dès 4 M 15,2–3, la mère est présentée comme confrontée au choix entre l'obéissance au Roi, qui signifie le salut de ses fils, et l'obéissance à Dieu, qui conduit à la vie éternelle. L'alternative est soulignée par le parallélisme entre les syntagmes prépositionnels κατὰ τὴν τοῦ τυράννου ὑπόσχεσιν, « sur la promesse du tyran », et κατὰ θεόν, « selon la promesse de Dieu », et entre les expressions antithétiques τῆς ἑπτὰ υἱῶν σωτηρίας προσκαίρου, « le salut de ses sept fils, – salut de peu de durée », et τὴν σῴζουσαν εἰς αἰωνίαν ζωήν, « elle qui sauve pour la vie éternelle ». Il est intéressant que le thème du choix de la mère ramène à nouveau le lecteur à celui de la vie éternelle.

Suit un développement sur l'amour maternel et ses origines en général (4 M 15,4–5) puis sur la puissance encore plus grande de l'amour de la mère des Sept pour ses fils (4 M 15,6–7), qui débouche sur la réaffirmation du choix de la mère (4 M 15,8) préférant la crainte de Dieu (τὸν πρὸς τὸν θεὸν φόβον) au salut provisoire de ses fils (τὴν τῶν τέκνων πρόσκαιρον σωτηρίαν). On notera les parallélismes de vocabulaire entre 4 M 15,2 et 4 M 15,8 : retour du substantif σωτηρία et de l'adjectif πρόσκαιρος.

Suit un nouveau développement sur l'amour de la mère des Sept pour ses fils (4 M 15,9–10), rendu encore plus fort par leur piété et leur courage, suivi d'une réaffirmation développée du choix de la mère (4 M 15,11–12), qui se termine par la mention des exhortations au courage de la mère à ses fils.

En résumé, le segment textuel 4 M 15,2–12 est constitué d'une alternance de passages consacrés à l'amour de la mère pour ses fils et de réaffirmations de son choix fondamental de l'obéissance à la Loi, au prix de la mort de ses fils. Cette structure binaire est encadrée par deux hymnes consacrés aux deux principes (Raison pieuse et Amour de ses fils) qui s'affrontent en elle. Derrière le désordre apparent, on a une illustration menée de main de maître du conflit intérieur de la mère des sept frères.

On retrouve la même structure dans le passage suivant (4 M 15,14–15), encadré par l'hymne à l'Amour maternel que nous venons de considérer et par le premier hymne à la mère (4 M 15,16–20), hymnes qui illustrent l'antithèse entre affirmation du caractère indomptable de l'Amour maternel (4 M 15,13) et exaltation de la piété parfaite (τὴν εὐσέβειαν ὁλόκληρον) (4 M 15,17), piété identifiée implicitement aux sept frères eux-mêmes par la présence du participe ἀποκυήσασα, « ayant mis au monde ».

Le segment textuel 4 M 15,14–15 illustre lui aussi le conflit intérieur de la mère devant le spectacle des supplices de ses fils. Apparaît cependant un nouveau thème, celui de l'inaltérabilité du choix de la mère (verbe οὐ μετεβάλλετο, « elle reste inébranlable ».

Les deux premiers hymnes à la mère des sept frères (4 M 15,16–20 et 15,29–32) ont en commun le thème de l'inaltérabilité de sa décision.

Dans le premier, le thème est annoncé en 4 M 15,18 par le verbe (accompagné d'une négation) οὐ μετέτρεψέν σε, « (l'aîné) ne t'a point ébranlée ». La section narrative à la deuxième personne de 4 M 15,18–20 est une démonstration en action de la fermeté de caractère de la mère, traduite par son absence de pleurs, mentionnée à l'aide de deux verbes synonymes en 4 M 15,19 (οὐκ ἔκλαυσας) et 4 M 15,20 (οὐκ ἐδάκρυσας), « tu n'as pas pleuré ».

Dans le second, le thème de l'inaltérabilité de l'âme de la mère est repris à travers la comparaison de 4 M 15,31–32 entre la mère et l'arche de Noé, toutes deux amenées à lutter contre vents et marées, confrontées qu'elles sont, l'une aux supplices de ses fils et l'autre au Déluge. Le segment textuel encadré par les deux hymnes (4 M 15,21–28) reprend les thèmes développés dans les passages précédents du choix de la mère et de la vie éternelle. Sa structure est assez simple :

– retour sur l'impression causée par les supplices sur la mère (4 M 15,21–22, avec l'image surprenante des Sirènes, seule image de 4 Maccabées empruntée à la mythologie grecque et non à l'univers narratif biblique) ;
– nouvelle mention de la décision de la mère (4 M 15,23), avec retour du thème de sa virilité (participe ἀνδρειώσας, d'un verbe causatif rare ἀνδρειόω, « rendre homme ») et du caractère, provisoire cette fois-ci, de l'amour maternel (τὴν πρόσκαιρον φιλοτεκνίαν) ;
– nouvelle mention de l'impression causée par les supplices (4 M 15,24) avec réaffirmation de l'indifférence (littéralement de l'affranchissement : verbe ἐξέλυσεν) de la mère en raison de sa foi en Dieu (διὰ τὴν πρὸς θεὸν πίστιν) ;
– retour au choix de la mère, développé à travers l'image dramatique du jugement (4 M 15,25–28) avec reprise du thème du rejet du salut temporaire de ses fils (4 M 15,27 : πρὸς ὀλίγον χρόνον σωτηρίαν) et affirmation de la filiation abrahamique (4 M 15,28 : la mère est dénommée « fille » (θυγάτηρ), d'après le contexte, d'Abraham) ; la constance (καρτερία) d'Abraham – qui vise implicitement son attitude lors de l'épisode du mont Moriah –, dont se souvient (verbe ἐμνήσθη) la mère, devient le modèle de son action ; il est remarquable que la qualification de « fille » d'Abraham en 4 M 15,28 précède immédiatement un hymne où la mère reçoit l'appellation de « mère de la nation ».

En résumé, on retrouve dans ce segment textuel la même structure alternante déjà mise en lumière plus haut, faite d'un aller-retour entre le récit et la mention réitérée du choix de la mère.

En fin de compte, l'éloge de la mère présente à trois reprises et de manière consécutive la structure hymne – segment narratif – hymne, que l'éloge des sept frères ne comporte qu'une fois. Il faut sans doute voir là un procédé de dramatisation, le retour régulier des mêmes thèmes créant une gradation conduisant au climax de l'image du procès (4 M 15,25–28) où c'est littéralement la mère elle-même qui condamne ses fils à mort. Alors que, dans le récit hérité de 2 Maccabées, la mère joue un rôle plutôt passif, c'est elle qui est ici dotée à plusieurs reprises de vertus viriles et guerrières et qui mène l'action.

Seul le troisième hymne à la mère (4 M 16,14–15) n'entre pas dans le système d'« hymnes crochets » décrit plus haut. Il semble avoir une double fonction, récapitulative d'une part (4 M 16,14 opère une synthèse des différentes appellations données à la mère dans les hymnes précédents), introductive d'autre part (4 M 16,15 n'est clairement que l'introduction du second discours de la mère au sein du chapitre 16 [4 M 16,16–23] qui suit immédiatement).

Il convient de relever la mention d'Éléazar en 4 M 16,15, qui prépare l'introduction de son *exemplum* dans le discours de la mère en 4 M 16,17.

I. Structure globale de l'ensemble formé par les chapitres 13 à 16

Les études détaillées précédentes étaient envisagées d'un point de vue statique : décrire la structure de détail des différents segments textuels tels qu'ils se présentent dans le texte actuel de 4 Maccabées. Nous nous proposons ici de reprendre la question de la structure globale de l'ensemble formé par les chapitres 13 à 16 d'un point de vue dynamique : comprendre comment l'auteur de 4 Maccabées a construit cet ensemble.

I. Le point de départ : les discours de la mère dans 2 Maccabées (7,20–23 et 25–29)

L'ensemble formé par les chapitres 13 à 16 est, dans son ensemble, un ajout de 4 Maccabées. Cependant, cet ajout s'enracine dans les passages de 2 Maccabées consacrés aux discours de la mère des sept frères (2 M 7,20–23 et 25–29).

Le premier de ces deux passages succède immédiatement au récit de la mort du sixième frère (2 M 7,18–19). Il constitue une pause narrative (le récit proprement dit reprend au 2 M 7,24) constituée d'un bref éloge de la mère (2 M 7,20) suivi du discours tenu en hébreu par la mère à chacun de ses sept fils (introduction : 2 M 7,21 ; discours proprement dit : 2 M 7,22–23). Le caractère itératif du discours de la mère est souligné en 2 M 7,21 par l'emploi de l'imparfait itératif παρεκάλει, « elle exhortait » et de l'indéfini ἕκαστον, « chacun ». Dès 2 M 7,20, la fonction récapitulative du segment textuel se traduisait par l'emploi d'un imparfait itératif, ἔφερεν, « elle supportait » ou plutôt « elle supporta successivement » et l'opposition entre la pluralité des supplices (υἱοὺς ἑπτά, « sept fils ») et l'unité de temps pendant laquelle ils se déroulent (μιᾶς... ἡμέρας, « un seul jour »). La mère y est présentée dans la position d'une spectatrice passive (συνορῶσα, « contemplant », la valeur itérative de ce participe se traduisant par l'emploi de l'aspect présent et du préverbe συν-). Nous avons donc affaire, en 2 M 7,20–21, à un passage narratif itératif à double valeur analeptique – puisque les supplices des six premiers frères le précèdent – et proleptique – puisque le supplice du septième frère est raconté plus tard. Plusieurs traits (la position passive et contemplatrice de la mère, le caractère itératif du récit) se retrouvent dans les passages narratifs de 4 M 13 à 16.

Le discours de la mère lui-même (2 M 7,22–23) est construit autour d'une seule idée, celle de la résurrection des morts vue comme un don de Dieu : c'est Dieu en tant que créateur qui a donné la vie aux sept frères, c'est lui qui peut la leur redonner en raison de leur « sacrifice » (ou plutôt, littéralement, de leur mépris d'eux-mêmes, le verbe employé, combiné avec un pronom réfléchi, ὑπεροράω, signifiant « mépriser ») en raison de l'observance de la Loi (διὰ τοὺς αὐτοῦ νόμους, « à cause de ses lois »). Ce discours correspond (identité de la locutrice et des interlocuteurs) à la fois au second discours de la mère au chapitre 16 de 4 Maccabées (4 M 16,16–23) et au discours qu'elle prononce dans la finale de l'œuvre (4 M 18,7–19). En particulier, le motif théologique de Dieu auteur de la vie se retrouve en 4 M 16,18 et en 4 M 18,19. Cependant, la promesse de résurrection qui lui est liée n'est reprise qu'en 4 M 18,19 (et encore, dans une citation combinée de Deutéronome 30,20, 32,39 et 32,47 !), comme si l'auteur de 4 Maccabées avait voulu faire passer cet aspect à l'arrière-plan.

Dans le texte de 2 Maccabées, le cours du récit reprend en 2 M 7,24 : c'est d'ailleurs le discours répété de la mère qui le relance, puisqu'Antiochos IV, qui ne le comprend pas, soupçonne un discours méprisant à son égard. Comme le septième frère ne répond pas aux exhortations du roi, ce dernier charge (2 M 7,25) la mère des frères de servir d'intermédiaire pour convaincre son fils de sauver sa vie en lui obéissant. La mère accepte, mais son discours en hébreu vise au contraire à persuader son fils d'accepter le martyre.

Le discours proprement dit (2 M 7,27–29) est structuré en trois temps : rappel de ce que son fils doit à sa mère, en l'occurrence naissance et éducation (2 M 7,27) ; motif théologique de Dieu créateur du monde et des hommes (2 M 7,28) ; exhortation au martyre (2 M 7,29) avec promesse du rassemblement, « au temps de la miséricorde » (ἐν τῷ ἐλέει), c'est-à-dire sans doute à la fin des temps, de la mère et de ses sept fils.

L'auteur de 4 Maccabées connaissait l'existence de ce discours particulier, en hébreu, de la mère à son septième fils ; en effet, ce discours est mentionné en 4 M 12,7, mais sa reproduction est différée (ὡς ἐροῦμεν μετὰ μικρὸν ὕστερον, « comme nous le dirons un peu plus loin »). Cependant, et contrairement à l'opinion d'A. Dupont-Sommer[16], cette prolepse ne peut pas renvoyer au second discours de la mère (4 M 16,16–23), car ce dernier n'est pas adressé en particulier au septième fils mais est un discours répété à chacun des sept fils. En fait, la promesse de 4 M 12,7 n'est pas tenue et le discours particulier de la mère au septième fils n'est reproduit nulle part dans le texte de 4 Maccabées. Cette omission ne provient sans doute pas d'un accident de transmission textuelle, mais peut-être plutôt d'une inadvertance de l'auteur de 4 Maccabées qui, insérant dans son œuvre pas moins de trois discours de la mère des sept frères (4 M 16,6–11, 16,16–23 et 18,7–19), aura oublié qu'aucun des trois ne s'adresse en particulier au septième frère et aura considéré que la prolepse de 4 M 12,7 renvoyait à l'un des trois. Il convient de noter que le rappel, en 2 M 7,27, des soins conférés par la mère à son fils au cours de son enfance trouve un écho dans le rappel des mêmes soins, dans le discours « fictif » de la mère, en 4 M 16,6–8 ; mais la perspective argumentative est inversée : exhortation au martyre dans 2 Maccabées, à la soumission dans 4 Maccabées.

Quoi qu'il en soit, on peut considérer que le point de départ de la construction, par l'auteur de 4 Maccabées, de l'ensemble des chapitres 13 à 16 est le second discours de la mère (4 M 16,16–23), reprise profondément modifiée du premier discours de la mère dans 2 Maccabées (2 M 7,22–23). Quant au court segment narratif qui le précède dans 2 Maccabées (2 M 7,20–21), c'est sans

---

[16] A. Dupont-Sommer 1939, 131, note 7.

doute la source principale des segments narratifs de 4 M concernant la mère des sept frères (4 M 15,14–15 ; 18–22).

II. La question du déplacement des discours de la mère après le récit de la mort du septième frère

Dans le texte de 2 Maccabées, les deux discours de la mère des sept frères sont compris entre les récits respectifs de la mort du sixième (2 M 7,18–19) et du septième frère (2 M 7,30–40), la mort de la mère étant mentionnée rapidement en 2 M 7,41. Pour sa part, le récit de la mort du septième frère comprend notamment un long discours de ce dernier (2 M 7,30–38), le plus long de tout l'épisode dans 2 Maccabées. En revanche, dans 4 Maccabées, les deux discours du septième frère (4 M 12,11–14 et 16–18) ne sont pas sensiblement plus développés que ceux du sixième (4 M 11,14–16 et 20–27).

Il en résulte que :

– dans 2 Maccabées, c'est le septième frère qui est mis en avant et la section consacrée à sa mère (2 M 7,20–29) a pour principale fonction d'opérer une coupure entre les martyres des six premiers frères et celui du septième, afin de mettre l'accent sur ce dernier ;

– en revanche, dans 4 Maccabées, c'est la mère qui est mise en avant ; dès lors, les positions sont inversées et les sections consacrées au comportement et aux discours de la mère sont déplacées après la mort du septième frère.

La preuve que, sur ce point, 4 Maccabées dépend bien de 2 Maccabées et que le déplacement est secondaire, provenant de la rédaction de 4 Maccabées et non pas de ses sources, est constituée par la « cicatrice » que représente la prolepse fautive de 4 M 12,7. Elle montre bien qu'au départ le discours de la mère à son septième fils aurait dû se trouver entre les récits des martyres des sixième et septième frères, là où on le rencontre dans 2 Maccabées. En fin de compte c'est le changement de statut d'un personnage, la mère des sept frères, qui a entraîné ce bouleversement structurel.

Un autre indice de dépendance envers 2 Maccabées est l'emploi, relevé plus haut[17], en 4 M 13,10, du verbe rare δειλανδρέω, « être lâche », qui est peut-être une création de 2 Maccabées (2 M 8,13).

III. Dédoublements de structure

L'auteur de 4 Maccabées ne s'en est pas tenu à cette première modification de structure. Pour faire court, ce qu'il avait emprunté au texte de 2 Maccabées correspondait grosso modo aux sections B' et A' définies plus haut[18]. L'introduction des sections A et B est en revanche entièrement de son fait.

Les parallélismes existant avec l'épisode d'Éléazar permettent de reconstituer à peu près le cheminement suivant : à partir du moment où les sections

---
[17] Cf. 163.
[18] Cf. 159.

relatives à la mère ont été rejetées après la mort du septième frère, elles ont en quelque sorte constitué un épisode à part. Or, dans le traitement de l'épisode d'Éléazar, l'auteur de 4 Maccabées avait fait suivre le récit proprement dit du martyre d'Éléazar (4 M 5,1–6,30) d'un éloge du vieillard (4 M 6,31–7,23), sans correspondant dans 2 Maccabées.

De la même façon, l'épisode des sept frères (4 M 8,1–12,19) s'est vu adjoindre un éloge (4 M 13,1–14,10), composé des sections A et B. Les sections B' et A' forment, elles, un éloge de la mère (4 M 14,11–16,25), le récit proprement dit de la mort de la mère (4 M 17,1) étant, comme dans 2 Maccabées, rejeté en dernière position. À ce stade, l'ensemble formé par les chapitres 13 à 16 n'a pas encore d'unité. Sa matière a cependant déjà été dédoublée : c'est ainsi que sont apparues, selon toute vraisemblance, les exhortations mutuelles des sept frères (4 M 13,8–18), pour faire pendant au double discours de la mère au chapitre 16.

Autre dédoublement, mis en évidence lorsque l'on compare les sections B et B'[19] : la section B' a été considérablement allongée par le dédoublement quasiment systématique des éléments qui la composent ; de la même façon, le discours de la mère dans la section A' a été dédoublé en un discours « fictif » et un discours « réel », comme on l'a vu plus haut[20]. Cette inflation textuelle a pour origine, à notre avis, la volonté de mettre la mère des sept frères au premier plan.

IV. L'introduction d'une double « colonne vertébrale » : les sections relevant des registres 3 et 4

Ce qui donne définitivement à l'ensemble des chapitres 13 à 16 son unité est l'introduction, dans les sections B et B', des nombreux hymnes relevant du registre 4. Comme on l'a vu plus haut[21], ils ont une double fonction rythmique (alternance des segments relevant des registres 1 ou 3 et du registre 4, d'où une impression de continuel va-et-vient entre le récit ou le raisonnement et l'expression liturgique) et thématique (les paires d'hymnes permettant d'expliciter les enjeux et thèmes fondamentaux des passages qu'ils encadrent).

Autre innovation, l'insertion de passages « théoriques »[22] relatifs à l'amour fraternel et à l'amour maternel, faisant pendant aux développements de la « partie philosophique » (4 M 1,13–3,18). Ces passages sont introduits, eux aussi, dans les sections B et B' et représentent une espèce de commentaire distancié des données narratives qui s'y trouvent. Distancié, car clairement assumé par l'auteur de 4 Maccabées, avec implication de son auditoire, comme le montrent des intrusions des premières personnes du singulier ou du pluriel, ou de la deuxième personne du pluriel, notamment en 4 M 13,19 ; 13,22 ; 14,9 ; 14,11 ; 14,13 ; 15,4 et, ensuite, au début de la section A', en 4 M 16,1–2.

---

[19] Cf. tableau n°18.
[20] Cf. 164.
[21] Cf. 176.
[22] Cf. 169.

Enfin, l'introduction des reprises développées de la thèse[23] en tête des sections A et A' donne aux épisodes des sept frères et de leur mère un statut de preuve par l'exemple de la thèse de 4 Maccabées, avec même une gradation entre les deux épisodes, introduite par la transition insérée entre les sections B et B'.

Toutes ces insertions permettent de faire des chapitres 13 à 16 un ensemble structuré qui n'a plus grand chose à voir avec les modèles initiaux provenant du texte de 2 Maccabées. La complexité même de toute cette construction nous amène maintenant à nous interroger sur ses fonctions possibles dans l'ensemble de 4 Maccabées.

J. Fonctions de l'ensemble formé par les chapitres 13 à 16

I. Les chapitres 13 à 16 – un éloge ?

À la fin de l'« introduction » de 4 Maccabées, en 4 M 1,10, l'un des objectifs affichés de l'ouvrage est de « faire l'éloge » (ἐπαινεῖν) des sept frères et de leur mère. *A priori*, le contenu des chapitres 13 à 16 semble bien répondre à cet objectif.

On notera en particulier que le verbe ἐπαινεῖν lui-même y apparaît deux fois, quoique de manière paradoxale : en 4 M 13,3, c'est la Raison pieuse qui est « louée » (τῷ ἐπαινουμένῳ…λογισμῷ) ; en 4 M 13,17, les sept frères sont bien les bénéficiaires de l'éloge, mais il s'agit d'un éloge futur, proféré par les patriarches…

En revanche, du point de vue de la forme, le modèle suivi ne semble pas être celui des éloges grecs ; on sait en effet que ces derniers sont construits à partir d'une liste plus ou moins variable de lieux communs transmis par l'apprentissage rhétorique, ordonnés autour d'une perspective biographique. Rien de tel dans les chapitres 13 à 16. En fait, la louange adressée aux sept frères et à leur mère se fonde uniquement sur leur comportement lors de l'épisode des martyres. En quelque sorte, leur biographie est réduite à une journée…

II. Une fonction argumentative ?

La présence, au début des sections A et A', de passages argumentatifs, l'insertion de la transition/gradation de 4 M 14,11–12, la présence d'une « conclusion » de type démonstratif en 4 M 16,2 (verbe ἀπέδειξα, « j'ai démontré »), tout pourrait porter à croire que les chapitres 13 à 16 constituent, après le long récit des martyres, un retour à la matière « philosophique » des premiers chapitres de 4 Maccabées. En quelque sorte, on aurait la suite d'un traité sur la

---

[23] Cf. 166.

Raison pieuse interrompu par une très longue parenthèse narrative. Et pourtant...

Lorsque l'on observe le détail de l'argumentation, ce qui frappe, c'est sa répétition et sa relative pauvreté. En fait, le raisonnement tenu dans les chapitres 13 à 16 se résume à un argument répété sous diverses variantes mais relativement faible : les sept frères et leur mère ont surmonté leurs passions et leurs souffrances au moyen de la Raison pieuse... donc la Raison pieuse domine les passions et les souffrances. En termes logiques, il s'agit d'une induction à partir de deux exemples, un raisonnement particulièrement fragile. Il suffirait en effet d'un seul contre-exemple pour ruiner la démonstration.

Et puis, du point de vue formel, si l'on admet que les chapitres 13 à 16 ont essentiellement une fonction argumentative, que viennent y faire les nombreux « hymnes » relevant du registre 4 ? À notre avis, il s'agit encore d'une fausse piste.

III. Une « prédication » ?

C'est dans l'ensemble formé par les chapitres 13 à 16 que l'on constate l'imbrication maximale des quatre registres. En effet, dans l'« introduction » (4 M 1,1–12) et dans la « partie philosophique » (4 M 1,13–3,18), c'est naturellement le registre 3 qui domine. Dans la « partie narrative » (4 M 3,19–6,30 et 8,1–12,19) dominent les registres 1 et 2, ce qui est compréhensible également. Il n'y a que dans l'« éloge d'Éléazar » (4 M 6,31–7,23) et dans la finale que l'on rencontre un mélange des quatre registres, mais avec une complexité moindre, à ce qu'il nous semble.

Or, comme nous l'avons vu ailleurs[24], ce mélange de registres se retrouve, *mutatis mutandis*, dans les rares prédications synagogales en langue grecque qui nous ont été conservées. À notre avis, l'ensemble formé par les chapitres 13 à 16 correspond à une prédication du même genre. En effet, ses principales caractéristiques formelles (répétition des mêmes arguments, des mêmes scènes, adresses à l'auditoire, voire abondance relative des comparaisons) nous paraissent relever d'une influence de l'oralité. Le but du « prédicateur » n'est ni de rédiger un éloge respectant des règles « académiques », ni d'opérer une démonstration philosophique parfaite, mais bien de faire passer auprès de son auditoire des idées relativement simples, en ayant recours à des procédés rhétoriques relevant plus du pathos que d'autre chose : l'auditoire est invité à s'identifier à la mère des sept frères, placée dans la même position passive et contemplatrice que lui, à ressentir sa déchirure entre amour maternel et fidélité à la Loi (d'où les multiples retours du motif du choix de la mère).

On peut comprendre, dans ce cas, les raisons du choix d'un vocabulaire en partie inspiré des Tragiques[25] : en utilisant davantage la Terreur et la Pitié que

---

[24] Cf. Première Partie, Chapitre VI.
[25] Cf. 359.

le raisonnement dialectique, l'auteur de 4 Maccabées est plus proche de la tragédie que du traité philosophique…

Chapitre VIII

Le problème du suicide dans 4 Maccabées (à propos de 4 M 17,1)

L'un des traits par lesquels le récit de l'épisode des sept frères se distingue de sa variante de 2 Maccabées est la mention des suicides du septième frère (4 M 12,19) et de sa mère (4 M 17,1), dans les deux cas par précipitation dans le feu. Les deux suicides n'ont pas le même statut narratif : dans le cas du septième frère, son geste est simplement décrit par le narrateur, sans qu'aucune motivation soit indiquée ; en revanche, dans le cas de la mère, le récit du suicide n'est pas assumé directement par le narrateur, mais attribué à certains des gardes : c'est le seul événement rapporté dans 4 Maccabées où une telle distance est instituée. Autre différence, dans le cas de la mère, la motivation du suicide est indiquée : elle préfère mettre fin à ses jours plutôt que de subir le déshonneur d'un supplice infligé par autrui.

4 M 12,19

καὶ ταῦτα κατευξάμενος ἑαυτὸν ἔρριψε κατὰ τῶν τηγάνων, καὶ οὕτως ἀπέδωκεν.

« Après cette imprécation, il se jeta dans la chaudière, et ainsi il rendit l'âme »[1]

4 M 17,1

Ἔλεγον δὲ καὶ τῶν δορυφόρων τινὲς ὅτι ὡς ἔμελλεν συλλαμβάνεσθαι καὶ αὐτὴ πρὸς θάνατον, ἵνα μὴ ψαύσειέν τις τοῦ σώματος αὐτῆς, ἑαυτὴν ἔρριψε κατὰ τῆς πυρᾶς.

« Quelques-uns des gardes ont rapporté comment, sur le point d'être saisie pour être mise à mort, elle se jeta dans le bûcher, pour qu'on ne touchât point à son corps »

Or ce motif est précisément celui qui est avancé par l'auteur de 2 Maccabées (2 M 14,42) pour justifier le suicide de Razis (2 M 14,37–46), épisode non repris par 4 Maccabées car postérieur à l'insurrection de Judas Maccabée.

2 M 14,42

εὐγενῶς θέλων ἀποθανεῖν ἤπερ τοῖς ἀλιτηρίοις ὑποχείριος γενέσθαι καὶ τῆς ἰδίας εὐγενείας ἀναξίως ὑβρισθῆναι.

« aimant mieux mourir noblement que tomber entre les mains des criminels et subir des outrages indignes de sa noblesse »

C'est précisément également le seul motif valable de suicide retenu par Flavius Josèphe dans sa grande tirade contre le suicide (Guerre des Juifs III, 364) :

---

[1] Assez curieusement, ce verset est numéroté 12,20 dans la traduction d'A. Dupont-Sommer 1939.

Εἰ μὲν οὖν τὸν Ῥωμαίων ἀποστρέφομαι σίδηρον, ἄξιος ἀληθῶς εἰμι τοὐμοῦ ξίφους καὶ χειρὸς τῆς ἐμῆς·

« si donc je ne veux qu'écarter de moi le fer des Romains, je mérite effectivement de périr de ma propre épée et de ma propre main » (traduction d'André Pelletier, édition C.U.F.).

La proximité des motifs indiqués dans ces différents textes[2] prouve à l'envi que la conception du suicide de 4 Maccabées n'est pas propre à son auteur et s'inscrit dans une tradition existant dans le judaïsme contemporain, sans qu'il soit nécessaire de faire appel sur ce point à une influence grecque, venant par exemple du stoïcisme.

L'ajout des deux suicides dans 4 Maccabées a embarrassé les commentateurs. J. Freudenthal[3] y a vu une preuve de la dépendance de 4 Maccabées envers Jason de Cyrène plutôt qu'envers 2 Maccabées : les suicides auraient été mentionnés dans le texte de Jason de Cyrène, repris par 4 Maccabées sur ce point, alors que 2 Maccabées aurait censuré cet épisode car le suicide aurait paru condamnable à son auteur. La présence même, dans 2 Maccabées, de l'épisode du suicide de Razis rend cette hypothèse absurde. A. Dupont-Sommer, de son côté[4], a vu dans l'ajout des suicides une « invention » destinée à « exprimer l'ardeur du zèle pour le martyre ». L'attribution du récit du suicide de la mère aux gardes d'Antiochos IV serait la traduction d'un « scrupule historique » de l'auteur de 4 Maccabées[5].

Il est possible, à notre avis, d'aller plus loin dans l'explication de ces ajouts. En effet, dans le texte de 2 Maccabées, l'épisode de Razis entretient des liens étroits avec celui des sept frères et celui d'Éléazar :

a) les présentations des personnages d'Éléazar (2 M 6,18) et de Razis (2 M 14,37) font écho l'une à l'autre : Éléazar est présenté comme un exemple éminent de scribe (τις τῶν πρωτευόντων γραμματέων, « un des premiers docteurs de la Loi »), Razis comme un exemple éminent d'ancien, digne du titre de « père des Juifs », ce qui n'est pas sans rappeler le titre de « mère de la nation » (μήτηρ ἔθνους) donné par 4 Maccabées à la mère des sept frères (4 M 15,29).

2 M 14,37

Ραζις δέ τις τῶν ἀπὸ Ἱεροσολύμων πρεσβυτέρων ἐμηνύθη τῷ Νικάνορι ἀνὴρ φιλοπολίτης καὶ σφόδρα καλῶς ἀκούων καὶ κατὰ τὴν εὔνοιαν πατὴρ τῶν Ἰουδαίων προσαγορευόμενος.

« Or un homme du nom de Razis, un des anciens de Jérusalem, fut dénoncé à Nikanor. C'était un homme zélé pour ses concitoyens, jouissant d'un excellent renom, appelé père des Juifs à cause de son affection pour eux. »

b) d'après le texte de 2 Maccabées, Razis avait été « inculpé de judaïsme » (κρίσιν εἰσενηνεγμένος Ἰουδαϊσμοῦ) au temps de la persécution d'Antiochos

---

[2] Pour d'autres exemples de la même conception, cf. D. A. deSilva 2006, 239–240.
[3] J. Freudenthal 1869, 72–90.
[4] A. Dupont-Sommer 1939, 133, note 20.
[5] A. Dupont-Sommer 1939, 148, note 1.

IV (2 M 14,38), ce qui fait que sa mort héroïque au temps de Nikanor peut apparaître comme une réédition des supplices de la persécution.

c) la doctrine de la résurrection développée lors de l'épisode des sept frères est répétée, dans des termes voisins (2 M 14,46, à rapprocher de 2 M 7,11, entre autres pour l'usage du démonstratif de deuxième personne, de valeur peut-être péjorative dans ce contexte, appliqué au corps du martyr).

2 M 14,46

παντελῶς ἔξαιμος ἤδη γινόμενος προβαλὼν τὰ ἔντερα καὶ λαβὼν ἑκατέραις ταῖς χερσὶν ἐνέσεισε τοῖς ὄχλοις καὶ ἐπικαλεσάμενος τὸν δεσπόζοντα τῆς ζωῆς καὶ τοῦ πνεύματος ταῦτα αὐτῷ πάλιν ἀποδοῦναι τόνδε τὸν τρόπον μετήλλαξεν.

« et déjà tout à fait exsangue, il s'arracha les entrailles et, les prenant de ses deux mains, les lança sur la foule. Il pria le maître de la vie et de l'esprit de les lui rendre un jour, et c'est ainsi qu'il mourut »

2 M 7,11

καὶ γενναίως εἶπεν Ἐξ οὐρανοῦ ταῦτα κέκτημαι καὶ διὰ τοὺς αὐτοῦ νόμους ὑπερορῶ ταῦτα καὶ παρ' αὐτοῦ ταῦτα πάλιν ἐλπίζω κομίσασθαι·

« Il fit cette déclaration courageuse : « C'est du Ciel que je tiens ces membres, à cause de ses lois je les méprise, et c'est de lui que j'espère les recouvrer » »

En somme, il y a dans le texte de 2 Maccabées trois récits développés de comportements héroïques de personnages « civils », c'est à dire n'ayant pas pris part à la révolte de Judas Maccabée : celui d'Éléazar (2 M 6,18–31), celui des sept frères (2 M 7,1–41) et celui de Razis (2 M 14,37–46). Ayant délibérément choisi de ne rapporter que les événements antérieurs à la révolte de Judas Maccabée (qui commence dans le texte de 2 Maccabées en 2 M 8,1), l'auteur de 4 Maccabées ne pouvait pas reprendre l'épisode de Razis. Comme il l'a fait par ailleurs (condensation des personnages d'Apollonios et d'Héliodore dans l'épisode du pillage raté du Temple en 4 M 4,1–14), l'auteur de 4 Maccabées a peut-être condensé de la même manière les épisodes des sept frères et de Razis en attribuant au septième frère et, surtout, à la mère le comportement héroïque de Razis. Ce qui expliquerait le transfert du titre de « père des Juifs » de Razis (2 M 14,37) à la mère des Sept, promue « mère de la Nation » (4 M 15,29). L'attribution du récit du suicide de la mère aux gardes peut peut-être s'expliquer de la même manière : dans le texte de 2 Maccabées, le suicide de Razis est public : il se précipite sur la foule (εἰς τοὺς ὄχλους, 2 M 14,43). Pour conserver ce trait en transposant le récit du suicide de Razis dans celui du suicide de la mère, il était nécessaire qu'il y ait un témoin extérieur de la scène : qui cela pouvait-il être, sinon les gardes d'Antiochos IV, tous les juifs présents sur la scène étant déjà morts à ce stade du récit ? Par ailleurs, le fait de faire constater la bravoure de la mère par des Païens n'est, après tout, au sein du texte de 4 Maccabées, qu'une anticipation de la reconnaissance de la bravoure des sept frères par Antiochos IV lui-même (4 M 17,23), qui va jusqu'à les proposer en exemple à ses propres soldats !

En conclusion, l'ajout par l'auteur de 4 Maccabées des épisodes des suicides du septième frère et de la mère ne traduit aucune différence de conception avec 2 Maccabées, mais est peut-être la manifestation concrète d'une condensation de deux épisodes différents (mais proches par le contenu) de 2 Maccabées. Ce qui montre une fois de plus que l'auteur de 4 Maccabées n'est pas un copiste stérile et qu'il n'hésite pas à remodeler la matière narrative empruntée à 2 Maccabées pour la mettre au service de son projet propre.

Chapitre IX

La finale (4 M 17,2–18,24)

A. Introduction

Le récit proprement dit du martyre des sept frères s'achève en 4 M 12,19 par le suicide du septième frère. Les chapitres 13 à 16 sont constitués essentiellement de deux longs éloges des sept frères puis de leur mère, qui s'achèvent en 4 M 16,25 par un énoncé assez solennel de la foi en la vie « à Dieu » de ceux qui sont morts pour lui. Suit, en 4 M 17,1, le bref épisode du suicide de la mère, parallèle à celui de son dernier fils (4 M 12,19). Il y a donc un effet d'inclusion qui souligne l'unité constituée par les chapitres 13 à 16 mais qui contribue aussi à isoler le bloc formé par les chapitres 17 et 18 que, faute de mieux, nous désignerons ci-après comme « la finale de 4 Maccabées ».

La structure complexe de cet ensemble ne nous paraît en effet pas relever d'un modèle générique clairement identifiable : nous éviterons donc de parler de « péroraison », terme qui, à la rigueur, pourrait s'appliquer au chapitre 17 mais laisserait de côté le contenu entier du chapitre 18 que nous tenons pour authentique, contrairement à la vieille hypothèse de C.L.W. Grimm[1], selon laquelle le texte même de 4 Maccabées s'achevait à l'origine en 4 M 18,2, 4 M 18,3–24 étant un ajout d'une main postérieure.

Précisons également, en anticipant sur notre argumentation, que, de notre point de vue, le dernier discours de la mère des sept frères (4 M 18,7–19) n'est pas le fruit d'une interpolation, comme le soutiennent J. Freudenthal[2] et A. Dupont-Sommer[3] (le jugement de H.-J. Klauck[4] est plus mesuré), mais est, pour ainsi dire, la clef de voûte de la structure de la finale de 4 Maccabées.

Ce qui suit n'est ni un commentaire littéraire ni un exposé théologique : ce qui nous intéresse est la structure de ces deux chapitres, que nous essayerons d'appréhender à travers l'étude, d'une part, des « marqueurs structurels » (réseau de particules, anaphores, inclusions, « mots-crochets »), d'autre part, des relations thématiques et lexicales entre la finale et le reste du texte de 4 Maccabées. Notre objectif est, à partir de cette étude, de déterminer la fonction de la finale dans la structure de 4 Maccabées.

---

[1] C.L.W. Grimm 1857, 364–370.
[2] J. Freudenthal 1869, 155.
[3] A. Dupont-Sommer 1939, 153.
[4] H.-J. Klauck 1989, 658.

Ce qui frappe immédiatement dans cette finale, c'est le fait que les quatre registres que nous avons distingués sont ici mêlés d'une façon assez complexe : relèvent du registre 1 4 M 17,23–24 (plus en partie 4 M 17,21) et 4 M 18,4–5, deux petits ensembles narratifs qui racontent tous deux la défaite d'Antiochos IV et la délivrance d'Israël ; le registre 2 est représenté par le discours de la mère des sept frères, (4 M 18,7–19, 4 M 18,6 servant d'introduction) ; le registre 3 constitue l'essentiel de 4 M 17,8–22, et apparaît également en 4 M 18,3; quant au registre 4, il est représenté par pas moins de trois hymnes, un hymne à la mère des sept frères (4 M 17,2–7), un hymne aux « fils d'Israël » (4 M 18,1–2), et l'hymne final (4 M 18,20–24). La première impression est donc celle d'un ensemble composite, créé à partir de morceaux divers relevant de genres différents. Notre objectif est de démontrer que, derrière ce désordre apparent, se cache une composition rigoureuse au service d'un projet théologique.

Dans un premier temps, nous étudierons séparément les éléments textuels relevant de chacun des quatre registres, avant de nous pencher sur la composition d'ensemble de la finale.

B. Le registre 1 : un enchevêtrement complexe de deux sources

Les passages de la finale relevant du registre 1 correspondent au récit très succinct de la défaite d'Antiochos IV et de la libération de la Judée par les Maccabées. En fait, ils combinent deux traditions différentes.

En 4 M 17,21 et 18,5a (et, en écho, 18,22), Antiochos IV est perçu de manière négative : c'est un tyran, qualifié, en 4 M 18,22, de « maudit », ἀλάστωρ, terme emprunté à la langue des Tragiques. Le leitmotiv qui parcourt ces trois versets est celui du châtiment divin sur terre puis *post mortem*. La nature de ce châtiment n'est en revanche pas précisée.

Au contraire, en 4 M 17,23–24, 18,4 et 5b, Antiochos IV n'est pas châtié : il constate que sa volonté de faire renoncer Israël à la pratique de la Loi est mise en échec et lève le siège de Jérusalem (4 M 18,5b). Mieux encore, il cite le courage des sept frères en exemple à ses soldats et vole ensuite de victoire en victoire (4 M 17,23–24), les ennemis vaincus pouvant être identifiés avec les Perses (4 M 18,5b). La libération d'Israël est, dans cette version, due à la restauration de l'observance de la Loi (εὐνομίαν, en 4 M 18,4) et à la renonciation à l'assimilation à une culture étrangère (ἀλλοφυλῆσαι, en 4 M 18,5b, qui est un *hapax* de 4 Maccabées).

Comment expliquer la juxtaposition de ces deux versions contradictoires ? Le plus simple est d'admettre que l'auteur de 4 Maccabées combine deux sources historiques : 2 Maccabées, qui correspondrait à la première version ; ce que nous avons appelé « Source B », qui serait à l'origine de la seconde version. La rédaction complexe de 4 M 18,5 montre que la combinaison des deux sources n'est pas due à une interpolation secondaire mais correspond bien à une volonté du rédacteur. En effet, 4 M 18,5 comprend deux parties : la première annonce le double châtiment d'Antiochos IV ; la seconde, son abandon du siège de Jérusalem. Ces deux parties sont connectées par la particule γάρ : le texte laisse donc à entendre que cet abandon est, précisément et paradoxalement, le châtiment annoncé. Autrement dit, l'auteur de 4 Maccabées relit la tradition historique transmise par 2 Maccabées à la lumière de la vision de l'histoire de la « source B », transformant ainsi une victoire militaire en victoire morale : l'ennemi vaincu finit par reconnaître les vertus de ses ennemis.

C. Le registre 2 : le discours de la mère des sept frères (4 M 18,6–19)

Le chapitre 18 comporte un long discours de la mère des sept frères, adressé à ses fils, discours introduit en 4 M 18,6 par la formule suivante : ἔλεγεν δὲ ἡ μήτηρ τῶν ἑπτὰ παίδων καὶ ταῦτα τὰ δικαιώματα τοῖς τέκνοις ὅτι, traduit par la TOB, reprenant Dupont-Sommer, « La mère des sept fils disait encore ces paroles justes à ses enfants : ... ». L'importance de ce discours dans la structure se traduit dans le vocabulaire employé : dans la langue de la *Septante* δικαιώματα traduit assez souvent l'hébreu mitsvot (par exemple, en Exode 15,26). Ce ne sont donc sans doute pas de simples « paroles justes » que la mère énonce, mais bien des prescriptions scripturaires, ce qui correspond d'ailleurs au contenu de la seconde partie de son discours[5].

Le discours de la mère est divisé en deux parties : la première (4 M 18,7–9) est une « confession » dans laquelle elle se présente elle-même comme un

---

[5] Ce passage comporte d'ailleurs une difficulté grammaticale qui pourrait suggérer une éventuelle correction du texte : l'emploi de ταῦτα pose problème ; en effet, normalement, οὗτος renvoie à ce qui précède, et ὅδε à ce qui suit. Pour introduire un discours, on s'attendrait, par conséquent, à voir employé τάδε. L'emploi d'un démonstratif à la place de l'autre peut évidemment être imputé au caractère tardif de la langue de l'auteur de 4 Maccabées. Cependant, ne serait-il pas possible de lire, au prix de l'introduction d'une coronis et de la suppression de τά non pas le démonstratif ταῦτα mais la crase ταὐτά pour τὰ αὐτά qui est assez fréquente en langue classique (dans ce cas, l'article τά serait issu d'une correction ultérieure due à l'identification par un copiste de la forme comme un démonstratif) ? Le sens deviendrait alors : « La mère des sept fils disait aussi *les mêmes prescriptions* à ses enfants, à savoir : ». Point de détail qui pourrait avoir son importance pour la structure même chapitre 18 : si le texte originel était τὰ αὐτά, cela voudrait dire que les paroles de la mère reprennent des prescriptions qui précèdent. Or où trouve-t-on de telles prescriptions ? En 4 M 18,1, avec l'injonction aux descendants d'Abraham d'obéir à la Loi, avec la promesse d'une « part divine » qui suit en 4 M 18,3. L'ensemble des références scripturaires de 4 M 18,11–19 va dans le même sens. Ce qui fait que le discours entier de la mère aurait une fonction explicite de confirmation des conclusions de 4 M 18,1–5. Tout cela n'est évidemment qu'hypothétique et peut se voir opposer l'accord du *Sinaiticus* et de l'*Alexandrinus* sur la lecture ταῦτα.

modèle de vertu et d'obéissance à la Loi ; la seconde (4 M 18,10–19) met en scène le père des sept frères, jusque-là totalement absent du récit, et l'enseignement qu'il pouvait transmettre à ses enfants. Les deux parties sont toutes les deux construites à partir d'une série de références et d'allusions bibliques. L'ensemble forme la plus importante analepse de 4 Maccabées.

I. 4 M 18,7–9 : la mère des sept frères comme modèle de vertu

La mère des sept frères se présente elle-même comme un modèle de vertu domestique : chasteté avant le mariage (4 M 18,7–8), fidélité au mari et éducation des enfants par la suite (4 M 18,9). L'unité du passage est assurée par le retour d'un certain nombre de mots-clés : « pur » (ἁγνός), en 4 M 18,7 et 4 M 18,8 ; « vierge/virginité » (παρθένος/παρθενία), aux mêmes versets ; « fléau » (λυμέων), qui est un terme relativement rare appartenant essentiellement à la langue des Tragiques et qui apparaît à deux reprises en 4 M 18,8. À la fin de 4 M 18,7, l'expression « la côte édifiée » (τὴν ᾠκοδομημένην πλευράν) est une allusion transparente au texte de la *Septante* de Genèse 2,22, renforcée par la mention du « serpent » en 4 M 18,8 : la mère des sept frères est une figure antithétique à celle d'Ève ; elle n'a pas désobéi aux prescriptions divines, au contraire de la première femme. Par ailleurs, en 4 M 18,8, le complément de lieu « dans la plaine » (ἐν πεδίῳ) est peut-être une allusion au texte de la *Septante* de Deutéronome 22,25 qui correspond à la condamnation à mort du violeur d'une jeune fille loin de toute habitation – on peut constater qu'il existe cependant un écart d'interprétation avec le passage du Deutéronome : dans ce dernier, la victime du viol est déclarée innocente, alors que dans 4 Maccabées, ce même viol est implicitement considéré comme une faute, puisque la mère peut se targuer comme d'une vertu de ne pas l'avoir subi. Dans la bouche de la mère des sept frères, la vertu se confond avec l'éviction de toute sexualité hors du mariage.

Au-delà de l'exaltation des vertus de la mère des sept frères, 4 M 18,7–9 sert surtout à introduire la figure de leur père, qui est le grand absent du reste de 4 Maccabées, puisqu'il est censé mourir avant le début des événements qui y sont racontés. Ce personnage n'est pas nommé, ce qui permet de transférer une partie de sa fonction paternelle à Abraham, en 17,6 : « car tes fils sont la descendance d'Abraham, le père » (ἦν γὰρ ἡ παιδοποιία σου ἀπὸ Ἀβρααμ τοῦ πατρός). Le père des sept fils est proclamé paradoxalement « bienheureux » (μακάριος) en 4 M 18,9, parce qu'il n'a pas assisté au supplice de ses fils (on notera au passage le jeu étymologique qui concerne le couple d'antonymes εὐτεκνία/ἀτεκνία). En fait, il s'agit d'un personnage limité à une fonction, celle d'enseignant. Le discours de la mère met donc en scène deux figures idéales qui traduisent en actes ce que l'on pourrait appeler l'« idéologie familiale » de l'auteur de 4 Maccabées : la mère est définie par sa fonction reproductrice au niveau de la nature (de manière négative, certes, par l'exclusion de toute autre forme de sexualité) ; le père, par sa fonction de « reproduction culturelle » (pour employer des termes bourdieusiens).

Le discours de 4 M 18,7–19 est mis dans la bouche de la mère. Cependant, à partir de 4 M 18,11, elle se contente de rapporter les propos tenus dans le passé par le père. La mère, que l'on pourrait qualifier de « narrateur secondaire » (puisque son discours est intégré dans un ensemble dont le narrateur se confond implicitement avec l'auteur de 4 Maccabées), transmet ainsi la parole au père défunt, qui est donc un « narrateur tertiaire » racontant lui-même des épisodes appartenant aux textes bibliques : on a donc affaire à une succession de structures enchâssées qui contribuent à la mise en valeur du message contenu dans 4 M 18,10–19.

II. 4 M 18,10–19 : « La Loi et les Prophètes »

Ce passage correspond à la lecture des textes bibliques faite aux sept frères par leur père défunt. Il est composé d'une chaîne de références et de citations caractérisée, à partir de 4 M 18,15, par l'asyndète systématique. A. Dupont-Sommer[6] y voyait une preuve du caractère interpolé du passage. Il relevait aussi, dans la même note, l'absence d'une particule δέ répondant au μέν de 4 M 18,18 et proposait pour cette raison de transposer 4 M 18,18–19 avant 4 M 18,14, ce qui avait le mérite de rétablir dans les citations l'ordre du canon et prouvait que le texte avait été bouleversé.

Nous pensons que les deux critiques peuvent être réfutées : l'asyndète apparaît à partir de 4 M 18,15, soit dans la seconde partie de la chaîne, composée de citations juxtaposées. Le δέ de 4 M 18,14 relie l'ensemble de cette seconde partie à ce qui précède. Auparavant, dans la première partie, le système de particules est composé classiquement d'une succession de δέ. Nous n'avons donc pas affaire à une négligence de style caractéristique d'un interpolateur (sinon l'asyndète serait généralisée), mais bien à un procédé d'écriture employé consciemment, peut-être pour renforcer l'effet d'accumulation des citations ou, autre hypothèse, pour traduire l'émotion de la mère rappelant les paroles du père.

Par ailleurs, en 4 M 18,18, la particule du texte n'est pas μέν, mais μὲν γάρ qui, employé seul, peut avoir une valeur assertive[7], « en effet ; oui vraiment ; oui certes », emploi littéraire qui peut justifier sa présence en tête de la dernière citation, peut-être la plus importante.

La chaîne de références et de citations est structurée de la manière suivante :

a) tout d'abord, en 4 M 18,11–13, six allusions à des récits bibliques, sans citations explicites : en premier lieu, le meurtre d'Abel par Caïn ; puis, le sacrifice d'Isaac, l'épisode de

---

[6] A. Dupont-Sommer 1939, 155, note 18–19.
[7] Dictionnaire Bailly 1251, deuxième tiret de la section D II de l'article μέν. Cet emploi assertif est d'ailleurs celui qui est retenu par le traducteur de la TOB 2011, ainsi que par D.A.deSilva 2006, 61.

Joseph en prison, le zèle de Pinhas (qui, en Nombres 25,8, tue un Israëlite avec son épouse madianite pour mettre fin au fléau dû à l'apostasie d'Israël à Péor) ; enfin, les deux épisodes de la fournaise et de la fosse aux lions. Ces épisodes ne sont pas choisis au hasard, ils correspondent tous, d'une façon ou d'une autre, à la situation vécue par les sept frères : Abel est le premier juste assassiné : les sept frères vont subir le même sort ; Isaac a accepté d'être offert en holocauste : les sept frères vont accepter d'être mis à mort pour la Loi (il est curieux de voir que, dans ce cas, Antiochos IV et Abraham occupent des positions symétriques !) ; Joseph est emprisonné injustement comme les sept frères ; Pinhas reste fidèle à la Loi et est donc un modèle pour les sept frères ; enfin, les deux épisodes du livre de Daniel montrent que Dieu n'abandonne pas ses fidèles persécutés. Les quatre premières allusions renvoient au Pentateuque, les deux dernières, au livre de Daniel.

b) puis, quatre citations tirées des Prophètes ou des Écrits (Ésaïe 43,2, Psaume 33,20 selon la numérotation de la *Septante*, Proverbes 3,18 et Ézéchiel 37,3). On remarquera la disposition en chiasme : Prophète, Écrit, Écrit, Prophète, qui a échappé à l'observation d'A. Dupont-Sommer. Les citations sont opérées selon le texte de la *Septante*, avec des modifications que nous examinerons plus loin. Les thèmes des différentes citations sont en relation avec la situation des sept frères : soutien de Dieu à ses fidèles dans l'adversité (Ésaïe 43,2) ; souffrance des Justes (Psaumes 33,20) ; promesse de la Vie aux justes (Proverbes 3,18) ; promesse de la résurrection (Ézéchiel 37,3).

c) enfin, une citation complexe, fruit de la combinaison de Deutéronome 30,20, 32.39 et 32,47, qui affirme que Dieu est le maître de la Vie. La place finale occupée par ce texte est tout à fait justifiée : alors que les autres citations ou allusions reflètent toutes, plus ou moins, la situation des sept frères, ce texte élargit l'horizon théologique en apportant une caution scripturaire à la promesse de l'immortalité de l'âme du juste. Vouloir le déplacer avant 4 M 18,14, comme le proposait A. Dupont-Sommer, brise la progression du passage.

III. Modifications apportées aux citations de la Septante

L'auteur de 4 Maccabées introduit certaines modifications non négligeables dans certains passages bibliques cités :

– en 4 M 18,14, le texte de Ésaïe 43,2 est abrégé par la suppression de la proposition οὐ μὴ κατακαυθῇς, « tu ne seras certainement pas consumé », sans doute redondante à ses yeux avec la proposition suivante φλόξ οὐ κατακαύσει σε, « la flamme ne te consumera pas » ;

– en 4 M 18,16, le texte de Proverbes 3, 18 est profondément modifié. Alors que le texte initial est ξύλον ζωῆς ἐστι πᾶσι τοῖς ἀντεχομένοις αὐτῆς, « elle (la Sagesse) est un arbre de vie pour tous ceux qui se saisissent d'elle », le texte cité par 4 Maccabées devient ξύλον ζωῆς ἐστιν τοῖς ποιοῦσιν αὐτοῦ τὸ θέλημα, « c'est un arbre de vie pour ceux qui font sa volonté » (le genre masculin du pronom au génitif implique qu'il ne s'agit plus de la Sagesse mais sans aucun doute de Dieu). Pour l'auteur de 4 Maccabées, la condition nécessaire pour accéder à la Vie (d'après le contexte, la vie *post mortem* du juste) est l'observance de la volonté de Dieu, c'est-à-dire, dans son optique, de la Loi. On peut se demander s'il n'a pas voulu faire passer implicitement, auprès d'un public connaissant les textes cités, l'idée d'une équivalence entre l'observance de la Loi et la Sagesse, apportant ainsi une caution scripturaire à sa thèse centrale ;

– en 4 M 18,17, l'auteur de 4 Maccabées ajoute au texte d'Ézéchiel 37,3 un adjectif, ξηρά, « secs ». Cette addition n'est peut-être pas si anodine que cela, l'ajout de ce qualificatif dans une citation limitée à une question sans réponse immédiate permettant d'insister sur le caractère apparemment définitif et irrémédiable de la mort et participant peut-être de la recherche d'un effet rhétorique ;

– enfin, 4 M 18,19 comporte une longue citation composite du Deutéronome, provenant de la reprise textuelle de Deutéronome 32,39, ἐγὼ ἀποκτενῶ καὶ ζῆν ποιήσω, suivie de la fin de Deutéronome 30,20, qui ne subit que deux modifications mineures, αὕτη (vs τοῦτο) ἡ ζωή ὑμῶν (vs σου) καὶ ἡ μακρότης τῶν ἡμερῶν. Si le texte lui-même est peu modifié, le changement de contexte modifie profondément le sens de la citation : en Deutéronome 30,20, la longévité est le fruit de l'observance des commandements ; dans sa reprise en 4 Maccabées 18,19, elle devient l'effet d'un libre décret de Dieu, maître de la Vie et de la Mort, ce qui convient sans doute mieux dans un contexte immédiat où il s'agit de répondre à la question posée en 4 M 18,17 – c'est le caractère souverain de l'action de Dieu qui rend crédible la résurrection. 4 M 18,19 fait également très probablement écho à Deutéronome 32,47, où les paroles de la Loi sont présentées comme « votre vie » (ἡ ζωή ὑμῶν) et permettent aux fils d'Israël de « prolonger (leurs) jours » (verbe μακροημερεύσετε) sur leur terre (et non, certes, dans l'au-delà).

IV. Le père : son attitude par rapport aux textes bibliques

4 M 18,10–19 est le seul passage du livre où le père des sept frères est présent. Le récit ne nous apprend rien de lui ; il n'est présenté que dans son rapport avec la Loi et les textes bibliques. Les verbes dont il est le sujet, tous à l'imparfait sauf le dernier, correspondent tous à des actions en relation avec les textes sacrés. On peut les répartir, en suivant le plan du passage, en quatre groupes :

a) en 4 M 18,10–12, quatre verbes en relation directe avec l'acte de lecture et d'enseignement : ἐδίδασκεν, ἀνεγίνωσκεν, ἔλεγεν, ἐδίδασκεν. On observera que le verbe διδάσκω, « enseigner », apparaît en première et en quatrième position, encerclant, par une espèce de chiasme, les deux autres verbes signifiant respectivement « lire » et « dire », ou plutôt, en contexte, « raconter ». Le père est ici triplement caractérisé comme lecteur des textes saints, comme narrateur et comme enseignant.

b) en 4 M 18,13, deux verbes qui traduisent l'activité de l'éloge : ἐδόξαζεν et ἐμακάριζεν ; le père des sept frères apparaît ici comme un double du narrateur : l'objet de son éloge est le prophète Daniel, modèle à imiter proposé ailleurs (en 4 M 16,21) par la mère à ses sept fils ; de même que les sept frères reproduisent le comportement de Daniel, de même, leur encomiaste, l'auteur de 4 Maccabées, ne fait que reproduire le comportement du père des sept frères. On pourrait voir dans ce micro-passage une justification par l'auteur de son propre projet littéraire.

c) en 4 M 18,14–17, composé de citations directes, les quatre phrases ont toutes la même structure : les citations sont insérées dans une proposition participiale dont le sujet à l'accusatif correspond à l'auteur du livre cité et le participe à un verbe de parole ; le verbe principal, qui introduit cette participiale, a pour sujet le père des sept frères. Si le premier de ces quatre verbes (ὑπεμίμνῃσκεν), « rappeler », s'écarte peu de la thématique des versets précédents, les deux suivants (ἐμελῴδει et ἐπαροιμίαζεν) correspondent, par une espèce d'hypallage, à la fonction de l'auteur traditionnel du livre cité : ainsi, le père « chante » David et « cite en proverbe » Salomon ; au-delà du côté anecdotique, on peut trouver un sens profond à ce détail – le lecteur des textes bibliques est, par cette lecture même, conduit à imiter leurs auteurs ; la relation au texte sacré est fondamentalement une relation de mimesis. Le dernier des quatre verbes, ἐπιστοποίει, en 4 M 18,17, nécessite un commentaire particulier. En effet, il apparaît pour la première fois[8] dans 4 Maccabées (ici et dans l'éloge d'Éléazar, en 7,9). La formation de πιστοποιέω n'a rien d'extraordinaire : il s'agit d'un dérivé verbal d'un πιστοποιός non attesté, lui-même composé à partir du thème de πιστός, « digne de foi », adjectif verbal de πείθω, et du thème de ποιέω, « faire ». Les composés à second terme en -ποιός, fréquents lorsque le premier terme est à l'origine un substantif[9], le sont moins lorsqu'il est à l'origine un adjectif : P. Chantraine cite l'exemple de κακοποιός, « nuisible » et de νεωτεροποιός, « révolutionnaire » ; on peut y ajouter ζωοποιός, « qui fait vivre », qui est à l'origine du verbe de la *Septante* ζωοποιέω, « rendre vivant ». πιστοποιέω, « rendre crédible », a peut-être été créé par l'auteur de 4 Maccabées sur le modèle de ζωοποιέω ; on peut, du moins, en faire l'hypothèse.

Quoi qu'il en soit, il est frappant de constater que le même verbe rarissime apparaît dans notre passage et dans l'éloge d'Éléazar. Ce fait suffit à notre avis, s'il en était encore besoin, à révoquer en doute le fait que 4 M 18,10–19 soit un passage interpolé. De plus, en 4 M 7,9, ce verbe traduit le fait de mettre en accord ses actes avec ses paroles : le discours d'Éléazar (qualifié de « père » ; il y a donc une espèce de correspondance symbolique entre Éléazar et le père des sept frères) devient crédible car il l'illustre par le sacrifice de sa propre vie. En 4 M 18,17, c'est la citation d'Ézéchiel correspondant à une question sur la résurrection que le père « rend crédible ». Comment ? Par quel moyen ? Nous pensons que la réponse est donnée en 4 M 18,18–19, à travers la citation du Deutéronome. Ce qui justifie la position finale de cette dernière et l'emploi de la particule γάρ renforcée par μέν.

d) l'importance de la citation finale est traduite par l'emploi d'une locution verbale plus complexe que dans les cas précédents : οὐκ ἐπελάθετο διδάσκων, « il n'a pas oublié d'enseigner ».

Par ailleurs le fait d'avoir recours, après une série d'imparfaits itératifs, à un aoriste rend ce dernier implicitement semelfactif. On pourrait comprendre que l'enseignement du Deutéronome sur Dieu maître de la vie est tellement important qu'il n'a été délivré qu'une fois par le père à ses sept fils.

La combinaison des deux procédés isole la citation composite du Deutéronome et la met en valeur. Il est intéressant de noter aussi que le verbe διδάσκω, « enseigner », apparaît une seconde fois en 4 M 18,18, mais que, là, le sujet n'est autre que Moïse. Ce qui laisse entendre que le père des sept frères, par son enseignement, est lui-même un imitateur de Moïse.

Pour conclure, dans son portrait implicite du père des sept frères, tel qu'on peut le reconstituer à partir de l'étude des verbes dont ce dernier est le sujet, l'auteur de 4 Maccabées a décrit l'attitude qu'il estime devoir être celle du lecteur des textes bibliques, un comportement qui ne se limite pas à la lecture ni à l'enseignement, mais qui aboutit, par le biais de l'imitation, à la traduction des paroles reçues en actes, ce qui aboutit à leur donner de la crédibilité. Au passage, discrètement, en 4 M 18,13, la pratique de l'éloge a reçu une justification, ce qui conforte le projet littéraire de 4 Maccabées.

---

[8] A notre connaissance, il n'est repris ensuite que deux fois chez Origène (1, 656 B et 1, 1181 B au tome XI de la *Patrologie grecque*, d'après les références du *Greek Lexicon of the Roman and Byzantine Period* de Sophocles, s. v.).

[9] Pour tout ce qui concerne les composés en -ποιός, cf. P. Chantraine, *DELG*, s.v. ποιέω.

V. 4 M 18,10–19, cœur du réseau de références bibliques de 4 Maccabées

Les références présentes dans la première partie (4 M 18,11–13) se retrouvent en grande partie ailleurs dans 4 Maccabées. C'est le cas du sacrifice d'Isaac (4 M 18,11), qui revient en 4 M 16,20, dans la bouche de la mère des sept frères, et en 4 M 13,12, dans l'une des exhortations fraternelles. C'est aussi le cas de l'épisode de la fournaise (4 M 18,12), qui revient dans les mêmes passages (4 M 16,21 et 4 M 13,9), ainsi que dans le commentaire du narrateur (4 M 16,3). C'est enfin le cas de l'épisode de Daniel dans la fosse aux lions (4 M 18,13), qui revient dans le discours de la mère (4 M 16,21) et dans le commentaire du narrateur (4 M 16,3). L'épisode de Joseph dans sa prison (4 M 18,11) peut être vu comme un écho de l'épisode de Joseph et de la femme de Putiphar, présent en 4 M 2,2–3. Quant à Pinhas, modèle de prêtre (4 M 18,12), il pourrait répondre à la figure idéale du grand prêtre Aaron mentionné dans l'éloge d'Éléazar (4 M 7,12) mais aussi à celle du grand prêtre Onias dans l'épisode d'Apollonios en 4 M 4,1–14.

Plus généralement, l'accumulation de références bibliques au chapitre 18, à la fin de l'œuvre, pourrait être le répondant de la série de références du chapitre 2. De même qu'au chapitre 2, l'accumulation de références vise à démontrer que la Loi peut enseigner la maîtrise de soi et la tempérance, au chapitre 18 la chaîne de références montre que la Loi peut enseigner le courage.

Tous ces éléments invitent à renoncer à voir dans le dernier discours de la mère des sept frères une interpolation, mais à le considérer, au contraire, comme un passage essentiel, au cœur d'un réseau de références reliant notamment les exhortations mutuelles du chapitre 13, le discours de la mère au chapitre 16 et le discours final du chapitre 18.

Ce que le père a enseigné en lisant les textes bibliques au chapitre 18 est déjà présent dans le discours de la mère, au chapitre 16, pour encourager ses fils, qui, déjà, au chapitre 13, s'exhortent mutuellement en recourant aux mêmes références, avant de mettre en pratique l'enseignement en question à travers leur mort. Autrement dit, l'auteur de 4 Maccabées administre la preuve par l'exemple que l'enseignement de la Loi peut aboutir concrètement à la pratique de la vertu. On peut observer qu'il suit une logique « généalogique » qui remonte le temps, partant des martyres des sept frères (chapitres 8 à 12), pour revenir aux exhortations données (chapitre 13) et reçues (chapitre 16) avant de retrouver les sources bibliques (chapitre 18) qui fondent leur action. Cet ensemble est structuré et ne peut être le résultat accidentel d'une interpolation tardive.

D. Un long développement consacré à la doctrine de la rétribution : 4 M 17,7–22

Au sein de la finale de 4 Maccabées, le passage le plus long relevant du registre 3 occupe la majeure partie du chapitre 17 et est consacré essentiellement à une relecture du martyre des sept frères et de leur mère à la lumière de la doctrine de la rétribution *post mortem*. Cet ensemble est composé de trois « mouvements » successifs que l'on peut isoler à l'aide de deux critères : l'emploi des particules d'une part ; l'étude des champs lexicaux employés de l'autre.

I. Le système des particules comme marqueur de structure

L'emploi des particules en 4 M 17,7–22 est relativement simple. Il y a deux niveaux structurels : les phrases successives sont reliées, de façon banale, soit par la particule δέ soit par la conjonction καί (seule exception : l'association de particules γέ τοι en 4 M 17,17, employée sans doute, après la question rhétorique de 4 M 17,16, pour focaliser l'attention du lecteur sur le paradoxe d'un tyran admirant le courage de ses victimes) ; les développements successifs sont reliés par une succession de particules à valeur explicative ou causale : καὶ γάρ, en 4 M 17,8 ; γάρ, en 4 M 17,11 ; à nouveau καὶ γάρ, en 4 M 17,19.

Il est à noter que l'ensemble argumentatif étudié ici est immédiatement suivi du passage narratif de 4 M 17,23–24, introduit lui aussi à l'aide de la particule γάρ.

En se fondant sur ce critère, le chapitre 17 est organisé de la manière suivante :

– 4 M 17,1 : Conclusion du récit des martyres : suicide de la mère des sept frères.

– 4 M 17,2–6 : « Hymne » à la mère, relevant du registre 4 (comme pour tous les « hymnes » de 4 Maccabées, son début est matérialisé par une asyndète).

– 4 M 17,7 : Transition/introduction du développement argumentatif.

– 4 M 17,8–10 : Premier « mouvement » : l'épitaphe imaginaire d'Éléazar, des sept frères et de leur mère.

– 4 M 17,11–18 : Deuxième « mouvement » : le martyre comme ἀγὼν θεῖος – ce mouvement est construit, comme on le verra, autour de deux champs lexicaux associés : celui de la compétition « sportive » et celui de l'étonnement ; quant à 4 M 17,18, il assure la transition avec le mouvement suivant en introduisant le thème de la récompense reçue *post mortem*.

– 4 M 17,19–22 : Troisième « mouvement » : la double récompense des martyrs – récompense individuelle *post mortem* et libération d'Israël (l'articulation des deux étant marquée en 4 M 17,20, par la gradation οὐ μόνον…ἀλλὰ καί – il est à noter que ce même système de particules se retrouve, associé aux mêmes idées, en 4 M 18,2 et 18,3).

– 4 M 17,23–24 : Passage narratif racontant précisément la libération d'Israël – on pourrait, à la rigueur, le considérer comme un quatrième « mouvement » du même développement argumentatif.

L'ensemble est suivi, en 4 M 18,1–2 par un nouvel « hymne », adressé cette fois-ci aux « enfants d'Israël », dont le début est lui aussi matérialisé par une asyndète. Comme on le voit, si l'on intègre 4 M 17,23–24 au développement argumentatif étudié ici, l'ensemble forme un tout cohérent encadré par deux « hymnes » qui se révèleront, au moment de leur étude, avoir des contenus symétriques. Ce qui constitue une forme d'inclusion qui ne peut pas être due au hasard d'une interpolation secondaire.

II. Les leitmotive de 4 M 17,7–22.

Le plan que nous avons dégagé à l'aide de l'observation des particules peut être corroboré par l'étude des leitmotive qui traversent l'ensemble du chapitre 17 et qui se matérialisent par le retour régulier des mêmes termes.

Tout d'abord, l'ensemble formé par 4 M 17,7–22 est relié à ce qui précède et suit immédiatement par le retour du substantif « endurance », ὑπομονή[10], et du verbe correspondant, ὑπομένω : le premier apparaît en 4 M 17,4, au sein de l'« hymne » à la mère, puis revient en 4 M 17,12 et 4 M 17,17, au cœur du développement que nous étudions, et, enfin, en 4 M 17,23, dans le passage narratif final ; le second apparaît deux fois, en 4 M 17,7, verset introducteur de l'ensemble étudié, puis en 4 M 17,10, dans le texte de l'épitaphe.

Autre thème récurrent, la « noblesse », qui apparaît à travers le substantif (à l'accusatif) γενναιότητα (4 M 17,2), l'adverbe γενναίως (4 M 17,3) et l'adjectif (à l'accusatif pluriel) γενναίους (4 M 17,24). Au sens strict, cette famille étymologique est absente du développement étudié, mais l'on peut constater que ses occurrences l'encadrent.

Nul doute qu'à travers ces deux leitmotive nous sont dévoilés les enjeux majeurs du chapitre 17 : le lecteur est amené à constater la « noblesse » des sept frères et de leur mère, « noblesse » qui provient de leur « endurance », de leur capacité à endurer les pires supplices par fidélité à la Loi.

Le début du deuxième mouvement (4 M 17,11–18) est unifié, pour sa part, par le recours à deux familles étymologiques successives. Tout d'abord, celle du substantif ἀγών, « compétition sportive », qui apparaît en 4 M 17,11, puis reçoit l'écho du verbe simple ἀγωνίζομαι (4 M 17,13) et des composés προαγωνίζομαι (4 M 17,13) et ἀνταγωνίζομαι (4 M 17,14). Ensuite, celle, équivalente pour le sens, de ἆθλον, « prix », qui est représentée par les verbes ἀθλοθετέω (4 M 17,12) et ἐναθλέω (4 M 17,13). On remarquera qu'en 4 M 17,11, 12 et 13 les termes relevant de ces deux familles alternent régulièrement. Cette belle ordonnance disparaît cependant en 4 M 17,14, puisqu'aucun terme de la famille de ἆθλον ne vient s'intercaler entre προαγωνίζομαι et ἀνταγωνίζομαι. L'emploi de ces deux premières séries lexicales répond à un

---

[10] B. Shaw (B. Shaw 1996, 278) a pu voir, de manière sans doute excessive, dans 4 Maccabées une œuvre de fiction destinée à promouvoir l'« endurance » (ὑπομονή). Pour une discussion de la these de B. Shaw, cf. B. Tabb 2017, 106.

objectif clair : filer la métaphore « sportive », qui se prolonge en 4 M 17,15–16 par l'emploi d'ἀθλητάς, « athlètes »[11].

En 4 M 17,14–18, le champ lexical de la vision et de l'étonnement prend progressivement le relais, à travers l'emploi des verbes θεωρέω (4 M 17,14), θαυμάζω (4 M 17,16 et 17) et ἐκπλήττω (4 M 17,16), ces deux derniers étant renforcés par la répétition, en 4 M 17,16, de la structure interro-négative « τίνες οὐκ...; », à valeur de question rhétorique.

On peut observer encore la gradation ascendante des sujets de 4 M 17,13–14. Interviennent successivement Éléazar, la mère, les sept frères, Antiochos IV, puis le monde entier (κόσμος) et l'humanité (ὁ τῶν ἀνθρώπων βίος). Une gradation semblable se retrouve en 4 M 17,17–18 puisque l'on passe du souverain terrestre Antiochos IV, entouré de son conseil (4 M 17,17), à Dieu, présenté comme le souverain céleste à travers l'image de son trône (4 M 17,18).

Le recours à la métaphore sportive permet à l'auteur de 4 Maccabées d'aborder la question de la récompense promise aux « athlètes » que sont les sept frères : le thème apparaît d'abord en 4 M 17,15, à travers la mention du « couronnement » des vainqueurs par la « piété » (θεοσέβεια), récompense qui se traduit tout d'abord par l'admiration que suscitent chez tous les sept frères (thème exposé en 4 M 17,16–17), puis par le don *post mortem* de l'« éternité bienheureuse » (μακάριον...αἰῶνα), mentionnée en 4 M 17,18, qui sert de verset de transition avec le troisième mouvement (4 M 17,19–22), consacré à ce dernier thème.

Dans les premier et troisième mouvements du développement (4 M 17,8–10 et 19–22), de tels leitmotive ne semblent pas apparaître. Tout juste peut-on relever la reprise, sous une autre forme (participe aoriste passif au lieu du participe parfait médio-passif) en 4 M 17,20 du verbe ἁγιάζω, « sanctifier », de 4 M 17,19, mais l'interprétation est différente : 4 M 17,19 étant une citation littérale du texte de la *Septante* (Deutéronome 33,3b), la reprise du même terme vise sans doute à montrer l'accomplissement, dans le cas des sept frères, d'une promesse contenue dans la Loi. Il est à noter qu'un procédé similaire apparaît également immédiatement après, en 4 M 17,20 : à la forme de parfait τετίμηνται, « ils ont été honorés », fait aussitôt écho le substantif (au datif à valeur instrumentale) τιμῇ, « honneur ». Il est difficile d'y voir autre chose qu'un jeu rhétorique sur la parenté étymologique.

III. Le premier mouvement (4 M 17,8–10) : les fonctions possibles d'une épitaphe fictive

Le caractère fictif de l'épitaphe de 4 M 17,9–10 est indiqué par le texte même de 4 Maccabées : sa fonction explicite, annoncée au début de 4 M 17,7, est d'accomplir une ζωγραφία, littéralement une représentation picturale de la pié-

---

[11] Cf. à propos de l'utilisation de la métaphore athlétique au service de la construction de l'image de la masculinité en 4 Maccabées, S. D. Moore et J. C. Anderson 1998, 260–261.

té de la mère des sept frères. Pour être précis, le substantif lui-même n'est pas employé, mais le verbe correspondant apparaît au début de 4 M 17,7 : ζωγραφῆσαι τὴν τῆς εὐσεβείας σου ἱστορίαν, « peindre comme sur un tableau l'histoire de ta piété ». Il est à noter que le substantif ἱστορία, « histoire », n'apparaît dans le texte de 4 Maccabées qu'ici et à la fin de la première partie (3,19) où il renvoie à l'ensemble des récits des martyres. L'épitaphe fictive et le récit des martyres sont ainsi présentés comme deux réalisations différentes d'un même projet narratif.

Dans la seconde partie de 4 M 17,7, l'objet de la représentation change : ce qui est désormais mis en scène, c'est l'endurance de la mère dans les supplices qu'elle subit, spectacle censé créer de l'effroi (emploi du verbe φρίττω) chez les spectateurs. On en déduit que la piété (εὐσέβεια) de la mère équivalait pour l'auteur de 4 Maccabées à son « endurance » (ὑπομονή). C'est, nous semble-t-il, le message même de l'épitaphe fictive : en 4 M 17,10, il est dit explicitement que la vengeance (emploi du verbe ἐκδικέω) du peuple d'Israël est obtenue à l'aide, d'une part, de la « contemplation » (emploi du verbe ἀφοράω) de Dieu, d'autre part, de l'endurance (emploi du verbe ὑπομένω) dans les souffrances. Ce message est adressé aux membres du peuple d'Israël (désignés par le groupe prépositionnel substantivé τοῖς ἀπὸ τοῦ ἔθνους) et est destiné à être mémorisé (certes l'expression εἰς μνείαν est la plus banale qui soit dans la langue des épitaphes funéraires, mais la relative solennité du groupe prépositionnel qui la précède immédiatement inviterait à lui redonner son sens originel) : l'épitaphe fictive apparaît ainsi comme un artifice littéraire visant à mettre en valeur l'une des idées clefs de 4 Maccabées, la promotion d'une forme de résistance passive dont il sera dit plus loin (4 M 17,22 puis 4 M 18,5) qu'elle a été à l'origine de la libération d'Israël. Ce qui revient à la condamnation de la résistance armée : on remarquera que nulle part, dans la finale (ni d'ailleurs dans l'ensemble de 4 Maccabées), la révolte des Maccabées n'est mentionnée ni même évoquée.

IV. Le troisième mouvement (4 M 17,19–22) : une relecture théologique du martyre des sept frères

L'introduction, en 4 M 17,19, d'une citation scripturaire permet à l'auteur de 4 Maccabées de passer du plan humain (où le comportement des sept frères est jugé à l'aide de catégories empruntées à la culture gréco-romaine) à un plan théologique (où les mêmes faits sont restitués dans une perspective proprement juive).

Dans cette perspective, les sept frères obtiennent une double récompense : tout d'abord, le don individuel d'une « éternité bienheureuse » (l'expression ταύτῃ τῇ τιμῇ de 4 M 17,20, qui comporte un démonstratif anaphorique, renvoie à l'évidence à 4 M 17,18) ; ensuite, plus importante aux yeux de l'auteur (ce que montre la gradation de 4 M 17,20), la récompense collective accordée au peuple d'Israël. Celle-ci est d'abord décrite de manière concrète sous forme d'une gradation ascendante en trois temps (délivrance « négative » en 4 M

17,20 [nous disons « négative » car le texte n'évoque ici qu'une absence de défaite], châtiment d'Antiochos IV et purification de la patrie en 4 M 17,21). Elle fait ensuite l'objet d'une relecture théologique, dans un passage capital : c'est en effet en 4 M 17,21–22 seulement qu'apparaissent les thèmes du rachat d'Israël par le sang des martyrs et du salut provenant de la providence divine. C'est donc ici seulement également, dans l'ensemble de 4 Maccabées, que l'on rencontre le vocabulaire théologique correspondant : « rançon » (ἀντίψυχον) et « péché » (ἁμαρτίας) en 4 M 17,21 ; « sacrifice expiatoire » (ἱλαστηρίου) ; « providence divine » (θεία πρόνοια) et « sauver » (διέσωσεν) en 4 M 17,22. 4 M 17,21–22 forme ainsi une espèce de « confession de foi » que le texte lui-même invite à rattacher à une expression communautaire, peut-être liturgique, à travers l'emploi de la première personne du pluriel en 4 M 17,20 : Israël y est appelé « notre peuple » (τὸ ἔθνος ἡμῶν), ce qui implique que la proclamation de salut qui s'y rapporte est reprise par une communauté à laquelle appartient l'énonciateur.

On peut se demander si le pronom (au datif) ἡμῖν de 4 M 17,7 est à interpréter également en ce sens ou s'il s'agit d'un pluriel de majesté renvoyant à l'auteur. Le contexte ne permet pas de trancher absolument, mais la première possibilité est séduisante : ce serait l'ensemble du développement de 4 M 17,7–22 qui serait à mettre au compte d'une expression communautaire.

E. Les deuxième et troisième « confessions » : 4 M 18,2–5 et 18,20–23

Au début du chapitre 18, un deuxième développement relève du registre 3, avec un contenu sensiblement différent de la « confession » de 4 M 17,20–22. Ce passage est dans la continuité immédiate de l'« hymne » de 18,1 (on peut d'ailleurs se demander si 4 M 18,2 est à rattacher plutôt à cet « hymne » ou à ce que nous appelons ici la « deuxième confession » : le contenu du verset, qui correspond à la formulation de la thèse défendue par 4 Maccabées, invite plutôt à la seconde solution). L'étude de ce développement est capitale pour la résolution de la question de l'authenticité du chapitre 18.

En effet, la difficulté qui a conduit Dupont-Sommer à athétiser l'essentiel du chapitre 18 est assez claire : si l'on recherche où se situe la conclusion logique (en utilisant comme marqueur la reprise finale de la thèse défendue), la réponse est évidente : il s'agit de 4 M 18,1–5, ce que confirme l'examen de détail, qui suggère que ce passage est à la fois un résumé et une reprise conclusive du développement de 4 M 17,7–22.

4 M 18,1 est à la fois un passage en « Du-Stil » (relevant du registre 4) et une « parénèse ».

4 M 18,2 reprend la thèse défendue, en introduisant une première gradation en οὐ μόνον...ἀλλὰ καί (souffrances intérieures/extérieures).

4 M 18,3 est une conclusion narrative concernant les sept frères, avec une seconde gradation οὐ μονόν...ἀλλὰ καί, faisant écho à la structure du chapitre 17 (l'admiration humaine est un écho de 4 M 17,7–18, passage dominé, comme on l'a vu, par la métaphore athlétique et la thématique de l'étonnement ; la « part divine » répond à 4 M 17,18 où il est affirmé, citation du Deutéronome à l'appui, que les sept frères se tiennent près du trône de Dieu).

4 M 18,4, conclusion narrative concernant Israël, reprend, lui, 4 M 17,20–22.

4 M 18,5 est complexe, car il combine deux versions contradictoires, celle du châtiment ante et *post mortem* d'Antiochos IV (symétrique inversé de 4 M 18,3), et celle du départ victorieux vers la Perse (écho de 4 M 17,23–24) – ce passage relève du registre 1 et a été abordé plus haut.

4 M 18,1–5 est donc un résumé et un miroir de 4 M 17,7–24, qui est déjà une relecture de l'ensemble du récit des martyres. 4 Maccabées pourrait se terminer là et tout ce qui suit pourrait être considéré comme le fruit d'une interpolation.

Et pourtant le discours de la mère (4 M 18,6–19) est au cœur du réseau de citations bibliques de 4 Maccabées et 4 M 18,20–23 est un symétrique de 4 M 18,1–5 (passage en « Du-Stil » en 4 M 18,20a, résumé narratif du récit des martyres en 4 M 18,20b-21, châtiment d'Antiochos IV en 4 M 18,22 [écho de la version négative de 4 M 18,5a], récompense *post mortem* des 7 frères et de leur mère en 4 M 18,23).

Cela donne en résumé les correspondances internes suivantes au sein du chapitre 18 : 4 M 18,1/18,20 ; 4 M 18,5a/18,22 ; 4 M 18,3/18,23.

On remarquera que la reprise de la thèse défendue (4 M 18,2) ne figure que dans le premier passage et la description des martyres (4 M 18,20b-21) que dans le second (dans le premier ils ne sont pas décrits mais repris par le terme générique, au génitif, « πόνων »).

Comment expliquer cette duplication de la conclusion ? Nous ne voyons qu'une seule explication : les deux passages symétriques de 4 M 18,1–5 et 18,20–23 ont pour fonction essentielle d'encadrer et de mettre en valeur le discours de la mère (4 M 18,6–19) qui, loin d'être un ajout secondaire, est capital pour la compréhension de l'ensemble de 4 Maccabées.

F. Les trois « hymnes » (4 M 17,2–6 ; 4 M 18,1–2 ; 4 M 18,20) : la charpente de la finale

La finale de 4 Maccabées comporte trois « hymnes » relevant du registre 4, que l'on peut isoler à l'aide du critère du recours à la deuxième personne.

Le premier des trois (4 M 17,2–6), adressé à la mère des sept frères, est le plus développé.

Il commence en 4 M 17,2 par une relecture (une de plus) du récit des martyres, où la mère est mise au premier plan. L'auteur lui attribue, tout d'abord, la destruction de la force du tyran, dans une formulation à laquelle fait écho l'épitaphe de 4 M 17,9 -10 : même emploi du verbe « détruire », καταλύω, en 4 M 17,2 et 17,9 ; même emploi, aux mêmes versets, du groupe nominal τυράννου βίαν, « violence du tyran ». Deux autres actions sont mises au crédit de la mère : d'un côté, l'« annulation » (verbe ἀκυρόω) des projets d'Antiochos IV, victoire « négative » dont on retrouve l'idée en 4 M 17,20, dans le troisième mouvement étudié plus haut ; de l'autre, la démonstration de la « noblesse de la foi » (τὴν τῆς πίστεως γενναιότητα). Par son action, la mère démontre (verbe δείκνυμι) la validité de la thèse soutenue par l'auteur de 4 Maccabées, dont on ne trouvera cependant l'énoncé complet qu'en 18,2, mis au compte des sept frères. Le parallèle des deux passages est souligné par le recours à la même famille étymologique : substantif πίστις en 4 M 17,2, verbe πείθω en 4 M 18,1. On notera que l'objet de la foi n'est dévoilé qu'en 4 M 18,1 : il s'agit non pas de Dieu, mais de la Loi.

4 M 17,3 introduit une première métaphore, assez surprenante. En effet, alors que 4 M 17,2 mettait au premier plan l'action de la mère, c'est elle désormais, assimilée au toit, qui supporte le séisme des supplices grâce à l'appui de ses fils, assimilés aux colonnes d'un édifice. L'inversion de perspective n'est peut-être qu'apparente, la position élevée du toit étant sans doute synonyme de « noblesse » (ce qui expliquerait la présence de l'adverbe γενναίως).

4 M 17,4 comporte une nouvelle « invocation » à la mère (les désignations successives de celle-ci seront étudiées plus loin). Elle est appelée au « courage » (emploi du verbe θαρρέω) grâce au secours de l'« espérance de l'endurance » (τὴν ἐλπίδα τῆς ὑπομονῆς) reçue de Dieu. Alors qu'en 4 M 17,2, c'est la mère qui est actrice, grâce à sa foi, c'est désormais Dieu qui prend l'initiative.

Nouvelle métaphore en 4 M 17,5, qui fait peut-être écho au rêve de Joseph (Genèse 37,9 : les sept frères sont assimilés à des étoiles ; leur mère, à la lune, dans une quasi-apothéose. On notera la présence d'un *hapax*, « semblables à des astres » (ἰσαστέρους), peut-être forgé sur le modèle de ἰσάργυρος, « semblable à de l'argent », qui appartient à la langue des Tragiques. Ainsi que le relève Dupont-Sommer[12], c'est également dans ce passage que l'on rencontre la première attestation de φωταγωγέω, « illuminer », dérivé de l'adjectif composé φωταγωγός, « qui amène la lumière », attesté chez Lucien[13], verbe que l'on retrouvera ensuite, par exemple, chez Clément d'Alexandrie.

4 M 17,6 représente la conclusion de l'« hymne » : ce qui explique la « noblesse » de la mère, c'est que sa maternité (παιδοποιία) provient de sa filiation abrahamique – sur le plan symbolique, c'est Abraham qui vient occuper la place du père absent des sept frères, père qui n'apparaîtra que dans le discours final de la mère (4 M 18,6–19).

---

[12] A. Dupont-Sommer 1939, 149, note 5.
[13] Au sens de « fenêtre », par exemple chez Lucien, *Banquet*, 20.

La structure de ce premier hymne est donc assez simple : trois énoncés à la deuxième personne, relatifs aux actions de la mère (4 M 17,2), à l'aide qu'elle reçoit de Dieu (4 M 17,4) et à sa filiation abrahamique (4 M 17,6), entre lesquels viennent s'intercaler deux métaphores (4 M 17,3 et 17,5) illustrant toutes deux la « noblesse » de la mère et de ses sept fils. Au passage, la métamorphose en astres de 4 M 17,5 pourrait être considérée comme une annonce métaphorique de l'« éternité bienheureuse » de 4 M 17,18.

Les deux autres « hymnes » sont très brefs : en 4 M 18,1, l'« hymne » est adressé à l'ensemble du peuple d'Israël, défini par sa filiation abrahamique (écho de 4 M 17,6). Il a une valeur parénétique, puisque le peuple est appelé à avoir foi en la Loi et à pratiquer la piété, le tout étant justifié par la connaissance, par le peuple, de la puissance de la « raison pieuse », c'est à dire de la thèse même de 4 Maccabées !

En 4 M 18,20, l'« hymne » se réduit à une invocation du jour du martyre, défini par un paradoxe : c'est un jour cruel (Ὦ πικρᾶς τῆς τότε ἡμέρας), en raison des supplices, et, en même temps, il ne l'est pas (καὶ οὐ πικρᾶς), en raison du triomphe *post mortem* de la mère et de ses sept fils, la « cruauté » étant reportée du jour du martyre sur Antiochos IV grâce à une troisième occurrence de l'adjectif (ὁ πικρὸς Ἑλλήνων τύραννος).

Les trois « hymnes » introduisent tous un développement relevant du registre 3 : le premier ouvre sur le très long développement de 4 M 17,7–22, qui aboutit à une relecture théologique du martyre comme sacrifice d'expiation, dont l'efficacité est attestée par les événements racontés dans le passage (relevant du registre 1) de 4 M 17,23–24 ; le second hymne initie la « deuxième confession » de 4 M 18,2–5 ; le dernier introduit la « troisième confession » de 4 M 18,20–23. On remarquera que les deux développements introduits par les deuxième et troisième hymnes encadrent le discours de la mère de 4 M 18,6–19. Les trois « hymnes » constituent, de cette manière, le cadre de la finale des chapitres 17 et 18 – ils encadrent et mettent en valeur, d'une part, le long développement du chapitre 17, qui effectue une relecture théologique du récit des martyres, et, d'autre part, le long discours de la mère, qui apporte une caution scripturaire à cette relecture.

G. Synthèse : structure d'ensemble de la finale de 4 Maccabées

La finale de 4 Maccabées est composée de passages relevant des quatre registres que nous avons distingués. Loin d'être due au hasard, leur association obéit à une hiérarchie rigoureuse, distinguant au moins quatre niveaux de composition :

– le premier d'entre eux, qui sert de cadre général à l'ensemble, est formé des trois « hymnes » (4 M 17,2–6 ; 4 M 18,1 ; 4 M 18,20), le premier étant le plus développé des trois ;

– le deuxième est composé de trois ensembles relevant du registre 3 (4 M 17,7–22 ; 4 M 18,2–3 ; 4 M 18,20–23), qui ont pour point commun d'effectuer une relecture théologique du récit des martyres, à la lumière de la doctrine de la rétribution *post mortem* ; là encore, le premier de ces ensembles est le plus développé ; le troisième comporte un résumé des supplices subis (4 M 18,20b-21) que l'on pourrait considérer à la rigueur comme relevant du registre 1 ;

– le troisième niveau est composé de deux petits passages « historiques » relevant du registre 1 (4 M 17,23–24 ; 4 M 18,4–5), qui tous deux illustrent concrètement la libération d'Israël et/ou le châtiment d'Antiochos IV ; pour le contenu, ils ont un écho en 4 M 18,22–23 ;

– le quatrième niveau comprend uniquement le discours de la mère (4 M 18,6–19).

La combinaison des trois premiers niveaux donne naissance à trois développements de structure comparable, mais inégaux par leur étendue (respectivement 4 M 17,2–24 ; 4 M 18,1–5 ; 4 M 18,20–23). Le deuxième et le troisième apparaissent comme des résumés du premier et encadrent le discours de la mère qui est ainsi mis en valeur.

L'unité de l'ensemble est assurée par plusieurs procédés de parallélismes et de répétitions qui, outre ceux que nous avons déjà relevés, comportent également l'emploi de leitmotive associés à chacun des personnages.

Ainsi, la mère n'est jamais désignée indépendamment de ses enfants, sauf en une occasion ; qu'on en juge :

– 4 M 16,24 ἡ ἑπταμήτωρ, « la mère des sept » ;

– 4 M 17,2 ὦ μῆτηρ σὺν ἑπτὰ παισίν, « ô mère […] avec tes sept fils » ;

– 4 M 17,4 ὦ μῆτηρ ἱερόψυχε, « ô mère à l'âme sainte » ;

– 4 M 17,7 μητέρα ἑπτὰ τέκνων, « une mère de sept enfants » ;

– 4 M 17,9 γυνὴ γεραιὰ καὶ ἑπτὰ παῖδες, « une femme âgée, et sept enfants » ;

– 4 M 17,13 ἡ δὲ μήτηρ τῶν ἑπτὰ παίδων, « la mère des sept fils » ;

– 4 M 18,6 ἡ μήτηρ τῶν ἑπτὰ παίδων, « la mère des sept fils » ;

– 4 M 18,20 τοὺς ἑπτὰ παῖδας τῆς Ἀβρααμίτιδος, « les sept enfants de l'Abramiti-de » ;

– 4 M 18,23 οἱ δὲ Ἀβραιαῖοι παῖδες σὺν τῇ ἀθλοφόρῳ μητρί, « les fils d'Abraham, avec leur mère victorieuse ».

La mère est désignée six fois comme mère de sept enfants, cinq fois à l'aide de moyens syntaxiques divers (complément adnominal au génitif, complément circonstanciel d'accompagnement, simple coordination), une fois au moyen de la création d'un substantif composé de type *vibhakti-tatpurusa*, ἑπταμήτωρ, qui est un *hapax* de 4 Maccabées.

En 4 M 18,20 et 18,23, ce sont, à l'inverse, les sept frères qui sont désignés comme les enfants de leur mère, avec mention, dans les deux cas, de la filiation abrahamique, thème apparu en 4 M 17,6 et 18,1 : en 4 M 18,20, c'est la mère qui porte cette filiation ; en 4 M 18,23, ce sont ses enfants.

Enfin, en 4 M 17,4, la mère se voit attribuer un rôle quasi-sacerdotal, par le moyen de la création d'un substantif composé de type *bahuvrihi*, ἱερόψυχε, qui est également un *hapax* de 4 Maccabées. En quelque sorte, le personnage de la mère annexe ici celui d'Éléazar, mentionné à ses côtés dans l'épitaphe, en 4 M 17,9 (γέρων ἱερεύς).

Antiochos IV, quant à lui, est majoritairement désigné simplement comme « le tyran » (4 M 17,2 ; 17,9 ; 17,14 ; 17,17 ; 17,21) ; dans les passages relevant du registre 1, cet appellatif se retrouve, mais associé au nom propre d'Antiochos (4 M 17,23 et 18,5) ; ce n'est que tout à la fin du chapitre 18 qu'apparaissent des qualificatifs infamants :

– 4 M 18,20 ὁ πικρὸς Ἑλλήνων τύραννος, « le cruel tyran des Grecs » ;

– 4 M 18,22 τὸν ἀλάστορα τύραννον « ce maudit (tyran) ».

Il est à noter que 4 M 18,20 est l'unique occurrence, dans 4 Maccabées, de l'ethnonyme des Grecs (il faut noter cependant la présence de l'adjectif dérivé Ἑλληνικός en 4 M 8,8) et que l'adjectif ἀλάστωρ est emprunté à la langue des Tragiques. Contrairement à la mère, Antiochos IV n'a donc pas, dans la finale, de désignation unifiée. Cette hésitation provient peut-être de la combinaison de traditions différentes (soit une tradition « négative », provenant de 2 Maccabées, et une tradition « positive », reflétant la source B[14]).

---

[14] Cf. 98.

Appendice

4 Maccabées et 6 Maccabées (SyrMacc)

Au cours du sixième Symposium Syriacum, qui s'est tenu à Cambridge en 1992, Witold Witakowski[1] a attiré l'attention sur un poème syriaque de date inconnue, composé de 678 vers, consacré au martyre des sept frères et de leur mère, et publié pour la première fois en 1895 par R. L. Bensly et W. E. Barnes. Ce texte est parfois appelé 6 Maccabées[2], mais W. Witakowski le dénomme simplement *On the Maccabees*. En 2002 Sigrid Peterson a soutenu auprès de l'Université de Pennsylvanie une thèse consacrée à ce texte[3], qu'elle désigne comme « The Syriac Poem of the Maccabees » (SyrMacc).

S. Peterson relève un grand nombre de convergences entre 4 Maccabées et SyrMacc. La matière narrative du poème correspond aux récits des martyres d'Éléazar, des sept frères et de leur mère. Un grand nombre de discours des différents personnages est inséré dans le récit : Antiochos IV s'adresse à Éléazar (vers 79–82), aux sept frères dans leur ensemble (vers 145–161 et 170–176) et au septième frère en particulier (vers 561–568) ; Éléazar lui répond (vers 83–105), ce qui est le cas également des sept frères, dans leur ensemble (vers 177–200). Puis on rencontre une série de discours particuliers des sept frères (sauf dans le cas du deuxième frère), dédoublés dans la majorité des cas (frère 1 : vers 218–225 et 239–247 ; frère 3 : vers 318–327 et 337–343 ; frère 4 : vers 380–391 et 395–400 ; frère 5 : vers 434–446 et 454–458 ; frère 6 : vers 492–501 et 512–520 ; frère 7 : vers 582–597). La mère s'adresse à chacun des frères en particulier (frère 1 : vers 207–211 ; frère 2 : vers 261–268 ; frère 3 : vers 304–314 ; frère 4 : vers 361–374 ; frère 5 : vers 420–431 ; frère 6 : vers

---

[1] W. Witakowski 1994.

[2] On en trouvera une version anglaise en ligne à l'adresse : https://rejectedscriptures.weebly.com/books-of-maccabees-part-2.html, consultée pour la dernière fois le 8 mai 2021.

[3] S. Peterson 2002. Nous n'avons pu hélas consulter ce travail que partiellement, et en ligne. Pour être précis, nous avons eu accès :
– au premier chapitre de la thèse : https://www.sas.upenn.edu/~petersig/chapter1.htm,
– aux notes finales : https://www.sas.upenn.edu/~petersig/endnotes.htm,
– et à un appendice, qui était à l'origine une intervention de Mme Peterson lors d'une journée d'études tenue à Chicago en 1994, « Fourth Maccabees and The Asia Minor Provenance Hypothesis » : https://www.sas.upenn.edu/~petersig/mcc4sbl.htm.
Cet appendice comprend un tableau comparatif des plans de 4 Maccabées et de SyrMacc. Notre dernière consultation en ligne de ces trois documents remonte au 8 mai 2021.

476–485 ; frère 7 : vers 572–576) puis aux sept frères dans leur ensemble, en hébreu (vers 647–671), et, après la mort de ses fils, se suicide (vers 624–628). En bref, pour reprendre notre propre terminologie, la structure de SyrMacc reprend celle des portions des récits des martyres de 4 Maccabées qui relèvent des registres 1 et 2. En particulier, la reprise du procédé de *réduplication* des discours est remarquable. SyrMacc se singularise en revanche par la démultiplication des discours de la mère.

Toutes ces constatations ont conduit S. Peterson à supposer que 4 Maccabées et SyrMacc partageaient de manière indépendante une même source. Pour notre part, il nous paraît plus simple de considérer que c'est le texte de 4 Maccabées (sans doute dans une version syriaque) qui a servi de source à SyrMacc. En effet, le poème présente certaines particularités, totalement absentes de 4 Maccabées, qu'il est vraisemblable d'attribuer à des ajouts postérieurs, ne serait-ce que les noms des personnages (la mère porte, dans SyrMacc, le nom de Martha Shamoni et les sept frères ceux de Gaddi, Maccabai, Tharsai, Hebron, Hebhzon, Bacchus et Jonadab) : si ces noms avaient figuré dans la source commune postulée, pourquoi l'auteur de 4 Maccabées les aurait-il supprimés ? Par ailleurs, SyrMacc comprend une série d'« hymnes » adressés à la deuxième personne aux sept frères et à leur mère (frère 1 : vers 248–260 ; frère 2 : vers 292–303 ; frère 3 : vers 344–360 ; frère 4 : vers 406–419 ; frère 5 : vers 459–475 ; frère 6 : vers 525–540 ; frère 7 : vers 602–613 ; mère : vers 629–641). Un tel procédé, systématique, est absent de 4 Maccabées, mais pourrait s'inspirer des « hymnes » relevant du registre 4. (S. Peterson, de son côté, attribue l'insertion de ces « hymnes » à l'intervention d'un second rédacteur, plus tardif). En bref, l'explication la plus simple des ressemblances entre 4 Maccabées et SyrMacc est la dépendance du poème syriaque envers l'ouvrage de langue grecque, éventuellement par l'intermédiaire d'une version syriaque de 4 Maccabées. L'auteur syriaque, dans cette perspective, n'a conservé que les passages relevant des registres 1 et 2, tout en s'inspirant peut-être des « hymnes » du registre 4. En tout cas, il nous paraît exclu que SyrMacc puisse nous permettre d'accéder indirectement au texte d'une source inconnue de 4 Maccabées, comme le soutient S. Peterson.

Troisième partie
Le message de 4 Maccabées

Jusqu'à présent, nous n'avons examiné que les modifications de structure apportées par l'auteur de 4 Maccabées au récit emprunté à 2 Maccabées. Ces modifications ne sont cependant pas dues à des choix arbitraires, mais sont mises au service d'un projet totalement différent de celui de 2 Maccabées. L'objet de la présente partie est précisément de déterminer les objectifs de l'auteur de 4 Maccabées et de montrer en quoi ils divergent de ceux de l'auteur de 2 Maccabées.

Cet examen portera sur plusieurs aspects : 4 Maccabées diffère de 2 Maccabées quant à sa vision de Dieu (chapitre I) et de l'au-delà (chapitre II) ; ces différences proviennent en partie de l'influence des conceptions philosophiques stoïciennes (chapitre III), mises au service d'une lecture rigoriste du rôle de la Loi (chapitre IV), lecture liée elle-même à une modification du contexte politique (chapitre V). En fin de compte, l'auteur de 4 Maccabées, situé dans un contexte de confrontation de deux cultures, a tenté de répondre aux défis résultant d'une situation d'interculturation (chapitre VI).

Chapitre I

L'aspect théologique :
La figure de Dieu dans 2 et 4 Maccabées

A. Les désignations de Dieu en 2 M 3,1–7,42

La façon de désigner Dieu dans 2 Maccabées (chapitres 3 à 7) ne s'écarte pas sensiblement des usages majoritaires dans la *Septante* : on constate la coexistence quasiment à parité de θεός (17 occurrences), terme générique employé avec ou sans article, et de κύριος (12 occurrences), « Seigneur », qui correspond à l'hébreu 'Adōnay, substitut du tétragramme divin. Également « classique » est l'emploi de παντοκράτωρ, « tout-puissant », correspondant à l'hébreu Ṣĕbaōt, « des armées » (5 occurrences, dont une en combinaison avec θεός et une en combinaison avec κύριος).

Une observation plus fine des contextes d'apparition des différents noms divins conduit à la conclusion que Dieu est présenté dans 2 M 3 à 7 avant tout comme un souverain céleste intervenant activement dans l'histoire, en opposition à Antiochos IV (l'emploi en 2 M 3,30 du participe ἐπιφανέντος, « qui s'est manifesté », comme épiclèse divine, est sans doute une allusion au surnom d'Antiochos IV Epiphane). Dans l'ensemble textuel, Dieu est constamment associé à l'idée de force et de puissance, comme le montre bien l'examen des différents substantifs auxquels est associé un génitif θεοῦ.

I. θεός, « Dieu »

Il y a en tout 16 occurrences du théonyme θεός dans les chapitres 3 à 7 de 2 Maccabées. Pour nous faire une idée plus précise du contexte d'apparition de chacune de ces occurrences, nous en avons opéré un classement grammatical par cas.

Tableau n°19 : Occurrences de θεός dans les chapitres 3 à 7 de 2 Maccabées

Cas	Nombre d'occurrences
Nominatif	2
Accusatif	2
Génitif	12
Datif	0

1. Au nominatif

Le substantif θεός est employé au nominatif dans deux énoncés que l'on pourrait qualifier de « professions de foi ». Dans le premier (où l'on notera l'usage de l'article), Dieu est présenté comme créateur. Le second constitue une affirmation claire de l'unicité de Dieu, donc une profession de foi monothéiste.

2 M 7,28

ἀξιῶ σε, τέκνον, ἀναβλέψαντα εἰς τὸν οὐρανὸν καὶ τὴν γῆν καὶ τὰ ἐν αὐτοῖς πάντα ἰδόντα γνῶναι ὅτι οὐκ ἐξ ὄντων ἐποίησεν αὐτὰ ὁ θεός, καὶ τὸ τῶν ἀνθρώπων γένος οὕτω γίνεται.

« Je te conjure, mon enfant, regarde le ciel et la terre, contemple tout ce qui est en eux et reconnais que Dieu les a créés de rien et que la race des hommes est faite de la même manière. »

2 M 7,37

ἐγὼ δέ, καθάπερ οἱ ἀδελφοί, καὶ σῶμα καὶ ψυχὴν προδίδωμι περὶ τῶν πατρίων νόμων ἐπικαλούμενος τὸν θεὸν ἵλεως ταχὺ τῷ ἔθνει γενέσθαι καὶ σὲ μετὰ ἐτασμῶν καὶ μαστίγων ἐξομολογήσασθαι διότι μόνος αὐτὸς θεός ἐστιν,

« Pour moi, je livre comme mes frères mon corps et ma vie pour les lois de mes pères, en conjurant Dieu d'être bientôt clément pour notre nation et de t'amener par des épreuves et des fléaux à confesser qu'il est le seul Dieu. »

2. À l'accusatif

Les deux occurrences du substantif θεός à l'accusatif diffèrent quant à leur construction.

Dans le premier cas (2 M 7,37), on a affaire à un accusatif construit directement, objet direct du verbe ἐπικαλοῦμαι, « supplier ». Dans le second (2 M 7,18), à un accusatif régi par la préposition εἰς, régime indirect du verbe ἁμαρτάνω, « pécher ». On notera dans ce dernier cas l'usage anomal du réfléchi au génitif ἑαυτῶν, inattendu dans un énoncé à la première personne du pluriel. Dans les deux cas, le substantif θεός est déterminé par l'article.

2 M 7,37

ἐγὼ δέ, καθάπερ οἱ ἀδελφοί, καὶ σῶμα καὶ ψυχὴν προδίδωμι περὶ τῶν πατρίων νόμων ἐπικαλούμενος τὸν θεὸν ἵλεως ταχὺ τῷ ἔθνει γενέσθαι καὶ σὲ μετὰ ἐτασμῶν καὶ μαστίγων ἐξομολογήσασθαι διότι μόνος αὐτὸς θεός ἐστιν,

« Pour moi, je livre comme mes frères mon corps et ma vie pour les lois de mes pères, en conjurant Dieu d'être bientôt clément pour notre nation et de t'amener par des épreuves et des fléaux à confesser qu'il est le seul Dieu. »

2 M 7,18

Μὴ πλανῶ μάτην, ἡμεῖς γὰρ δι' ἑαυτοὺς ταῦτα πάσχομεν ἁμαρτόντες εἰς τὸν ἑαυτῶν θεόν, ἄξια θαυμασμοῦ γέγονεν·

« Ne te fais pas de vaines illusions, car c'est à cause de nous-mêmes que nous endurons ces souffrances, ayant péché envers notre Dieu ; aussi nous est-il arrivé d'étranges calamités. »

3. Au génitif

a) Génitif adnominal

Il y a en tout 10 occurrences de génitif adnominal, que l'on peut classer sur le plan sémantique sur la base de l'identité du *nomen regens* dans chacun des cas.

a1) Idée de puissance

Six occurrences en tout dépendent d'un *nomen regens* traduisant l'idée de puissance, soit explicitement (δύναμις, δυναστεία, κράτος), soit indirectement (ἔργα, χεῖρες). En 2 M 3,36, les « œuvres du Dieu très grand » (ἔργα τοῦ μεγίστου θεοῦ) correspondent à la manifestation de puissance de Dieu au détriment du malheureux Héliodore (on notera l'emploi du superlatif μέγιστος, dont c'est l'unique emploi avec θεός dans les chapitres 13 à 17 de 2 Maccabées ; le même superlatif accompagne cependant δεσπότης en 2 M 5,20). En 2 M 7,31, c'est le septième frère qui menace Antiochos IV de l'intervention de Dieu : « tu n'échapperas pas aux mains de Dieu » (οὐ μὴ διαφύγῃς τὰς χεῖρας τοῦ θεοῦ).

Tableau n°20 : Idée de puissance

Nomen regens	Occurrences
δύναμις, « puissance »	2 M 3,24 ; 3,38
δυναστεία, « Souveraineté »	2 M 3,28
κράτος, « Force »	2 M 3,34
ἔργα, « Œuvres »	2 M 3,36
χεῖρες, « Mains »	2 M 7,31

a2) Dieu juge et législateur

À quatre reprises, le *nomen regens* est une désignation de l'activité législatrice ou judiciaire exercée par Dieu (διαθήκη, « alliance », entre dans la même série dans la mesure où l' « alliance » divine peut être considérée comme une désignation de la Loi juive.

Tableau n°21 : Dieu juge et législateur

Nomen regens	Occurrences
νόμοι, « Lois »	2 M 6,1
κρίσις, « Jugement »	2 M 7,35 ; 7,36
διαθήκη, « Alliance »	2 M 7,36

b) Emploi comme complément d'agent d'un verbe passif (ὑπό + génitif)

Le syntagme ὑπὸ τοῦ θεοῦ est employé à deux reprises (2 M 7,14 et 7,16).

2 M 7,14

καὶ γενόμενος πρὸς τὸ τελευτᾶν οὕτως ἔφη Αἱρετὸν μεταλλάσσοντας ὑπ' ἀνθρώπων τὰς ὑπὸ τοῦ θεοῦ προσδοκᾶν ἐλπίδας πάλιν ἀναστήσεσθαι ὑπ' αὐτοῦ· σοὶ μὲν γὰρ ἀνάστασις εἰς ζωὴν οὐκ ἔσται.

« Sur le point d'expirer, il dit : « Mieux vaut mourir de la main des hommes en attendant, selon les promesses faites par Dieu, d'être ressuscité par lui, car pour toi il n'y aura pas de résurrection à la vie. » »

2 M 7,16

ὁ δὲ πρὸς αὐτὸν ἰδὼν εἶπεν Ἐξουσίαν ἐν ἀνθρώποις ἔχων φθαρτὸς ὢν ὃ θέλεις ποιεῖς· μὴ δόκει δὲ τὸ γένος ἡμῶν ὑπὸ τοῦ θεοῦ καταλελεῖφθαι·

« Fixant les yeux sur le roi, il lui dit : « Tu es puissant parmi les hommes bien qu'étant corruptible. Tu fais ce que tu veux, mais ne crois pas que notre race soit abandonnée de Dieu. » »

4. Emplois de l'adjectif θεῖος

L'adjectif θεῖος, « divin », peut être vu comme un substitut grammatical du génitif θεοῦ. Il n'est donc pas étonnant que les noms qualifiés par cet adjectif relèvent des mêmes champs lexicaux que les nomina regentia précédemment relevés. Dieu est présenté soit comme le possesseur d'une puissance effective (ἐνέργεια) exercée aux dépens du malheureux Héliodore (en 2 M 3,29), soit comme un législateur auteur des lois (νόμοι) du peuple juif (en 2 M 4,17).

2 M 3,29

καὶ ὁ μὲν διὰ τὴν θείαν ἐνέργειαν ἄφωνος καὶ πάσης ἐστερημένος ἐλπίδος καὶ σωτηρίας ἔρριπτο,

« Par l'effet de la puissance divine, cet homme gisait donc sans voix, privé de tout espoir et de tout secours »

2 M 4,17

ἀσεβεῖν γὰρ εἰς τοὺς θείους νόμους οὐ ῥᾴδιον, ἀλλὰ ταῦτα ὁ ἀκόλουθος καιρὸς δηλώσει.

« On ne viole pas sans inconvénient les lois divines, c'est ce que la période qui suit va montrer. »

5. Composés de θεός

On rencontre deux composés à premier terme en θεο- dans les chapitres 3 à 7 de 2 Maccabées.

Le premier, θεόκτιστος, est un adjectif *bahuvrihi*, attesté chez Aristote (Poétique XXI,14), signifiant « qui a Dieu pour fondateur ». Le substantif qualifié est sans surprise νομοθεσία, « législation ». Une fois de plus, Dieu est présenté comme l'auteur de la Loi juive.

2 M 6,23

ὁ δὲ λογισμὸν ἀστεῖον ἀναλαβὼν καὶ ἄξιον τῆς ἡλικίας καὶ τῆς τοῦ γήρως ὑπεροχῆς καὶ τῆς ἐπικτήτου καὶ ἐπιφανοῦς πολιᾶς καὶ τῆς ἐκ παιδὸς καλλίστης ἀναστροφῆς, μᾶλλον δὲ τῆς ἁγίας καὶ θεοκτίστου νομοθεσίας ἀκολούθως ἀπεφήνατο ταχέως λέγων προπέμπειν εἰς τὸν ᾅδην.

« Mais lui, voulant agir dans l'honneur, de façon digne de son âge, de l'autorité de sa vieillesse et de ses vénérables cheveux blanchis dans le labeur, digne d'une conduite parfaite depuis l'enfance, mais surtout de la sainte législation établie par Dieu, répondit en conséquence qu'on l'envoyât sans tarder au séjour des morts. »

Le second est un verbe largement attesté entre autres dans le vocabulaire des Tragiques (cf. par exemple Euripide, *Bacchantes* 45 et 325), θεομαχέω, « combattre la divinité ». Évidemment, à la différence des Tragiques, le verbe a, dans le texte de 2 Maccabées, une signification adaptée à un contexte monothéiste.

2 M 7,19

σὺ δὲ μὴ νομίσῃς ἀθῷος ἔσεσθαι θεομαχεῖν ἐπιχειρήσας.

« Mais toi, ne t'imagine pas que tu resteras impuni, toi qui as entrepris de faire la guerre à Dieu. »

II. κύριος, « seigneur »

Il y a en tout 12 occurrences de κύριος dans les chapitres 3 à 7 de 2 Maccabées. Dans ce qui suit, nous distinguerons les emplois de κύριος seul et ceux où le titre κύριος est accompagné soit d'un adjectif épithète soit d'un participe noyau éventuellement d'une proposition. À l'exception de quatre occurrences (2 M 6,30, 7,20, 7,33 et 7,40), Dieu n'est appelé κύριος que dans un contexte impliquant soit le Temple de Jérusalem, soit le grand prêtre. Le substantif κύριος est systématiquement accompagné de l'article, sauf en 2 M 7,20, où cette particularité pourrait être expliquée par une influence de la langue de la version de la *Septante* du livre des Psaumes. En 2 M 3,22 et 3,30, κύριος est accompagné d'un adjectif épithète traduisant l'idée de souveraineté (παγκρατής ou παντοκράτωρ).

1. κύριος seul

Tableau n°22 : Emplois de κύριος seul dans les chapitres 3 à 7 de 2 Maccabées

Cas	Nombre d'occurrences
Nominatif	2
Accusatif	2
Génitif	1
Datif	1

a) Nominatif

On a tout d'abord deux occurrences de κύριος seul au nominatif (avec présence de l'article), dans les deux cas en relation avec le Temple de Jérusalem. En 2 M 3,33, Héliodore est châtié pour avoir profané le Temple mais doit son salut à l'intercession du grand prêtre. En 2 M 5,19, c'est l'élection du peuple d'Israël qui concrétise la souveraineté de Dieu en tant que κύριος.

2 M 3,33

ποιουμένου δὲ τοῦ ἀρχιερέως τὸν ἱλασμὸν οἱ αὐτοὶ νεανίαι πάλιν ἐφάνησαν τῷ Ἡλιοδώρῳ ἐν ταῖς αὐταῖς ἐσθήσεσιν ἐστολισμένοι καὶ στάντες εἶπον Πολλὰς Ονια τῷ ἀρχιερεῖ χάριτας ἔχε, διὰ γὰρ αὐτόν σοι κεχάρισται τὸ ζῆν ὁ κύριος·

« Pendant que le grand prêtre offrait le sacrifice d'expiation, les mêmes jeunes hommes apparurent de nouveau à Héliodore, revêtus des mêmes habits ; debout près de lui, ils lui dirent : « Rends de grandes actions de grâce à Onias le grand prêtre, car c'est grâce à lui que le Seigneur t'accorde la vie sauve. » »

2 M 5,19

ἀλλ' οὐ διὰ τὸν τόπον τὸ ἔθνος, ἀλλὰ διὰ τὸ ἔθνος τὸν τόπον ὁ κύριος ἐξελέξατο.

« Mais le Seigneur a choisi non pas le peuple à cause du saint lieu, mais le saint lieu à cause du peuple. »

b) Accusatif seul

En 2 M 3,30, Dieu, en tant que κύριος, est présenté comme le garant du caractère sacré de Jérusalem, et, à ce titre, comme le destinataire des louanges du peuple d'Israël. Comme dans les occurrences du nominatif, on notera la présence de l'article qui « individualise » la figure divine.

2 M 3,30

οἱ δὲ τὸν κύριον εὐλόγουν τὸν παραδοξάζοντα τὸν ἑαυτοῦ τόπον, καὶ τὸ μικρῷ πρότερον δέους καὶ ταραχῆς γέμον ἱερὸν τοῦ παντοκράτορος ἐπιφανέντος κυρίου χαρᾶς καὶ εὐφροσύνης ἐπεπλήρωτο.

« Quant aux autres, ils bénissaient le Seigneur, qui avait miraculeusement glorifié son saint lieu, et le sanctuaire, qui, peu de temps avant, était rempli de frayeur et de trouble, débordait de joie et d'allégresse grâce à la manifestation du Seigneur souverain. »

c) Accusatif prépositionnel

Suivant un usage syntaxique attesté dans la langue de la *Septante*, le substantif à l'accusatif pluriel ἐλπίδας régit, en 2 M 7,20, un complément prépositionnel à l'accusatif introduit par ἐπί. Dans ce cas, κύριος n'est bizarrement pas accompagné de l'article, ce qui semblerait indiquer qu'il était, dans cet exemple précis, assimilé à un nom propre. La même particularité se retrouve dans le même contexte dans la version de la *Septante* du livre des Psaumes (Psaumes 21,9 et 22,8).

2 M 7,20

Ὑπεραγόντως δὲ ἡ μήτηρ θαυμαστὴ καὶ μνήμης ἀγαθῆς ἀξία, ἥτις ἀπολλυμένους υἱοὺς ἑπτὰ συνορῶσα μιᾶς ὑπὸ καιρὸν ἡμέρας εὐψύχως ἔφερεν διὰ τὰς ἐπὶ κύριον ἐλπίδας.

« Éminemment admirable et digne d'une excellente renommée fut la mère, qui voyait mourir ses sept fils en l'espace d'un seul jour et le supportait avec sérénité, parce qu'elle mettait son espérance dans le Seigneur. »

d) Génitif (absolu)

En 2 M 4,38, le génitif κυρίου est sujet d'une participiale au génitif absolu. Là encore, il y a un lien avec le Temple, puisqu'Andronique est mis à mort sur ordre d'Antiochos IV pour avoir assassiné le grand prêtre Onias III.

2 M 4,38

ἐκεῖ τὸν μιαιφόνον ἀπεκόσμησεν τοῦ κυρίου τὴν ἀξίαν αὐτῷ κόλασιν ἀποδόντος

« il y envoya le meurtrier hors de ce monde, le Seigneur frappant ainsi Andronique d'un juste châtiment. »

e) Datif prépositionnel

On ne rencontre qu'une seule occurrence de datif prépositionnel, complément du participe parfait πεποιθώς, avec une construction ἐπί + datif que l'on retrouve dans la langue de la *Septante* (par exemple en Ésaïe 8,17).

2 M 7,40

καὶ οὗτος οὖν καθαρὸς μετήλλαξεν παντελῶς ἐπὶ τῷ κυρίῳ πεποιθώς.

« Ce jeune homme mourut donc sans s'être souillé et avec une parfaite confiance dans le Seigneur. »

2. παγκρατής κύριος

En 2 M 3,22, κύριος est accompagné d'un adjectif épithète, παγκρατής, « tout-puissant », qui est une épiclèse de différentes divinités grecques, par exemple Zeus (Eschyle, *Euménides* 918), Apollon (Euripide, *Rhesos* 321), Athéna (Aristophane, *Thesmophories* 317). L'usage de cette épiclère appliquée au Dieu d'Israël est unique dans la *Septante*. Il est à remarquer que l'on est à nouveau dans un contexte où Dieu est imploré en tant que protecteur du Temple.

2 M 3,22

οἱ μὲν οὖν ἐπεκαλοῦντο τὸν παγκρατῆ κύριον τὰ πεπιστευμένα τοῖς πεπιστευκόσιν σῶα διαφυλάσσειν μετὰ πάσης ἀσφαλείας.

« Tandis que l'on suppliait le Seigneur tout-puissant de garder intacts, en toute sûreté, les dépôts à ceux qui les avaient confiés... »

3. παντοκράτωρ ἐπιφανεὶς κύριος

En 2 M 3,30, κύριος est accompagné de deux épithètes (non coordonnées) : l'adjectif παντοκράτωρ, « tout puissant », d'une part, traduction courante dans la *Septante* de l'hébreu Ṣĕbaōt ; le participe ἐπιφανείς, « qui s'est manifesté », d'autre part, qui n'est employé comme épithète divine dans la *Septante* que dans ce passage. On ne peut s'empêcher de penser à l'épithète royale ἐπιφανής, « illustre », d'Antiochos IV Épiphane lui-même. L'auteur de 2 Maccabées a peut-être, par cet usage singulier, voulu exprimer l'idée que Dieu est le seul véritable souverain de Jérusalem, en lieu et place d'Antiochos IV dont il aurait repris l'épithète caractéristique.

4. ζῶν κύριος (+ *possessif*)

En 2 M 7,33, le substantif κύριος est accompagné d'un participe épithète ζῶν, « vivant », et du pronom personnel à la première personne du pluriel, au génitif, ἡμῶν. L'épithète ζῶν est une épiclèse courante de Dieu (θεός) dans la langue de la *Septante* : 4 Règnes 19,4 et 19,16 ; Ésaïe 37,4 et 37,17 ; Osée 2,1 ; Daniel 6,21 dans l'*Alexandrinus* et le *Vaticanus*). Le pronom traduit le rapport de filiation existant entre Dieu et son peuple.

2 M 7,33

εἰ δὲ χάριν ἐπιπλήξεως καὶ παιδείας ὁ ζῶν κύριος ἡμῶν βραχέως ἐπώργισται, καὶ πάλιν καταλλαγήσεται τοῖς ἑαυτοῦ δούλοις.

« Si, pour notre châtiment et notre éducation, notre Seigneur, qui est vivant, s'est courroucé un moment contre nous, il se réconciliera de nouveau avec ses serviteurs. »

5. κύριος + apposition

Dans deux cas, le substantif κύριος est accompagné d'une participiale apposée traduisant le rapport existant entre l'auteur d'une prière (Héliodore dans un cas, Éléazar dans l'autre) et Dieu.

En 2 M 3,35, Héliodore remercie Dieu qui lui a conservé la vie. Il s'agit donc d'une action de grâce relative à un événement particulier, lié au Temple.

2 M 3,35

ὁ δὲ Ἡλιόδωρος θυσίαν ἀνενέγκας τῷ κυρίῳ καὶ εὐχὰς μεγίστας εὐξάμενος τῷ τὸ ζῆν περιποιήσαντι καὶ τὸν Ονιαν ἀποδεξάμενος ἀνεστρατοπέδευσεν πρὸς τὸν βασιλέα.

« Héliodore, ayant offert un sacrifice au Seigneur et adressé de ferventes prières à celui qui lui avait conservé la vie, prit amicalement congé d'Onias et revint avec son armée auprès du roi. »

En revanche, en 2 M 6,30, la participiale a pratiquement la valeur d'une épiclèse : Dieu est loué par le scribe Éléazar en tant qu'omniscient, en accord avec le contexte. C'est parce qu'il possède la connaissance que Dieu peut attester la véracité des proclamations d'Éléazar...

2 M 6,30

μέλλων δὲ ταῖς πληγαῖς τελευτᾶν ἀναστενάξας εἶπεν Τῷ κυρίῳ τῷ τὴν ἁγίαν γνῶσιν ἔχοντι φανερόν ἐστιν ὅτι δυνάμενος ἀπολυθῆναι τοῦ θανάτου σκληρὰς ὑποφέρω κατὰ τὸ σῶμα ἀλγηδόνας μαστιγούμενος, κατὰ ψυχὴν δὲ ἡδέως διὰ τὸν αὐτοῦ φόβον ταῦτα πάσχω.

« Mais lui, sur le point de mourir sous les coups, dit en soupirant : « Au Seigneur qui possède la science sainte, il est manifeste que, pouvant échapper à la mort, j'endure dans mon corps des douleurs cruelles sous les fouets, mais qu'en mon âme je les souffre avec joie à cause de la crainte qu'il m'inspire. »

III. Combinaison de θεός et de κύριος

En 2 M 7,6, les deux théonymes θεός et κύριος sont associés dans la bouche du premier frère. Cette occurrence unique, au ton solennel, est à mettre en rapport avec le contexte : Dieu est évoqué par le premier frère comme le témoin de ses souffrances, ce qui rappelle l'emploi de κύριος avec apposition, là aussi particulièrement solennel, mis dans la bouche d'Éléazar en 2 M 6,30.

2 M 7,6

Ὁ κύριος ὁ θεὸς ἐφορᾷ καὶ ταῖς ἀληθείαις ἐφ' ἡμῖν παρακαλεῖται, καθάπερ διὰ τῆς κατὰ πρόσωπον ἀντιμαρτυρούσης ᾠδῆς διεσάφησεν Μωυσῆς λέγων Καὶ ἐπὶ τοῖς δούλοις αὐτοῦ παρακληθήσεται.

« Le Seigneur Dieu voit, et en vérité il a compassion de nous, comme Moïse l'a annoncé par le cantique qui proteste ouvertement en ces termes : Et il aura pitié de ses serviteurs. » (La citation scripturaire provient de Dt 32,36, cf. Dt 32,39 cité par 4 M 18,19)

IV. δεσπότης, « maître »

δεσπότης, « maître », est une désignation courante de Dieu dans la *Septante*, surtout employée au vocatif dans les prières (par exemple dans la bouche d'Abraham, en Genèse 15,2 et 15,8). Il y a trois occurrences de ce théonyme dans les chapitres 3 à 7 de 2 Maccabées, toujours déterminées par la présence de l'article (2 M 5,17 ; 5,20 ; 6,14). En 2 M 5,20, il est accompagné de l'adjectif μέγας, « grand », ce qui peut être un « clin d'œil » au titre classique μέγας βασιλεύς du roi des Perses, repris par Antiochos III, le père d'Antiochos IV[1]. Comme dans le cas de ἐπιφανείς, l'auteur de 2 Maccabées réemploie, pour désigner Dieu, les épithètes des souverains séleucides, pour montrer que Dieu est le véritable souverain d'Israël.

V. βασιλεύς τοῦ κόσμου « roi du monde »

Le titre de « roi » lui-même, βασιλεύς, n'est employé qu'en 2 M 7,9, accompagné du génitif τοῦ κόσμου, « du monde ». Il s'agit de l'unique occurrence de l'expression dans la *Septante*. Une expression proche, τὸν μέγαν τοῦ κόσμου δυνάστην, « le grand souverain du monde », est attestée dans un passage de 2 Maccabées extérieur aux chapitres ici considérés (2 M 12,15). Les expressions varient, mais l'idée fondamentale selon laquelle Dieu est le véritable souverain de l'univers, reste constante.

2 M 7,9

ἐν ἐσχάτῃ δὲ πνοῇ γενόμενος εἶπεν Σὺ μέν, ἀλάστωρ, ἐκ τοῦ παρόντος ἡμᾶς ζῆν ἀπολύεις, ὁ δὲ τοῦ κόσμου βασιλεὺς ἀποθανόντας ἡμᾶς ὑπὲρ τῶν αὐτοῦ νόμων εἰς αἰώνιον ἀναβίωσιν ζωῆς ἡμᾶς ἀναστήσει

« Au moment de rendre le dernier soupir, il dit : « Scélérat que tu es, tu nous exclus de la vie présente, mais le roi du monde, parce que nous serons morts pour ses lois, nous ressuscitera pour une vie éternelle. »

VI. δυνάστης, « souverain »

On rencontre en 2 M 3,24 un synonyme de βασιλεύς, δυνάστης, « souverain », accompagné d'un complément au génitif mentionnant les entités surnaturelles et humaines soumises à sa puissance. Ici encore, l'idée fondamentale est que Dieu est le véritable souverain de l'univers.

2 M 3,24

αὐτόθι δὲ αὐτοῦ σὺν τοῖς δορυφόροις κατὰ τὸ γαζοφυλάκιον ἤδη παρόντος ὁ τῶν πνευμάτων καὶ πάσης ἐξουσίας δυνάστης ἐπιφάνειαν μεγάλην ἐποίησεν ὥστε πάντας τοὺς κατατολμήσαντας συνελθεῖν καταπλαγέντας τὴν τοῦ θεοῦ δύναμιν εἰς ἔκλυσιν καὶ δειλίαν τραπῆναι

---

[1] E. Will 1967, II, 66 et 68.

« Il était déjà, avec sa garde, près du Trésor, quand le Souverain des Esprits et de toute puissance fit une grande apparition, de sorte que tous ceux qui avaient osé venir là furent frappés par la force de Dieu et en perdirent vigueur et courage. »

VII. παντοκράτωρ, « souverain », substantivé

La même idée de souveraineté universelle de Dieu est exprimée par le biais de l'adjectif substantivé παντοκράτωρ, « souverain », à trois reprises, toujours au génitif adnominal. Il y a manifestement, dans 2 Maccabées, un lien entre cette notion de souveraineté et une étiologie de type « deutéronomiste » de la persécution d'Antiochos IV. Celle-ci est présentée comme le produit de la « colère » (ὀργή) divine en 2 M 5,20 et 2 M 7,38, soit dans le cas de deux occurrences de παντοκράτωρ sur trois. Dans le cas de la dernière attestation (2 M 6,26), les « mains » (χεῖρες) de Dieu sont une allégorie du jugement personnel porté par Dieu sur chaque humain.

Tableau n°23 : Emplois de παντοκράτωρ dans les chapitres 3 à 7 de 2 Maccabées

Nomen regens	Occurrences
ὀργή	2 M 5,20 ; 7,38
χεῖρες	2 M 6,26

VIII. ἐπόπτης, «(qui) veille sur », et βοηθός, « protecteur »

ἐπόπτης, « celui qui veille sur », est une désignation rarissime de Dieu dans la *Septante* : en dehors de 2 M 3,39 et 7,35, ce théonyme n'apparaît qu'en 3 M 2,21, comme épithète de θεός : ὁ πάντων ἐπόπτης θεός, « le Dieu qui voit tout ». En 2 M 3,39, s'ajoute à ce terme une participiale apposée situant le séjour de Dieu dans les cieux. Il se cache derrière ce passage une assimilation implicite de Dieu au Soleil. ἐπόπτης est d'ailleurs, dans le monde grec, l'une des qualifications d'Apollon.

βοηθός, « protecteur, auxiliaire », appartient au lexique militaire (Hérodote V,77 ; V,97 ; Thucydide I,45). La puissance de Dieu se manifeste dans l'épisode d'Héliodore, (dont 2 M 3,39 est la conclusion, placée dans la bouche de l'officier vaincu de Séleucos IV), à travers son intervention active en faveur de son sanctuaire.

ἐπόπτης et βοηθός sont donc deux désignations de la même fonction protectrice, mais avec deux nuances distinctes : plus universelle dans le cas d'ἐπόπτης, plus particulariste dans le cas de βοηθός.

2 M 3,39

αὐτὸς γὰρ ὁ τὴν κατοικίαν ἐπουράνιον ἔχων ἐπόπτης ἐστὶν καὶ βοηθὸς ἐκείνου τοῦ τόπου καὶ τοὺς παραγινομένους ἐπὶ κακώσει τύπτων ἀπολλύει.

« Car celui qui a sa demeure dans le Ciel veille sur ce lieu et le protège, et ceux qui y viennent avec de mauvais desseins, il les frappe et les fait périr. »

En 2 M 7,35, le contexte est différent : le thème de la vision universelle est cette fois associé au thème du jugement, avec une remarquable conjonction de trois théonymes : παντοκράτωρ, ἐπόπτης et θεός.

2 M 7,35

οὔπω γὰρ τὴν τοῦ παντοκράτορος ἐπόπτου θεοῦ κρίσιν ἐκπέφευγας.

« car tu n'as pas encore échappé au jugement du dieu souverain qui voit tout. »

IX. ὕψιστος, « Très Haut »

ὕψιστος, « très haut », est une épithète relativement rare dans la *Septante* (34 occurrences en tout, en tenant compte des différentes versions de Daniel[2]). Elle est sans doute empruntée à la culture religieuse hellénistique : il s'agit d'une épiclèse courante de Zeus. Pour autant, l'hypothèse selon laquelle l'emploi de cette épithète en milieu juif serait une trace d'un processus de syncrétisme semble fragile[3]. En 2 M 3,31, elle est mise dans la bouche des compagnons d'Héliodore : est-ce une manière, pour l'auteur de 2 Maccabées, de ne pas reprendre cette épithète à son compte en raison de son origine païenne ? En tout cas, elle ne réapparaît nulle part ailleurs dans le texte de 2 Maccabées.

2 M 3,31

ταχὺ δέ τινες τῶν τοῦ Ἡλιοδώρου συνήθων ἠξίουν τὸν Ονιαν ἐπικαλέσασθαι τὸν ὕψιστον καὶ τὸ ζῆν χαρίσασθαι τῷ παντελῶς ἐν ἐσχάτῃ πνοῇ κειμένῳ.

« Certains des compagnons d'Héliodore s'empressèrent de demander à Onias qu'il priât le Très-Haut et accordât la vie à l'homme qui gisait là et en était à son dernier souffle. »

X. κτιστής, « Créateur »

En 2 M 7,23, dans la bouche de la mère des sept frères, Dieu est présenté comme le créateur de l'univers en général et de l'homme en particulier. Alors que dans le texte de 2 M 3,1–7,42, la préoccupation première de l'auteur de 2 Maccabées est de démontrer que la vraie souveraineté appartient à Dieu et de justifier ainsi la révolte de Judas Maccabée, en 2 M 7,23, il s'agit d'apporter du crédit à la croyance en la résurrection des morts, présentée comme une recréation de l'homme. Dieu est capable de ressusciter les morts précisément

---

[2] Genèse 14,19 et 14,22 ; Nombres 24,16 ; Juges 13,18 ; 1 Esdras 6,30 ; 8,19 ; 8,21 ; 9,46 ; Psaumes 9,3 ; 49,14 ; 56,3 ; 77,17 ; 77,56 ; 90,9 ; 91,2 ; Sagesse 5,15 ; Siracide 7,9 ; 17,27 ; 35,9 ; 46,5 ; 47,5 ; 47,8 ; 50,15 ; 50,17 ; Ésaïe 14,14 ; Daniel (Codex syro-hexaplaris Ambrosianus) 2,19 ; 4,34 ; 4,37 ; 4,37a ; 5,0 ; Daniel (Théodotion) 4,34 ; 7,25 ; 3 Maccabées 6,2 et 7,9. En Job 25,2 et Psaumes 72,1, ὕψιστος n'est pas employé comme épithète divine.
[3] J. M. G. Barclay 1996, 333–334.

parce qu'il est le créateur de l'homme. La façon dont Dieu est présenté dans ce passage dépend donc de la visée argumentative de l'auteur de 2 Maccabées.

2 M 7,23

τοιγαροῦν ὁ τοῦ κόσμου κτίστης ὁ πλάσας ἀνθρώπου γένεσιν καὶ πάντων ἐξευρὼν γένεσιν καὶ τὸ πνεῦμα καὶ τὴν ζωὴν ὑμῖν πάλιν ἀποδίδωσιν μετ' ἐλέους, ὡς νῦν ὑπερορᾶτε ἑαυτοὺς διὰ τοὺς αὐτοῦ νόμους.

« Aussi bien le Créateur du monde, qui a formé l'homme à sa naissance et qui est à l'origine de toute chose, vous rendra-t-il dans sa miséricorde et l'esprit et la vie, parce que vous vous sacrifiez maintenant vous-mêmes pour l'amour de ses lois. »

XI. Participiales substantivées

En 2 M 3,35, Dieu n'est pas nommé, mais désigné, dans un propos attribué à Héliodore, par une participiale substantivée rappelant le salut obtenu pour ce même Héliodore par l'entremise d'Onias III. La vision théologique de 2 M 3,35 est assez proche de celle de 2 M 7,23 : le Dieu créateur qui donne la vie à l'homme et peut le ressusciter est aussi celui qui peut la lui conserver. En offrant un sacrifice à Dieu, Héliodore reconnaît sa souveraineté, supérieure à celle de Séleucos IV, à qui il s'apprête à désobéir en revenant auprès de lui sans avoir accompli la mission dont il était chargé.

2 M 3,35

ὁ δὲ Ἡλιόδωρος θυσίαν ἀνενέγκας τῷ κυρίῳ καὶ εὐχὰς μεγίστας εὐξάμενος τῷ τὸ ζῆν περιποιήσαντι καὶ τὸν Ονιαν ἀποδεξάμενος ἀνεστρατοπέδευσεν πρὸς τὸν βασιλέα.

« Héliodore, ayant offert un sacrifice au Seigneur et adressé de ferventes prières à celui qui lui avait conservé la vie, prit amicalement congé d'Onias et revint avec son armée auprès du roi. »

On rencontre une autre participiale substantivée en 2 M 3,39 : Dieu y est cette fois-ci caractérisé par son séjour céleste, à la source de l'équivalence θεός/ οὐρανός examinée plus bas.

2 M 3,39

αὐτὸς γὰρ ὁ τὴν κατοικίαν ἐπουράνιον ἔχων ἐπόπτης ἐστὶν καὶ βοηθὸς ἐκείνου τοῦ τόπου καὶ τοὺς παραγινομένους ἐπὶ κακώσει τύπτων ἀπολλύει.

« Car celui qui a sa demeure dans le Ciel veille sur ce lieu et le protège, et ceux qui y viennent avec de mauvais desseins, il les frappe et les fait périr. »

XII. Equivalence θεός « Dieu »/οὐρανός « Ciel »

À quatre reprises, le texte de 2 M 3,1–7,42 désigne par métonymie Dieu par οὐρανός, « ciel », le lieu de son séjour.

C'est en 2 M 3,15 que l'équivalence est la plus claire, οὐρανός y étant complété par une participiale en apposition faisant du « Ciel » la source d'une disposition législative précise (celle que s'apprête à enfreindre Héliodore sur l'ordre de Séleucos IV). Comme le « ciel » au sens propre est un objet inanimé et ne peut être à ce titre le sujet du verbe νομοθετέω, « instituer, légiférer », il est patent que c'est bien Dieu qui est désigné ici par le substantif οὐρανός.

2 M 3,15

οἱ δὲ ἱερεῖς πρὸ τοῦ θυσιαστηρίου ἐν ταῖς ἱερατικαῖς στολαῖς ῥίψαντες ἑαυτοὺς ἐπεκαλοῦντο εἰς οὐρανὸν τὸν περὶ παρακαταθήκης νομοθετήσαντα τοῖς παρακαταθεμένοις ταῦτα σῶα διαφυλάξαι.

« Les prêtres, revêtus de leurs habits sacerdotaux, se prosternaient devant l'autel et invoquaient le Ciel, auteur de la Loi sur les dépôts, le priant de garder intacts ces biens à ceux qui les avaient déposés. »

L'équivalence θεός/οὐρανός est également certaine en 2 M 3,34, où le « Ciel » est désigné comme la source du châtiment d'Héliodore, et en 2 M 7,11, où le « Ciel » est à la fois créateur de l'homme, législateur à l'origine des lois juives et auteur de la résurrection espérée.

2 M 3,34

σὺ δὲ ἐξ οὐρανοῦ μεμαστιγωμένος διάγγελλε πᾶσι τὸ μεγαλεῖον τοῦ θεοῦ κράτος.

« quant à toi, fustigé du Ciel, va annoncer à tous la grande force de Dieu. »

2 M 7,11

καὶ γενναίως εἶπεν Ἐξ οὐρανοῦ ταῦτα κέκτημαι καὶ διὰ τοὺς αὐτοῦ νόμους ὑπερορῶ ταῦτα καὶ παρ' αὐτοῦ ταῦτα πάλιν ἐλπίζω κομίσασθαι·

« Il fait cette déclaration courageuse : « C'est du ciel que je tiens ces membres, à cause de ses lois je les méprise, et c'est de lui que j'espère les recouvrer. »

L'équivalence est moins explicite en 2 M 3,20, où l'extension des mains vers le ciel pourrait être interprétée comme un simple élément de la gestuelle de la prière. Cependant, c'est bien Dieu qui est le destinataire de la prière et il est probable que ce soit bien lui que désigne ici encore le substantif οὐρανός.

2 M 3,20

πᾶσαι δὲ προτείνουσαι τὰς χεῖρας εἰς τὸν οὐρανὸν ἐποιοῦντο τὴν λιτανείαν·

« toutes, les mains tendues vers le ciel, clamaient leur supplication. »

En revanche, en 2 M 7,28, l'insertion du substantif οὐρανός dans l'expression totalisante (à l'accusatif) τὸν οὐρανὸν καὶ τὴν γῆν, « le ciel et la terre », désignant l'univers, ainsi que la mention dans la suite immédiate de la création du monde par Dieu, montre que, cette fois-ci, sa signification est limitée à la simple désignation de la voûte céleste.

2 M 7,28

ἀξιῶ σε, τέκνον, ἀναβλέψαντα εἰς τὸν οὐρανὸν καὶ τὴν γῆν καὶ τὰ ἐν αὐτοῖς πάντα ἰδόντα γνῶναι ὅτι οὐκ ἐξ ὄντων ἐποίησεν αὐτὰ ὁ θεός, καὶ τὸ τῶν ἀνθρώπων γένος οὕτω γίνεται.

« Je te conjure, mon enfant, regarde le ciel et la terre, contemple tout ce qui est en eux et reconnais que Dieu les a créés de rien et que la race des hommes est faite de la même manière. »

Pour être complet, il faut mentionner le cas de 2 M 7,34 où le caractère céleste de Dieu est transféré aux Israélites, qualifiés par l'adjectif οὐράνιος, « céleste ».

2 M 7,34

σὺ δέ, ὦ ἀνόσιε καὶ πάντων ἀνθρώπων μιαρώτατε, μὴ μάτην μετεωρίζου φρυαττόμενος ἀδήλοις ἐλπίσιν ἐπὶ τοὺς οὐρανίους παῖδας ἐπαιρόμενος χεῖρα·

« Mais toi, ô impie et le plus infect de tous les hommes, ne t'élève pas vainement, te berçant d'espoirs incertains et levant la main contre ses serviteurs. » (traduction TOB : à traduire plutôt par « les enfants du Ciel »).

XIII. Conclusion

Les désignations de Dieu en 2 M 3,1–7,42 sont très diverses et dépendent en partie du contexte immédiat de leur apparition dans le texte. Il est cependant possible de définir une thématique dominante, quoique non exclusive : Dieu est avant tout présenté comme un souverain à qui il est légitime d'attribuer les titres qui sont normalement l'apanage du roi. Le message est transparent : au contraire des souverains séleucides, Dieu est le véritable souverain à la fois d'Israël et du cosmos tout entier. La théologie de 2 Maccabées est cohérente avec sa perspective politique : comme nous le verrons plus loin[4], 2 Maccabées peut être lu entre autres comme une justification du transfert du pouvoir politique des Séleucides aux Hasmonéens.

B. Les désignations de Dieu dans le texte de 4 Maccabées

Dans le texte de 4 Maccabées, Dieu est désigné uniquement par le terme générique θεός (41 occurrences). Les autres appellations que l'on rencontrait dans 2 Maccabées, et qui relevaient du lexique de l'autorité et du pouvoir, apparaissent bien dans 4 Maccabées mais sont appliquées au λογισμός (en gouvernant en général le génitif τῶν παθῶν, « des passions »).

C'est ainsi que κύριός, « seigneur », se rapporte en 4 M 2,7 au λογισμός et en 4 M 7,23 à l'homme juste. De la même manière, s'il n'y a, dans 4 Maccabées, aucune occurrence de παντοκράτωρ, « tout puissant », on y rencontre deux équivalents, appliqués tous les deux au λογισμός : αὐτοκράτωρ (4 M 1,7 ; 1,13 ; 1,30 ; 16,1) et αὐτοδέσποτός (4 M 1,1 ; 1,30 ; 13,1). Δεσποτής, « maître », qui désignait à trois reprises Dieu dans le texte de 2 Maccabées, se réfère également au λογισμός dans 4 Maccabées (4 M 2,24 ; 6,31 ; 18,2). Enfin βασιλεύς, accompagné du superlatif μέγιστος, « très grand », se rapporte à Éléazar en 4 M 7,10.

---

[4] Cf. Troisième Partie, Chapitre V.

En revanche, comme dans le texte de 2 Maccabées, Dieu est assez fréquemment assimilé au Ciel, οὐρανός.

I. θεός

1. Employé seul

Tableau n°24 : Emplois de θεός seul dans 4 Maccabées

Cas	Occurrences
Nominatif	3
Vocatif	1
Accusatif	14
Génitif	11
Datif	8

a) Nominatif (avec l'article)

Le relevé des emplois de θεός, « dieu », au nominatif permet de les classer en fonction du verbe dont ce substantif est le sujet. Les trois occurrences correspondent à trois visages différents de Dieu, qui réapparaîtront à plusieurs reprises tout au long de 4 Maccabées.

En 4 M 2,21, Dieu est présenté comme le créateur de l'homme et de ses passions :

4 M 2,21

ὁπηνίκα γὰρ ὁ θεὸς τὸν ἄνθρωπον κατεσκεύασεν, τὰ πάθη αὐτοῦ καὶ τὰ ἤθη περιεφύτευσεν·

« Le jour où Dieu a créé l'homme, il a planté en lui les passions et les inclinations. »

En 4 M 10,18, dans le second discours du quatrième frère, Dieu est le destinataire des prières des martyrs :

4 M 10,18

ὁ δὲ ἔφη Κἂν ἀφέλῃς τὸ τῆς φωνῆς ὄργανον, καὶ σιωπώντων ἀκούει ὁ θεός·

« Mais il répliqua : « Même si tu m'enlèves l'organe de la parole, Dieu entend même les muets. »

En 4 M 10,21, toujours dans le second discours du quatrième frère, Dieu est présenté comme un juge qui rétablira la justice dans un temps futur (le contexte immédiat ne permet pas de déterminer si ce châtiment interviendra dans ce monde ou dans l'au-delà).

4 M 10,21

σὲ δὲ ταχέως μετελεύσεται ὁ θεός, τὴν γὰρ τῶν θείων ὕμνων μελῳδὸν γλῶτταν ἐκτέμνεις.

« Mais toi, bientôt, Dieu te poursuivra, car tu coupes une langue qui chantait les hymnes divines ! »

b) Vocatif

L'unique occurrence de θεός, « dieu », au vocatif, correspond à la figure du Dieu destinataire des prières, celle d'Éléazar dans le cas présent :

4 M 6,27

Σὺ οἶσθα, θεέ, ….

« Tu le sais, ô Dieu ! »

c) Accusatif

En ce qui concerne les emplois de θεός, « dieu », à l'accusatif, il faut distinguer le cas de l'objet direct (une seule occurrence) et celui des accusatifs régis par une préposition.

c1) Accusatif complément d'objet direct

Les deux occurrences concernées correspondent à nouveau à la figure du Dieu destinataire des prières :

4 M 4,9

τῶν δὲ ἱερέων μετὰ γυναικῶν καὶ παιδίων ἐν τῷ ἱερῷ ἱκετευσάντων τὸν θεὸν ὑπερασπίσαι τοῦ ἱεροῦ καταφρονουμένου τόπου

« Les prêtres, les femmes, les enfants, réunis dans le temple, supplièrent Dieu de protéger le Saint Lieu outragé »

4 M 12,17

ἐπικαλοῦμαι δὲ τὸν πατρῴων θεὸν ὅπως ἵλεως γένηται τῷ ἔθνει ἡμῶν.

« J'invoque le Dieu de mes pères pour qu'il soit propice à ma race. »

c2) Accusatif prépositionnel

Nous examinerons séparément le cas de chaque préposition.

Tableau n°25 : Emplois de θεός à l'accusatif, après préposition, dans 4 Maccabées

Préposition	Occurrences
Διά	4 M 16,18 ; 16,19 ; 16,21 ; 16,25
Εἰς	4 M 11,8 (*Alexandrinus*) ; 12,14 ; 17,10
Κατά	4 M 15,3
Πρός	4 M 6,26 ; 15,8 ; 15,24 ; 17,4

Διά

Dans la langue de l'auteur de 4 Maccabées, forme de *koinè* atticisante mais tardive, διά peut marquer aussi bien la causalité que la finalité[5]. Seul le contexte immédiat permet de distinguer ces deux valeurs. Les occurrences qui nous intéressent sont toutes concentrées au chapitre 16, dans le discours de la mère à ses fils, à une exception près, en 4 M 16,25, où nous sont décrites les convictions des sept frères, qui reproduisent les positions venant d'être exposées par leur mère. Διά, d'après le contexte immédiat, a une valeur causale en 4 M 16,18, et une valeur finale en 4 M 16,19.21.25. Dieu y est à la fois le destinataire et la motivation des actions des sept frères.

4 M 16,18-19

18 ἀναμνήσθητε ὅτι διὰ τὸν θεὸν τοῦ κόσμου μετελάβετε καὶ τοῦ βίου ἀπελαύσατε, 19 καὶ διὰ τοῦτο ὀφείλετε πάντα πόνον ὑπομένειν διὰ τὸν θεόν,

« 18 Souvenez-vous que c'est grâce à Dieu que vous avez une part en ce monde et que vous jouissez de la vie : 19 c'est pourquoi aussi vous devez supporter toutes les souffrances pour Dieu. »

4 M 16,21

... ὑπέμειναν διὰ τὸν θεόν.

« pour Dieu, ils supportèrent tout. »

4 M 16,25

ἔτι δὲ καὶ ταῦτα εἰδότες ὅτι οἱ διὰ τὸν θεὸν ἀποθνῄσκοντες ζῶσιν τῷ θεῷ ὥσπερ Ἀβρααμ καὶ Ισαακ καὶ Ιακωβ καὶ πάντες οἱ πατριάρχαι.

« Mais, en outre, ils étaient convaincus aussi de cette vérité, que, quand on meurt pour Dieu, on vit désormais en Dieu, comment vivent Abraham, Isaac et Jacob, et tous les patriarches. »

Εἰς

Sur les trois occurrences concernées, les deux premières (4 M 11,8 *Alexandrinus* et 12,14) correspondent à un complément prépositionnel du substantif εὐσέβεια, « piété », ou du verbe correspondant εὐσεβέω, « être pieux ». Dieu est le destinataire de la piété des sept frères. En 4 M 17,10, on retrouve la même idée : Dieu y est le destinataire du regard des sept frères, incarnation concrète de leur foi.

4 M 11,8 (leçon minoritaire de l'*Alexandrinus*)

νυνὶ δὲ ἀλλότριος ὢν θεοῦ πολεμεῖς τοὺς εὐσεβοῦντας εἰς τὸν θεόν

« Tout au contraire, étranger que tu es à Dieu, tu fais la guerre à ceux qu'anime la piété envers Dieu ! »

---

[5] J. Humbert 1960, 304–305, § 515.

4 M 12,14

ἀλλ᾽ οἱ μὲν εὐγενῶς ἀποθανόντες ἐπλήρωσαν τὴν εἰς τὸν θεὸν εὐσέβειαν, σὺ δὲ κακῶς οἰμώξεις τοὺς τῆς ἀρετῆς ἀγωνιστὰς ἀναιτίως ἀποκτεῖνας.

« mais ceux-ci, par leur noble trépas, ont rempli envers Dieu le devoir de la piété… »

4 M 17,10

οἳ καὶ ἐξεδίκησαν τὸ γένος εἰς θεὸν ἀφορῶντες …

« Eux aussi, ils ont vengé (les droits de) notre peuple en regardant vers Dieu »

Κατά

En 4 M 15,3, Dieu apparaît comme le garant de la foi de la mère des sept frères, à travers l'emploi d'un complément régi par la préposition κατά, « selon ».

4 M 15,3

τὴν εὐσέβειαν μᾶλλον ἠγάπησεν τὴν σῴζουσαν εἰς αἰωνίαν ζωὴν κατὰ θεόν.

« c'est la piété qu'elle préfère, elle qui sauve pour la vie éternelle selon la promesse de Dieu. »

Πρός

Les emplois de θεός à l'accusatif régi par la préposition πρός peuvent être répartis en deux catégories : en 4 M 6,26, Dieu est à nouveau le destinataire d'une prière, celle d'Éléazar ; en 4 M 15,8 ; 15,24 et 17,4, Dieu est le destinataire d'un sentiment humain (la crainte de la mère en 4 M 15,8, sa foi en 4 M 15,24, son espérance en 4 M 17,4).

4 M 6,26

…ἀνέτεινε τὰ ὄμματα πρὸς τὸν θεὸν καὶ εἶπεν

« il leva les yeux vers Dieu et dit : »

4 M 15,8

διὰ τὸν πρὸς τὸν θεὸν φόβον ὑπερεῖδεν τὴν τῶν τέκνων πρόσκαιρον σωτηρίαν.

« pourtant, pour la crainte de Dieu, elle dédaigna le salut de ses enfants, salut qui n'eût été que de peu de durée. »

4 M 15,24

… διὰ τὴν πρὸς θεὸν πίστιν.

« à cause de sa foi en Dieu »

4 M 17,4

θάρρει τοιγαροῦν, ὦ μήτηρ ἱερόψυχε, τὴν ἐλπίδα τῆς ὑπομονῆς βεβαίαν ἔχουσα πρὸς τὸν θεόν.

« Courage donc, ô mère à l'âme sainte, toi qui en Dieu possèdes un ferme espoir, soutien de ta patience ! »

d) Génitif

En ce qui concerne les emplois de θεός, « dieu », au génitif, il faut distinguer le cas du génitif complément de nom ou d'adjectif et celui des génitifs régis par une préposition. Un dernier cas, plus problématique, sera traité à part.

d1) Complément du nom

Notre but est de classer les emplois de θεός au génitif complément du nom en fonction du *nomen regens*.

Il nous faut aborder en premier lieu le cas ambigu de 4 M 16,14, susceptible de deux interprétations divergentes : soit on fait de θεοῦ un génitif dépendant de εὐσέβεια, « piété », soit on le fait dépendre de στρατιῶτις, « soldat (au féminin) ». C'est cette dernière option qu'a choisie A. Dupont-Sommer[6], dont nous reproduisons la traduction.

4 M 16,14

ὦ μῆτερ δι' εὐσέβειαν θεοῦ στρατιῶτι ...

« O mère, soldat de Dieu pour la cause de la piété ! »

En dehors de ce cas ambigu, le *nomen regens* est toujours une désignation directe ou indirect du mode de vie caractéristique du judaïsme et de la Loi qui en constitue le socle : παιδεία, « éducation », ἀρετή, « vertu », ἐντολή, « commandement », νόμος, « loi ».

Tableau n°26 : Emplois de θεός au génitif adnominal dans 4 Maccabées

Nomen regens	Occurrences
παιδεία et ἀρετή	4 M 10,10
ἐντολή	4 M 13,15; 16,24
νόμος	4 M 13,22

d2) Complément de l'adjectif

Dans l'unique occurrence concernée (présente uniquement dans l'*Alexandrinus*), θεός est complément de l'adjectif ἀλλότριος, « étranger », rapporté à la situation d'Antiochos IV, en guerre contre Dieu et son peuple.

4 M 11,8 (leçon minoritaire *Alexandrinus*)

νυνὶ δὲ ἀλλότριος ὢν θεοῦ πολεμεῖς τοὺς εὐσεβοῦντας εἰς τὸν θεόν

« Tout au contraire, étranger que tu es à Dieu, tu fais la guerre à ceux qu'anime la piété envers Dieu ! »

---

[6] A. Dupont-Sommer 1939, 146, note 14.

d3) Génitif dépendant d'une préposition

Tableau n°27 : Emplois de θεός au génitif, après préposition, dans 4 Maccabées

Préposition	Occurrences
παρά	4 M 11,7 (*Alexandrinus*) ; 12,11 ; 18,23
ὑπέρ (valeur finale)	4 M 10,20

παρά

La préposition παρά suivie du génitif (ablatif) présente de nombreuses significations[7], qu'il convient de distinguer en nous servant à chaque fois du contexte immédiat.

En 4 M 12,11 et 18,23, Dieu est l'origine réelle des biens possédés par les différents personnages, richesses et royauté dans le cas d'Antiochos IV en 4 M 12,11, âmes immortelles dans le cas des sept frères et de leur mère en 4 M 18,23.

4 M 12,11

… παρὰ τοῦ θεοῦ λαβὼν τὰ ἀγαθὰ καὶ τὴν βασιλείαν ..;

« … après avoir reçu de Dieu les richesses et la royauté… »

4 M 18,23

οἱ δὲ Ἀβραμιαῖοι παῖδες σὺν τῇ ἀθλοφόρῳ μητρὶ εἰς πατέρων χορὸν συναγελάζονται ψυχὰς ἁγνὰς καὶ ἀθανάτους ἀπειληφότες παρὰ τοῦ θεοῦ.

« Mais les fils d'Abraham, avec leur mère victorieuse, sont maintenant rassemblés au lieu où sont les Pères, eux qui ont reçu des âmes pures et immortelles de Dieu … »

En 4 M 11,7 (uniquement dans l'*Alexandrinus*), il faut sans doute comprendre le complément prépositionnel παρὰ θεοῦ comme une indication, là encore, de l'origine réelle de l'espoir refusé à Antiochos IV : c'est Dieu qui accorde à l'homme l'espérance, à condition qu'il se comporte de manière humaine (qu'il ait des « aspirations d'homme », pour reprendre le texte de 4 M 11,7 *Alexandrinus*) ; comme Antiochos IV est inhumain, l'espérance ne lui est pas accordée. Au passage, il faut comprendre σωτηρίου comme le génitif de σωτήριον, « salut », plutôt que comme celui de l'adjectif (au masculin) σωτήριος, « secourable » : ἐλπίς est ainsi doté d'un complément et l'espérance humaine devient celle du salut. L'interprétation alternative est cependant possible, ce qui doterait Dieu dans 4 Maccabées d'une épithète supplémentaire.

4 M 11,7 (leçon minoritaire *Alexandrinus*)

εἴπερ ᾐσθάνου ἀνθρώπου πόθων καὶ ἐλπίδα εἶχες παρὰ θεοῦ σωτηρίου

« si toutefois tu ressentais des aspirations d'homme et avais auprès de Dieu un espoir de salut »

---

[7] J. Humbert 1960, 314–315, § 536.

ὑπέρ

En 4 M 10,20, le groupe prépositionnel ὑπέρ + génitif a une valeur finale : Dieu est le destinataire du martyre subi par les sept frères. Le second discours du quatrième frère fait écho au discours du troisième frère de 2 Maccabées (2 M 7,11)[8]. Il est à noter que ce qui correspond au complément de but de 4 M 10,20 est, en 2 M 7,11, un complément de cause : διὰ τοὺς αὐτοῦ νόμους, « à cause de ses lois » (à moins que διά puisse déjà avoir, dans 2 Maccabées, la valeur finale de γία du grec moderne, ce qui est cependant moins flagrant qu'en 4 Maccabées).

4 M 10,20

ἡδέως ὑπὲρ τοῦ θεοῦ τὰ τοῦ σώματος μέλη ἀκρωτηριαζόμεθα.

« C'est avec joie que pour Dieu nous nous laissons amputer des extrémités du corps »

d4) Comment interpréter le génitif θεοῦ *de 4 M 5,25 ?*

En 4 M 5,25, l'emploi du génitif θεοῦ est d'interprétation difficile : comme καθεστάναι, « avoir institué », ne peut être qu'un infinitif parfait actif (forme ancienne de καθεστηκέναι, sortie de l'usage au quatrième siècle av. J.-C. et donc d'un emploi purement littéraire à l'époque de la rédaction de 4 Maccabées), θεοῦ semble être le sujet de la proposition infinitive correspondante, mais on aurait alors évidemment attendu un accusatif. Comme la leçon θεόν n'apparaît dans aucun manuscrit, force est de constater que le texte que nous possédons est sans doute corrompu.

La traduction d'A. Dupont-Sommer, reproduite ci-dessous, élude le problème, en faisant comme si le texte avait porté εἶναι, « être », au lieu de καθεστάναι, et si le génitif θεοῦ était un simple génitif d'appartenance. La TOB, elle, traduit « croyant que Dieu a établi la Loi », comme si on avait un accusatif dans le texte, sans mentionner en note la difficulté. En tout cas, le génitif étant sans doute fautif, nous ne pouvons pas tenir compte de cette occurrence dans notre étude des emplois de θεός.

4 M 5,25

... πιστεύοντες γὰρ θεοῦ καθεστάναι τὸν νόμον οἴδαμεν ὅτι κατὰ φύσιν ἡμῖν συμπαθεῖ νομοθετῶν ὁ τοῦ κόσμου κτίστης·

« ...car nous croyons que la Loi est de Dieu et nous savons que le Créateur du monde, quand il établit une loi, sait aussi se conformer à la nature et nous marquer sa tendresse »

---

[8] Cf. 18.

e) Datif

En ce qui concerne les emplois de θεός, « dieu », au datif, il faut distinguer le cas du datif complément d'objet indirect ou second et celui des datifs régis par une préposition.

e1) Datif complément d'objet indirect ou second

Tableau n°28 : Emplois de θεός au datif, complément d'objet indirect ou second, dans 4 Maccabées

Verbum regens	Occurrences
σπένδω	4 M 3,16
ἀφιερόω	4 M 13,13
πιστεύω	4 M 7,21
ζήω	4 M 7,19 ; 16,25

Plus le complément de l'adjectif ἔντιμος, « estimé, honoré », en 4 M 17,5.

En 4 M 3,16, Dieu est le destinataire de la libation offerte par David avec l'eau rapportée par ses soldats ; en 4 M 13,13, ce sont les frères qui se consacrent eux-mêmes à Dieu. Ce sont les deux seuls cas où le datif τῷ θεῷ remplit la fonction d'un complément d'objet second. Leur parallélisme de construction souligne le glissement qui conduit dans 4 Maccabées de l'offrande rituelle d'un objet ou d'un être extérieur à soi au sacrifice de soi-même que constitue le martyre[9].

4 M 3,16

ὅθεν ἀντιθεὶς τῇ ἐπιθυμίᾳ τὸν λογισμὸν ἔσπεισεν τὸ πόμα τῷ θεῷ.

« Il opposa donc la raison au désir et offrit cette eau en libation à Dieu »

4 M 13,13

... Ἑαυτούς, ἔλεγον, τῷ θεῷ ἀφιερώσωμεν ἐξ ὅλης τῆς καρδίας τῷ δόντι τὰς ψυχὰς καὶ χρήσωμεν τῇ περὶ τὸν νόμον φυλακῇ τὰ σώματα.

« Consacrons-nous à Dieu, disaient-ils, de tout notre cœur, à Dieu qui nous a donné nos âmes », et employons nos corps à la défense de la Loi. »

En 4 M 7,21, le datif est appelé par la construction du verbe πιστεύω, « croire ». En 4 M 17,5, le datif sert régulièrement de complément à l'adjectif ἔντιμος, « estimé, honoré ».

4 M 7,21

ἐπεὶ τίς πρὸς ὅλον τὸν τῆς φιλοσοφίας κανόνα φιλοσοφῶν καὶ πεπιστευκὼς θεῷ

« mais est-il possible qu'un philosophe qui suit avec piété et intégralement la règle de la philosophie, qui croit en Dieu... »

---

[9] Cf. 257.

4 M 17,5

οὐχ οὕτως σελήνη κατ᾽ οὐρανὸν σὺν ἄστροις σεμνὴ καθέστηκεν, ὡς σὺ τοὺς ἰσαστέρους ἑπτὰ παῖδας φωταγωγήσασα πρὸς τὴν εὐσέβειαν ἔντιμος καθέστηκας θεῷ καὶ ἐστήρισαι σὺν αὐτοῖς ἐν οὐρανῷ·

« La lune, dans le ciel, entourée d'étoiles, n'a pas autant de majesté que toi : versant la lumière sur tes sept fils, brillants comme des astres, tu reçois de Dieu les honneurs dus à la piété, tu es changée en constellation, avec eux, dans le ciel ! »

En revanche, en 4 M 7,19 et 16,25, l'expression ζῆν τῷ θεῷ, littéralement « vivre à Dieu », est d'interprétation difficile.

4 M 7,19

πιστεύοντες ὅτι θεῷ οὐκ ἀποθνῄσκουσιν, ὥσπερ οὐδὲ οἱ πατριάρχαι ἡμῶν Αβρααμ καὶ Ισαακ καὶ Ιακωβ, ἀλλὰ ζῶσιν τῷ θεῷ.

« convaincus que, en Dieu, ils ne meurent pas, comme ne sont pas morts non plus nos patriarches Abraham, Isaac, Jacob, mais qu'ils vivent en Dieu. »

4 M 16,25

ἔτι δὲ καὶ ταῦτα εἰδότες ὅτι οἱ διὰ τὸν θεὸν ἀποθνῄσκοντες ζῶσιν τῷ θεῷ ὥσπερ Αβρααμ καὶ Ισαακ καὶ Ιακωβ καὶ πάντες οἱ πατριάρχαι.

« 25 Mais, en outre, ils étaient convaincus aussi de cette vérité, que, quand on meurt pour Dieu, on vit désormais en Dieu, comme vivent Abraham, Isaac et Jacob, et tous les patriarches. »

L'expression ζῆν τῷ θεῷ apparaît également chez Philon[10] et chez Paul[11]. L'emploi du datif seul pose un problème d'interprétation : on sait[12] que le datif grec est issu du syncrétisme de trois cas indo-européens (datif proprement dit, locatif, instrumental). Chacune de ces valeurs peut présenter un sens plausible dans le contexte de 4 M 7,19 et 16,25, et il est probable que, selon le contexte, l'expression ζῆν τῷ θεῷ devait pouvoir être interprétée de diverses manières[13].

Cette polysémie apparaît clairement dans le cas de 4 Maccabées. En 4 M 7,19, en effet, l'expression ζῆν τῷ θεῷ est opposée à un antonyme (θεῷ ἀποθνῄσκειν), caractérisé également par l'emploi du datif seul (certes sans article). Dans cette dernière expression, la seule valeur du datif qui nous paraisse envisageable consiste en le datif de point de vue[14]. C'est du point de vue de Dieu seulement que les martyrs ne sont pas morts : il y a opposition entre un point de vue humain et le point de vue de Dieu.

En revanche, en 4 M 16,25, l'expression ζῆν τῷ θεῷ est associée à une expression un peu différente (διὰ τὸν θεὸν ἀποθνῄσκειν, « mourir pour Dieu ») : dans la langue de 4 Maccabées, la préposition διά a une valeur majoritairement

---

[10] Philon d'Alexandrie, *Quis rerum divinarum heres sit* 11.
[11] *Romains* 6, 10 et 11.
[12] J. Humbert 1986, 284, §472.
[13] Chr. Grappe 2014, 236–237, note 26.
[14] J. Humbert 1986, 287, § 478.

finale, ce qui est une caractéristique de la *koinè* tardive[15] ; le parallélisme des deux expressions dans le contexte immédiat de 4 M 16,25 implique que le datif de ζῆν τῷ θεῷ y ait également une valeur finale, « vivre pour Dieu ». Il apparaît donc qu'au sein même de 4 Maccabées, le sémantisme de ζῆν τῷ θεῷ est pluriel et que l'auteur de 4 Maccabées joue de cette polysémie.

e2) Emplois du datif après préposition

L'unique préposition régissant le nom de Dieu au datif est παρά, qui traduit dans ce cas une proximité spatiale métaphorique : en 4 M 9,8, cette proximité dans l'au-delà constitue le fondement de l'espérance des sept frères. En 4 M 13,3, la présence du datif est assez étrange : nous serions assez enclin, en suivant une suggestion présente dans l'apparat critique de l'édition de Rahlfs[16], à corriger le texte des manuscrits παρὰ θεῷ en παρὰ θεοῦ, παρά + génitif étant une expression possible du complément d'agent[17]. Dans ce cas, la Raison deviendrait l'objet d'un éloge de la part de Dieu qui viendrait redoubler celui de l'auteur de 4 Maccabées !

παρά

4 M 9,8

ἡμεῖς μὲν γὰρ διὰ τῆσδε τῆς κακοπαθείας καὶ ὑπομονῆς τὰ τῆς ἀρετῆς ἆθλα ἕξομεν καὶ ἐσόμεθα παρὰ θεῷ, δι' ὃν καὶ πάσχομεν·

« ...et nous serons auprès de Dieu, de Dieu même pour qui nous souffrons... »

4 M 13,3

νυνὶ δὲ οὐχ οὕτως, ἀλλὰ τῷ ἐπαινουμένῳ παρὰ θεῷ λογισμῷ περιεγένοντο τῶν παθῶν,

« ... au contraire, au moyen de la raison louée par Dieu, ils l'ont emporté sur les passions. » (traduction personnelle)

2. Avec adjectif épithète

Si l'on met à part le cas des participes (examiné ci-dessous), θεός ne reçoit qu'une seule épithète dans le texte de 4 Maccabées, celle de πάνσοφος, « très sage », en 4 M 1,12. Il s'agit d'un emplacement stratégique : c'est la première mention de Dieu, à la toute fin de l'introduction de l'ouvrage. Autrement dit, il s'agit sans doute d'une clef de lecture donnée au lecteur de 4 Maccabées.

4 M 1,12

...δόξαν διδοὺς τῷ πανσόφῳ θεῷ.

«... rendant ainsi gloire au Dieu de toute sagesse »

---

[15] J. Humbert 1986, 293, § 494.
[16] A. Rahlfs 2006, 1175.
[17] J. Humbert 1960, § 536, 314–315.

La même épithète est appliquée en 4 M 2,19 au personnage de Jacob et en 4 M 13,19 à la providence divine.

4 M 2,19

... ὁ πάνσοφος ἡμῶν πατὴρ Ιακωβ ... αὐτῶν;

« ...Jacob, notre père très sage, ...»

4 M 13,19

... ἡ θεία καὶ πάνσοφος πρόνοια ...,

« ...c'est la divine et toute sage Providence »

Il est remarquable que cette épithète soit inconnue de la *Septante* en dehors de 4 Maccabées. Elle apparaît en revanche régulièrement dans le corpus philonien.

Chez Philon en effet (d'après les données recueillies par J. Leisegang[18], s. v. πάνσοφος), πάνσοφος est avant tout une épithète de Moïse (19 fois sur un total de 29 occurrences, dont 3 avec substantivation : chez Philon, « ὁ πάνσοφος », c'est Moïse).

C'est aussi une épithète récurrente des patriarches, Abraham, Isaac et également Jacob[19], comme en 4 M 2,19.

En revanche, elle n'est appliquée à Dieu qu'une seule fois de manière explicite, dans le *De Plantatione* [20], en tant que créateur de l'homme (dans ce passage, les cinq sens sont décrits métaphoriquement comme des arbres plantés par Dieu, ce qui peut faire penser à 4 M 1,28–29, où c'est le λογισμός jardinier qui s'occupe des deux arbres du plaisir et de la douleur), mais on peut y adjoindre l'occurrence de *De Somniis*[21], où il est question de la πάνσοφος ἐπιστήμη du créateur, comparé à un brodeur, et peut-être indirectement celle de *De Specialibus legibus*[22], où il est question de la πάνσοφος φύσις, « nature toute sage » (et donc de la création) à propos de l'alternance du jour et de la nuit et de l'activité et du sommeil. En bref, chez Philon, Dieu est πάνσοφος car sa création est parfaite.

Or, dans 4 Maccabées, Dieu est avant tout créateur, ce qu'atteste notamment 4 M 2,21–23 où Dieu est le créateur successif des passions (v. 21), du λογισμος qui les régule (v. 22) et de la Loi qui est l'auxiliaire du λογισμος (v. 23). L'unique épithète divine de 4 Maccabées n'est pas choisie au hasard...

3. Avec participe épithète

À deux reprises, θεός est accompagné d'un participe épithète (la fonction est démontrée par l'enclave, dans le cas de 4 M 5,24, et par la répétition de l'ar-

---

[18] J. Leisegang 1963.

[19] Philon d'Alexandrie, *De sacrificio Abel et Caïni* 48, relevé par A. Dupont-Sommer 1939, 95, note 19.

[20] Philon d'Alexandrie, *De Plantatione* § 28.

[21] Philon d'Alexandrie, *De Somniis* I, 207.

[22] Philon d'Alexandrie, *De Specialibus Legibus* II, 100.

ticle, en 4 M 13,13). Dans les deux cas, l'occurrence occupe une position stratégique.

En 4 M 5,24, c'est la première fois qu'Éléazar nomme et qualifie Dieu : il s'agit donc sans doute d'une clef de lecture de l'épisode d'Éléazar. Ce dernier affirme solennellement l'unicité de Dieu, ce qui vient légitimer la Loi juive qui enseigne la façon de lui rendre hommage. Dans le duel verbal entre Éléazar et Antiochos IV, la position de ce dernier est donc irrémédiablement dévaluée, puisqu'il n'a pas accès à la connaissance du vrai Dieu.

4 M 5,24

... εὐσέβειαν ἐκδιδάσκει ὥστε μόνον τὸν ὄντα θεὸν σέβειν μεγαλοπρεπῶς.

« ... puisqu'elle nous enseigne la piété, qui nous fait rendre au seul Dieu qui soit un culte magnifique ! »

En 4 M 13,13, il s'agit de l'unique fois où Dieu est nommé dans la section des exhortations mutuelles des sept frères. Là encore, il s'agit sans doute d'une clef de lecture de cette section. Dieu est caractérisé cette fois-ci par le don aux sept frères de leurs âmes : ψυχή est ambigu en grec, mais est à comprendre et à traduire ici par « âme » et non par « vie » en raison de l'opposition dans la structure de la phrase entre τὰς ψυχάς, « nos âmes », et τὰ σώματα, « nos corps ».

Il y a sans doute, en 4 M 13,13, un écho de 2 M 7,23 : dans les deux cas, Dieu a donné aux sept frères un principe vital. Mais, en 2 M 7,23, les appellations qui lui sont données appartiennent fondamentalement à la culture juive : ce sont « l'esprit » (πνεῦμα, équivalent de l'hébreu ruah) et « la vie » (ζωή, équivalent de l'hébreu hayah). En revanche, en 4 M 13,13, c'est bien la notion philosophique grecque d'« âme » (ψυχή) qui est employée.

Il faut enfin noter que le thème du don des âmes revient en 4 M 18,23, au terme de la finale de 4 Maccabées. Il y a donc un effet d'inclusion de part et d'autre du bloc formé par la section des éloges des sept frères et de leur mère (4 M 13,1–17,1) et de la finale (4 M 17,2–18,24). Nous y reviendrons dans le chapitre consacré aux représentations de la mort dans 2 et 4 Maccabées[23].

4 M 13,13

... Ἑαυτούς, ἔλεγον, τῷ θεῷ ἀφιερώσωμεν ἐξ ὅλης τῆς καρδίας τῷ δόντι τὰς ψυχὰς καὶ χρήσωμεν τῇ περὶ τὸν νόμον φυλακῇ τὰ σώματα.

« Consacrons-nous à Dieu, disaient-ils, de tout notre cœur, à Dieu qui nous a donné nos âmes », et employons nos corps à la défense de la Loi. »

4. θεῖος, « divin »

L'adjectif θεῖος est largement employé dans 4 Maccabées, alors qu'il est totalement absent de 2 M 3,1–7,42. Nous nous proposons d'opérer un classement de ses emplois en fonction des différents substantifs auxquels il se rapporte.

---

[23] Cf. Troisième Partie, Chapitre II.

a) Dieu créateur et sauveur

Sur trois occurrences du substantif πρόνοια, « providence » (4 M 9,24 ; 13,19 ; 17,22), les deux dernières sont accompagnées de l'adjectif θεῖος, « divin ». On peut d'ailleurs se demander dans quelle mesure πρόνοια n'est pas, dans 4 Maccabées, un substitut de θεός. En effet, πρόνοια est toujours, dans 4 Maccabées, sujet d'un verbe d'action, ce qui convient davantage à un être animé qu'à une entité abstraite : τιμωρέω, « punir », en 4 M 9,24 ; μερίζω, « partager » et φυτεύω, « planter », en 4 M 13,19 ; διασῴζω, « sauver », en 4 M 17,22. En 4 M 13,19, l'épithète divine πάνσοφος, « tout sage », caractéristique de Dieu en tant que créateur, est appliquée à la πρόνοια. De plus, le salut d'Israël par la Providence est présenté en 4 M 17,22 comme la réponse au sacrifice de soi-même qu'ont pratiqué les martyrs. Ce qui semble impliquer l'identification entre Dieu, qui est le destinataire des sacrifices, et la Providence, qui intervient en faveur d'Israël.

4 M 13,19

... ἡ θεία καὶ πάνσοφος πρόνοια ...,

« c'est la divine et toute-sage Providence »

4 M 17,22

καὶ διὰ τοῦ αἵματος τῶν εὐσεβῶν ἐκείνων καὶ τοῦ ἱλαστηρίου τοῦ θανάτου αὐτῶν ἡ θεία πρόνοια τὸν Ισραηλ προκακωθέντα διέσωσεν.

« Par le sang de ces hommes pieux, par l'expiation de leur mort, la providence divine a sauvé Israël, naguère accablé de maux. »

b) Dieu juge

Le thème de la souveraineté de Dieu est quasiment absent de 4 Maccabées. La seule image qui s'en rapproche quelque peu est celle du trône divin (4 M 17,18), auprès duquel se tiennent les martyrs dans l'au-delà. On peut remarquer qu'à aucun moment dans 4 M n'est mentionné le trône sur lequel a bien dû siéger Antiochos IV. En 4 M 5,1, il est bien écrit qu'il est assis, mais aucun siège particulier n'est mentionné[24], à part un assez mystérieux « lieu élevé » (ἐπὶ τινος ὑψηλοῦ τόπου). Tout se passe comme si l'auteur de 4 Maccabées avait délibérément cherché à éviter de mentionner le trône d'Antiochos IV, symbole de son pouvoir, car, à ses yeux, la souveraineté appartient à Dieu, et pour ainsi dire par délégation, à la Raison humaine, au λογισμός.

En effet, l'image du trône avait déjà été employée dans la partie « philosophique » : en 4 M 2,22, il est écrit littéralement que Dieu a « mis sur un

---

[24] Il est assez amusant de constater que, dans sa traduction de 4 M 5,1, A. Dupont-Sommer (A. Dupont-Sommer 1939, 104) se sent obligé de réintroduire le trône absent : « son trône était placé sur un lieu élevé ».

trône »[25] (ἐνεθρόνισεν) le νοῦς, c'est à dire l'« intelligence » humaine, autre nom donné au λογισμός. Antiochos IV, tyran insensé, ne pouvait décemment occuper un trône réservé métaphoriquement à la partie directrice et rationnelle de l'âme.

4 M 17,18

δι' ἣν καὶ τῷ θείῳ νῦν παρεστήκασιν θρόνῳ καὶ τὸν μακάριον βιοῦσιν αἰῶνα.

« celle-ci leur a valu de se tenir maintenant près du divin Trône et de vivre les jours de la bienheureuse éternité ! »

La souveraineté de Dieu ne se traduit cependant pas dans 4 Maccabées par des interventions directes dans l'histoire humaine (mis à part l'apparition des anges en 4 M 4,10). Dieu est avant tout un juge qui solde les comptes dans l'au-delà.

Le substantif le plus souvent qualifié par l'adjectif θεῖος, « divin » est δική, « justice ». Comme dans le cas de πρόνοια, on a l'impression que δική sert parfois de substitut à θεός. Cela est patent en 4 M 8,22, où δική est sujet du verbe συγγιγνώσκω, « pardonner », dans le cadre du discours fictif des sept frères. On a l'impression que l'auteur de 4 Maccabées, ne voulant pas, même dans un discours fictif, accréditer l'idée que Dieu pardonne la lâcheté, a délibérément remplacé θεός par l'un de ses substituts.

En dehors de cette occurrence, δική est toujours associée au châtiment des coupables : Apollonios (4 M 4,13), le peuple d'Israël (4 M 4,21), et surtout Antiochos IV (4 M 9,9 ; 12,12 ; 18,22). En 4 M 9,32, sans doute en raison de la présence dans le même syntagme du pluriel de δική (au sens de « jugements »), δική, « justice », se voit substituer ὀργή, « colère ». Le contexte est cependant le même (motif D du registre 2) : Dieu, dans l'au-delà, châtiera Antiochos IV. La contrepartie positive de ce jugement, pour les sept frères, est la participation au « partage » (μερίς) divin, mentionné en 4 M 18,3.

Tableau n°29 : Dieu créateur et sauveur

Substantif	Occurrences
δική	4 M 4,13 ; 4,21 ; 8,22 ; 9,9 ; 12,12 ; 18,22
ὀργή	4 M 9,32
Substantif	Occurrences
μερίς	4 M 18,3

c) Dieu législateur

Si Dieu peut légitimement être le juge de l'au-delà, c'est d'abord et surtout parce qu'il est l'auteur de la Loi : aussi bien la « Loi » (νόμος) que son quasi

---

[25] A. Dupont-Sommer, comme gêné par cette mention explicite d'un transfert de souveraineté de Dieu au λογισμός, a sans doute cherché à en minimiser la portée dans sa traduction (A. Dupont-Sommer 1939, 96) : « il a placé comme sur un trône…l'intelligence… ».

synonyme la « législation » (νομοθησία) sont régulièrement qualifiées dans 4 Maccabées de « divines ». On a l'impression que, pour l'auteur de 4 Maccabées, c'est la Loi qui assure la présence effective d'un Dieu pour le reste confiné dans l'au-delà. Le caractère rationnel et divin ou non de la Loi juive est d'ailleurs l'enjeu de la joute verbale entre Antiochos IV et Éléazar (4 M 5,6–13 et 5,16–38). En 4 M 7,9, le mode de vie prôné par le judaïsme est désigné par la φιλοσοφία, « philosophie », qualifiée de θεία, « divine », dans une partie des manuscrits. D'après le contexte immédiat, il est clair que φιλοσοφία est ici un quasi synonyme de νόμος.

Tableau n°30 : Dieu législateur

νόμος	4 M 5,16 ; 5,18 ; 6,21 ; 9,15 ; 11,27
νομοθησία	4 M 17,16
φιλοσοφία	4 M 7,9

d) Raison divine

En 4 M 13,16, c'est la Raison (λογισμός) qui est à son tour qualifiée de « divine ». Le caractère « divin » de telle ou telle entité dans 4 Maccabées n'est pas arbitraire : aussi bien la Loi « divine » que la Raison « divine » ont été présentées dans la « partie philosophique » (plus précisément en 4 M 2,21–23) comme des dons de Dieu à l'homme[26]. La « divinité » d'une entité est donc liée à un acte souverain de délégation de la part de Dieu.

4 M 13,16

καθοπλισώμεθα τοιγαροῦν τὴν τοῦ θείου λογισμοῦ παθοκρατείαν.

« Armons-nous donc de cette maîtrise que nous donne sur les passions la raison divine ! »

e) Comportements humains

Guidés par la Raison et la Loi, des comportements humains peuvent parfois être qualifiés de « divins » dans 4 Maccabées. C'est le cas en 4 M 17,11, dans l'épitaphe des martyrs, du « combat » (ἀγών) qu'ils ont mené, mais aussi en 4 M 7,7, de la « vie » (βίος) du sage Éléazar.

Tableau n°31 : Comportements humains

ἀγών	4 M 17,11
βίος	4 M 7,7

---

[26] Pour être précis, il faut cependant remarquer qu'en 4 M 2,22, λογισμός se voit substituer son quasi synonyme νοῦς, « intelligence ».

f) Autres

Tableau n°32 : Autres substantifs

Substantif	Occurrences
πράγματα	4 M 1,16 ; 1,17
ὕμνοι	4 M 10,21

En 4 M 1,16, les « choses » (πράγματα) qui constituent l'univers sont réparties en deux grands domaines, divin et humain. La même distinction est reprise aussitôt après, en 4 M 1,17, mais sans répétition de πράγματα : les deux adjectifs θεῖος et ἀνθρώπινος sont substantivés.

4 M 1,16

σοφία δὴ τοίνυν ἐστὶν γνῶσις θείων καὶ ἀνθρωπίνων πραγμάτων καὶ τῶν τούτων αἰτιῶν.

« Je dis que la sagesse est la connaissance des choses divines et des choses humaines, et de leurs causes. »

4 M 1,17

αὕτη δὴ τοίνυν ἐστὶν ἡ τοῦ νόμου παιδεία, δι' ἧς τὰ θεῖα σεμνῶς καὶ τὰ ἀνθρώπινα συμφερόντως μανθάνομεν.

« Je dis encore qu'elle est l'éducation même de la Loi, par laquelle nous apprenons les choses divines dignement et les choses humaines utilement »

Enfin, en 4 M 10,21, les « hymnes », que ne pourra plus chanter le quatrième frère, sont « divines », sans doute en raison de leur objet, la louange de Dieu. La « divinité » se transmet aussi par métonymie.

4 M 10,21

σὲ δὲ ταχέως μετελεύσεται ὁ θεός, τὴν γὰρ τῶν θείων ὕμνων μελῳδὸν γλῶτταν ἐκτέμνεις.

« Mais toi, bientôt, Dieu te poursuivra, car tu coupes une langue qui chantait les hymnes divines ! »

5. *Composés de θεός*

Les composés de θεός employés dans 4 Maccabées sont très peu nombreux. En fait, ils se limitent à l'adjectif composé θεοσεβής, « pieux », littéralement « qui honore Dieu », et au substantif dérivé θεοσέβεια, « piété ».

L'adjectif θεοσεβής, « pieux », est employé deux fois, à propos d'Abraham, père de la nation, et (métaphoriquement) de la mère des sept frères (4 M 15,28) puis de la mère elle-même (4 M 16,12). D'après le contexte immédiat des deux occurrences, le lien entre les deux personnages (et donc, d'une certaine façon, la définition concrète de la θεοσέβεια) est l'acceptation du sacrifice de sa progéniture : de même qu'Abraham a accepté le sacrifice d'Isaac, la mère a accepté le sacrifice de ses sept fils.

4 M 15,28

ἀλλὰ τῆς θεοσεβοῦς Αβρααμ καρτερίας ἡ θυγάτηρ ἐμνήσθη.

« mais elle se souvint de la constance du pieux Abraham, dont elle était la fille. »

4 M 16,12

... ἡ ἱερὰ καὶ θεοσεβὴς μήτηρ ...

« ...la sainte et pieuse mère... »

Le substantif θεοσέβεια, « piété », est pour sa part, employé deux fois à propos d'Éléazar, en lien avec le respect des interdits alimentaires du judaïsme (4 M 7,6) ou avec la maîtrise des passions (4 M 7,22). La « piété » est donc, dans son cas, synonyme de « tempérance ». En 4 M 17,15, c'est à l'ensemble du groupe des martyrs que se rapporte l'emploi de θεοσέβεια, en lien avec l'imagerie gymnique qui constitue l'un des leitmotive de 4 Maccabées.

4 M 7,6

ὦ ἄξιε τῆς ἱερωσύνης ἱερεῦ, οὐκ ἐμίανας τοὺς ἱεροὺς ὀδόντας οὐδὲ τὴν θεοσέβειαν καὶ καθαρισμὸν χωρήσασαν γαστέρα ἐκοίνωσας μιαροφαγίᾳ.

« ...Tu n'as pas, par des mets impurs, profané tes entrailles, elles qui ne s'ouvrirent jamais qu'à la piété et à la pureté ! »

4 M 7,22

καὶ εἰδὼς ὅτι διὰ τὴν ἀρετὴν πάντα πόνον ὑπομένειν μακάριόν ἐστιν, οὐκ ἂν περικρατήσειεν τῶν παθῶν διὰ τὴν θεοσέβειαν;

« (est-il possible qu'un philosophe), qui sait que c'est un bonheur d'endurer pour la vertu toutes sortes de souffrances, ne maîtrise pas les passions à cause de la piété ? »

4 M 17,15

θεοσέβεια δὲ ἐνίκα τοὺς ἑαυτῆς ἀθλητὰς στεφανοῦσα.

« C'est à la piété que revint la victoire : elle donna la couronne à ses athlètes. »

II. κτιστής, « Créateur »

La formule ὁ τοῦ κόσμου κτίστης, « le créateur du monde », de 2 M 7,23 est reprise textuellement en 4 M 5,25, mais le contexte a changé : la périphrase n'est plus prononcée par la mère des sept frères, mais par Éléazar, dans son premier discours. De plus, la visée argumentative est différente : il ne s'agit plus de fonder l'espérance de la résurrection, mais de démontrer le caractère rationnel de la Loi juive. En effet, comme Dieu est le créateur du monde et de l'homme, la Loi qu'il donne à ce dernier est nécessairement conforme à sa nature (φύσις).

4 M 5,25

... πιστεύοντες γὰρ θεοῦ καθεστάναι τὸν νόμον οἴδαμεν ὅτι κατὰ φύσιν ἡμῖν συμπαθεῖ νομοθετῶν ὁ τοῦ κόσμου κτίστης·

« ...car nous croyons que la Loi est de Dieu et nous savons que le Créateur du monde, quand il établit une loi, sait aussi se conformer à la nature et nous marquer sa tendresse »

III. Équivalence θεός, « Dieu »/οὐρανός, « Ciel »

L'équivalence entre θεός, « Dieu » et οὐρανός, « Ciel », est plus rare dans 4 Maccabées que dans 2 Maccabées. En fait, sur trois occurrences, deux appartiennent à l'épisode d'Apollonios, qui comporte le plus d'échos textuels littéraux du texte source de 2 Maccabées. En particulier, 4 M 4,11 pourrait faire écho à 2 M 3,20, malgré des contextes différents (en 4 M 4,11, c'est Apollonios qui tend les mains vers le ciel pour implorer son pardon, alors qu'en 2 M 3,20, ce sont les femmes et les jeunes filles de Jérusalem qui ont recours à cette gestuelle pour implorer Dieu de venir au secours de son sanctuaire).

4 M 4,11

…τὰς χεῖρας ἐξέτεινεν εἰς τὸν οὐρανὸν …

« …il tendit les mains vers le ciel… »

En revanche, en 4 M 4,10, le « ciel » dont il est question est sans doute plutôt la voûte céleste, séjour de Dieu et de sa cour angélique, qu'une désignation de Dieu. Il est à noter qu'il s'agit de l'unique occurrence dans la *Septante* de l'adverbe οὐρανόθεν, « venant du ciel ».

4 M 4,10

… οὐρανόθεν … προυφάνησαν ἄγγελοι …

« .. du ciel apparurent des anges… »

En 4 M 6,6, c'est au tour d'Éléazar d'adopter une gestuelle dirigée vers le Ciel, même si, dans son cas, elle se limite au regard, ses bras étant liés (comme nous l'apprenons en 4 M 6,3).

4 M 6,6…

ὑψηλοὺς ἀνατείνας εἰς οὐρανὸν τοὺς ὀφθαλμοὺς …

« tenant ses yeux fixement levés vers le ciel… »

En 4 M 6,26, c'est vers Dieu que le même Éléazar lève les yeux : le parallélisme de 4 M 6,6 et 6,26 montre de manière flagrante que, dans le premier cas, le « ciel » n'était qu'une désignation métaphorique de Dieu.

En 4 M 17,5, il est clair en revanche que la double mention du « ciel » renvoie au ciel physique et non à Dieu, qui est évoqué de manière séparée dans le même verset : le ciel n'est ici que le lieu de la métamorphose en astres des sept frères et de leur mère.

4 M 17,5

οὐχ οὕτως σελήνη κατ' οὐρανὸν σὺν ἄστροις σεμνὴ καθέστηκεν, ὡς σὺ τοὺς ἰσαστέρους ἑπτὰ παῖδας φωταγωγήσασα πρὸς τὴν εὐσέβειαν ἔντιμος καθέστηκας θεῷ καὶ ἐστήρισαι σὺν αὐτοῖς ἐν οὐρανῷ·

« La lune, dans le ciel, entourée d'étoiles, n'a pas autant de majesté que toi : versant la lumière sur tes sept fils, brillants comme des astres, tu reçois de Dieu les honneurs dus à la piété, tu es changée en constellation, avec eux, dans le ciel ! »

IV. Équivalence θεῖος, « divin »/οὐράνιος, « céleste »

L'équivalence dérivée entre les adjectifs θεῖος, « divin » et οὐράνιος, « céleste », n'apparaît, dans 4 Maccabées, que dans le cas de l'expression οὐράνιος δική, « justice céleste », et uniquement dans un contexte de condamnation de l'action d'Antiochos IV. Elle est mise successivement dans la bouche du premier frère (4 M 9,15) et du cinquième (4 M 11,3).

4 M 9,15

... τῆς οὐρανίου δίκης ἐχθρὲ ...

« ... ennemi de la Justice céleste... »

4 M 11,3

... περὶ πλειόνων ἀδικημάτων ὀφειλήσῃς τῇ οὐρανίῳ δίκῃ τιμωρίαν.

« ...tu augmentes le châtiment dont tu es redevable à la Justice céleste ! »

C. Conclusion générale

Tout au long de 4 Maccabées, Dieu est présenté comme le garant de l'ordre de l'univers.

Tout d'abord, parce qu'il l'a créé et organisé selon sa sagesse infinie (la seule véritable épithète de Dieu dans 4 Maccabées est πάνσοφος, « tout sage ») et continue de veiller sur lui par le biais de sa πρόνοια, sa « providence » (πρόνοια est d'ailleurs l'un des substituts possibles de θεός dans 4 Maccabées). Ensuite, parce qu'il rétablira la justice dans l'au-delà, en récompensant les justes et en châtiant les méchants (δική est un autre substitut possible de θεός dans 4 Maccabées)[27].

En revanche, malgré la présence ponctuelle, en 4 M 17,18, de l'image du trône divin, le lexique de la souveraineté qui était associé à Dieu dans 2 Maccabées a totalement disparu de 4 Maccabées : Dieu n'y est jamais nommé κύριος, « seigneur », βασιλεύς, « roi », et n'y reçoit aucune autre appellation de ce genre. En fait, dans 4 Maccabées, le lexique de la souveraineté est associé à la Raison humaine, au λογισμός, comme si Dieu lui avait transféré l'exercice effectif de cette souveraineté (cette délégation de pouvoir est mentionnée explicitement en 4 M 2,22).

Autrement dit, d'une certaine façon, Dieu n'agit parmi les humains que grâce au λογισμός et à la Loi qu'il a donnée à l'homme pour servir de guide à sa Raison, de manière à ce qu'elle puisse régner sur l'âme humaine grâce à

---

[27] Notre analyse se rapproche sur ce point des pages consacrées à la vision de Dieu dans 4 Maccabées par B. Tabb (B. Tabb 2017, 100–103). En revanche ce dernier, ne s'étant pas appuyé sur une confrontation des données de 2 et de 4 Maccabées, n'a pas repéré l'effacement du lexique de la souveraineté qui nous semble être le point majeur de la théologie de 4 Maccabées.

l'exercice des vertus (ce rôle de la Loi est mentionné explicitement en 4 M 2,23). Ce qui explique que la Loi soit, elle aussi, qualifiée de « divine », au même titre que la Raison humaine.

Ce retrait relatif de Dieu du monde qu'il a créé et qu'il jugera transparaît également, au-delà de la question des appellations de Dieu, à travers la disparition du merveilleux de 4 Maccabées, si on le compare à son modèle : pour prendre deux exemples, en 2 M 3,26, Héliodore est réellement rossé par les deux anges alors qu'en 4 M 4,10, les anges ne font qu'apparaître aux yeux de l'armée d'Apollonios ; par ailleurs, l'apparition de l'armée céleste aux yeux des habitants de Jérusalem (2 M 5,2–3) a disparu de 4 Maccabées.

En 4 M 1,11, à la fin de l'« introduction » de 4 Maccabées, la chute de la tyrannie et la purification d'Israël sont exprimées à l'aide de deux verbes au passif (καταλυθῆναι, « cesser » puis καθαρισθῆναι, « être purifié »), sans complément d'agent exprimé. Comme l'a observé E. Lohse[28], l'agent de ces verbes ne peut être que Dieu. Il n'en reste pas moins qu'il n'est pas nommé, ce qui va dans le sens de son retrait relatif. Même observation en ce qui concerne 4 M 17,21, dans la finale de 4 Maccabées, où le châtiment du tyran et, à nouveau, la purification d'Israël sont également exprimés à l'aide de deux infinitifs passifs (τιμωρηθῆναι, « être châtié », puis à nouveau καθαρισθῆναι, « être purifié »).

D'une certaine manière, la théologie de 4 Maccabées correspond avant l'heure à un (relatif) « désenchantement du monde », pour reprendre l'expression de Max Weber. Pour l'auteur de 4 Maccabées, Dieu n'intervient plus que marginalement de manière directe dans le monde des humains, et c'est à ces derniers de l'aider à y régner en dominant leurs passions grâce à la Raison et en suivant les prescriptions de la Loi. La souveraineté de Dieu, matérialisée par la présence de son trône (4 M 17,18), ne peut s'exercer directement que dans l'au-delà, qui, comme nous allons le voir dans le chapitre suivant, ne correspond pas à un avenir situé dans le temps, mais à un ailleurs existant parallèlement à ce monde. La théologie de 4 Maccabées est en harmonie avec son eschatologie.

---

[28] E. Lohse 1963, p. 72.

Chapitre II

Représentations de la mort dans 2 et 4 Maccabées

A. Introduction

Aussi bien dans 2 Maccabées que dans 4 Maccabées les martyrs acceptent leur sort, non seulement parce qu'ils veulent rester fidèles à la Loi, mais également parce que, pour eux, la mort n'est pas la réalité ultime. Les représentations de la mort que l'on rencontre dans les deux livres sont cependant fortement divergentes. Pour reprendre la terminologie développée par Chr. Grappe[1], c'est une représentation temporelle de l'au-delà liée à la croyance en la résurrection qui prédomine dans 2 Maccabées, alors que l'auteur de 4 Maccabées adhère à une eschatologie spatiale, verticale, où les justes suppliciés obtiennent l'immortalité auprès de Dieu.

B. Les représentations de la mort dans la version de 2 Maccabées des martyres d'Éléazar et des sept frères

Le texte de 2 Maccabées présente une curieuse distorsion entre les représentations de la mort présentes respectivement dans l'épisode d'Éléazar et dans celui des sept frères. Dans le premier, l'accent est mis sur la perception par les survivants de la mort du martyr, alors que, dans le second, est élaborée une théologie de la résurrection.

I. Dans l'épisode d'Éléazar (2 M 6,18–31)

L'au-delà est très peu décrit dans l'épisode d'Éléazar. Il est désigné dans son ensemble en 2 M 6,23 par l'expression grecque εἰς τὸν ᾅδην, « au séjour des morts », ce qui ne nous apprend pas grand'chose. En effet, dans le grec de la *Septante*, ᾅδης est la traduction standard de l'hébreu šeʾōl.

Par ailleurs, dans le discours d'Éléazar, en 2 M 6,26, ce dernier déclare qu'il n'échappera pas au jugement divin, qu'il soit vivant ou mort (οὔτε ζῶν οὔτε ἀποθανών), ce qui sous-entend la croyance en un jugement personnel *post mortem*, sans plus de précisions.

---
[1] Chr. Grappe 2014, 16–18.

En fait, dans cet épisode, l'accent est mis sur la perception de la mort d'Éléazar par les générations suivantes. Le vieillard doit choisir, en 2 M 6,19, tel Achille, entre une mort glorieuse (2 M 6,19 : μετ'εὐκλείας θάνατον) et une vie honteuse (μετὰ μύσους βίον). Il choisit la mort, développant ses raisons dans son discours (2 M 6,24–28) où il donne à son martyre une valeur d'exemple (le terme ὑπόδειγμα apparaît explicitement en 2 M 6,28) pour les jeunes générations.

Cette interprétation du martyre sera reprise par l'auteur de 4 Maccabées dans sa réécriture du discours d'Éléazar (second discours : 4 M 6,17–23).

II. Dans l'épisode des sept frères (2 M 7,1–41)

À l'inverse, dans l'épisode des sept frères, la résurrection des justes est affirmée de manière récurrente par la bouche de plusieurs personnages :
– d'une part, elle est exprimée par le deuxième, le troisième et le quatrième frère, avec une gradation : le deuxième proclame le premier sa foi en la résurrection des justes en 2 M 7,9 (εἰς αἰώνιον ἀναβίωσιν ζωῆς ἡμᾶς ἀναστήσει, « il nous ressuscitera pour une vie éternelle ») ; le troisième fait, en 2 M 7,11, le lien entre la création corporelle (Ἐξ οὐρανοῦ ταῦτα κέκτημαι, « c'est du ciel que je tiens ces membres ») et l'espérance en la résurrection (καὶ παρ' αὐτοῦ ταῦτα πάλιν ἐλπίζω κομίσασθαι· « et c'est de lui que j'espère les recouvrer ») ; enfin, le quatrième réaffirme, en 2 M 7,14, la foi en la résurrection, mais en en restreignant le champ aux justes, excluant explicitement Antiochos IV (Αἱρετὸν μεταλλάσσοντας ὑπ' ἀνθρώπων τὰς ὑπὸ τοῦ θεοῦ προσδοκᾶν ἐλπίδας πάλιν ἀναστήσεσθαι ὑπ' αὐτοῦ· σοὶ μὲν γὰρ ἀνάστασις εἰς ζωὴν οὐκ ἔσται. « Mieux vaut mourir de la main des hommes en attendant, selon les promesses faites par Dieu, d'être ressuscité par lui, car pour toi il n'y aura pas de résurrection à la vie ») ;
– d'autre part, la doctrine de la résurrection des justes apparaît explicitement dans le premier discours de la mère des sept frères (2 M 7,22–23) : la création du corps des enfants par Dieu et non pas par leur mère (2 M 7,22) est présentée comme une préfiguration de la résurrection (2 M 7,23 : καὶ τὸ πνεῦμα καὶ τὴν ζωὴν ὑμῖν πάλιν ἀποδίδωσιν μετ' ἐλέους, « et il vous rendra dans sa miséricorde et l'esprit et la vie »). Le même raisonnement se retrouve dans le second discours de la mère (2 M 7,27–29), où le lien est fait entre la création du monde *ex nihilo*, affirmée en 2 M 7,28, et la promesse de retrouvailles à la fin des temps (2 M 7,29 : ἵνα ἐν τῷ ἐλέει σὺν τοῖς ἀδελφοῖς σου κομίσωμαί σε, « afin que je te retrouve avec tes frères au temps de la miséricorde ») ;
– enfin, dans son discours (2 M 7,30–38), le septième frère fait allusion brièvement, en 2 M 7,36, à la « vie intarissable » (ἀενάου ζωῆς) obtenue par ses frères, compensation de la « douleur passagère » (βραχὺν πόνον) du martyre. Ce dernier passage est le seul où semble transparaître une conception différente de la mort, passage d'une forme de vie à une autre, éternelle (ἀέναος appartient au vocabulaire d'Hésiode et des Tragiques).

On a donc affaire à un ensemble structuré d'affirmations de la foi en la résurrection, toutes mises dans la bouche des frères et de leur mère (ce qui relèverait du registre 2 dans la structure de 4 Maccabées), et cela de manière récurrente : nul doute que ce point de foi est l'objectif essentiel de l'insertion de l'épisode dans le texte de 2 Maccabées. Or ce thème est apparemment absent des discours des sept frères et de leur mère dans 4 Maccabées.

C. Les représentations de la mort dans la version de 4 Maccabées des martyres d'Éléazar et des sept frères

I. Introduction

Contrairement à ce que l'on observe dans 2 Maccabées, il n'y a pas, dans 4 Maccabées, d'ensemble structuré consacré exclusivement aux représentations de la mort et de l'au-delà. Elles sont cependant bien présentes dans l'ensemble du texte, sous la forme de motifs revenant régulièrement dans les passages relevant des registres 2, 3 et 4. Ces motifs correspondent à des conceptions de la mort parfois divergentes, comme l'a relevé à juste titre J. W. van Henten[2] : nous aurons à nous interroger sur l'origine de leur coexistence.

L'ensemble de ces références est synthétisé dans le tableau ci-dessous. Les références ont été classées par thème (dans certains cas, une même référence combine plusieurs thèmes), par grande section de 4 Maccabées, et par registre.

Quatre groupes apparaissent nettement :
– association registre 2 (annonce)/registre 3 (réalisation), concernant la récompense des justes, d'une part, et la punition du roi, d'autre part ; le caractère apparent de la mort des justes apparaît à travers une combinaison inversée : c'est le passage relevant du registre 3 qui précède celui qui relève du registre 2, mais la relation entre les deux (annonce/réalisation) reste la même ;
– registre 2 uniquement : promesse de résurrection ;
– registre 3 uniquement : thème de l'immortalité et ses variantes ;
– registre 4 uniquement : thème de l'immortalité astrale.

Par ailleurs, est mise en lumière l'importance de l'éloge de la mère (où le thème de l'immortalité est particulièrement développé) et celle de la finale (où les différentes promesses dispersées dans le texte de 4 Maccabées sont réalisées, et où apparaissent les thèmes de la résurrection et de l'immortalité astrale).

---

[2] J.W. van Henten 1997, 183.

Tableau n°33 : Les représentations de la mort dans 4 Maccabées

	Épisode Éléazar	Épisode sept frères	Éloge sept frères (et leur mère)	Finale
Accueil par les patriarches	Discours d'Éléazar (4 M 5,37)		Exhortations sept frères (4 M 13,17)	Réalisation (4 M 18,22–23)
Présence auprès de Dieu		Affirmation par les sept frères (4 M 9,8–9)		Réalisation (4 M 17,18)
Caractère propitiatoire de la mort	Prière d'Éléazar (4 M 6,28–29)			Réalisation (4 M 17,21–22)
Châtiment éternel d'Antiochos IV		Affirmation répétée par les sept frères (=motif D) (4 M 9,8–9 ; 9,32 ; 10,11 ; 12,12 ; 12,18)		Réalisation (4 M 18,22–23)
Caractère apparent de la mort des justes et vie « à Dieu »	Éloge d'Éléazar (4 M 7,18–19)		Exhortations des sept frères (4 M 13,14) et Éloge de la mère (4 M 16,25)	
Résurrection				Discours de la mère (4 M 18,17–19)
Immortalité	Éloge d'Éléazar (4 M 7,2–3)	Récit martyre premier frère (4 M 9,21–22)	Éloge des sept frères (4 M 14,5)	Réalisation (4 M 17,18)
Vie éternelle			Éloge de la mère (4 M 15,3)	
Nouvel enfantement			Éloge de la mère (4 M 16,13)	
Don par Dieu d'âmes immortelles				Réalisation (4 M 18,22–23)
Rejet du salut temporaire			Éloge de la mère (4 M 15,8 ; 15,23)	
Immortalité astrale				Hymne à la mère (4 M 17,5)

II. Premier groupe : combinaison des registres 2 et 3

Le thème dominant dans les passages relevant du registre 2 est celui du jugement. 4 Maccabées projette sur l'horizon de l'au-delà une césure ontologique radicale entre deux humanités : Israël, d'une part, dont l'unité est préservée dans la mort ; l'ensemble des nations, d'autre part, représenté par Antiochos IV, promis au châtiment.

1. Le destin d'Israël

a) Le destin d'Israël : l'accueil par les pères

L'espérance d'un accueil dans la mort par les patriarches d'Israël est l'un des fils rouges de 4 Maccabées. Comme D. A. de Silva l'a relevé[3], il s'agit probablement d'une transformation valorisante d'un euphémisme biblique bien connu[4].

Cet accueil est annoncé à deux reprises dans le texte de 4 Maccabées, à chaque fois à des emplacements stratégiques : à la fin du premier discours d'Éléazar, véritable discours programme sur le plan théologique (4 M 5,37) (registre 2) ; dans la séquence des exhortations mutuelles des sept frères (4 M 13,17) (registre 2). Il y a donc deux annonces de cet accueil relevant du registre 2, correspondant à chacun des grands récits de martyres. Il est à remarquer qu'en 4 M 13,17, les patriarches ne se contentent pas d'accueillir les sept frères mais font leur éloge ; or les exhortations mutuelles des sept frères sont insérées dans un ensemble (chapitres 13 à 16) précisément consacré à l'éloge des sept frères et de leur mère ; l'éloge par les patriarches redouble et confirme donc l'éloge opéré par l'auteur de 4 Maccabées lui-même.

4 M 5,37

ἁγνόν με οἱ πατέρες εἰσδέξονται μὴ φοβηθέντα σου τὰς μέχρι θανάτου ἀνάγκας·

« Pur me recevront mes pères, sans que j'aie redouté tes mortelles ! »

4 M 13,17

οὕτω γὰρ θανόντας ἡμᾶς Αβρααμ καὶ Ισαακ καὶ Ιακωβ ὑποδέξονται καὶ πάντες οἱ πατέρες ἐπαινέσουσιν.

« Morts, nous serons accueillis par Abraham, Isaac, Jacob et tous les pères nous loueront » (traduction A. Dupont-Sommer modifiée en ce qui concerne la traduction de θανόντας)

À ces annonces correspond, dans le registre 3, une affirmation de leur réalisation (4 M 18,22–23), pratiquement à la clôture de l'ensemble de 4 Maccabées, ce qui démontre l'importance de ce thème pour l'auteur.

---

[3] D. A. de Silva 2006, 140
[4] Cf. Genèse 15,15 LXX : σὺ δὲ ἀπελεύσῃ πρὸς τοὺς πατέρας σου μετ' εἰρήνης, ταφεὶς ἐν γήρει καλῷ., « Toi, en paix, tu rejoindras tes pères et tu seras enseveli après une heureuse vieillesse »).

4 M 18,22-23

22 ὑπὲρ ὧν ἡ θεία δίκη μετῆλθεν καὶ μετελεύσεται τὸν ἀλάστορα τύραννον. 23 οἱ δὲ Ἀβραμιαῖοι παῖδες σὺν τῇ ἀθλοφόρῳ μητρὶ εἰς πατέρων χορὸν συναγελάζονται ψυχὰς ἁγνὰς καὶ ἀθανάτους ἀπειληφότες παρὰ τοῦ θεοῦ.

« 22 Pour ces crimes, la Justice divine a poursuivi et elle poursuivra encore ce maudit. 23 Mais les fils d'Abraham, avec leur mère victorieuse, sont maintenant rassemblés dans le chœur des pères, eux qui ont reçu des âmes pures et immortelles de Dieu » (traduction A. Dupont-Sommer modifiée en ce qui concerne la traduction de εἰς πατέρων χορόν)

b) Le destin d'Israël : la présence auprès de Dieu

Une autre représentation, proche de la précédente, concerne le destin *post mortem* des fils d'Israël : la présence auprès de Dieu dans l'au-delà. Comme dans le cas de l'accueil par les pères, cette promesse est annoncée dans un passage relevant du registre 2, le discours commun des sept frères qui précède leur martyre (4 M 9,8-9), et sa réalisation est mentionnée dans la finale, dans un passage relevant du registre 3 (4 M 17,18).

En 4 M 9,8, la présence auprès de Dieu est traduite par un simple groupe prépositionnel introduit par παρά, qui met en avant l'idée de la proximité entre les martyrs et Dieu ; en revanche, en 4 M 17,18, Dieu est représenté par métonymie par son trône, ce qui est une image, elle aussi d'origine biblique, qui sauvegarde la transcendance divine[5]. Cette idée n'apparaît pas dans l'épisode d'Éléazar.

4 M 9,8-9

8 ἡμεῖς μὲν γὰρ διὰ τῆσδε τῆς κακοπαθείας καὶ ὑπομονῆς τὰ τῆς ἀρετῆς ἆθλα ἕξομεν καὶ ἐσόμεθα παρὰ θεῷ, δι' ὃν καὶ πάσχομεν· 9 σὺ δὲ διὰ τὴν ἡμῶν μιαιφονίαν αὐτάρκη καρτερήσεις ὑπὸ τῆς θείας δίκης αἰώνιον βάσανον διὰ πυρός.

« 8 car nous, par ce supplice et par notre patience, nous remporterons le prix des vertueux combats et nous serons auprès de Dieu, de Dieu même pour qui nous souffrons, 9 mais toi, pour notre meurtre dont tu vas te souiller, tu auras à souffrir de la part de la Justice divine par le feu un tourment éternel proportionné à ton crime. » ;

4 M 17,18

δι' ἣν καὶ τῷ θείῳ νῦν παρεστήκασιν θρόνῳ καὶ τὸν μακάριον βιοῦσιν αἰῶνα;

« celle-ci (la patience) leur a valu de se tenir maintenant près du divin Trône et de vivre les jours de la bienheureuse éternité ! »

Si l'on résume les mentions du destin des fils d'Israël dans l'au-delà, on aboutit à la structure suivante, où chaque grande unité de la partie narrative de 4 Maccabées comporte soit une mention de l'accueil par les pères, soit une mention de la présence auprès de Dieu, les deux thèmes apparaissant ainsi complémentaires l'un de l'autre :

---

[5] Cf. le récit de la vocation d'Ésaïe en Ésaïe 6.

Épisode d'Éléazar :

Annonce de l'accueil par les pères (4 M 5,37) (registre 2)

Épisode des sept frères :

Annonce de la présence auprès de Dieu (4 M 9,8–9) (registre 2)

Éloge des sept frères :

Seconde annonce de l'accueil par les pères (qui assument leur part de l'éloge) (4 M 13,17) (registre 2)

Finale :

Réalisation de la présence auprès de Dieu (4 M 17,18) (registre 3)

Réalisation de l'accueil par les pères (4 M 18,22–23) (registre 3)

c) La mort propitiatoire des martyrs

Comme les thèmes de l'accueil par les patriarches et de la présence auprès de Dieu[6], le motif du caractère propitiatoire de la mort des martyrs apparaît *a priori* deux fois : une première, sous forme de demande, dans le cadre de la prière d'Éléazar (4 M 6,28–29), relevant du registre 2 ; une seconde, mentionnant la réalisation de cette demande, dans la finale (4 M 17,21–22), dans un passage relevant plutôt du registre 3 que du registre 1, car il correspond à la « morale » tirée par le narrateur de la conclusion de son récit.

Le lien entre les deux passages est avéré par la reprise du substantif ἀντίψυχον, « substitut » (encore qu'en 4 M 17,21, il puisse s'agir d'un adjectif ἀντίψυχος). Une étude récente[7] a démontré, sur la base d'une inscription milésienne hellénistique, que l'adjectif existait en Asie Mineure antérieurement à 4 Maccabées[8]. L'adjectif, également présent chez Lucien, *Lexiphane* 10, et Dion Cassius, LIX,8,3, est à l'évidence un dérivé hypostatique du syntagme ἀντὶ ψυχῆς, « en échange d'une vie ». N. Rousseau critique[9] la thèse de G.W. Bowersock[10] selon laquelle il s'agirait d'un terme pénal propre à l'Asie Mineure. Pour elle, au contraire, l'adjectif a très bien pu être recréé indépendamment par chacun des auteurs concernés à partir du syntagme ἀντὶ ψυχῆς. Elle observe que les deux passages de 4 Maccabées se distinguent des autres occurrences par la « connotation sacrificielle absente de l'usage profane »[11]. La source de la création ou de la recréation de l'adjectif par l'auteur de 4 Maccabées pourrait d'ailleurs être biblique[12].

---

[6] Cf. Tableau n°33.
[7] N. Rousseau 2015.
[8] P. Herrmann, 1958, 117–121.
[9] N. Rousseau 2015, 145–147.
[10] G. W. Bowersock 1995, 80–81.
[11] N. Rousseau 2015, 65.
[12] Cf. entre autres le groupe prépositionnel ἀντὶ τῆς ψυχῆς, « pour l'absolution de (votre) vie », de Lévitique 17,11 LXX, rapproché des occurrences de 4 Maccabées notamment par A. P. O'Hagan 1974, 118.

Quoi qu'il en soit, ἀντίψυχον appartient à une famille étymologique pour laquelle l'auteur de 4 Maccabées fait preuve d'une certaine prédilection. En effet, on rencontre dans 4 Maccabées quatre adjectifs composés de type *bahuvrihi* à second terme en -ψυχος, qui sont des *hapax* ou dont c'est la première attestation : il s'agit de δειλόψυχος, « lâche » (4 M 8,16 et 16,5), ὁμόψυχος (4 M 14,20), « dont l'âme était semblable (à Abraham) », ἀσθενόψυχος, « à l'âme faible » (4 M 15,5), et ἱερόψυχος « à l'âme sainte » (4 M 17,4). De toute évidence, qu'il soit le créateur de ces termes ou non, l'auteur de 4 Maccabées a une préférence marquée pour ce genre de formations. Même si celle d'ἀντίψυχον est un peu différente, on peut considérer que son emploi dans 4 Maccabées s'explique en partie par cette « prédilection » d'ordre plutôt stylistique que linguistique.

En revanche, l'interprétation exacte du substantif ἱλαστήριον de 4 M 17,22 a fait couler beaucoup d'encre, en raison, d'une part, du sens particulier du terme dans la *Septante* (« propitiatoire » placé au-dessus de l'arche), d'autre part, du parallèle possible avec Romains 3,25 [13].

Il y a tout d'abord un problème d'établissement du texte. L'*Alexandrinus* présente la leçon τοῦ ἱλαστηρίου θανάτου αὐτῶν, où ἱλαστηρίου est le génitif de l'adjectif ἱλαστήριος, « propitiatoire », ce qui donne un sens tout à fait satisfaisant : « par leur mort propitiatoire ». En revanche, le *Sinaiticus*, suivi par A. Rahlfs selon le principe de la *lectio difficilior*, fait de ἱλαστηρίου le génitif d'un substantif ἱλαστήριον : τοῦ ἱλαστηρίου τοῦ θανάτου αὐτῶν. Le contexte invite à donner à ce substantif le sens de « sacrifice expiatoire », propre à 4 Maccabées (si l'on excepte le parallèle discuté de Romains 3,25).

D. P. Bailey[14] a tenté de dissocier les deux occurrences en rapprochant l'emploi de Romains 3,25 de l'image biblique du « propitiatoire » tout en expliquant celui de 4 M 17,22 par le sens non biblique d'« offrande propitiatoire », à caractère concret, excluant donc que ἱλαστήριον puisse désigner l'acte lui-même du sacrifice. La mort des sept frères n'équivaudrait pas à un sacrifice d'expiation mais à une offrande votive destinée à apaiser la colère divine.

L'interprétation de D. P. Bailey présente une faiblesse : elle s'appuie uniquement sur le texte de 4 M 17,22, sans tenir compte de la présence dans le contexte immédiat (en 4 M 17,21) de l'adjectif ἀντίψυχος qui renvoie bien, quant à lui, à un contexte sacrificiel (la vie offerte des sept frères permet de racheter la vie du peuple d'Israël). De plus, le fait que l'auteur de 4 Maccabées ait pu créer ou recréer à partir de l'adjectif ἀντίψυχος un substantif neutre ἀντίψυχον, « substitut », rend moins invraisemblable le fait qu'il ait pu en faire de même en créant ou recréant, à partir de l'adjectif ἱλαστήριος, « propitiatoire », un substantif ἱλαστήριον possédant un sens sacrificiel, « sacrifice d'expiation », en accord avec 4 M 17,21

---

[13] On trouvera une synthèse de ce débat dans D.A. de Silva 2006, 249–252.
[14] D. P. Bailey 2000

Quoi qu'il en soit, le parallélisme lexical de 4 M 17,21 avec 4 M 6,29 démontre que 4 M 17,21–22 est à interpréter comme la réalisation de la demande formulée par Éléazar en 4 M 6,28–29.

Ces deux passages ont un autre point commun, la mention du sang (αἷμα) versé, présenté dans les deux cas comme un moyen de purification et de réconciliation. D'autres passages du récit des martyres leur font écho par la mention du sang répandu, que ce soit dans le cas d'Éléazar (4 M 6,6), du premier frère (4 M 9,20), ou du deuxième (4 M 10,8). De la même manière, dans le premier hymne à Éléazar (4 M 7,8), les responsables des communautés (δημιουργοῦντες) sont invités à lutter contre les passions au prix de leur « propre sang » (ἰδίῳ αἵματι). Notons que, dans la « partie philosophique », le roi David assimile l'eau rapportée par ses soldats au risque de leur vie à du sang (4 M 3,15 : λογισθὲν ἰσοδύναμον ποτὸν αἵματι, « qu'un breuvage auquel il avait donné une valeur de sang ») et l'offre par conséquent en libation (4 M 3,16). Enfin, dans un passage de l'éloge des sept frères (4 M 13,20), le sang est ce qui permet aux frères de croître dans le sein maternel (ἀπὸ τοῦ αὐτοῦ αἵματος αὐξηθέντες, « (chaque frère) y croît du même sang ».

Ce dernier emploi, qui fait écho aux croyances antiques selon lesquelles le fœtus est nourri de sang menstruel coagulé (cf. Hippocrate, *Maladies des femmes* I,25), mis à part, le sang remplit toujours, dans 4 Maccabées, une fonction sacrificielle, mentionnée explicitement dans le cas d'Éléazar (4 M 6,29) et indirectement dans le cas de David (4 M 3,15), et présente implicitement dans les autres cas. Éléazar est le premier à accepter le martyre et à le présenter comme un sacrifice. Son comportement est imité, au sein du récit lui-même, par les sept frères (d'où la mention du sang répandu dans le cas des deux premiers frères), et les responsables des communautés sont, à leur tour, invités (4 M 7,8) à suivre son exemple[15].

4 M 6,28–29

28 ἵλεως γενοῦ τῷ ἔθνει σου ἀρκεσθεὶς τῇ ἡμετέρᾳ ὑπὲρ αὐτῶν δίκῃ. 29 καθάρσιον αὐτῶν ποίησον τὸ ἐμὸν αἷμα καὶ ἀντίψυχον αὐτῶν λαβὲ τὴν ἐμὴν ψυχήν.

« 28 Sois propice à notre nation, satisfait de ce châtiment que nous supportons pour eux ! 29 Fais que mon sang les purifie, et reçois mon âme comme rançon de leurs âmes ! »

4 M 17, 21–22

21 καὶ τὸν τύραννον τιμωρηθῆναι καὶ τὴν πατρίδα καθαρισθῆναι, ὥσπερ ἀντίψυχον γεγονότας τῆς τοῦ ἔθνους ἁμαρτίας. 22 καὶ διὰ τοῦ αἵματος τῶν εὐσεβῶν ἐκείνων καὶ τοῦ ἱλαστηρίου τοῦ θανάτου αὐτῶν ἡ θεία πρόνοια τὸν Ἰσραὴλ προκακωθέντα διέσωσεν.

« … 21(c'est grâce à eux) que le tyran a été châtié, que le sol de la patrie a été purifié, leur vie ayant servi pour ainsi dire de rançon pour le péché de notre peuple. Par le sang de ces hommes pieux, par l'expiation de leur mort, la Providence divine a sauvé Israël, naguère accablé de maux. »

---

[15] La lecture sacrificielle du martyre d'Éléazar et des sept frères a été reprise récemment par B. Tabb (B. Tabb 2017, 111–113).

2. Le destin d'Antiochos IV : le châtiment éternel (= motif D)

Dans le cas du destin d'Antiochos IV, la structure est beaucoup plus complexe : son châtiment est annoncé à cinq reprises (4 M 9,8–9 ; 9,32 ; 10,11 ; 12,12 ; 12,18) au cours de l'épisode des sept frères (discours relevant du registre 2). C'est l'un des motifs dominants de cet ensemble et nous renvoyons à l'analyse que nous en avons déjà faite (motif D)[16].

Suit, dans la finale, l'habituelle mention de réalisation relevant du registre 3.

4 M 18,22–23

22 ὑπὲρ ὧν ἡ θεία δίκη μετῆλθεν καὶ μετελεύσεται τὸν ἀλάστορα τύραννον. 23 οἱ δὲ Ἀβραμιαῖοι παῖδες σὺν τῇ ἀθλοφόρῳ μητρὶ εἰς πατέρων χορὸν συναγελάζονται ψυχὰς ἁγνὰς καὶ ἀθανάτους ἀπειληφότες παρὰ τοῦ θεοῦ.

« 22 Pour ces crimes, la Justice divine a poursuivi et elle poursuivra encore ce maudit. 23 Mais les fils d'Abraham, avec leur mère victorieuse, sont maintenant rassemblés dans le chœur des pères, eux qui ont reçu des âmes pures et immortelles de Dieu » (traduction A. Dupont-Sommer modifiée en ce qui concerne la traduction de εἰς πατέρων χορὸν)

3. Le caractère apparent de la mort des justes (= motif E) et la « vie à Dieu »

À deux reprises dans 4 Maccabées, la mort des justes est présentée comme une simple apparence. À rebours des passages appariés mentionnés plus haut[17], le passage relevant du registre 3 (4 M 7,18–19) précède celui relevant du registre 2 (4 M 13,14). Cette inversion est sans doute à lier à une autre particularité : le passage relevant du registre 3 n'est pas, à précisément parler, une mention de réalisation d'une promesse, mais l'énoncé d'une croyance attribuée aux justes qui maîtrisent leurs passions. Ce qui fait que le couple de passages ne fonctionne pas de la même façon que ceux qui ont été étudiés précédemment.

Dans le cas présent, l'auteur de 4 Maccabées donne, en 4 M 7,18–19, un critère qui permet de reconnaître les justes à leur croyance en la « vie à Dieu ». Le même thème, mis dans la bouche des sept frères en 4 M 13,14, permet de confirmer qu'ils sont précisément de tels justes. Il y a, certes, une nuance importante entre les deux passages : l'affirmation du caractère apparent de la mort est soutenue en 4 M 7,19 du point de vue de Dieu (emploi du datif éthique θεῷ), ce qui équivaut à une superposition de deux réalités, la réalité apparente, au sein de laquelle les martyrs meurent bel et bien, comme les patriarches sont morts, et la réalité divine, au sein de laquelle ces morts n'ont pas eu lieu ; en 4 M 13,14, c'est la réalité de la menace de mort représentée par Antiochos IV qui est remise en question par les sept frères, mais sans que cette superposition de deux réalités survienne.

---

[16] Cf. 145.
[17] Cf. Tableau n°33.

Ce dernier passage est à mettre en relation également avec le thème de l'impassibilité de l'âme (= motif E[18]) développé par ailleurs dans les discours des sept frères (4 M 9,17–18 ; 10,19 ; 11,20–27), mais sans que le motif du caractère apparent de la mort y apparaisse explicitement.

Par ailleurs, le thème, lié au précédent, de la « vie à Dieu », en lien avec les patriarches, qui apparaît également en 4 M 7,18–19, revient, toujours dans le registre 3, en 4 M 16,25, dans la conclusion de l'éloge de la mère des sept frères, avec une différence essentielle : on est passé d'une croyance (emploi du verbe πιστεύω en 4 M 7,19) à un savoir (emploi du verbe οἶδα en 4 M 16,25).

En tout cas, dans les deux occurrences de 4 Maccabées, la « vie à Dieu » apparaît comme un privilège d'abord conféré aux patriarches. On retrouve donc, combinées, les deux thématiques de l'accueil par les patriarches et de la proximité à Dieu, ce qui donne une grande cohérence aux représentations de la mort apparaissant simultanément dans les registres 2 et 3.

4 M 7,18–19

18 ἀλλ' ὅσοι τῆς εὐσεβείας προνοοῦσιν ἐξ ὅλης καρδίας, οὗτοι μόνοι δύνανται κρατεῖν τῶν τῆς σαρκὸς παθῶν 19 πιστεύοντες ὅτι θεῷ οὐκ ἀποθνήσκουσιν, ὥσπερ οὐδὲ οἱ πατριάρχαι ἡμῶν Αβρααμ καὶ Ισαακ καὶ Ιακωβ, ἀλλὰ ζῶσιν τῷ θεῷ.

« 18 Mais ceux qui de tout leur cœur prennent soin de la piété, ceux-là seuls ont le pouvoir de commander aux passions de la chair, 19 persuadés que, en Dieu, ils ne meurent pas, comme ne sont pas morts nos patriarches, Abraham, Isaac et Jacob, mais qu'ils vivent pour Dieu. »

4 M 13,14

μὴ φοβηθῶμεν τὸν δοκοῦντα ἀποκτέννειν·

« Ne craignons pas celui qui paraît donner la mort » ;

4 M 16,25

ἔτι δὲ καὶ ταῦτα εἰδότες ὅτι οἱ διὰ τὸν θεὸν ἀποθνήσκοντες ζῶσιν τῷ θεῷ ὥσπερ Αβρααμ καὶ Ισαακ καὶ Ιακωβ καὶ πάντες οἱ πατριάρχαι.

« Mais, de plus, ils savaient fort bien que ceux qui meurent pour Dieu vivent avec lui, comme Abraham, Isaac, Jacob et tous les patriarches. »

L'idée selon laquelle les patriarches sont en réalité toujours vivants en Dieu se retrouve dans le Nouveau Testament, en Marc 12,27, Matthieu 22,32, et Luc 20,38, avec, dans ce dernier cas, résurgence de la « vie en Dieu » : θεὸς δὲ οὐκ ἔστιν νεκρῶν ἀλλὰ ζώντων, πάντες γὰρ αὐτῷ ζῶσιν, « il n'est pas le dieu des morts, mais des vivants, car tous vivent en lui ». Cette proximité a suffi pour que J. Freudenthal voie en 4 M 7,19, 13,14 et 16,25 des interpolations d'origine chrétienne[19]. Cette position nous semble intenable : en effet, comme nous l'avons montré dans notre deuxième partie[20], les trois passages incriminés ne sont pas isolés mais relèvent d'un même « motif » argumentatif

---

[18] Cf. 150.
[19] J. Freudenthal 1869, 165–166.
[20] Cf. 150.

récurrent dans 4 Maccabées, celui de l'inaltérabilité de l'âme (motif E). Il est donc peu vraisemblable qu'ils puissent résulter d'une interpolation, de quelque origine soit-elle.

III. Deuxième groupe (registre 2 uniquement) : le thème de la résurrection

Dans les faits, le thème de la résurrection est bien présent dans 4 Maccabées, sous forme d'une chaîne de citations, insérée dans le dernier discours de la mère (4 M 18,17–19). Comme nous l'avons exposé plus haut[21], il n'y a aucune raison de souscrire au jugement d'A. Dupont-Sommer[22], selon lequel ce discours serait le fruit d'une interpolation. Il occupe, tout au contraire, une position centrale dans la structure de 4 Maccabées, puisque c'est là qu'est rappelé l'enseignement du père défunt des sept frères, enseignement qu'ils traduisent dans la pratique au moment de leur martyre.

Le verbe employé en 4 M 18,17 pour décrire l'enseignement du père à propos de la résurrection (πιστοποιέω, littéralement « rendre crédible ») apparaissait déjà, comme nous l'avons exposé ailleurs[23], dans le premier hymne à Éléazar, en 4 M 7,9. Dans ce dernier passage, l'emploi de ce verbe traduisait le fait qu'Éléazar avait confirmé par son martyre la véracité de son enseignement.

En 4 M 18,17–19, si nous restons au ras du texte, le père confirme la doctrine de la résurrection, évoquée en 4 M 18,17 sous forme d'une interrogation tirée du texte d'Ézéchiel 37,3, au moyen de la citation, en 4 M 18,18–19, d'une combinaison de Deutéronome 30,30 32,39 et 32,47, affirmant que vie comme mort trouvent leur origine en Dieu. La résurrection est donc présentée comme une conséquence de la toute-puissance divine. On n'est pas loin de la doctrine affirmée en 2 M 7,22–23 par la mère des sept frères, à ceci près qu'en 4 M 18,17–19 le Dieu créateur s'est effacé devant le Dieu souverain.

4 M 18, 17–19

17 τὸν Ιεζεκιηλ ἐπιστοποίει τὸν λέγοντα Εἰ ζήσεται τὰ ὀστᾶ τὰ ξηρὰ ταῦτα; 18 ᾠδὴν μὲν γάρ, ἣν ἐδίδαξεν Μωυσῆς, οὐκ ἐπελάθετο διδάσκων τὴν λέγουσαν 19 Ἐγὼ ἀποκτενῶ καὶ ζῆν ποιήσω· αὕτη ἡ ζωὴ ὑμῶν καὶ ἡ μακρότης τῶν ἡμερῶν.

« 17 Il nous faisait connaître Ezéchiel, qui dit : « Est-ce que revivront ces os desséchés ? » 18 Car il ne laissait point dans l'oubli le cantique que Moïse nous a appris, et qui enseigne : « C'est moi qui ferai mourir et qui ferai vivre. 19 Ceci est votre vie et la longueur de vos jours » »

Pourquoi donc l'auteur de 4 Maccabées a-t-il tenu à rappeler, dans le dernier discours de la mère, une doctrine qu'il ne reprend nulle part ailleurs, associée, élément encore plus perturbant, à une théologie de la souveraineté de Dieu qui est également absente du reste de l'ouvrage ? Il y a deux hypothèses possibles.

---

[21] Cf. 199.
[22] A. Dupont-Sommer 1939, 46–47, note 24.
[23] Cf. 198.

D'une part, il est probable que l'auditoire ou le lectorat de 4 Maccabées connaissait le texte de 2 Maccabées et qu'à ses yeux l'exposé par la mère de la doctrine de la résurrection était l'un des moments clefs du récit des martyres, un passage obligé. L'auteur de 4 Maccabées l'aurait donc conservé, mais en le mettant à part pour montrer qu'il ne reprenait pas cette doctrine à son compte : ce qui expliquerait pourquoi ce propos est « exilé » dans la finale au lieu de figurer dans le corps du récit, comme dans 2 Maccabées, et pourquoi il est attribué au père absent, par l'intermédiaire de la mère, et non à la mère elle-même comme dans 2 Maccabées.

D'autre part, même si la doctrine de la résurrection n'est pas reprise ailleurs en 4 Maccabées, elle n'y est jamais non plus contestée. Il n'est pas impossible que l'auteur de 4 Maccabées, tout en développant sa propre vision de l'au-delà, ait tenu à montrer qu'il connaissait la doctrine traditionnelle de la résurrection, partagée sans doute par une bonne partie de son auditoire, et qu'il ne rejetait pas ceux qui la soutenaient. De toute manière, au sein de la littérature intertestamentaire, les deux perspectives divergentes de la résurrection (eschatologie temporelle) et de l'immortalité (eschatologie spatiale) coexistent souvent, comme l'a relevé Chr. Grappe[24].

Quoi qu'il en soit, la doctrine de la résurrection n'est présente que dans le registre 2, ce qui permet à l'auteur de 4 Maccabées de l'énoncer en l'attribuant à l'un de ses personnages tout en ne la reprenant pas à son compte. La doctrine de l'immortalité, présente uniquement dans le registre 3, aura bien entendu le statut inverse : position assumée par l'auteur, mais curieusement absente de la bouche de ses personnages.

IV. Troisième groupe (registre 3 uniquement) : l'immortalité

Les représentations de la mort présentes uniquement dans le registre 3 sont, dans leur grande majorité, une déclinaison du thème de l'immortalité, relevant d'une eschatologie verticale et absent de 2 Maccabées[25]. Il n'y a pas d'opposition entre les représentations examinées plus haut et la thématique de l'immortalité.

Il y a cependant une inflexion entre les deux : dans la bouche des martyrs, l'espérance dans une forme de vie supérieure après la mort prend la forme d'un destin collectif, commun à tout Israël, à travers l'appel à la figure des patriarches ; dans les représentations propres au registre 3, nous avons affaire, au contraire, à un destin individuel prenant la forme d'une métamorphose ou d'une seconde naissance.

Le thème de l'immortalité semble apparaître une première fois dans l'éloge d'Éléazar (4 M 7,2–3), sous la forme d'une métaphore spatiale : la mort violente est conçue comme un voyage maritime en butte à une tempête et menant

---

[24] Chr. Grappe 2014, 135–138.
[25] Cf. Chr. Grappe 2014, 121–123.

à une vie immortelle représentée comme un port. La métaphore du voyage maritime remonte entre autres[26] à la tragédie grecque[27], où elle présente un sens politique (le roi étant assimilé au capitaine du navire), et à Philon[28], chez qui elle présente un caractère moral (l'âme étant cette fois le pilote du vaisseau).

Le contexte de 4 M 7,2–3 est cependant un peu différent : à prendre le texte au pied de la lettre, c'est Éléazar qui est assimilé au pilote, le navire correspondant à la piété (εὐσεβεία), c'est-à-dire à la vie conforme aux prescriptions de la Loi juive. Le sens de la métaphore est donc clair : Éléazar aurait pu abandonner la Loi, comme un pilote délaisserait son gouvernail, mais il ne l'a pas fait.

Cette constance est en elle-même une victoire : à prendre le texte, là aussi, au pied de la lettre, le port ne représente pas la vie éternelle, mais la victoire immortelle (ἀθανάτου νίκης λιμήν). Il est donc douteux que nous ayons affaire ici une représentation de l'au-delà : il s'agit bien plutôt de l'acquisition par Éléazar d'une renommée durable au prix de sa mort, sa victoire étant d'avoir défendu la Loi jusqu'à la mort, en écho à un passage de son second discours (4 M 6,21, faisant écho à 2 M 6,27–28).

4 M 7,2–3

2 καὶ καταικιζόμενος ταῖς τοῦ τυράννου ἀπειλαῖς καὶ καταντλούμενος ταῖς τῶν βασάνων τρικυμίαις 3 κατ᾽ οὐδένα τρόπον ἔτρεψε τοὺς τῆς εὐσεβείας οἴακας, ἕως οὗ ἔπλευσεν ἐπὶ τὸν τῆς ἀθανάτου νίκης λιμένα.

« 2 les menaces du tyran qui le < battaient comme la tempête >, les tortures qui le submergeaient comme des lames 3 ne lui firent lâcher à aucun moment le gouvernail de la piété, jusqu'à ce qu'il cinglât vers le havre de l'immortelle victoire. »

La première véritable apparition du thème de l'immortalité se trouve en 4 M 9,21–22, lors d'une intervention du narrateur dans le récit de la mort du premier frère (sous la forme d'un commentaire élogieux de son attitude, ressortissant plutôt du registre 3 que du registre 1). Dans le cadre d'une participiale à valeur comparative, introduite par ὥσπερ, le supplice subi par le martyr est assimilé à une métamorphose en être incorruptible (litt. en incorruptibilité – εἰς ἀφθαρσίαν). Il s'agit bien d'un destin individuel (propre au premier frère), réintroduisant une dimension temporelle : la mort devient le passage d'une forme de vie, corruptible, à une autre forme de vie, immortelle. Il convient de noter que le substantif ἀφθαρσία réapparaît en 4 M 17,12, dans un autre contexte, pour désigner également la caractéristique majeure de la vie *post mortem* des martyrs.

4 M 9,21–22

21 καὶ περιτετμημένον ἤδη ἔχων τὸ τῶν ὀστέων πῆγμα ὁ μεγαλόφρων καὶ Ἀβραμιαῖος νεανίας οὐκ ἐστέναξεν, 22 ἀλλ᾽ ὥσπερ ἐν πυρὶ μετασχηματιζόμενος εἰς ἀφθαρσίαν ὑπέμεινεν εὐγενῶς τὰς στρέβλας

---

[26] Cf. D. A. deSilva 2006, 150.
[27] Sophocle, *Œdipe Roi* 689–696 ; *Antigone* 994–995.
[28] Philon, *Legum allegoriae* 3, 223–224.

« 21 Déjà se consumait la charpente des os : le magnanime jeune homme, vrai fils d'Abraham, ne poussa pas une plainte, 22 mais, comme si, dans le feu, il se muait en un être incorruptible, il endura généreusement les tourments. »

Le thème réapparaît brièvement dans l'éloge des sept frères (4 M 14,5), où l'immortalité (ἀθανασία) est présentée comme la récompense du martyre assimilé à une épreuve de course. Cette métaphore sportive reviendra dans la finale (4 M 17,12), avec un curieux amoindrissement de la récompense : il n'est plus question d'immortalité, mais d'une « longue vie » (ζωῇ πολυχρονίῳ), un peu incongrue. La raison profonde de cette variation ne nous apparaît pas clairement.

4 M 14,5

ἀλλὰ πάντες ὥσπερ ἐπ' ἀθανασίας ὁδὸν τρέχοντες ἐπὶ τὸν διὰ τῶν βασάνων θάνατον ἔσπευδον.

« mais tous se hâtèrent vers les tourments et la mort à travers les tortures comme s'ils couraient vers le chemin de l'immortalité ! »

4 M 17,12

ἠθλοθέτει γὰρ τότε ἀρετὴ δι' ὑπομονῆς δοκιμάζουσα. τὸ νῖκος ἀφθαρσία ἐν ζωῇ πολυχρονίῳ.

« La vertu présidait la lutte ; l'épreuve voulait de l'endurance : la victoire, < c'était > l'incorruptibilité dans une longue vie. »

Le thème de la « vie éternelle » (αἰωνία ζωή), nouvel avatar de l'immortalité, apparaît, lui, dans l'éloge de la mère (4 M 15,3) : la « vie éternelle » est le fruit de la piété (εὐσέβεια), c'est-à-dire d'une vie conforme aux préceptes de la Loi juive, et représente une forme de « salut » (emploi du verbe σῴζω) garanti par une promesse divine (κατὰ θεόν). Elle s'oppose à une autre forme de salut, temporaire celle-là (πρόσκαιρος σωτηρία), fruit de la transgression de la Loi pour sauver sa vie (4 M 15,8). Le thème du salut temporaire (reprise de l'adjectif πρόσκαιρος, qualifiant cette fois-ci l'amour maternel) réapparaît un peu plus loin, en 4 M 15,23. La vie éternelle est donc le fruit d'un choix décisif et d'une renonciation au salut temporaire de la vie terrestre.

Dans ce cas précis, il y a un écho certain à un passage du discours du septième frère dans la version de 2 Maccabées (2 M 7,36 : οἱ μὲν γὰρ νῦν ἡμέτεροι ἀδελφοὶ βραχὺν ὑπενέγκαντες πόνον ἀενάου ζωῆς ὑπὸ διαθήκην θεοῦ πεπτώκασιν· « Car nos frères, après avoir enduré maintenant une douleur passagère en vue d'une vie intarissable ... »). Ce qui prouve, au passage, que le thème de la vie éternelle n'est pas totalement absent de 2 Maccabées.

4 M 15,3

τὴν εὐσέβειαν μᾶλλον ἠγάπησεν τὴν σῴζουσαν εἰς αἰωνίαν ζωὴν κατὰ θεόν.

« c'est la piété qu'elle préfère, elle qui sauve pour la vie éternelle selon la promesse de Dieu »

4 M 15,8

διὰ τὸν πρὸς τὸν θεὸν φόβον ὑπερεῖδεν τὴν τῶν τέκνων πρόσκαιρον σωτηρίαν.

« pourtant, pour la crainte de Dieu, elle dédaigna le salut de ses enfants, salut qui n'eût été que de peu de durée. »

4 M 15,23

ἀλλὰ τὰ σπλάγχνα αὐτῆς ὁ εὐσεβὴς λογισμὸς ἐν αὐτοῖς τοῖς πάθεσιν ἀνδρειώσας ἐπέτεινεν τὴν πρόσκαιρον φιλοτεκνίαν παριδεῖν.

« Mais la raison pieuse, au milieu de ses passions, excita virilement ses entrailles à mépriser un amour maternel temporaire »

En 4 M 16,13, l'« immortalité » (ἀθανασία) est présentée comme une seconde vie, commençant par une seconde naissance, la mort. La mère des sept frères, qui les pousse à accepter le martyre, devient ainsi métaphoriquement une seconde fois leur mère. L'image du martyre comme seconde naissance semble apparaître ici pour la première fois ; elle sera reprise dans la tradition de la martyrologie chrétienne[29].

4 M 16,13

ἀλλ᾽ ὥσπερ ἀδαμάντινον ἔχουσα τὸν νοῦν καὶ εἰς ἀθανασίαν ἀνατίκτουσα τὸν τῶν υἱῶν ἀριθμὸν μᾶλλον ὑπὲρ τῆς εὐσεβείας ἐπὶ τὸν θάνατον αὐτοὺς προετρέπετο ἱκετεύουσα.

« mais au contraire, comme si son intelligence eût été d'acier, et comme si elle enfantait à nouveau, pour l'immortalité, la totalité de ses fils, elle les exhortait, elle les suppliait de mourir pour la piété. »

Le thème de l'immortalité revient dans la finale, en combinaison soit avec celui de la proximité à Dieu (4 M 17,18), soit avec celui de l'accueil par les pères (4 M 18,22–23). Il ne s'agit pas, dans les deux cas, d'une simple reprise : deux mentions importantes n'apparaissent qu'à ce moment-là.

D'une part, en 4 M 17,18, l'éternité (αἰών) est présentée comme une période bienheureuse (μακάριος). C'est l'unique apparition du thème de la béatitude éternelle dans le texte de 4 Maccabées, en lien avec la contemplation du trône divin.

4 M 17,18

δι᾽ ἣν καὶ τῷ θείῳ νῦν παρεστήκασιν θρόνῳ καὶ τὸν μακάριον βιοῦσιν αἰῶνα·

« celle-ci (la patience) leur a valu de se tenir maintenant près du divin Trône et de vivre les jours de la bienheureuse éternité ! »

D'autre part, en 4 M 18,23, on rencontre l'unique mention, dans 4 Maccabées, des « âmes pures et immortelles » (ψυχὰς ἁγνὰς καὶ ἀθανάτους). Mais il ne s'agit pas là, malgré les apparences, de l'immortalité de l'âme platonicienne : le caractère immortel de l'âme n'en est pas une propriété intrinsèque, mais résulte bien d'un don de Dieu (emploi du verbe ἀπολαμβάνω, « recevoir », associé au complément prépositionnel παρὰ τοῦ θεοῦ).

---

[29] Cf. D. A. deSilva 2006, 232.

4 M 18,22–23

22 ὑπὲρ ὧν ἡ θεία δίκη μετῆλθεν καὶ μετελεύσεται τὸν ἀλάστορα τύραννον. 23 οἱ δὲ Ἀβραμιαῖοι παῖδες σὺν τῇ ἀθλοφόρῳ μητρὶ εἰς πατέρων χορὸν συναγελάζονται ψυχὰς ἁγνὰς καὶ ἀθανάτους ἀπειληφότες παρὰ τοῦ θεοῦ.

« 22 Pour ces crimes, la Justice divine a poursuivi et elle poursuivra encore ce maudit. 23 Mais les fils d'Abraham, avec leur mère victorieuse, sont maintenant rassemblés dans le chœur des pères, eux qui ont reçu des âmes pures et immortelles de Dieu » (traduction A. Dupont-Sommer modifiée en ce qui concerne la traduction de εἰς πατέρων χορόν)

V. Quatrième groupe (registre 4) : l'immortalité astrale

Un dernier thème, propre à 4 Maccabées, n'apparaît que dans un passage relevant du registre 4 : en 4 M 17,5 (dernier hymne à la mère des sept frères), les sept frères et leur mère sont assimilés à la lune et à sept étoiles. A. Dupont-Sommer[30], s'appuyant essentiellement sur le témoignage d'inscriptions grecques proches du début de l'ère chrétienne, voit dans cette métamorphose une marque d'influence pythagoricienne. Cependant, comme il le souligne lui-même (et, à sa suite, D. A. deSilva[31]), la même image se retrouve dans l'apocalyptique juive, notamment en Daniel 12,3 (où la métamorphose en astres concerne les sages), Sagesse 3,7 (où l'image est un peu différente : métamorphose des justes en étincelles de feu), 4 Esdras 7,97 (où la ressemblance des justes avec la lumière des étoiles constitue le sixième mode d'existence de leurs âmes après la mort). Il y a peut-être également un écho au thème stoïcien de la survie temporaire des âmes des justes au ciel, parmi les astres[32].

Au sein de 4 Maccabées, l'image de la métamorphose astrale reste isolée ; on peut cependant remarquer que, comme dans le cas de la « vie à Dieu » (4 M 7,19 et 16,25), l'auteur de 4 Maccabées associe cette image de l'au-delà à un rappel du rattachement des sept frères au peuple d'Israël, à travers la filiation abrahamique (4 M 17,6). Ce qui commande le destin des morts dans l'au-delà est fondamentalement, aux yeux de l'auteur de 4 Maccabées, leur appartenance ou non à Israël : il y a, dans 4 Maccabées, une coupure ontologique irréductible entre Juifs et Païens.

4 M 17,5

οὐχ οὕτως σελήνη κατ' οὐρανὸν σὺν ἄστροις σεμνὴ καθέστηκεν, ὡς σὺ τοὺς ἰσαστέρους ἑπτὰ παῖδας φωταγωγήσασα πρὸς τὴν εὐσέβειαν ἔντιμος καθέστηκας θεῷ καὶ ἐστήρισαι σὺν αὐτοῖς ἐν οὐρανῷ· 6 ἦν γὰρ ἡ παιδοποιία σου ἀπὸ Ἀβρααμ τοῦ πατρός.

« 5 La lune, dans le ciel, entourée d'étoiles, n'a pas autant de majesté que toi : versant la lumière sur tes sept fils, brillants comme des astres, tu reçois de Dieu les honneurs dus à la piété, tu es < changée en constellation >, avec eux, dans le ciel ! 6 Car c'est d'Abraham, leur père, que sont nés tes enfants. »

---

[30] A. Dupont-Sommer 1939, 47
[31] D. A. deSilva 2006, 241–242.
[32] J. Bels 1982, 170–173.

D. Conclusion

L'auteur de 4 Maccabées combine plusieurs représentations de l'au-delà, les unes issues de la tradition juive (la récompense des justes et le châtiment d'Antiochos IV, impliquant une coupure ontologique entre Israël et les nations), les autres empruntées à la culture grecque (comme cela semble être le cas pour le thème de l'immortalité astrale). La coexistence de différentes conceptions de la mort dans un même ouvrage n'est pas sans exemples dans la littérature vétérotestamentaire et intertestamentaire[33] : 4 Maccabées n'est donc pas, de ce point de vue, une exception.

La thématique majeure, celle de l'immortalité, provient en partie de représentations philosophiques grecques, mais en partie seulement, dans la mesure où l'immortalité de l'âme résulte non pas de sa nature propre mais d'un don de Dieu (4 M 18,23) et où la vie éternelle équivaut, dans le texte, à une proximité plus grande avec Dieu et avec les patriarches. Il y a superposition de deux plans de réalité, celui de ce monde, où les martyrs ont perdu la vie, et celui du monde céleste, où ils vivent éternellement. Pour autant, l'auteur de 4 Maccabées n'ignore pas totalement la doctrine de la résurrection, puisqu'il y fait allusion dans le dernier discours de la mère (4 M 18,17–19).

Comment expliquer cette coexistence de représentations hétérogènes et apparemment contradictoires ? L'auteur de 4 Maccabées a hérité de son modèle, 2 Maccabées, certaines de ces représentations (le thème de la résurrection, mais aussi celui de la coupure ontologique entre Juifs et Païens, puisqu'au moins Antiochos IV est exclu du bénéfice de la résurrection finale en 2 M 7,14). Soit par fidélité envers sa source, soit pour ménager son auditoire, il en a conservé la mention dans son texte, mais en attribuant ces représentations à ses personnages (emploi du registre 2 ou d'une combinaison du registre 2 et du registre 3). Il a développé cependant, en parallèle, exclusivement à travers le registre 3, sa propre conception de l'au-delà, l'immortalité des justes et leur « vie à Dieu », qui découle sans doute en partie de conceptions grecques, sur lesquelles nous reviendrons au chapitre suivant. Quant à l'immortalité astrale, elle n'apparaît que dans un hymne (4 M 17,5) et on ne peut exclure un emprunt à un texte de nature liturgique.

Pour l'auteur de 4 Maccabées, ces différentes représentations n'étaient sans doute pas contradictoires, mais constituaient des formulations différentes d'une même espérance en un soutien de Dieu aux martyrs, au-delà de leur mort physique. On pourra cependant noter, dans le passage de 2 Maccabées à 4 Maccabées, un infléchissement lié à la moindre intervention de Dieu dans ce monde, caractéristique de la théologie de 4 Maccabées: alors que, dans 2 Maccabées, la résurrection des justes est garantie par la puissance créatrice de Dieu (2 M 7,11 et 7,23), dans 4 Maccabées la « vie à Dieu » des martyrs se situe

---

[33] Chr. Grappe 2014, 135–136.

dans une autre réalité, extérieure à ce monde (comme on peut le déduire de 4 M 7,18–19 et 16,25), qui peut être éventuellement symbolisée par le ciel étoilé (ce qui peut expliquer l'introduction du thème de l'immortalité astrale en 4 M 17,5). L'au-delà est expulsé hors du temps et hors de ce monde parce que Dieu lui-même s'en est en quelque sorte retiré : la théologie et l'eschatologie de 4 Maccabées sont liées intimement.

Chapitre III

L'aspect philosophique :
Le Judaïsme vu comme la véritable philosophie

L'ajout textuel le plus évident de 4 Maccabées par rapport à 2 Maccabées est constitué par la « partie philosophique » (4 M 1,1–3,18), qui dépend sans doute, comme nous l'avons vu plus haut, d'un traité stoïcien sur les passions[1]. Il ne faudrait cependant pas en conclure que 4 Maccabées serait l'association de deux corps étrangers, un bloc narratif dépendant de 2 Maccabées et une section philosophique qui lui aurait été associée presque par hasard. En fait, la « partie philosophique » est prolongée au sein de la partie « narrative » par un grand nombre de reprises de sa thèse principale, la possibilité pour le λογισμός de l'emporter sur les passions.

Dans la première partie de ce chapitre, nous nous efforcerons de classer et d'étudier l'ensemble des formulations de cette thèse dans le texte de 4 Maccabées, aussi bien dans la « partie philosophique » que dans la « partie narrative ».

Nous complèterons cette approche par la prise en compte des autres occurrences, dans 4 Maccabées, du terme λογισμός. Nous démontrerons que ce terme, en dehors des formulations de la thèse principale, présente une polysémie remarquable. L'un au moins des sens que nous isolerons a des parallèles dans le texte de 2 Maccabées. Il y a, de fait, deux occurrences de λογισμός en 2 M 6,23 et 7,21.

Dans un deuxième temps, nous chercherons à identifier l'école philosophique dont peut relever la thèse principale de 4 Maccabées. On pourra nous objecter que nous en avons déjà admis l'origine stoïcienne en reprenant à notre compte la thèse de R. Renehan sur l'existence d'une source stoïcienne de la « partie philosophique » de 4 Maccabées[2]. Comment éviter le cercle logique ? En fait, nous proposerons une démonstration originale de l'origine stoïcienne de la thèse de la domination du λογισμός sur les passions, en nous fondant uniquement sur l'emploi même, dans 4 Maccabées, du substantif λογισμός (et non pas λόγος) pour désigner la « Raison ».

Dans une troisième étape, nous montrerons que l'auteur de 4 Maccabées ne s'est pas contenté d'emprunter des notions stoïciennes, mais qu'il les a adaptées à son projet théologique. En effet, pour lui, la Raison humaine ne se suffit

---

[1] Cf. Deuxième Partie, Chapitre I.
[2] R. Renehan 1972, 233–235.

pas à elle-même, mais elle a besoin de l'assistance de la Loi, qui est un don de Dieu.

Il s'ensuit que, pour l'auteur de 4 Maccabées, le judaïsme n'est à proprement parler pas une religion mais constitue la véritable philosophie. Ce dernier point fera l'objet de notre quatrième partie.

A. Première partie : La thèse de 4 Maccabées

I. Les différentes formulations de la thèse

4 Maccabées se présente comme la démonstration d'une thèse (le substantif ὑπόθεσις, « proposition, thèse », apparaît en 4 M 1,12). Cette thèse est formulée dès le début de l'ouvrage, sous la forme d'une interrogation indirecte, en 4 M 1,1 (αὐτοδέσποτός ἐστιν τῶν παθῶν ὁ εὐσεβὴς λογισμός, « si la raison pieuse est la souveraine des passions » (traduction A. Dupont-Sommer modifiée). Le texte de 4 Maccabées est rythmé par la reprise régulière, sous différentes formes, de cette thèse centrale : nous en avons identifié pas moins de 60 occurrences, que nous avons classées suivant des critères grammaticaux et sémantiques.

Il est possible de distinguer huit types de formulations différentes de la thèse de 4 Maccabées (dénommées ci-après types I à VIII). Les sept premiers correspondent à ce que nous appellerons la variante « forte » de la thèse : l'affirmation selon laquelle la raison humaine peut dominer les passions. Le huitième correspond, à l'inverse, à ce que nous dénommerons la variante « faible » de la thèse : la domination de la raison humaine n'y est plus présentée que comme une aide possible à la maîtrise partielle des passions. La distinction, au sein de la variante « forte », des types I à VII, est de nature purement grammaticale : nous ne nous sommes fondé que sur la structure syntaxique des différentes propositions.

Au sein de chaque type, nous avons séparé les formulations contenant le substantif λογισμός (47 occurrences en tout, dont 7 avec le syntagme εὐσεβὴς λογισμός, et une avec le syntagme εὐσεβείας λογισμός), et celles contenant un substitut, que ce soit une autre désignation de la raison humaine (νοῦς – 1 occurrence –, σώφρων νοῦς – 5 occurrences[3] –, διανοία – 3 occurrences –, εὐλογιστία – 1 occurrence –) ou, dans certains cas, la mention d'un personnage incarnant en quelque sorte la domination de la raison sur les passions (4 occurrences).

Type I (16 occurrences) : sujet (λογισμός – 15 occurrences – ou substitut – 1 occurrence –) + copule + attribut + complément au génitif ;

---

[3] En fait σώφρων νοῦς n'apparaît que deux fois, mais gouverne à chaque fois plusieurs verbes coordonnés : deux en 4 M 3,17, trois en 4 M 2,18.

Type II (3 occurrences) : apostrophe au vocatif (λογισμός – 2 occurrences – ou substitut – 1 occurrence –) + substantif en apposition + complément au génitif ;

Type III (26 occurrences) : sujet (λογισμός – 20 occurrences – ou substitut – 6 occurrences –) + verbe transitif + complément d'objet ;

Type IV (2 occurrences) : sujet + verbe à la forme passive + complément d'agent (λογισμός – 1 occurrence – ou substitut – 1 occurrence –) ;

Type V (6 occurrences) : sujet + verbe transitif + complément d'objet + complément de moyen au datif instrumental ou sous forme d'une participiale apposée au sujet (λογισμός – 4 occurrences – ou substitut – 2 occurrences –) ;

Type VI (1 occurrence) : sujet + copule + génitif d'appartenance (λογισμός) ;

Type VII (3 occurrences) : substantif correspondant pour le sens à une proposition de type III + complément au génitif (λογισμός – 1 occurrence – ou substitut – 2 occurrences –) ;

Type VIII (3 occurrences) : variante « faible » de la thèse (avec λογισμός dans les 3 cas).

1. Type I : construction attributive

Un premier type de formulations (16 occurrences) de la thèse de 4 Maccabées repose sur une structure attributive (sujet + copule + attribut+ complément au génitif).

Tableau n°34 : Type I (Formulations avec le substantif λογισμός)

Référence	Formulation	Traduction
4 M 1,13	εἰ αὐτοκράτωρ ἐστὶν τῶν παθῶν ὁ λογισμός	« Si la raison est dominatrice des passions »
4 M 1,30	ὁ γὰρ λογισμὸς τῶν μὲν ἀρετῶν ἐστιν ἡγεμών, τῶν δὲ παθῶν αὐτοκράτωρ	« La raison, en effet, est le chef des vertus et la dominatrice des passions »
4 M 1,30	αὐτοδέσποτός ἐστιν τῶν παθῶν ὁ λογισμός.	« la raison est la souveraine des passions. »
4 M 2,7	κύριός ἐστιν τῶν παθῶν ὁ λογισμός	« la raison est maîtresse des passions »
4 M 2,9	τῶν παθῶν ἐστιν ὁ λογισμὸς κρατῶν	« la raison sait commander aux passions »
4 M 2,24	εἰ τῶν παθῶν δεσπότης ἐστιν ὁ λογισμός	« si la raison commande aux passions »
4 M 3,5 (où deux versions de la thèse sont opposées)	οὐ γὰρ ἐκριζωτὴς τῶν παθῶν ὁ λογισμός ἐστιν, ἀλλὰ ἀνταγωνιστής.	« La raison, en effet, n'est point l'extirpatrice des passions, mais leur adversaire. »

Tableau n°35 : Type I (Formulations contenant le syntagme εὐσεβὴς λογισμός)

Référence	Formulation	Traduction
4 M 1,1	εἰ αὐτοδέσποτός ἐστιν τῶν παθῶν ὁ εὐσεβὴς λογισμός	« la raison pieuse est-elle la souveraine des passions ? »
4 M 1,7	ὅτι αὐτοκράτωρ ἐστὶν τῶν παθῶν ὁ λογισμός (εὐσεβής dans l'*Alexandrinus*)	« la raison pieuse est la dominatrice des passions »
4 M 6,31	δεσπότης τῶν παθῶν ἐστιν ὁ εὐσεβὴς λογισμός	« la raison pieuse est la dominatrice des passions »
4 M 7,16	ἡγεμών ἐστιν τῶν παθῶν ὁ εὐσεβὴς λογισμός	« la raison pieuse est la dominatrice des passions. »
4 M 13,1	αὐτοδέσποτός ἐστιν τῶν παθῶν ὁ εὐσεβὴς λογισμός.	« la raison pieuse est la souveraine des passions »
4 M 16,1	αὐτοκράτωρ ἐστὶν τῶν παθῶν ὁ εὐσεβὴς λογισμός	« la raison pieuse est la souveraine des passions. »
4 M 18,2	τῶν παθῶν ἐστιν δεσπότης ὁ εὐσεβὴς λογισμὸς καὶ οὐ μόνον τῶν ἔνδοθεν, ἀλλὰ καὶ τῶν ἔξωθεν πόνων.	« la raison pieuse est la dominatrice des passions, et aussi des souffrances, que celles-ci aient leur cause en nous ou hors de nous ! »

Autre formulation

4 M 7,23

μόνος γὰρ ὁ σοφὸς καὶ ἀνδρεῖός ἐστιν τῶν παθῶν κύριος.

« Seul, en effet, l'homme sage et courageux est le maître des passions. »

Comme le montre le classement, il y a peu de variations en ce qui concerne le sujet de la proposition : la plupart du temps, le groupe sujet se limite à ὁ λογισμός, « la Raison », parfois élargi en ὁ εὐσεβὴς λογισμός, « la Raison pieuse » (en 4 M 1,1 ; 6,31 ; 7,16 ; 16,1 ; 18,2). Il convient de relever, toutefois, en 4 M 7,23, la substitution à ce sujet abstrait d'un sujet concret qui incarne en quelque sorte la Raison pieuse : μόνος ὁ σοφὸς καὶ ἀνδρεῖος, « seul l'homme sage et courageux ».

La copule est toujours le verbe ἐστι, « est ».

C'est l'attribut qui est le plus sujet à variations, différents substantifs, appartenant pour la plupart au lexique du pouvoir, pouvant avoir cette fonction :

αὐτοκράτωρ, qui est le correspondant grec du latin imperator (4 M 1,7 ; 1,13 ; 1,30 ; 16,1) ;

αὐτοδέσποτός, variante du précédent, qui, ne réapparaissant dans la langue grecque qu'à l'époque byzantine, est peut-être une création lexicale de l'auteur de 4 Maccabées (4 M 1,1 ; 1,30 ; 13,1) ;

ἡγεμών, « chef » (4 M 1,30 ; 7,16), cf. 4 M 2,22 où ἡγεμών est épithète de νοῦς;

κύριός, « seigneur » (4 M 2,7 ; 7,23) ;

δεσπότης, « maître » (4 M 2,24 ; 6,31 ; 18,2) ;

ἐκριζωτής, « éradicateur », *hapax* de 4 Maccabées (4 M 3,5 ; à noter que cet attribut est le seul à être nié) ;

ἀνταγωνιστής, « adversaire » (4 M 3,5).

Un cas particulier, proche du type III, emploie, en lieu et place de tels substantifs, un participe *κρατῶν*, « qui commande à » (4 M 2,9).

Le complément au génitif est invariablement *τῶν παθῶν*, « des passions », à une exception près, *τῶν ἀρετῶν*, « des vertus » (4 M 1,30).

2. Type II : apostrophe

Il s'agit d'une variante du type précédent, apparaissant uniquement dans les « hymnes » de 4 Maccabées, avec deux variantes :

a) Type IIa : substantif traduisant l'idée de pouvoir au vocatif accompagné du complément τῶν παθῶν, « des passions » (2 occurrences)

Une occurrence comporte le substantif λογισμός, l'autre renvoie à un personnage particulier, Éléazar, qui incarne la domination de la raison humaine sur les passions.

Tableau n°36 : Type IIa

Référence	Formulation	Traduction
4 M 15,1	Ὦ λογισμὲ τέκνων παθῶν τύραννε	« Ô raison, tyrannique maîtresse des passions < de l'amour maternel > ! » (Traduction conjecturale d'A. Dupont-Sommer)
4 M 7,10	παθῶν μέγιστε βασιλεῦ Ἐλεαζαρ.	« roi très puissant des passions, Éléazar ! »

Là encore règne une certaine diversité :

μέγιστε βασιλεῦ, « très grand roi » (4 M 7,10 ; à noter qu'ici le terme s'applique non pas au principe abstrait de la Raison pieuse, mais à Éléazar qui, en quelque sorte, l'incarne) ;

τύραννε, « tyran » (4 M 15,1) : le détail du passage est difficile à interpréter en raison de l'ambivalence de la position du génitif τέκνων : faut-il comprendre « ô Raison, tyran des passions des enfants » ou « ô Raison des enfants, tyran des passions » ?

b) Type IIb : emploi de comparatifs paradoxaux (1 occurrence)

4 M 14,2

Ὦ βασιλέων λογισμοὶ βασιλικώτεροι καὶ ἐλευθέρων ἐλευθερώτεροι.

« Ô raisons plus royales que les rois, plus libres que les hommes libres ! »

Malgré les différences avec les formulations précédemment examinées (emploi de λογισμός au pluriel et non au singulier, non mention des passions), nous pensons que ce passage est à ranger lui aussi parmi les formulations de la thèse de 4 Maccabées. En effet, le pluriel λογισμοί s'explique aisément : ce passage appartient à l'éloge des sept frères, et les λογισμοί en question, malgré la traduction d'A. Dupont-Sommer, ne sont pas des raisonnements, mais plus simplement le λογισμός, la « raison » de chacun des sept frères.

L'emploi des comparatifs paradoxaux est lui aussi limpide : les sept frères sont prisonniers du roi Antiochos IV, et pourtant, par la domination de leur λογισμός sur leurs passions, ils incarnent davantage la fonction royale que lui et sont plus libres que lui. Il s'agit simplement du retournement du paradoxe platonicien du tyran esclave car dominé par ses passions[4]. Ce qui ne signifie pas que notre passage dépende du texte de Platon, le paradoxe faisant partie de la culture grecque commune au moment de la rédaction de 4 Maccabées.

La comparaison avec 4 M 7,10 et le contexte immédiat de 4 M 14,2 (démonstration par l'exemple de la supériorité du λογισμός sur l'amour fraternel) montrent en tout cas que la « royauté » du λογισμός s'exerce certainement sur les passions des sept frères. Ce qui fait de 4 M 14,2 une formulation de plus de la thèse défendue par l'auteur de 4 Maccabées.

3. Type III : emploi d'un verbe transitif pour exprimer l'idée de pouvoir

Ce type apparaît en particulier lorsque l'auteur de 4 Maccabées limite la portée de la thèse à une catégorie de passions seulement, d'où la relative abondance de ce type dans la partie « philosophique » de 4 Maccabées.

Les verbes employés sont assez variés, même si l'on note une prédominance de la famille de κρατέω, « commander à » :

a) κρατέω, « commander à »

Tableau n°37 : κρατέω

Référence	Formulation	Traduction
4 M 1,5	εἰ τῶν παθῶν ὁ λογισμὸς κρατεῖ,	« si la raison commande aux passions »
4 M 1,6	οὐ γὰρ τῶν αὐτοῦ παθῶν ὁ λογισμὸς κρατεῖ, ἀλλὰ τῶν τῆς δικαιοσύνης καὶ ἀνδρείας καὶ σωφροσύνης ἐναντίων, καὶ τούτων οὐχ ὥστε αὐτὰ καταλῦσαι, ἀλλ᾽ ὥστε αὐτοῖς μὴ εἶξαι.	« En effet, la raison commande non pas à ses propres passions, mais aux passions contraires à la justice, au courage, à la tempérance et à la prudence ; et, si elle leur commande, c'est non pour les supprimer, mais pour ne point céder devant elles. »

---

[4] Platon, *République*, IX, 579 e.

Chapitre III : L'aspect philosophique 277

Référence	Formulation	Traduction
4 M 2,6	τῶν ἐπιθυμιῶν κρατεῖν δύναται ὁ λογισμός. Ὥσπερ καὶ τῶν κωλυτικῶν τῆς δικαιοσύνης παθῶν·	« la raison a le pouvoir de commander aux désirs, comme aussi aux autres passions qui s'opposent à la justice. »
4 M 2,15	Καὶ τῶν βιαιοτέρων δὲ παθῶν κρατεῖν ὁ λογισμὸς φαίνεται, φιλαρχίας καὶ κενοδοξίας καὶ ἀλαζονείας καὶ μεγαλαυχίας καὶ βασκανίας·	« On peut également prouver que la raison commande aussi aux passions les plus violentes, l'ambition, la vanité, la jactance, l'orgueil, l'envie. »
4 M 2,20	εἰ μὴ γὰρ ἐδύνατο τοῦ θυμοῦ ὁ λογισμὸς κρατεῖν	« Si la raison n'était pas capable de commander à la colère »
4 M 2,24	Πῶς οὖν, (…) εἰ τῶν παθῶν δεσπότης ἐστὶν ὁ λογισμός, λήθης καὶ ἀγνοίας οὐ κρατεῖ;	« Comment donc, (…), si la raison commande aux passions, ne commande-t-elle pas à l'oubli et à l'ignorance ? »
4 M 6,32 (Dans ce dernier cas, dans le cadre d'un raisonnement par l'absurde, la thèse est remplacée par son exacte antithèse.)	εἰ γὰρ τὰ πάθη τοῦ λογισμοῦ κεκρατήκει, τούτοις ἂν ἀπέδομεν τὴν τῆς ἐπικρατείας μαρτυρίαν	« Si, en effet, c'était les passions qui avaient commandé à la raison, c'est à elles que je rendrais le témoignage qu'elles ont la suprématie. »
4 M 6,35	καὶ οὐ μόνον τῶν ἀλγηδόνων ἐπιδείκνυμι κεκρατηκέναι τὸν λογισμόν, ἀλλὰ καὶ τῶν ἡδονῶν κρατεῖν καὶ μηδὲν αὐταῖς ὑπείκειν.	« Et je prouve non seulement que la raison commande aux souffrances, mais qu'elle commande aussi aux plaisirs, loin de leur céder. »

b) ἐπικρατέω, « l'emporter sur »

Ce verbe apparaît aussi en 4 M 8,1, qui ressortit du type V.

Tableau n°38 : ἐπικρατέω

Référence	Formulation	Traduction
4 M 1,3	εἰ ἄρα τῶν σωφροσύνης κωλυτικῶν παθῶν ὁ λογισμὸς φαίνεται ἐπικρατεῖν, γαστριμαργίας τε καὶ ἐπιθυμίας,	« si réellement on peut montrer non seulement que la raison maîtrise les passions qui s'opposent à la tempérance, – gloutonnerie et désir –, »

Référence	Formulation	Traduction
4 M 1,14	εἰ πάντων ἐπικρατεῖ τούτων ὁ λογισμός.	« si la raison commande à toutes les passions. »
4 M 1,19	ἐξ ἧς δὴ τῶν παθῶν ὁ λογισμὸς ἐπικρατεῖ.	« c'est par elle que la raison maîtrise les passions. »
4 M 1,32	καὶ τούτων ἀμφοτέρων ἐπικρατεῖν ὁ λογισμὸς φαίνεται.	« il est clair que la raison domine les uns et les autres. »
4 M 1,33	οὐχ ὅτι δύναται τῶν ὀρέξεων ἐπικρατεῖν ὁ λογισμός;	« N'est-ce pas parce que la raison a le pouvoir de maîtriser cet appétit ? »
4 M 2,4	καὶ οὐ μόνον δὲ τὴν τῆς ἡδυπαθείας οἰστρηλασίαν ὁ λογισμὸς ἐπικρατεῖν φαίνεται, ἀλλὰ καὶ πάσης ἐπιθυμίας.	« Il est clair, d'ailleurs, que la raison maîtrise non seulement le feu de la luxure, mais encore tous les désirs »
4 M 3,1	οὐ γὰρ τῶν ἑαυτοῦ παθῶν ὁ λογισμὸς ἐπικρατεῖν φαίνεται, ἀλλὰ τῶν σωματικῶν.	Il est clair, en effet, que la raison maîtrise non pas ses propres passions, mais les *passions du corps* (traduction d'A. Dupont-Sommer modifiée)
4 M 13,4 (Dans ce dernier cas, ce sont les sept frères qui sont le sujet du verbe ἐπικρατέω.)	ἐπεκράτησαν γὰρ καὶ πάθους καὶ πόνων.	car ils ont maîtrisé et la passion et la douleur »

c) περικρατέω, « venir à bout de »

Tableau n°39 : περικρατέω

Référence	Formulation	Traduction
4 M 1,9	ἐπεδείξαντο ὅτι περικρατεῖ τῶν παθῶν ὁ λογισμός.	« ils ont prouvé que la raison domine les passions. »
4 M 14,11 (Dans ce dernier cas, nous n'avons pas affaire au λογισμός en général, mais au λογισμός particulier des sept frères, comparé, dans le cadre d'une argumentation *a fortiori*, au νοῦς de leur mère.)	εἰ ὁ λογισμὸς περιεκράτησε τῶν ἀνδρῶν ἐκείνων ἐν ταῖς βασάνοις,	« chez ces hommes, la raison ait eu le dessus au milieu même des tourments »

d) νικάω, « vaincre » et σβέννυμι, « éteindre »

Tableau n°40 : νικάω et σβέννυμι

Référence	Formulation	Traduction
4 M 3,17	δυνατὸς γὰρ ὁ σώφρων νοῦς νικῆσαι τὰς τῶν παθῶν ἀνάγκας καὶ σβέσαι τὰς τῶν οἴστρων φλεγμονὰς	« Car l'intelligence tempérante est capable de triompher de la contrainte des passions : elle éteint le feu de leurs brûlures, »
4 M 6,33 (Dans ce dernier cas, la proposition est syntaxiquement devenue un génitif absolu.)	νυνὶ δὲ τοῦ λογισμοῦ τὰ πάθη νικήσαντος αὐτῷ προσηκόντως τὴν τῆς ἡγεμονίας προσνέμομεν ἐξουσίαν.	« Mais, puisqu'au contraire c'est la raison qui a vaincu les passions, c'est à la raison qu'il convient que nous attribuions le pouvoir et la souveraineté. »

e) κυριεύω, « dominer »

4 M 1,4

ἀλλὰ καὶ τῶν τῆς δικαιοσύνης ἐμποδιστικῶν παθῶν (ὁ λογισμός) κυριεύειν ἀναφαίνεται, οἷον κακοηθείας, καὶ τῶν τῆς ἀνδρείας ἐμποδιστικῶν παθῶν, θυμοῦ τε καὶ φόβου καὶ πόνου.

« mais encore qu'elle domine les passions qui s'opposent à la justice, – telles que la méchanceté –, et les passions qui s'opposent au courage, – colère, douleur, peur – »

f) ἀριστεύω, « l'emporter sur », μετατίθημι, « transformer » et ἀκυρόω, « rendre impuissant, annuler »

4 M 2,18

δυνατὸς γὰρ ὁ σώφρων νοῦς, ὡς ἔφην, κατὰ τῶν παθῶν ἀριστεῦσαι καὶ τὰ μὲν αὐτῶν μεταθεῖναι, τὰ δὲ καὶ ἀκυρῶσαι.

« L'intelligence tempérante, en effet, a le pouvoir, comme je l'ai dit, de triompher des passions, mais elle transforme les unes, tandis qu'elle réduit les autres à l'impuissance »

g) ὑπερφρονέω, « mépriser »

4 M 14,11

Καὶ μὴ θαυμαστὸν ἡγεῖσθε εἰ ὁ λογισμὸς περιεκράτησε τῶν ἀνδρῶν ἐκείνων ἐν ταῖς βασάνοις, ὅπου γε καὶ γυναικὸς νοῦς πολυτροπωτέρων ὑπερεφρόνησεν ἀλγηδόνων·

« Et cependant, ne considérez point comme une chose étonnante que, chez ces hommes, la raison ait eu le dessus au milieu même des tourments, puisque l'intelligence d'une femme, elle aussi, a méprisé les souffrances les plus variées. »

h) δεσπόζω, « commander »

4 M 1,5

πῶς οὖν, ἴσως εἴποιεν ἄν τινες, εἰ τῶν παθῶν ὁ λογισμὸς κρατεῖ, λήθης καὶ ἀγνοίας οὐ δεσπόζει; γελοῖον ἐπιχειροῦντες λέγειν.

« Comment donc, dira-t-on peut-être, si la raison commande aux passions, ne domine-t-elle pas l'oubli et l'ignorance ? Cette objection est ridicule. »

Dans certains cas, le verbe n'est pas conjugué mais est à l'infinitif, dépendant d'un verbe modalisateur portant soit sur la vérité de l'énoncé (φαίνομαι, « paraître », en 4 M 1,3 ; 2,15 ; 3,1 ; ἀναφαίνομαι, « apparaître, être évident », en 4 M 1,4) soit sur la possibilité du procès qu'il exprime (emploi de δύναμαι, « être capable de », en 4 M 2,6 et 2,20, de l'adjectif verbal δυνατός, « capable de », avec copule sous-entendue, en 4 M 2,18 et 3,17). Il est intéressant de constater que l'emploi de l'adjectif verbal δυνατός est corrélé exactement avec celui du syntagme σώφρων νοῦς : il faut donc sans doute comprendre que « l'intelligence tempérante », qui est à coup sûr une désignation périphrastique de la « tempérance » (σωφροσύνη), est un intermédiaire qui permet au λογισμός, plus abstrait, d'agir concrètement sur des passions particulières.

Il existe, au sein du type III, une corrélation manifeste entre l'emploi du substantif λογισμός et celui d'un verbe de la famille de κρατέω : sur 18 occurrences comportant un verbe de cette famille, seule une n'emploie pas λογισμός ; en revanche, sur 8 occurrences comportant un autre verbe, seule une emploie λογισμός.

Autre corrélation remarquable : dès lors que la proposition mentionne soit le λογισμός ou le νοῦς d'un personnage ou d'un groupe de personnages particuliers (4 M 14,11, à deux reprises), soit un ou plusieurs personnages incarnant la domination de la raison sur les passions (4 M 13,4), le verbe employé est, lorsqu'il est conjugué, à l'aoriste : il y a clairement, d'un côté, des propositions à valeur générale au présent de l'indicatif, de l'autre, l'affirmation de la réalisation concrète de la thèse dans le cadre des épisodes rapportés.

4. Type IV : variante, au passif, de la thèse

En 4 M 1,35, on rencontre successivement deux propositions à la forme passive où la « raison » (λογισμός) ou son équivalent, « l'intelligence tempérante » (σώφρων νοῦς) – qui équivaut sans doute à la « tempérance » (σωφροσύνη) –, apparaissent dans le complément d'agent. Il s'agit bien de compléments d'agent (ὑπό + génitif) et non de compléments de moyen (datif instrumental), ce qui présuppose une forme de personnification du λογισμός ou de son équivalent. Les verbes employés sont ἀνακόπτω, « repousser, vaincre », et φιμόω, « museler ». L'emploi de ces deux verbes, qui régissent normalement un objet animé, laisse entendre que les passions, elles aussi, sont ici personnifiées.

On constate d'ailleurs une variation dans la désignation des passions. Dans un cas, il est spécifié qu'il s'agit des passions « de l'appétit » (τῶν ὀρέξεων), ce qui sous-entend que la « tempérance » évoquée dans le passage se traduit concrètement par le respect des normes alimentaires juives, évoquées juste auparavant (4 M 1,34). Dans l'autre, il est question plus généralement des « mouvements du corps » (τὰ τοῦ σώματος κινήματα), ce qui correspond à la conception stoïcienne du λογισμός comme instance régulatrice de l'être humain, y compris dans sa dimension corporelle.

4 M 1,35

ἀνέχεται γὰρ τὰ τῶν ὀρέξεων πάθη ὑπὸ τοῦ σώφρονος νοὸς ἀνακοπτόμενα, καὶ φιμοῦται πάντα τὰ τοῦ σώματος κινήματα ὑπὸ τοῦ λογισμοῦ.

« En effet, la passion de l'appétit s'arrête, vaincue, devant l'intelligence tempérante, et tous les mouvements du corps sont domptés par la raison. »

5. Type V : variante « instrumentale » de la thèse

Dans quatre cas (4 M 2,3 ; 2,17 ; 8,1 et 13,3), ce sont des êtres humains exemplaires (respectivement Joseph, Moïse et, à deux reprises, les sept frères) qui sont sujet du verbe de domination (respectivement ἀκυρόω, « rendre impuissant », διαιτάω, « apaiser », ἐπικρατέω, « l'emporter sur » et περιγίγνομαι, « l'emporter sur »), le substantif λογισμός, complément de moyen, apparaissant au datif instrumental.

Tableau n°41 : Type V (λογισμός)

Référence	Formulation	Traduction
4 M 2,3	νέος γὰρ ὢν καὶ ἀκμάζων πρὸς συνουσιασμὸν ἠκύρωσε τῷ λογισμῷ τὸν τῶν παθῶν οἶστρον.	« car, bien que jeune et en pleine vigueur [pour le rapprochement sexuel], il a brisé, grâce à la raison, l'aiguillon de la passion. »
4 M 2,17	ἀλλὰ λογισμῷ τὸν θυμὸν διῄτησεν.	« mais il apaisa sa colère grâce à la raison. »
4 M 8,1	Διὰ τοῦτό γέ τοι καὶ μειρακίσκοι τῷ τῆς εὐσεβείας λογισμῷ φιλοσοφοῦντες χαλεπωτέρων βασανιστηρίων ἐπεκράτησαν.	« Eh oui ! c'est pour cela que des adolescents adonnés à la philosophie ont su aussi, grâce à la raison unie à la piété, triompher d'instruments de torture plus cruels encore. »
4 M 13,3	ἀλλὰ τῷ ἐπαινουμένῳ παρὰ θεῷ λογισμῷ περιεγένοντο τῶν παθῶν	« au contraire, par la raison, si louable auprès de Dieu, ils l'ont emporté sur les passions. »

Dans le cas particulier de 4 M 8,1, ce datif instrumental dépend non pas directement du verbe de domination mais d'un participe apposé au sujet, φιλοσοφοῦντες, « adonnés à la philosophie ». C'est la seule interprétation possible si l'on tient compte de l'ordre des mots. Il faut donc sans doute comprendre, dans ce cas, que le λογισμός εὐσεβείας, « la raison unie à la piété » est l'instrument qui permet aux sept frères de pratiquer la philosophie, et que cette dernière est, à son tour, l'instrument qui permet de triompher des supplices. Cette formulation un peu compliquée n'est sans doute pas due au hasard : nous sommes au tout début de l'épisode des sept frères et 4 M 8,1 (seule occurrence du syntagme λογισμός εὐσεβείας) est, à ce titre, le passage qui définit l'enjeu de l'ensemble de cet épisode.

Dans deux cas, le personnage exemplaire domine une passion particulière : le désir sexuel, en 4 M 2,3 (identifié d'après le contexte mais désigné par la tournure plus générale – à valeur d'euphémisme ? – τὸν τῶν παθῶν οἶστρον, « l'aiguillon de la passion ») ; la colère (θυμός), en 4 M 2,17.

En 4 M 8,1, les sept frères ne dominent pas les passions mais remportent une victoire sur les instruments de leurs supplices.

En revanche, en 4 M 13,3, au début de l'éloge des sept frères, ces derniers sont crédités d'une victoire sur les passions en général. En revanche, c'est le λογισμός qui reçoit l'éloge correspondant à cette victoire (emploi du verbe ἐπαινέω, « faire l'éloge de ») et l'auteur de cet éloge n'est autre que Dieu lui-même. En fin de compte, l'éloge des sept frères et de leur mère des chapitres 13 à 16 représente en fait un éloge du λογισμός.

Néanmoins, dans la suite immédiate du passage (4 M 13,4), ce sont bien à nouveau les sept frères eux-mêmes qui sont crédités de la domination (emploi du verbe ἐπικρατέω, « dominer ») sur les passions et les douleurs.

En 4 M 2,2, on rencontre une structure très semblable à celles qui sont considérées ici : le personnage exemplaire auquel renvoie le sujet est à nouveau Joseph ; le verbe de domination est περικρατέω, « maîtriser » ; la passion dominée est la « luxure » (ἡδυπαθεία); toutefois, le substantif au datif instrumental n'est plus λογισμός mais un synonyme, διανοία, « jugement ».

C'est également la διανοία qui apparaît en 4 M 7,5 comme l'instrument de la victoire d'Éléazar sur les passions, dans le cadre d'une structure grammaticale plus développée en raison de l'emploi d'une double métaphore : les passions sont assimilées aux flots de la mer et la διανοία à un rocher. Le verbe de domination est du coup remplacé par un quasi synonyme plus concret, περικλάω, « briser ».

Tableau n°42 : Type V (διάνοια)

Référence	Formulation	Traduction
4 M 2,2	ὅτι διανοίᾳ περιεκράτησεν τῆς ἡδυπαθείας.	« par le jugement, il a maîtrisé la luxure »
4 M 7,5	ὥσπερ γὰρ πρόκρημνον ἄκραν τὴν ἑαυτοῦ διάνοιαν ὁ πατὴρ Ελεαζαρ ἐκτείνας περιέκλασεν τοὺς ἐπιμαινομένους τῶν παθῶν κλύδωνας.	« Car, dressant sa pensée comme un rocher abrupt, notre père Éléazar brisa les flots furieux des passions. »

6. Type VI : variante avec la construction εἰμί + génitif traduisant l'appartenance

En 4 M 6,34, on rencontre une variante de la thèse au sein de laquelle les passions ne sont pas mentionnées : le verbe de domination est remplacé par un substantif traduisant la même idée, κράτος, « pouvoir », sujet d'une tournure avec εἰμί + génitif traduisant l'appartenance. Le substantif λογισμός apparaît au génitif : c'est donc le possesseur du κράτος, sans qu'il soit précisé explicitement que ce pouvoir s'exerce sur les passions. En fait, le terme κράτος, « pouvoir », de 4 M 6,34, reprend son synonyme ἡγεμονία, « domination », de 4 M 6,33 : dans ce dernier verset, cette « domination » est reconnue au λογισμός sur la base de sa « victoire » sur les passions.

4 M 6,34

καὶ δίκαιόν ἐστιν ὁμολογεῖν ἡμᾶς τὸ κράτος εἶναι τοῦ λογισμοῦ, ὅπου γε καὶ τῶν ἔξωθεν ἀληδόνων ἐπικρατεῖ, ἐπεὶ καὶ γελοῖον.

« Et nous avons le droit de déclarer que le commandement appartient à la raison, puisque celle-ci méprise même les souffrances qui viennent du dehors. »

7. Type VII : substantivation

Dans trois cas, la proposition correspondant à la thèse principale de 4 Maccabées est transposée sous la forme d'un syntagme nominal.

Tableau n°43 : Type VII (substantivation)

Référence	Formulation	Traduction
4 M 13,4	ὧν οὐκ ἔστιν παριδεῖν τὴν ἡγεμονίαν τῆς διανοίας,	« Et l'on ne peut plus dédaigner la suprématie du jugement »
4 M 13,5	πῶς οὖν οὐκ ἔστιν τούτοις τὴν τῆς εὐλογιστίας παθοκράτειαν ὁμολογεῖν	« Comment donc peut-on ne pas reconnaître le pouvoir de la réflexion chez ces jeunes gens »

Référence	Formulation	Traduction
4 M 13,16	καθοπλισώμεθα τοιγαροῦν τὴν τοῦ θείου λογισμοῦ παθοκράτειαν.	« Armons-nous donc de cette maîtrise que nous donne sur les passions la raison divine ! »

C'est tout d'abord le cas en 4 M 13,4, où le substantif ἡγεμονία, « domination », gouverne le génitif subjectif τῆς διανοίας, « du jugement » : comme en 4 M 2,2, διανοία est substitué, sans doute par simple souci de variation, à son synonyme λογισμός.

En 4 M 13,5, le verbe ὁμολογεῖν, « reconnaître, confesser », a pour objet le groupe nominal τὴν τῆς εὐλογιστίας παθοκράτειαν, « la maîtrise des passions par la prudence », τῆς εὐλογιστίας étant sans doute à comprendre comme un génitif subjectif : c'est la « prudence » qui maîtrise les passions. Ce syntagme peut être considéré comme la substantivation d'un énoncé de type III *ἡ εὐλογιστία τῶν παθῶν κρατεῖ, qui ne se singularise que par la variante du sujet. À noter que παθοκράτεια est une création lexicale de 4 Maccabées, sans doute créée ponctuellement par le procédé de substantivation lui-même. On retrouve ce terme en 4 M 13,16, dans la bouche des sept frères, gouvernant là aussi un génitif subjectif, τοῦ θείου λογισμοῦ, « de la raison divine », seule occurrence où la « raison » est qualifiée ainsi dans 4 Maccabées.

8. Type VIII : variante faible de la thèse

En 4 M 3,2–4, apparaît une variante faible de la thèse. Le passage concerné développe l'idée selon laquelle le λογισμός est un régulateur des passions, mais ne vise pas à les détruire. On a donc successivement trois paires d'oppositions entre, d'une part, trois variantes de la thèse forte (l'éradication des passions, avec comme sujet l'indéfini τις et l'emploi à la forme négative du modalisateur δύναμαι, « pouvoir ») et, d'autre part, trois variantes de la thèse faible (la régulation des passions, avec comme sujet le λογισμός et l'emploi du même modalisateur à la forme positive).

Les verbes dont λογισμός est indirectement le sujet (les verbes qui dépendent du modalisateur) ne sont plus des verbes traduisant la domination mais des verbes traduisant l'assistance, l'aide apportée à l'être humain en lutte contre ses passions : en 4 M 3,2, παρέχομαι, « offrir, permettre », gouvernant à son tour l'infinitif à la forme négative μὴ δουλωθῆναι, « ne pas devenir l'esclave » ; en 4 M 3,3, βοηθέω, « aider » (il manque probablement un infinitif complément) ; en 4 M 3,4, συμμαχέω, « assister, secourir, aider », dont dépend l'infinitif substantivé à la forme négative τὸ μὴ καμφθῆναι, « ne pas plier. »

4 M 3,2

οἷον ἐπιθυμίαν τις οὐ δύναται ἐκκόψαι ἡμῶν, ἀλλὰ μὴ δουλωθῆναι τῇ ἐπιθυμίᾳ δύναται ὁ λογισμὸς παρασχέσθαι.

« Ainsi, nul d'entre vous ne peut arracher un désir, mais la raison peut vous aider à ne pas devenir l'esclave de ce désir. »

4 M 3,3

θυμόν τις οὐ δύναται ἐκκόψαι ὑμῶν τῆς ψυχῆς, ἀλλὰ τῷ θυμῷ δυνατὸν τὸν λογισμὸν βοηθῆσαι.

« Nul d'entre vous ne peut arracher de son âme la colère, mais la raison a le pouvoir de calmer la colère. »

4 M 3,4

κακοήθειάν τις ὑμῶν οὐ δύναται ἐκκόψαι, ἀλλὰ τὸ μὴ καμφθῆναι τῇ κακοηθείᾳ δύναιτ᾽ ἂν ὁ λογισμὸς συμμαχῆσαι·

« Nul d'entre vous ne peut arracher la méchanceté, mais la raison peut vous aider dans la lutte et vous empêcher de capituler devant la méchanceté. »

II. Insertion des formulations de la thèse dans le texte de 4 Maccabées

Les formulations de la thèse défendue ont été jusqu'ici considérées indépendamment de leur contexte. Reste à examiner de quelle manière ces affirmations sont intégrées dans le corps du texte de 4 Maccabées. Il convient tout d'abord d'écarter les cas relevant du type II, où la question ne se pose pas : les « hymnes » relevant du registre 4, isolés par l'asyndète, sont comme des « corps étrangers » dans le texte de 4 Maccabées.

On repère cinq modalités d'insertion syntaxique des énoncés de type I et III, sans que l'on puisse identifier de correspondance stricte entre type de formulation et modalité d'insertion :

– dans un premier cas, la thèse constitue une proposition indépendante, insérée directement dans la suite du texte (4 M 1,6 ; 1,30a ; 2,15 ; 3,1 ; 3,5 ; 3,17 ; 6,31 ; 7,16 ; 7,23 ; 16,1). On notera la présence, dans trois cas (6,31 ; 7,16 ; 16,1), de l'adverbe ὁμολογουμένως, « de manière unanime », qui donne à la thèse défendue le statut de vérité reconnue par un groupe qui s'identifie sans doute avec la communauté pour laquelle 4 Maccabées est rédigé ;

– dans de nombreux cas, la thèse forme une complétive introduite par ὅτι, dépendant de verbes divers : ἐπιδείκνυμι, « démontrer » (4 M 1,7 ; 1,9) ; ἐπιθεωρέω, « considérer en outre » (4 M 1,30b) ; πείθω, « persuader » (4 M 2,6) ; δῆλον (ἐστι), « il est évident que » (4 M 2,7) ; ἐπιγιγνώσκω, « reconnaître » (4 M 2,9) ; γιγνώσκω, « connaître » (4 M 18,2) ;

– une autre situation fréquente est la formulation de la thèse au moyen d'une interrogative indirecte introduite par εἰ, dépendant là aussi de verbes divers : ἐπιδείκνυμι, « démontrer » (4 M 1,1) ; ζητέω, « chercher » (4 M 1,13) ; θαυμαστὸν ἡγοῦμαι, « juger incroyable » (4 M 14,11, le verbe principal étant, dans ce cas, nié) ;

– autre cas, à ne pas confondre avec le précédent, la thèse peut être formulée dans le cadre d'une protase hypothétique également introduite par εἰ (4 M 1,3–5 ; 2,24) ;

– enfin, dans un cas, la thèse est énoncée dans le cadre d'une relative à l'indicatif, à valeur consécutive (4 M 1,19).

III. Situation des rappels de la thèse dans l'ensemble de 4 Maccabées

La plupart des formulations de la thèse se rencontrent soit dans l'introduction de 4 Maccabées (4 M 1,1–12) – 6 occurrences –, soit dans la partie « philosophique » de l'ouvrage (4 M 1,13–3,18) – 32 occurrences. Dans la partie « narrative » de 4 Maccabées (4 M 3,19–17,1), les rappels de la thèse apparaissent essentiellement dans l'éloge d'Éléazar (8 occurrences) ou dans celui des sept frères et de leur mère (10 occurrences) ainsi que dans les hymnes qui y sont insérés (4 M 7,10 ; 15,1). Il n'y a qu'une occurrence de la thèse dans l'épisode des sept frères, mais elle occupe une place capitale, au tout début de l'épisode, dont elle définit les enjeux (4 M 8,1). Il est remarquable que l'on ne rencontre aucune formulation du même genre dans les discours tenus par les personnages eux-mêmes, à l'exception de 4 M 13,16.

En dehors de ce cas, ce n'est que dans la finale que l'ultime répétition de la thèse (4 M 18,2) est présentée comme un savoir possédé par les sept frères.

En conclusion, les reprises de la thèse défendue constituent un marqueur propre des sections argumentatives mises au compte de l'auteur implicite de 4 Maccabées, sections relevant du registre 3.

IV. Une thèse peut-elle en cacher une autre ? Le problème de 4 M 18,23

4 Maccabées s'ouvre avec la formulation de la thèse défendue de la supériorité de la Raison pieuse sur les passions (4 M 1,1). On pourrait donc s'attendre *a priori* à en retrouver une formulation à l'extrême fin de l'ouvrage. Il n'en est rien : la doxologie finale (4 M 18,24) est immédiatement précédée par l'affirmation de l'accueil des sept frères et de leur mère par les patriarches après leur mort (4 M 18,23). Cette affirmation fait écho à d'autres déclarations semblables, incluses dans l'éloge d'Eléazar (4 M 7,19 ; l'accueil *post mortem* par les patriarches est présenté comme une conviction des justes), dans les exhortations mutuelles des sept frères (4 M 13,17) et dans l'éloge des sept frères (4 M 16,25 ; l'accueil par les patriarches y est présenté comme un savoir des sept frères), soit pratiquement aux démarcations des grands ensembles textuels de 4 Maccabées. On peut légitimement se demander si cette anomalie ne signifie pas en fin de compte que 4 Maccabées est construit autour de deux thèses, l'une explicitement mise en avant (la domination de la Raison pieuse sur les passions), l'autre mise au crédit des personnages et confirmée par l'auteur seulement en conclusion (l'accueil des justes dans l'au-delà par les patriarches).

V. Appendice- λογισμός dans 2 et 4 Maccabées

Dans le texte des chapitres 3 à 7 de 2 Maccabées, le substantif λογισμός apparaît deux fois (2 M 6,23 et 7,21), avec un sens tout à fait particulier, non classique (et non répertorié dans le dictionnaire de T. Muraoka[5]).

---

[5] T. Muraoka 2009, *sub verbo*.

2 M 6,23

ὁ δὲ λογισμὸν ἀστεῖον ἀναλαβὼν καὶ ἄξιον τῆς ἡλικίας καὶ τῆς τοῦ γήρως ὑπεροχῆς καὶ τῆς ἐπικτήτου καὶ ἐπιφανοῦς πολιᾶς καὶ τῆς ἐκ παιδὸς καλλίστης ἀναστροφῆς, μᾶλλον δὲ τῆς ἁγίας καὶ θεοκτίστου νομοθεσίας ἀκολούθως ἀπεφήνατο ταχέως λέγων προπέμπειν εἰς τὸν ᾅδην.

« Mais lui, voulant agir dans l'honneur, de façon digne de son âge, de l'autorité de sa vieillesse et de ses vénérables cheveux blanchis dans le labeur, digne d'une conduite parfaite depuis l'enfance, mais surtout de la sainte législation établie par Dieu, répondit en conséquence qu'on l'envoyât sans tarder au séjour des morts. »

2 M 7,21

ἕκαστον δὲ αὐτῶν παρεκάλει τῇ πατρίῳ φωνῇ γενναίῳ πεπληρωμένη φρονήματι καὶ τὸν θῆλυν λογισμὸν ἄρσενι θυμῷ διεγείρασα λέγουσα πρὸς αὐτούς

« Elle exhortait chacun d'eux dans la langue de ses pères. Remplie de nobles sentiments et animée d'un mâle courage, cette femme leur disait »

Dans les deux passages, il ne peut s'agir, d'après le contexte, que d'une désignation du comportement du personnage concerné (Éléazar dans un cas, la mère des sept frères dans l'autre). Le substantif λογισμός n'y est pas employé seul ; il est toujours qualifié par un adjectif « générique » indiquant à quelle catégorie d'êtres humains il se rattache. Ainsi l'adjectif ἀστεῖος, « intelligent, cultivé », de 2 M 6,23, permet-il de rappeler la sagesse et le haut rang d'Éléazar, déjà mis en avant lors de sa présentation, en 2 M 6,18. Il est coordonné à ἄξιος, « digne », lequel gouverne quatre compléments au génitif coordonnés. De même, l'adjectif θῆλυς de 2 M 7,21, rappelle la nature féminine de la mère des sept frères, nature mise en contraste (nous sommes dans une société où les rapports entre les sexes sont inégalitaires) avec son courage. Dans ce dernier cas, le syntagme nominal (λογισμός + adjectif) équivaut quasiment à un substantif abstrait dérivé de l'adjectif, θηλύτης, « nature féminine », de la même manière que dans 4 Maccabées, εὐσεβής λογισμός (4 M 1,1 ; 1,7 (*Alexandrinus*); 6,31 ; 7,16 ; 13,1 ; 15,23 ; 16,1 ; 16,4 ; 18,2) ou εὐσεβής ἐπιστήμη (4 M 11,21) équivalent quasiment à εὐσέβεια, « piété », et σώφρων λογισμός (4 M 3,19) et σώφρων νοῦς (4 M 2,16 et 2,18) équivalent quasiment à σωφροσύνη, « tempérance ». De la même façon, l'ὑπερήφανος λογισμός d'Antiochos IV (4 M 9,30) doit être tout simplement une désignation de son orgueil (ὑπερηφανία).

Dans toutes ces expressions, λογισμός est en fin de compte un « mot-outil » permettant de former des substantifs abstraits correspondant à telle ou telle disposition de l'âme. Cet emploi très particulier n'apparaît pas, à notre connaissance, en dehors de 2 et 4 Maccabées. Au passage, c'est une preuve de la dépendance de 4 Maccabées envers 2 Maccabées.

Un sens apparenté est présent de manière régulière dans le texte de 4 Maccabées, plus précisément dans l'épisode d'Éléazar et dans celui des sept frères. Λογισμός y désigne, d'après le contexte, la partie de l'âme qui est insensible aux douleurs du corps et qui est caractérisée par une force intérieure qui permet aux martyrs de rester fidèle à la Loi. Ce thème de l'inaltérabilité du λογισμός constitue ce que nous avons appelé le « motif E » du registre discursif[6].

C'est le λογισμός d'Éléazar, en effet, qui est désigné explicitement comme l'instrument de sa résistance aux supplices (4 M 6,30 et 7,14) ; il est comparé au capitaine d'un navire (4 M 7,1), à un bouclier (4 M 7,4) ; il est qualifié de « droit » (ὀρθός) et d'« inébranlable » (ἀκλινής) (4 M 6,7) ; de même, il ne « change » pas (emploi du verbe μετατρέπω en 4 M 7,12) ; il n'est pas sujet à la vieillesse mais reste « jeune » grâce à la piété (emploi du verbe νεάζω en 4 M 5,31)[7] ; le λογισμός d'Éléazar est comparé à celui d'Isaac (4 M 7,14). Toutes ces occurrences démontrent que, dans l'épisode d'Éléazar, λογισμός désigne une disposition intérieure, une force qui résiste aux événements extérieurs (vieillesse, supplices) et permet la fidélité à la Loi.

L'identification de ce sens de « force intérieure » est corroborée en 4 M 7,17 et 7,20 par la paire d'adjectifs choisie par l'auteur de 4 Maccabées pour opposer deux espèces de λογισμός : le « bon » λογισμός est qualifié sans surprise, en 4 M 7,17, de « sage, prudent » (φρόνιμος), mais le « mauvais » λογισμός de 4 M 7,20 est caractérisé par sa « faiblesse » (emploi de l'adjectif ἀσθενής). C'est donc bien une faiblesse intérieure qui permet aux passions de régner (emploi, toujours en 4 M 7,20, du verbe παθοκρατέω, au passif).

Ce même sens de « force intérieure » se retrouve dans l'épisode des sept frères : le λογισμός des sept frères ne peut être atteint par aucune attaque extérieure, que ce soit un étouffement (emploi du verbe ἄγχω, « étouffer » en 4 M 9,17) ou une mutilation (emploi du verbe γλωττοτομέω, « couper la langue » en 4 M 10,19) ; il ne peut pas être renversé (emploi du verbe μεταπίπτω, « renverser », en 4 M 11,25) et est « invincible » (emploi de l'adjectif ἀνίκητος, « invincible », en 4 M 11,27).

B. Deuxième partie : Quelle est la philosophie sous-jacente dans 4 *Maccabées* ?

I. Introduction

La « banalité » apparente de la thèse défendue dans 4 Maccabées ne facilite pas l'identification de l'école philosophique qui a pu l'inspirer. On peut résumer les différentes identifications proposées par les commentateurs de 4 Maccabées à quatre propositions :

---

[6] 150.

[7] On rencontre en 4 M 13,3 un écho du thème de l'insensibilité de la Raison au passage du temps, mais dans le sens inverse : c'est le plus jeune des frères qui devient l'égal de ses aînés grâce à sa διανοία qui ne depend pas de son âge, de la même façon qu'Éléazar conserve son λογισμός intact, malgré son âge.

1. La philosophie sous-jacente dans 4 Maccabées est une variante de platonisme.

C'est la position soutenue par M. Hadas[8].

L'argumentation de M. Hadas est assez étrange : tout repose sur l'affirmation que l'attitude d'Éléazar lors de sa confrontation avec Antiochos IV est inspirée directement de celle de Socrate confronté aux thèses de Calliclès dans le *Gorgias* de Platon. Cette dépendance supposée, affirmée mais non prouvée, conduit M. Hadas à affirmer que l'auteur de 4 Maccabées est un platonicien opposé au stoïcisme, voire cherchant à le réfuter.

Pour le prouver, M. Hadas a recours à deux arguments matériellement faux :

Tout d'abord, (117), il affirme qu'Éléazar oppose une conception de la sagesse comme obéissance aux prescriptions de la Loi à la définition stoïcienne de la sagesse comme « connaissance des choses humaines et divines » ; or c'est précisément cette dernière définition que l'on retrouve sous la plume de l'auteur de 4 Maccabées en 4 M 1,16 !

Ensuite, (118), il affirme que le même Éléazar se joint aux adversaires du stoïcisme pour affirmer l'existence d'une hiérarchie entre les transgressions de la Loi, plus ou moins graves, alors que c'est précisément le principe stoïcien de l'équivalence de toutes les fautes que l'on retrouve explicitement dans le premier discours d'Éléazar, en 4 M 5,20 !

En conclusion, l'argumentation de M. Hadas, reposant sur une dépendance littéraire non prouvée et sur des arguments textuels faux, nous paraît insoutenable.

La filiation platonicienne est affirmée séparément par R. Weber[9] sur la base de la similitude entre la domination du λογισμός sur les passions et la trichotomie platonicienne de l'âme telle qu'on la retrouve par exemple dans le *Politique* VII 518b-519a, où la partie rationnelle (λογιστικόν) domine la partie irascible (θυμοειδές) et la partie concupiscible (ἐπιθυμητικόν). Les deux psychologies sont effectivement comparables ; il n'en reste pas moins que, dans 4 Maccabées, la trichotomie platonicienne est remplacée par une simple dichotomie λογισμός/passions et que, chez Platon, λογισμός a encore son sens technique de « raisonnement » et ne désigne pas encore la partie supérieure de l'âme.

---

[8] M. Hadas 1953, 101 et 116–118.
[9] R. Weber 1991, 228.

2. La philosophie sous-jacente dans 4 Maccabées est une variante du stoïcisme.

C'est la position soutenue par I. Heinemann[10] et par R. Renehan[11].

I. Heinemann pose d'emblée le caractère stoïcien de 4 Maccabées comme incontesté, « unbestritten »[12], et cherche par conséquent non à le démontrer mais à réfuter la présence d'autres influences philosophiques, soutenue par J. Freudenthal[13]. Il affirme par exemple, en opposition à ce dernier[14], que la « tranquillité » (ἀταραξία) mentionnée en 4 M 8,26 n'a rien à voir avec l'épicurisme[15]. De la même manière, il s'efforce de justifier les écarts de 4 Maccabées avec la théorie stoïcienne « orthodoxe » des passions, relevés par J. Freudenthal[16], par le fait que l'auteur de 4 Maccabées, ou plutôt l'auteur de la source philosophique dont il s'inspire directement, bien qu'appartenant au stoïcisme moyen, s'écartait de manière purement formelle de sa terminologie avant tout pour des raisons rhétoriques[17]. Il pointe également, toujours pour justifier ces écarts, les préoccupations théologiques de l'auteur de 4 Maccabées[18].

Comme on le voit, l'argumentation d'I. Heinemann repose en partie sur l'affirmation d'un consensus qui n'existe pas vraiment : la simple présence de théories alternatives suffit à fragiliser sa position. Plus décisive nous paraît être la contribution de R. Renehan, qui a le mérite de reposer essentiellement sur des arguments textuels.

Dans son article, R. Renehan répond à l'argumentation de M. Hadas présentée au point 1), en démontrant tout d'abord[19] que la théorie selon laquelle la Raison ne peut pas éradiquer les passions mais doit les dominer (théorie énoncée en 4 M 3,5), bien que contraire au stoïcisme classique, était connue du stoïcisme tardif de Posidonios. Il reprend ainsi l'un des arguments d'I. Heinemann[20] en faveur d'une influence directe de la philosophie posidonienne sur 4 Maccabées.

Il reconnaît ensuite *a contrario*[21] que la définition de la σοφία, la « sagesse », comme γνῶσις θείων καὶ ἀνθρωπίνων πραγμάτων καὶ τῶν τούτων αἰτιῶν, « connaissance des choses divines et des choses humaines, et de leurs causes »,

---

[10] I. Heinemann 1921, 154–159.
[11] R. Renehan 1972, 223–238.
[12] I. Heinemann 1921, 154.
[13] J. Freudenthal 1869, 63.
[14] J. Freudenthal 1869, 71.
[15] I. Heinemann 1921, 155.
[16] J. Freudenthal 1869, 55.
[17] I. Heinemann 1921, 157.
[18] I. Heinemann 1921, 158.
[19] R. Renehan 1972, 226–227.
[20] I. Heinemann 1921, 154.
[21] R. Renehan 1972, 228–229.

donnée en 4 M 1,16, n'est pas spécifiquement stoïcienne puisqu'elle se retrouve avec des variantes chez des auteurs d'autres écoles (notamment Albinus).

R. Renehan relève ensuite[22] l'erreur de M. Hadas concernant le principe d'équivalence entre toutes les fautes présentes dans le premier discours d'Éléazar, en 4 M 5,20. Il démontre que cette position, qui représente bel et bien celle de l'auteur de 4 Maccabées, constitue un point de convergence remarquable entre stoïcisme et judaïsme.

Enfin[23], sur la base du constat de convergences lexicales et stylistiques entre 4 Maccabées et un traité (περὶ ψυχῆς παθῶν καὶ ἁμαρτημάτων) de Galien, il développe de manière convaincante la théorie selon laquelle les deux œuvres ont une source commune, un traité sur les passions relevant précisément de l'école de Posidonios. Nous nous sommes appuyé[24] sur cette théorie pour élaborer notre interprétation de la « partie philosophique » de 4 Maccabées.

3. La philosophie sous-jacente dans 4 Maccabées est un mélange de stoïcisme et d'aristotélisme.

C'est la position soutenue par A. Dupont-Sommer[25], sur la base de la présence concomitante, dans 4 Maccabées, d'une psychologie de type stoïcien et d'une éthique fondée sur la métriopathie et non sur l'apathie.

L'oeuvre d'Aristote est en effet le lieu d'apparition (dans l'*Éthique à Nicomaque*) de l'idée selon laquelle la différence entre vice et vertu est une affaire de degré et non de nature, la vertu étant un juste milieu entre deux vices. Dans cette optique, le comportement éthique vise à réguler les passions (métriopathie), non à les supprimer (comme dans le cas de l'apathie stoïcienne), ce qui correspond précisément à la doctrine développée dans 4 Maccabées.

La position d'A. Dupont-Sommer est corroborée par la présence, en 4 M 1,20–30a, d'une classification des passions reposant sur l'opposition entre le « plaisir » (ἡδονή) et la « douleur » (πόνος). Ces indices semblent établir d'une manière indiscutable l'existence d'une influence péripatéticienne, directe ou indirecte, sur la philosophie développée dans 4 Maccabées. Reste à expliquer par quel biais cette influence a pu s'exercer.

---

[22] R. Renehan 1972, 229–231.
[23] R. Renehan 1972, 232–238.
[24] Cf. Deuxième Partie, Chapitre I.
[25] A. Dupont-Sommer 1939, 52–54.

4. La philosophie sous-jacente dans 4 Maccabées ne s'inscrit dans aucune école philosophique précise mais emprunte au fonds commun de la philosophie populaire grecque, ce que l'on peut appeler une « koinè philosophique »[26].

Cette théorie remonte, comme on l'a vu au point *2)*, à J. Freudenthal[27], qui concède cependant que la philosophie éclectique qu'il attribue à 4 Maccabées est plus proche du stoïcisme que des autres écoles[28].

U. Breitenstein défend une position assez proche : même si l'influence dominante qui s'exerce sur 4 Maccabées est pour lui clairement stoïcienne[29], d'autres sources d'inspiration sont décelables : l'école cynique[30], l'école péripatéticienne[31], l'épicurisme[32], et même, dans certains passages, le pythagorisme[33]. Dans les deux cas, la philosophie sous-jacente dans 4 Maccabées est au fond un syncrétisme de plusieurs doctrines philosophiques.

On retrouve des positions similaires chez H.-J. Klauck[34], J. M. G. Barclay[35] et D. A. deSilva[36].

C'est sans doute la position la plus prudente mais également la plus insatisfaisante.

Nous pensons, pour notre part, qu'il est possible d'identifier précisément la philosophie sous-jacente dans 4 Maccabées, en partant uniquement de ce que l'on peut tirer de la thèse défendue dans l'ouvrage. En effet, cette thèse présuppose une philosophie de l'âme au sein de laquelle cette dernière se compose d'au moins deux parties, une partie rationnelle, hégémonique, dénommée λογισμός, et une partie irrationnelle, sujette aux passions.

Cette philosophie ne peut pas être identifiée au stoïcisme « classique », celui de Chrysippe, qui exclurait par principe l'existence d'une partie irrationnelle de l'âme ; mais, malgré la ressemblance avec la théorie de l'âme développée dans le mythe du *Phèdre* de Platon[37], il ne peut s'agir non plus du platonisme,

---

[26] L'expression est employée par D. A. deSilva 1998, 51.
[27] J. Freudenthal 1869, 63.
[28] J. Freudenthal 1869, 41.
[29] U. Breitenstein 1976, 159–160.
[30] U. Breitenstein 1976, 160–161.
[31] U. Breitenstein 1976, 162–163.
[32] U. Breitenstein 1976, 163.
[33] U. Breitenstein 1976, 163–165.
[34] H.-J. Klauck 1989, 665–666.
[35] J. M. G. Barclay 1996, 371.
[36] D. A. de Silva 1998, 51.
[37] Platon, *Phèdre* 246A.

en raison de l'absence dans 4 Maccabées, quoi qu'on en pense, de l'idée de l'immortalité par nature de l'âme[38].

II. Λογισμός dans les différents systèmes philosophiques grecs

L'un des traits les plus remarquables de 4 Maccabées est l'emploi quasi systématique de λογισμός et non de λόγος pour désigner la Raison humaine. Aucune des 15 occurrences de λόγος dans 4 Maccabées ne renvoie à la partie rationnelle de l'âme : seuls y apparaissent les sens de « discours, parole »[39] ou d' « ouvrage », auto-désignation de 4 Maccabées[40]. Les seules exceptions sont 4 M 1,15, où ὀρθὸς λόγος désigne le « raisonnement droit » qui permet à l'homme de choisir la voie de la sagesse et 4 M 5,35, unique occurrence où λόγος renvoie clairement à la Raison, dans le cadre du premier discours d'Éléazar. Dans ces conditions, il nous paraît difficile de soutenir, comme H.-J. Klauck[41], que λογισμός puisse désigner dans 4 Maccabées le λόγος en action, soit une modalité particulière de la Raison : en fait, il y a bien remplacement, dans 4 Maccabées, du substantif λόγος par le substantif λογισμός, et cela ne peut s'expliquer que par l'adoption d'un vocabulaire philosophique particulier. Il est donc nécessaire, pour identifier la source philosophique de 4 Maccabées, de retracer l'histoire des emplois du substantif λογισμός dans les différents systèmes philosophiques grecs.

Λογισμός est au départ un dérivé du verbe λογίζομαι, « calculer, raisonner ». Ce qui explique les deux séries d'emplois habituels du substantif, au sens de « calcul » ou de « raisonnement », que l'on retrouve encore dans l'œuvre de Platon.

Petit à petit est apparu un sens dérivé du précédent : λογισμός a commencé à désigner spécifiquement une catégorie particulière de jugement, le jugement délibératif dans le domaine éthique. C'est le sens que l'on rencontre par exemple chez Épicure.

Par la suite, λογισμός a pu, chez un nombre d'auteurs limité, se substituer à λογός ou à τὸ λογιστικόν pour désigner la partie supérieure de l'âme, ayant pour fonction de réguler la part irrationnelle de celle-ci, comme dans 4 Maccabées.

1. Sens technique de λογισμός

Dans l'œuvre de Platon, λογισμός a encore uniquement un sens technique. Lorsque l'auteur parle de la partie rationnelle de l'âme, il emploie exclusivement λόγος ou λογιστικόν.

---

[38] Cf. 266.
[39] 4 M 3,1 ; 4,7 ; 4,13 ; 5,14 ; 5,38 ; 7,9 ; 8,16 ; 14,9 ; 16,14 ; 16,24.
[40] 4 M 1,1 ; 1,2 ; 1,12.
[41] H.-J. Klauck 1989 (2), 458.

C'est chez Aristote (*Métaphysique* 980 b) que λογισμός en vient à désigner la « raison » en tant que faculté intellectuelle supérieure opposant l'homme aux animaux, mais, sauf erreur de notre part, le Stagirite n'emploie jamais le terme dans le domaine éthique. Le λογισμός n'est donc pas encore pour lui la partie de l'âme dévolue au contrôle des passions.

G. Scarpat a suggéré en 2006[42] que 4 Maccabées était particulièrement proche de l'œuvre de Flavius Josèphe en ce qui concerne les emplois de λογισμός. Son principal (sinon son unique) argument est la présence fréquente, aussi bien dans les *Antiquités Judaïques* que dans 4 Maccabées, d'un adjectif qualificatif aux côtés de ce substantif. Certains de ces adjectifs sont même communs aux deux oeuvres (σώφρων, « sage », en *Antiquités Judaïques* XI,277 et en 4 M 3,19 ; participe ἀσθενῶν, « s'affaiblissant », en *Antiquités Judaïques* VIII,194, et adjectif ἀσθενής, « faible », en 4 M 7,20). Cependant, lorsque l'on examine de plus près les occurrences relevées par G. Scarpat, aucune d'entre elles ne nécessite, pour sa compréhension, le recours au sens « éthique » ou au sens « anthropologique » de λογισμός : par exemple, pour revenir aux occurrences que nous avons reprises, en *Antiquités Judaïques* VIII,194, il est question des capacités intellectuelles de Salomon qui décroissent avec l'âge, et en *Antiquités Judaïques* XI,277, des mauvais desseins d'Aman. On est très loin de l'atmosphère philosophique de 4 Maccabées, et, si une influence de Flavius Josèphe sur 4 Maccabées n'est pas à exclure *a priori*, elle ne saurait en tout cas pas expliquer les emplois de λογισμός qui s'y rencontrent.

2. *Sens éthique de λογισμός*

Chez Épicure, dans la *Lettre à Ménécée*, λογισμός désigne toujours un raisonnement, mais cette fois-ci dans le domaine éthique : le but de ce raisonnement est de discerner en toutes choses les choix pertinents et ceux qui ne le sont pas. Il y a donc une espèce de dualisme entre les passions, instruments erronés d'accès au bonheur, et la « Raison » qui permet de faire les choix corrects. La doctrine éthique de la *Lettre à Ménécée* est donc proche de celle de 4 Maccabées, mais il reste une différence majeure : on ne trouve pas explicitement dans le texte de la *Lettre* une anthropologie fondée sur la distinction de deux parties de l'âme, rationnelle et irrationnelle.

Lettre à Ménécée 132

Οὐ γὰρ πότοι καὶ κῶμοι συνείροντες οὐδ'ἀπολαύσεις παίδων καὶ γυναικῶν οὐδ'ἰχθύων καὶ τῶν ἄλλων, ὅσα φέρει πολυτελὴς τράπεζα, τὸν ἡδὺν γεννᾷ βίον, ἀλλὰ νήφων λογισμὸς καὶ τὰς αἰτίας ἐξερευνῶν πάσης αἱρέσεως καὶ φυγῆς καὶ τὰς δόξας ἐξελαύνων, ἐξ ὧν πλεῖστος τὰς ψυχὰς καταλαμβάνει θόρυβος.

« Car ce n'est pas une suite ininterrompue de jours passés à boire et à manger, ce n'est pas la jouissance des jeunes garçons et des femmes, ce n'est pas la saveur des poissons et des autres mets que porte une table somptueuse, ce n'est pas tout cela qui engendre la vie heureuse,

---

[42] G. Scarpat 2006, 56.

mais c'est le raisonnement vigilant, capable de trouver en toute circonstance les motifs de ce qu'il faut choisir et de ce qu'il faut éviter, et de rejeter les vaines opinions d'où provient le plus grand trouble des âmes. » (traduction d'Octave Hamelin, in *Revue de Métaphysique et de Morale*, 18, 1910, 438–439)

3. Sens anthropologique de λογισμός

a) Stoïcisme tardif

C'est dans le stoïcisme tardif que le substantif λογισμός semble avoir acquis le sens qu'il possède en 4 Maccabées. En effet, il existe deux textes recueillis dans la collection des *Stoicorum veterum Fragmenta*[43] qui étayent, pour l'un, l'attribution vraisemblable à Posidonios d'une philosophie de l'âme où la partie hégémonique de l'âme est dénommée λογισμός, pour l'autre, l'attribution certaine au même Posidonios de la division de l'âme en deux parties, l'une irrationnelle et sujette aux passions, l'autre rationnelle, dénommée λογισμός.

Le premier texte de référence est un chapitre du traité Περὶ τῶν ἀρεσκόντων φιλοσόφοις δογμάτων, « Résumé des opinions des philosophes relatives à la physique », transmis sous le nom de Plutarque. Le philologue allemand du dix-neuvième siècle Hermann Alexander Diels en a attribué, dans son édition des doxographes grecs[44], la paternité à un compilateur de la fin du premier ou du début du deuxième siècle p. C, Aetius le doxographe, mentionné au cinquième siècle par Théodoret de Cyr (*Thérapeutique des maladies helléniques* I,16; II,95; IV,31). Le contenu de l'ouvrage remonterait à une tradition textuelle plus ancienne, remontant pour ses premières strates à Théophraste, et connue également de Philon d'Alexandrie[45]. La théorie d'H. A. Diels a suscité la controverse[46]. En ce qui nous concerne, peu importe, en fin de compte l'origine précise du traité : qu'Aetius ou Plutarque en soit l'auteur, nous disposons d'une source sensiblement contemporaine de la rédaction de 4 Maccabées, faisant référence à une doctrine stoïcienne du λογισμός proche de la thèse développée dans 4 Maccabées. Le passage ici examiné n'attribue pas la doctrine en question à un philosophe stoïcien précis, mais, du fait que l'auteur stoïcien le plus récent mentionné dans le traité est Posidonios d'Apamée[47], il est vraisemblable que la doctrine développée corresponde peu ou prou à celle de son école.

Aetius, *Placita* IV,21 (= *SVF* II,836) (= Plutarque CUF XII,2, traité 58)

Οἱ Στωικοί φασιν εἶναι τῆς ψυχῆς ἀνώτατον μέρος τὸ ἡγεμονικόν, τὸ ποιοῦν τὰς φαντασίας καὶ συγκαταθέσεις καὶ αἰσθήσεις καὶ ὁρμάς· καὶ τοῦτο λογισμὸν καλοῦσιν. ἀπὸ δὲ τοῦ ἡγεμονικοῦ ἑπτὰ μέρη ἐστὶ τῆς ψυχῆς ἐκπεφυκότα καὶ ἐκτεινόμενα εἰς τὸ σῶμα, καθάπερ αἱ

---

[43] J. v. Arnim 1903–1924.
[44] H. A. Diels 1879, 45–69.
[45] Pour une synthèse récente sur la question des liens entre la tradition doxographique grecque et l'œuvre de Philon, cf. D. T. Runia 2008, 13–54.
[46] Voir notamment A. V. Lebedev 1983, 813–817.
[47] H. A. Diels 1879, 100.

ἀπὸ τοῦ πολύποδος πλεκτάναι' τῶν δ'ἑπτὰ μερῶν τῆς ψυχῆς πέντε μέν εἰσι τὰ *αἰσθητήρια*, ὅρασις ὄσφρησις ἀκοὴ γεῦσις καὶ ἀφή' ὧν ἡ μὲν ὅρασις ἐστι πνεῦμα διατεῖνον ἀπὸ τοῦ ἡγεμονικοῦ μέχρις ὀφθαλμῶν, ἀκοὴ δὲ πνεῦμα διατεῖνον ἀπὸ τοῦ ἡγεμονικοῦ μέχρις ὤτων, ὄσφρησις δὲ πνεῦμα διατεῖνον ἀπὸ τοῦ ἡγεμονικοῦ μέχρι μυκτήρων [λεπτῦνον], γεῦσις πνεῦμα διατεῖνον ἀπὸ τοῦ ἡγεμονικοῦ μέχρι γλώττης, ἁφὴ πνεῦμα διατεῖνον ἀπὸ τοῦ ἡγεμονικοῦ μέχρις ἐπιφανείας εἰς θίξιν εὐαίσθητον τῶν προσπιπτόντων. Τῶν δὲ λοιπῶν τὸ μὲν λέγεται σπέρμα, ὅπερ καὶ αὐτὸ πνεῦμα ἐστι διατεῖνον ἀπὸ τοῦ ἡγεμονικοῦ μέχρι τῶν παραστατῶν' τὸ δέ « φωνᾶεν » ὑπὸ τοῦ Ζήνωνος εἰρημένον, ὃ καὶ φωνὴν καλοῦσιν, ἐστὶ πνεῦμα διατεῖνον ἀπὸ τοῦ ἡγεμονικοῦ μέχρι φάρυγγος καὶ γλώττης καὶ τῶν οἰκείων ὀργάνων. Αὐτὸ δὲ τὸ ἡγεμονικὸν ὥσπερ ἐν κόσμῳ κατοικεῖ ἐν τῇ ἡμετέρᾳ σφαιροειδεῖ κεφαλῇ.

« Les Stoïciens disent que la partie qui gouverne est la partie la plus haute de l'âme, celle qui produit les représentations, les assentiments, les sensations et les impulsions : c'est ce qu'ils appellent le raisonnement. Sept parties de l'âme sont rattachées à la partie gouvernante et s'étendent à travers le corps comme les tentacules d'un poulpe : parmi les sept parties de l'âme, il y en a a cinq qui sont les organes des sens, la vue, l'odorat, l'ouïe, le goût et le toucher et, parmi elles, la vue est un souffle qui s'étend de la partie gouvernante aux yeux, l'ouïe un souffle qui s'étend de la partie gouvernante aux oreilles, l'odorat un souffle qui s'étend de la partie gouvernante aux narines, le goût un souffle qui s'étend de la partie gouvernante à la langue, le toucher un souffle qui s'étend de la partie gouvernante à la surface des objets qui se présentent à lui pour entrer en contact avec eux et bien les sentir. Pour les autres parties, l'une s'appelle le sperme qui est lui aussi un souffle qui s'étend de la partie gouvernante aux testicules ; l'autre, à laquelle Zénon donne le nom de « vocale » et que l'on appelle aussi « voix », est un souffle qui s'étend de la partie gouvernante à la gorge, à la langue et aux organes appropriés. La partie gouvernante elle-même réside, comme pour le monde, dans notre tête qui a la forme d'une sphère. » (traduction G. Lachenaud, CUF : Plutarque, *Œuvres morales* XII[2], Paris, 1993).

Le parallélisme entre la théorie de l'âme développée dans ce passage d'Aetius/Plutarque et celle que l'on peut attribuer à l'auteur de 4 Maccabées est frappant : dans les deux cas, la partie dominante de l'âme est dénommée λογισμός ; dans les deux cas, le mode de domination du λογισμός est désigné par un mot de la famille de ἡγεμών : τὸ ἡγεμονικόν, « la partie hégémonique », dans le texte d'Aetius, ἡγεμών, « chef », en 4 M 1,30, 2,22 et 7,16 ; dans les deux cas, l'un des instruments de cette domination est représenté par les αἰσθητήρια, les « organes des sens », nommés explicitement dans le passage d'Aetius/Plutarque, mais aussi en 4 M 2,22 (où la partie dominante de l'âme est cependant dénommée νοῦς, dont on a vu que c'était un synonyme de λογισμός pour l'auteur de 4 Maccabées).

4 M 2,22

ἡνίκα δὲ ἐπὶ πάντων τὸν ἱερὸν ἡγεμόνα νοῦν διὰ τῶν *αἰσθητηρίων* ἐνεθρόνισεν,

« mais, à ce moment même, au-dessus de toutes, il a placé comme sur un trône [par le moyen des organes des sens] l'intelligence, sainte souveraine ; »

Contrairement à la doctrine stoïcienne classique, la partie hégémonique de l'âme est située dans la tête et non dans le cœur (au contraire de ce qu'affirme D. Samb, s'appuyant pourtant sur le même fragment d'Aetius/Plutarque[48]).
Le second témoignage provient d'un traité de Galien du deuxième siècle p. C., *De placitis Hippocratis et Platonis*. Galien cite longuement un passage de Posidonios d'Apamée, provenant apparemment d'un traité perdu sur les passions, où ce dernier cherche à démontrer, en s'opposant à la doctrine stoïcienne classique de Chrysippe, l'existence d'une partie irrationnelle de l'âme, sujette aux passions. Au cours de son argumentation, Posidonios est amené, d'après Galien, à utiliser un fragment de dialogue, attribué par lui à Cléanthe, où la partie rationnelle de l'âme, qui porte le nom de λογισμός, s'oppose à la partie irrationnelle, qui porte le nom de θυμός. Que ce passage soit à attribuer ou non à Cléanthe est de peu d'importance pour notre propos. L'essentiel est qu'une source à peu près contemporaine de la rédaction de 4 Maccabées attribue à Posidonios d'Apamée une philosophie de l'âme relativement proche de celle de l'auteur de 4 Maccabées.

Posidonios aurait donc opéré une espèce de synthèse entre l'éthique stoïcienne et la tripartition platonicienne de l'âme.

Cependant, il faut se souvenir que nous ne pouvons l'affirmer que sur le seul témoignage de Galien. Comme le souligne A. A. Long[49], notre connaissance de la théorie éthique de Posidonios ne peut être que partielle.

En revanche, « ce qui est parfaitement avéré est l'intérêt de Posidonios pour la philosophie de Platon en général. »[50]. D. Samb admet lui aussi un « mouvement de retour du médio-stoïcisme à la doctrine platonicienne de l'âme » mené par Posidonios[51].

Galien, *De placitis Hippocratis et Platonis*, ed. Iwan von Müller, Leipzig 1874, V 6 p. 456, (= *SVF* I,570)

Τὴν μὲν οὖν τοῦ Κλεάνθους γνώμην ὑπὲρ τοῦ παθητικοῦ τῆς ψυχῆς ἐκ τῶνδε φαίνεσθαί φησι τῶν ἐπῶν.

Λογισμός. Τί ποτ'ἔσθ'ὅ βούλει, θυμέ ; τοῦτό μοι φράσον.

Θυμός. Σέ γ', ὦ λογισμέ, πᾶν ὅ βούλομαι ποιεῖν.

Λογισμός. Βασιλικόν εἶπες· πλὴν ὅμως πάλιν.

Θυμός. Ὧν ἂν ἐπιθυμῶ, ταῦθ' ὅπως γενήσεται.

Ταυτὶ τὰ ἀμοιβαῖα Κλεάνθους φησὶν εἶναι Ποσειδώνιος ἐναργῶς ἐνδεδεικνύμενα τὴν περὶ τοῦ παθητικοῦ τῆς ψυχῆς γνώμην αὐτοῦ, εἴ γε δὴ πεποίηκε τὸν Λογισμὸν τῷ Θυμῷ διαλεγόμενον ὡς ἕτερον ἑτέρῳ.

« Il dit que la pensée de Cléanthe sur la partie de l'âme sujette aux passions transparaît à travers ces paroles :

---

[48] D. Samb 2009, 57.
[49] A. A. Long 2009.
[50] A. A. Long 2009, 178.
[51] D. Samb 2009, 75.

« *Logismos*. Que veux-tu donc, *Thumos* ? Dis-le-moi.
Thumos. Je veux, *Logismos*, que tu fasses tout ce que je veux.
Logismos. C'est un langage de roi. Répète donc.
Thumos. Tout ce que je désire sera fait ainsi. »
Posidonios dit que c'est précisément le dialogue de Cléanthe, montrant de manière claire sa pensée sur la partie de l'âme sujette aux passions en faisant dialoguer le *Logismos* avec le *Thumos* comme une personne avec une autre. (traduction personnelle) »

b) Plutarque

Dans son traité « De la vertu morale » (Περὶ ἠθικῆς ἀρετῆς)[52], Plutarque expose une théorie de l'âme très proche de celle de 4 Maccabées. L'âme y est présentée[53] comme composée de deux parties, l'une rationnelle, l'autres irrationnelle. La première est régulièrement appelée λογισμός (30 occurrences au singulier), la seconde est le siège des passions.

Le rôle du λογισμός est la régulation des passions, non leur extirpation[54]. Lorsque les passions sont ainsi régulées, elles peuvent même acquérir une légitimité morale[55]. Comme en 4 M 1,29, la Raison (dans le cas présent dénom-

---

[52] Plutarque, « De la vertu morale », in Plutarque, *Œuvres morales*, tome VII-1, texte établi et traduit par J. Dumortier et J. Defradas, Paris 1975, 10–48.

[53] Plutarque 441 D-E (24).

[54] Plutarque 443 C (28) :
Ἔστι μὲν γὰρ, ὡς τύπῳ εἰπεῖν, ποιότης τοῦ ἀλόγου τὸ ἦθος, ὠνόμασται γὰρ ὅτι τὴν ποιότητα ταύτην καὶ τὴν διαφορὰν ἔθει λαμβάνει τὸ ἄλογον ὑπὸ τοῦ λόγου πλαττόμενομ οὐ βουλομένου τὸ πάθος ἐξαιρεῖν παντάπασιν (οὔτε γὰρ δυνατὸν οὔτ' ἄμεινον), ἀλλ' ὅρον τινὰ καὶ τάξιν ἐπιτιθέντος αὐτῷ καὶ τὰς ἠθικὰς ἀρετάς, οὐκ ἀπαθείας οὔσας, ἀλλὰ συμμετρίας παθῶν καὶ μεσότητας, ἐμποιοῦντος.

« Voilà pourquoi on a bien fait de créer le mot de « moral » (êthos), car, pour en donner ici une idée schématique, le moral est une qualité de l'irrationnel, et ce nom est donné parce que l'irrationnel reçoit cette qualité et différenciation par l'habitude (ethos), quand il est façonné par la raison : celle-ci ne veut pas détruire entièrement la passion, ce ne serait d'ailleurs ni possible, ni opportun, mais lui imposer une limite et un ordre, et introduire les vertus morales qui ne sont pas absence de passion, mais proportion entre passions et juste milieu » (traduction de J. Dumortier).

[55] Plutarque 449 B (40) : γίνεται γὰρ εὐπάθεια τοῦ λογισμοῦ τὸ πάθος οὐκ ἀναιροῦντος, ἀλλὰ κοσμοῦντος καὶ τάττοντος ἐν τοῖς σωφρονοῦσιν.

« Car la passion légitime naît quand la raison ne détruit pas la passion, mais l'apaise et la règle dans les âmes tempérantes. » (traduction de J. Dumortier).

mée, il est vrai, λόγος, et non pas λογισμός) est comparée à un jardinier[56]. Le λογισμός est qualifié par Plutarque de θεῖος, « divin »[57].

Les points de rencontre avec 4 Maccabées ne se limitent pas à cela : comme en 4 M 1,19, la vertu dominante dans le champ éthique, pour Plutarque, est la φρόνησις, la « prudence »[58] (dans le champ du λόγος θεωρητικός, de la « contemplation », il s'agit de la σοφία, la « sagesse »). Comme en 4 M 1,33, l'un des exemples donnés à l'appui de la thèse de la domination des passions par la Raison est celui des interdits alimentaires[59].

La seule différence entre la philosophie de Plutarque et celle de 4 Maccabées provient du fait que le penseur de Chéronée s'inscrit en faux contre le principe d'équivalence de toutes les fautes[60], soutenu au contraire par l'auteur de 4 Maccabées faisant parler Éléazar (4 M 5,20).

Il existe donc un fort parallélisme entre les contenus du *De virtute morali* et de 4 Maccabées, mais un problème redoutable demeure : la relation de Plutarque avec le stoïcisme est difficile à cerner. Dans son ouvrage consacré à la question[61], D. Babut voit dans le *De virtute morali* un ouvrage fondamentalement antistoïcien, qui « ne peut avoir été imité d'un modèle »[62]. Le thème de la vertu comme juste milieu, la « métriopathie », bien présent dans le *De virtute morali*, n'aurait été emprunté à l'école péripatéticienne qu'en tant qu' « arme efficace à opposer à l'apathie du Portique »[63]. Cette lecture est cohérente avec

---

[56] Plutarque 451 C (45) :
Ὅθεν οὐ Θράκιον οὐδὲ Λυκούργειον τοῦ λόγου τὸ ἔργον ἐστί, συνεκκόπτειν καὶ συνδιαφθείρειν τὰ ὠφέλιμα τοῖς βλαβεροῖς τοῦ πάθους, ἀλλ'ἧπερ ὁ φυτάλμιος θεὸς καὶ ὁ ἡμερίδης, τὸ ἄγριον κολοῦσαι καὶ ἀφελεῖν τὴν ἀμετρίαν, εἶτα τιθασεύειν καὶ παρίστασθαι τὸ χρήσιμον.

« Ainsi le travail de la raison n'est-il pas un travail de Thrace, ni de Lycurgue, il ne consiste pas à couper, à détruire dans la passion les éléments utiles avec ceux qui sont nuisibles, mais comme le dieu de la fécondité et celui des vignes, à émonder ce qu'il y a de sauvage, à retrancher ce qui est luxuriant, puis à cultiver et à disposer ce qui est utile. » (traduction de J. Dumortier).

[57] Plutarque 450 E (43).
[58] Plutarque 443 E (29).
[59] Plutarque 442 E-F (27) :
Σιτίοις γε μὴν πολλάκις καὶ ὄψοις μάλ'ἡδέως προσενεχθέντες, ἂν αἴσθωνται καὶ μάθωσιν αὐτοὺς τῶν μὴ καθαρῶν τι μηδὲ νομίμων ἐδηδοκότας, οὐ τῇ κρίσει μόνον ἐπιτίθεται τὸ λυποῦν καὶ δάκνον, ἀλλὰ καὶ τὸ σῶμα τῇ δόξῃ συνδιατρεπόμενον καὶ ἀναπιμπλάμενον ἔμετοι καὶ ἀνατροπαὶ ναυτιώδεις ἴσχουσι.

« Souvent même, après avoir goûté avec grand plaisir à des aliments ou à de la viande, si l'on s'aperçoit ou si l'on apprend qu'on a mangé des mets impurs ou interdits, ce n'est pas le jugement seul qui est assailli de tristesse et de remords : le corps, que cette idée retourne et alourdit, est saisi de nausées et de vomissements. » (traduction de J. Dumortier).

[60] Plutarque 449 D-450 B (40–41).
[61] D. Babut 1969.
[62] D. Babut 1969, 47.
[63] D. Babut 1969, 332.

sa conclusion, selon laquelle Plutarque aurait été « un adversaire déterminé »[64] du stoïcisme, ce qui expliquerait ses traités ouvertement antistoïciens, le *De Stoicorum repugnantiis*, le *De communibus notitiis adversus Stoicos* et le *Stoicos absurdiora poetis dicere*.

La situation réelle est cependant sans doute un peu moins simple : ainsi que D. Babut le reconnaît lui-même[65], Plutarque se met lui-même en scène dans le *De E apud Delphos*[66] et y tient un discours conforme aux dogmes stoïciens. D'après D. Babut, ce serait par égard pour son destinataire, Sérapion[67]. Par ailleurs, comme le reconnaît également D. Babut, Plutarque a certainement connu l'œuvre de Posidonios, dont il concevait la philosophie comme une doctrine différente du « stoïcisme », apparemment réduit pour lui au stoïcisme ancien[68].

Allant plus loin, H. Ringeltaube[69], sur la base de la constatation de la présence, dans le *De virtute morali*, d'éléments posidoniens mais également péripatéticiens, a supposé que ce traité dépendrait d'une œuvre perdue du péripatéticien Andronicos de Rhodes, influencé par Posidonios.

D. Babut a rejeté cette théorie, avec pour seul argument[70] que les deux thèmes majeurs du *De virtute morali*, qui seraient selon lui le « thème de la vertu éthique » et le thème « anti-intellectualiste », ne pourraient pas « avoir été empruntés à la même source », ce qui impliquerait l'absence de « modèle » pour le traité.

Or 4 Maccabées présente le même mélange d'éléments posidoniens et péripatéticiens que le *De virtute morali* : il suffit de songer au thème central du λογισμός, d'une part, à la typologie péripatéticienne des passions de 4 M 1,20–28, d'autre part[71]. Une telle coïncidence, ajoutée aux autres points de rencontre entre les deux œuvres relevés plus haut, peut difficilement être le fruit du hasard. Nous ne voyons qu'une seule explication possible : Plutarque et l'auteur de 4 Maccabées ont eu une source d'inspiration commune, qui peut être identifiée soit avec un ouvrage perdu (qui serait alors sans doute également une source du traité Περὶ τῶν ἰδίων ἑκάστῳ παθῶν καὶ ἁμαρτημάτων τῆς διαγνώσεως β' de Galien, si l'on croise notre hypothèse avec celle de R. Renehan[72]), soit avec une école philosophique particulière, à savoir l'école de Posidonios. Ce qui impliquerait, au rebours des conclusions de D. Babut, que

---

[64] D. Babut 1969, 529.
[65] D. Babut 1969, 149–154.
[66] Plutarque, *De E apud Delphos*, 387 F-391D.
[67] D. Babut 1969, 154 et 534.
[68] D. Babut 1969, 16 (note 5).
[69] H. Ringeltaube 1913
[70] D. Babut 1969, 47.
[71] Cf. Deuxième Partie, Chapitre I, *F. II*.
[72] R. Renehan 1972, 233–235.

lorsque Plutarque polémique avec les « stoïciens », c'est bien uniquement du stoïcisme ancien, celui de Zénon et de Chrysippe qu'il s'agit.

c) Philon d'Alexandrie

G. Scarpat, dans son introduction à son commentaire de 4 Maccabées[73], a relevé la ressemblance des emplois de λογισμός dans l'œuvre de Philon d'Alexandrie avec ceux que l'on peut relever dans 4 Maccabées. Le critère qu'il utilise est avant tout grammatical (présence possible d'un adjectif qualificatif). Il est cependant possible de relever une grande proximité entre les deux pensées. Nous nous appuierons, pour la démonstration de ce point, sur les occurrences de λογισμός dans le premier livre des *Legum allegoriae*[74].

Philon y reprend explicitement la tripartition platonicienne de l'âme (*Legum allegoriae* 1,70), en faisant ouvertement de λογισμός un synonyme de λογιστικόν, et en lui attribuant avant tout une fonction éthique. Un peu plus loin (*Legum allegoriae* 1,73), lors d'une nouvelle reprise du mythe du Phèdre, λογισμός est carrément substitué à λογιστικόν : on est donc bien en présence d'une évolution du vocabulaire psychologique tout à fait comparable à celle que l'on rencontre dans 4 Maccabées.

On remarquera que dans *Legum allegoriae* 1,70 le siège du λογισμός est situé dans la tête, comme dans le fragment d'Aetius examiné plus haut.

Legum allegoriae 1,70

νοητέον οὖν ὅτι ἐστὶν ἡμῶν τριμερὴς ἡ ψυχὴ καὶ ἔχει μέρος τὸ μὲν λογικόν, τὸ δὲ θυμικόν, τὸ δὲ ἐπιθυμητικόν. καὶ συμβέβηκε τοῦ μὲν λογικοῦ χωρίον εἶναι καὶ ἐνδιαίτημα τὴν κεφαλήν, τοῦ δὲ θυμικοῦ τὰ στέρνα, τοῦ δὲ ἐπιθυμητικοῦ τὸ ἦτρον, ἀρετὴν δὲ ἑκάστῳ τῶν μερῶν οἰκείαν προσηρμόσθαι, τῷ μὲν λογικῷ φρόνησιν, λογισμοῦ γάρ ἐστιν ἐπιστήμην ἔχειν ὧν τε δεῖ ποιεῖν καὶ ὧν μή, τῷ δὲ θυμικῷ ἀνδρείαν, τῷ δὲ ἐπιθυμητικῷ σωφροσύνην, σωφροσύνη γὰρ τὰς ἐπιθυμίας ἀκούμεθα καὶ ἰώμεθα.

« Il faut penser que notre âme a trois parties : l'une est celle de la raison, l'autre celle du cœur, l'autre celle du désir. Il se trouve que la place et le séjour de la partie raisonnable est la tête, celle de la partie courageuse la poitrine, celle de la partie des désirs le ventre ; et une vertu propre à chacune de ces parties y correspond : à la partie rationnelle la prudence, car c'est à la raison qu'appartient la science de ce qu'il faut faire et ne pas faire, à la partie courageuse le courage, à la partie des désirs la tempérance, car la tempérance donne à nos désirs remède et guérison. » (traduction C. Mondésert, Paris 1963)

Legum allegoriae 1,73

ὅταν δὲ ἔμπαλιν ἀφηνιάσῃ καὶ ἀναχαιτίσῃ ὁ θυμὸς καὶ ἡ ἐπιθυμία καὶ τὸν ἡνίοχον, λέγω δὲ τὸν λογισμόν, τῇ βίᾳ τῆς ὁρμῆς κατασύρῃ καὶ ὑποζεύξῃ, ἑκάτερον δὲ πάθος λάβηται τῶν ἡνιῶν, ἀδικία κρατεῖ· ἀνάγκη γὰρ ἀπειρίᾳ καὶ κακίᾳ τοῦ ἡνιόχου τὰ ὑπεζευγμένα κατὰ κρημνῶν φέρεσθαι καὶ βαράθρων, ὥσπερ ἐμπειρίᾳ καὶ ἀρετῇ διασῴζεσθαι.

---

[73] G. Scarpat 2006, 56–57.

[74] Les traductions françaises proviennent de l'édition établie par C. Mondesert (Philon d'Alexandrie 1962).

« Lorsque, au contraire, le cœur et le désir regimbent et résistent, lorsque, par la force de leur élan, ils entrainent et subjuguent leur cocher, je veux dire la raison, et que chacune des deux passions prend les rênes, alors l'injustice règne ; par l'inexpérience et le vice du cocher, l'attelage est nécessairement jeté dans les précipices et les gouffres, comme au contraire l'expérience et la vertu assurent son salut. » (traduction C. Mondésert, Paris 1963)

Le λογισμός est présenté comme l'instrument nécessaire à l'acquisition de la vertu. Il doit pour cela surmonter des obstacles, essentiellement les plaisirs (ἡδοναί), associés au corps et aux organes des sens (αἰσθητήρια), autre écho du fragment d'Aetius examiné plus haut et de 4 M 2,22.

Legum allegoriae 1,79

τί γὰρ ὄφελος ἦν αὐτῆς, εἰ μὴ οἱ δεξόμενοι λογισμοὶ ὑπῆρχον καὶ τοὺς τύπους αὐτῆς ἐναπομαξόμενοι ὥστ᾽ εἰκότως ἐκεῖ ἐστιν, ὅπου ἡ φρόνησις, ὅ τε φρόνιμος καὶ ὁ φρονῶν, οἱ δύο λίθοι.

« quel besoin de la vertu, en effet, s'il n'y avait pas des intelligences pour la recevoir et pour imprimer les marques qu'elles en ont reçues ? (traduction C. Mondésert, Paris 1963)

Legum allegoriae 1,103

δεύτερον δέ, εἰς ἀρετῆς ἀνάληψίν τε καὶ χρῆσιν ἑνὸς μόνου δεῖ τοῦ λογισμοῦ

« En second lieu, pour l'acquisition et l'usage de la vertu, il ne faut pas que la seule raison ; » (traduction C. Mondésert, Paris 1963)

Legum allegoriae 1,104

ὁ γὰρ φαῦλος δεῖται τούτων ἁπάντων πρὸς ἐκπλήρωσιν τῆς ἰδίας κακίας· ἐπεὶ πῶς ἐκλαλήσει μυστήρια φωνητήριον οὐκ ἔχων ὄργανον; πῶς δὲ ταῖς ἡδοναῖς χρήσεται γαστρὸς καὶ τῶν αἰσθητηρίων στερόμενος; δεόντως οὖν ἑνὶ μὲν τῷ λογισμῷ διαλέγεται περὶ κτήσεως ἀρετῆς, μόνου γάρ, ὡς ἔφην, ἐστὶν αὐτοῦ χρεία πρὸς τὴν ἀνάληψιν αὐτῆς, περὶ δὲ κακίας πλείοσι, ψυχῇ, λόγῳ, αἰσθήσεσι, σώματι, διὰ πάντων γὰρ τούτων ἐμφαίνεται.

« Le méchant, en effet, a besoin de tout cela pour développer pleinement son vice personnel ; car comment dévoilerait-il les mystères (du plaisir) s'il n'a point d'organe vocal ? Comment usera-t-il des plaisirs, s'il est privé de l'estomac et des organes des sens ? Voilà pourquoi, de toute nécessité (Dieu) s'adresse à la seule raison, quand il s'agit d'acquérir la vertu – car, je l'ai dit, elle est seule nécessaire pour cette acquisition-, et, quand il s'agit du vice, (il parle) à plusieurs êtres : à l'âme, au langage, aux sens, au corps, car c'est par tout cela que le vice se manifeste. » (traduction C. Mondésert, Paris 1963)

En *Legum allegoriae* 1,42, λογισμός et νοῦς sont étroitement associés, et ce dernier est explicitement présenté comme une création divine : pour Philon, c'est même sa présence qui permet à l'homme d'être à l'image de Dieu. La présence du substantif ῥώμη, « force », laisse à entendre que, dans ce passage, le λογισμός pourrait représenter la mise en action du νοῦς qui serait un terme plus général pour désigner la partie supérieure de l'âme.

Legum allegoriae 1,42

ὁ μὲν οὖν κατὰ τὴν εἰκόνα γεγονὼς καὶ τὴν ἰδέαν νοῦς πνεύματος ἂν λέγοιτο κεκοινωνηκέναι ῥώμην γὰρ ἔχει ὁ λογισμὸς αὐτοῦ, ...

« On pourrait donc dire que l'intelligence, née à l'image de Dieu et selon l'idée, a participé au souffle car l'activité de sa pensée a de la vigueur... » (traduction C. Mondésert, Paris 1963)

En *Legum allegoriae* 1,43 λογισμός semble en revanche ne renvoyer qu'à la faculté du raisonnement, qui peut être induite en erreur par une lecture littérale de la Genèse.

Legum allegoriae 1,43

μὴ γὰρ τοσαύτη κατάσχοι τὸν ἀνθρώπινον λογισμὸν ἀσέβεια, ὡς ὑπολαβεῖν ὅτι θεὸς γεωπονεῖ καὶ φυτεύει παραδείσους, ἐπεὶ καὶ τίνος ἕνεκα εὐθὺς διαπορήσομεν·

« Puisse en effet la pensée humaine ne pas être envahie par une assez grande impiété pour croire que Dieu travaille la terre et plante des jardins. » (traduction C. Mondésert, Paris 1963)

La question des sources de la philosophie de Philon est redoutablement complexe. Dans un article récent[75], C. Levy a montré que, dans le domaine de l'éthique, coexistent dans l'œuvre de Philon des conceptions philosophiques divergentes, voire contradictoires, mises en avant dans chaque cas en fonction du texte biblique dont il fait l'exégèse (p. 155). Ce constat est valable en ce qui concerne la structure même de l'âme : selon le traité, on rencontrera dans l'œuvre de Philon la psychologie tripartite de Platon ou la théorie stoïcienne de l'hegemonikon (p. 155). En ce qui concerne la classification des passions, Philon suit majoritairement la terminologie stoïcienne, mais n'hésite pas à la modifier en fonction des besoins de l'exégèse (pp. 156–157). Enfin, l'objectif de la sagesse est suivant les traités l'élimination des passions et l'apathie (p. 159) ou la domination des passions à travers une forme de métriopathie, d'inspiration péripatéticienne (pp. 160–161).

Le caractère très complexe des références philosophiques de l'œuvre de Philon a été également constaté par O. Kaiser[76] : la métaphysique de Philon dépend selon lui avant tout de Platon et d'Eudoros d'Alexandrie, fondateur du moyen platonisme (p. 26), tandis que son éthique relève avant tout d'une forme de stoïcisme influencée par le platonisme mais également, dans une moindre mesure, par l'aristotélisme (p. 27).

En conclusion, s'il y a une philosophie qui mérite le qualificatif d'éclectique, c'est bien celle de Philon ! Mais son éclectisme est un éclectisme « actif » : la grande culture philosophique de l'Alexandrin lui permet de choisir au cas par cas dans les divers systèmes philosophiques les concepts dont il a besoin pour éclairer les textes bibliques qu'il commente.

Si nous revenons plus précisément aux *Legum allegoriae*, la doctrine éthique qui y apparaît est une combinaison de la théorie de l'âme de Platon (*Legum allegoriae* 1,70) et d'une morale de type stoïcien (*Legum allegoriae* 1,104). Il ne manque qu'une évocation explicite de la métriopathie aristotélicienne pour retrouver exactement la pensée rencontrée chez les stoïciens tardifs, chez

---

[75] C. Levy 2009.
[76] O. Kaiser 2015.

Plutarque et dans 4 Maccabées. Les parallèles entre les *Legum allegoriae* et 4 Maccabées ne sont pas assez probants sur le plan strictement textuel pour pouvoir affirmer que l'auteur de 4 Maccabées dépend directement de Philon et non pas seulement des mêmes sources que lui, mais cette dépendance n'est pas impossible.

III. Conclusion

En fin de compte, la doctrine philosophique présente dans 4 Maccabées apparaît bien comme un syncrétisme de plusieurs systèmes philosophiques. Cependant, ce syncrétisme n'est pas l'œuvre de l'auteur de 4 Maccabées : il s'agit d'une pensée cohérente, synthèse d'éléments provenant pour l'essentiel du stoïcisme (en ce qui concerne l'identification de la partie hégémonique de l'âme avec le λογισμός), mais également de l'aristotélisme (pour la doctrine éthique de la métriopathie) ou, dans une moindre mesure, du platonisme (pour la bipartition de l'âme humaine). Il est très probable que cette synthèse soit l'œuvre de l'école de Posidonios, et qu'elle ait connu une certaine vogue dans la moitié orientale de l'Empire romain à la fin du premier siècle et au deuxième siècle après J. C., comme en témoignent les ouvrages de Plutarque et de Galien influencés par ce système.

C. Troisième partie : Le judaïsme comme φιλοσοφία

Le judaïsme est présenté à plusieurs reprises dans le texte de 4 Maccabées comme un système philosophique (φιλοσοφία). Le terme apparaît dès le début de l'ouvrage (4 M 1,1) : l'auditoire réel ou fictif, auquel l'auteur s'adresse à la deuxième personne du pluriel, est prié de prêter attention à la « philosophie ». Le contenu de cette « philosophie » est énoncé dans le même passage : il s'agit de la thèse de la domination de la Raison pieuse sur les passions, formulée pour la première fois. Comme εὐσεβὴς λογισμός, « la Raison pieuse » est un équivalent possible, comme nous l'avons vu[77], d'εὐσέβεια, « piété ». La « philosophie » dont il est question se résume à l'affirmation que la « piété », c'est à dire l'observance des règles de la Loi juive, permet de dominer ses passions, c'est à dire d'atteindre le but de la philosophie grecque. Sous des dehors anodins, 4 M 1,1 constitue en fait une affirmation de l'identification de la vraie philosophie avec le judaïsme. Ce n'est pas dit explicitement, mais le lecteur est invité à le comprendre entre les lignes.

Le sujet revient lors du dialogue entre Antiochos IV et Éléazar : c'est Antiochos tout d'abord qui, en 4 M 5,7, refuse explicitement au judaïsme l'appellation de « philosophie », en lui substituant celle de « religion » (θρησκεία) d'un peuple particulier (le substantif gouverne le génitif Ιουδαίων, « des Juifs »).

---

[77] Cf. 287.

En 4 M 5,11, il oppose le judaïsme à ce qui est pour lui la vraie philosophie, la « vérité de l'intérêt » (τὴν τοῦ συμφέροντος ἀλήθειαν).

Les deux passages sont liés par la reprise du verbe φιλοσοφέω, « pratiquer la philosophie » (au sens strict, il s'agit, comme la plupart des verbes contractes en -έω, d'un verbe d'état : φιλοσοφεῖν, c'est littéralement « être φιλόσοφος »). Le substantif θρησκεία est repris, quant à lui, en 4 M 5,13, toujours associé à un génitif, cette fois-ci celui du pronom de la deuxième personne du pluriel (ὑμῶν) : ce qui est reproché à nouveau au judaïsme, c'est son caractère particulariste.

L'identification du système philosophique auquel est identifiée, dans 4 Maccabées, la position d'Antiochos IV n'est pas chose évidente : certes, la thématique de l'« intérêt » (τὸ συμφέρον) peut faire penser à l'épicurisme, tel qu'il est exposé dans la *Lettre à Ménécée* (§ 130). Et le lien établi, par Antiochos IV, entre l'âge et l'aptitude à philosopher, peut faire écho à un autre passage de la même *Lettre* (§ 122). Mais il est difficile d'aller plus loin et de faire de l'Antiochos IV de 4 Maccabées un épicurien...

En tout cas, dans son premier discours, en 4 M 5,22, Éléazar va réaffirmer que la religion juive est une philosophie, en reprenant le substantif φιλοσοφία et en lui faisant gouverner le génitif ἡμῶν : de manière subtile, le particularisme de leur θρησκεία, reproché en 4 M 5,7 et 5,13 aux Juifs par Antiochos IV, est assumé et retourné.

Le substantif φιλοσοφία est enfin repris dans l'éloge d'Éléazar : ce dernier est loué en 4 M 7,9 pour avoir « rendu crédibles » (emploi du verbe πιστοποιέω, propre à 4 Maccabées : ce verbe revient dans la finale, en 4 M 18,17) les « discours de [s]a philosophie divine » (τοὺς τῆς θείας φιλοσοφίας σου λόγους) par ses actes : on retrouve évidemment ici l'opposition classique entre ἔργον et λόγος. Dans ce passage, deux éléments nouveaux apparaissent. Tout d'abord, la « philosophie » des Juifs est présentée pour la première fois comme une « philosophie divine » : elle ne provient pas des hommes, mais de Dieu. Ensuite, la « philosophie » n'est pas rendue crédible par des raisonnements, mais par des actes : ce qui est mis au premier plan, c'est la pratique des enseignements reçus.

Enfin, en 4 M 7,21, la pratique de la philosophie et la foi en Dieu sont mises sur le même plan, et la philosophie est ramenée à l'observance d'un « canon de la philosophie » qui se doit d'être pratiqué intégralement. Le « canon » en question est bien évidemment la Loi juive.

Le texte de 4 Maccabées commence en effet (4 M 1,1) par le superlatif φιλοσοφώτατος, qualifiant λόγος : « sujet de haute philosophie ». Φιλόσοφος reparaît, en tant qu'adjectif, en 4 M 5,35, qualifiant à nouveau λόγος, puis, en tant que substantif, en 4 M 7,7, appliqué à Éléazar et complété par un génitif θείου βίου, « philosophe de la vie divine », génitif permettant l'identification de la religion juive à la philosophie.

Par ailleurs, le substantif φιλοσοφία apparaît cinq fois dans le texte de 4 Maccabées, une fois dans l'introduction et quatre fois dans l'épisode d'Éléazar (4 M 1,1 ; 5,11 ; 5,22 ; 7,9 ; 7,21) : dans tous les cas, il se rapporte de manière transparente à la religion juive. C'est également uniquement dans l'épisode d'Éléazar qu'apparaît à trois reprises le verbe φιλοσοφέω, « se comporter en philosophe » (4 M 5,7 ; 5,11 ; 7,21). Le retour, tout au long de cet épisode, du champ lexical de la philosophie montre bien qu'aux yeux de l'auteur de 4 Maccabées, le « couple » Antiochos IV/Éléazar est une traduction du couple classique du tyran et du philosophe.

Dans cette perspective, l'emploi de ἀντιφιλοσοφέω, « enseigner une doctrine contraire à », en 4 M 8,15, en introduction au double discours (fictif puis réel) des sept frères, est tout à fait intéressant.

4 M 8,15

Οἱ δὲ ἀκούσαντες ἐπαγωγὰ καὶ ὁρῶντες δεινὰ οὐ μόνον οὐκ ἐφοβήθησαν, ἀλλὰ καὶ ἀντεφιλοσόφησαν τῷ τυράννῳ καὶ διὰ τῆς εὐλογιστίας τὴν τυραννίδα αὐτοῦ κατέλυσαν.

« Mais ils eurent beau entendre ces paroles persuasives, voir ces instruments terribles : non seulement ils n'eurent point peur, mais encore leur philosophie les dressa contre le tyran, et par leur sage raison ils abattirent sa tyrannie »

Il s'agit, en effet, d'un verbe rare. À notre connaissance il n'est attesté par ailleurs que chez Lucien [78]. Il est tout à fait possible, vu la tendance à la forgerie lexicale de l'auteur de 4 Maccabées, que ce dernier ait créé ce verbe indépendamment de Lucien (sans qu'il soit possible de le prouver). D'ailleurs, l'emprunt à Lucien est peu probable, vu le contexte tout différent du passage de ce dernier, où, dans la bouche d'Épicure, c'est le corps de Dionysios qui a une philosophie opposée à celle du Portique et qui révèle la vanité de cette dernière. On voit mal l'auteur de 4 Maccabées, tout imprégné de stoïcisme, emprunter un terme à un adversaire de sa philosophie. Quoi qu'il en soit, les sept frères sont du côté de la philosophie et opposés à un tyran[79]. On retrouve bien dans l'épisode des sept frères le même « couple » tyran/philosophe que dans l'épisode d'Éléazar.

---

[78] Lucien, *Double accusation*, 21.
[79] On notera l'emploi, dans la phrase où figure ἀντιφιλοσοφέω, de τύραννος et du substantif dérivé τυραννίς.

Chapitre IV

L'aspect éthique : Une vision rigoriste de la Loi

A. De la philosophie à la théologie, la Loi régulatrice du λογισμός

I. Introduction

Dans la doctrine stoïcienne remontant à Zénon en personne, telle qu'elle est présentée par Diogène Laërce[1], le but de la vie est de vivre « selon la nature » (ὁμολογουμένως τῇ φύσει). Cette expression n'a pas la même signification pour les différents êtres[2] : la nature dirige les plantes « sans leur donner inclination ni sensation »[3] (χωρὶς ὁρμῆς καὶ αἰσθήσεως) (traduction d'É. Bréhier, *La Pléiade : Les Stoïciens*, Paris 1962, p. 44), alors que les animaux sont gouvernés par « l'inclination » (ὁρμή) et les humains par la raison (λόγος). Par conséquent, « pour eux (les stoïciens) suivre la nature, c'est vivre selon la raison »[4] (τὸ κατὰ λόγον ζῆν ὀρθῶς γίνεσθαι τούτοις κατὰ φύσιν).

L'auteur de 4 Maccabées s'écarte de la doctrine stoïcienne orthodoxe en ceci que, pour lui, la raison (dénommée chez lui λογισμός et non λόγος) ne suffit pas pour garantir la conformité de la vie des hommes à la nature humaine. La raison a besoin d'être guidée par la Loi. Cette affirmation est à ce point capitale pour lui qu'il la développe à deux reprises : tout d'abord, dans un passage charnière de la « partie philosophique » (4 M 2,21–23)[5] ; ensuite, dans le début du premier discours d'Éléazar (4 M 5,16–26) qui, rappelons-le, est propre à 4 Maccabées et ne dépend donc d'aucun « prototype » dans le texte de 2 Maccabées[6]. Il s'agit véritablement de deux « sommaires théologiques » de 4 Maccabées.

---

[1] Diogène Laërce VII,87.
[2] Diogène Laërce VII,86.
[3] Traduction d'E. Bréhier 1962, 44.
[4] Traduction d'E. Bréhier 1962, 44.
[5] Sur la fonction de ce passage dans la structure de la « partie philosophique » de 4 Maccabées, cf. 75.
[6] Cf. 126.

II. 4 M 2,21-23

4 M 2,21-23

21 ὁπηνίκα γὰρ ὁ θεὸς τὸν ἄνθρωπον κατεσκεύασεν, τὰ πάθη αὐτοῦ καὶ τὰ ἤθη περιεφύτευσεν· 22 ἡνίκα δὲ ἐπὶ πάντων τὸν ἱερὸν ἡγεμόνα νοῦν διὰ τῶν αἰσθητηρίων ἐνεθρόνισεν, 23 καὶ τούτῳ νόμον ἔδωκεν, καθ᾽ ὃν πολιτευόμενος βασιλεύσει βασιλείαν σώφρονά τε καὶ δικαίαν καὶ ἀγαθὴν καὶ ἀνδρείαν.

« 21 Le jour où Dieu a créé l'homme, il a planté en lui les passions et les inclinations ; 22 mais, à ce moment même, au-dessus de toutes il a placé sur un trône par le moyen des organes des sens l'intelligence, sainte souveraine ; 23 à cette intelligence il a donné une Loi : et qui vit selon cette Loi est roi d'une royauté de tempérance, de justice, de bonté et de courage »

4 M 2,21-23 est un passage clef de la « partie philosophique » de 4 Maccabées : il opère l'articulation entre une théorie philosophique (la Raison régulatrice des passions) provenant du stoïcisme et une affirmation théologique propre au judaïsme (Dieu créateur de l'homme). Deux points sont à souligner.

D'une part, il n'y a aucune trace de dualisme dans ce passage : Dieu est le créateur de l'homme dans toutes ses dimensions, aussi bien de la part irrationnelle de l'âme (les passions) que de la part rationnelle (la Raison). On peut en déduire que, pour l'auteur de 4 Maccabées, une vie conforme à la nature humaine se traduit par un équilibre intérieur garanti par la domination de la Raison.

D'autre part, le « règne » de la Raison est garanti par un don de Dieu, celui de la Loi. Le thème du don divin peut être considéré comme l'un des marqueurs structurels de 4 Maccabées. En effet, il revient à des moments clefs du livre : l'objet de ce don, en dehors du passage ici considéré, n'est autre que l'âme (ψυχή), présentée ainsi au début de l'éloge des sept frères (plus précisément dans l'une des exhortations mutuelles du chapitre 13, en 4 M 13,13 : τῷ θεῷ... τῷ δόντι τὰς ψυχάς, « à Dieu... qui nous a donné nos âmes ») mais aussi en conclusion de la finale (4 M 18,23 : ψυχὰς ἁγνὰς καὶ ἀθανάτους ἀπειληφότες παρὰ τοῦ θεοῦ, « eux qui ont reçu des âmes pures et immortelles de Dieu »). Ce n'est qu'en 4 M 2,23 que la Loi est en quelque sorte substituée à l'âme. Par ailleurs, on peut déduire de ce passage qu'en fin de compte la vie conforme à la nature humaine est une vie conforme à la Loi. Cette thèse, qui reste implicite en 4 M 2,23, est explicitée dans le premier discours d'Éléazar.

III. Le début du premier discours d'Éléazar (4 M 5,16-26)

Dans ce discours, comme nous l'avons vu dans notre deuxième partie[7], Éléazar répond à Antiochos IV qui dénonçait le judaïsme comme une religion irrationnelle du fait qu'il prescrit des comportements (les règles alimentaires) non conformes à la nature humaine. L'objet du discours est précisément de montrer qu'au contraire le respect des interdits de la Loi permet une vie conforme à la

---

[7] Cf. 126.

nature. L'argumentation est organisée en quatre temps, disposés dans l'ordre croissant de la force des arguments :

a) Du fait même que les Juifs croient à l'origine divine de leur Loi, ils sont tenus de la respecter (4 M 5,16–18) ;

b) Il n'y a pas de hiérarchie des commandements de la Loi (4 M 5,19–21) ;

c) La Loi enseigne les vertus cardinales (4 M 5,22–24) ;

d) Dieu est l'auteur de la Loi et le créateur de l'homme (4 M 5,25–26).

Le point d) est capital et fait directement écho à 4 M 2,23 : cette importance est soulignée par l'emploi du verbe πιστεύω, « croire », qui est lui aussi un marqueur structurel de 4 Maccabées. Si l'on écarte l'emploi de 4 M 4,7, où le verbe a un sens technique (confier un dépôt au Temple), il apparaît à des endroits clés. Il introduit les « articles de foi » que l'auteur de 4 Maccabées veut mettre en évidence : l'origine divine de la Loi dans le passage considéré ici et la « vie à Dieu » des martyrs en 4 M 7,19. Il désigne la relation de confiance du fidèle envers Dieu (4 M 7,21), confiance qu'Antiochos IV réclame de la part des sept frères envers lui-même (4 M 8,7). C'est bien parce que Dieu est le créateur de l'homme que la Loi est conforme à la nature humaine[8].

Au terme de son argumentation, Éléazar quitte le terrain de la philosophie pour celui de la théologie : l'emploi du verbe πιστεύω est aussi un marqueur de ce changement de dimension.

B. Prescriptions de la Loi présentes dans le texte de 4 Maccabées

De façon étonnante, les prescriptions de la Loi évoquées dans 4 Maccabées sont assez peu nombreuses. La plupart d'entre elles sont mentionnées dans la « partie philosophique », où elles servent d'exemples à l'appui de la thèse selon laquelle le rôle de la Loi est d'aider la Raison à dominer les passions, dans le cadre de ce que nous avons appelé la « rédaction – νόμος » de la « partie

---

[8] Le texte de 4 M 5,25 pose problème : κατὰ φύσιν, « selon la nature », porte apparemment sur le verbe συμπαθέω, « compatir » : le don de la Loi par Dieu à l'homme, marque de sa compassion, serait conforme à la nature (c'est la lecture d'A. Dupont-Sommer [A. Dupont-Sommer 1939, p. 108] et de D. A. deSilva [D. A. de Silva 2006, 136–137 et 2013, p. 62]) ou à sa nature propre (lecture de H. Koester [H. Koester 1968, p. 533], critiquée par P. D. Redditt [P. D. Redditt 1983, 256–257]). Il n'en reste pas moins que la pointe logique de l'argumentation d'Éléazar devrait bien être le fait que c'est la Loi qui est conforme à la nature de l'homme : c'est l'interprétation de M. Hadas (M. Hadas 1953, p. 174), qui n'est cependant pas conforme au texte que nous avons ; il faudrait supposer, pour que cette interprétation soit valable, que le groupe prépositionnel κατὰ φύσιν était à l'origine postposé à καθεστάναι τὸν νόμον, et qu'il a été déplacé par erreur : ce ne serait pas la seule erreur transmise par les manuscrits en ce qui concerne le texte de 4 M 5,25 (cf. ce que nous avons dit plus haut du génitif θεοῦ, p. 240).

philosophique » de 4 Maccabées[9]. En fait, dans la plupart des cas, il s'agit de simples allusions, sans reprise textuelle des passages de la Tōrah correspondants.

Il n'y a, en réalité, dans la « partie philosophique », qu'une seule citation réelle, en 4 M 2,5 : l'une des Dix Paroles, l'interdiction de la convoitise, empruntée au texte d'Exode 20,17 LXX, mais au prix d'une modification assez importante, comme le démontre la simple comparaison.

Exode 20,17 LXX

17οὐκ ἐπιθυμήσεις τὴν γυναῖκα τοῦ πλησίον σου. οὐκ ἐπιθυμήσεις τὴν οἰκίαν τοῦ πλησίον σου οὔτε τὸν ἀγρὸν αὐτοῦ οὔτε τὸν παῖδα αὐτοῦ οὔτε τὴν παιδίσκην αὐτοῦ οὔτε τοῦ βοὸς αὐτοῦ οὔτε τοῦ ὑποζυγίου αὐτοῦ οὔτε παντὸς κτήνους αὐτοῦ οὔτε ὅσα τῷ πλησίον σού ἐστιν.

« Tu ne désireras pas la femme de ton prochain. Tu ne désireras pas la maison de ton prochain, ni son champ, ni son serviteur, ni sa servante, ni son bœuf, ni sa bête de somme, ni toute bête qui lui appartienne, ni rien qui appartienne à ton prochain. (traduction personnelle)»

4 M 2,5

Οὐκ ἐπιθυμήσεις τὴν γυναῖκα τοῦ πλησίον σου οὐδὲ ὅσα τῷ πλησίον σού ἐστιν.

« Tu ne désireras pas la femme de ton prochain, ni rien qui appartienne à ton prochain. »

L'auteur de 4 Maccabées a opéré une *excision* de la plus grande partie du texte source, Exode 20,17 LXX, ce qui a pour effet de focaliser l'interdiction de la convoitise sur le domaine sexuel.

Il s'agit simplement d'une adaptation de la citation au contexte immédiat : elle sert en effet d'argument d'autorité en appui de la thèse selon laquelle la Raison peut l'emporter même sur le désir sexuel, énoncée en 4 M 2,4.

Les autres prescriptions de la Loi évoquées servent d'exemples en appui à la thèse selon laquelle la Raison peut l'emporter sur les passions s'opposant à la Justice (énoncée en 4 M 2,7). Il s'agit donc essentiellement de prescriptions concernant les rapports sociaux : l'interdiction du prêt avec intérêt (4 M 2,8// Ex 22,24 ; Lv 25,35–37 ; Dt 23,20–21), l'année sabbatique (4 M 2,8//Dt 15,1), le droit de glanure (4 M 2,9//Lv 19,9–10 ; 23,22 ; Dt 24,19–22), l'interdiction de couper les arbres de son ennemi (4 M 2,14//Dt 20,19–20), la prescription du sauvetage des bêtes de son ennemi (4 M 2,14//Ex 23,4–5 ; Dt 22,4). Toutes ces *mitswot* sont juste mentionnées, sans citation directe de la Tōrah, ce qui montre qu'elles étaient connues de l'auditoire de 4 Maccabées. Aucune de ces prescriptions ne sera rappelée dans la « partie narrative » de 4 Maccabées. En fait, en dehors de la « partie philosophique », la pratique concrète de la Loi se limite au respect des normes alimentaires juives.

Les interdits alimentaires de la Loi juive jouent en effet un grand rôle dans l'architecture de 4 Maccabées (beaucoup plus que dans 2 Maccabées) : d'une part, les martyres d'Éléazar et des sept frères sont intégrés à une mise en scène dans laquelle l'ensemble des Juifs est sommé de choisir entre la consomma-

---

[9] Cf. 73.

tion de porc et le martyre (cf. le personnage d'Antiochos IV). D'autre part, la justification des interdits alimentaires est un thème que l'on retrouve aussi bien dans le premier discours d'Éléazar, discours « programme », que dans les sections de la première partie relevant de la « rédaction-νόμος ».

C. Les interdits alimentaires dans le texte de 2 Maccabées

Lorsque l'on examine les occurrences du thème des prescriptions alimentaires dans le texte de 2 Maccabées, on remarque d'emblée un déséquilibre dans la répartition de ces mentions : la plupart d'entre elles apparaissent dans la description générale des persécutions : seul, l'épisode d'Éléazar est construit autour de la question de la consommation du porc ; le thème est secondaire dans l'épisode des sept frères. En revanche, la question est préfigurée dans la description générale des persécutions (2 M 6,1–11) par la mention de sacrifices impurs, absents de 4 Maccabées.

I. Les sacrifices impurs

Ils sont mentionnés à deux reprises, dans des contextes très différents.

Dans un premier cas (2 M 6,5), il est question de victimes impures ; on peut supposer qu'il s'agit du sacrifice d'un porc, si l'on se fonde sur la tradition connue par un fragment de Diodore (Livre XXXIV, fragment 1, connu par Photius) et un passage de Flavius Josèphe (*Contre Apion* II,8,§89).

2 M 6,5

τὸ δὲ θυσιαστήριον τοῖς ἀποδιεσταλμένοις ἀπὸ τῶν νόμων ἀθεμίτοις ἐπεπλήρωτο.

« L'autel était couvert des victimes impures, interdites par les lois »

Dans le second cas (2 M 6,7), il s'agit de la participation forcée à un repas sacré lors de l' « anniversaire » du roi (en fait une cérémonie mensuelle), désigné par le terme σπλαγχνισμός, « repas de tripes », mot propre à la *Septante*.

2 M 6,7

ἤγοντο δὲ μετὰ πικρᾶς ἀνάγκης εἰς τὴν κατὰ μῆνα τοῦ βασιλέως γενέθλιον ἡμέραν ἐπὶ σπλαγχνισμόν· γενομένης δὲ Διονυσίων ἑορτῆς ἠναγκάζοντο κισσοὺς ἔχοντες πομπεύειν τῷ Διονύσῳ.

« On était conduit par une amère contrainte à participer tous les mois à un repas rituel, le jour de la naissance du roi, et quand arrivaient les fêtes dionysiaques, on était forcé d'accompagner, couronné de lierre, le cortège de Dionysos. »

R. Doran[10], dans son commentaire récent de 2 Maccabées, rappelle que la célébration mensuelle des souverains hellénistiques est bien attestée en Égypte, à Pergame et en Commagène, et est donc vraisemblable dans l'empire séleucide,

---
[10] R. Doran 2012, 137.

quoique non documentée directement (opinion opposée à celle de D. Schwartz[11], pour qui l'auteur de 2 Maccabées a étendu à la Syrie séleucide une cérémonie propre à l'Égypte ptolémaïque). Quoi qu'il en soit, R. Doran pense qu'il est plutôt fait référence à un banquet qu'à un sacrifice, même si un simple banquet s'inscrivait souvent, de toute manière, dans un contexte sacrificiel, comme l'a montré D. Smith[12].

La mention du σπλαγχνισμός en 2 M 6,7 est, de toute évidence, une prolepse de l'épisode d'Éléazar. Il est frappant, en effet, que ce terme revienne en 2 M 6,21, pour désigner la consommation forcée de porc par Éléazar, ainsi qu'en 2 M 7,42, où il est probable que le même terme renvoie encore une fois à l'épisode d'Éléazar.

En effet, le premier membre de phrase de 2 M 7,42 (Τὰ μὲν οὖν περὶ τοὺς σπλαγχνισμοὺς, « la question des repas rituels ») doit renvoyer à l'épisode d'Éléazar (2 M 6,18–31), de la même manière que le second (καὶ τὰς ὑπερβαλλούσας αἰκίας, « et (la question) des tortures monstrueuses ») se réfère logiquement à celui des sept frères, qui suit (2 M 7,1–41).

2 M 7,42

Τὰ μὲν οὖν περὶ τοὺς σπλαγχνισμοὺς καὶ τὰς ὑπερβαλλούσας αἰκίας ἐπὶ τοσοῦτον δεδηλώσθω.

« Nous en resterons là sur la question des repas rituels et des tortures monstrueuses »

On peut dès lors se demander si l'épisode d'Éléazar ne se déroulait pas, dans sa version d'origine (chez Jason de Cyrène ?), lors d'un tel anniversaire. Risquons une hypothèse. La relation entre les responsables du σπλαγχνισμός et Éléazar est désignée en 2 M 6,21 par le substantif φιλία, ce qui pourrait laisser entendre qu'Éléazar était un φίλος du roi, donc un membre de la cour d'Antiochos IV. Son refus de participer à un repas sacré en l'honneur de l'anniversaire royal aurait pu être considéré dès lors comme un acte de rébellion, ce qui expliquerait son exécution. En tout cas, il y a un clair effet d'écho entre 2 M 6,7 et l'épisode d'Éléazar : au substantif ἀνάγκης, « contrainte », de 2 M 6,5, répond le verbe ἠναγκάζετο, « il était contraint », de 2 M 6,18.

II. Épisode d'Éléazar : mise en scène du refus de la consommation de porc

Dans l'épisode d'Éléazar lui-même, la tentative de lui faire consommer du porc est mise en scène de manière particulièrement théâtrale ; il est remarquable que cette mise en scène, peut-être jugée dégradante envers un héros de la foi, soit totalement gommée dans la version de 4 Maccabées.

Tout d'abord, la contrainte est matérialisée (2 M 6,18) sous la forme d'un geste violent, l'ouverture contrainte de la bouche, qui entraine le fait qu'Éléazar ingère vraiment du porc, alors que ce n'est pas le cas en 4 Maccabées.

---

[11] D. Schwartz 2008, 540.
[12] D. Smith 2003, 85.

2 M 6,18

Ελεάζαρός τις τῶν πρωτευόντων γραμματέων, ἀνὴρ ἤδη προβεβηκὼς τὴν ἡλικίαν καὶ τὴν πρόσοψιν τοῦ προσώπου κάλλιστος, ἀναχανὼν ἠναγκάζετο φαγεῖν ὕειον κρέας.

« Éléazar, un des premiers docteurs de la Loi, homme déjà avancé en âge et du plus noble extérieur, était contraint, tandis qu'on lui ouvrait la bouche de force, de manger de la chair de porc. »

Cette profanation est réparée et annulée par le geste d'Éléazar, qui recrache le morceau de porc (2 M 6,20). Au passage, l'auteur de 2 Maccabées, commentant cette action, en tire une règle morale rigoriste, plaçant le respect des interdits alimentaires au-dessus du souci de la survie individuelle. Dès lors, le choix d'Éléazar est contraint : soit la consommation de porc, soit la mort.

2 M 6,20

προπτύσας δὲ καθ' ὃν ἔδει τρόπον προσέρχεσθαι τοὺς ὑπομένοντας ἀμύνασθαι ὧν οὐ θέμις γεύσασθαι διὰ τὴν πρὸς τὸ ζῆν φιλοστοργίαν.

« Il cracha ce qu'il avait dans la bouche, comme doivent le faire ceux qui ont le courage de repousser ce qu'il n'est pas permis de goûter (vs « manger » de la TOB) par amour de la vie » (traduction TOB modifiée)

Pour qu'Éléazar puisse échapper à l'alternative qui lui est offerte, les responsables du σπλαγχνισμός lui proposent un compromis (2 M 6,21–22) : il pourra sauver sa vie en feignant de céder sur ses convictions, offre qu'il repoussera.

2 M 6,21–22

21 οἱ δὲ πρὸς τῷ παρανόμῳ σπλαγχνισμῷ τεταγμένοι διὰ τὴν ἐκ τῶν παλαιῶν χρόνων πρὸς τὸν ἄνδρα γνῶσιν ἀπολαβόντες αὐτὸν κατ' ἰδίαν παρεκάλουν ἐνέγκαντα κρέα, οἷς καθῆκον αὐτῷ χρᾶσθαι, δι' αὐτοῦ παρασκευασθέντα, ὑποκριθῆναι δὲ ὡς ἐσθίοντα τὰ ὑπὸ τοῦ βασιλέως προστεταγμένα τῶν ἀπὸ τῆς θυσίας κρεῶν, 22 ἵνα τοῦτο πράξας ἀπολυθῇ τοῦ θανάτου καὶ διὰ τὴν ἀρχαίαν πρὸς αὐτοὺς φιλίαν τύχῃ φιλανθρωπίας.

« 21 Ceux qui présidaient à ce repas rituel interdit par la Loi prirent Éléazar à part, parce que cet homme était pour eux une connaissance de vieille date, et l'engagèrent à se faire apporter des viandes dont il était permis de faire usage et préparées par lui, mais à feindre de manger la portion des chairs de la victime prescrite par le roi : 22 en agissant ainsi, il serait préservé de la mort et profiterait de cet acte d'humanité dû à leur vieille amitié pour lui. »

Le discours de refus d'Éléazar ne revient pas sur le thème des interdits alimentaires en particulier, ce qui laisse à penser que ce thème n'est pas aussi central dans la version de 2 Maccabées que l'on aurait pu le penser.

III. Le thème des interdits alimentaires dans l'épisode des sept frères

Dans la version de 2 Maccabées de l'épisode des sept frères, le thème des aliments impurs n'apparaît que sporadiquement, à deux reprises, dans l'introduction de l'épisode (2 M 7,1) et dans l'adresse au deuxième frère (2 M 7,7). Le contexte est différent : la reprise, en 2 M 7,1, de l'adjectif ἀθέμιτος, « interdit par la Loi », de 2 M 6,5 laisse à penser que la mère et les sept frères sont obligés de participer à un rituel sacrilège (un sacrifice de communion où la victime serait un porc ?).

Autre différence : la présence d'Antiochos IV, absent de l'épisode d'Éléazar dans la version de 2 Maccabées, au contraire de celle de 4 Maccabées.

2 M 7,1

Συνέβη δὲ καὶ ἑπτὰ ἀδελφοὺς μετὰ τῆς μητρὸς συλλημφθέντας ἀναγκάζεσθαι ὑπὸ τοῦ βασιλέως ἀπὸ τῶν ἀθεμίτων ὑείων κρεῶν ἐφάπτεσθαι μάστιξιν καὶ νευραῖς αἰκιζομένους.

« Il arriva aussi que sept frères furent arrêtés avec leur mère et que le roi voulut les contraindre, en leur infligeant les fouets et les nerfs de bœufs, à toucher à la viande de porc interdite par la Loi »

2 M 7,7

Εἰ φάγεσαι πρὸ τοῦ τιμωρηθῆναι τὸ σῶμα κατὰ μέλος;

« Mangeras-tu du porc plutôt que de subir la torture de ton corps, membre par membre ? »

D. Les interdits alimentaires dans le texte de 4 Maccabées

Dans la version de 4 Maccabées du récit des martyres, le thème des interdits alimentaires ne reste pas cantonné à l'épisode d'Éléazar. Contrairement à 2 Maccabées, il est mentionné de manière récurrente tout au long de l'épisode des sept frères, quoiqu'il ne soit pas beaucoup plus développé : on a la nette impression que, sur ce point précis, l'épisode des sept frères ne fait que répéter l'épisode d'Éléazar. Autre particularité de 4 Maccabées, le fait que le thème alimentaire soit annoncé dès la « partie philosophique », ce qui montre son importance aux yeux de l'auteur.

I. Dans la partie philosophique : introduction du thème

Le thème des passions entrainant des violations des règles alimentaires devait paraître suffisamment important aux yeux de l'auteur de 4 Maccabées pour qu'il figure dans deux des trois classifications des passions dans la partie philosophique. L'intempérance alimentaire est désignée par quatre termes différents, γαστριμαργία (4 M 1,3), παντοφαγία, λαιμαργία et μονοφαγία (4 M 1,27).

4 M 1,3

εἰ ἄρα τῶν σωφροσύνης κωλυτικῶν παθῶν ὁ λογισμὸς φαίνεται ἐπικρατεῖν, γαστριμαργίας τε καὶ ἐπιθυμίας,

« si réellement on peut montrer non seulement que la raison maîtrise les passions qui s'opposent à la tempérance, -gloutonnerie et désir – »

4 M 1,27

κατὰ δὲ τὸ σῶμα παντοφαγία καὶ λαιμαργία καὶ μονοφαγία.

« dans le corps, voracité, gloutonnerie, gourmandise »

Deux d'entre eux (παντοφαγία et μονοφαγία) sont des *hapax*, même si l'adjectif μονοφάγος est bien attesté par ailleurs (chez Athénée et Plutarque). Il est probable que παντοφαγία soit une création lexicale de l'auteur de 4 Maccabées, qui condamne précisément le fait de consommer de tout, en violant au passage les règles alimentaires juives. Cet aspect, présent implicitement en 4 M 1,27, est explicité peu de temps après, en 4 M 1,33-35.

4 M 1,33-35

33 ἐπεὶ πόθεν κινούμενοι πρὸς τὰς ἀπειρημένας τροφὰς ἀποστρεφόμεθα τὰς ἐξ αὐτῶν ἡδονάς; οὐχ ὅτι δύναται τῶν ὀρέξεων ἐπικρατεῖν ὁ λογισμός; ἐγὼ μὲν οἶμαι. 34 τοιγαροῦν ἐνύδρων ἐπιθυμοῦντες καὶ ὀρνέων καὶ τετραπόδων καὶ παντοίων βρωμάτων τῶν ἀπηγορευμένων ἡμῖν κατὰ τὸν νόμον ἀπεχόμεθα διὰ τὴν τοῦ λογισμοῦ ἐπικράτειαν. 35 ἀνέχεται γὰρ τὰ τῶν ὀρέξεων πάθη ὑπὸ τοῦ σώφρονος νοὸς ἀνακοπτόμενα, καὶ φιμοῦται πάντα τὰ τοῦ σώματος κινήματα ὑπὸ τοῦ λογισμοῦ.

« 33 Ainsi, quand nous sommes mûs vers un mets défendu, d'où vient que nous nous détournons du plaisir qu'il peut nous procurer ? N'est-ce pas parce que la raison a le pouvoir de maîtriser cet appétit ? C'est mon avis, à moi. 34 Et quand nous avons envie de manger d'un poisson, d'un oiseau, d'un animal, bref d'un mets quelconque que la Loi nous interdit, si nous nous en abstenons, c'est à cause de la maîtrise qu'exerce la raison. 35 En effet, la passion de l'appétit s'arrête, vaincue, devant l'intelligence tempérante, et tous les mouvements du corps sont domptés par la raison. »

Dans ce dernier passage, la raison (λογισμός) apparaît comme l'instrument qui permet d'obéir aux règles alimentaires de la Tōrah malgré l'action contraire du désir alimentaire (ὄρεξις). Il est remarquable que le développement le plus long consacré au conflit de la raison et d'une passion particulière soit précisément consacré à la tentation de s'affranchir des règles de la *cachrout*. Ce n'est pas, en effet, la gourmandise en soi qui est condamnée, mais bien le désir des nourritures interdites (τὰς ἀπειρημένας τροφάς).

II. Le thème des interdits alimentaires dans l'épisode d'Éléazar

Il n'y a pas lieu de revenir ici en détail sur la façon dont l'auteur de 4 Maccabées a réinterprété l'épisode correspondant de 2 Maccabées. Nous nous contenterons de relever les passages de l'épisode où le thème des interdits alimentaires est explicitement mentionné. Leur relevé permet de reconstituer un schéma en cinq étapes, dont on verra qu'il est repris dans l'épisode des sept frères.

1. Étape 1 : L'ordre de consommer des aliments impurs

Tout d'abord, dans le cadre d'une mise en scène « hyperbolique », Antiochos IV cherche à pousser tout Israël à consommer du porc et de la viande consacrée aux idoles, sous peine de mort (4 M 5,2-3) : c'est dans ce passage qu'apparaît pour la première fois le verbe μιαροφαγέω, « manger des aliments impurs » (4 M 5,3), propre à 4 Maccabées.

4 M 5,2–3

παρεκέλευεν τοῖς δορυφόροις ἕνα ἕκαστον Εβραῖον ἐπισπᾶσθαι καὶ κρεῶν ὑείων καὶ εἰδωλοθύτων ἀναγκάζειν ἀπογεύεσθαι· 3 εἰ δέ τινες μὴ θέλοιεν μιαροφαγῆσαι, τούτους τροχισθέντας ἀναιρεθῆναι.

« 2 Il ordonna aux gardes d'amener chacun des Hébreux et de les forcer à manger de la chair de porc et des viandes consacrées aux idoles ; 3 que si quelques-uns refusaient de se souiller ainsi en mangeant, on les ferait mourir sur la roue. »

La notion d'aliment impur rassemble, pour l'auteur de 4 Maccabées, deux catégories bien distinctes. Elle comprend d'une part les aliments proscrits par la Tōrah, au premier chef, le porc, animal impur par excellence (dont la consommation est proscrite en Lévitique 11,7 et Deutéronome 14,8). Elle inclut par ailleurs les viandes sacrifiées aux idoles (εἰδωλοθύτων).

Le substantif εἰδωλόθυτον est surtout connu par le Nouveau Testament (1 Corinthiens 8,1 ; 8,4 ; 8,7 ; 8,10 ; 10,19 ; 10,28 ; Apocalypse 2,14 ; 2,20). La consommation des viandes sacrifiées aux idoles est considérée comme une abomination dans l'Apocalypse, mais Paul a une position plus nuancée : cette pratique n'est pas condamnée en soi mais déconseillée si elle devient une occasion de chute pour l'un des membres de la communauté (1 Corinthiens 8,13).

En revanche, le terme εἰδωλόθυτον est absent de la *Septante* en dehors de 4 Maccabées : il n'y a même aucune prescription de la Tōrah qui corresponde à cette interdiction ! La prohibition de la consommation des viandes sacrifiées aux idoles ne provient pas d'une interdiction de la Loi, mais procède d'une extension de l'interdiction de l'idolâtrie.

Dans la suite de l'épisode, le conflit entre Antiochos IV et Éléazar ne portera plus que sur la consommation de porc : pourquoi donc mentionner les viandes sacrifiées aux idoles en 4 M 5,2 si cet élément ne joue aucun rôle narratif ? Risquons une hypothèse : l'auteur de 4 Maccabées assimile, en 4 M 5,2, la gravité de ce péché à celle de la consommation de porc, l'animal impur par excellence. Or, si 4 Maccabées est bien une prédication synagogale adressée à une communauté donnée, il est vraisemblable que son contenu reflète les débats internes à cette communauté. Supposons que la consommation des viandes sacrifiées aux idoles y ait fait l'objet d'une controverse semblable à celle qui a troublé la jeune communauté chrétienne de Corinthe. Dans ce cas-là, 4 Maccabées apparaîtrait comme un discours relevant d'une tendance particulièrement rigoriste : de la même manière que la consommation de porc est à ce point abominable qu'Éléazar et les sept frères ont préféré mourir que commettre ce péché, la consommation des viandes sacrifiées aux idoles est un interdit absolu, même si la vie des fidèles est en jeu. Si cette perspective est correcte, la mention des εἰδωλόθυτα en 4 M 5,2 devrait s'interpréter comme une intervention discrète du narrateur dans son récit, à l'attention de la communauté à laquelle il s'adresse.

2. Étape 2 : Arguments en faveur de la consommation des aliments impurs

Le thème des interdits alimentaires du Judaïsme réapparaît ensuite dans le discours qu'Antiochos IV adresse à Éléazar (4 M 5,6–13). Dans ce discours, le souverain séleucide s'attaque en particulier à la prohibition de la consommation de porc, qui représente pour lui une preuve du caractère irrationnel de la Loi juive. Nous ne reviendrons pas en détail sur ce discours, ce dernier ayant été analysé au chapitre précédent[13].

3. Étape 3 : Réfutation des arguments en faveur de la consommation des aliments impurs

L'argumentation d'Antiochos IV est ensuite réfutée point par point dans le premier discours d'Éléazar, pour qui les prescriptions de la Tōrah sont bel et bien conformes à la nature car le Dieu créateur est aussi l'auteur de la Loi juive. Nous ne reviendrons pas sur la stratégie argumentative de ce discours, étudiée au chapitre précédent[14]. Relevons cependant un détail : en 4 M 5,6, Antiochos IV demande seulement au vieillard de « goûter » à la viande de porc (participe ἀπογευσάμενος τῶν ὑείων). Éléazar répond en 4 M 5,19 et 5,25 à la première personne du pluriel, parlant au nom de l'ensemble de la communauté juive, en employant à deux reprises le verbe μιαροφαγέω, « manger des aliments impurs », propre à 4 Maccabées. On est passé d'une action ponctuelle et limitée (« goûter ») à un comportement général (« manger des aliments impurs »). Autrement dit, il suffit d'une violation ponctuelle d'un commandement divin pour le remettre totalement en question, soit une vision plutôt rigoriste de la question.

4 M 5,6

Ἐγὼ πρὶν ἄρξασθαι τῶν κατὰ σοῦ βασάνων, ὦ πρεσβῦτα, συμβουλεύσαιμ᾽ ἄν σοι ταῦτα, ὅπως ἀπογευσάμενος τῶν ὑείων σῴζοιο·

« Avant qu'on ne commence à te torturer, je voudrais moi-même, ô vieillard, te donner le conseil de manger de la chair de porc et de te sauver. »

4 M 5,19

μὴ μικρὰν οὖν εἶναι νομίσῃς ταύτην, εἰ μιαροφαγήσαιμεν, ἁμαρτίαν·

« Ne crois donc pas que ce serait une faute légère que de manger des viandes impures »

4 M 5,25

διὸ οὐ μιαροφαγοῦμεν· ...

« C'est pourquoi nous ne mangeons pas de viandes impurs... »

---

[13] Cf. 304.
[14] Cf. 304.

4. Étape 4 : Proposition de compromis

Certains courtisans du roi proposent par la suite un compromis à Éléazar : il lui suffirait de feindre de consommer du porc pour sauver sa vie.

4 M 6,15

ἡμεῖς μέν τοι τῶν ἡψημένων βρωμάτων παραθήσομεν, σὺ δὲ ὑποκρινόμενος τῶν ὑείων ἀπογεύεσθαι σώθητι.

« Nous allons t'apporter des aliments bouillis ; toi, fais semblant de manger du porc et sauve-toi ! »

5. Étape 5 : Refus du compromis

Éléazar refuse ce compromis en raison de l'exemple d'impiété qu'il donnerait aux générations suivantes.

4 M 6,19

καὶ αὐτοὶ μὲν ἡμεῖς γενοίμεθα τοῖς νέοις ἀσεβείας τύπος, ἵνα παράδειγμα γενώμεθα τῆς μιαροφαγίας.

« et si notre personne devenait pour la jeunesse un modèle d'impiété, pour que nous servions d'exemple à ceux qui mangent des mets impurs. »

III. Le thème des interdits alimentaires dans l'éloge d'Éléazar

Le substantif μιαροφαγία, déverbal de μιαροφαγέω, apparaît dans le premier hymne à Éléazar, relevant du registre 4 (4 M 7,6). Il s'agit de l'unique occasion où l'opposition entre le sacré et le profane est mise en avant dans 4 Maccabées. Éléazar, en tant que prêtre et représentant éminent du sacerdoce[15], appartient à la sphère du sacré : par métonymie, même ses dents sont « saintes » (ἱερούς). Consommer des aliments impurs l'aurait exposé à être contaminé par l'impureté (emploi du verbe μιαίνω, « souiller ») et à basculer dans la sphère du profane (emploi du verbe κοινόω, « profaner »). S'abstenir de consommer des mets impurs, ce n'est pas seulement obéir à la Loi, mais, en tout cas dans le cas d'Éléazar, c'est également préserver un statut sacré, une nature différente de celle des autres humains. Ce thème n'apparaissant qu'ici dans le texte de 4 Maccabées, il n'est pas possible de savoir si son auteur restreignait ce caractère sacré aux prêtres représentés par Éléazar ou s'il l'étendait à l'ensemble d'Israël.

4 M 7,6

ὦ ἄξιε τῆς ἱερωσύνης ἱερεῦ, οὐκ ἐμίανας τοὺς ἱεροὺς ὀδόντας οὐδὲ τὴν θεοσέβειαν καὶ καθαρισμὸν χωρήσασαν γαστέρα ἐκοίνωσας μιαροφαγίᾳ.

« O prêtre digne du sacerdoce, tu n'as point souillé tes dents saintes ! Tu n'as point, par des mets impurs, profané tes entrailles, elles qui ne s'ouvrirent jamais qu'à la piété et à la pureté ! »

---

[15] Sur l'aspect politique de cette appellation, cf. 327.

IV. Épisode des sept frères : redoublement de l'épisode d'Éléazar

On retrouve dans l'épisode des sept frères, plus particulièrement dans le cas des premier et sixième frères, les cinq étapes de la mise en scène de l'épisode d'Éléazar, à la différence près que l'argumentation rationnelle développée par Antiochos IV est remplacée par la menace symbolisée par les instruments de torture et que le refus du premier frère n'est pas retranscrit explicitement. L'étape 4 est reprise en écho dans le cas du deuxième, du troisième et du sixième frère, et l'étape 5 n'apparaît que dans les deux discours du sixième frère. Tout cela forme donc un ensemble cohérent réparti sur les récits des supplices des six premiers frères, le septième étant mis à part.

1. Étape 1 : L'ordre de consommer des aliments impurs

En 4 M 8,2, l'épreuve infligée aux sept frères et leur mère est explicitement présentée comme un redoublement du supplice d'Éléazar : l'objectif reste le même (forcer des Juifs à consommer des aliments impurs) et cette seconde tentative est la suite logique de l'échec de la première.

4 M 8,2

ἐπειδὴ γὰρ κατὰ τὴν πρώτην πεῖραν ἐνικήθη περιφανῶς ὁ τύραννος μὴ δυνηθεὶς ἀναγκάσαι γέροντα μιαροφαγῆσαι, τότε δὴ σφόδρα περιπαθῶς ἐκέλευσεν ἄλλους ἐκ τῆς λείας τῶν Ἑβραίων ἀγαγεῖν, καὶ εἰ μὲν μιαροφαγήσαιεν, ἀπολύειν φαγόντας, εἰ δ' ἀντιλέγοιεν, πικρότερον βασανίζειν.

« Car le tyran, vaincu devant tous dans sa première tentative, puisqu'il n'avait pu forcer un vieillard à manger des viandes impures, entra alors dans une violente colère et ordonna qu'on lui amenât d'autres Hébreux pris parmi les jeunes gens : s'ils goûtaient des viandes impures, on les relâcherait, après qu'ils auraient mangé ; s'ils refusaient, on les soumettrait à des tortures encore plus cruelles. »

2. Étape 2 : Arguments en faveur de la consommation des aliments impurs

Antiochos IV s'adresse aux sept frères (4 M 8,5–11), mais l'argumentation est différente de celle du discours adressé à Éléazar (4 M 5,6–13) : le souverain séleucide ne mentionne même pas les interdits alimentaires mais invite les sept frères à adopter le mode de vie des Grecs (4 M 8,8), tout en leur offrant des hautes charges à la cour s'ils acceptent sa proposition (4 M 8,7) ! En fait, les interdits alimentaires ne sont mentionnés qu'un peu plus loin, lorsqu'Antiochos IV, pour appuyer son discours et rendre concrètes ses menaces, fait exhiber les différents instruments de torture (4 M 8,12).

4 M 8,12

Ταῦτα δὲ λέγων ἐκέλευσεν εἰς τὸ ἔμπροσθεν τιθέναι τὰ βασανιστήρια, ὅπως καὶ διὰ τοῦ φόβου πείσειεν αὐτοὺς μιαροφαγῆσαι

« Sur ces mots, il ordonna de mettre bien en évidence les instruments de torture, afin de les amener par la crainte à manger des viandes impures. »

3. Étape 3 : Réfutation des arguments en faveur de la consommation des aliments impurs

Les sept frères répondent à Antiochos IV (4 M 9,1–9), mais leur discours porte sur la fidélité à la Loi en général et ne mentionne pas non plus les interdits alimentaires. Ceux-ci n'apparaissent qu'en 4 M 8,29, dans la phrase qui introduit le discours.

4 M 8,29

ὥστε ἅμα τῷ παύσασθαι τὸν τύραννον συμβουλεύοντα αὐτοῖς μιαροφαγῆσαι, πάντες διὰ μιᾶς φωνῆς ὁμοῦ ὥσπερ ἀπὸ τῆς αὐτῆς ψυχῆς εἶπον

« Et ainsi, le tyran n'eut pas plus tôt fini de les exhorter à manger des viandes impures que tous ensemble, d'une seule voix, et d'une seule âme, ils lui dirent : (…) »

4. Étape 4 : Proposition de compromis

Les gardes promettent successivement aux trois premiers frères de leur épargner les supplices s'ils consentent à « manger » (φαγεῖν) des mets impurs pour les deux premiers, à les « goûter » seulement (participe ἀπογευσάμενος) pour le troisième. Cette étape n'est pas reprise dans le cas du quatrième et du cinquième frère, mais elle revient dans le récit du supplice du sixième, où le roi lui-même offre la vie sauve en échange de l'action de « manger » (participe φαγών).

4 M 9,16

καὶ τῶν δορυφόρων λεγόντων Ὁμολόγησον φαγεῖν, ὅπως ἀπαλλαγῇς τῶν βασάνων,

« Et comme les gardes lui disaient : « Consens à manger, pour te délivrer des tourments, »

4 M 9,27

ὡς δ' εἰ φαγεῖν βούλοιτο πρὶν βασανίζεσθαι πυνθανόμενοι τὴν εὐγενῆ γνώμην ἤκουσαν,

« Avant de le supplicier, ils lui demandèrent s'il voulait manger : mais il leur dit sa noble résolution. »

4 M 10,1

Καὶ τούτου τὸν ἀοίδιμον θάνατον καρτερήσαντος ὁ τρίτος ἤγετο παρακαλούμενος πολλὰ ὑπὸ πολλῶν ὅπως ἀπογευσάμενος σῴζοιτο

« Il supporta glorieusement la mort ; on amena alors le troisième : un grand nombre de gens l'exhortait de mille manières à goûter des viandes impures et à se sauver. »

4 M 11,13

Τελευτήσαντος δὲ καὶ τούτου ὁ ἕκτος ἤγετο μειρακίσκος, ὃς πυνθανομένου τοῦ τυράννου εἰ βούλοιτο φαγὼν ἀπολύεσθαι, ὁ δὲ ἔφη

« Celui-ci, à son tour, mourut ; on amena alors le sixième, un tout jeune homme. Le tyran lui demanda s'il voulait manger et être relâché. Mais il dit : »

5. Étape 5 : Refus du compromis

Aucun des frères ne répond à l'offre de salut au prix de la violation de la kašrūt, mais seul le sixième frère, dans chacun de ses deux discours, exprime son refus en mentionnant explicitement les interdits alimentaires.

Dans son premier discours, le verbe μιαροφαγέω apparaît dans l'injonction paradoxale de 4 M 11,16, adressée directement à Antiochos IV. Le motif qui justifie le supplice accepté par le jeune martyr est ici spécifiquement le refus de la nourriture impure (et non pas par exemple la fidélité à la Loi en général).

4 M 11,16

ὥστε εἴ σοι δοκεῖ βασανίζειν μὴ μιαροφαγοῦντα, βασάνιζε.

« Aussi, si c'est ton bon plaisir de torturer ceux qui ne mangent pas de viande souillée, torture ! »

Dans le second discours du sixième frère, en 4 M 11,25, l'impuissance d'Antiochos IV à contraindre les sept frères de consommer des aliments impurs est interprétée comme le « renversement » (κατάλυσις) du souverain séleucide. L'échec du projet exposé en 4 M 8,2 (contraindre les Juifs à violer les règles de la kašrūt) est constaté par le sixième frère, ce qui explique sans doute l'absence de ce thème dans le cas du septième.

4 M 11,25

τὸ γὰρ μὴ δυνηθῆναί σε μεταπεῖσαι τὸν λογισμὸν ἡμῶν μήτε βιάσασθαι πρὸς τὴν μιαροφαγίαν οὐ κατάλυσίς ἐστίν σου;

« Car le fait que tu n'as pas pu faire fléchir notre raison ni nous forcer à manger des viandes impures, n'est-ce pas le renversement de ta tyrannie ? »

V. Le thème des interdits alimentaires dans l'éloge des sept frères

Le thème des interdits alimentaires n'apparaît dans l'éloge des sept frères que dans une mention rétrospective de leurs supplices, au début de l'ensemble formé par les chapitres 13 à 16.

4 M 13,2

εἰ γὰρ τοῖς πάθεσι δουλωθέντες ἐμιαροφάγησαν, ἐλέγομεν ἂν τούτοις αὐτοὺς νενικῆσθαι·

« de la même manière, si, en mangeant des viandes impurees, ils s'étaient rendus esclaves des passions, nous dirions qu'ils ont été vaincus par elles. »

En dehors de cette mention, qui appartient à un passage de transition entre le récit des martyres des sept frères et leur éloge, la question du respect des normes alimentaires juives est absente de l'éloge des sept frères, de celui de leur mère, ainsi que de la finale de 4 Maccabées.

VI. Conclusion

Le thème des sacrifices impurs, central dans 2 Maccabées, a totalement disparu dans 4 Maccabées, ce qui est sans doute lié à la disparition du culte sacrificiel lui-même : en effet, les sacrifices du Temple ne sont qu'évoqués dans le texte de 4 Maccabées, dissimulés derrière les termes généraux ἱερουργία, « service du Temple » (4 M 3,19), et κηδεμονία (τοῦ ἱεροῦ), « service du Temple » (4 M 4,20). Les sacrifices, abolis en 4 M 4,20, ne sont rétablis à aucun moment dans le texte de 4 Maccabées. En fait, comme nous le verrons plus loin[16], la place du culte sacrificiel est occupée dans 4 Maccabées par le sacrifice de soi-même que représente le martyre.

En revanche, l'ensemble des récits des martyres est construit dans 4 Maccabées comme un long duel entre Antiochos IV, d'une part, Éléazar et les sept frères, de l'autre, duel portant sur la consommation des aliments interdits par la Tōrah (μιαροφαγία).

Le souverain séleucide est à l'origine de cet affrontement, son but étant de contraindre l'ensemble des Juifs à consommer du porc et des viandes sacrifiées aux idoles (4 M 5,2). Le thème des εἰδωλόθυτα n'est pas repris dans la suite de 4 Maccabées, mais pourrait correspondre à un sujet de débat interne à la communauté destinataire de 4 Maccabées.

C'est à Éléazar, dans son premier discours, que revient le soin de dégager le sens du conflit en cours : s'opposant à Antiochos IV, qui se moque de l'irrationalité des normes alimentaires juives (4 M 5,8–9), le vieillard met en avant une conception rigoriste de la Loi, où tous les commandements sont mis sur le même plan (4 M 5,19–21) et où il est préférable d'accepter la mort plutôt que de servir de modèle de violation des interdits alimentaires (4 M 6,18–19).

Dans cette perspective, l'épisode des sept frères vient redoubler celui d'Éléazar, les sept frères mettant en pratique les principes proclamés par le vieillard.

E. Le rigorisme de 4 Maccabées : comparaison avec la doctrine du Talmud de Babylone (Sanhedrin 74 a)

Les martyrs des récits de 4 Maccabées préfèrent mourir plutôt que de transgresser les normes alimentaires juives, s'appuyant sur le discours intransigeant d'Éléazar, pour qui il n'existe pas de hiérarchie entre les prescriptions de la Loi (4 M 5,19–21). Il s'ensuit logiquement qu'il est nécessaire de sacrifier sa vie en cas de mise en demeure par les autorités païennes de violer une miṣwah, même s'il s'agit d'une miṣwah mineure.

Pour pouvoir mieux caractériser la doctrine éthique développée dans le texte de 4 Maccabées, il est nécessaire de disposer d'un point de comparaison. Nous

---

[16] Cf. 339.

nous proposons de comparer cette doctrine aux positions exposées et discutées dans le Talmud de Babylone, traité Sanhedrin, 74 a-b[17].

Une précision s'impose d'emblée : il est impossible de déterminer une datation et une chronologie précises des points de vue recueillis dans le Talmud. Par conséquent, nous ne pouvons pas affirmer que l'auteur de 4 Maccabées a pu les connaître, y adhérer ou les combattre. Nous n'utiliserons ce texte du Talmud que dans la mesure où il représente une autre approche des problèmes qui sont abordés dans 4 Maccabées. Le but n'est pas de nous interroger sur l'origine des positions de l'auteur de 4 Maccabées ni sur leur conformité ou non aux conceptions juives de son temps, mais simplement de les caractériser en les confrontant à une pensée différente portant sur les mêmes sujets.

Le passage du Talmud que nous considérons s'ouvre par le rappel par Rabbi Yohanan (sans doute Rabbi Yohanan ben Zakkaï) d'une décision d'une assemblée de sages qui s'est tenue à Lod, selon laquelle, si l'on reçoit l'injonction de transgresser une prescription de la Loi au prix de sa vie, on doit préserver sa vie sauf lorsque l'on est contraint à l'idolâtrie, à des relations sexuelles prohibées ou au meurtre. La discussion porte tout d'abord sur les justifications scripturaires de ces trois exceptions.

Par la suite, deux rabbins venus de Palestine en Babylonie, Rav Dimi et Ravin, viennent préciser les propos de Rabbi Yohanan et les décisions de l'assemblée de Lod : le principe autorisant la transgression de la Loi n'est valable qu'en absence de persécution religieuse (Rav Dimi) et lorsque la transgression demandée n'est pas publique (Ravin). En cas de persécution, on doit préférer la mort à la transgression d'une miṣwah, même mineure, si cette dernière est exigée par l'autorité persécutrice (Rav Dimi).

La discussion porte ensuite tout d'abord sur la définition d'une miṣwah mineure : l'exemple donné par Rava bar Yitzhak, citant Rav, est celui des lanières de sandale. Le juif pieux doit, en cas de persécution, préférer mourir plutôt que d'attacher ses sandales à la mode païenne et non à la mode juive.

Le point de discussion porte sur la définition précise du caractère public ou privé de la violation demandée d'une miṣwah : le critère retenu en fin de compte est celui de la présence ou non du minyan, soit le quota minimum de dix hommes juifs majeurs pour qu'une prière publique puisse avoir lieu.

En résumé, pour le Talmud, il existe deux doctrines différentes, une doctrine « ordinaire », valable hors temps de persécution, selon laquelle le respect des miṣwōt, hors cas particuliers, ne justifie pas le sacrifice de sa vie, et une doctrine « extraordinaire », en cas de persécution, qui exige au contraire l'acceptation du martyre, même en cas de violation demandée d'une miṣwah mineure, à condition que cette violation ait un caractère public.

---

[17] Consulté en traduction anglaise, en ligne, le 14 janvier 2019 à l'adresse Internet : https://www.sefaria.org/Sanhedrin.74a?lang–bi (*The William Davidson Talmud*).

L'attitude d'Éléazar et des sept frères correspond précisément à la seconde de ces deux doctrines. On peut observer que les conditions posées dans le Talmud sont respectées : on est en période de persécution, et la consommation de porc exigée des martyrs a un caractère public. Certes, l'auteur de 4 Maccabées ne se préoccupe pas de la présence du minyan (il manque deux personnages juifs masculins explicitement présents sur la scène pour que l'on puisse affirmer avec certitude qu'il est réuni), mais, si l'on se fonde sur 4 M 5,2–3, Éléazar et les sept frères ne constituent qu'un premier « échantillon » de Juifs subissant en premier le sort promis à l'ensemble du peuple.

En revanche, lorsqu'Éléazar s'adresse à Antiochos IV, il n'invoque jamais la présence de circonstances exceptionnelles pour justifier son choix du martyre. Au contraire, selon lui, aucune circonstance ne justifie de violer les prescriptions de la Loi (4 M 5,17), ce qui est présenté comme une simple conséquence du caractère divin de celle-ci (4 M 5,16). La doctrine développée dans le premier discours d'Éléazar est donc nettement plus rigoriste que celle que l'on rencontre dans le Talmud.

4 M 5,16–17

16 Ἡμεῖς, Ἀντίοχε, θείῳ πεπεισμένοι νόμῳ πολιτεύεσθαι οὐδεμίαν ἀνάγκην βιαιοτέραν εἶναι νομίζομεν τῆς πρὸς τὸν νόμον ἡμῶν εὐπειθείας· 17 διὸ δὴ κατ'οὐδένα τρόπον παρανομεῖν ἀξιοῦμεν.

« 16 Nous autres, Antiochus, qui sommes convaincus de vivre sous une Loi divine, nous ne reconnaissons pas de plus forte contrainte que celle de l'obéissance à notre Loi. 17 C'est pourquoi nous ne croyons pas pouvoir la transgresser de quelque manière que ce soit.»

F. Conclusion

L'auteur de 4 Maccabées développe une vision particulièrement rigoriste de la Loi juive, tout en restreignant dans les faits son application au domaine des règles alimentaires, sans doute en raison de leur fonction de marqueur identitaire. La Loi est pour lui à la fois un instrument permettant au λογισμός d'assurer sa fonction de régulation des passions et un outil de cohésion identitaire d'une communauté juive diasporique confrontée au risque de l'assimilation.

La Loi est également au cœur du discours politique développé dans 4 Maccabées, qui fait l'objet du chapitre suivant de notre travail.

Chapitre V

L'aspect politique de 4 Maccabées

A. Les conceptions politiques de 2 et 4 Maccabées

Le présent chapitre a été publié de manière séparée sous forme d'article, sous une forme abrégée, dans la RHPR 101 (2021), n°2, 173–198 : « Les conceptions politiques de 4 Maccabées ».

I. Introduction : La « grande omission »

Lorsque l'on compare les textes parallèles de 2 et 4 Maccabées, une constatation majeure s'impose : il n'y a rien, dans 4 Maccabées, qui corresponde au récit de la révolte des Maccabées (2 M 8,1–15,39). Comment expliquer cette lacune ?

On peut tout d'abord établir que le texte de 2 Maccabées connu de l'auteur de 4 Maccabées comportait bel et bien ce récit : comment expliquer autrement la bévue de 4 M 3,20 attribuant, au rebours de la réalité historique, comme surnom à Séleucos IV celui de Nikanor, soit le nom du principal adversaire de Judas Maccabée dans la dernière partie de 2 Maccabées (2 M 14,1–15,39) ? De la même manière, comment expliquer autrement les emprunts narratifs de l'épisode des sept frères de 4 Maccabées à l'épisode de Razis de 2 Maccabées (2 M 14,37–46) ?

On pourrait se contenter de penser que l'auteur de 4 Maccabées n'a pas repris le récit de la révolte de Judas Maccabée car il ne s'intéressait qu'au récit des martyres d'Éléazar et des sept frères, seul à même de servir son argumentation.

Cette hypothèse n'est cependant pas suffisante : on ne comprend pas très bien, dans ce cadre, pourquoi l'auteur de 4 Maccabées a repris, en l'abrégeant, le récit fait, dans 2 Maccabées, des origines politiques de la persécution d'Antiochos IV (2 M 3,1–6,17//4 M 3,20–4,26). Du strict point de vue narratif, cette reprise peut apparaître totalement inutile.

Par ailleurs, le texte de 4 Maccabées inclut une mention assez brève de la suite de l'histoire du règne d'Antiochos IV (4 M 18,4–5), attribuant la libération d'Israël aux sept frères. Cette prolepse ne comporte aucune mention de la révolte de Judas Maccabée, à laquelle on aurait pu pourtant s'attendre.

Il faut donc attribuer l'absence de mention directe ou indirecte de la révolte de Judas Maccabée dans 4 Maccabées à une volonté délibérée de l'auteur de ne pas en parler. Comment expliquer cette *damnatio memoriae* ? Nous en proposons, dans le présent chapitre, une explication, en nous fondant sur une relecture de la structure de 4 Maccabées sur la base de l'analyse de 2 Maccabées proposée en 2014 par Sylvie Honigman[1].

II. La structure de 2 Maccabées d'après Sylvie Honigman

D'après Sylvie Honigman[2], la partie narrative de 2 Maccabées (2 M 3,1–15,37) est structurée autour de trois histoires de délivrances du sanctuaire de Jérusalem, précédées et suivies par l'évocation de deux périodes de paix, sous Onias III (2 M 3,1–3) et sous les Hasmonéens (2 M 15,37b), le but de l'ouvrage étant de démontrer que les Hasmonéens sont les légitimes successeurs d'Onias III.

La première histoire rapporte la tentative avortée d'Héliodore de piller le sanctuaire (2 M 3,4–4,6), à l'époque du roi séleucide Séleucos IV et du grand prêtre Onias III. L'échec d'Héliodore démontre la légitimité d'Onias III.

La deuxième histoire correspond à la désacralisation et à la nouvelle consécration du Temple (2 M 4,7–13,26), célébrée par Hanukkah.Une correspondance chronologique forcée associe deux rois séleucides (Antiochos IV et Antiochos V) et deux grands prêtres condamnés pour leur apostasie (Jason et Ménélas). La structure de l'unité, complexe, comprend quatre moments :

a) une phase de « disruption », marquée par les sacrilèges de Jason et de Ménélas puis la désacralisation du sanctuaire (2 M 4,7–5,26) ;

b) une phase de réconciliation, amorcée par la première mention de Judas Maccabée (2 M 5,27), continuée par le récit des martyres (2 M 6,1–7,42) et par les premières victoires de Judas Maccabée (2 M 8,1–36) et achevée par le châtiment d'Antiochos IV (2 M 9,1–18) ;

c) la refondation du Temple (2 M 10,1–8), incomplète en raison de l'absence de grand prêtre légitime ;

d) les bénédictions qui s'ensuivent, qui se traduisent concrètement par les victoires de Judas Maccabée (2 M 10,10–13,26).

La troisième histoire rapporte la tentative avortée de Nikanor contre le sanctuaire (2 M 14,1–15,37a), célébrée par le « Jour de Nikanor » associé à Pourim. Une correspondance chronologique forcée associe le roi séleucide Démétrios I et le grand prêtre impie Alkimos. On retrouve des phases similaires à celles du deuxième récit :

a) une phase de « disruption », marquée par les menaces de Nikanor (2 M 14,1–36) ;

b) une phase de réconciliation, au moyen du sacrifice d'un martyr, Razis (2 M 14,37–46), aboutissant à la victoire de Judas Maccabée (2 M 15,1–29), reconnu en songe comme grand prêtre par Onias III et comme souverain par Jérémie (2 M 15,12–16) ;

c) la nouvelle « refondation » symbolique du Temple (2 M 15,30–37a) ;

---

[1] S. Honigman 2014.
[2] S. Honigman 2014, 409–411.

d) les bénédictions qui s'ensuivent, qui se confondent avec le règne pacifique des Hasmonéens (2 M 15,37b).

La structure de 2 Maccabées, telle qu'elle est décrite par S. Honigman, repose, d'un côté, sur une succession de quatre souverains, un bon roi (Séleucos IV), deux mauvais (Antiochos IV et Antiochos V), puis à nouveau un bon souverain (Judas Maccabée), et, de l'autre, sur la succession de quatre grands prêtres, un bon (Onias III), deux mauvais (Jason et Ménélas), et à nouveau un bon (Judas Maccabée). Judas Maccabée figure dans les deux listes et condense donc en sa seule personne les deux figures royale et sacerdotale.

Notre propos est de démontrer que 4 Maccabées repose sur une structure tout à fait semblable à celle de 2 Maccabées, mais mise au service d'un projet politique différent.

III. Application possible de cette lecture à 4 Maccabées

1. Structure générale de 4 Maccabées

Si l'on compare cette présentation de la structure de la partie narrative de 2 Maccabées avec la partie narrative de 4 Maccabées (4 M 3,19–12,19 et fragments narratifs de la finale), les parallélismes et ruptures de parallélisme sont signifiants.

On retrouve, en effet, la situation initiale de paix sous Onias III (4 M 3,20) et la première histoire, tentative avortée d'Apollonios contre le sanctuaire (4 M 4,1–14) légitimant le sacerdoce d'Onias III (présenté en 4 M 4,13 comme un intercesseur entre Apollonios et Dieu).

En revanche, la troisième histoire (la victoire de Judas Maccabée sur Nikanor) est absente, et la structure de la deuxième est bouleversée. Si l'on retrouve les deux premières phases (la phase de « disruption », représentée par la persécution d'Antiochos IV [4 M 4,15–26], et la phase de réconciliation, correspondant aux récits des martyres [4 M 5,1–17,1]), force est de constater, en revanche, que la phase de « refondation » du sanctuaire est absente : le service du Temple, supprimé en 4 M 4,20, n'est pas rétabli. Ce qui est restauré, c'est l'observance de la Loi (4 M 18,4).

4 M 4,20

ὥστε μὴ μόνον ἐπ' αὐτῇ τῇ ἄκρᾳ τῆς πατρίδος ἡμῶν γυμνάσιον κατασκευάσαι, ἀλλὰ καὶ καταλῦσαι τὴν τοῦ ἱεροῦ κηδεμονίαν.

« Non seulement il construisit un gymnase sur la Citadelle même de notre patrie, mais encore il supprima le service du temple. »

4 M 18,4

Καὶ δι' αὐτοὺς εἰρήνευσεν τὸ ἔθνος, καὶ τὴν εὐνομίαν τὴν ἐπὶ τῆς πατρίδος ἀνανεωσάμενοι ἐκπεπόρθηκαν τοὺς πολεμίους.

« Et c'est grâce à eux que le peuple a recouvré la paix : ils ont dans le pays restauré l'observation de la Loi et réduit les ennemis à lever le siège. »

La dernière phase, celle des « bénédictions », est, quant à elle, bel et bien présente : bénédictions accordées au peuple d'Israël (4 M 17,20–21), mais aussi, paradoxalement, au personnage d'Antiochos IV (4 M 17,23–24) !

Essayons d'aller plus loin : à condition de tenir compte de la « partie philosophique », on retrouve, dans 4 Maccabées, la même double succession que dans 2 Maccabées : une série de quatre souverains ou groupes de souverains, d'un côté ; une série de quatre figures sacerdotales, de l'autre, avec un facteur commun aux deux séries.

2. Quatre rois

Quatre personnages ou groupes de personnages différents reçoivent, dans le texte de 4 Maccabées, le titre de roi (βασιλεύς). Il faut les considérer comme un ensemble fondé sur une série d'oppositions qui permettent à l'auteur de 4 Maccabées de construire une « théorie » implicite de la royauté.

a) David

Le premier de ces personnages apparaît dans la « partie philosophique » : il s'agit du roi David, qui est présenté comme un modèle de tempérance en 4 M 3,6–18. L'*exemplum* du souverain dominant sa soif par égard pour les risques encourus par ses soldats est emprunté aux livres bibliques « historiques », 2 Règnes (2 Samuel) 23,13–17 et 1 Paralipomènes (1 Chroniques) 11,15–19. David est dénommé βασιλεύς à quatre reprises (4 M 3,6 ; 3,10 ; 3,12 ; 3,14). C'est le premier souverain dont il est question dans 4 Maccabées, si l'on excepte une mention anticipée d'Antiochos IV, désigné comme tyran (τύραννος) en 4 M 1,12.

Il faut sans doute considérer David comme un premier contre-modèle d'Antiochos IV : David fait preuve de tempérance (σώφρων νοῦς, équivalent de σωφροσύνη en 4 M 3,17) ; cette vertu est liée pour l'auteur de 4 Maccabées au respect des règles alimentaires du judaïsme (emploi du même syntagme σώφρων νοῦς en 4 M 1,35); or ce sont précisément ces règles qu'Antiochos IV enjoint d'enfreindre aux Juifs en général (4 M 5,2–3 puis 8,2) puis à Éléazar (4 M 5,5–13) et aux sept frères (4 M 8,5–11) en particulier. Il est à remarquer que l'*exemplum* de David maîtrisant sa soif est structurellement sur le même plan que celui de Moïse maîtrisant sa colère (4 M 2,17), suivant et précédant immédiatement les deux autres occurrences du syntagme σώφρων νοῦς (4 M 2,16 et 2,18) ! On a donc deux modèles de la même vertu désignée par la même expression (trois en fait, puisque l'*exemplum* de Moïse est redoublé par celui de Jacob confronté à Siméon et Lévi, en 4 M 2,19), incarnés l'un par un personnage royal (David), l'autre par un personnage quasi sacerdotal (Moïse, puisque les grands prêtres légitimes descendent de son frère Aaron).

b) Séleucos IV

Le deuxième contre-modèle d'Antiochos IV est son propre père (selon la généalogie, fausse sur le plan historique[3], de 4 M 4,15) Séleucos. Ce dernier est loué en 4 M 3,20 pour avoir financé, par la levée d'un impôt spécial, le service du Temple, et pour avoir reconnu l'entité politique (πολιτεία) juive. Antiochos IV, au contraire, est condamné pour avoir mis en place le grand prêtre et gouverneur Jason (4 M 4,18) qui a mis fin au service du Temple (4 M 4,20). Séleucos, toujours dénommé βασιλεύς (4 M 3,20 ; 4,3 ; 4,4 ; 4,6 ; 4,13 ; 4,14 ; 4,15), jamais τύραννος, est donc un modèle de bon roi, associé à un bon grand prêtre (Onias III). L'association d'un bon roi et d'un bon grand prêtre attire, comme dans 2 Maccabées, la faveur divine, ce qui explique l'échec du pillage du Temple par Apollonios.

c) Antiochos IV

Antiochos IV lui-même est majoritairement dénommé tyran (τύραννος). Il n'est qualifié de roi (βασιλεύς) que quand ce sont ses partisans qui parlent (4 M 6,4 et 10,13) ou dans le discours fictif des sept frères, dominé par la lâcheté (4 M 8,17 ; 8,22 ; 8,27). Les deux seules exceptions à cette règle sont 4 M 6,13, où il est question de courtisans royaux (τινες τοῦ βασιλέως), donc de partisans d'Antiochos IV, et 4 M 12,8, où Antiochos IV est qualifié de βασιλεύς par le septième frère lui-même : mais il s'agit d'une ruse, destinée à pouvoir adresser la parole à Antiochos IV ; dès que ce même septième frère parle directement au roi (4 M 12,11), il emploie le vocatif τύραννε !

Par ailleurs, aucun personnage, en dehors d'Antiochos IV, n'est qualifié de τύραννος (unique exception : 4 M 15,1, où c'est le λογισμός des sept frères qui est paradoxalement qualifié de τύραννος, mais cette tyrannie s'exerce sur les passions) : il est donc le tyran par excellence, ce qui est corroboré par la relative rareté des occurrences de son nom propre.

Un simple relevé (tableau ci-dessous) des appellations d'Antiochos IV dans le texte de 4 Maccabées montre en effet que le roi de Syrie est en fait très peu désigné par son nom (cinq occurrences avec le nom seul, plus trois en combinaison avec τύραννος, contre trente-neuf occurrences de τύραννος seul. En fait, à la notable exception de 4 M 10,17, Antiochos IV n'est désigné par son nom que dans la partie historique reprise de 2 Maccabées (4 M 4,15 ; 4,21) et au début de l'épisode d'Éléazar (4 M 5,1 ; 5,5 ; 5,16) ainsi que dans la finale de 4 Maccabées (4 M 17,23 ; 18,5). Dans l'épisode des sept frères, Antiochos IV n'est donc, à une exception près (4 M 10,17), désigné que par le terme générique τύραννος.

---

[3] Cf. 24.

Tableau n°44 : Les appellations d'Antiochos IV

Ἀντίοχος	τύραννος	τύραννος Ἀντίοχος
4 M 4,15 ; 4,21 ; 5,5 ; 5,16 ; 10,17	4 M 1,11 ; 5,4 ; 5,14 ; 6,1 ; 6,21 ; 6,23 ; 7,2 ; 8,2 ; 8,3 ; 8,4 ; 8,13 ; 8,15 ; 8,29 ; 9,1 ; 9,3 ; 9,7 ; 9,10 ; 9,15 ; 9,29 ; 9,30 ; 9,32 ; 10,10 ; 10,15 ; 10,16 ; 11,2 ; 11,12 ; 11,13 ; 11,21 ; 11,27 ; 12,2 ; 12,11 ; 15,2 ; 16,14 ; 17,2 ; 17,9 ; 17,14 ; 17,17 ; 17,21 ; 18,20.	4 M 5,1 ; 17,23 ; 18,5

Par ailleurs, on peut noter qu'en dehors des données reprises de 2 Maccabées, il y a, en 4 Maccabées, très peu de données historiques se référant au souverain séleucide réel : la filiation indiquée en 4 M 4,15 est erronée ; la campagne contre la Perse à laquelle il est fait allusion en 4 M 18,5 (on peut déduire de 4 M 17,24 qu'elle a dû être victorieuse) n'est pas historique. Au contraire, c'est lors d'une expédition en Élymaïde qu'Antiochos IV a trouvé la mort, selon la tradition tant grecque (Polybe 31,9) que juive (1 M 6,1–17 ; 2 M 9,28–29).

La conclusion s'impose : la figure du roi a très peu à voir, dans le texte de 4 Maccabées, avec l'Antiochos IV historique, qui s'efface derrière la figure générique du tyran[4].

d) Éléazar et les sept frères

Dans le premier hymne à Éléazar, ce dernier est explicitement présenté comme βασιλεύς (4 M 7,10), mais cette royauté s'exerce sur les passions. 4 M 7,10 peut être considéré comme une formulation de la thèse de 4 Maccabées, relevant de ce que nous avons appelé le type II des énoncés de cette thèse[5]. On rencontre deux énoncés de cette thèse très proches de 4 M 7,10, respectivement en 4 M 14,2, où le comparatif βασιλικώτερος, « plus royal », qualifie les λογισμοί des sept frères, plus dignes d'être rois que les rois eux-mêmes, et en 4 M 15,1, où les mêmes λογισμοί des sept frères sont qualifiés de « tyran » (τύραννος) des passions.

Même si, dans ces trois occurrences, les désignations du souverain (βασιλεύς ou τύραννος) sont des métaphores de la domination sur soi-même qu'exercent Éléazar et les sept frères, ces passages sont à prendre en compte si l'on veut comprendre la conception du pouvoir de l'auteur de 4 Maccabées, d'autant plus qu'il est possible de découvrir, dans le texte de 4 Maccabées, une figure sacerdotale parallèle à chacun des quatre personnages ou groupes de personnages que nous venons de passer en revue.

---

[4] Cf., à propos des techniques employées par l'auteur de 4 Maccabées pour construire la figure d'Antiochos IV en tant que tyran, l'analyse de B. Heininger 1989.

[5] Cf. 275

3. Quatre figures sacerdotales

a) Moïse

Moïse est assez peu présent dans le texte de 4 Maccabées : si l'on excepte sa mention en tête de citations du Pentateuque (Deutéronome 33,3b, cité en 4 M 17,19, et une combinaison de Deutéronome 30,20, 32,39 et 32,47, citée en 4 M 18,18–19) et une curieuse apparition en 4 M 9,2 en tant que conseiller (σύμβουλος) revendiqué par les sept frères, il n'apparaît que dans l'évocation de la maîtrise de sa colère contre Dathan et Abiram (4 M 2,17). On a vu plus haut[6] que cet épisode était, pour des raisons structurelles et lexicales (emploi du syntagme σώφρων νοῦς, « raison tempérante », en 4 M 2,16 et 2,18, comme en 4 M 3,17), parallèle à l'épisode de David maîtrisant sa soif. Moïse et David sont, dans la « partie philosophique », deux modèles parallèles de la même vertu.

b) Onias III

Onias III, explicitement présenté comme titulaire de la grande prêtrise à vie (4 M 4,1), est le personnage central de l'épisode d'Apollonios (4 M 4,1–14), adaptation de l'épisode d'Héliodore de 2 Maccabées (2 M 3,4–40). Sans revenir sur le détail de la construction de l'épisode, rappelons que c'est l'intercession d'Onias III (4 M 4,13) qui permet la guérison d'Apollodore (4 M 4,14), tandis que le salut du Temple lui-même est obtenu par la prière du peuple en général et des prêtres en particulier (4 M 4,9). Le rôle d'Onias III est en retrait par rapport à celui qu'il exerçait dans la version parallèle de 2 Maccabées, où il était au premier plan des prières appelant Dieu à venir au secours de son sanctuaire (2 M 3,16–17) et où il offrait un sacrifice d'expiation en faveur d'Héliodore (2 M 3,32), sacrifice dont l'efficacité était affirmée par les anges eux-mêmes (2 M 3,33). Dans la version de 4 Maccabées, il n'est pas question de sacrifice et la prière d'Onias III (4 M 4,13) ne fait que prolonger celle d'Apollonios lui-même (4 M 4,11b-12).

Il n'en reste pas moins qu'Onias III est, dans 4 M, le grand prêtre par excellence, formant un couple indissociable avec son frère et opposé Jason : le titre de grand prêtre (ἀρχιερεύς) y apparaît trois fois (4 M 4,9, 4,13 et 4,16), les deux premières fois à propos d'Onias III, la troisième occurrence concernant Jason. De la même façon, le substantif correspondant (ἀρχιερωσύνη) apparaît deux fois, la première (4 M 4,1) en rapport avec Onias III, la seconde (4 M 4,16) en rapport avec Jason. En revanche, seul Jason est sujet du verbe d'état correspondant ἀρχιεράομαι, « être grand prêtre », en 4 M 4,18.

---

[6] Cf. 328.

c) Jason

Alors que l'auteur de 2 Maccabées répartit la responsabilité des origines de la persécution entre deux mauvais grands prêtres (Jason et Ménélas), celui de 4 Maccabées n'en connaît qu'un seul, opposé en tous points à son frère Onias III, dont il usurpe la fonction. Cela dit, Jason joue, dans 4 Maccabées, un rôle assez effacé : son nom n'apparaît explicitement qu'une seule fois (4 M 4,16) et la liste de ses mauvaises actions (4 M 4,16–20) n'est qu'un condensé d'un passage beaucoup plus développé de 2 Maccabées (2 M 4,7–20). En fait, dans la logique narrative de 4 Maccabées, Jason n'est que l'instrument de la suppression du culte rendu à Dieu dans le Temple (4 M 4,20), qui entraîne immédiatement le déchaînement de la colère divine, dont Antiochos IV est l'instrument (4 M 4,21). Son rôle accompli, Jason disparaît du récit, ainsi que le Temple, dont il ne sera plus question !

d) Éléazar

Alors qu'en 2 M 15,12–16 le sacerdoce d'Onias III est transmis symboliquement en songe à Judas Maccabée, le seul personnage désigné, dans 4 Maccabées, comme prêtre légitime après la déposition d'Onias III est le martyr Éléazar (4 M 5,4). La qualification de prêtre (ἱερεύς) est suffisamment importante aux yeux de l'auteur de 4 Maccabées pour être reprise dans le premier hymne à Éléazar (4 M 7,6) et dans l'épitaphe fictive (4 M 17,9). Le terme ἱερεύς est étroitement associé, dans 4 Maccabées, à Éléazar : la seule autre occurrence concerne un groupe de prêtres anonymes invoquant Dieu lors de l'épisode d'Apollonios (4 M 4,9).

L'importance de la qualité de prêtre d'Éléazar aux yeux de l'auteur de 4 Maccabées est démontrée par la présence, en 4 M 7,11–12, d'une comparaison explicite entre Éléazar et Aaron, le premier grand prêtre. Éléazar est le seul personnage de 4 Maccabées à être qualifié (4 M 7,12) de « descendant d'Aaron » (Ἀαρωνίδης) : il possède donc les qualités nécessaires pour être un grand prêtre légitime.

e) Conclusion d'étape

Pour résumer, on retrouve, dans 4 Maccabées, deux séries parallèles de souverains et de prêtres. Un premier couple apparaît dans la « partie philosophique » : il s'agit de deux modèles de maîtrise des passions, David, du côté royal, et Moïse, du côté sacerdotal. Le deuxième et le troisième couple (à savoir Séleucos IV et Onias III, d'un côté, Antiochos IV et Jason, de l'autre) sont directement empruntés à 2 Maccabées. Le troisième couple de 2 Maccabées (Antiochos V et Ménélas) et la figure de Judas Maccabée, commune aux deux séries dans 2 Maccabées, sont absents de 4 Maccabées.

En revanche, l'auteur de 4 Maccabées complète la série des souverains par le groupe formé par Éléazar et les sept frères, et la série sacerdotale par le seul

Éléazar : ce dernier est donc un personnage commun aux deux séries. Il est remarquable que deux hymnes lui soient adressés. Dans le premier, il est loué en tant que prêtre (ἱερεύς), en 4 M 7,6, et en tant que roi (βασιλεύς), en 4 M 7,10. Éléazar joue donc, dans 4 Maccabées, le même rôle que Judas Maccabée dans 2 Maccabées : les fonctions royale et sacerdotale, jusque-là séparées, sont réunies sur une même tête. Ce qui explique l'absence de tout récit de la révolte des Maccabées dans 4 Maccabées : il ne peut en être question car le récit du martyre d'Éléazar en a pris la place.

Il nous reste à nous interroger sur les raisons de ce glissement structurel et à examiner plus précisément les fonctions du personnage d'Éléazar dans la structure de 4 Maccabées.

f) Appendice : la mention du « zélote » Pinhas (4 M 18,12)

Dans le discours final de la mère des sept frères (4 M 18,7–19), plus précisément dans la collection d'*exempla* mis sur les lèvres du père des sept frères, il est fait mention de l'épisode de Péor (Nombres 25,1–18), au cours duquel le prêtre Pinhas tue un israélite et sa concubine madianite. Dans le texte de 4 Maccabées, la qualité de prêtre de Pinhas n'est pas mentionnée, et il n'exerce aucune fonction sacrificielle. Il n'appartient donc pas à la série des personnages sacerdotaux examinée ici, de la même manière que Salomon, mentionné dans la même série d'*exempla* (4 M 18,16), n'appartient pas à la série correspondante de personnages royaux.

Au passage, Pinhas est qualifié de « zélé » (ζηλωτής). Certes, cet adjectif n'a pas forcément de valeur politique et a pu être emprunté au modèle de 2 Maccabées (en 2 M 4,1, c'est le grand prêtre Onias III, soit également un prêtre, qui est qualifié de ζηλωτής). Mais on ne peut s'empêcher de se demander si l'emploi de ce terme appliqué à Pinhas ne comporte pas une allusion au parti juif du même nom, sans que l'on puisse cependant apporter d'argument supplémentaire à l'appui de cette hypothèse.

4. La figure d'Éléazar, roi et grand prêtre d'un genre nouveau

a) Éléazar comme modèle des autres personnages

Si Éléazar est désigné par son nom propre quatorze fois (4 M 1,8 ; 5,4 ; 5,14 ; 6,1 ; 6,5 ; 6,14 ; 6,16 ; 7,1 ; 7,5 ; 7,10 ; 7,12 ; 9,5 ; 16,15 ; 17,13), il est désigné douze fois (4 M 5,31 ; 6,6 ; 6,10 ; 7,10 ; 7,13 ; 7,16 ; 8,2 ; 8,5 ; 9,6 [2x] ; 16,17 ; 17,9) par le terme générique γέρων, « vieillard », et deux fois par son synonyme πρεσβύτης (4 M 5,6 et 7,10). Alors qu'Éléazar est le seul personnage de 4 Maccabées à être qualifié de γέρων, il faut noter que la mère des sept frères est appelée une fois πρεσβῦτις (4 M 16,14). Les deux personnages partagent donc une position éminente due à leur âge.

Par ailleurs, à plusieurs reprises, Éléazar est proposé, en tant que vieillard, comme modèle ou anti-modèle aux sept frères. C'est Antiochos IV qui ouvre le bal en 4 M 8,5 : Éléazar, désigné par le terme générique γέρων, est présenté comme un modèle de folie (μανία) à ne pas imiter. Le thème est repris en miroir par les sept frères, en 4 M 9,6 : Éléazar, toujours dénommé γέρων, (et même conçu comme représentant exemplaire de l'ensemble des « vieillards d'Israël », οἱ γέροντες τῶν Ἑβραίων), devient un modèle à imiter, un « maître » (παιδευτής) revendiqué en tant que tel. Enfin, en 4 M 16,17, c'est la mère des sept frères qui leur déclare que ce serait une honte pour eux de ne pas imiter la conduite d'Éléazar, toujours dénommé γέρων.

Les sept frères sont, par opposition, à plusieurs reprises désignés génériquement comme des « jeunes gens ». Plusieurs termes grecs synonymes sont employés pour désigner l'ensemble des sept frères : μείρακες en 4 M 14,6 et 14,8 ; μειρακία en 4 M 8,14 et 14,4, restreint en 11,24 aux six premiers frères ; μειρακίσκοι en 4 M 8,1 ; νεανίαι en 4 M 8,5 ; 8,27 ; 14,9 et 14,20 ; νεανίσκοι en 4 M 13,7 et 14,12 (en 4 M 13,9, le même terme désigne les trois jeunes gens de Daniel 3,8–30). Certains de ces termes sont parfois employés au singulier pour désigner l'un des frères en particulier : c'est le cas de νεανίας pour désigner le premier frère en 4 M 9,13 ; 9,21 et 9,25, et de μειρακίσκος pour désigner le sixième frère en 4 M 11,13.

Éléazar et les sept frères forment donc un « couple » vieillard/jeunes gens ou maître/disciples. Ce qui peut expliquer pourquoi l'épisode d'Éléazar est beaucoup plus riche en occurrences de la thèse de 4 Maccabées que celui des sept frères : c'est Éléazar qui théorise la conduite à suivre devant la persécution et les sept frères qui imitent par la suite son modèle. Éléazar et les sept frères sont réduits la plupart du temps à une fonction sociale, l'inégalité d'âge étant censée correspondre à une inégalité de sagesse.

La mère des sept frères est elle aussi réduite, la plupart du temps, à sa condition de « femme » (elle est désignée par le substantif γυνή en 4 M 14,11 ; 15,7 ; 16,1 ; 16,2 ; 16,5 ; 16,10, 16,14 et 17,9) et de « mère » (elle est dénommée μήτηρ pas moins de 38 fois). En fait, elle n'a pas plus de nom propre que ses sept fils et ne se définit que par sa fonction maternelle.

Au sein de l'ensemble des personnages des martyrs, Éléazar est donc le seul à avoir une identité définie. Les sept frères et leur mère, pour héroïques qu'ils soient, ne sont que ses imitateurs.

En revanche, dans la finale de 4 Maccabées, Éléazar n'est expressément mentionné que dans l'épitaphe fictive (4 M 17,9) et en tant que premier combattant dans l'arène des martyrs (4 M 17,13). Pour le reste, il cède la première place aux sept frères et à leur mère. Il y a donc un renversement de situation qui peut s'expliquer par le fait que, dans la finale, le modèle proposé aux sept frères par leur mère est celui de leur père défunt (4 M 18,9–19). Éléazar et le père des sept frères, du fait qu'ils occupent la même position dans la structure narrative, ne peuvent pas être présents simultanément : dans le récit des martyres, Éléazar est sur le devant de la scène et le père des sept frères n'est même pas mentionné ; en revanche, dans la finale, du fait de la mise en avant du père des sept frères, c'est Éléazar qui s'efface.

Éléazar occupe donc une position centrale dans 4 Maccabées : à la fois roi et grand prêtre, il est aussi un maître et un modèle à imiter.

b) Le premier hymne à Éléazar (4 M 7,6–10)

L'attribution à Éléazar des titres de prêtre et de roi intervient dans le cadre du premier hymne qui lui est consacré (4 M 7,6–10), hymne qui présente une structure concentrique assez simple que l'on peut schématiser ainsi :

A Première invocation (4 M 7,6) : Éléazar est prêtre et digne du sacerdoce (ὦ ἄξιε τῆς ἱερωσύνης ἱερεῦ).

B Justification de la dignité sacerdotale (4 M 7,6) : Éléazar a respecté les règles alimentaires juives (passage à la deuxième personne du singulier).

A' Deuxième invocation (4 M 7,7) : Éléazar est un philosophe connaissant la Loi (ὦ σύμφωνε νόμου καὶ φιλόσοφε θείου βίου, « Ô l'écho de la Loi et le philosophe de la vie divine »)

C Conséquence (4 M 7,8) : Éléazar est un modèle pour les responsables des communautés (δημιουργοῦντες τὸν νόμον) qui doivent l'imiter en résistant aux passions jusqu'à la mort (passage à la troisième personne).

A'' Troisième invocation (4 M 7,9) : Éléazar invoqué comme « père » (πάτερ).

B' Justification du titre de père (4 M 7,9) : Éléazar a rendu la Loi crédible par son comportement (passage à la deuxième personne du singulier, avec emploi de la première personne du pluriel « communautaire »).

A''' Quatrième invocation (4 M 7,10) : Éléazar est un ancien (γέρων/πρεσβῦτα) et le plus grand des rois (μέγιστε βασιλεῦ).

La séquence A + B porte sur la qualification sacerdotale d'Éléazar : cette dignité n'est pas, dans le passage considéré, justifiée par un argument généalogique (comme on aurait pu s'y attendre), mais par le respect des normes alimentaires, qui joue un grand rôle dans 4 Maccabées.

La séquence A' + C porte sur la qualification philosophique d'Éléazar, qui vient justifier son rôle de modèle pour les responsables des communautés juives.

La séquence A'' + B' porte sur la qualification « paternelle » d'Éléazar : cette dernière est justifiée par la relation existant entre Éléazar et la communauté à laquelle s'adresse l'auteur de 4 Maccabées, triple relation de renforcement de la fidélité à la Loi (ἐκύρωσας, « tu as fortifié »), de maintien des pratiques de la Loi (οὐ κατέλυσας, « tu as gardé de la ruine ») et de « crédibilisation » de son discours par sa pratique (ἐπιστοποίησας, « tu as confirmé »).

La séquence A''' porte enfin sur la qualification royale d'Éléazar. La royauté d'Éléazar n'est toutefois pas du même genre que celle d'Antiochos IV ou de Séleucos IV : lorsqu'il est qualifié de roi (4 M 7,10), cette royauté correspond au fait qu'il domine ses passions. De ce point de vue, Éléazar reproduit le modèle de David.

Dans cet hymne, Éléazar est présenté comme un modèle pour deux groupes différents : la communauté à laquelle s'adresse l'auteur de 4 Maccabées (séquence B'), mais aussi les responsables de communautés (séquence C). La structure concentrique de l'hymne met d'ailleurs en valeur ce dernier groupe.

c) Qui sont les δημιουργοῦντες de 4 M 7,8 ?

La séquence C propose le comportement d'Éléazar en modèle aux δημιουργοῦντας τὸν νόμον.

Cette expression a suscité une proposition de correction de la part d'A. Dupont-Sommer[7] (substitution de ἱερουργοῦντας à δημιουργοῦντας), qui ne nous paraît pas nécessaire : en effet, à l'époque hellénistique et romaine, δημιοῦργος était un titre de magistrat assez répandu. À l'origine caractéristique des zones doriennes (Péloponnèse, Grèce centrale, îles doriennes du sud de la Mer Égée, à l'exception de la Crète), il était également répandu dans le sud de l'Asie Mineure (Pisidie, Pamphylie, Cilicie)[8]. Δημιουργέω serait dès lors à comprendre non pas dans son sens habituel mais dans celui d' « être démiurge, magistrat »[9].

Quant à τὸν νόμον, nous proposons d'y voir un simple accusatif de relation[10]. Dans ce cas, l'expression pourrait signifier « ceux qui administrent (les communautés) en ce qui concerne la Loi », c'est-à-dire les responsables des communautés juives dans un contexte de diaspora.

Une fois ce point admis, l'interprétation de la structure du premier hymne à Éléazar devient beaucoup plus simple : il s'agirait d'un message adressé aux responsables de certaines communautés juives, peut-être d'Asie Mineure, leur conseillant de rester fidèle à la Loi et en particulier aux règles alimentaires.

On pourrait construire l'hypothèse suivante (qui n'est qu'une hypothèse) : l'auteur de 4 Maccabées serait un responsable de communauté confronté au développement d'une tendance remettant en cause certains aspects de la Loi, en particulier le respect strict des règles alimentaires.

---

[7] A. Dupont-Sommer 1939, 115.

[8] Pour le détail de la répartition géographique, cf. Pauly-Wissowa, 2856–2862, article « Demiurgoi ».

[9] Les attestations de δημιουργέω dans ce sens sont essentiellement épigraphiques (cf. LSJ s.v. – sens II). Dans un exemple en particulier (IG IX(1).32.44), provenant de Stiris (Phocide), le verbe a pour régime τὰ ἱερά et signifie « administrer les affaires sacrées », ce qui se rapproche de son emploi dans 4 M 7,8.

[10] Interpréter τὸν νόμον comme le régime direct de δημιουργέω, comme le fait D. A. deSilva (D. A. De Silva 2006, 152), selon qui l'expression signifierait « ceux qui construisent la Loi », ne conduit à notre avis à aucun sens satisfaisant : en effet, il n'y a aucune trace, dans le reste du texte de 4 Maccabées, d'une quelconque allusion au développement de la Tōrah orale.

Pour étayer sa position conservatrice, il aurait eu recours au modèle du martyr Éléazar comme à une figure prototypique du responsable de communauté idéal.

C'est dans cette perspective qu'il aurait été amené à présenter Éléazar, et, à travers lui, les responsables de communautés fidèles à la Loi, comme les véritables successeurs des rois et des grands prêtres, au prix d'une redéfinition de ces deux fonctions.

d) D'une royauté à l'autre

Les termes de la famille de βασιλεύς sont relativement rares dans 4 Maccabées : l'adjectif βασίλειος, « royal », n'apparaît qu'une seule fois, en 4 M 3,8, à propos de la tente de David ; l'adjectif βασιλικός, « royal », ou plutôt son comparatif βασιλικώτερος, n'apparaît lui aussi qu'une seule fois, à propos du λογισμός des sept frères. Le verbe βασιλεύω, « régner », n'apparaît qu'en 4 M 2,23, à propos de la royauté du sage. Le dérivé βασιλεία apparaît, avec le sens de « royaume », en 4 M 12,5 (à propos du royaume d'Antiochos IV), et, avec le sens de « royauté », en 4 M 2,23 et 12,11. Ce sont ces deux références que nous allons examiner de plus près.

En 4 M 12,11, le septième frère invective Antiochos IV. Ce dernier a reçu la royauté de Dieu lui-même (παρὰ τοῦ θεοῦ λαβὼν...τὴν βασιλείαν, « après avoir reçu de Dieu... la royauté ») et a pourtant persécuté les serviteurs de Dieu : en toute logique, le septième frère lui refuse le titre de βασιλεύς et s'adresse à lui en utilisant le titre de « tyran » (τύραννος).

En 4 M 2,23, nous avons affaire à une théorie de la bonne royauté : le bon souverain gouverne (c'est bien le verbe πολιτεύομαι qui est employé : la traduction « qui vit selon la Loi » d'A. Dupont-Sommer[11] est manifestement erronée, et nous la corrigeons sur ce point) au moyen de la Loi, et sa royauté est caractérisée par l'exercice des quatre vertus cardinales.

4 M 2,23

καὶ τούτῳ νόμον ἔδωκεν, καθ᾽ ὃν πολιτευόμενος βασιλεύσει βασιλείαν σώφρονά τε καὶ δικαίαν καὶ ἀγαθὴν καὶ ἀνδρείαν.

« à cette intelligence il a donné une Loi : et qui gouverne selon cette Loi est roi d'une royauté de tempérance, de justice, de bonté et de courage. » (traduction A. Dupont-Sommer corrigée)

Si l'on opère la synthèse des affirmations de ces deux passages, la royauté est un don de Dieu, mais ne peut être correctement exercée qu'au moyen de la Loi. Il y a donc des mauvais rois, qui font un mauvais usage de la royauté reçue de Dieu (c'est le cas d'Antiochos IV, d'après 4 M 12,11) et des bons rois, caractérisés par leur vertu : au souverain anonyme et théorique de 4 M 2,23 fait écho l'« homme sage et courageux » (ὁ σοφὸς καὶ ἀνδρεῖός) de 4 M 7,23, « maître des passions » (τῶν παθῶν κύριος). 4 M 2,23 appartient à la « partie philoso-

---

[11] A. Dupont-Sommer 1939, 97.

phique », théorique. 4 M 7,23 est la conclusion de l'éloge d'Éléazar, exemple concret d'homme sage et courageux, qualifié peu auparavant, en 4 M 7,10, de « roi » (βασιλεύς) « des passions » (τῶν παθῶν). Le réseau d'échos lexicaux que nous sommes en train de relever est destiné à montrer au lecteur que l'idéal du bon roi, énoncé en 4 M 2,23, a été réalisé par Éléazar.

Le concept de royauté connaît donc, dans 4 Maccabées, un glissement qui le fait passer d'un premier sens, la domination des autres hommes, à un second, la domination de soi-même avec l'aide du λογισμός, comme le montre la conclusion du premier hymne à Éléazar (4 M 7,10) : Éléazar règne en fait sur ses propres passions, et les responsables de communautés sont invités à faire de même (4 M 7,8).

Mais qu'en est-il du concept de prêtrise ? Nous allons entreprendre de démontrer qu'il connaît un glissement parallèle à celui de royauté, conduisant du sens d'agent du sacrifice d'un être extérieur à celui d'agent du sacrifice de soi-même.

e) D'un sacrifice à l'autre

Le Temple de Jérusalem est quasiment absent de 4 Maccabées. Le nom « Temple » (ἱερόν) lui-même n'apparaît que cinq fois : quatre fois (4 M 4,3 ; 4,8 [2x] ; 4,11) en rapport avec Onias III, au cours de l'épisode d'Apollonios, et une fois (4 M 4,20) en rapport avec Jason. En fait, une fois la désacralisation opérée par Jason (4 M 4,20), le Temple disparaît du récit (et le récit de la Dédicace du Temple de 2 M 10,1–8 n'a aucun correspondant dans 4 Maccabées).

De façon parallèle, Jérusalem, mentionnée deux fois au cours de l'épisode d'Apollonios (la ville est nommée en 4 M 4,3 et ses habitants en 4 M 4,22), disparaît dans la suite du récit et ne réapparaît brièvement que dans la finale (la ville et ses habitants sont nommés en 4 M 18,5), dans la conclusion narrative de la « source B ».

Le Temple est, dans 4 Maccabées, le lieu d'exercice du culte rendu à Dieu, dénommé ἱερουργία, « service du Temple », en 4 M 3,20 et κηδεμονία τοῦ ἱεροῦ, « service du Temple », en 4 M 4,20. La traduction des deux expressions par A. Dupont-Sommer est identique, mais il y a une réelle recherche de variation dans le texte de 4 Maccabées : ἱερουργία est assez banal, alors que κηδεμονία, « sollicitude », est un terme relativement fort, relevant du vocabulaire psychologique. C'est au moment où le Temple va, du fait de sa profanation, perdre sa fonction, qu'apparaît, dans le texte de 4 Maccabées, une expression traduisant l'attachement du peuple juif à son sanctuaire. Ce n'est sans doute pas un hasard.

En revanche, il n'est à aucun moment fait mention, dans 4 Maccabées, de sacrifices se déroulant dans le Temple. De façon significative, le sacrifice d'expiation (ἱλασμός) effectué en faveur d'Héliodore par Onias III (2 M 3,33) dans l'épisode d'Héliodore de 2 Maccabées disparaît dans l'épisode d'Apollonios de 4 Maccabées et est remplacé par une prière du même Onias III (4 M 4,13).

En fait, il est bel et bien question explicitement, dans 4 Maccabées, d'un sacrifice d'expiation (ἱλαστήριον) offert en faveur d'Israël par Éléazar et les sept frères (4 M 17,22) : c'est le sacrifice de soi-même que représente le martyre qui vient prendre la place des sacrifices offerts dans le Temple. Déjà, en 4 M 13,13, sans qu'il soit question explicitement d'un sacrifice, les sept frères s'exhortaient mutuellement à se consacrer à Dieu, en se donnant ainsi un statut proche de celui d'une victime sacrificielle.

5) Conclusion

De même que 2 Maccabées peut être lu comme une légitimation du transfert des fonctions royale et sacerdotale aux Hasmonéens, de même 4 Maccabées peut être abordé comme un écrit légitimant, à travers la figure d'Éléazar, le transfert de ces mêmes fonctions aux responsables de communauté (δημιουργοῦντες), à qui Éléazar est proposé comme modèle (4 M 7,8). Il ne s'agit pas d'une simple transposition de la structure de 2 Maccabées : au passage, la fonction royale est profondément transformée, puisqu'elle en vient à être identifiée avec l'idéal du sage de la philosophie grecque, pratiquant les quatre vertus cardinales (4 M 2,23) ; de la même manière, du côté de la fonction sacerdotale, la notion de sacrifice a elle aussi profondément évolué, puisque désormais c'est la fidélité à la Loi jusqu'au martyre qui remplit la fonction propitiatoire des sacrifices (4 M 17,21–22). 4 Maccabées est donc, entre autres, le récit du remplacement de la fonction médiatrice du culte rendu dans le Temple par l'observance de la Loi jusqu'au martyre, à laquelle sont appelées les communautés juives.

Une telle substitution de la pratique de la Loi au culte rendu dans le Temple n'est envisageable que dans une période postérieure à 70 ap. J.-C. Il est possible de corroborer cette datation en observant la façon dont Israël est désigné dans le texte de 4 Maccabées.

B. Les désignations d'Israël dans 4 Maccabées

I. Introduction

Dans le texte de 4 Maccabées, Israël est majoritairement désigné comme un « peuple » uni par le sang (ἔθνος). Dans la plupart des occurrences, ce substantif est déterminé par un article, sans autre spécification : les destinataires implicites de 4 Maccabées étant juifs, le fait que « le peuple » est celui d'Israël n'a pas besoin d'être explicité. Le « peuple » est une entité collective fondée sur la parenté par le sang (le personnage qui incarne cette filiation étant la mère des sept frères elle-même, qualifiée de μήτηρ ἔθνους, « mère du peuple », en 4 M 15,29). Le « peuple » inclut l'auteur et l'auditoire de 4 Maccabées, comme le montre l'emploi du pronom de la première personne du pluriel au génitif dans τὸ ἔθνος ἡμῶν, « notre peuple », en 4 M 17,20. Le « peuple », bien que composé d'individus isolables (comme le montrent le distributif ἕνα ἕκαστον τοῦ ἔθνους, « chacun de ceux qui appartenaient au peuple », en 4 M 4,26, et l'expression elliptique τοῖς ἀπὸ τοῦ ἔθνους, « ceux de notre peuple », en 4 M 17,8), est présenté, dans la plupart des cas, comme une personne collective, victime réelle de la tyrannie (4 M 1,11) et potentielle de l'oppression de ses ennemis (4 M 17,20), auteur de péchés (4 M 17,21) mais bénéficiaire espéré de la Providence divine (4 M 9,24), objet encore du témoignage des sept frères (4 M 16,16), bénéficiaire enfin de la paix retrouvée (4 M 18,4).

Les autres désignations possibles du « peuple » restent minoritaires. Λαός n'est employé qu'en 4 M 4,26, pour désigner l'agent collectif du mépris des lois d'Antiochos IV. C'est en 4 M 4,26 également qu'intervient l'unique mention du « judaïsme » dans 4 Maccabées. Le substantif Ἰουδαϊσμός est sans doute emprunté directement au texte de 2 Maccabées, où il figure à trois reprises (2 M 2,21 ; 8,1 ; 14,38) : la première fois, dans l'introduction de la seconde partie de 2 Maccabées ; la deuxième fois, à la jointure exacte du récit des persécutions d'Antiochos IV et de celui de la révolte des Maccabées ; la troisième fois, dans le cadre de l'épisode de Razis. Ces trois occurrences représentent la plus ancienne attestation du terme. En dehors des occurrences de 2 et 4 Maccabées, Ἰουδαϊσμός est essentiellement d'usage néotestamentaire et chrétien.

Est-il possible de déduire du voisinage de λαός et de Ἰουδαϊσμός en 4 M 4,26 qu'aux yeux de l'auteur de 4 Maccabées le λαός est le « peuple » défini par l'appartenance à une foi commune, par opposition avec l'ἔθνος défini par la filiation commune ? Il est difficile d'aller jusque-là, le texte n'insistant pas sur cette distinction possible. Il n'en reste pas moins que la conjonction, dans un même verset, de deux particularismes lexicaux, doit répondre à une intention de l'auteur, même si celle-ci nous échappe.

C'est en revanche sans doute à une conception généalogique du peuple d'Israël que renvoie l'usage du substantif γένος en 4 M 17,10. Ce même terme était déjà apparu en 4 M 5,4 pour affirmer la filiation sacerdotale d'Éléazar. Il est difficile de détecter une intention particulière de cet emploi en 4 M 17,10, d'autant qu'ἔθνος apparaît immédiatement auparavant (4 M 17,8). Peut-être a-t-on affaire ici à une simple variation d'ordre stylistique.

En revanche, l'unique mention du nom d'Israël, dans le cadre de la finale de 4 Maccabées (4 M 17,22), n'est certainement pas l'effet du hasard : c'est uniquement lorsque la Providence divine est intervenue pour délivrer le peuple que ce dernier retrouve son nom, marque de sa relation à Dieu.

II. La terre d'Israël : la « patrie »

La terre d'Israël est mentionnée à plusieurs reprises dans 4 Maccabées, toujours en relation avec la « tyrannie ». En 4 M 1,11, la « patrie » fait l'objet d'un combat entre le « tyran » et les sept frères, vainqueurs grâce à leur endurance (ὑπομονή) : le fruit de la victoire est la purification (emploi du verbe καθαρισθῆναι) de la « patrie ». Le même syntagme verbal (τὴν πατρίδα καθαρισθῆναι) reviendra mot pour mot dans la finale, en 4 M 17,21, juste après une nouvelle mention du châtiment du tyran et en liaison avec le thème du sacrifice propitiatoire (emploi de ἀντίψυχον en 4 M 17,22). L'effet d'inclusion montre bien que nous avons affaire là à l'un des thèmes majeurs de 4 Maccabées. Le substantif πατρίς réapparaît une seconde fois dans la finale, en 4 M 18,4. Le mérite des sept frères est, dans ce passage, d'avoir restauré l'observance de la loi (εὐνομία). Le parallélisme entre 4 M 17,22 et 18,4 (même mention, dans le contexte immédiat, de la victoire sur les ennemis d'Israël) amène à penser que la purification de la patrie et la restauration de l'observance de la Loi sont, pour l'auteur de 4 Maccabées, une seule et même chose.

Le substantif πατρίς, en dehors de ces deux passages symétriques, apparaît surtout dans l'épisode d'Apollonios, transposition par l'auteur de 4 Maccabées de l'épisode d'Héliodore de 2 Maccabées, et dans le récit de l'intronisation de Jason qui suit immédiatement : pas moins de trois occurrences (4 M 4,1 ; 4,5 ; 4,20) dont les deux dernières en relation avec la communauté formée par l'auteur et ses destinataires, comme le montre l'adjonction du génitif ἡμῶν, « notre ». Dans les trois cas, la « patrie » apparaît comme une réalité menacée, non pas par un ennemi extérieur, mais par la trahison de certains membres du peuple (Simon, dans les deux premiers cas ; Jason, dans le troisième).

Deux conclusions ressortent de cet examen rapide des emplois du substantif πατρίς dans 4 Maccabées.

D'une part, la « patrie » en question occupe la place du Temple. C'est elle qui doit être purifiée et qui a donc été souillée. C'est donc elle qui représente l'espace sacré, en lieu et place de l'autel du Temple : il est à remarquer que l'absence du récit de la révolte des Maccabées dans 4 Maccabées implique l'absence du récit de la purification de l'autel et de la dédicace. Absence significative. C'est désormais l'observance de la Loi (mentionnée en 4 M 18,4) qui est source de pureté pour le sol de la « patrie ». La présence du thème de la « patrie » dans 4 Maccabées a pu être invoquée pour légitimer une datation antérieure à la destruction du Temple, en 70 ap. J.-C. L'examen attentif des occurrences n'implique pas cette conséquence : nulle part dans 4 Maccabées la « patrie » n'est mise en relation avec un territoire concret.

Par ailleurs, en dehors de l'introduction et de la finale, le thème de la « patrie » est concentré dans des sections narratives tirées du modèle de 2 Maccabées. La « patrie » y apparaît comme un objet fragile, à la merci de la trahison (emploi de προδίδωμι, « trahir », en 4 M 4,1) de membres du peuple qui se caractérisent précisément par leur abandon de l'observance de la Loi (emploi du substantif παρανομία, « violation de la Loi », à propos de Jason en 4 M 4,19), l'interruption du culte (καταλῦσαι τὴν τοῦ ἱεροῦ κηδεμονίαν, « il supprima le service du Temple ») étant dans le récit de 4 Maccabées le fruit d'une décision de Jason et non d'Antiochos IV. Trahir la patrie et trahir la Loi sont donc, dans ce contexte, une seule et même chose. Pour paraphraser l'adage connu *Ubi papa, Ibi Roma* pour l'auteur de 4 Maccabées, *Ubi lex, Ibi patria*. C'est l'observance de la Loi qui définit la patrie, conception qui a davantage sa place après 70 ap. J.-C qu'avant.

III. La « constitution » (πολιτεία)

Un terme clef de 4 Maccabées est le substantif πολιτεία (ou le verbe correspondant πολιτεύομαι), hélas difficile à traduire d'une manière uniforme. En effet, ce lexème se réfère dans 4 Maccabées soit au peuple d'Israël en tant que communauté politique (πολιτεία : 4 M 3,20 ; 8,7 ; 17,9 ; πολιτεύομαι : 4 M 4,23 ; 5,16), soit au comportement éthique individuel qui se doit d'être conforme aux prescriptions de la Loi (πολιτεύομαι : 4 M 2,8 ; 2,23).

Le verbe πολιτεύομαι, « se gouverner », est toujours accompagné du datif de moyen νόμῳ (déterminé par l'article en 4 M 2,8 et 4,23, accompagné de l'adjectif πάτριος, « ancestral », en 4 M 4,23), sauf dans un cas (en 4 M 2,23, le datif de moyen est remplacé par le tour prépositionnel κατά + accusatif « selon », variation sans doute induite par le contexte syntaxique d'une proposition relative). C'est la Loi qui est à la source du bon gouvernement du peuple d'Israël comme de l'éthique individuelle de l'individu.

Le substantif πολιτεία renvoie dans la majorité des cas au peuple d'Israël en tant que corps politique. C'est le cas en 4 M 3,20 (où le terme est certainement à traduire par « état, constitution », et certainement pas par « droit de cité » comme le propose A. Dupont-Sommer) et en 4 M 17,9, où il est accompagné du génitif déterminatif Ἑβραίων, « des Hébreux ». En 4 M 8,7, dans la bouche d'Antiochos IV, la Loi (désignée ici de manière étrange non pas par νόμος, comme dans le reste de 4 Maccabées, mais par son synonyme θεσμός, qui, dans son usage classique, renvoie pourtant à une loi divine, par opposition aux lois humaines, par exemple chez Eschyle, *Euménides* 391, ou chez Xénophon, *Cyropédie* 1,6,6, comme si Antiochos IV reconnaissait lui-même involontairement le caractère divin de la Loi) apparaît comme la constitution de cette πολιτεία.

IV. Conclusion

Dans le texte de 4 Maccabées, à travers le vocabulaire employé, Israël est présenté comme un corps politique auquel la Loi sert de constitution et de fondement. Certes, le texte de 4 Maccabées comporte également une définition généalogique d'Israël, uni par la commune descendance d'Abraham (4 M 17,6) mais aussi, paradoxalement, de la mère des sept frères, proclamée « mère de la nation » (4 M 15,29) ! En revanche, malgré la présence récurrente du substantif πατρίς, « patrie », Israël n'est jamais défini dans 4 Maccabées en référence à un territoire déterminé. On a vu plus haut que la πατρίς est définie par l'observance de la Loi et non par la possession de la terre d'Israël. Il est donc probable que la perception d'Israël par l'auteur de 4 Maccabées renvoie à une période postérieure à la perte du territoire national, et donc à 70 ap. J.-C.

Par ailleurs, comme on l'a vu, 4 Maccabées ne reprend pas à 2 Maccabées le récit de la révolte des Maccabées et de la nouvelle dédicace du Temple. Ce sont les sept frères qui, par leur sacrifice, sont les vrais libérateurs du peuple (4 M 17,20–22). Faut-il voir là une condamnation implicite de l'usage de la violence pour hâter la délivrance d'Israël ? Comme rien de plus explicite ne figure dans le texte de 4 Maccabées, il est difficile d'aller jusque-là.

Chapitre VI

Interprétation sociologique :
Une stratégie de défense d'un groupe confronté au défi de l'interculturation

Au moment de la rédaction de 4 Maccabées, il n'y a sans doute plus, depuis longtemps, d'État national juif. La communauté destinataire de l'ouvrage est donc un groupe minoritaire inséré dans un contexte culturel étranger au judaïsme, et le livre tout entier peut être lu comme une tentative de réponse aux questions soulevées par cette situation. Le message de 4 Maccabées ne peut pas être dissocié du contexte sociologique de sa production. Pour pouvoir analyser ce dernier de manière plus précise, nous nous sommes tourné (partie A de ce chapitre) vers quatre modèles sociologiques initialement conçus pour la compréhension des phénomènes d'acculturation liés aux flux migratoires des sociétés contemporaines, ceux développés respectivement en 1990 par C. Camilleri[1], à partir de 1989 par J. W. Berry[2], en 1997 par R. Y. Bourhis et ses collègues[3], enfin à partir de 2004 par M. Navas-Luque et ses collègues[4]. Nous avons en quelque sorte mis ces quatre modèles en concurrence pour déterminer lequel d'entre eux convient le mieux pour décrire le contexte de rédaction de 4 Maccabées.

Une première analyse (partie B), fondée sur le Modèle d'Acculturation Interactive (MAI) de R. Y. Bourhis, qui prolonge et précise la typologie des « stratégies d'acculturation » de J. W. Berry, nous a semblé prometteuse dans un premier temps. 4 Maccabées, dans cette perspective, serait le théâtre d'un affrontement entre deux stratégies, d'une part une stratégie d'assimilation, prônée dans le récit, par Antiochos IV, et dans la réalité, peut-être par une fraction de la communauté juive, et d'autre part, une stratégie de séparation, soutenue par l'auteur de 4 Maccabées.

Cette interprétation révèle cependant des insuffisances (partie C) : comment expliquer dans ce cas que l'auteur de 4 Maccabées ait paradoxalement, pour lutter contre l'assimilation à la culture grecque, recours aux outils de cette dernière (langue, littérature, philosophie) ?

---

[1] C. Camilleri 1990.
[2] J. W. Berry 1997.
[3] R. Y. Bourhis, L. C. Moïse, S. Perreault, S. Senécal 1997.
[4] C. R. Velandia-Coustol, M. Navas Luque, A. J. Rojas Tejada 2018.

Après avoir examiné (partie D) plusieurs explications possibles de ce paradoxe, nous avons abouti à la conclusion que notre interprétation doit être complétée à l'aide de la typologie des « stratégies identitaires » de Carmel Camilleri. La stratégie suivie, consciemment ou non, par l'auteur de 4 Maccabées, relève de la « cohérence complexe », qui vise à rassembler des valeurs empruntées aux deux cultures, dominante (grecque) et dominée (juive), tout en s'efforçant d'atténuer leurs contradictions, pour concilier l'impératif de cohésion interne (fonction ontologique) et celui d'adaptation à l'environnement immédiat (fonction pragmatique).

A. Les différents modèles sociologiques

I. La typologie des « stratégies identitaires » de Carmel Camilleri

Dans le cadre de sa typologie des « stratégies identitaires », C. Camilleri commence par définir l'identité comme « une dynamique d'aménagement permanent des différences, y compris les oppositions, en une formation perçue comme non contradictoire »[5]. Autrement dit, l'individu sélectionne un certain nombre d'éléments pour se définir, mais est amené à adapter en permanence cette sélection en fonction de son environnement. Tant que cette évolution est perçue comme une continuité, le sentiment d'identité demeure. Les modifications sont évaluées à l'aune de leur incidence sur l'image que l'individu a de lui-même. « Ainsi la constitution de l'identité de fait, constatée, est inséparable de la négociation d'une identité de valeur, revendiquée »[6]. Les individus sont en plus confrontés avec les identités prescrites que la société leur attribue, à savoir l'ensemble des conduites et des caractères qu'autrui leur prête. Toute la dynamique des « stratégies identitaires » provient de l'interaction entre ces trois « pôles identitaires ».

Dans une situation inégalitaire opposant un dominant et un dominé, l'identité prescrite par le dominant est en général péjorative et entraîne l'apparition chez le dominé d'une image de soi négative. Le dominé peut réagir à cette « atteinte à l'auto-attribution de la valeur » de différentes manières : il peut s'assimiler au dominant en rejetant l'identité négative sur les autres membres de son groupe – c'est l' « identité négative déplacée » ; il peut pratiquer la mise à distance en prenant acte de l'identité imposée par autrui sans intérioriser la dévalorisation qui lui est liée – c'est l' « identité par distinction » ; il peut se servir de son identité culturelle pour se protéger du jugement d'autrui – c'est l' « identité-défense » ; il peut enfin sur-affirmer son identité culturelle, plus ou moins agressivement – c'est l' « identité polémique ».

Il n'y a pas que l'image de soi qui soit impactée dans une situation de do-

---

[5] C. Camilleri 1990, 86.
[6] C. Camilleri 1990, 86.

mination culturelle. L'identité d'un individu a en effet deux fonctions principales : assurer la cohérence interne de son univers symbolique – c'est sa fonction ontologique – et lui permettre de s'adapter à son environnement – c'est sa fonction pragmatique. C'est l'écart induit entre ces deux fonctions par la situation de membre d'un groupe dominé qui entraîne l'apparition des conflits identitaires. L'individu va s'efforcer, en réaction, d'adopter une stratégie d'évitement.

Une première famille de stratégies résout le « problème de la contradiction objective (et des tensions consécutives) par la suppression de l'un des termes »[7] : ce sont les stratégies de « cohérence simple ». La « survalorisation de la préoccupation ontologique » conduit à des positions conservatrices marquées par le rejet de la culture dominante, associées le plus souvent à un « minimum pragmatique » permettant la survie. En sens inverse, la « survalorisation de la préoccupation pragmatique » conduit à l'adoption opportuniste de la culture dominante, quitte à pratiquer « l'alternance conjoncturelle des codes » en fonction des circonstances.

Une deuxième famille de stratégies cherche à « élaborer une formation capable d'assurer l'impression de non-contradiction en tenant compte de tous les éléments en opposition »[8] : ce sont les stratégies de « cohérence complexe ». Elles peuvent aller d'un simple bricolage, retenant des éléments des deux modèles culturels en présence en fonction des avantages procurés, en obéissant à une « logique subjective », sans chercher à éviter les contradictions, jusqu'à des constructions plus complexes attentives à la « logique rationnelle ». Il peut s'agir d'une stratégie de réappropriation de traits culturels empruntés à la culture dominante mais réinterprétés pour les rendre compatibles avec les fondements de la culture dominée, ou bien d'une stratégie de dissociation, reposant sur la distinction de domaines différents où s'appliquent les valeurs de l'une ou l'autre culture, ou encore de la recherche d'une synthèse au moyen de l'articulation organique des contraires (dans ce cas les traits empruntés à la culture dominante sont remotivés en référence aux normes de la culture dominée). D'autres stratégies peuvent reposer sur la valorisation de l'esprit aux dépens de la lettre, correspondant à « l'abandon d'anciennes déterminations institutionnelles fixées dans le passé pour les récupérer sous forme de valeurs et d'attitude « libres », dégagées des contenus cristallisés par la tradition et retrouvant ainsi leur dynamisme et de nouvelles possibilités de réalisation (« mobilisation »). ». Enfin, il peut y avoir dissociation entre l'adhésion à une valeur et son application pratique dans la réalité.

Enfin, une dernière famille de stratégies s'efforce de modérer le conflit culturel, faute de pouvoir l'éviter : les individus peuvent attribuer des poids différents aux valeurs en opposition pour aboutir à des compromis, ou bien

---

[7] C. Camilleri 1990, 95.
[8] C. Camilleri 1990, 95.

consentir à vivre avec des « valeurs opposées à celle auxquelles on adhère », tout en cherchant à en limiter la portée, ou bien encore pratiquer l'alternance systématique des codes.

II. La typologie des « stratégies d'acculturation » de John W. Berry

J. W. Berry, de son côté, partant du constat que le contexte culturel d'origine a un fort impact sur le développement comportemental des individus, s'intéresse aux stratégies d'adaptation que peut adopter, plus ou moins volontairement, un individu issu d'un contexte culturel donné lorsqu'il est amené à vivre dans un autre contexte culturel, que ce changement soit dû à un phénomène migratoire ou à une situation de contact ou de domination culturels.

L'auteur distingue quatre stratégies, qui se différencient par les réponses apportées à deux questions fondamentales : a) cherche-t-on ou non à maintenir des comportements liés au contexte culturel d'origine ? ; b) cherche-t-on ou non à acquérir des comportements liés au nouveau contexte culturel ?

Les quatre stratégies possibles sont l'intégration (maintien de comportements liés à la culture d'origine et acquisition de comportements liés à la culture d'accueil), l'assimilation (perte des comportements liés à la culture d'origine et acquisition de comportements liés à la culture d'accueil), la séparation (maintien de comportements liés à la culture d'origine sans acquisition de comportements liés à la culture d'accueil) et la marginalisation (perte des comportements liés à la culture d'origine sans acquisition de comportements liés à la culture d'accueil).

III. Le « Modèle d'Acculturation Interactive » (MAI) de Richard Yvon Bourhis et alii

Le modèle de J. W. Berry a été critiqué et modifié par d'autres auteurs pour tenir compte entre autres des attentes de la société d'accueil. C'est ainsi qu'en 1997 R. Y. Bourhis, L. C. Moïse, S. Perreault et S. Senécal ont proposé un nouveau modèle, le Modèle d'Acculturation Interactive (MAI), qui se distingue de la théorie d'origine de J. W. Berry sur deux points.

Tout d'abord, la marginalisation est remplacée par deux stratégies proches mais distinctes, l'anomie, ou perte pathologique des repères de l'une ou l'autre culture, et l'individualisme, où les personnes préfèrent interagir avec autrui sur un mode purement individuel, indépendamment des prescriptions de l'une ou l'autre culture.

Par ailleurs, les attentes de la société hôte sont elles aussi formalisées, d'une manière symétrique. Il y a là aussi deux questions fondamentales : a) Est-il acceptable que les immigrés maintiennent leur identité culturelle ? b) Est-il acceptable que les immigrés adoptent l'identité culturelle de la culture hôte ?

Les cinq stratégies possibles sont l'intégration (pour deux réponses positives), l'assimilation (si la première réponse est négative et la seconde positive), la ségrégation (si la première réponse est positive et la seconde négative), l'exclusion (symétrique de l'anomie) et l'individualisme (symétrique de la stratégie semblable du côté des immigrés) si les deux réponses sont négatives.

Comme il y a cinq stratégies possibles d'un côté et cinq de l'autre, il y a vingt-cinq types d'interaction envisageables qui débouchent sur trois aboutissements possibles : consensuel (dans les cas Intégration *vs* Intégration, Assimilation *vs* Assimilation et Individualisme *vs* Individualisme), problématique (dans les cas Assimilation *vs* Intégration, Intégration *vs* Assimilation, Anomie *vs* Intégration, Individualisme *vs* Intégration, Anomie *vs* Assimilation, Individualisme *vs* Assimilation, Intégration *vs* Individualisme, Assimilation *vs* Individualisme, Séparation *vs* Individualisme, Anomie *vs* Individualisme) et conflictuel (dans tous les autres cas, notamment lorsque la stratégie des immigrés est la séparation ou lorsque la stratégie de la société hôte est la ségrégation ou l'exclusion).

IV. Le « Modèle Amplifié d'Acculturation Relative » (MAAR) de Marisol Navas-Luque et alii

Le modèle a été encore affiné par la suite pour aboutir au Modèle Amplifié d'Acculturation Relative (MAAR) qui se distingue du MAI, d'une part, par la prise en compte du fait qu'aussi bien les populations immigrées que la société hôte peuvent opter pour une stratégie sur le plan idéal mais être contraintes d'en adopter une autre sur le plan réel, d'autre part, par la constatation que les stratégies choisies peuvent diverger selon les domaines d'application. C'est ainsi que le MAAR distingue huit domaines, classés depuis le plus central jusqu'au plus périphérique : le domaine des valeurs, le domaine religieux, celui des relations familiales, celui des relations sociales, le domaine économique, le domaine du travail, celui du bien-être social et enfin le domaine politique.

B. Première analyse (suivant le MAI)

Si l'on part de la grille d'analyse du MAI, qui prolonge celle de J. W. Berry, 4 Maccabées peut être lu comme un ouvrage promouvant, au sein de communautés juives insérées dans un contexte culturel grec, une stratégie de séparation, au détriment d'une stratégie concurrente d'assimilation, tout en employant paradoxalement des outils culturels (langue, philosophie) empruntés au monde hellénophone. L'intégration de l'auteur de 4 Maccabées au contexte culturel environnant était sans doute plus profonde que ce qu'il pouvait reconnaître consciemment.

I. Du côté d'Antiochos IV : une stratégie d'assimilation

L'adversaire déclaré d'Éléazar et des sept frères dans 4 Maccabées est évidemment Antiochos IV, qui veut forcer les Juifs dans leur ensemble à abandonner les prescriptions de la Tōrah, soit une politique d'assimilation forcée, d'origine extérieure au peuple d'Israël.

Il est pourtant possible de déceler, dans le livre, des traces directes ou indirectes d'une stratégie d'assimilation volontaire à la culture grecque, d'origine interne. C'est particulièrement le cas dans le récit cadre, surtout dans les sections qui remontent, dans notre hypothèse, à la source B[9].

L'assimilation au contexte culturel grec, impliquant l'abandon de l'observance des prescriptions de la Tōrah, est prônée dans le texte de 4 Maccabées, d'une part, dans le récit cadre relevant du registre 1, par Jason et son parti, et, d'autre part, par Antiochos IV, dans les discours relevant du registre 2 (4 M 5,6–13 ; 8,5–11 ; 12,3–5), auxquels fait écho le discours fictif des sept frères (4 M 8,17–26).

Dans le récit cadre, l'initiative de la stratégie d'assimilation revient aux « novateurs » (νεωτερίσαντες) de 4 M 3,21, sur l'identité desquels le texte ne s'attarde pas, mais qui comprennent certainement dans leurs rangs Simon, l'adversaire d'Onias III mentionné aussitôt après en 4 M 4,1, et Jason, le grand prêtre usurpateur de 4 M 4,16. Ce dernier incarne la volonté d'assimilation : c'est lui qui, en 4 M 4,20, construit un gymnase et abolit le service du Temple. L'abolition de la Loi par Antiochos IV (4 M 4,23) est donc précédée par un abandon volontaire de celle-ci par une partie des Juifs, sans que le récit cadre ne nous décrive véritablement leurs motivations.

L'argumentation que l'on aurait pu attendre de leur part est en fait mise dans la bouche d'Antiochos IV, s'adressant aux sept frères (4 M 8,5–11)[10] : pour la dégager, il faut retrancher de ce discours tout ce qui fait allusion au contexte narratif (par exemple la mention d'Éléazar en 4 M 8,5) et aux supplices dont sont menacés les sept frères (4 M 8,9–11). Une fois ce tri effectué, que reste-t-il de ce discours ?

En 4 M 8,7–8 Antiochos IV invite les sept frères à adopter « la manière de vivre des Grecs » (μεταλαβόντες Ἑλληνικοῦ βίου) et à changer leurs « habitudes » (μεταδιαιτηθέντες), au prix de la renonciation à leur « loi ancestrale » (ἀρνησάμενοι τὸν πάτριον ὑμῶν τῆς πολιτείας θεσμόν). Le bénéfice attendu de cette attitude est avant tout une possibilité accrue de promotion sociale : les sept frères se voient promettre, dans ce même discours (4 M 8,7), des « charges éminentes » dans le « gouvernement » d'Antiochos IV (ἀρχάς ἐπὶ τῶν ἐμῶν

---

[9] Cf. 98.

[10] Lorsqu'Antiochos IV s'adresse à Éléazar (4 M 5,6–13), le ton est différent : la Tōrah est critiquée pour son irrationalité, sur la base d'arguments d'ordre philosophique. Éléazar répond d'ailleurs sur le même plan, en cherchant à prouver au contraire la rationalité de la Loi (4 M 5,16–38).

πραγμάτων ἡγεμονικάς), promesse peu vraisemblable dans les circonstances du récit, mais pouvant correspondre aux aspirations d'une partie des élites juives. C'est dans le même sens qu'il faut comprendre l'offre, à la fin de 4 M 8,5, de l'« amitié » royale : les « amis » du Roi constituent en fait le premier cercle de sa cour !

4 M 8,5 (fin)

ἀλλὰ καὶ παρακαλῶ συνείξαντάς μοι τῆς ἐμῆς ἀπολαύειν φιλίας·

« mais encore je vous exhorte à céder à mon vouloir et à jouir de mon amitié »

La même idée est reprise, dans la bouche du même Antiochos IV, à destination du septième frère, en 4 M 12,5 : le roi lui promet de le promouvoir au rang de ses « amis » et même d'en faire son principal ministre !

4 M 12,5

πεισθεὶς δὲ φίλος ἔσῃ καὶ τῶν ἐπὶ τῆς βασιλείας ἀφηγήσῃ πραγμάτων.

« mais, si tu obéis, tu seras mon ami et tu dirigeras les affaires du royaume » (traduction A. Dupont-Sommer retouchée)

Cet élément narratif incongru est en fait un emprunt direct à 2 M 7,24, où Antiochos IV fait à peu près la même promesse au septième frère.

2 M 7,24

Ὁ δὲ Ἀντίοχος οἰόμενος καταφρονεῖσθαι καὶ τὴν ὀνειδίζουσαν ὑφορώμενος φωνὴν ἔτι τοῦ νεωτέρου περιόντος οὐ μόνον διὰ λόγων ἐποιεῖτο τὴν παράκλησιν, ἀλλὰ καὶ δι' ὅρκων ἐπίστου ἅμα πλουτιεῖν καὶ μακαριστὸν ποιήσειν μεταθέμενον ἀπὸ τῶν πατρίων καὶ φίλον ἕξειν καὶ χρείας ἐμπιστεύσειν.

« Antiochos se crut méprisé et soupçonna un outrage dans ces paroles. Le plus jeune était encore en vie, et non seulement il lui parlait pour l'exhorter, mais il lui donnait avec serment l'assurance de le rendre riche et très heureux s'il abandonnait la tradition de ses pères, d'en faire son ami et de lui confier de hauts emplois. »

Aussi bien dans 2 Maccabées que dans 4 Maccabées, le septième frère, lorsqu'il répond à Antiochos IV, ne fait aucune allusion à l'offre démesurée qui vient de lui être faite, offre qui apparaît comme un corps étranger dans le récit. Comment expliquer alors sa présence ? Nous formulons ici l'hypothèse que, dans les deux ouvrages, la promesse invraisemblable d'Antiochos IV fait en réalité écho de manière hyperbolique aux ambitions sociales de Juifs « hellénisants » qui pouvaient penser que le respect des normes de la Tōrah était un obstacle à leur insertion et à leur promotion sociale. En mettant cette conception dans la bouche d'Antiochos IV, l'auteur de 2 Maccabées cherchait avant tout à la dévaloriser et à la décrédibiliser. L'auteur de 4 Maccabées aurait repris le même élément narratif, avec la même fonction, tout en poussant un peu plus loin l'hyperbole, puisque la direction des « affaires du royaume » promise en 4 M 12,5 est absente du texte correspondant de 2 Maccabées.

En revanche, ce qui est particulier à 4 Maccabées est le fait que l'on y trouve, en 4 M 6,21, dans la bouche d'Éléazar, l'idée opposée, selon laquelle l'abandon de la pratique de la Tōrah par les Juifs n'attirerait de la part des Grecs (représentés par Antiochos IV) que le mépris, en raison de la lâcheté dont il serait le témoin. Le lecteur peut donc en déduire par avance que les promesses faites par le roi aux sept frères ne sont que des leurres.

4 M 6,21

καὶ ὑπὸ μὲν τοῦ τυράννου καταφρονηθῶμεν ὡς ἄνανδροι, τὸν δὲ θεῖον ἡμῶν νόμον μέχρι θανάτου μὴ προασπίσαιμεν.

« si nous encourrions par notre lâcheté le mépris du tyran, si nous renoncions à l'honneur de défendre jusqu'à la mort notre Loi divine ! »

En sens inverse, le fait de rester fidèle au prix de sa vie aux prescriptions de la Tōrah est présenté, en 4 M 17,23, comme un motif d'admiration et même une source d'imitation possible, toujours de la part des Grecs représentés par Antiochos IV.

Les sept frères ont donc bel et bien connu, paradoxalement, une promotion sociale (posthume) puisqu'ils sont paradoxalement devenus un modèle à suivre pour l'armée séleucide.

4 M 17,23

Πρὸς γὰρ τὴν ἀνδρείαν αὐτῶν τῆς ἀρετῆς καὶ τὴν ἐπὶ ταῖς βασάνοις αὐτῶν ὑπομονὴν ὁ τύραννος ἀπιδὼν ἀνεκήρυξεν ὁ Ἀντίοχος τοῖς στρατιώταις αὐτοῦ εἰς ὑπόδειγμα τὴν ἐκείνων ὑπομονὴν

« En effet, le tyran Antiochus avait remarqué le courage de leur vertu et leur patience dans les tourments, et il cita leur patience en exemple à ses soldats. »

En conclusion, la stratégie d'assimilation de certains milieux juifs, visant à faciliter la promotion sociale, est combattue de façon subtile par l'auteur de 4 Maccabées, au moyen de l'introduction de deux petites notations qui suggèrent que les Juifs ne seront respectés par les Grecs que s'ils restent fidèles à la Tōrah. Certes, le bénéfice de ce respect n'est acquis par les personnages des martyrs que de façon posthume, mais la communauté destinataire de 4 Maccabées pouvait certainement tirer de leur exemple des leçons plus générales, applicables à sa propre situation.

II. Du côté des martyrs : une stratégie de séparation

4 Maccabées promeut une stratégie sociale de séparation : il s'agit pour les Juifs de refuser l'assimilation à la culture grecque afin de préserver leurs pratiques religieuses. Cet objectif est présenté de manière explicite en 4 M 18,5 (on notera que le verbe ἀλλοφυλέω, « adopter les mœurs de l'étranger », est une création de l'auteur de 4 Maccabées ; quant à ἐκδιαιτάω, (littéralement) « sortir d'un mode de vie », ce verbe fait écho à μεταδιαιτάω, « changer de

mode de vie », employé par Antiochos IV en 4 M 8,8 : cet écho confirme l'échec total de l'objectif affiché du souverain séleucide).

4 M 18,5

ὡς γὰρ οὐδὲν οὐδαμῶς ἴσχυσεν ἀναγκάσαι τοὺς Ιεροσολυμίτας ἀλλοφυλῆσαι καὶ τῶν πατρίων ἐθῶν ἐκδιαιτηθῆναι

« En effet, comme il ne put absolument pas contraindre les gens de Jérusalem à adopter les mœurs de l'étranger et à échanger les coutumes des pères pour un autre genre de vie »

Certes, on ne retrouve dans aucun autre passage de 4 Maccabées d'argumentation développée en faveur d'une telle stratégie. Pourtant, il est possible, en rassemblant des indices textuels dispersés dans le livre, de reconstituer une pensée cohérente, en phase avec la vision de la Loi de l'auteur de 4 Maccabées.

Israël est présenté dans 4 Maccabées comme un groupe fermé, défini par la filiation abrahamique. Contrairement à celui de 2 Maccabées, l'auteur de 4 Maccabées semble exclure la possibilité de la conversion de Païens, même si cette impossibilité n'est pas formulée explicitement. De manière tout aussi allusive, sont condamnées les deux pratiques qui pourraient conduire à une dilution de l'élément ethnique juif au sein de la société grecque, à savoir les mariages mixtes et la commensalité.

1. La filiation abrahamique

C'est tout d'abord Éléazar qui introduit en 4 M 6,17 l'appellation « nous enfants d'Abraham » (φρονήσαιμεν οἱ Αβρααμ παῖδες) en se posant en porte-parole du peuple élu, avant de la reprendre pour s'adresser aux autres Juifs (4 M 6,22 : ὦ Αβρααμ παῖδες, « enfants d'Abraham »). À cette apostrophe fait écho celle de l'hymne de 4 M 18,1, relevant du registre 4 : ῏Ω τῶν Αβραμιαίων σπερμάτων ἀπόγονοι παῖδες Ισραηλῖται, « Ô enfants d'Israël, issus de la semence d'Abraham ». Abraham est logiquement appelé, en 4 M 16,20, ἐθνοπάτορα, « père du peuple »[11].

La filiation abrahamique est ailleurs restreinte au personnage de la mère : comparée explicitement à Abraham en 4 M 14,20 (τὴν Αβρααμ ὁμόψυχον τῶν νεανίσκων μητέρα, « la mère des jeunes gens, dont l'âme était semblable à celle d'Abraham »), sans doute en raison de la similitude entre la mort de ses fils et le sacrifice d'Isaac, elle en devient la fille en 4 M 15,28 (ἀλλὰ τῆς θεοσεβοῦς Αβρααμ καρτερίας ἡ θυγάτηρ ἐμνήσθη, « mais elle se souvint de la constance du pieux Abraham, dont elle était la fille », appellation qui revient dans la finale (4 M 18,20 : τοὺς ἑπτὰ παῖδας τῆς Αβρααμίτιδος, « les sept enfants de l'Abrahamitide »). La filiation abrahamique de la mère est explicitement la garantie de celle de ses enfants en 4 M 17,6 (ἣν γὰρ ἡ παιδοποιία σου ἀπὸ Αβρααμ τοῦ πατρός, « Car c'est d'Abraham, leur père, que sont nés tes enfants »). Les sept

---

[11] Traduction personnelle, au lieu de « père d'une nation » de la traduction TOB.

frères sont, du coup, eux aussi nommés collectivement « fils d'Abraham » (οἱ δὲ Ἀβραμιαῖοι παῖδες) en 4 M 18,23.

J. M. G. Barclay a relevé[12] que, dans 4 Maccabées, la Loi est régulièrement caractérisée par le lien avec les ancêtres : c'est ainsi que l'adjectif πάτριος, « ancestral », qualifie νόμος, « Loi », en 4 M 4,23 et 5,33, mais également θεσμός, « Loi », en 4 M 8,7, et ἐντολαί, « prescriptions », en 4 M 9,1 ; quant à son synonyme πατρῷος, « ancestral », il qualifie νόμος, « Loi », en 4 M 16,16, et même θεός, « Dieu », en 4 M 12,17. Autrement dit, la Loi et Dieu lui-même ont pour principale fonction d'étayer un lien social avant tout fondé sur la filiation.

La filiation abrahamique des Israélites est par ailleurs à la base du thème de l'accueil, par les patriarches, des martyrs dans l'au-delà, motif central dans les représentations de la mort de 4 Maccabées[13]. La séparation entre Israël et les nations est en quelque sorte prolongée dans l'au-delà, ; il y a une séparation ontologique entre Juifs et Païens, ce qui pose logiquement le problème de la possibilité de conversion de ces derniers.

2. La conversion de Païens est-elle envisageable dans 4 Maccabées ?

La question de la conversion des Païens n'est pas abordée directement dans 4 Maccabées. Il est cependant possible de tirer parti, pour reconstituer la position de son auteur à ce sujet, des modifications qu'il apporte à l'épisode d'Héliodore/Apollonios.

En effet, dans sa version de 2 Maccabées, l'épisode d'Héliodore s'achève par le récit de sa conversion (2 M 3,35–39) : en 2 M 3,35, Héliodore offre un sacrifice et adresse directement des prières à Dieu ; en 2 M 3,38–39, il rend témoignage, auprès d'Antiochos IV, de la puissance de Dieu, protecteur du Temple de Jérusalem.

En revanche, Apollonios demeure païen dans la version de 4 Maccabées (4 M 4,11b-12 et 14) : il reste confiné dans le parvis des Païens et ce n'est pas lui qui prie, mais des Israélites, à sa demande (4 M 4,11) ; son témoignage porte sur la sainteté du sanctuaire, non sur Dieu lui-même (4 M 4,12) ; enfin, Apollonios se contente d'informer Antiochos IV de ce qui s'est passé à Jérusalem (4 M 4,14), sans que sa confession de 2 M 3,38–39 soit reprise.

Il semblerait donc que l'auteur de 4 Maccabées soit beaucoup plus réservé que celui de 2 Maccabées en ce qui concerne la possibilité de conversion des Païens, ce qui est cohérent avec sa vision « généalogique » du peuple juif.

---

[12] J. M. G. Barclay 1996, 374.
[13] Cf. 255.

3. Le refus des mariages mixtes

Si le peuple d'Israël est défini par sa filiation abrahamique, il s'ensuit logiquement que, pour préserver la pureté de ce lien généalogique, les mariages mixtes doivent être prohibés, conformément à la Tōrah (Dt 7,3). Qu'en est-il pour l'auteur de 4 Maccabées ? Là encore, rien n'est dit explicitement. On peut cependant remarquer que l'un des épisodes bibliques mentionnés dans le dernier discours de la mère des sept frères, en 4 M 18,12, est précisément celui du meurtre, par Pinhas, d'un Israélite et de sa compagne madianite (Nb 25,6–8) en raison de leur liaison. On peut en déduire que, pour l'auteur de 4 Maccabées, l'interdiction des mariages mixtes était une règle impérative.

4. L'impact des règles alimentaires juives

L'insistance sur l'observance nécessaire des lois alimentaires juives dans 4 Maccabées[14] peut également s'expliquer dans la perspective d'une stratégie sociologique de séparation. En effet leur stricte application a pour conséquence logique et nécessaire l'absence de commensalité entre Juifs et Païens.

5. L'absence de conflit généralisé entre Juifs et Païens

La stratégie de séparation n'aboutit pas cependant pas dans 4 Maccabées, à un antagonisme généralisé entre Juifs et Païens : comme l'a montré J. M. G. Barclay[15], l'affrontement entre les martyrs et Antiochos IV reste un combat singulier, d'homme à homme, sans jamais être généralisé aux deux peuples en présence (et ce malgré la mention des courtisans en 4 M 5,1–2, de la foule qui assiste aux supplices en 4 M 15,20 et du cosmos entier qui en est témoin en 4 M 17,14). Jamais en particulier, malgré le titre de « tyran des Grecs » (Ἑλλήνων τύραννος) donné à Antiochos IV en 4 M 18,20, les Grecs eux-mêmes ne sont présentés négativement.

Cet état de fait contraste avec la situation qui prévaut dans 2 Maccabées, où les Païens (τὰ ἔθνη) sont présentés comme collectivement responsables de la profanation du Temple (2 M 6,4) et sont promis à un châtiment divin collectif sans commune mesure avec celui d'Israël (2 M 6,12–16). Les exactions commises par les Païens contre les Juifs sont, en 2 M, la cause principale de la révolte des Maccabées (2 M 8,16–17) et justifient en retour les pires exactions de leur part (comme par exemple le massacre de Kaspîn, en 2 M 12,16).

Il n'y a rien de tel en 4 Maccabées où Antiochos IV est présenté comme le responsable de la persécution, appelé à un châtiment individuel (4 M 10,11 et 18,22), et où il n'est fait aucune mention de la révolte des Maccabées ni des violences qu'elle a pu entraîner. Il n'y a dans le livre aucune trace d'un conflit généralisé entre Juifs et Païens, mais il existe entre les deux groupes une séparation ontologique qui se prolonge dans l'au-delà.

---

[14] Cf. 314.
[15] J. M. G. Barclay 1996, 375–376.

La restriction de l'opposition entre Juifs et Païens au conflit personnel entre Antiochos IV et les personnages des martyrs a été également soulignée par U. Fischer[16], qui met en relation cette limitation de l'affrontement avec l'absence, dans le texte de 4 Maccabées, de perspective apocalyptique ou de théorie universelle du salut. Le châtiment des impies et la récompense des justes y restent purement individuels.

C. Le paradoxe de 4 Maccabées

Bien que prônant une stratégie de séparation et rejetant ouvertement l'assimilation des Juifs à la sphère culturelle grecque, 4 Maccabées est un ouvrage profondément marqué par l'influence linguistique et culturelle grecque. Autrement dit, il y a un écart entre la stratégie de séparation prônée consciemment par l'auteur de 4 Maccabées et la réalité de sa langue et de sa pensée qui révèle une profonde intégration à la sphère culturelle grecque.

I. Le paradoxe linguistique : un texte écrit dans un grec littéraire, atticisant

L'étude la plus complète de la langue de l'auteur de 4 Maccabées parue jusqu'ici est celle d'U. Breitenstein[17]. Les conclusions convergentes de l'étude respective du lexique non biblique de 4 Maccabées[18], des modes verbaux et, en particulier, de l'optatif[19], ou encore des prépositions et des cas[20]... vont dans le même sens : 4 Maccabées est rédigé dans une *koinè* d'époque impériale fortement influencée par l'attique, aussi bien prosaïque que poétique, de la période classique. Particulièrement probante est la répartition des emprunts lexicaux non bibliques de 4 Maccabées : la proportion est d'à peu près deux tiers de termes classiques et un tiers de termes non classiques[21]. Autre point remarquable, l'emploi beaucoup plus fréquent et diversifié de l'optatif, purement littéraire, dans 4 Maccabées par rapport à la situation observable dans 2 Maccabées[22].

Nous ne nous proposons pas ici de reprendre l'étude de la langue de 4 Maccabées, tâche considérable qui déborderait largement le cadre de notre travail. Nous nous permettrons juste de confirmer le jugement d'U. Breitenstein par l'analyse d'un petit fait grammatical qu'il n'a pas abordé parce qu'il s'est fondé uniquement sur le texte d'A. Rahlfs et non sur les variantes des manuscrits :

---

[16] U. Fischer 1978, 89–91.
[17] U. Breitenstein 1976.
[18] U. Breitenstein 1976, 25–29.
[19] U. Breitenstein 1976, notamment 53–57.
[20] U. Breitenstein 1976, 76–83.
[21] U. Breitenstein 1976, 26–27.
[22] U. Breitenstein 1976, 56–57.

dans le tableau des prépositions de 4 Maccabées dressé par lui[23], la dernière ligne (ἀμφί, ὡς) reste vide. Il est cependant possible de la compléter si l'on examine l'une des variantes du texte de 4 M 4,2.

Dans ce passage, Simon, adversaire du grand prêtre Onias, se rend auprès du gouverneur de Syrie, Phénicie et Cilicie, Apollonios. Le *Sinaiticus* se distingue des autres témoins par le choix de la préposition traduisant ce mouvement d'approche : il emploie ὡς là où l'autre grand témoin, l'*Alexandrinus*, a πρός.

La rareté de l'emploi de la préposition ὡς dans la *koinè* a induit en erreur l'un des commentateurs récents de 4 Maccabées, David A. deSilva, qui, ne reconnaissant pas la préposition, a dû imaginer une construction elliptique pour donner un sens au verset[24]. À sa décharge, le dictionnaire de référence dans le monde anglo-saxon, le Liddl-Scott[25], n'a pas d'entrée séparée pour cette préposition, qu'il ne considère que comme un emploi dérivé de ὡς conjonctif, via une construction elliptique.

Pourtant, la préposition ὡς, « vers », employée exclusivement devant des noms de personnes, apparaissant dès Homère[26], est d'un emploi relativement fréquent chez Hérodote et les auteurs attiques[27], en particulier dans l'expression quasi idiomatique ὡς βασιλέα, « auprès (avec mouvement) du Grand Roi (c'est à dire le roi de Perse) ». C'est bien ce sens latif que l'on retrouve dans la préposition πρός employée dans le même passage par l'*Alexandrinus*. L'étymologie de ὡς reste obscure[28]. Par après, ὡς disparaît, mais une autre préposition ὡς, de même sens, issue de ἕως, « jusqu'à », apparaît dans la *koinè* tardive et se maintient jusqu'au grec moderne[29].

La rareté de ὡς dans la *koinè* devrait amener, au rebours de l'édition Rahlfs de la *Septante* mais conformément au principe de la *lectio difficilior*, à retenir la leçon ὡς pour l'établissement du texte de 4 M 4.2. Au passage, l'emploi, par l'auteur de 4 Maccabées, de ὡς devant le nom du gouverneur de Syrie peut être interprété comme un clin d'œil littéraire assimilant Apollonios au Grand Roi, donc à un modèle de tyran. Ce qui montre l'importance de sa culture littéraire et donc son appartenance à une strate socioculturelle imprégnée de culture grecque.

II. L'influence littéraire grecque : la langue poétique

L'auteur de 4 Maccabées devait bien connaître les grandes œuvres de la littérature poétique de langue grecque. Plusieurs éléments corroborent pareille hypothèse.

---

[23] U. Breitenstein 1976, 77.
[24] D. A. deSilva 2006, 13, note 3.
[25] *LSJ*, s.v. ὡς, III C.
[26] *Odyssée* ρ 218.
[27] Pour le détail, cf. E. Schwyzer II, 533–534
[28] *DELG*, s.v. ὡς 4.
[29] J. Kalitsunakis 1963, 120, §122.

1. La présence en 4 M 15,21 d'une image empruntée à l'épopée homérique

4 M 15, 21

οὐχ οὕτως σειρήνιοι μελῳδίαι οὐδὲ κύκνειοι πρὸς φιληκοΐαν φωναὶ τοὺς ἀκούοντας ἐφέλκονται ὡς τέκνων φωναὶ μετὰ βασάνων μητέρα φωνούντων.

« Ni le chant des sirènes, ni la voix des cygnes n'ont autant d'attrait pour l'oreille avide de ceux qui les écoutent que la voix de ses enfants appelant une mère au milieu du supplice »

Les appels des sept frères à leur mère sont comparés ici au « chant des Sirènes » (σειρήνιοι μελῳδίαι), allusion évidente à l'épisode de l'Odyssée bien connu (Odyssée M 165–200). C'est la seule allusion mythologique transparente de 4 Maccabées.

2. La présence en 4 M 5,25 d'une forme verbale caractéristique entre autres de la langue homérique

4 M 5,25

... πιστεύοντες γὰρ θεοῦ καθεστάναι τὸν νόμον οἴδαμεν ὅτι κατὰ φύσιν ἡμῖν συμπαθεῖ νομοθετῶν ὁ τοῦ κόσμου κτίστης·

« ...car nous croyons que la Loi est de Dieu[30] et nous savons que le Créateur du monde, quand il établit une loi, sait aussi se conformer à la nature et nous marquer sa tendresse ».

L'infinitif parfait καθεστάναι, « instituer », sans suffixe –κ– caractéristique du parfait, est une forme typique de la langue homérique ou de la prose attique ancienne[31]. La façon la plus simple d'expliquer la présence de cette forme sortie d'usage dans le texte de 4 Maccabées est d'y voir une marque de l'influence de la langue poétique grecque sur son auteur.

3. La tendance de l'auteur de 4 Maccabées à créer de nouveaux adjectifs de type bahuvrihi, type d'adjectifs composés particulièrement abondant chez Homère

Relèvent de ce type : ἀσθενόψυχος (4 M 15,5), « à l'âme faible » ; δειλόψυχος (4 M 8,16 et 16,5), « pusillanime » ; ἱερόψυχος (4 M 17,4), « à l'âme sainte » ; ἰσάστερος (4 M 17,5), « semblable à un astre » ; ἰσόπαλις (4 M 13,9), féminin de ἰσοπαλής, « égal à la lutte, semblable » (à condition de retenir la correction proposée par le dictionnaire Liddle-Scott à la forme ἰσοπολίτιδος de l'édition d'A Rahlfs) et πρόκρημνος (4 M 7,5), « qui forme un escarpement en saillie ».

---

[30] La traduction d'A. Dupont-Sommer, qui ne traduit pas vraiment l'infinitif καθεστάναι, s'efforce au contraire de rendre le génitif θεοῦ, qui provient pourtant sans doute d'une corruption du texte d'origine, cf. 250.

[31] P. Chantraine 1961, 194, §224.

III. L'influence littéraire grecque : les Tragiques

L'auteur de 4 Maccabées emploie à quatre reprises l'image du chœur tragique. En 4 M 8,4, Antiochos IV contemple les sept frères « qui entouraient leur mère, placée, comme dans un chœur, au milieu d'eux » (καθάπερ ἐν χορῷ μέσην τὴν μητέρα περιέχοντας). On en déduit qu'à ses yeux la mère des sept frères représente le coryphée, ce qui est un peu paradoxal puisqu'elle ne prendra la parole qu'après la mort des six premiers frères et que l'on ne peut donc pas la considérer comme la porte parole de ses fils.

En 4 M 13,8, les sept frères sont à nouveau comparés à un « chœur saint et pieux » (ἱερὸν γὰρ εὐσεβείας στήσαντες χορόν), au début de la section des exhortations mutuelles.

En 4 M 14,8, l'image est plus étrange : les sept frères forment un chœur qui tourne autour du nombre sept, de l'Hebdomade, comme les chœurs tragiques tournaient dans un sens (strophe) puis dans l'autre (antistrophe) dans l'orchestra. Cette ronde est comparée à celle des sept jours de la création autour de la piété[32].

Comment comprendre cette série de métaphores emboîtées ? Nous pensons que le plus probable est que se cache derrière tout cela une imagerie astronomique. Sept est précisément le nombre des « planètes » du système géocentrique traditionnel, soit les cinq planètes Mercure, Vénus, Mars, Jupiter et Saturne, plus la Lune et le Soleil. Chacune de ces planètes correspond à l'un des sept cieux, et toutes tournent autour de la Terre. Le lien avec les jours de la semaine (et donc de la création) est direct, puisque chacun d'eux est nommé d'après l'une de ces « planètes », selon une correspondance attestée indirectement pour la première fois dans l'œuvre de Plutarque[33]. Le lien avec les sept frères s'explique sans doute tout simplement par une anticipation de leur assimilation à sept astres en 4 M 17,5.

Expliquer les correspondances entre les différents « centres de rotation » est plus difficile : en 4 M 17,5, les sept frères/astres entourent leur mère, assimilée à la Lune, sans doute par référence au rêve de Joseph de Genèse 37,9 (il n'y a donc pas de correspondance bijective entre chacun des sept frères et une « planète », car il y aurait un problème avec la position de la Lune dans la série). La mère doit cet honneur à sa « piété » (πρὸς τὴν εὐσέβειαν ἔντιμος), et c'est elle qui donne à ses sept fils leur lumière, selon une conception astronomique un peu étrange. L'image restituée par A. Dupont-Sommer[34], selon laquelle les sept frères tourneraient autour de la « piété », s'expliquerait ainsi relativement

---

[32] On notera que A. Dupont-Sommer 1939, 137 intervertit les deux images, peut-être à raison, comme le montrera la suite de notre commentaire.

[33] Le titre de la question VII (perdue) du livre IV des *Propos de Table* est Διὰ τί τὰς ὁμωνύμους τοῖς πλάνησιν ἡμέρας οὐ κατὰ τὴν ἐκείνων τάξιν ἀλλ'ἐνηλλαγμένως ἀριθμοῦσιν, « Pourquoi les jours, qui portent le même nom que les planètes, ne sont pas comptés d'après le rang de celles-ci, mais en sens inverse ».

[34] A. Dupont-Sommer 1939, 137.

naturellement. Le fait que les sept jours de la semaine (et donc de la création) tournent autour de l'Hebdomade serait, lui, quasiment une tautologie, dans la mesure où le grec ἑβδομάς peut désigner la semaine dans la langue même de la *Septante* (par exemple en Exode 34,22). Resterait à expliquer l'interversion des deux centres, qui pourrait, après tout, n'être qu'une erreur de la tradition manuscrite due à la mécompréhension d'un emboîtement de métaphores, il est vrai particulièrement alambiqué.

Pour revenir à l'image du chœur tragique, elle revient une dernière fois en 4 M 18,23 où les sept frères et leur mère sont intégrés au « chœur des Pères »[35].

Si l'on reprend tout cet ensemble, il semblerait que l'auteur de 4 Maccabées conçoive le récit du martyre des sept frères à la manière d'une tragédie : chacune des « scènes » opposerait le protagoniste (qui ne peut être qu'Antiochos IV) à un deutéragoniste (chacun des sept frères successivement), le tout devant un chœur formé, d'une part, du reste (décroissant !) de la fratrie et de la mère, et, d'autre part, si l'on en croit 4 M 18,23, des patriarches se tenant devant Dieu.

En tout cas, cet ensemble d'allusions montre clairement que l'auteur de 4 Maccabées connaît assez bien la structure des tragédies, ce qui est un indice d'une bonne connaissance des auteurs tragiques de sa part.

Un autre indice de cette bonne connaissance est l'emploi, dans 4 Maccabées, de termes qui se retrouvent chez les Tragiques. Prenons un exemple : en 4 M 13,7, la « raison » (εὐλογιστία) des sept frères est dotée de « sept tours »[36] (ἑπτάπυργος), par comparaison aux tours d'un port fortifié. Il est vraisemblable que l'adjectif ἑπτάπυργος soit un emprunt direct à Euripide, *Phéniciennes* 245, où le « pays aux sept tours » (ἑπτάπυργος ἅδε γᾶ) est une désignation de Thèbes. L'emploi, par l'auteur de 4 Maccabées, de l'adjectif ἑπτάπυργος pourrait bien être une coquetterie visant à montrer l'étendue de sa culture littéraire.

IV. *L'influence culturelle grecque : les conceptions philosophiques*

Nous renvoyons ici à notre chapitre sur l'aspect philosophique de 4 Maccabées[37], où nous montrons que les conceptions philosophiques développées dans 4 Maccabées proviennent sans doute d'un système philosophique précis, celui du stoïcisme tardif de Posidonios d'Apamée. Pour démontrer la nécessité de se conformer aux prescriptions de la Tōrah, l'auteur de 4 Maccabées a eu paradoxalement recours à un système de pensée d'origine grecque.

---

[35] Et non au « lieu où sont les pères » de la traduction d'A. Dupont-Sommer 1939, 157 : le texte des manuscrits porte χορόν et non χῶρον.

[36] L'adjectif ἑπτάπυργος est un *bahuvrihi* et ne peut donc être traduit que par « qui possède sept tours » : la traduction « semblable à sept tours » d'A. Dupont-Sommer 1939, 134, et, à sa suite, de la TOB, est grammaticalement inexacte, même si elle serait plus satisfaisante pour le sens, général de la phrase.

[37] Cf. Troisième Partie, Chapitre III.

V. L'influence culturelle grecque : les conceptions politiques

Comme nous l'avons vu ailleurs[38], l'auteur de 4 Maccabées décrit Israël comme un peuple doté d'une organisation interne, d'une constitution (πολιτεία) identifiée à la Loi. Ce faisant, tout en défendant le particularisme juif, il est amené à employer des concepts politiques grecs : c'est ainsi qu'Antiochos IV est décrit avant tout comme un « tyran » (τύραννος)[39] et son adversaire Éléazar comme un philosophe.

Plus généralement, l'acceptation du martyre est présentée dans 4 Maccabées comme l'accomplissement de l'idéal civique de la parfaite probité, la καλοκἀγαθία. Le terme apparaît peut-être déjà dans l'introduction de 4 Maccabées (4 M 1,8). Nous disons « peut-être » car, s'il figure dans le *Sinaiticus*, l'*Alexandrinus* de son côté porte la leçon ἀνδραγαθία[40]. En tout cas, quelques versets plus loin (4 M 1,10), c'est bien la καλοκἀγαθία qui apparaît comme la motivation principale des actions des martyrs. La présence de ce terme dès l'introduction de 4 Maccabées montre bien son rôle central dans la pensée de son auteur, d'autant plus qu'il réapparaît tout à la fin de la partie philosophique, en 4 M 3,18, soit à la jonction des deux parties de 4 Maccabées : dans cette dernière occurrence, la καλοκἀγαθία devient l'un des attributs de la Raison (λογισμός). Le paradoxe est qu'en mourant pour avoir refusé l'assimilation à l'hellénisme, les martyrs incarnent l'idéal éthique de ce même hellénisme. C'est au fond la même pirouette que celle par laquelle le Judaïsme est promu comme la véritable philosophie[41] : rejetés par les Grecs comme faisant partie d'un peuple barbare, les Juifs en viennent, sous la plume de l'auteur de 4 Maccabées, à se revendiquer comme plus grecs que les Grecs.

4 M 1,8

πολὺ δὲ πλέον τοῦτο ἀποδείξαιμι ἀπὸ τῆς ἀνδραγαθίας τῶν ὑπὲρ ἀρετῆς ἀποθανόντων, Ελεαζαρου τε καὶ τῶν ἑπτὰ ἀδελφῶν καὶ τῆς τούτων μητρός.

« Mais la preuve la plus forte, c'est, à mon avis, la bravoure de ceux qui sont morts pour la vertu : Eléazar, les sept frères et leur mère. »

Sinaiticus : καλοκαγαθίας

4 M 1,10

τῶν μὲν οὖν ἀρετῶν ἔπεστί μοι ἐπαινεῖν τοὺς κατὰ τοῦτον τὸν καιρὸν ὑπὲρ τῆς καλοκἀγαθίας ἀποθανόντας μετὰ τῆς μητρὸς ἄνδρας, τῶν δὲ τιμῶν μακαρίσαιμ' ἄν.

« Et certes, en considérant leurs vertus, je puis bien faire l'éloge de ces héros qui, en ce jour que nous célébrons, sont morts avec leur mère pour la cause du bien ; mais, en considérant les honneurs qu'ils ont obtenus, laissez-moi aussi les déclarer bienheureux »

---

[38] Cf. 339.
[39] Cf. Tableau n°44.
[40] ' Ἀνδραγαθία apparaît chez les historiens avec le sens de « bravoure » (Hérodote I, 99, 136...; Thucydide II,42) ; il est aussi un synonyme possible de καλοκαγαθία (Aristophane, *Plutus* 191, Phrynichus le comique 1, Hypéride, *Pour Lycophron* 6).
[41] Cf. 304.

4 M 3,18

καὶ τὰς τῶν σωμάτων ἀλγηδόνας καθ' ὑπερβολὴν οὔσας καταπαλαῖσαι καὶ τῇ καλοκἀγαθίᾳ τοῦ λογισμοῦ ἀποπτύσαι πάσας τὰς τῶν παθῶν ἐπικρατείας.

« elle surmonte les douleurs du corps, si extrêmes qu'elles soient, et, sûre de l'excellence de la raison, elle repousse avec mépris toutes les dictatures de la passion. »

Le terme καλοκἀγαθία est ensuite absent des récits des martyres, à une exception près (4 M 11,22, dans le second discours du sixième frère, en lien avec la métaphore de l'armement). En revanche, il réapparaît dans des passages relevant du registre 3, dans l'éloge des sept frères (4 M 13,25) et dans celui de leur mère (4 M 15,9) : dans ce dernier cas, cependant, c'est bien à ses fils qu'il s'applique et non à elle-même.

4 M 11,22

καλοκἀγαθίᾳ καθωπλισμένος τεθνήξομαι κἀγὼ μετὰ τῶν ἀδελφῶν μου

« Sous les armes du bien, je mourrai, moi aussi, uni à mes frères »

4 M 13,25

ἡ γὰρ ὁμοζηλία τῆς καλοκἀγαθίας ἐπέτεινεν αὐτῶν τὴν πρὸς ἀλλήλους εὔνοιαν καὶ ὁμόνοιαν·

« Leur zèle commun pour la vertu fortifiait leur mutuelle concorde ; »

4 M 15,9

οὐ μὴν δὲ ἀλλὰ καὶ διὰ τὴν καλοκἀγαθίαν τῶν υἱῶν καὶ τὴν πρὸς τὸν νόμον αὐτῶν εὐπείθειαν μείζω τὴν ἐν αὐτοῖς ἔσχεν φιλοστοργίαν.

« Ce n'est pas tout : la vertu de ses fils, leur obéissance à la Loi augmentaient encore sa tendresse »

D. Comment expliquer ce paradoxe ?

Comment expliquer la présence d'autant de marqueurs culturels grecs dans un ouvrage prônant le refus de l'assimilation au monde grec ? Plusieurs hypothèses nous semblent pouvoir être avancées (elles ne sont d'ailleurs pas incompatibles les unes avec les autres) : il pourrait y avoir, de la part de l'auteur de 4 Maccabées, un déni de la profondeur réelle de l'influence grecque dans son propre cas ; il pourrait avoir choisi de se servir de la culture grecque, dominante, comme arme au service de la résistance de la culture juive dominée ; il pourrait également avoir choisi délibérément d'employer au service de sa démonstration les traits saillants de la culture de ses adversaires au sein de sa communauté.

Deux autres hypothèses peuvent s'appuyer sur les modèles sociologiques du MAAR d'une part, de la typologie des « stratégies identitaires » de C. Camilleri d'autre part. Dans l'un et l'autre cas, le paradoxe disparaît : les emprunts massifs opérés à la culture grecque peuvent s'expliquer soit comme une simple manifestation de la divergence des stratégies adoptées suivant les domaines distingués par le MAAR, soit de manière plus satisfaisante comme une stratégie de réappropriation relevant de la « cohérence complexe ».

I. L'hypothèse du déni

Dans cette hypothèse, l'auteur de 4 Maccabées aurait appartenu à une communauté juive très marquée par l'influence culturelle grecque, dans laquelle les marqueurs identitaires propres au Judaïsme sont passés au second plan. Cette situation aurait suscité chez certains membres de la communauté une insécurité culturelle qu'ils auraient cherché à pallier en réaffirmant avec force leur appartenance identitaire juive. L'auteur de 4 Maccabées serait en quelque sorte leur porte-parole. Cependant, dans son cas, l'influence culturelle grecque s'était traduite par l'adoption d'un certain nombre de marqueurs culturels (linguistiques, littéraires, philosophiques) qui transparaissent dans son ouvrage et viennent relativiser l'importance de la séparation revendiquée. 4 Maccabées serait alors en fin de compte un discours de défense d'une identité religieuse en déclin.

II. Le retournement de la culture dominante contre l'oppresseur

Dans cette hypothèse, l'emploi de marqueurs culturels grecs ne serait plus le fruit d'un « lapsus » involontaire, mais celui d'une stratégie argumentative parfaitement consciente. Cette thèse a été développée par D. A. deSilva en 2007, dans un article[42] s'inscrivant dans le cadre des « postcolonial studies ». Antiochos IV serait l'incarnation de l'« impérialisme » gréco-romain et l'auteur de 4 Maccabées aurait promu consciemment une stratégie de résistance fondée sur le retournement contre l'« Empire » de ses propres outils culturels. Cette hypothèse, bien que séduisante, nous paraît peu probable : en effet, comme on l'a vu plus haut[43], à aucun moment 4 Maccabées ne décrit d'antagonisme généralisé entre les Juifs et les Grecs en tant que groupe. La responsabilité de la persécution, qui vise à l'abandon du Judaïsme (4 M 4,23), incombe au seul Antiochos IV, et cette initiative est présentée comme une marque de tyrannie (4 M 5,27). Autrement dit, 4 Maccabées ne promeut pas la résistance aux souverains grecs et romains en tant que tels, à condition qu'ils laissent la communauté juive vivre selon ses coutumes, à l'image du bon roi Séleucos IV (4 M 3,20). L'attitude prônée est en fait la loyauté au souverain tant que la vie séparée de la communauté juive reste possible. On est loin de la dénonciation de l'impérialisme...

---

[42] D. A. deSilva 2007.
[43] Cf. 355.

III. L'emploi des armes des adversaires au sein de la communauté

Dans cette hypothèse, qui remonte à H.-J. Klauck[44], suivi par D. A. deSilva[45] et par J. M. G. Barclay[46], l'auteur de 4 Maccabées aurait été confronté à une partie de sa communauté qui avait adopté une stratégie d'assimilation et qui plaçait par conséquent la culture juive à un rang inférieur par rapport à la culture grecque. Dans son ouvrage, il aurait consciemment cherché à inverser cette inégalité de perception en s'efforçant de démontrer que c'est bien le Judaïsme qui représente la perfection des idéaux culturels grecs.

C'est pour cela qu'il aurait soutenu que le Judaïsme est la véritable philosophie[47] ou que l'acceptation du martyre est une forme de la « perfection morale » grecque, la καλοκἀγαθία[48]. Cette manière de présenter les choses aurait d'ailleurs eu l'avantage de rendre compatibles certains marqueurs culturels grecs avec l'identité culturelle juive. En fin de compte, dans cette approche, la séparation revendiquée aboutit de facto à une forme d'intégration.

IV. La distinction des domaines (selon le MAAR)

Le Modèle Amplifié d'Acculturation relative distingue huit domaines où des stratégies culturelles différentes peuvent être constatées, selon que ces domaines sont perçus comme « centraux » ou « périphériques ». Si l'on applique cette grille de lecture au cas de 4 Maccabées, seuls trois domaines identifiés par le MAAR sont clairement identifiables, et, dans les trois cas, l'attitude prônée par l'auteur de 4 Maccabées est défavorable à l'assimilation : il s'agit du domaine des valeurs, du domaine religieux et du domaine des relations familiales (dans la mesure où, aussi bien dans la description fraternel – en 4 M 13,19–27 – que dans le dernier discours de la mère – en 4 M 18,6–19 – la famille des sept frères nous est présentée comme une famille idéale, reposant sur les valeurs traditionnelles du Judaïsme).

Il manque en fait à la typologie du MAAR, pour qu'elle puisse s'appliquer pleinement au cas de 4 Maccabées, un domaine « culturel » recouvrant la littérature et la philosophie, où une stratégie d'intégration serait admise par l'auteur, parce que ce domaine « culturel » serait perçu comme plus « périphérique » que les trois domaines « centraux » que nous venons de mentionner. Cependant, il paraît difficile de considérer la doctrine philosophique d'inspiration stoïcienne sans cesse mise en avant par l'auteur de 4 Maccabées comme un élément « périphérique » de sa vision du monde. En fait, c'est bien au cœur du domaine des « valeurs » que s'opère la greffe de cette philosophie, et le paradoxe reste entier.

---

[44] H.-J. Klauck 1989, 665.
[45] D. A. deSilva 1995, 51.
[46] J. M. G. Barclay 1998, 88–89.
[47] Cf. 304.
[48] Cf. 361.

V. Le modèle de la « cohérence complexe »

Si l'on part de la typologie des « stratégies identitaires » de C. Camilleri, le paradoxe de 4 Maccabées disparaît. La stratégie choisie par l'auteur de 4 Maccabées correspond en effet à ce que cet auteur décrit comme « une conduite de réappropriation par laquelle l'adoption des traits nouveaux, non seulement n'implique pas que l'on sorte de l'identité originelle, mais amène à s'y ressourcer plus profondément »[49].

Cette stratégie de réappropriation relève dans cette typologie de la « cohérence complexe » qui, pour éviter le conflit identitaire, cherche à agréger les éléments provenant de l'une ou l'autre culture en un tout cohérent. Dans notre cas, les références littéraires et philosophiques grecques sont mises au service d'un discours théologique purement juif et plutôt conservateur, sans que l'auteur de 4 Maccabées n'y voie de contradiction.

E. Conclusion

Au terme de ce parcours sociologique, nous pouvons avancer une interprétation globale du contexte de rédaction de 4 Maccabées. Son auteur a dû appartenir à une communauté de la diaspora juive confrontée à un environnement majoritairement de culture grecque. La tentation était grande pour une partie de la communauté de s'assimiler au modèle de la culture dominante, en abandonnant au passage une partie des marqueurs identitaires de la culture juive comme par exemple les règles de la kašrūt. L'auteur de 4 Maccabées s'oppose à cette tendance, et prône au contraire la conservation de ces marqueurs identitaires, en faisant l'éloge d'Éléazar, des sept frères et de leur mère, qui ont tous préféré mourir plutôt que de transgresser les prescriptions de la Loi. Cependant, ce discours conservateur s'appuie sur la réappropriation de marqueurs culturels grecs, comme une langue atticisante, une culture littéraire hellénique avérée, et une philosophie empruntée à la culture contemporaine dominante.

D'entre les différents modèles sociologiques que nous avons examinés, c'est la typologie des « stratégies identitaires » de C. Camilleri qui nous semble le mieux rendre compte, à travers sa définition de la « cohérence complexe », de la stratégie suivie par l'auteur de 4 Maccabées pour rester juif tout en devenant grec. 4 Maccabées, au-delà du contexte particulier de la diaspora juive de langue grecque, traduit des préoccupations qui sont celles de toutes les minorités culturelles confrontées aux défis multiples de l'interculturation.

---

[49] C. Camilleri 1990, 103.

Conclusion sous forme de question : Pourquoi le texte de 4 Maccabées diffère-t-il autant de celui de sa source, 2 Maccabées ?

Le texte de 4 Maccabées dépend indubitablement de celui de 2 Maccabées. Pourtant, comme nous l'avons observé dans notre première partie, le nombre de passages directement empruntés à 2 Maccabées, sans trop de transformations, est étonnamment réduit. Comment expliquer ce paradoxe ? Au terme de notre étude, nous pensons pouvoir avancer quatre pistes d'interprétation de ce fait dérangeant (la quatrième piste étant en quelque sorte une synthèse des trois premières).

A. La pluralité des sources de 4 Maccabées

Une première explication, d'ordre matériel, nous semble s'imposer : certes 2 Maccabées est une source essentielle de 4 Maccabées, mais ce n'est pas la seule. Au cours du présent travail, nous avons régulièrement été amenés à formuler l'hypothèse de l'existence d'autres sources textuelles employées par l'auteur de 4 Maccabées.

Nous avons ainsi, à la suite de R. Renehan, postulé la dépendance de la « partie philosophique » de 4 Maccabées par rapport à un traité perdu consacré aux passions, provenant de l'école de Posidonios[1]. Le texte de ce traité n'a pas été reproduit intégralement : l'auteur de 4 Maccabées en a sans doute supprimé plusieurs sections, ne conservant que les passages susceptibles de s'inscrire dans sa démonstration ; il a ajouté par ailleurs plusieurs développements, relevant de ce que nous avons appelé la « rédaction νόμος ». Les modifications ainsi apportées ont contribué à modifier en profondeur le sens même des propos empruntés au traité : la Raison (λογισμός) régulatrice des passions y a perdu son autonomie, ne pouvant désormais plus assurer sa fonction qu'avec l'aide de la Loi juive. Du coup il n'est plus possible de parvenir à l'idéal grec de la maîtrise des passions que par l'intermédiaire de la pratique du Judaïsme.

De la même manière, l'étude du récit cadre de la « partie narrative » de 4 Maccabées nous a ainsi amené à proposer l'existence d'une source narra-

---

[1] Cf. Deuxième Partie, Chapitre I.

tive complémentaire, différente de 2 Maccabées, que nous avons dénommée « source B »[2], différant de 2 Maccabées essentiellement par la perception du rôle d'Antiochos IV dans la persécution : dans la « source B », le souverain séleucide n'est qu'un instrument du châtiment du peuple d'Israël, infidèle à la Loi, alors que dans la majeure partie du texte de 4 Maccabées, dépendante sur ce point de 2 Maccabées, Antiochos IV est l'incarnation même de la tyrannie.

De manière plus anecdotique, le récit des supplices des sept frères combine deux modèles narratifs, dont l'un provient de 2 Maccabées et l'autre d'une source différente, que nous n'avons pas pu identifier précisément, mais qui pourrait appartenir à la littérature grecque, comme semble le suggérer un parallèle possible dans l'œuvre de Chariton d'Aphrodisias[3].

Cette énumération n'est pas forcément exhaustive. L'auteur de 4 Maccabées a combiné différentes sources (dont 2 Maccabées reste cependant la principale en ce qui concerne la « partie narrative »), et une part des divergences de 4 Maccabées par rapport à 2 Maccabées peut s'expliquer par les apports provenant d'autres sources.

B. Le travail rédactionnel de l'auteur de 4 Maccabées : le modèle des quatre registres

L'auteur de 4 Maccabées ne s'est pas contenté de juxtaposer servilement des passages empruntés aux différentes sources dont il s'est servi. Il a procédé à un travail rédactionnel complexe dont notre première partie s'est attachée à restituer la dynamique. 4 Maccabées forme un tout, combinant de manière harmonieuse quatre registres textuels, narratif, discursif, argumentatif et « liturgique », le tout mis au service de la démonstration d'une thèse centrale.

Nous proposons de voir dans cette structure complexe le reflet des caractéristiques génériques des prédications synagogales de langue grecque, telles que nous pouvons les percevoir à travers le témoignage des quelques représentants de ce genre qui nous sont parvenus[4]. On pourra certes objecter que cette identification générique ne repose que sur la confrontation de trois textes seulement, et que la caractéristique principale que nous avons relevée, à savoir l'emploi contrapunctique de plusieurs « registres » textuels, ne figure dans aucun texte théorique de l'Antiquité.

Nous pouvons répondre tout d'abord qu'un genre littéraire n'a pas forcément besoin d'avoir été théorisé pour exister. L'auteur d'un texte littéraire ne cherche pas toujours à se conformer aux normes d'un modèle explicite (ou à s'en démarquer), mais respecte la plupart du temps, consciemment ou incon-

---

[2] Cf. 98.
[3] Cf. 114.
[4] Cf. 180.

sciemment, des habitudes rédactionnelles provenant d'un fonds traditionnel. Par ailleurs, nous n'avons plus accès qu'à un petit nombre de témoignages de la tradition homilétique juive de langue grecque. Nous ne pouvons plus reconstituer ses caractéristiques génériques qu'à partir de l'observation des quelques textes que nous avons à notre disposition.

De toute manière, l'argument principal en faveur de la validité de notre modèle des « quatre registres » réside dans sa valeur heuristique : c'est précisément parce qu'il nous a permis par exemple de démêler d'une manière relativement simple la structuration complexe de l'éloge des sept frères et de leur mère (chapitres 13 à 16 de 4 Maccabées) et de la « finale » (chapitres 17 et 18) que nous pouvons affirmer qu'il n'est pas arbitraire et qu'il correspond au moins partiellement à une réalité. Il nous a ainsi permis d'observer l'auteur de 4 Maccabées « dans son atelier » : nous avons pu proposer par exemple une description des différentes étapes de l'élaboration de l'éloge des sept frères et de leur mère[5].

Passons à présent aux conclusions d'ensemble que notre modèle permet d'étayer, registre par registre.

En ce qui concerne le *registre narratif*, l'importance des remaniements opérés par l'auteur de 4 Maccabées, retranchant des éléments narratifs du récit cadre tout en amplifiant à l'inverse à l'extrême le récit des martyres d'Éléazar, des sept frères et de leur mère, explique dans la plupart des cas les importantes divergences opposant les récits correspondants de 2 et de 4 Maccabées. C'est ainsi probablement à un processus de condensation narrative, plus qu'à une divergence de conception, qu'est due l'apparition du thème du suicide du septième frère et de sa mère, écho indirect du récit du suicide de Razis de 2 M 14,37–46, disparu du texte de 4 Maccabées[6]. De la même manière, c'est par un souci d'économie narrative que les deux personnages d'Apollonios et d'Héliodore, distincts dans 2 Maccabées, sont fusionnés dans 4 Maccabées[7], et c'est sans doute pour une raison similaire qu'Antiochos IV est présent tout au long des récits des martyres, alors qu'il est absent du récit de la mort d'Éléazar dans 2 Maccabées.

Le registre discursif est pour l'essentiel l'œuvre exclusive de l'auteur de 4 Maccabées. Seuls sont clairement empruntés à 2 Maccabées le second discours d'Éléazar (4 M 6,17–23), sa prière (4 M 6,27–29) et le début du discours des sept frères (4 M 9,1). Tout le reste du registre, structuré au moyen du recours systématique au dédoublement des discours[8] et à la présence de leitmotive en petit nombre[9], constitue un ensemble textuel propre permettant à l'auteur de proposer, par le truchement de ses personnages, une interpréta-

---

[5] Cf. 180.
[6] Cf. Deuxième Partie, Chapitre VIII.
[7] Cf. Deuxième Partie, Chapitre III.
[8] Cf. Première Partie, Chapitre IV.
[9] Cf. 116.

tion théologique du récit des martyres, opposant assez nettement Antiochos IV d'une part, les martyrs de l'autre, séparés irrémédiablement par la césure ontologique entre Païens et Juifs, promis à des destins *post mortem* divergents[10].

Les passages de la partie narrative (4 M 3,20–18,24) qui relèvent du *registre argumentatif* proviennent en totalité de l'auteur de 4 Maccabées.

Ils comprennent tout d'abord un nombre important de reprises de la thèse de la partie philosophique (4 M 1,1–3,18), à savoir la domination de la Raison (λογισμός), éclairée par la Loi, sur les passions : sur 60 formulations de la thèse, 26 appartiennent à la partie narrative. Cette thèse est absente de 2 Maccabées. La particularité lexicale que constitue la désignation de la partie supérieure de l'âme par λογισμός et non par λόγος ou τὸ λογιστικόν se retrouve dans deux fragments stoïciens[11], dans le traité « De la vertu morale » (Περὶ ἠθικῆς ἀρετῆς) de Plutarque et dans une partie de l'œuvre de Philon d'Alexandrie (comprenant les trois livres des *Legum allegoriae*) : cette particularité commune vient confirmer la thèse, soutenue entre autres par R. Renehan[12], de la dépendance de 4 Maccabées envers le stoïcisme tardif de l'école de Posidonios d'Apamée.

C'est en insérant dans la trame de son récit l'ensemble de ces reprises de sa thèse que l'auteur de 4 Maccabées a pu procéder à l'appariement des deux parties du livre, la partie philosophique (4 M 1,1–3,18), dépendant pour l'essentiel du traité perdu sur les passions, supposé par R. Renehan, et la partie narrative (4 M 3,20–18,24), dépendant pour l'essentiel de 2 Maccabées. Loin de constituer deux corps étrangers l'un à l'autre, ces deux parties sont liées par des échos thématiques et lexicaux importants. C'est ainsi que la liste des vertus (4 M 1,18) qui constitue l'ossature même de la partie philosophique se retrouve dans le premier discours d'Éléazar, en 4 M 5,23–24.

Le *registre argumentatif* comprend aussi des passages plus développés visant à démontrer, à l'aide du récit du martyre des sept frères, la supériorité de la Raison sur l'amour fraternel ou maternel (4 M 13,19–14,1 ; 14,13–20 ; 15,4–10). Ces passages font écho aux affirmations de la supériorité de la même raison sur l'amour filial, conjugal ou parental ou sur l'amitié contenues dans la partie philosophique (4 M 2,10–13).

Le *registre liturgique*, provenant intégralement lui aussi de l'auteur de 4 Maccabées, comprend, quant à lui, douze petits « hymnes »[13], passages solennels rédigés à la seconde personne du singulier, adressés aux différents personnages du récit (Éléazar, la mère des sept frères), à la Raison pieuse, à Israël, à l'Hebdomade (le chiffre sept) ou au jour du martyre, qui, insérés dans les éloges des différents personnages, viennent souligner à l'attention de la communauté destinatrice de 4 Maccabées les points essentiels de ces développements.

---

[10] Cf. 255.
[11] Cf. 295.
[12] R. Renehan 1972, 233–235.
[13] Cf. Première Partie, Chapitre V.

C'est à l'auteur de 4 Maccabées qu'est due pour l'essentiel la composition des éloges d'Éléazar (4 M 6,31–7,23), des sept frères (4 M 13,1–14,10) et de leur mère (4 M 14,11–16,25), ainsi que de la finale (4 M 17,2–18,24), combinaisons complexes d'éléments relevant pour l'essentiel des registres argumentatif et liturgique. Chacun des éloges constitue un commentaire de l'épisode correspondant, mis au service de la démonstration de la thèse de la domination de la Raison pieuse sur les différentes passions humaines.

Quant à la finale, elle mêle de façon particulièrement complexe les quatre registres dans un crescendo débouchant sur l'affirmation solennelle du châtiment d'Antiochos IV et de la récompense céleste des martyrs (4 M 18,22–24) et la doxologie finale (4 M 18,25).

La finale est notamment reliée au reste du livre par un réseau de citations et d'allusions bibliques présentes dans plusieurs passages clés de la partie narrative et revenant dans les enseignements du père des sept frères rappelés dans le dernier discours de la mère (4 M 18,7–19)[14]. Ce réseau de citations constitue ainsi une sorte de « généalogie » à rebours de l'attitude exemplaire des sept frères, reflet des enseignements reçus dans leur enfance. Le dernier discours de la mère joue ainsi un rôle central dans l'architecture de 4 Maccabées et ne saurait à ce titre provenir d'une interpolation, contrairement à la thèse d'A. Dupont-Sommer[15]. Son importance est soulignée par le dédoublement de la conclusion narrative (4 M 18,4–5 et 18,20–23) de part et d'autre de ce discours. Le retour, en 4 M 7,9 et 18,17, du même verbe rare πιστοποιέω, « rendre crédible », constitue une autre preuve du fait qu'il n'est pas le fruit d'une interpolation.

Il résulte de tout cela que la majeure partie du texte de 4 Maccabées est due à son auteur lui-même, les éléments narratifs et discursifs empruntés à ses différentes sources (dont 2 Maccabées) n'étant repris que dans la mesure où ils pouvaient s'adapter à son projet littéraire, et encore au prix de remaniements très importants. Il est donc assez naturel de ne pouvoir déceler qu'un petit nombre d'emprunts directs incontestables, malgré l'évidence du lien entre 2 et 4 Maccabées.

C. La divergence des théologies de 2 et de 4 Maccabées

Dans notre seconde partie nous avons entrepris de décrire les profondes différences qui opposent les visions du monde des auteurs de 2 et de 4 Maccabées, notamment dans le domaine théologique. Ces divergences peuvent se résumer sous la forme d'une série de transferts de fonctions d'un personnage ou d'une entité à un autre personnage ou une autre entité.

---

[14] Cf. 193.
[15] A. Dupont-Sommer 1939, 153.

C'est ainsi que le lexique de la souveraineté qui, dans 2 Maccabées, était l'apanage de Dieu, souverain véritable par opposition à Antiochos IV[16], est dans 4 Maccabées transféré à la Raison (λογισμός) au moyen de laquelle l'homme peut dominer ses passions. Dieu, par conséquent, n'est plus dans 4 Maccabées le souverain du monde mais se situe à son amont, en tant que créateur, « de toute sagesse » (πάνσοφος), et à son aval, en tant que juge. Il y a donc paradoxalement dans ce livre un retrait partiel à l'arrière-plan de la figure divine et une mise en avant de la personne humaine, dont l'autonomie est cependant limitée par l'usage nécessaire par la Raison de l'instrument qu'est la Loi pour parvenir à la domination des passions.

Ce « glissement » théologique entraîne une modification importante des représentations de la mort : le destin des justes n'est plus la résurrection conçue comme une recréation, manifestation de la toute-puissance de Dieu (2 Maccabées 7,23) mais une forme d'immortalité située sur un autre plan ontologique, la « vie à Dieu » en compagnie des patriarches[17]. Ce changement dans les représentations de l'au-delà n'est cependant pas réductible à l'emprunt d'une doctrine étrangère, comme le platonisme : contrairement aux apparences, le thème de l'immortalité intrinsèque de l'âme est absent de 4 Maccabées. C'est bien de Dieu que les martyrs reçoivent comme récompense des âmes immortelles (4 M 17,23), dans une perspective rétributive purement juive ; on peut en déduire que l'immortalité en question est le produit de la faveur divine, et non de la nature de l'âme.

De façon similaire, les fonctions royale et sacerdotale, dont 2 Maccabées justifie l'attribution à Judas Maccabée tout en les laissant à peu près inchangées, sont dans 4 Maccabées transférées symboliquement au personnage d'Éléazar, figure du juste fidèle à la Loi[18] (ce qui entraîne nécessairement la disparition de toute mention de la révolte de Judas Maccabée, pourtant au centre de la grande fresque de 2 Maccabées). Le rôle du Temple s'efface en effet au profit de l'observance de la Tōrah, et les sacrifices liturgiques sont remplacés par cette forme de sacrifice de soi-même qu'est le martyre. Parallèlement, la royauté en tant que domination sur les autres est remplacée par la royauté sur soi-même que permet la domination de la Raison sur les passions. Le peuple d'Israël n'est plus défini en relation à une patrie définie géographiquement, mais se constitue à travers la fidélité aux préceptes de la Loi et à leur transmission. Ce qui explique la mise au premier plan de la mère, garante de cette éducation à la Loi en tant que représentante du père défunt des sept frères.

L'ensemble de ces transferts de fonctions est le fruit d'une transformation radicale de la situation des communautés juives entre les époques de rédaction respectives de 2 et de 4 Maccabées. Là où 2 Maccabées se présente comme une justification des institutions en place, majoritaires, que ce soit la dynastie

---

[16] Cf. Troisième Partie, Chapitre I.
[17] Cf. Troisième Partie, Chapitre II.
[18] Cf. Troisième Partie, Chapitre V.

hasmonéenne issue de la révolte de Judas Maccabée ou la fête de la Dédicace commémorant le rétablissement du culte du Temple de Jérusalem, 4 Maccabées est le fruit d'une réflexion sur l'attitude à adopter par des Juifs devenus minoritaires au sein d'une culture grecque à la fois riche de promesses et source de menaces. L'auteur de 4 Maccabées, tout en reprenant paradoxalement au service de sa thèse nombre d'éléments linguistiques, littéraires et philosophiques empruntés à la culture environnante, est explicitement partisan d'une stratégie de séparation se traduisant par l'observation rigoureuse des normes de la Tōrah et le refus de l'assimilation culturelle[19]. Le paradoxe disparaît si l'on considère, en reprenant la typologie des « stratégies identitaires » de C. Camilleri, que les éléments empruntés à la culture grecque par l'auteur de 4 Maccabées le sont dans le cadre d'une stratégie de réappropriation relevant de la « cohérence complexe ».

L'importance des écarts entre la pensée de l'auteur de 2 Maccabées et les conceptions de celui de 4 Maccabées explique certains remaniements subis par la matière narrative dans le passage d'un ouvrage à l'autre, notamment l'effacement relatif de la figure du grand prêtre Onias III dans l'épisode d'Héliodore/Apollonios[20] ou l'apparition de la question de la consommation des viandes sacrifiées aux idoles (εἰδωλόθυτα) en 4 M 5,2.

D. La fusion de deux traditions différentes

Malgré sa promotion d'une stratégie de séparation au sens sociologique du terme, l'auteur de 4 Maccabées est en fait un exemple d'intégration réussie. Son œuvre peut en effet être lue comme le résultat d'un processus de fusion de deux traditions différentes, une forme de judaïsme rigoriste d'une part, centré sur l'observance stricte des préceptes de la Loi, notamment dans le domaine alimentaire, et l'idéal de la maîtrise de soi d'une forme de stoïcisme tardif, sans doute identifiable à l'école de Poséidonios d'Apamée.

C'est ainsi que la Tōrah devient dans le « sommaire théologique » de 4 M 2,21–23[21] un instrument offert par Dieu à la Raison pour assurer à cette dernière la maîtrise des passions. Autrement dit, c'est le judaïsme qui permet de devenir véritablement stoïcien, et donc d'atteindre l'idéal éthique de la culture grecque elle-même, et inversement c'est la conformité à la nature, valeur stoïcienne s'il en est, qui en vient à servir de justification aux règles alimentaires juives en 4 M 5,26 ! Dans un contexte évidemment très différent, l'auteur de 4 Maccabées rappelle le scribe de Matthieu 13,52 qui « tire de son trésor du neuf et du vieux »…

---

[19] Cf. Troisième Partie, Chapitre VI.
[20] Cf. Deuxième Partie, Chapitre III.
[21] Cf. 308.

La meilleure illustration du mariage de ces deux traditions dans 4 Maccabées est en fin de compte l'association étroite des deux parties du livre (« philosophique » et « narrative ») reposant chacune sur une source principale appartenant à l'une des deux cultures (le traité perdu sur les passions d'un côté, 2 Maccabées de l'autre). Dans cette perspective, il est naturel que le récit des martyres, emprunté à 2 Maccabées, ait subi tant de modifications. Il était nécessaire de l'adapter pour le rendre compatible avec les valeurs empruntées au stoïcisme tardif et le transformer en exemple édifiant à l'appui de ces dernières.

Ouverture : Éléments de datation et de localisation de la rédaction de 4 Maccabées

A. Éléments de datation

Les commentateurs successifs de 4 Maccabées se sont ralliés pour leur majorité à l'idée d'une datation tardive de 4 Maccabées (fin du premier siècle après J.-C. ou début du deuxième siècle ap. J.-C.) sur la foi de critères essentiellement stylistiques (influence de la seconde sophistique[1], langue marquée par la réaction atticisante[2] ...) ou philosophiques (la philosophie de 4 Maccabées aurait été le fruit d'un éclectisme philosophique comparable notamment à celui de Dion de Pruse[3]). A. Dupont-Sommer propose une datation plus précise[4] : l'auteur de 4 Maccabées aurait réagi aux soulèvements des Juifs d'Égypte, de Chypre, de Syrie et de Mésopotamie contre l'empereur Trajan en 114–117. L'absence totale dans le texte de 4 Maccabées de toute allusion à une forme quelconque de lutte armée nous semble fragiliser cette position : s'il y a vraiment un lien entre la rédaction de 4 Maccabées et cette révolte, il faudrait en conclure que son auteur a cherché délibérément à se désolidariser des meneurs de l'insurrection. Cela dit, rien ne prouve un tel lien qui reste purement hypothétique.

Les commentateurs qui ont opté à l'inverse pour une datation précoce (soit une date antérieure à 70 ap. J.-C.) se sont en général appuyés sur l'hypothèse d'E. Bickerman[5] selon laquelle la mention erronée de la Cilicie en 4 M 4,2 impliquerait que 4 Maccabées a nécessairement été rédigé entre 18 et 55 ap. J.-C., période pendant laquelle la Cilicie et la Syrie formaient ensemble une seule province. E. Bickerman a été suivi par J.W. Van Henten[6] (qui repousse cependant la séparation des deux provinces à 72 ap. J.-C.) et A. deSilva[7] mais contesté par H.J. Klauck[8], qui fait état d'une inscription de 86 ap. J.-C. mentionnant conjointement Syrie et Cilicie, ce qui remet en cause la datation de la séparation des deux provinces.

---

[1] A. Dupont-Sommer 1939, 76.
[2] U. Breitenstein 1978, 177–178.
[3] A. Dupont-Sommer 1939, 76–77.
[4] A. Dupont-Sommer 1939, 78–81.
[5] E. Bickerman 1976.
[6] J. W. Van Henten 1986, 140–142.
[7] D. A. de Silva 1998, 17–18.
[8] H. J. Klauck 1989, 668.

Une datation encore plus haute a été proposée par J. W Van Henten[9] sur la base de l'erreur généalogique de 4 M 4,15 : aux Séleucos IV et Antiochos IV historiques, qui étaient frères, se seraient superposés dans 4 Maccabées les personnages de Séleucos VI Nicator (96–93) et de son fils Antiochos X (94–92), mort en luttant contre les Parthes. Ce qui expliquerait le fait que Séleucos IV reçoive en 4 M 3,20 le surnom anhistorique de Nicanor (qui serait une déformation de Nicator) et qu'Antiochos IV soit présenté en 4 M 4,15 comme le fils de Séleucos IV. La campagne militaire à laquelle il est fait allusion en 4 M 17,24 serait celle d'Antiochos X contre les Parthes. 4 Maccabées aurait donc été rédigé lors des dernières décennies du royaume séleucide. Tout ce bel édifice est cependant très fragile. Tout d'abord, selon la généalogie des Séleucides généralement acceptée[10], Antiochos X est le fils non pas de Séleucos VI mais d'Antiochos IX, membre d'une autre branche de la dynastie séleucide. Ensuite, la campagne militaire d'Antiochos X contre les Parthes a été un désastre, alors qu'Antiochos IV est présenté comme victorieux de ses ennemis en 4 M 17,24. Enfin les erreurs historiques de 4 Maccabées peuvent être expliquées à moindres frais, comme nous l'avons exposé plus haut[11].

En résumé, les arguments en faveur d'une datation antérieure à la destruction du Temple en 70 ap. J. C sont tous très discutables. À l'inverse, le discours politique sous-jacent à 4 Maccabées, tel que nous avons proposé de l'analyser[12], nous paraît impliquer que la destruction du Temple et la fin des sacrifices sont pour l'auteur de 4 Maccabées des faits acquis depuis un certain temps : l'ouvrage témoigne d'un judaïsme recentré sur l'observance de la Loi au détriment du culte sacrificiel, qui nous semble mieux s'accorder avec une datation postérieure à 70 ap. J.-C. Par ailleurs, comme l'a relevé J. M. G. Barclay[13], le fait qu'en 4 M 14,9 la situation de l'auditoire soit opposée à celle des sept frères implique l'absence de réelle persécution anti-juive au moment de la rédaction de 4 Maccabées, ce qui fragilise la datation proposée par A. Dupont-Sommer.

---

[9] J. W. Van Henten 1986, 146–149.
[10] E. Will 1982, II, 446.
[11] Cf. 23.
[12] Cf. Troisième Partie, Chapitre V.
[13] J. M. G. Barclay 1996, 378.

B. Éléments de localisation

En 1994, J.W.Van Henten a établi[14] que la formule de 4 M 17,9, Ἐνταῦθα ... ἐγκεκήδευνται, « Ici ...sont ensevelis... » rappelle une série d'inscriptions funéraires bien attestée en Asie Mineure, comprenant des inscriptions funéraires juives d'Hiérapolis et d'Euméneia en Phrygie. Faisant le rapprochement avec la mention de la Cilicie en 4 M 4,2, il suggère que le lieu de rédaction de 4 Maccabées pourrait être la Cilicie, où la présence de cette formule funéraire pourrait également s'expliquer. L'Asie Mineure avait déjà été envisagée comme région de rédaction de 4 M par E. Norden[15] sur la base de critères stylistiques (présence du style « asianique »).

Deux arguments supplémentaires nous semblent pouvoir être avancés à l'appui d'une localisation cilicienne ou du moins micrasiatique, bien qu'aucun des deux ne soit incontestable : on ne peut parler que d'un faisceau d'indices, non de preuves formelles.

D'une part la présence dans 4 Maccabées d'une philosophie pouvant se rattacher au stoïcisme tardif de Poséidonios d'Apamée. La présence du stoïcisme en Cilicie est ancienne. En effet deux des scholarques sont originaires de la région (Chrysippe de Soles et Antipater de Tarse), le fondateur de l'école lui-même provenant de l'île voisine de Chypre (Zénon de Kition). De plus, l'un des principaux disciples de Poséidonios (et précepteur d'Auguste), Athénodore de Tarse[16], est également cilicien et a terminé sa vie dans sa cité d'origine, obtenant pour elle la part d'Auguste l'exemption de tribut après avoir contribué à l'exil d'un certain Boéthos, partisan d'Antoine. Il n'est pas invraisemblable, vu l'importance dans l'histoire locale du personnage d'Athénodore, de supposer la persistance à Tarse d'un foyer d'enseignement de la doctrine de Poséidonios.

Par ailleurs, la présence aussi bien dans 4 Maccabées (4 M 5,2) que chez Paul (1 Corinthiens 8,1 ; 8,4 ; 8,7 ; 8,10 ; 10,19 ; 10,28) du terme rare εἰδωλόθυτον, « viande sacrifiée aux idoles », pourrait éventuellement refléter un usage lexical régional : rappelons que Paul était tarsiote de naissance.

En tout cas, cette proposition de localisation cilicienne de la rédaction de 4 Maccabées, reprise partiellement par D.A.deSilva[17] (l'auteur la retient comme une alternative possible à une localisation en Syrie), nous paraît plus vraisemblable que l'hypothèse antiochienne d'A. Dupont-Sommer[18], reprise par T. Rajak[19] fondée sur la tradition chrétienne des siècles ultérieurs localisant la tombe des sept frères dans le quartier du Kérateion, à Antioche, et que l'hypothèse

---

[14] J.W. Van Henten 1994.
[15] E. Norden 1923, 416–420.
[16] P. Grimal 1945.
[17] D.A. deSilva 1998, 21.
[18] A. Dupont-Sommer 1939, 68–73.
[19] T. Rajak 2017, 75–80.

alexandrine des commentateurs du dix-neuvième siècle[20], qui repose uniquement sur l'importance de la littérature juive alexandrine : on ne prête qu'aux riches...La méconnaissance par l'auteur de 4 Maccabées, en 4 M 4,20, de la topologie de Jérusalem (Jason aurait fait construire le gymnase directement sur l' « acropole » de Jérusalem, et non en contrebas) rend de son côté fragile l'hypothèse palestinienne de H. Anderson[21]

---

[20] Cf. par exemple C.L.W. Grimm 1853, 293.
[21] H. Anderson 1985, 534.

Bibliographie

Instruments de travail

P. Chantraine 1961 : *Morphologie historique du grec*, Paris 1961.
P. Chantraine 1980 : *Dictionnaire étymologique de la Langue grecque (DELG)*, Paris 1980.
DGE : *Diccionario griego-español*, Madrid 1980-.
J. Humbert 1960 : *Syntaxe grecque*, Paris, 1960 (rééd 1986).
J. Kalitsunakis 1963 : *Grammatik der neugriechischen Volkssprache*, Berlin 1963.
J. Leisegang 1963 : *Indices ad Philonis Alexandrini opéra*, Berlin 1963.
T. Muraoka 2009 : *A Greek-English Lexicon of the Septuagint*, Louvain 2009.
E. Schwyzer 1988 : *Griechische Grammatik auf der Grundlage von Karl Brugmanns Griechischen Grammatik*, ed. 5, München 1988.
E. A. Sophocles 1975 : *Greek Lexicon of the Roman and Byzantine Period*, Hildesheim ; New York 1975.

Éditions et commentaires de 2 ou de 4 Maccabées

H. Anderson 1985 : « 4 Maccabees (First Century AD) : A New Translation and Introduction », in J. Charlesworth (ed.), *Old Testament Pseudepigrapha*, New York 1985, II, 531–564.
U. Breitenstein 1978 : *Beobachtungen zu Sprache, Stil und Gedankengut des Vierten Makkabäerbuchs*, Basel ; Stuttgart 1978.
R. Doran 2012 : *2 Maccabees*, Minneapolis 2012.
A. Dupont-Sommer 1939 : *Le quatrième livre des Maccabées*, Paris 1939.
J. Freudenthal 1869 : *Die Flavius Josephus beigelegte Schrift über die Herrschaft der Vernunft (IV Makkabäerbuch), eine Predigt aus dem ersten nachchristlichen Jahrundert*, Breslau 1869.
C.L.W. Grimm 1853 : *Viertes Buch der Maccabäer*, in *Kurzgefasstes exegetisches Handbuch zu den Apokryphen des AT*, Leipzig 1853, 283–370.
M. Hadas 1953 : *The Third and Fourth Books of Maccabees*, New York 1953.
S. Honigman 2014 : *Tales of High Priests and Taxes*, Oakland 2014.
H.-J. Klauck 1989 : *Jüdische Schrifte aus hellenistisch-römischer Zeit* III,6, *4 Makkabäerbuch*, Gütersloh 1989.
E. Norden 1923 : *Die antike Kunstprosa vom VI. Jahrundert v. Chr. bis in die Zeit der Renaissance*, Leipzig 1923, I..
A. Rahlfs-R. Hanhart 2006 : *Septuaginta-editio altera*, Stuttgart 2006, 1157–1184.
G. Scarpat 2006 : *Quarto Libro dei Maccabei*, Brescia 2006.
D. Schwartz 2008 : *2 Maccabees*, Berlin; New York 2008.
TOB 2011 : *Traduction Œcuménique de la Bible*, Paris 2011, 2041–2058.

Auteurs antiques

E. Bréhier 1962 : *La Pléiade : Les Stoïciens*, Paris 1962.
H. A. Diels 1879 : *Doxographi Graeci*, Berlin 1879.
Dion Casius 1865 : E. Gros, *Histoire romaine de Dion Cassius* VII, Paris 1865
P. P. Fuentes González 1998 : *Les Diatribes de Télès*, Paris 1998.
Galien 1884: Γαληνοῦ περὶ τῶν ἰδίων ἑκάστῳ παθῶν καὶ ἀναρτημάτων τῆς διαγνώσεως β' 4,16, in *Claudii Galeni Pergameni Scripta Minora* 1, I. Marquardt, Leipzig 1884.
O. Halbauer 1911 : *De diatribis Epicteti*, Leipzig 1911.
I. Heinemann 1921 : *Posidonios metaphysische Schriften*, Breslau 1921 (réédition Hildesheim 1968). Cf. M. Pohlenz 1922.
O. Kaiser 2015 : *Philo von Alexandrien, Denkender Glaube – Eine Einführung*, Göttingen; Bristol 2015.
Philon d'Alexandrie 1962 :. *Legum allegoriae*, texte établi et traduit par C. Mondesert, Paris 1962.
Plutarque, « De la vertu morale », in Plutarque, *Œuvres morales*, tome VII-1, texte établi et traduit par J. Dumortier et J. Defradas, Paris 1975, 10–48.
M. Pohlenz 1922 : in *Göttinger gelehrten Anzeigen* 184 (1922), p. 179 (recension de l'ouvrage d'I. Heinemann, cf. I. Heinemann 1921).
F. Siegert-J. de Roulet 1999 : *Prédications Synagogales* (*Sources Chrétiennes*, n°435), Paris 1999.
SVT : J. v. Arnim, *Stoicorum veterum Fragmenta*, Leipzig 1903–1924.

Articles consacrés spécifiquement à 4 Maccabées

E. Bickerman 1976 : « The Date of Fourth Maccabees », in *Studies in Jewish and Christian History I*, Leyde 1976, 275–281.
A. Bowden 2016 : « A Semantic Investigation of Desire in 4 Maccabees and Its Bearing on Romans 7,7. », in *XV Congress of the International Organisation for Septuagint and Cognate Studies* (2016), 409–424.
D. Boyarin 2017 : « Threskeia in 4 Maccabees » in *Sibyls, Scriptures and Scrolls* I (2017), 209–224.
P. Bukovec 2017 : « Per aspera ad astra : Leben nach dem Tod im 4. Makkabäerbuch », in *Die Makkabäer* (2017), 275–303.
L. H. Cohick 2015 : « Mothers, Martyrs, and Manly Courage : the Female Martyr in 2 Maccabees, 4 Maccabees and the Acts of Paul and Thecla », in *A Most Reliable Witness* (2015), 123–132.
J. Cook 2014 : « Metaphors in 4 Maccabees », in *Deuterocanonical and Cognate Littérature Yearbook* (2014–2015), 279–298.
J. Cook 2015 : « The Intention, Genre, Dating and Provenance of 2 and 4 Maccabees », in *Journal for Semitics* 24,1 (2015), 216–236.
J. Cook 2016 : « The Provenance of the Septuagint : A Case Study of LXX Proverbs, LXX Job and 4 Maccabees », in *Die Septuaginta* (2016), 59–77.
H. M. Cotton-M. Wörrle 2007 : « Seleukos IV to Heliodoros, A New dossier of Royal Correspondence from Israel », *ZPE* n°159 (2007), 191–205.
P. B. Decock 2015 :« Virtue and Philosophy in 4 Maccabees. », in *Journal for Semitics* 24,1 (2015), 307–325.

J. Dochhorn 2017 : « « Ich bewahrte die gebaute Seite » (4 Makk. 18,7) : eine Referenz auf die Verführung der ersten Frau im vierten Makkabäerbuch und ihre überlieferungsgeschichtlichen Hintergründe », in *Die Makkabäer* (2017), 305–326.

M. den Dulk 2014 : « Seleucus I Nicator in 4 Maccabees », in *Journal of Biblical Littérature* 133,1 (2014), 133–140.

Ben C. Dunson 2015 : « 4 Maccabees and Romans 12, 1–21 : Reason and the Righteous Life », in *Reading Romans in Context : Paul and Second Temple Judaism* (2015, 136–142.

B. Edsall 2017 : « Persuasion and Force in 4 Maccabees : Appropriating a Political Dialectic. », in *A Journal fir the Study of Judaism in the Persian, Hellenistic and Roman Period* 48,1 (2017), 92–112.

L.E. Frizzell 1989 : « Education by Example : A Motif in Joseph and Maccabee Literature of the Second Temple Period », in R.Link-Salinger (ed.), *Of Scholars, Savants and their Texts*, New York 1989, 103–111.

B. Grzegorz 2020 : « Mother of the Nation (meter ethnous) (4 Macc. 15,29) : Mother of Seven Maccabeans Sons as Patriarchess of New-Quality Nation. », *Revue Biblique* 127,1 (2020), 5–34.

B. Heininger 1989 : « Der böse Antiochus, Eine Studie zur Erzähltechnik des 4. Makkabäerbuchs », in *Biblische Zeitschrift Neue Folge* 33 (1989), 43–59.

R. J. V. Hiebert 2008 : « The Greek Pentateuch and 4 Maccabees», in *Supplements to the Journal for the Study of Judaism* 126 (2008), 239–254.

R. J. V. Hiebert 2010 : « Establishing the textual history of Greek 4 Maccabees», in *Die Septuaginta – Texte, Theologie, Einflüsse* (2010), 117–139.

R. J. V. Hiebert 2012 : « In Search of the Old Greek Text of 4 Maccabees», in *Text-Critical and Hermeneutical Studies in the Septuagint* 157 (2012), 127–143.

R. J. V. Hiebert 2017 : « Exercising Λογισμός : The Delineation of Recensional Activity in Greek 4 Maccabees », in *Reading the Bible in Ancient Traditions and Modern Editions* (2017), 219–243.

L. A. Huizenga 2010 : « The aqedah at the end of the first century of the common era : ‹Liber Antiquitatum biblicarum ›, ‹ 4 Maccabees ›, Josephus' ‹Antiquities›, ‹1 Clement› », in *Journal for the Study of the Pseudepigraphica* 20,2 (2010), 105–133.

H.-J. Klauck 1989 (2) : « Hellenistische Rhetorik im Diasporajudentum. Das Exordium des vierten Makkabäerbuchs (4 Makk 1,1–12) », in *New Testament Studies* 35 (1989), 451–465.

H.-J. Klauck 1990 : « Brotherly Love in Plutarch and in 4 Maccabees », in D. L. Balch, E. Ferguson et W. A. Meeks (edd.), *Greeks, Romans and Christians*, Minneapolis 1990, 144–156.

J. C. H. Lebram 1974 : « Die literarische Form des Vierten Makkabäerbuches », in *Vigiliae Christianae* 28, Leyde; Boston 1974, 81–96.

I. Miroshnikov 2014 : « The Sahidic Coptic Version of 4 Maccabees », in *Vetus Testamentum* 64,1 (2014), 69–92.

I. Miroshnikov 2019 : « Fourth Maccabees 1:1–6 in Sahidic Coptic », in *Journal of Biblical Litterature* 138,3 (2019), 625–642.

S. D. Moore-J.C. Anderson 1998 : « Taking it Like a Man : Masculinity in 4 Maccabees », in *Journal of Biblical Literature* 117/2 (1998), 249–273.

H. Moscicke 2017 : « The Concept of Evil in 4 Maccabees », in *Journal of Jewish Thought and Philosophy* 25,2 (2017), 163–195.

A. P. O'Hagan 1974 : « The Martyr in the Fourth Book of Maccabees », *Studi Biblici Franciscani liber annus* 24, Jerusalem 1974, 94–120.

A. K. Petersen 2017 : « Dissolving the Philosophy-Religion Dichotomy in the Context of Jewish ‹ paideia › : Wisdom of Solomon, 4 Maccabees, and Philo », in *Second Temple Jewish Paideia in Context* (2017), 185–204.

R. Pistone 2013 : « Born or re-born ?: Identity and Family Bonds in 1 Peter and 4 Maccabees », in *Deuterocanonical and Cognate Literature Yearbook* (2012–2013), 481–503.

T. Rajak 2013 : « The Maccabean Martyrs in Jewish Memory, Jerusalem and Antioch», in *Envisioning Judaism, Studies in Honor of Peter Schäfer on the Occasion of his Seventieth Birthday*, Tübingen 2013, 63–79.

T. Rajak 2015 : « The Mother's Role in Maccabaean Martyrology », in *Group Identity and Religious Individuality in Late Antiquity*, Washington D.C. 2015, 111–128.

T. Rajak 2016 : « The Fourth Book of Maccabees in a Multi-Cultural City », in *Jewish and Christian Communal Identities in the Roman World, Ancient Judaism and Christianity* 94 (2016), 134–150.

T. Rajak 2017 : « *Paideia* in the Fourth Book of Maccabees », in *Jewish Education from Antiquity to the Middle Ages, Studies in Honour of Philip S. Alexander,* Leyde ; Boston 2017, 63–84.

T. Rajak 2020 : « Tōrah in the Fourth Book of Maccabees », in *The Early Reception of the Tōrah*, Berlin 2020, 155–170

P. D. Redditt 1983 : « The Concept of *Nomos* in Fourth Maccabees », in *Catholic Biblical Quarterly* 45 (1983), 249–270.

R. Renehan 1972 : « The Greek Philosophic Background of Fourth Maccabees », in *Rheinisches Museum für Philologie* 115 (1972), 223–238.

A. M. Schwemer 2017 : « Zu Entstehungzeit und -ort des 4. Maccabäersbuchs », in *Die Makkabäer* (2017), 245–274.

D. A. deSilva 1995 : « The Noble Contest : Honor, Shame, and the Rhetorical Strategy of 4 Maccabees », in *Journal for the Study of the Pseudepigrapha* 13 (1995), 31–57.

D. A. deSilva 1998 : *4 Maccabees*, Sheffield 1998.

D. A. deSilva 2006 : *4 Maccabees, Introduction and Commentary on the Greek Text in Codex Sinaiticus*, Leyde ; Boston 2006.

D. A. deSilva 2006 (2) : « ‹…And Not a Drop to Drink›: The Story of David's Thirst in the Jewish Scriptures, Josephus, and 4 Maccabees. », in *Journal for the Study of the Pseudepigrapha* 16 (2006), 15–40.

D. A. deSilva 2006 (3) : « The Perfection of ‹Love for Offspring› : Greek Representations of Maternal Affection of the Heroine of 4 Maccabees », in *New Testament Studies* 52 (2006), 251–268.

D. A. deSilva 2007 : « Using the Master's Tools to Shore up Another's House : A Postcolonial Analysis of 4 Maccabees. », in *Journal of Biblical Literature* 126 (2007), 99–127.

D. A. deSilva 2013 : « The Human Ideal, the Problem of Evil, and Moral Responsability in 4 Maccabees », in *Bulletin for Biblical Research* 23.1 (2013), 57–77.

D. A. deSilva 2015 : « Human Experience and the Problem of Theodicy in 4 Maccabees », in *Evil and Death* (2015), 127–148.

D. A. deSilva 2017 : « The Author of 4 Maccabees and Greek " paideia ", in *Second Temple Jewish Paideia in Context* (2017), 205–238.

A.-L. Tolonen, E. Uusimäki 2017: « Managing the Ancestral Way of Life in the Roman Diaspora : the Melange of Philosophical and Scriptural Practice in 4 Maccabees », in *Journal for the Study of Judaism in the Persian, Hellenistic and Roman Period* 48,1 (2017), 113–141.

- J. W. Van Henten 1986 : « Datierung und Herkunft des Vierten Makkabërsbuches », in J. W van Henten, H.J. de Jonge et alii, *Tradition and Re-interpretation in Jewish and Early Christian Litterature*, Leyde 1986, 136–149.
- J. W. Van Henten 1994 : « A Jewish Epitaph in aLiterary Text: 4 Macc. 17.8–10 » in J.W. Van Henten et P.W. van der Horst (edd.), *Studies in Early Jewish Epigraphy*, Leyde 1994, 44–69.
- J. W. Van Henten 1997 : *The Maccabean Martyrs as Saviours of the Jewish People, A Study of 2 & 4 Maccabees*, Leyde; New York; Köln 1997.
- P. Wajdenbaum 2014 : « The Books of the Maccabees and Polybius », in *The Bible and Hellenism* (2014), 189–211.
- R. Weber 1991 : « Eusebeia und Logismos : zum Philosophischen Hintergrund von 4. Makkabäer », in *Journal for Study of Judaismin the Persian, Hellenistic and Roman Period* 22,2 (1991), 212–234.
- E. Weiss 2014 : « Le supplice de la catapulte (καταπέλτης) en 4 Maccabées », in *Revue d'Histoire et de Philosophie Religieuses,* tome 94 (2014) n°2, 129–135, Strasbourg 2014.
- E. Weiss 2021 : « Les conceptions politiques de 4 Maccabées », in *Revue d'Histoire et de Philosophie Religieuses,* tome 101 (2021) n°2, 173–198, Strasbourg 2021.
- Th. Witulski 2013 : « Antiochos contra Eleazar : Das vierte Makkabäerbuch als Zeugnis des Ringens um ein zentrales Element jüdischen Glaubens », in *Zeitschrift für die Alttestamentliches Wissenschaft* 125,2 (2013), 289–303.
- Th. Witulski 2014 : « Das Konzept des νόμος im 4 Maccabäer. », in *Estudios Biblicos* 72,3 (2014), 437–465.

Autres articles ou études

- D. Babut 1969 : *Plutarque et le stoïcisme*, Paris 1969.
- D. P. Bailey 2000 : « Jesus as the Mercy Seat : The Semantics and Theology of Paul's Use of Hilasterion in Romans 3,25 », in *Tyndale Bulletin* 51,1 (2000), 155–158.
- J. M. G. Barclay 1996 : *Jews in the Mediterranean Diaspora from Alexander to Trajan (323 BCE – 117 CE)*, Edinburgh 1996.
- J. M. G. Barclay 1998 : « Who was considered an Apostate in the Jewish Diaspora ? », in G. N. Stanton et G. G. Stroumsa (edd.), *Tolerance and Intolerance in Early Judaism and Christianity*, Cambridge 1998, 80–98.
- J. Bels 1982 : « La survie de l'âme, de Platon à Posidonius », in *Revue de l'histoire des religions*, tome 199, n°2, Paris 1982, 169–182.
- J. W. Berry 1997 : « Immigration, Acculturation and Adaptation », in *Applied Psychology : An International Review*, Hoboken (New Jersey), 1997, 46 (1), 5–34.
- K. Beyschlag 1972 : « Zur ΕΙΡΗΝΗ ΒΑΘΕΙΑ (I Clem. 2,2) », *Vigiliae Christianae* 26 (1972), 18–23.
- R. Bourhis, L.C. Moïse, S. Perreault, S. Senécal 1997: « Towards an Interactive Acculturation Model : A Social Psychological Approach », *International Journal of Psychology*, 1997, 32(6), 369–386
- G. W. Bowersock 1955 : *Martyrdom and Rome,* Cambridge-New-York 1995.
- R. Bultmann 1910 : *Der Stil der paulinischen Predigt und die kynisch-stoische Diatribe*, Göttingen 1910.
- C. Camilleri 1990 : « Identité et gestion de la disparité culturelle : essai d'une typologie », in C. Camilleri, J. Kastersztein, E. M. Lipiansky, H. Malewska-Peyre, I. Taboada-Leonetti, A. Vasquez, *Stratégies identitaires*, Paris 1990, 85–110.

H. Ewald 1864 : H. Ewald, *Geschichte des Volkes Israel*, tome 4, Göttingen 1864.

U. Fischer 1978 : *Eschatologie und Jenseitserwartung im hellenistischen Diasporajudentum* (Beiheft zur Zeitschrift für die Neutestamentliche Wissenschaft und die Kunde der älteren Kirche 44), Berlin 1978.

D. Gera 2009 : « Olympiodoros, Heliodoros and the Temples of Koile Syria and Phoinike », *ZPE* n°169 (2009), 125–155.

Chr. Grappe 2014 : *L'au-delà dans la Bible, Le temporel et le spatial*, Genève 2014.

P. Grimal 1945 : « Auguste et Athénodore », in *REA* 47–3–4 (1945), 261–273.

V. Grumel, J. Darrouzès Les Regestes des Actes du patriarcat de Constantinople I, II (1989).

P. Herrmann 1958 : « Grabepigramme von der milesischen Halbinsel », *Hermes* 86,1 958, 117–121.

H. Koester 1968 : « *Nomos Physeos :* The Concept of Natural Law in Greek Thought », in J. Neusner (ed.), *Religions in Antiquity : Essays in Memory of E. F. Goodenough*, Leyde 1968, 521–541.

A. V. Lebedev 1983 : « Did the doxographer Aetius ever exist? », *Philosophy and Culture. Proceedings of the XVIIth World Congress of Philosophy*, Montreal, 1983, III, Montreal, 1988, 813–817.

C. Levy 2009 : « Philo's Ethics », in A. Kamesar (ed.), *The Cambridge Companion to Philo*, Cambridge 2009, 146–172.

E. Lohse 1963 : *Märtyrer und Gottesknecht. Untersuchungen zur urchristlichen Verfündigung von Sühntod Jesu Christi*, Göttingen 1963 (seconde édition).

A. A. Long 2009 : « IX - L'éthique : continuité et innovations », in J.-B. Gourinat et J. Barnes, *Lire les stoïciens*, Paris 2009, 171–191 (traduction de l'anglais par J.-B. Gourinat).

N. Rousseau 2015 : « En échange d'une vie : histoire d' ἀντίψυχον », in *Revue des Etudes grecques* 128 (janvier-juin 2015), 127–170.

D. T. Runia 2008 : « Philo and Hellenistic Doxography », in F. Alesse, *Philo of Alexandria and Post-Aristotelian Philosophy,* Leyde; Boston 2008, 13–54.

H. Ringeltaube 1913 : *Quaestiones ad veterum philosophorum de affectibus doctrinam pertinentes*, Göttingen 1913.

D. Samb 2009 : *Étude du Lexique des Stoïciens*, Paris 2009.

B. Shaw 1996 : « Body/Power/Identity : Passions of the Martyrs », in *Journal of Early Christian Studies* 1996, vol. 4, n°3, 269–312.

D. Smith 2003 : *From Symposium to Eucharist : The Banquet in the Early Christian World*, Minneapolis 2003.

S. K. Stowers 1981 : *The Diatribe and Paul's Letter to the Romans*, Chicago 1981.

H.-W. Surkau 1938 : *Martyrien in jüdischer und frühchristlicher Zeit* (FRLANT 54), Göttingen 1938.

B. Tabb 2017 : *Suffering in Ancient Worldview : Luke, Seneca and 4 Maccabees in dialogue*, Londres – New York 2017.

H. Thyen 1955 : *Der Stil der Jüdisch-Hellenistischen Homilie*, Göttingen 1955.

W. C. Van Unnik 1970 : « Tiefer Friede » (1. Klemens 2,2), *Vigiliae Christianae* 24 (1970), 261–279.

C. R. Velandia-Coustol, M. N. Luque, A.J. Rojas Tejada 2018: « Le modèle Amplifié d'Acculturation Relative (MAAR). État des lieux et perspectives de recherche », *Revue Européenne des Migrations Internationales*, 2018, 34 (2&3), 299–317.

S. Westerholm 2017 : *Law and Ethics in Early Judaism and the New Testament*, Tübingen 2017.

U. von Willamowitz-Möllendorff 1881 : *Antigonos von Karystos*, Berlin 1881.

W. Witakowski 1994 : « Mart(y) Shmuni, The Mother of the Maccabean Martyrs, in Syriac Tradition », in *VI Symposium Syriacum 1992*, Rome 1994, 153–168.

H. A. Wolfson 1948 : *Philo : Foundations of Religious Philosophy in Judaism, Christianity, and Islam,* Cambridge (Massachussets) 1948, seconde édition.

Ouvrages généraux

E. Benvéniste 1969 : *Le vocabulaire des institutions indo-européennes* 2, Paris 1969.

G. Genette 1982 : *Palimpsestes*, Paris 1982.

L. Pernot 1993 : *La Rhétorique de l'éloge dans le monde gréco-romain*, Paris 1993.

M. Sartre 2001 : *D'Alexandre à Zénobie, Histoire du Levant antique, IVème siècle av. J.C.- IIIème siècle ap. J.-C.,* Paris, 2001.

E. Will 1982 : *Histoire politique du monde hellénistique*, tome 2 (seconde édition, 1982).

Ressources en ligne

a) Nous n'avons pas pu consulter directement la thèse de S. Peterson *A Jewish Syriac Rhymes Liturgical Poem*, thèse soutenue en 2002 auprès de l'Université de Pennsylvanie. Nous avons donc eu recours aux ressources en ligne suivantes :

https://rejectedscriptures.weebly.com/books-of-maccabees-part-2.html, consultée pour la dernière fois le 8 mai 2021 (texte de 6 Maccabées).

https://www.sas.upenn.edu/~petersig/chapter1.htm, consultée pour la dernière fois le 8 mai 2021 (premier chapitre de la thèse de Sigrid Peterson).

https://www.sas.upenn.edu/~petersig/endnotes.htm, consultée pour la dernière fois le 8 mai 2021 (notes finales de la thèse de Sigrid Peterson).

https://www.sas.upenn.edu/~petersig/mcc4sbl.htm, consultée pour la dernière fois le 8 mai 2021 (appendice de la thèse de Sigrid Peterson).

b) Talmud de Babylone, *Sanhedrin* 74 a, consulté en traduction anglaise, en ligne, le 14 janvier 2019 à l'adresse Internet : https://www.sefaria.org/Sanhedrin.74a?lang–bi (*The William Davidson Talmud*).

Index des références textuelles

I) Ancien Testament (LXX) hors 2 et 4 Maccabées

Genèse
2,22 — 194
14,19 et 14,22 — 226 (note 2)
15,2 et 15,8 — 224
15,15 — 255 (note 4)
34,1–31 — 77
37,9 — 206, 359
49,7a — 77

Exode
12,31 — 142
15,26 — 193
20,17 — 73, 74, 310
22,24 — 75, 310
23, 4–5 — 310
34,22 — 360

Lévitique
11,7 — 316
17,11–14 — 78 (note 14)
17,11 — 257 (note 12)
19,9–10 — 75, 310
23,22 — 75, 310
25,35–37 — 75, 310

Nombres
4,21–7,89 — 63
16,1–34 — 76
17,11–15 — 133
24,16 — 226 (note 2)
25,1–18 — 333
25, 6–8 — 355
25,8 — 196

Deutéronome
7,3 — 354
14,8 — 316
15,1 — 75, 310

20,19–20 — 75, 310
22,4 — 75, 310
22,25 — 194
23,20–21 — 75, 310
24,19–22 — 75, 310
30,20 — 181, 196, 197, 262, 331
32,36 — 223
32,39 — 181, 196, 197, 223, 262, 331
32,47 — 181, 196, 197, 262, 331
33,3b — 202, 331

Juges
13,2–25 — 63
13,18 — 226 (note 2)

2 Règnes (2 Samuel)
23,13–17 — 78 (note 14), 328
23, 17 — 78 (note 14)

4 Règnes (2 Rois)
19,14 et 19,16 — 222

1 Paralipomènes (1 Chroniques)
11,15–19 — 75 (note 14), 328

1 Esdras
6,30 — 226 (note 2)
8,19 — 226 (note 2)
8,21 — 226 (note 2)
9,46 — 226 (note 2)

4 Esdras
7,97 — 267

1 Maccabées
2, 51–64 — 33
6,1–17 — 330

3 Maccabées
2,21	225
6,2 et 7,9	226 (note 2)

Ésaïe
6	256 (note 5)
8,17	221
14,14	226 (note 2)
37,4 et 37,17	222
43,2	196

Ézéchiel
37	139
37,3	196, 262
37,6	138

Daniel
3	114
3,8–30	334
6,21	222
12,3	267

Daniel (Codex syro-hexaplaris Ambrosianus)
2,19	226 (note 2)
4,34	226 (note 2)
4,37	226 (note 2)
4,37a	226 (note 2)
5,0	226 (note 2)

Daniel (Théodotion)
4,34	226 (note 2)
7,25	226 (note 2)

Osée
2,1	222

Habacuc
3,3	38

Zacharie
6,13	38

Psaumes
9,3	226 (note 2)
21,9	221
22,8	221
33,20	196
49,14	226 (note 2)
56,3	226 (note 2)
72,1	226 (note 2)
77,17	226 (note 2)
77,56	226 (note 2)
90,9	226 (note 2)
91,2	226 (note 2)
136	33

Odes
4,3	38

Job
25,2	226 (note 2)

Proverbes
3,18	196

Sagesse
3,7	267
5,15	*226 (note 2)*
4,1	*38*
5,13	*38*
8,7	*38*

Siracide
7,9	226 (note 2)
17,27	226 (note 2)
35,9	226 (note 2)
38,27	19
38, 24–34	19
46,5	226 (note 2)
47,5	226 (note 2)
47,8	226 (note 2)
50,15	226 (note 2)
50,17	226 (note 2)

Index des références textuelles 389

II) 2 Maccabées

1,1–10	27	3,30	109, 215, 219, 220, 222
1,11–2,18	27	3,31–32	109
1,11–17	27	3,31	108, 226
1,18–36	27	3,32	331
		3,33–34	109
2,1–9	27	3,33	220, 331, 338
2,10–12	27	3,34	217 (tableau n° 20), 228
2,13–15	27	3,35–39	354
2,19–15,39	27	3,35	108, 223, 227, 354
2,21	340	3,36	108, 217, 217 (tableau n°20)
2,23	21		
2,29	19, 20	3,38–39	354
		3,38	217 (tableau n° 20)
3,1–15,37	326	3,39	225, 227
3,1–7,42	5, 55, 63, 64, 215, 226, 227, 229, 241	4,1–6,17	5
		4,1–6	96 (tableau n°7)
3,1–6,17	325	4,1	12, 333
3,1–3	5, 7, 96 (tableau n°7), 101, 326	4,2	12
		4,4–6	12
3,1	8, 101	4,4	106
3,2	8	4,5	12
3,3	8, 23	4,7–13,26	326
3,4–4,6	326	4,7–5,26	326
3,4–40	5, 96 (tableau n°7), 331	4,7–20	332
3,4–7	8, 107	4,7–9	12, 13, 96 (tableau n°7), 101
3,4	9		
3,5	10, 24	4,7	24
3,6	11	4,10–17	96 (tableau n°7)
3,7a	12	4,12	14, 101
3,8–40	107	4,13	124
3,8	108	4,17	218
3,9	108	4,18–5,27	97
3,10–12	11, 108	4,18–20	96 (tableau n°7)
3,13	11	4,21–22	96 (tableau n°7)
3,14–23	108	4,23–29	96 (tableau n°7), 98
3,15	108, 227, 228	4,23	10
3,16–17	108, 331	4,29	10
3,18	108	4,30–38	96 (tableau n°7), 98
3,20	228, 231, 247	4,33	12
3,22	219, 222	4,34	12
3,24–26	108	4,38	221
3,24	108, 217 (tableau n° 20), 224	4,39–50	98
		4,39–42	96 (tableau n°7)
3,26	249	4,43–50	96 (tableau n°7)
3,27–29	109	5,1–4	96 (tableau n°7)
3,28	217 (tableau n° 20)	5,2–3	249
3,29	218	5,5	97

390   *Index des références textuelles*

5,5a	96 (tableau n°7)	6,26	125, 131, 139, 225, 225 (tableau n°23), 251
5,5b-10	96 (tableau n°7), 98	6,27–28	264
5,11–26	98	6,27	38, 124, 125
5,11–14	96 (tableau n°7)	6,28	35, 113, 119, 124, 125, 139, 252
5,15–23	96 (tableau n°7)	6,28b	119
5,17	224	6,29	119, 120, 120 (tableau n°10)
5,19	220		
5,20	217, 224, 225, 225 (tableau n°23)	6,30	16, 56, 119, 120, 120 (tableau n°10), 130, 219, 223
5,24–26	96 (tableau n°7)		
5,27	25, 96 (tableau n°7), 98, 326	6,31	38, 57, 119, 120, 120 (tableau n°10), 131
6,1–7,42	25, 326	7,1–41	6, 96 (tableau n°7), 189, 252, 312
6,1–11	311		
6,1–9	96 (tableau n°7)	7,1	17, 113, 122, 123, 313, 314
6,1	217 (tableau n°21)		
6,4	355	7,2	56, 141, 144, 145
6,5	311, 312, 313	7,2b	17, 22, 26, 54
6,7	311, 312	7,3	113, 114
6,10	14, 15, 96 (tableau n°7), 101	7,4–5	113
6,11	96 (tableau n°7)	7,4	113, 114
6,12–17	96 (tableau n°7)	7,5	113, 114
6,12–16	355	7,6	56, 141, 223
6,12	36	7,7	56, 113, 141, 313, 314
6,14	224	7,8	141
6,18–7,42	1, 39	7,9	56, 141, 224, 252
6,18–31	5, 96 (tableau n°7), 139, 189, 251, 312	7,10	113, 114
6,18–19	119, 120, 120 (tableau n°10)	7,11	18, 56, 141, 189, 228, 236, 252, 268
6,18	22, 122, 123, 124, 188, 287, 312, 313	7,14	56, 141, 218, 252, 268
		7,16–17	56, 141
6,19	113, 119, 252	7,16	141, 218
6,20–28	119	7,17	141
6,20	119, 120, 120 (tableau n°10), 124, 313	7,18–19	56, 141, 180, 182
		7,18	141, 152, 216, 218
6,21–29	121	7,19	141, 147, 219
6,21–22	120, 120 (tableau n°10), 313	7,20–29	182
		7,20–23	155, 180
6,21	312	7,20–21	180, 182
6,23	120, 120 (tableau n°10), 219, 251, 271, 286, 287	7,20	180, 219, 221
		7,21	35, 180, 271, 286, 287
6,24–28	15, 22, 56, 120, 120 (tableau n°10), 124, 130, 252	7,22–23	56, 180, 181, 183, 252, 262, 298
		7,22	252
6,24–25	125, 123	7,23	226, 227, 241, 246, 252, 268
6,24	119, 124, 125		
6,25	124, 125	7,24	180, 181, 351

Index des références textuelles 391

7,25–29	155, 180	8,16–17	355
7,25	181	9,1–18	326
7,27–29	56, 181, 252	9,28–29	330
7,27	181, 183	10,1–8	326, 338
7,28	181, 216, 228, 252	10,10–13,26	326
7,29	181, 252	10,13	35 (note 40)
7,30–40	182	10,28	38
7,30–38	56, 141, 182, 252	12,15	224
7,30	141	12,16	355
7,31	141, 217, 217 (tableau n°20)	14,1–15,39	325
		14,1–15,37a	326
7,32	141	14,1–36	326
7,33	141, 219, 222	14,37–46	23, 187, 189, 325, 326, 369
7,34–35	142		
7,34	229	14,37	188, 189
7,35	217 (tableau n°21), 225, 226	14,38	189, 340
		14,42	187
7,36	141, 142, 217 (tableau n°21), 252, 265	14,43	189
		14,46	189
7,37	141, 142, 216, 218	15,1–29	326
7,38	141, 225, 225 (tableau n°23)	15,12–16	326, 332
		15,12	38
7,40	57, 219, 221	15,17	38
7,41	22, 182	15,30–37a	326
7,42	324, 312	15,36	23
8,1–15,39	6, 325	15,37b	326, 327
8,1–36	326	15,39	38 (note 43)
8,1	25, 189, 340		
8,13	163, 182		

III) 4 Maccabées

1,1–3,18	2, 28, 30, 57, 58, 63, 69, 91, 271, 370	1,3–4	80
		1,3	45, 78 (tableau n°1), 90, 277 (tableau n°38), 280, 314
1,1–12	45, 185, 286		
1,1–11	69		
1,1–6	79, 80 (tableau n°1), 82	1,4	80, 80 (tableau n°1), 81, 84, 87, 89, 90, 92, 93, 279, 280
1,1	45, 46, 49, 77, 80, 80 (tableau n°1), 81, 83, 232, 272, 274, 274 (tableau n°35), 285, 286, 287, 293 (note 40), 304, 305, 306		
		1,5–6	70, 70 (note 6), 80 (tableau n°1)
		1,5	50, 80, 88, 89, 136, 276 (tableau n°37), 280
1,2–4	85 (tableau n°4)		
1,2	38, 45, 46, 69, 76, 77, 80, 80 (tableau n°1), 82, 84, 92, 293 (note 40)	1,6–7	80
		1,6	77, 85 (tableau n°4), 86, 276 (tableau 37), 285
1,3–6	87, 87 (tableau n°5)	1,7–12	83
1,3–5	90, 285		

Index des références textuelles

1,7	45, 46, 49, 229, 274, 274 (tableau n°35), 285, 287	1,29–30a	89 (tableau n°6)
		1,29	298
1,8	38, 45, 46, 333, 361	1,30–2,6	80 (tableau n°1), 128 (tableau n°13)
1,9	278 (tableau n°39), 285		
1,10	38, 39, 45, 46, 47, 63, 184, 361	1,30	38, 49, 229, 273 (tableau n°34), 274, 275, 282, 296
1,10b	45	1,30a	285
1,11	249, 330 (tableau n°44), 340	1,30b–2,9	a 81 (tableau n°2)
		1,30b–32	82
1,12	45, 46, 47, 69, 239, 272, 293 (note 40), 328	1,30b	285
		1,31–32	87
1,13–3,18	6, 57, 69, 183, 185, 286	1,32	73, 82, 89, 278 (tableau n° 38)
1,13–14	79, 80 (tableau n°1), 81, 81 (tableau n°2), 82	1,33–35	72, 73, 83, 87, 128, 315
1,13	48, 81, 229, 273 (tableau n°34), 274, 285	1,33–34	74
		1,33	45, 46, 48, 49, 278 (tableau n° 38), 299
1,14	48, 69, 81, 82, 278 (tableau n°38)	1,34	48, 49, 71, 281
1,15–19	81 (tableau n°2)	1,35	76, 280, 281, 328
1,15–16	82		
1,15	293	2,1–6	73,
1,16	71, 245, 245 (tableau n°32), 250, 289, 291	2,1–6a	72, 73, 83
		2,1	73, 87
1,17	36, 48, 49, 71, 83, 128, 245, 245 (tableau n°38), 296	2,2–6	87, 92
		2,2–3	73, 199
		2,2	73, 282, 283 (tableau n°42), 284
1,18–19	82		
1,18	85 (tableau n°4), 128, 370	2,3	73, 281, 281 (tableau n°41), 282
1,19	69, 76, 80 (tableau n°1), 86 (tableau n°4), 278 (tableau n°38), 285, 299	2,4	73, 87, 278 (tableau n°38), 310
		2,5	71, 73, 310
1,20–30a	81 (tableau n°2), 82, 85, 88, 90, 89, 291	2,6	45, 46, 48, 49, 71, 87, 277 (tableau n°37), 280, 285
1,20–28	300		
1,20	89, 89 (tableau n°6), 90	2,6a	73
1,21	89 (tableau n°6)	2,7–9a	80 (tableau n°1), 87, 88, 89, 90, 128 (tableau n°13)
1,22	87, 89 (tableau n°6), 90		
1,23	89 (tableau n°6), 90		
1,24	89 (tableau n°6), 90, 91	2,7	82, 87, 90, 229, 273 (tableau n°34), 274, 285, 310
1,25–27	90		
1,25–26	69, 69 (note 2)		
1,25	88, 89 (tableau n°6), 90, 91	2,8–14	74
		2,8–9a	74, 75, 83, 90, 92
1,26	89 (tableau n°6), 90, 91	2,8	71, 90, 142, 310, 342
1,27	89 (tableau n°6), 90, 314, 315	2,9	71, 90, 273 (tableau n°34), 275, 285, 310
1,28–29	240	2,9a	74, 83
1,28	89 (tableau n°6)	2,9b–23	92

Index des références textuelles

2,9b	74, 75, 81 (tableau n°2), 82	3,2–5	78, 82, 88
2,10–23	83, 84 (tableau n°3)	3,2–4	47, 49, 70, 87, 284
2,10–20	90	3,2	7, 47, 48, 87, 284
2,10–14	83, 89, 91	3,3	47, 49, 50, 87, 284, 285
2,10–13	75, 129, 370	3,4	48, 87, 88, 284, 285
2,10–12	83	3,5	70, 75, 84, 85, 87, 168, 273 (tableau n°34), 275, 285, 290
2,10	38, 71, 75, 83, 84 (tableau n°3), 90	3,6–18	28, 33, 76, 77, 78, 83, 84, 92, 328
2,11	75, 84 (tableau n°3), 90		
2,12	75, 84 (tableau n°3), 90	3,6–16	84
2,13–14	83	3,6	78, 328
2,13	75, 84 (tableau n°3), 90	3,7–9	78
2,14	49, 71, 75, 84 (tableau n°3), 90, 310	3,8	337
		3,10–11	78
2,15–20	91	3,10	78 (note 14), 328
2,15	83, 84 (tableau n°3), 91, 277 (tableau n°37), 280, 285	3,11	78, 78 (note 14), 87
		3,12–14	78
		3,12	78, 87, 328
2,16–20	83, 84, 84 (tableau n°3), 88	3,13	78 (note 14)
		3,14	328
2,16	76, 91, 287, 328, 331	3,15–16	78
2,17–20	76, 78, 91	3,15	78 (note 14), 259
2,17	28, 33, 76, 93, 281, 281 (tableau n°41), 282, 328, 331	3,16	78, 78 (note 14), 87, 237 (tableau n°28), 241, 259
		3,17–18	84
2,18	45, 46, 76, 272 (note 3), 279, 280, 287, 328, 331	3,17	77, 78, 272 (note 3), 279 (tableau n°40), 280, 285, 328, 331
2,19–20	33		
2,19	28, 48, 49, 76, 93, 239, 240, 328	3,18	78, 361, 362
		3,19–18,24	1, 2, 28, 29, 51, 63
2,20 :	76, 277 (tableau n°37), 280, 329	3,19–17,1	5, 286
		3,19–12,19	88, 93, 327
2,21–23	75, 77, 83, 84 (tableau n°3), 92, 128, 240, 244, 307, 308, 373	3,19–6,30	185
		3,19	10, 48, 69, 76, 78, 203, 287, 294, 322
2,21	75, 230	3,20–18,24	370
2,22	75, 242, 244 (note 26), 248, 274, 296, 302	3,20–4,26	54, 57, 325
		3,20–21	5, 58, 95, 96 (tableau n°7)
2,23	71, 75, 76, 249, 308, 309, 337, 338, 339, 342	3,20	7, 8, 12, 23, 48, 49, 100, 101, 325, 327, 329, 338, 342, 363, 376
2,24–3,1	80, 80 (tableau n°1), 82		
2,24	50, 88, 89, 136, 229, 273 (tableau n°34), 274, 277 (tableau n°37), 296	3,21	99, 99, 101, 105, 350
		4,1–20	103
3,1–5	70	4,1–14	5, 58, 96 (tableau n°7), 101, 105, 106, 189, 199, 327, 331
3,1	278 (tableau n°38), 280, 285, 293 (note 39)		

4,1–5	8, 9	4,24	24, 96 (tableau n°7), 99, 101
4,1–4	106, 107		
4,1	9, 331, 341, 350	4,25	14, 15, 96 (tableau n°7), 99, 100, 101, 102
4,1a	9		
4,1b	10	4,26	96 (tableau n°7), 100, 340
4,2	10, 12, 24, 356, 375, 377		
4,3	11, 11, 329, 338		
4,4	11, 12, 48, 329	5,1–17,1	327
4,5–14	106, 107	5,1–7,23	5, 96 (tableau n°7), 101, 111, 119
4,5	12, 48, 108, 341		
4,6	108, 329	5,1–6,30	57, 58, 131, 183
4,7–9	108	5,1–38	41
4,7	293 (note 39), 309	5,1–5	54
4,8	338	5,1–2	355
4,9	108, 231, 331, 332	5,1	102, 121, 122, 242, 242 (note 24), 329, 330 (tableau n°44)
4,10	88, 108, 243, 247, 249		
4,11	108, 111, 247, 338, 354		
4,11a	109	5,2–3	328, 316, 324, 344
4,11b–12	108, 331, 354	5,2	121, 122, 123, 329, 316, 322, 373, 377
4,12	354		
4,13	109, 243, 243 (tableau n°29), 293 (note 39), 327, 329, 331, 338	5,3	121, 123, 315
		5,4–7,23	139
		5,4	22, 34, 102, 120 (tableau n°10), 122, 330 (tableau n°44), 332, 333, 340
4,14	108, 329, 331, 354		
4,15–26	5, 58, 95, 327		
4,15–20	101	5,5–6,11	120, 121 (tableau n°11), 139
4,15–18	96 (tableau n°7), 101		
4,15–17	12, 13	5,5–38	120
4,15	13, 24, 93, 102, 329, 330, 330 (tableau n°44), 376	5,5–13	328
		5,5	122, 329, 330 (tableau n°44)
4,16–20	332		
4,16	122, 331, 332, 350	5,6–13	55, 117 (tableau n°9), 121 (tableau n°11), 127, 142, 244, 317, 319, 350, 350 (note 10)
4,18	329, 331		
4,19–26	99		
4,19–21	96 (tableau n°7)		
4,19–20	99	5,6–7	129
4,19	341	5,6	127 (tableau n°12), 317, 333
4,20	14, 48, 97, 322, 327, 329, 332, 338, 341, 350, 378		
		5,7	127, 127 (tableau n°12), 137, 304, 305, 306
4,20a	14, 101, 199		
4,20b	14	5,8–9	127 (tableau n°12), 322
4,21	97, 99, 101, 102, 243, 243 (tableau n°29), 329, 330 (tableau n°44), 332	5,10–12	127 (tableau n°12)
		5,11–12	129
		5,11	129, 305, 306
4,22–26	101	5,12	129
4,22	96 (tableau n°7), 97, 98, 99, 101, 338	5,13	127, 128 (tableau n°12), 305
4,23	96 (tableau n°7), 98, 99, 342, 350, 354, 363	5,14–38	121 (tableau n°11)
		5,14–15	54

Index des références textuelles 395

5,14	102, 124, 293 (note 39), 330 (tableau n°44), 333	6,1–30	112
		6,1–11	120, 121 (tableau n°11)
5,16–38	42, 50, 55, 117 (tableau n°9), 126, 139, 142, 244, 350 (note 10)	6,1–3	54
		6,1	102, 330 (tableau n°44), 333
5,16–26	307, 308	6,2	112
5,16–18	309	6,3	112, 113, 247
5,16–17	324	6,4	55, 329
5,16	127 (tableau n°12), 244 (tableau n°30), 324, 329, 330 (tableau n°44), 342	6,5–13	54
		6,5	34, 333
		6,6–11	113
5,17–18	127 (tableau n°12)	6,6	113, 247, 259, 331
5,17	324	6,7	113, 288
5,18	126, 244 (tableau n°30)	6,8	113
5,19–21	127 (tableau n°12), 309, 322	6,9	88
		6,10	34, 115, 331
5,19	123, 317	6,11	113
5,20	289, 291, 299	6,12–30	139
5,21	36	6,12–25	120, 121, 121 (tableau n°11)
5,22–26	92, 127 (tableau n°12)		
5,22–24	309	6,12–15	120 (tableau n°10), 121 (tableau n°11)
5,22	36, 305, 306		
5,23–24	86 (tableau n°4), 128, 130, 370	6,13	329
		6,14–15	55
5,23	87, 88	6,14	333
5,23a	128 (tableau n°13)	6,15	318
5,23b	128 (tableau n°13)	6,16–23	121 (tableau n°11)
5,24	36, 86, 240, 241	6,16	54, 120 (tableau n°10), 333
5,24a	128 (tableau n°13)		
5,24b	128 (tableau n°13)	6,17–23	15, 16, 42, 55, 120 (tableau n°10), 124, 252, 369
5,25–26	128, 309		
5,25	123, 128, 139, 236, 246, 309 (note 8), 317, 358		
		6,17	124, 125, 126, 353
5,26	373	6,18–19	322
5,27–33	127 (tableau n°12)	6,18	22, 119, 125, 126, 129
5,27	50, 124, 363	6,19	124, 125, 126, 129, 139, 318
5,28	50		
5,31	129, 288, 333	6,20	124, 123
5,33	129, 354	6,21	102, 124, 126, 129, 244 (tableau n°30), 264, 330 (tableau n°44), 351, 352
5,34–35	128 (tableau n°12)		
5,34	36		
5,35	293, 305	6,22	35, 41, 126, 129, 353
5,36–38	128 (tableau n°12)	6,23	18, 22, 102, 126, 330 (tableau n°44)
5,36	129		
5,37	254 (tableau n°33), 255, 257	6,24–27	113
		6,24–26	54
5,38	86, 293 (note 39)	6,24–25	120 (tableau n°10), 121 (tableau n°11)
		6,25	114

6,26–29	120 (tableau n°10)	7,7	244, 244 (tableau n°31), 305, 335
6,26	231 (tableau n°25), 233, 247	7,8	35, 259, 335, 336, 336 (note 9), 338, 339
6,27–29	16, 55, 126, 130, 369	7,9	48, 49, 133, 198, 244, 244 (tableau n°30), 262, 293 (note 39), 305, 306, 335, 371
6,27	16, 130, 231		
6,28–29	131, 254 (tableau n°33), 257, 259, 266		
6,28	111, 131		
6,29	21, 259	7,10	133, 133 (note 10), 138, 229, 275, 275 (tableau n°36), 276, 286, 330, 333, 335, 338
6,30	35, 54, 113, 120 (tableau n° 10), 288		
6,31–7,23	57, 58, 120, 131, 139, 155, 183, 185, 371	7,11–14	132, 133, 138
6,31–35	111, 111 (note 1), 131, 132 (tableau n°14), 132, 134, 135, 135 (tableau n°15), 138	7,11–12	132 (tableau n°14), 133, 332
		7,11	33
		7,12	199, 288, 332, 333
6,31	86, 134, 135 (tableau n°15), 229, 274, 274 (tableau n°35), 285, 287, 387	7,13–14	132 (tableau n°14)
		7,13	137, 138, 139, 333
		7,14	133, 288
		7,15	46, 47, 57, 58, 132 (tableau n°14), 133, 134, 138, 173, 174
6,32	48, 131, 134, 135 (tableau n° 15), 277 (tableau n°37)		
		7,16–23	111, 132 (tableau n°14), 134, 136, 138
6,33	48, 134, 135(tableau n°15), 279 (tableau n°40), 283	7,16 :	86, 136, 137, 138, 274, 274 (tableau n°35), 281, 285, 287, 296, 333
6,34	48, 134, 135 (tableau n°15), 283	7,17–18	137, 138
		7,17	50, 86, 136, 137, 288
6,35	45, 46, 134, 135 (tableau n°15), 277 (tableau n°37)	7,18–23	93
		7,18–19	254 (tableau n°33), 260, 261, 269
7,1–15	57		
7,1–5	132, 132 (tableau n°14), 138	7,18	136, 137
		7,19	137, 138, 139, 237 (tableau n°28), 238, 242, 260, 261, 267, 286, 309
7,1–3	132		
7,1	48, 49, 288, 333		
7,2–3	254 (tableau n°33), 263, 264	7,20–23	137, 138
		7,20	137, 288, 294
7,2	102, 330 (tableau n°44)	7,21–22	137
7,4	86, 115, 132, 288	7,21	237, 237 (tableau n°28), 241, 305, 306, 309
7,5	73, 132, 167, 282, 283 (tableau n°42), 333, 358		
		7,22	37, 88, 246
7,6–10	46, 47, 57, 58, 132 (tableau n°14), 133, 138, 335	7,23	137, 138, 139, 229, 276, 274, 285, 337, 338
7,6	124, 133, 246, 318, 332, 333, 335	8,1–17,1	6
		8,1–12,19	57, 58, 96 (tableau n°7), 111, 141, 161, 183
7,7–8	133		

Index des références textuelles

8,1–9,9	41	9,1–2	142 (tableau n°16)
8,1–12	57	9,1	17, 22, 26, 54, 102, 142, 144, 145, 330 (tableau n°44), 354, 369
8,1	25, 54, 102, 277, 281, 281 (tableau n°41), 282, 286, 334		
		9,2	331
8,2–4	54, 121	9,3–4	142 (tableau n°16)
8,2	121, 122, 123, 319, 321, 328, 344, 330 (tableau n°44)	9,3	102, 330 (tableau n°44)
		9,5–6	143 (tableau n°16)
		9,5	121, 333
8,3	17, 34, 35, 102, 122, 330 (tableau n°44)	9,6	36, 333, 334
		9,7–8	143 (tableau n°16)
8,4	34, 102, 122, 122, 162, 330 (tableau n°44), 359	9,7	102, 330 (tableau n°44)
		9,8–9	254 (tableau n°33), 256, 257, 260
8,5–14	117 (tableau n°9)		
8,5–11	55, 142, 319, 328, 350	9,8	37, 38, 115, 239, 256
8,5	142 (tableau n°16), 333, 334, 350, 351	9,9	143 (tableau n°16), 243, 243 (tableau n°29)
8,6	142 (tableau n°16)	9,10–14	54
8,7–8	143 (tableau n°16), 350	9,10	102, 122, 330 (tableau n°44)
8,7	309, 319, 342, 350, 354		
8,8	209, 319, 352	9,11–25	112
8,9–11	143 (tableau n°16), 350	9,11	113
8,12–14	112	9,12–13	113
8,12–13	54, 143 (tableau n°16)	9,12	113
8,12	88, 122, 123, 319	9,13	34, 334
8,13	102, 330 (tableau n°44)	9,15–18	55
8,14	55, 142, 143 (tableau n°16), 334	9,15	102, 114, 117 (tableau n°9), 143, 244 (tableau n°30), 248, 330 (tableau n°44)
8,15	102, 306, 330 (tableau n°44)		
8,16	21, 125, 258, 293 (note 39), 358	9,16	55, 116, 117 (tableau n°9), 143, 320
8,17–26	41, 55, 117 (tableau n°9), 142, 142 (tableau n°16), 144, 164, 350	9,17–18	117 (tableau n°9), 143, 261
		9,17	146, 149, 151, 288
8,17–21	142 (tableau n°16)	9,18	115, 150
8,17	329	9,19–22	54
8,19	57	9,19–21	113
8,22–25	143 (tableau n°16)	9,19	113
8,22	243, 243 (tableau n°29), 329	9,20	102, 113, 259
		9,21–22	254 (tableau n°33), 264
8,26	143 (tableau n°16), 290	9,21	125, 334
8,27	329, 334	9,22	35
8,29	102, 123, 320, 330 (tableau n°44)	9,23–24	41, 42, 55, 143
		9,24	34, 50, 146, 149, 242, 340
9,1–9	55, 116, 117 (tableau n°9), 142, 142 (tableau n°16), 164, 320	9,25	54, 334
		9,26–28	54, 112, 114
		9,26	113

9,27	34, 320	10,18	152, 230
9,28	114	10,19	18, 51, 149, 151, 261, 288, 329, 393
9,29	50, 55, 102, 116, 117, 117 (tableau n°9), 143, 330 (tableau n°44)	10,20	18, 19, 235 (tableau n°27), 236
9,30–32	55, 117 (tableau n°9), 143	10,21	117, 146, 148, 149, 152, 230, 245 (tableau n°32)
9,30	51, 102, 145, 146, 287, 330 (tableau n°44)	11,1	112, 113
9,31	37, 38, 69, 88, 89	11,1a	54
9,32	102, 145, 146, 149, 150, 149, 243, 243 (tableau n°29), 254 (tableau n°33), 260, 330 (tableau n°44)	11,1b	54
		11,2–8	55, 117 (tableau n°9), 144
		11,2–6	146
		11,2	37, 38, 102, 149, 330 (tableau n°44)
10,1	54, 320	11,3	146, 147, 150, 248
10,2–4	55, 117 (tableau n°9), 143	11,4	147
		11,5–6	147
10,2	153, 154	11,7–8	145, 146, 147
10,3	34, 151, 153	11,7	147, 235 (tableau n°27), 239
10,4–8	112		
10,4	145, 151	11,8	147, 231 (tableau n°25), 232, 234
10,5–9	54		
10,5–6	114	11,9–11	54, 112, 113
10,7	111, 114	11,9–10	113
10,8	113, 111, 259	11,9	113
10,10–11	55, 143	11,12	35, 51, 55, 88, 102, 117 (tableau n°9), 144, 330 (tableau n°44)
10,10	36, 37, 102, 117 (tableau n°9), 144, 145, 146, 149, 234 (tableau n°26), 330 (tableau n°44)		
		11,13	54, 102, 320, 330 (tableau n°44), 334
10,11	146, 149, 150, 254 (tableau n°33), 260, 355	11,14–16	55, 117 (tableau n°9), 144, 182
10,12a	54	11,14	73
10,12b	54	11,15	154
10,13	55, 143, 329	11,16	123, 151, 321
10,14–16	55, 117 (tableau n°9), 143	11,17–19	54, 112
		11,17–18	113
10,14	113, 163	11,18–19	113
10,15	34, 102, 151, 153, 330 (tableau n°44)	11,19	113
		11,20–27	55, 117 (tableau n°9), 144, 150, 182, 261
10,16	102, 144, 154, 330 (tableau n°44)		
		11,20–22	115
10,17	54, 112, 114, 122, 122, 329, 330 (tableau n°44)	11,20	88, 115
		11,21	86, 102, 150, 287, 330 (tableau n°44)
10,18–21	55, 117 (tableau n°9), 144		
		11,22	115, 362
10,18–19	114	11,23	147, 149

Index des références textuelles 399

11,24–25	149, 150	13,1–5	111, 111 (note 1), 134, 135, 135 (tableau n°15), 134, 156 (tableau n°17), 158, 166, 167
11,24	51, 149, 334		
11,25	51, 124, 288, 321		
11,26	113, 152		
11,27	102, 151, 244 (tableau n°30), 288, 330 (tableau n°44)	13,1	88, 134, 135 (tableau n°15), 136, 167, 168, 169, 229, 274, 274 (tableau n°35), 287
12,1	112, 114	13,2–5	168
12,1a	54	13,2	48, 123, 131, 134, 135 (tableau n°15), 166, 321
12,1b–2	54		
12,2	102, 112, 113, 122, 330 (tableau n°44)	13,3	134, 135 (tableau n°15), 166, 184, 239, 281, 281 (tableau n°41), 282, 292, 288 (note 7)
12,3–18	41		
12,3–5	55, 117 (tableau n°9), 144, 350		
		13,4–5	167
12,5	337, 351, 367	13,4	73, 88, 134, 135 (tableau n°15), 167, 278 (tableau n°38), 280, 282, 283 (tableau n°43), 284
12,6–7	54		
12,7	48, 181, 182		
12,8	55, 144, 329		
12,9–10	54	13,5	134, 135 (tableau n°15), 167, 168, 283 (tableau n°43), 284
12,11–14	56, 117 (tableau n°9), 144, 147, 149, 182		
12,11	102, 144, 148, 235, 235 (tableau n°27), 329, 330 (tableau n°44), 337	13,6–7	132, 156 (tableau n°17), 158, 167
		13,7	334, 360
12,12–13	112	13,8–18	156 (tableau n°17), 162, 183
12,12	148, 150, 243, 243 (tableau n°29), 254 (tableau n°33), 260		
		13,8	123, 162, 359
		13,9–18	41, 42, 57, 58
12,13	114, 144, 148	13,9–10	56, 162
12,14	35, 37, 38, 148, 231 (tableau n°25), 232, 236	13,9	114, 162, 165, 199, 334, 358
12,15	54, 226	13,10	162, 163, 182
12,16–18	56, 117 (tableau n°9), 144, 182	13,11	35, 163, 165
		13,11a	56, 162, 163
12,16	153	13,11b	56, 162, 163
12,17	231, 354	13,12	56, 125, 133, 162, 163, 165, 199
12,18	150, 254 (tableau n°33), 260		
		13,13–17	56, 162, 163
12,19	54, 112, 114, 144, 150, 155, 187, 191	13,13	163, 165, 237, 237 (tableau n°28), 240, 241, 308, 339
12,20	187 (note 1)		
		13,14–15	164
13,1–17,1	59, 111, 155, 241	13,14	164, 254 (tableau n°33), 260, 261
13,1–16,25	96, 155, 159		
13,1–14,10	57, 183, 371	13,15	164, 167, 234 (tableau n°26)
13,1–18	159		

13,16	115, 163, 164, 165, 244, 284 (tableau n°43), 284, 286	14,7a	174
		14,8–10	156 (tableau n°17)
		14,8	88, 161, 334, 359
13,17	137, 158, 163, 164, 184, 254 (tableau n°33), 255, 257, 286	14,9–10	160 (tableau n°18), 161
		14,9	48, 161, 162, 184, 293 (note 39), 334, 376
13,18	56, 162, 164	14,10	161, 162
13,19–14,10	58, 159, 184, 387	14,11–17,7	57
13,19–14,1	156 (tableau n°17), 159, 169, 170, 171, 370	14,11–16,25	17, 183, 371
		14,11–15,32	159
13,19–27	91, 364	14,11–20	91, 156 (tableau n°17), 159
13,19–22	159 (tableau n°18), 160, 170		
		14,11–12	111, 159 (tableau n°18), 168, 184
13,19–21	171		
13,19	49, 57, 169, 170, 184, 239, 240, 242	14,11	49, 57, 111, 168, 184, 278 (tableau n°39), 279, 280, 285, 334
13,20–21	170		
13,20	170, 259	14,12	168, 350
13,21	170	14,13–20	169, 171, 172, 370
13,22	35, 48, 148, 170, 171, 184, 234 (tableau n°26)	14,13–19	159 (tableau n°18), 160
		14,13	49, 57, 69, 169, 171, 184
13,23–26	160 (tableau n°18)	14,14	171
13,23	169, 171	14,15–17	171
13,24–26	169, 171	14,18	161, 171
13,24	37, 170	14,19	161, 171
13,25	362	14,20	22, 125, 133, 159 (tableau n°18), 161, 169, 258, 334, 353
13,26	169		
13,27–14,1	160 (tableau n°18), 170		
13,27	38, 169, 171		
		15,1	47, 57, 58, 102, 134, 156 (tableau n°17), 159 (tableau n°18), 160, 173, 174, 177, 275, 275 (tableau n°36), 286, 329, 330
14,1	69, 171, 173		
14,2–8	177		
14,2–3	47, 57, 58, 156 (tableau n°17), 159 (tableau n°18), 160, 160 (tableau n°18), 173, 176		
		15,2–12	177, 178
		15,2–10	156 (tableau n°17), 159
14,2	134, 174, 275, 276, 330	15,2–3	159 (tableau n°18), 177
14,3	174, 177	15,2	102, 178, 330 (tableau n°44)
14,4–6	156 (tableau n°17), 160, 160 (tableau n°18), 161, 177		
		15,3	164, 231 (tableau n°25), 233, 254 (tableau n°33), 265, 273
14,4	161, 177, 334		
14,5	161, 177, 254 (tableau n°33), 265		
		15,4–10	169, 169, 172, 370
14,6	161, 177, 334	15,4–5	159 (tableau n°18), 160, 169, 172, 178
14,7–8	57, 58, 160, 160 (tableau n°18), 173, 176		
		15,4	45, 46, 48, 49, 169, 184
14,7	47, 134, 156 (tableau n°17), 177	15,5	22, 125, 172, 258, 358
		15,6–7	160 (tableau n°18), 178

15,6	169, 172
15,7	170, 172, 334
15,8	88, 160 (tableau n°18), 164, 169, 170, 172, 178, 231 (tableau n°25), 233, 254 (tableau n°33), 265
15,9–10	160 (tableau n°18), 170, 172, 178
15,9	172, 362
15,10	86, 86 (tableau n°4), 172
15,11–12	156 (tableau n°17), 160 (tableau n°18), 169, 178
15,11	69
15,13	46, 47, 57, 58, 134, 156 (tableau n°17), 160, 160 (tableau n°18), 173, 174, 177, 178, 159, 160, 162, 163
15,14–15	112, 157 (tableau n°17), 160, 160 (tableau n°18), 161, 168, 178, 182
15,14	113, 161
15,15	114, 161
15,16–20	46, 47, 57, 58, 157 (tableau n°17), 173, 178
15,16–17	160, 160 (tableau n°18), 173, 176
15,16	46, 88, 174, 175
15,17	174, 174, 175, 178
15,18–22	160 (tableau n°18), 161, 168, 182
15,18–20	173, 174, 178
15,18	161, 173, 178
15,19	161, 178
15,20	161, 178, 355
15,21–28	157 (tableau n°17), 159, 179
15,21–22	179
15,21	132, 161, 358
15,22	161
15,23–28	160, 160 (tableau n°18)
15,23	69, 86, 173, 179, 254 (tableau n°33), 265, 266, 287
15,24	34, 122, 179, 231 (tableau n°25), 233
15,25–28	179
15,25	69
15,27	164, 179
15,28	133, 179, 245, 353
15,29–32	46, 47, 57, 58, 157 (tableau n°17), 160, 160 (tableau n°18), 173, 178
15,29–30	173, 176
15,29	46, 115, 174, 175, 176, 188, 189, 339, 342
15,30	35, 122, 174, 175
15,31–32	173, 178
15,32	35
16,1–25	159
16,1–4	166, 168, 168
16,1–2	111, 157 (tableau n°17), 158, 160 (tableau n°18), 173, 184
16,1	136, 168, 229, 274, 274 (tableau n°35), 285, 287, 334
16,2	45, 46, 168, 184, 334
16,3–4	158, 160 (tableau n°18)
16,3	33, 69, 114, 157 (tableau n°17), 158, 168, 199
16,4	86, 157 (tableau n°17), 168, 287
16,5–11	41, 157 (tableau n°17)
16,5	21, 49, 57, 125, 258, 334, 358
16,6–11	56, 57, 142, 164, 181
16,6–8	181
16,6	165
16,7	165
16,8	165
16,9	165
16,10	165, 334
16,11	165
16,12–13	157 (tableau n°17)
16,12	245, 246
16,13	164, 177, 254 (tableau n°33), 266
16,14–15	46, 47, 57, 58, 157 (tableau n°17), 173, 179
16,14	46, 102, 173, 174, 176, 179, 234, 293 (note 39), 330 (note 44), 333, 334
16,14b	175
16,15	173, 175, 176, 179, 181, 333

16,16–23	41, 42, 56, 57, 142, 157 (tableau n°17), 164, 179, 180, 181	17,7–22	200, 201, 204, 207, 208
		17,7–18	205
		17,7	19, 48, 200, 201, 202, 203, 204, 208
16,16	35, 122, 165, 340, 354		
16,17	165, 176, 179, 333, 334	17,8–22	57, 192
16,18–19	235	17,8–10	200, 202
16,18	163, 165, 180, 231 (tableau n°25), 232	17,8	200, 340, 357
		17,9–11	39, 57
16,19	88, 165, 231 (tableau n°25), 232	17,9–10	39, 58, 202, 206
		17,9	206, 208, 209, 330 (tableau n°44), 332, 333, 334, 342, 359, 377
16,20–21	163		
16,20	33, 165, 199, 353		
16,21	33, 114, 165, 168, 197, 199, 231 (tableau n°25), 232	17,10	201, 203, 231 (tableau n°25), 232, 233, 340
		17,11–18	200, 201
16,22–23	165	17,11–16	115
16,23	88, 165	17,11	200, 201, 244, 244 (tableau n°31)
16,24	157 (tableau n°17), 167, 208, 234 (tableau n°26), 293 (note 39)	17,12–16	148, 164, 175
		17,12	38, 201, 264, 265
16,25	137, 152, 157 (tableau n°17), 158, 159, 191, 231 (tableau n°25), 232, 237 (tableau n°28), 238, 242, 254 (tableau n°33), 261, 267, 269, 286	17,13–14	202
		17,13	201, 208, 333, 334
		17,14–18	202
		17,14	201, 202, 209, 330 (tableau n°44), 355
		17,15–16	202
		17,15	202, 246
17,1	22, 54, 59, 96, 112, 114, 155, 158 (tableau n°17), 183, 187, 191, 200	17,16–17	202
		17,16	200, 202, 244 (tableau n°30)
17,2–18,24	59, 63, 97, 111, 191, 241, 371	17,17–18	202
		17,17	200, 201, 202, 209, 330 (tableau n°44)
17,2–24	208		
17,2–7	46, 192	17,18	200, 202, 203, 205, 207, 242, 243, 248, 249, 254 (tableau n°33), 256, 257, 266
17,2–6	47, 58, 200, 205, 207		
17,2	34, 47, 201, 205, 206, 207, 208, 209, 330 (tableau n°44)		
		17,19–22	200, 202, 203
17,3	35, 201, 206, 207	17,19	200, 202, 203, 331
17,4	22, 125, 201, 206, 207, 208, 231 (tableau n°25), 233, 237, 258, 358	17,20–22	204, 205, 343
		17,20–21	328
		17,20	200, 202, 203, 204, 206, 339, 340
17,5	206, 207, 237, 238, 247, 254 (tableau n°33), 267, 268, 269, 358, 359	17,21–22	204, 254 (tableau n°33), 257, 259, 339
17,6	126, 175, 195, 206, 207, 208, 267, 342, 353	17,21	21, 192, 204, 209, 249, 257, 258, 259 330 (tableau n°44), 340, 341
17,7–18,19	40		
17,7–24	205		

Index des références textuelles

17,22	131, 203, 204, 246, 242, 258, 339, 340, 341	18,9–19	334
		18,9	194, 196
17,23–24	54, 100, 101, 145, 192, 200, 201, 205, 207, 208, 328	18,10–19	33, 194, 195, 197, 198, 199
		18,10–16	47
17,23	37, 38, 189, 201, 209, 329, 330 (tableau n°44), 352, 372	18,10–12	197
		18,10	47
		18,11–19	193 (note 5)
17,24	35, 102, 103, 122, 201, 330, 376	18,11–13	195, 199
		18,11	33, 47, 133, 163, 195, 199
18,1–5	193 (note 5), 204, 205, 208	18,12	33, 163, 199, 333, 355
		18,13	33, 197, 198, 199
18,1–2	42, 47, 58, 192, 200, 205	18,14–17	197
18,1	125, 193 (note 5), 204, 205, 206, 207, 208, 353	18,14	195, 196
		18,15	124, 195
18,2–5	204, 207	18,16	47, 196, 333
18,2–3	208	18,17–19	254 (tableau n°33), 262, 268
18,2	86, 88, 191, 200, 204, 205, 229, 274, 274 (tableau n°35), 285, 286, 287	18,17	196, 197, 198, 262, 305, 371
		18,18–19	195, 198, 262, 331
18,3–24	191	18,18	167, 195, 198, 200
18,3	57, 88, 192, 193 (note 5), 200, 205, 207, 243, 243 (tableau n°29)	18,19	163, 181, 197, 223
		18,20–24	58, 192
		18,20–23	204, 205, 207, 208, 371
18,4–5	192, 208, 325, 371	18,20–21	40, 112
18,4–5a	54	18,20	47, 88, 205, 207, 208, 209, 330 (tableau n°44), 353, 355
18,4	98, 100, 101, 192, 205, 327, 328, 340, 341, 358		
18,5	103, 145, 150, 192, 193, 203, 204, 209, 329, 330, 330 (tableau n°44), 338, 352, 353	18,20a	207
		18,20b–21	205, 208
		18,21	114
		18,22–24	40, 371
18,5a	103, 192, 205	18,22–23	208, 254 (tableau n°33), 255, 256, 257, 260, 266, 267
18,5b	55, 100, 101, 192		
18,6–19	193, 205, 206, 207, 208, 364		
		18,22	192, 205, 209, 243, 243 (tableau n°29), 355
18,6	192, 193, 208		
18,7–19	34, 36, 42, 56, 165, 176 (note 18), 180, 191, 192, 195, 333, 371	18,23	115, 123, 162, 205, 208, 235, 235 (tableau n°27), 241, 267, 268, 286, 308, 353, 360
18,7–9	193, 194		
18,7–8	194	18,24	45, 47, 286
18,7	194	18,25	371
18,8	194		

IV) Autres textes de tradition juive

Flavius Josèphe

Antiquités Judaïques
VIII,194   294
XI,277   294

Contre Apion
II,8,§89   311

Guerre des Juifs
III,364   188

Philon d'Alexandrie

De Ebrietate
97   7 (note 6)

De Plantatione
§ 28   240 (note 20)

De Posteritate Caini
184   7 (note 6)

De Sacrificio Abel et Caïni
48   240 (note 19)

De Somniis
I, 207   240 (note 21)
II 147 et 229 7 (note 6)

De Specialibus Legibus
II, 100   240 (note 22)

Legatio ad Gaium
90   7 (note 6)

Legum Allegoriae
1,42   302–303
1,43   303
1,70   301, 303
1,73   301–302
1,79   302
1,103   302
1,104   302, 303
3, 223–224   264 (note 28)

Quis rerum divinarum heres sit
11   238 (note 10)

Pseudo-Philon

Prédications synagogales
               61
Sur Jonas   61–65
Sur Samson   61–65

Talmud de Babylone, traité *Sanhedrin*

74 a-b   336–338

V) Nouveau Testament

Matthieu
10,28   145
13,52   373
22,32   261

Marc
12,27   261

Luc
20,38   261

Actes des apôtres
15,23 et 15,41 24

Romains
3,25   258
6, 10 et 11   238 (note 11)

1 Corinthiens
8,1   316, 377
8,4   316, 377
8,7   316, 377
8,10   316, 377
8,13   316
10,19   316, 377
10,28   316, 377

Galates			*1 Pierre*	
1,21	24		2,18–3,7	90
			5,1–5a	90
Colossiens				
3,18–4,1	90		*Apocalypse*	
			2,14	316
Éphésiens			2,20	316
5,22–6,19	90			

VI) Pères de l'Église et auteurs ecclésiastiques

Jean Chrysostome

Adversus oppugnatores eorum, qui ad monasticam vitam inducunt
I,56   125

Liber in sanctum Babylam, contra Julianum, et contra Gentiles
II,552   125

Origène

Adversus Celsum I 320,2
1, 656 B   198 (note 8)

Adversus Celsum V 578,1
1, 1181 B   198 (note 8)

Photios

Lettre 293   124 (note 2)

Théodoret de Cyr

Thérapeutique des maladies helléniques
I,16   295
II,95   295
IV,31   295

VII) Littérature et philosophie gréco-romaine

Aetius

Placita
IV,21   295–296, 302
(= SVF II,836)
(= Plutarque CUF XII,2, traité 58)

Aristophane

Thesmophories
317   222

Aristote

Métaphysique
980 b   294

Poétique
XXI,14   218

Chariton d'Aphrodisias

Le roman de Chairéas et Callirhoé
III, 4,7.   114 (note 6)

Columelle

II, 10,16   24
XI, 2,56   24

Démosthène

Epitaphios
1   39 (note 47)

Diodore de Sicile

Livre XXXIV
Fragment 1   311

Diogène Laërce

7,86 et 7,87	307 (notes 1 et 2)
7,130	87

Dion Cassius

XL,54	65 (note 16)
LIX,8,3	257

Pseudo-Dionysos d'Halicarnasse

Ars Rhetorica
6	39 (note 49)

Épicure

Lettre à Ménécée
122	305
130	305
132	294–295

Épictète

Entretiens
1,13,3–5	148

Eschyle

Euménides
236	146
391	342
731 et 1027	176 (note 14)
918	222

Euripide

Bacchantes
45 et 325	219

Phéniciennes
245	167, 360

Rhesos
321	222

Galien

De placitis Hippocratis et Platonis
V 6 456	297–298
(= *SVF* I,570)	

Περὶ τῶν ἰδίων ἑκάστῳ παθῶν καὶ ἁμαρτημάτων τῆς διαγνώσεως β'
70 (note 9), 300

Hérodote

I,99, 136	361 (note 40)
V,77 et V,97	225

Hippocrate

Maladies des femmes
I,25	259

Homère

Odyssée
M 165–200	358
ρ 218	357 (note 26)

Hypéride

Epitaphios
1,3	39 (note 48)

Pour Lycophron
6	361 (note 40)

Lucien

Banquet
20	206 (note 13)

Double accusation
21	306 (note 78)

Lexiphane
10	257

Ménandre

II, 418f.	39 (note 50)

Phrynichus le comique

Fragment
1	361 (note 40)

Platon

Gorgias	389

Hippias Majeur
286a.   176 (note 15)
Ménéxène   39

Phèdre
246A   292 (note 37)

Politique
VII 518b-519a 300

République
IX, 479 e   276 (note 4)

Pline

Histoire naturelle
XVIII,122   24

Plutarque

De communibus notitiis adversus Stoicos
               300

De E apud Delphos
387 F391 D   300 (note 66)

De Stoicorum repugnantiis
               300

Stoicos absurdiora poetis dicere
               300

De Virtute morali
441 D–E   298 (note 53)
442 E–F   299 (note 59)
443 C   298 (note 54)

443 E   299 (note 58)
449 B   298 (note 55)
449 D–450 B   299 (note 60)
450 E   299 (note 57)
451 C   299 (note 56)

Polybe
31,9   330

Sophocle

Œdipe Roi
689–696   264 (note 27)

Antigone
994–995   264 (note 27)

Tacite

Annales
II,56 et XIII,8   24

Thucydide
I,45   225
II, 42   361 (note 40)
II,43,2.   39 (note 46)
VII,75   153

Vitruve
5,12,6   167 (note 9)

Xénophon

Cyropédie
1,6,6   342

VIII) Textes épigraphiques

IG IX(1).32.44 336 (note 9)   IG XIV,746   24

Index des thèmes et des noms

Aaron 33, 119, 130 (tableau n°14), 131, 137, 200, 344, 348
Abel 33, 197
Abraham 15, 16, 22, 33, 123, 136, 158, 159 (tableau n°18), 160 (tableau n°18), 163, 172, 176, 180, 195, 185 (note 5), 196, 197, 208, 210, 225, 235, 239, 242, 244, 250, 261, 262, 264, 266, 268, 272, 274, 275, 359, 369
Alexandrinus 1, 48, 106, 143–144, 145, 146, 149, 195 (note 5), 224, 234 (tableau n°25), 235, 238, 238 (tableau n°27), 239, 264, 280 (tableau n°35), 298, 373, 377
Alkimos 341
Ananias 33
Antiochos IV 5, 9, 12, 13, 13 (note8), 17, 18, 23, 24, 25, 35, 36, 37, 38, 41, 55, 56, 57, 86, 93, 94 (tableau n°7), 96, 97, 98, 99, 100, 101, 102, 103, 112, 113, 114, 115 (tableau n°9), 117, 118, 118 (tableau n°11), 119, 120, 121, 123, 124, 125 (tableau n°12), 126, 127, 128, 136, 139, 140, 141 (tableau n°16), 142, 143, 144, 145, 146, 147, 148, 149, 150, 161, 164, 165, 177 (note 12), 182, 189, 190, 191, 193, 194, 197, 203, 205, 206, 207, 209, 210, 211, 212, 216, 218, 223, 224, 226, 227, 238, 239, 245, 246, 247, 248, 253, 257, 259 (tableau n°33), 260, 266, 267, 275, 276, 283, 298, 300, 316, 317, 318, 321, 323, 325, 327, 329, 330, 332, 333, 335, 336, 338, 340, 341, 342, 343, 344, 345 (tableau n°44), 346, 346 (note 4), 347, 348, 349, 351, 353, 354, 356, 358, 359, 360, 365, 366, 366 (note 10), 367, 368, 370, 371, 375, 376 ;377, 380, 384, 385, 386, 387, 388, 392

– premier discours 55, 118 (tableau n°11), 124–125 (tableau n°12), 330, 333, 365
– deuxième discours 55, 140–141 (tableau n°16), 333, 365, 366
– troisième discours 56, 365
Antiochos V 342
Antiochos IX 392
Antiochos X 392
Apollonios 7, 8, 10, 11, 12, 24, 59, 86, 93, 94 (tableau n°7), 95, 95 (tableau n°8), 96, 100, 103, 104, 104 (note 3), 105, 106, 107, 190, 200, 247, 252, 254, 342, 344, 347, 348, 354, 355, 357, 370, 373, 385, 389
Aristote/Aristotélisme 87–89, 90, 172 (note 11), 220, 302, 305, 315, 316
Azarias 33

Caïn 197

Daniel 33, 111, 112, 160 (tableau n°18), 163, 166, 168, 197, 199, 200
Dathan (et Ahiram) 28, 346
David 28, 33, 73, 74, 75, 75 (note 14), 76, 82, 86, 91, 199, 241, 265, 343, 344, 346, 348, 351, 353
Démétrios I 341

Éléazar 1, 2, 5, 15, 16, 18, 21, 22, 25, 28, 29, 33, 34, 35, 36, 38, 39, 41, 43, 47, 51, 52, 54, 55, 56, 57, 58, 59, 70, 76, 84, 86, 91, 92, 93, 95, 95 (tableau n°7), 95 (tableau n°8), 100, 103, 108, 109, 110, 111, 112, 113, 115 (tableau n°9), 116, 117, 117 (tableau n°10), 118, 118 (tableau n°11), 119, 120, 121, 122, 123, 124, 125 (tableau n°12), 126, 126 (tableau n°13), 127, 128, 129, 130, 130 (tableau n°14), 131, 132, 134, 135,

136, 137, 138, 140, 141 (tableau n°16),
146, 157 (tableau n°17), 166, 168, 174,
175, 177, 181, 184, 187, 189, 190, 199,
200, 202, 203, 210, 212, 224, 225,
232, 233, 236, 246, 248, 249, 251, 252,
256, 257, 258, 259 (tableau n°33), 260
(tableau n°33), 261, 262, 263, 265, 265
(note 15), 269, 271, 282, 282 (tableau
n°36), 283, 292, 293 (tableau n°42),
296, 298, 299, 299 (note 7), 300, 302,
304, 311, 316, 317, 318, 319, 320, 321,
321 (note 8), 322, 323, 324, 325, 326,
327, 328, 329, 330, 331, 332, 333,
336, 338, 340, 344, 345, 346, 348,
349, 350, 351, 352, 353, 354, 355,
357, 365, 366, 366 (note 10), 367, 369,
377, 382, 385, 386, 387, 388
– discours dans 2 Maccabées 39, 56, 116,
117, 117 (tableau n°10), 257
– prière dans 2 Maccabées 128–129
– premier discours 43, 51, 55, 84, 86, 91,
118 (tableau n°11), 124–126, 124–125
(tableau n°12), 126 (tableau n°13),
127–128, 138, 251, 259 (tableau n°33),
261, 300, 302, 304, 317, 319, 320,
321, 323, 336, 338, 386
– second discours 15–16, 22, 43, 55, 117
(tableau n°10), 118 (tableau n°11),
121–124, 127–128, 257, 271, 385
– prière 128–129, 259 (tableau n°33), 385
Épicure/épicurisme 304, 305–306, 318

Galien 32, 67, 83, 302, 308– 309, 312,
316

Héliodore 4, 7, 8, 10, 11, 23, 93, 94
(tableau n°7), 95, 95 (tableau n°8), 96,
103, 104, 105, 106, 107, 190, 218, 220,
222, 224, 225, 227, 228, 229, 230, 254,
341, 347, 355, 357, 370, 385, 389

Isaac 130 (tableau n°14), 131, 136, 137,
158, 166, 197, 200, 235, 242, 244,
250, 261, 268, 299, 369

Jacob 28, 33, 73, 74, 90, 136, 158, 235,
242, 243, 244, 261, 268, 344

Jason 11, 12, 13, 94 (tableau n°7), 96, 97,
100, 103, 119, 341, 342, 344, 347, 348,
354, 357, 358, 365, 394
Jason de Cyrène 2, 20, 21, 22, 23, 25, 26,
27, 189, 325
Joseph 33, 69, 70, 71, 86, 91, 197, 200,
208, 290, 292, 375
Judas Maccabée 5, 25, 27, 28, 93, 94
(tableau n°7), 96, 188, 190, 228, 340,
341, 342, 348, 388, 389

Lysimaque 9, 94 (tableau n°7), 96

Ménélas 9, 11, 94 (tableau n°7), 96, 341,
342, 347, 348
Misaël 33, 160 (tableau n°18)
Moïse 27, 28, 33, 73, 90, 91, 141 (tableau
n°16), 200, 225, 244, 269, 290, 344,
346, 348, 363
Motifs (registre 2) 113, 114, 115 (tableau
n°9), 124
Motif A 113, 114, 115 (tableau n°9), 127,
128, 140, 141 (tableau n°16)
Motif B 113, 114, 115 (tableau n°9), 128,
140, 141 (tableau n°16), 166
Motif C 113, 114, 115 (tableau n°9), 140,
141 (tableau n°16)
Motif D 113, 114, 115 (tableau n°9), 141
(tableau n°16), 142, 143, 144, 146,
147, 164, 247, 259 (tableau n°33), 266
Motif E 113, 114, 115 (tableau n°9), 131,
142, 143, 149, 267, 268, 299
Motif F 113, 114, 115 (tableau n°9), 142,
143, 154, 174, 178

Onias III 4, 6, 7, 8, 9, 10, 11, 12, 94
(tableau n°7), 96, 99, 100, 103, 105,
106, 107, 200, 222, 223, 225, 228,
229, 341, 342, 344, 347, 348, 349,
354, 355, 365, 373, 389

Paul 30, 121, 242, 329, 393
Philon d'Alexandrie 7 (note 6), 60, 242,
244, 270, 306, 312–315, 386
Pinhas 33, 197, 200, 349, 370
Platon/Platonisme 40, 67, 83, 149, 177,
274, 283, 300–301,
304, 305, 308, 309,
312, 315, 316, 388

Index des thèmes et des noms 411

Plutarque 306, 307, 308, 309– 312, 315, 316, 328, 375, 386
Posidonius d'Apamée 67, 83, 302, 306, 307, 308, 309, 311, 312, 316, 377, 383, 386

Quatre registres 3, 53, 59, 60, 61, 62, 154, 155–157 (tableau n°17), 186, 187, 193, 209, 384, 385, 387

Razis 23, 188, 189, 190, 191, 340, 342, 356, 385
Rédaction λογισμός 68, 72
Rédaction νόμος 68, 70, 72, 74, 81, 82, 85, 91, 125, 126, 126 (tableau n°13), 322, 323, 383
Registre 1 (registre narratif) 54, 55, 57, 58, 59, 61, 97, 109, 130, 137, 155–157 (tableau n°17), 158, 159, 164, 185, 186, 193, 206, 209, 210, 213, 263, 271, 365, 385
Registre 2 (registre discursif) : 42, 43, 55, 56, 57, 58, 59, 61, 109, 113, 114, 124, 129, 131, 155–157 (tableau n°17), 158, 162, 164, 171, 178, 186, 193, 194, 213, 247, 258, 260, 261, 262, 263, 266, 267, 268, 270, 276, 299, 365, 385
Registre 3 (registre argumentatif) 57, 58, 59, 61, 84, 108, 129, 130, 130 (tableau n°14), 132, 138, 155–157 (tableau n°17), 158, 159, 166, 185, 186, 193, 201, 206, 209, 258, 260, 261, 262, 263, 266, 267, 270, 271, 276, 297, 378, 386
Registre 4 (registre liturgique) 32, 47, 57, 58, 59, 61, 62, 129, 130 (tableau n°14), 137, 138, 155–157 (tableau n°17), 158, 159, 161, 174, 178, 185, 186, 193, 202, 206, 207, 213, 258, 274, 296, 332, 369, 386

Salomon 27, 199, 305, 349
Séleucos I 23
Séleucos IV 6, 7, 11, 12, 13 (note 8), 23, 24, 105, 106, 227, 229, 230, 340, 341, 342, 344, 348, 351, 380, 392
Sept frères 1, 2, 5, 15, 17, 18, 23, 25, 26, 28, 29, 33, 34, 35, 36, 37, 38, 39, 41, 42, 47, 51, 52, 54, 55, 56, 57, 58, 59, 76, 84, 86, 93, 95, 95 (tableau n°7), 95 (tableau n°8), 98, 99, 100, 103, 108, 109, 111, 112, 113, 114, 118, 119, 120, 121, 123, 124, 126, 128, 129, 133 (tableau n°15), 134, 135, 138, 139, 140, 141, 141 (tableau n°16), 142, 143, 144, 145, 146, 147, 148, 149, 150, 151, 152, 154, 155 (tableau n°17), 157 (tableau n°17), 158, 159, 159 (tableau n°18), 160, 160 (tableau n°18), 161, 162, 163, 164, 165, 166, 167, 168, 169, 170, 172, 172 (note 11), 173, 174, 175, 176, 178, 179, 180, 181, 182, 183, 184, 185, 186, 187, 188, 189, 190, 191, 192, 193, 194, 195, 196, 197, 198, 199, 200, 201, 202, 203, 204, 205, 206, 207, 208, 210, 212, 213, 228, 235, 236, 238, 239, 243, 245, 247, 250, 251, 253, 256, 257, 258, 259 (tableau n°33), 260 (tableau n°33), 261, 262, 263, 264, 265, 265 (note 15), 266, 267, 269, 272, 273, 274, 275, 283, 287 (tableau n°38), 287 (tableau n°39), 290, 291, 292, 294, 296, 297, 298, 299, 318, 320, 321, 323, 325, 326, 327, 328, 330, 332, 333, 335, 336, 338, 340, 344, 345, 346, 348, 349, 350, 353, 355, 356, 357, 359, 365, 366, 367, 368, 369, 370, 374, 375, 376, 378, 381, 382, 384, 385, 386, 387, 389, 392, 394
– premier discours 41, 55, 140–141 (tableau n°16), 167, 247, 318, 344, 365
– second discours 55, 140–141 (tableau n°16), 167, 262, 318, 333
– exhortations 43, 56, 158, 162– 165, 259 (tableau n°33)
– premier frère
  – discours dans 2 Maccabées 56
  – premier discours 22, 55, 115 (tableau n°9), 142, 144, 149, 150
  – second discours 43, 55, 115 (tableau n°9), 142, 144, 147
– deuxième frère
  – discours dans 2 Maccabées 57
  – premier discours 51, 55, 115 (tableau n°9), 142
  – second discours 55, 87, 88, 115 (tableau n°9), 142, 144, 147, 148
– troisième frère
  – discours dans 2 Maccabées 57, 239

– premier discours 56, 115 (tableau n°9), 142, 143, 144, 149, 150, 151
– second discours 56, 115 (tableau n°9), 142, 145, 148
– quatrième frère
  – discours dans 2 Maccabées 57
  – premier discours 56, 115 (tableau n°9), 110, 142, 151
  – second discours 18, 51, 56, 111, 115 (tableau n°9), 142, 145, 148, 149, 150, 151, 233, 239
– cinquième frère
  – discours dans 2 Maccabées 57
  – premier discours 56, 115 (tableau n°9), 142, 143, 144, 145, 148
  – second discours 51, 56, 115 (tableau n°9), 142
– sixième frère
  – discours dans 2 Maccabées 57
  – premier discours 56, 115 (tableau n°9), 142, 150, 183, 332, 335
  – second discours 51, 56, 110, 112, 115 (tableau n°9), 142, 145, 146, 148, 149, 150, 183, 332, 378
– septième frère
  – discours dans 2 Maccabées 57, 183, 258, 272
  – premier discours 56, 109, 111, 115 (tableau n°9), 142, 147, 148, 183
  – second discours 56, 115 (tableau n°9), 142, 148, 151, 183
– Mère 5, 17, 19, 23, 33, 34, 35, 36, 37, 39, 41, 42, 43, 47, 48, 55, 56, 57, 58, 59, 86, 93, 95, 95 (tableau n°7), 100, 108, 109, 111, 113, 119, 129, 135, 138, 139, 140, 143, 154, 155 (tableau n°17), 156 (tableau n°17), 157 (tableau n°17), 158, 159, 159 (tableau n°18), 160, 160 (tableau n°18), 162, 163, 164, 165, 166, 167, 168, 169, 170, 172, 172 (note 11), 173, 174, 175, 176, 177, 177 (note 12), 178, 179, 180, 181, 182, 183, 184, 185, 186, 187, 188, 189, 190, 191, 192, 193, 194, 194 (note 5), 195, 196, 199, 200, 201, 202, 203, 204, 207, 208, 209, 210, 211, 212, 213, 223, 228, 235, 236, 237, 238, 239, 245, 250, 251, 253, 257, 258, 259, 259 (tableau n°33), 260 (tableau n°33), 261, 262, 266, 267, 268, 269, 272, 273, 274, 275, 287 (tableau n°39), 292, 296, 297, 298, 326, 327, 333, 335, 349, 350, 356, 359, 369, 370, 374, 375, 376, 378, 381, 382, 385, 386, 387, 389
  – premier discours dans 2 Maccabées 57, 181–183, 257
  – second discours dans 2 Maccabées 57, 181–183, 257
  – premier discours 41, 43, 56, 58, 157 (tableau n°17), 158, 165–166, 167, 184
  – deuxième discours 43, 56, 58, 157 (tableau n°17), 158, 165–166, 167, 168, 174, 180, 181, 184, 235
  – dernier discours 37, 48, 56, 177, 177 (note 12), 192, 193, 194 (note 5), 194– 201, 207, 208, 209, 210, 260 (tableau n°33), 268–269, 275, 349, 370, 371, 387
Sichem 74
Simon 9 (note 7), 8, 9, 10, 11, 12, 33, 94 (tableau n°7), 105, 106, 357, 365, 373
Sinaiticus 1, 38, 48, 106, 131, 143, 195 (note 5), 264, 373, 377
Source B 97, 101, 102, 103, 104, 144, 194, 211, 354, 365, 384
Stoïcisme 83, 147, 189, 300, 301, 302, 303, 304, 306–315, 318, 320, 377, 386, 389, 390, 393

Types (thèse de 4 Maccabées) 278
– Type I 279, 279–280 (tableau n°34), 280–281 ype V 279, 285, 290, 291 (tableau n°41), 292 (tableau n°42)
– Type VI 279, 293
– Type VII 279, 293, 294 (tableau n°43)
– Type VIII 279, 295
Typologies des passions
– première typologie des passions 83–87
– deuxième typologie des passions 86, 87–89
– troisième typologie des passions 81, 89–90, 91

6 Maccabées 212–213

εὐσεβὴς λογισμός 1, 29, 84, 91, 135, 280–281 (tableau n°35), 281, 298, 316 λογισμός 19, 51, 68, 69, 70, 71, 72, 73, 74, 75, 75 (note 14), 76, 77, 78, 79, 80, 81, 82, 84, 85, 85 (tableau n°5), 86, 90, 91, 127, 133 (tableau n°15), 134 (tableau n°15), 135, 149, 150, 167, 169, 175, 186, 220, 232, 241, 243, 244, 247, 247 (note 25), 249, 249 (note 26), 254, 275, 277, 278, 279, 279–280 (tableau n°34), 281, 282, 282 (tableau n°36), 283, 284–285 (tableau n°37), 286–287 (tableau n°38), 287 (tableau n°39), 288, 288, (tableau n°40), 289, 290, 291, 291 (tableau n°41), 292, 293, 294 (tableau n°43), 295, 297, 298, 299, 299 (note 7), 300, 301, 303, 304, 305, 306, 307, 308, 309, 310, 310 (note 55), 312, 313, 314, 316, 319, 327, 328, 335, 339, 345, 346, 353, 354, 377, 378, 383, 386, 388

σοφρὼν λογισμός 66, 74, 91, 298

From 2 to 4 Maccabees: A Study of a Rewriting
(Detailed summary)

The present work is a reworked version of the thesis I defended in Strasbourg on November 15, 2019, under the direction of Professor Christian Grappe.

The fourth book of the Maccabees is a work generally dated to the beginning of the second century AD. It is presented as a real or fictitious "synagogal preaching" comprising two main parts, a philosophical introduction seeking to demonstrate that pious Reason (εὐσεβὴς λογισμός), i.e., the Jewish Law, makes it possible to control passions (4 M 1,1–3,18) and a long narrative part recounting the martyrdom of Eleazar and then that of the seven brothers and their mother. This narrative comes from the second book of Maccabees (2 M 6,18–7,42). The aim of my study was precisely to explore the way in which the author of 4 Maccabees reread and modified the text of his source in order to integrate it into the composition of his work.

Part I: Preliminary Questions

Chapter I: The Literal Rewriting of the Text of 2 Maccabees in 4 Maccabees

Before studying the rewriting of the martyrdom narratives of 2 Maccabees by the author of 4 Maccabees, it is first necessary to demonstrate the reality of the dependence of 4 Maccabees on 2 Maccabees. If the parallelism of the narrative contents is evident, the textual repetitions of 2 Maccabees are rare: only twelve certain or probable parallels are noted – the most convincing concerns the address of the first brother to Antiochos IV, at the beginning of the account of the martyrdom of the seven brothers (2 M 7,2b/4 Ma 9,1).

Chapter II: The Historical Errors of 4 Maccabees: Refutation of the Theories of J. Freudenthal and H.-W. Surkau

The dependence of 4 Maccabees on 2 Maccabees is not the only theory put forward concerning the relationship of the two books: in 1869, J. Freudenthal[1], held that the two books would depend, independently of each other, on the

---

[1] J. Freudenthal 1869.

work of Jason of Cyrene; H.-W. Surkau[2], in 1938, assumed a separate dependence of the two books on a popular source, different from Jason of Cyrene. To refute these two theories, I have sought indisputable proof of the dependence of 4 Maccabees on 2 Maccabees. 4 Maccabees contains three historical errors which can only be explained by a misinterpretation of the text of 2 Maccabees: the identity of king Seleucos IV (4 M 3,20), the genealogical relationship between Seleucos IV and Antiochos IV (4 M 4,15), the anachronism concerning the division of the provinces (4 M 4,2).

Chapter III: The Question of the Genre of 4 Maccabees (First Approach)

The structure of 4 Maccabees is composite: the book comprises two parts – a philosophical part (4 M 1,1–3,18) and a narrative part (4 M 3,19–18,24). The identification of the genre of 4 Maccabees is therefore difficult. According to E. Norden[3] and H. Thyen[4], the first part of 4 M is a Cynico-stoic diatribe. The theory of R. Renehan[5], more convincing in my eyes, sees there rather the resumption, in an abbreviated form, of a treatise of Stoic inspiration on the passions. The second part of 4 M is mostly interpreted as a panegyric of the martyrs, but alternative theories have been put forward: that of the *logos epitaphios* (J. C. H. Lebram[6]), that of a discourse mixing epidictic rhetoric and deliberative rhetoric (D. A. deSilva[7]), that of a discourse with a parenetic aim (S. Westerholm[8]). Most of these theories present the same bias: they start from a well-defined ancient literary genre in order to check whether 4 Maccabees obeys its rules. For my part, I adopt the opposite approach: to describe as precisely as possible the structure of 4 Maccabees and then to look for an ancient literary genre that would correspond to this structure.

Chapter IV: Structural Markers: The Use of First and Second Person Pronouns in 4 Maccabees

In this chapter are analyzed the uses of first and second person pronouns. Each of them has a particular function in the structure of 4 Maccabees: the first person singular is a marker of the progression of reasoning; the second person singular is characteristic of a series of passages interpretable as "hymns" with a "liturgical" function; the first person plural corresponds to the positions taken by the Jewish community for which the author acts as spokesman (this "communitarian" use of the first person plural is also sometimes attributed to certain

---

[2] H-W. Surkau 1938.
[3] E. Norden 1923.
[4] H. Thyen 1955.
[5] R. Renehan 1972.
[6] J.C.H. Lebram 1974.
[7] D.A. deSilva 1995.
[8] S. Westerholm 2017.

characters in the narrative); the second person plural is addressed to an ideal audience; finally, the indefinite τις makes it possible to introduce objections to the thesis defended.

Chapter V: Interpreting the Structure of 4 Maccabees: The Four Registers Model

In this chapter I construct an interpretive model of the structure of 4 Maccabees, based among other things on the observations of chapter IV. 4 Maccabees combines in a complex way passages belonging to four different "genres", which I have called "registers".

The narrative register (or register 1) consists of the passages in 4 Maccabees recounting the martyrdoms of Eleazar, the seven brothers and their mother. These textual elements depend on the corresponding narrative of 2 Maccabees while rewriting it in depth: register 1 maintains a relationship of hypertextuality with 2 Maccabees 3,1–7,42, in the sense of G. Genette.

The discursive register (or register 2) gathers the speeches of the different characters of the narrative. Compared to the model of 2 Maccabees, there is a systematic splitting of the discourses which cannot be the effect of chance. The content of the speeches in 4 Maccabees depends very little on that of the corresponding speeches in 2 Maccabees. As a whole, register 2 constitutes a kind of commentary on register 1, maintaining with it a relation of metatextuality in the sense of G. Genette.

The argumentative register (or register 3) gathers the passages where the author intervenes to defend the thesis of the superiority of the pious Reason over the passions. The whole of the "philosophical" part of 4 Maccabees (4 M 1,1–3,18) belongs to this register, as well as all the reminders of the thesis scattered throughout the book and the argumentative passages which seek to demonstrate that the example of the martyrs is a proof of the validity of the thesis. Register 3 also constitutes a kind of commentary on register 1 and thus also maintains a relationship of metatextuality with the latter.

Finally, the set of "hymns" characterized by the use of the second person singular, identified in the previous chapter (chapter IV), constitute the fourth register, the liturgical register or register 4. They too form a kind of commentary on register 1, from a community perspective. Here too, we can observe a relation of metatextuality.

Chapter VI: The Question of the Literary Genre of 4 Maccabees (Second Approach)

In this chapter we start from the model elaborated in chapter V to look for an ancient literary genre that could explain the complex structure of 4 Maccabees. The model of the four registers seems to be able (beyond the case of 4 Maccabees and provided that the definition of register 4 is broadened to include the reproachful apostrophes addressed in the second person singular to the characters of the narrative) to describe in a convincing way the internal structure of the few synagogal predictions in Greek that have been preserved to us in their Armenian version, the *On Jonah* and the *On Samson*. Despite the difficulty of the absence in 4 Maccabees of a biblical pericope for which the book would represent a commentary, this work could therefore fall within the genre of synagogal preaching. The question of whether it could be a transcription of a real preaching or a fictitious speech remains open, however.

Part II: Structure of 4 Maccabees

Chapter I: Structure of the "Philosophical Part" of 4 Maccabees (4 Maccabees 1,1–3,18)

In 1972 R. Renehan[9] demonstrated convincingly that at least one passage in the "philosophical part" (4 Maccabees 3,1–5) depended on the same source (Posidonius or one of his continuators) as at least one passage in Galen's work. The study is based on this fact to construct the hypothesis that the author of 4 Maccabees relied on a treatise on the passions to write the first part of his work. It is possible to reconstruct the plan of this treatise in part from the two summaries (4 M 1,1–6 and 4 M 1,13–14) contained in the "philosophical part".

When we compare this plan with the internal organization of 4 M 1,1–3,18, it appears that the author of 4 Maccabees has considerably abridged his source, deleting developments that were nevertheless announced, such as the praise of "prudence" (φρόνησις) announced in 4 M 1,2.

Moreover, a series of passages in which the role of regulating passions is transferred to the Jewish Law cannot be traced back to the philosophical source in question: they constitute what we have called the "redaction-νόμος". These additions allow the author to put the philosophical theory borrowed from his source at the service of his theological project. Similarly, the *exempla* that were to have appeared in the original treatise were replaced by *exempla* borrowed from biblical literature.

One of the difficulties of the "philosophical part" is the coexistence of three different typologies of the passions, the first one based on the classical list of the four virtues (4 M 1,3–6), the second one, identified by M. Pohlenz in 1922, based on a peripatetic-inspired genealogy of the passions (4 M 1,20–30a), and the third one (4 M 2,10–20) seeming to be a construction of the author of 4 M himself. In my hypothesis, the first two typologies are borrowed from the

---

[9] R. Renehan 1972.

original treatise, and their joint presence is a characteristic of its philosophy: I come back to this question in chapter III of the third part.

Chapter II: The Framework Narrative (4 Maccabees 3,20–21 and 4,15–26)

If the episodes of the martyrdoms themselves have been considerably amplified in 4 M, compared to 2 M, the account of the events leading up to the persecution led by Antiochos IV has, on the other hand, been abbreviated. Moreover, all mention of the Maccabean revolt has disappeared: in 4 Maccabees the liberation of Israel seems a direct consequence of the martyrdoms. The narrative material is simplified. Thus, the characters of Jason and Menelaus are merged.

However, there is a series of additions corresponding to a "Deuteronomistic" reading of the persecution, where Antiochos IV becomes an instrument of God. This has led to the hypothesis that the author of 4 Maccabees combined the narrative material borrowed from 2 Maccabees with another textual source, which we have called "source B". The most convincing proof of the duality of the narrative sources of 4 M is the double outcome of the destiny of Antiochos IV, positive in 4 M 17,23–24 (depending on source B) and negative in 4 M 18,5a (in accordance with the tradition coming from 2 M).

Chapter III: The Episode of Heliodoros/Apollonios (4 Maccabees 4,1–14)

In 2 M 3,4–40 Heliodoros, sent by king Seleucos IV, comes to Jerusalem to seize the Temple treasury. He is prevented from doing so by a divine intervention. This episode is taken up again in 4 M 4,1–14 but is considerably transformed: the characters of Heliodoros and Apollonios are merged for the sake of narrative economy; the celestial apparition becomes less spectacular and the mediating role of the high priest is attenuated: moreover, there is no conversion of Apollonios.

All of these modifications could be the signature of a late writing period, when the central role of the Temple has already faded.

Chapter IV: The Episode of Eleazar (4 Maccabees 5,1–7,23) and that of the Seven Brothers (4 Maccabees 8,1–12,19) : the Common Framework

Before examining each of the martyrdom narratives in detail, this chapter discusses their common features: the recurrent insertion of passages from register 3, linking the narratives to philosophical demonstration; the common features of the martyrs' torture narratives, which seem to combine elements borrowed from 2 M with at least one other narrative tradition; the recurrence of warlike and athletic metaphors.

An important point is the recurrence in the speeches of the characters (belonging to register 2) of the same patterns, of which I propose a classification:

Pattern A: Irrational or rational character of the Jewish Law;

Pattern B: Rational or irrational character of the martyrs' conduct;

Pattern C: Presence or not of a hierarchy of the prescriptions of the Law;

Pattern D: Post-mortem retribution of the martyrs/post-mortem punishment of Antiochos IV;

Pattern E: Impotence of the torments and inalterability of the soul;

Pattern F: Identity of thought and action of the seven brothers.

Chapter V: The Episode of Eleazar (4 Maccabees 5,1–7,23)

The episode of Eleazar has been profoundly modified by the author of 4 Maccabees: only 4 M 6:12–30 goes back directly to the model of 2 M 6:18–31. All the rest is specific to 4 Maccabees: the main procedure employed is reduplication. Thus the episode of Eleazar's refusal of the compromise offered to him is present in two forms (4 M 5,14–38 and 6,16–23). In the same way, the speech of Eleazar present in 2 Maccabees (2 M 6,24–28) is found again, though profoundly transformed, in 4 Maccabees (4 M 6,17–23), but is preceded by another speech (4 M 5,16–38), which reflects more the preoccupations of the author of 4 Maccabees (the rationality of the Law, the justification of the dietary interdicts) and responds to a speech of Antiochos IV, who is present at the martyrdom, but not in the model of 2 Maccabees.

Moreover, the actual account of the martyrdom (4 M 5,1–6,30) is followed by the eulogy of Eleazar (4 M 6,31–7,23), proper to 4 Maccabees, based on a learned interweaving of registers 3 and 4.

Chapter VI: The Episode of the Seven Brothers (4 Maccabees 8,1–12,19): The Speeches of the Seven Brothers

The speeches of the seven brothers can be divided into two main categories: a first set, in response to a speech of Antiochos IV, includes two speeches common to the seven brothers, one fictitious (4 Maccabees 8,17–26), the other real (4 Maccabees 9,1–9), based essentially, like the speeches of Eleazar, on the patterns A, B and C.

A second set gathers the particular speeches of each of the seven brothers. In this group, patterns D, E and F dominate.

In all cases, the material of the speeches does not depend on the speeches of the seven brothers of 2 Maccabees, with the exception of 4 M 9:1, which takes up 2 M 7:2.

Chapter VII: The Praise of the Seven Brothers and their Mother (4 Maccabees 13,1–17,1)

In the same way that the account of Eleazar's martyrdom was followed by his eulogy, the account of the martyrdom of the seven brothers, separated from that of their mother's death (postponed to 4 Maccabees 17,1), is followed by their eulogy (4 Maccabees 13,1–14,10) and then by their mother's (4 Maccabees 14,11–16,25). The two eulogies are built on parallel models and serve to demonstrate the superiority of pious Reason over fraternal and maternal love. The text juxtaposes two speeches of the mother, one fictional (4 M 16,6–11), the other real (4 M 16,16–23). Their material comes from the author of 4 Maccabees. The particular speech the mother makes to the seventh brother in 2 Maccabees (2 M 7,27–29), although announced in 4 M 12,7, is not in fact repeated in 4 Maccabees.

All of these observations make it possible to reconstitute a plausible scenario for the genesis of the whole of 4 M 13,1–17,1, the starting point of which is the displacement of the account of the mother's death, intended above all to put her in the foreground. The character of the mother does indeed come to the fore, as is shown by the three "hymns", belonging to register 4, which are devoted to her in this section (4 M 15,16–20, 15,29–32 and 16,14–15).

Chapter VIII: The Problem of Suicide in 4 Maccabees (on 4 Maccabees 17,1)

One of the features by which 4 Maccabees differs from 2 Maccabees is the mention of the suicides of the seventh brother (4 Maccabees 12,19) and of his mother (4 Maccabees 17,1). Contrary to what was argued by J. Freudenthal in 1869[10], there is no opposition on this point between the conceptions of 2 and 4 Maccabees. The justification given by the mother for her suicide (the preservation of her integrity) is reminiscent of the justification for the suicide of Razis in 2 Maccabees (2 M 14,42): the account of the latter's death is not taken up in 4 Maccabees because the event is subsequent to the revolt of Judas Maccabaeus. There may have been a condensation in 4 M 17,1 of the account of the death of the mother of the seven brothers and that of the suicide of Razis (in the same way that the characters of Jason and Menelaus on the one hand, of Heliodoros and Apollonios on the other hand, have been merged).

Chapter IX: The Finale (4 Maccabees 17,2–18,24)

I designate by the term "finale" the complex part of 4 Maccabees which follows the account of the suicide of the mother of the seven brothers (4 M 17,1). The heart of this part is represented by a new speech of the mother (4 M 18,6–19) in which she reminds the seven brothers of the lessons they have received from their father (who appears only here), consisting of a series of reminders of biblical episodes. This speech, which many have considered an interpolation, cannot be a later addition, as shown by the use in 4 M 18:,7 of the rare verb πιστοποιέω, "to make credible", which reappears in the episode of Eleazar in 4 M 7,9. In fact, the mother's last speech is at the end of a chain of recurring

---

[10] J. Freudenthal 1869.

biblical references (Isaac's sacrifice, the episode of the furnace, Daniel in the lion's den) which constitutes like a backwards genealogy of the reasons for the heroic attitude of the seven brothers: these references are employed in chapter 13 in the mutual exhortations of the seven brothers and then in chapter 16 in the second speech of their mother.

It is the presence of this speech which explains the apparent reduction of the conclusion of 4 Maccabees: the conclusion proper of the narrative, based on the complex interweaving of elements from registers 1, 3 and 4, ends in 4 M 18,5 with the mention of the punishment of Antiochos IV. 4 M 18,6–24 is not a simple addition but a kind of "postface" which makes it possible to identify the essential issues of the martyrs' narrative and ends in a doxology.

Appendix: 4 Maccabees and 6 Maccabees (SyrMacc)

A 2002 dissertation at the University of Pennsylvania by S. Peterson on 6 Maccabees (SyrMacc)[11], a Syriac poem recounting the martyrdoms of Eleazar, the seven brothers, and their mother, proposed that 4 Maccabees and 6 Maccabees depend on a common source because of their structural similarities. In fact, the speeches of the characters in 6 Maccabees are structured in the same way as in 4 Maccabees (dialogues between Antiochos IV with Eleazar on the one hand, the seven brothers as a whole on the other, almost systematic duplication of the particular speeches of each of the brothers), but there are on the other hand innovations peculiar to 6 Maccabees (multiplication of the speeches of the mother, introduction of "hymns" addressed to each of the seven brothers). The simplest explanation seems to be the dependence of 6 Maccabees on 4 Maccabees, probably through a Syriac version of this book.

Part III: The Message of 4 Maccabees

The structural changes made by the author of 4 Maccabees are not arbitrary: they are put in the service of a project that is totally different from that of 2 Maccabees. The object of the third part is to determine the author's objectives and how they diverge from those of the author of 2 Maccabees.

Chapter I: The Theological Aspect: The Figure of God in 2 and 4 Maccabees

When one compares the designations of God in 4 Maccabees and in its source text (2 M 3,1–7,42), one observation is obvious. In 2 Maccabees God is presented above all as a ruler: for 17 occurrences of θεός, "God", one encounters 12 occurrences of κύριος, "lord", 3 of δεσπότης, "master". The message of 2

---

[11] S. Peterson 2002.

Maccabees is clear: God is the true ruler of this world, instead of the Seleucid ruler, which explains the defeat of Antiochos IV.

In contrast, in 4 Maccabees, God is referred to only as θεός (41 occurrences). The vocabulary of sovereignty is indeed present in the work, but it is applied to the λογισμός, human "reason". There is thus a transfer of sovereignty from God to Reason (this delegation of power is explicitly mentioned in 4 M 2,22).

One can relate this relative withdrawal of the divine figure to the almost total disappearance of the marvellous in 4 Maccabees, in comparison with 2 Maccabees (cf. chapter III of the second part). God's sovereignty, materialized by his throne (4 M 17,18), is exercised directly only in the afterlife; in the physical world God can only act with the help of human reason and the Law which guides it.

Chapter II: Representations of Death in 2 and 4 Maccabees

The episode of the martyrdom of the seven brothers in 2 Maccabees is one of the first texts in which the doctrine of the resurrection of the just, presented as a new creation, appears in the mouth of their mother (2 M 7,22–23).

In 4 Maccabees the theme of the resurrection is not absent, since it appears in the mother's last speech (4 M 18,17–19). However, this representation of death coexists with other conceptions, some from Jewish culture (the theme of the reward of the righteous and the punishment of Antiochos IV, which constitutes pattern D of register 2), others from Greek culture (as seems to be the theme of astral immortality of 4 M 17,5).

There is, however, a dominant representation of death in 4 Maccabees: that of immortality. It is not exactly the immortality of the soul dear to Greek philosophy, since this immortality results from a gift from God (4 M 18,23) and not from an intrinsic property of the human soul. Eternal life is equivalent, in the text of 4 Maccabees, to a greater closeness to God and to the patriarchs, which is reflected in the recurring expression "living to God" (ζῆν τῷ θεῷ). It is not set in a distant future time, but in another reality, outside the world, which allows the martyrs' death to be presented as a mere appearance (pattern E in register 2). The afterlife is expelled from time and from this world because God himself has withdrawn from it in some way: the theology and eschatology of 4 Maccabees are consistent with each other.

Chapter III: The Philosophical Aspect: Judaism seen as the True Philosophy

The most obvious addition of the author of 4 Maccabees compared to 2 Maccabees is the set of philosophical developments in register 3.

In fact, the philosophical argumentation of 4 Maccabees is quite reduced: it is essentially the repetition in different forms of the thesis of the domination of pious reason over passions. In this study, all of these formulations have been noted and classified: there are in all 60 statements of the thesis, which can be grouped on the basis of grammatical criteria into eight main types.

"Reason" is predominantly referred to in 4 Maccabees by the noun λογισμός, which usually means "reasoning". There is, however, in both 2 and 4 Maccabees, another use of λογισμός: λογισμός accompanied by an adjective is equivalent to the corresponding abstract noun. Thus, in 4 M 3,19 σώφρων λογισμός is equivalent to σωφροσύνη, "temperance". From this perspective, the "Pious Reason", εὐσεβὴς λογισμός, of 4 M 1,1, is probably an equivalent of εὐσέβεια, "piety".

In any case, it is clear that in 4 Maccabees, λογισμός has been substituted as a designation of "reason" for the simple λόγος. This lexical peculiarity is a signature of late Stoicism: we have found traces of it in two fragments of Aetius and Galen which may refer to the philosophy of Posidonius of Apamea, as well as in Plutarch and in Philo of Alexandria, who may have been influenced by this philosophy. We thus arrive, by another route, at the same conclusions as those of R. Renehan on which we relied in chapter I of the second part.

In the text of 4 Maccabees Judaism is itself presented as a philosophy (φιλοσοφία), especially in the mouth of Eleazar (4 M 5,22), responding to Antiochos IV who had reduced it (4 M 5,7) to a "religion" (θρησκεία). In fact the Jewish religion appears in Eleazar's first speech (4 M 5,16–38) as the true philosophy.

Chapter IV: The Ethical Aspect: A Rigorist Vision of the Law

A capital passage in 4 Maccabees is found in 4 M 2,21–23: God is presented there as the creator of the passions (which are therefore not evil in themselves), of the Reason which regulates them, and of the Law which guides the Reason. These considerations are echoed in Eleazar's first speech: one must observe the Law since it comes from God and teaches virtue.

When one observes the prescriptions of the Law present in the text of 4 Maccabees, one realizes that the dietary prohibitions (the prohibition of "eating unclean foods", the μιαροφαγία) that constitute the author's major concern. The way in which the narratives of the martyrdoms of Eleazar and the seven brothers are constructed constitutes a staging of the observance of these prohibitions until death.

The position of the author of 4 Maccabees appears to be particularly rigorous if one compares it, for example, with the doctrine set forth in the Babylonian Talmud (*Sanhedrin* 74a): for the latter, there are two different doctrines, an "ordinary" doctrine according to which, except in special cases, the observance of *mitzvot* is not worth the sacrifice of one's own life, and an "extraordinary" doctrine, valid in times of persecution, according to which it is better to die than to accept the violation of a *mitzvah*, even a minor one, if this violation is of a public nature.

In the first speech of Eleazar (4 M 5,16–17), no exceptional circumstances are invoked. The smallest *mitzvot* must be observed at the cost of one's own life, apparently in all circumstances.

Chapter V: The Political Aspect of 4 Maccabees

This chapter builds on S. Honigman's reading of 2 Maccabees in her 2014 book[12]. For her, 2 Maccabees stands as a justification for the transfer of kingship and priesthood to the Hasmoneans. The structure of 2 Maccabees is based on the one hand on a series of four rulers (one good king, Seleucos IV, then two bad ones, Antiochos IV and Antiochos V, then again one good ruler, Judas Maccabaeus) and four high priests (one good one, Onias III, two bad ones, Jason and Menelaus, then again one good one, Judas Maccabaeus). Judas Maccabaeus is a common term in both series. He is recognized in a dream as high priest by Onias III and as ruler by Jeremiah (2 M 15,12–16).

I postulate that a similar structure is found in 4 Maccabees: a succession of four rulers (two good kings, David, in 4 M 3,6–16, and Seleucos IV, in 4 M 3,20, one bad one, Antiochos IV, and then one good one, Eleazar, called "king", βασιλεύς, in 4 M 7,10, because he dominates his own passions) and a succession of four priests or high priests (two good ones, Moses, in 4 M 2,17, and Onias III, one bad one, Jason, and again one good one, Eleazar, denominated "priest", ἱερεύς, in 4 M 5,4; 7,6 and 17,19, whereas he is not in 2 Maccabees). The term common to both series is Eleazar, the model for the other martyrs, who represents a new type of kingship (kingship over oneself and no longer over others) and a new type of priesthood (the self-sacrifice represented by martyrdom, instead of the traditional bloody sacrifices).

Chapter VI: Sociological Interpretation: A Defensive Strategy of a Group confronted with the Challenge of Interculturation

The aim of this last chapter is to construct a sociological interpretation of the context of the writing of 4 Maccabees. It begins by proposing a first, relatively simple model, based on R. Y. Bourhis' "Interactive Acculturation Model", extending and completing J. W. Berry's typology of "acculturation strategies". In this interpretation, the author of 4 Maccabees would advocate a strategy of separation aimed at maintaining Jewish cultural and religious traditions and would oppose a strategy of assimilation to Greek culture represented in the narrative by Antiochos IV and perhaps in reality by part of the Jewish community to which the author belongs.

There remains, however, a paradox: 4 Maccabees contains many cultural elements (linguistic, literary, philosophical) borrowed from the dominant Greek culture. After having considered several other hypotheses to explain this paradox, I arrive at an interpretation of this series of cultural borrowings as

---

[12] S. Honigman 2014.

the result of a strategy of reappropriation which, in C. Camilleri's typology of "identity strategies", falls under the heading of "complex coherence", which, in order to avoid identity conflict, seeks to aggregate the elements coming from one culture or another into a coherent whole.

Conclusion in the Form of a Question: Why does the Text of 4 Maccabees differ so much from Its Source, 2 Maccabees?

It is clear that 2 Maccabees is a source of 4 Maccabees. Yet, as chapter I of our first part showed, the number of passages directly borrowed from 2 Maccabees is surprisingly small. How can this paradox be explained?

At the end of this study, we are able to put forward several possible explanations.

First of all, 2 Maccabees is not the only source of 4 Maccabees. We have been led on several occasions to postulate the existence of other sources: a Stoic treatise on the passions (chapter I of Part II), another account of the persecution of Antiochos IV, or a source B (chapter II of Part II), another narrative model of the accounts of torments (chapter IV of Part II).

Also, the editorial work of the author of 4 Maccabees was considerable. The application of the "four registers" model to the text of 4 Maccabees (chapter V of Part I) has given us an idea of its genesis. If the narrative register or register 1 depends largely on 2 Maccabees, the other three (discursive register or register 2, argumentative register or register 3, liturgical register or register 4) are largely the work of the author of 4 Maccabees. It is no longer a question of a banal borrowing of the material of a story, but of a real rewriting.

Finally, the theologies of 2 and 4 Maccabees differ greatly. 2 Maccabees still includes the representation of a sovereign god, intervening directly in history. In 4 Maccabees, on the other hand, God has moved away, delegating his sovereignty over the human being to Reason (λογισμός) which allows man to dominate his passions, when guided by the Law. It is thus the observance of the Tōrah's prescriptions that enables the human being to live in accordance with his own nature, thus realizing the Stoic ideal. This change of perspective necessarily led the author of 4 Maccabees to make numerous modifications to the text of his source, to adapt it to his own theological vision.

In the end, 4 Maccabees is a fusion of two different traditions, the Jewish theological and ethical tradition and the Greek philosophical tradition. The book thus represents an important milestone in the evolution of religious ideas in the Mediterranean basin.

Opening: Elements for Locating and Dating the Writing of 4 Maccabees

In this last chapter, I quickly review the main theories concerning the dating and location of the writing of 4 Maccabees. It must be said that there are few convincing clues in the text itself. All I can say is that the relative erasure of the sacrificial cult in 4 Maccabees is incompatible with an early dating (i.e., before 70 AD). Rather, I would be inclined, on the basis of textual and lexical evidence, to locate the writing of 4 Maccabees in Asia Minor, but without being able to provide decisive proof of this location.